姓氏源流文化丛书

畲族雷氏志

《畲族雷氏志》编写委员会·编

SPM 南方传媒 | 广东人民出版社

·广州·

图书在版编目（CIP）数据

畲族雷氏志 /《畲族雷氏志》编写委员会编 .—广州：
广东人民出版社，2023.5
ISBN 978-7-218-16604-9

Ⅰ. ①畲… Ⅱ. ①畲… Ⅲ. ①畲族—民族志
Ⅳ. ① K288.3

中国国家版本馆 CIP 数据核字（2023）第 086444 号

SHEZU LEISHI ZHI
畲族雷氏志
《畲族雷氏志》编写委员会　编

出 版 人：肖风华

责任编辑：马妮璐
责任技编：吴彦斌　周星奎
装帧设计：吴　极

出版发行：广东人民出版社
地　　址：广东省广州市越秀区大沙头四马路 10 号（邮政编码：510199）
电　　话：（020）85716809（总编室）
传　　真：（020）83289585
网　　址：http://www.gdpph.com
印　　刷：福州印团网印刷有限公司
开　　本：880mm×1230mm　1/16
印　　张：29　　**字　　数**：815 千
版　　次：2023 年 5 月第 1 版
印　　次：2023 年 5 月第 1 次印刷
定　　价：369.00 元

如发现印装质量问题，影响阅读，请与出版社（020-85716849）联系调换。
售书热线：（020）85716833

《畲族雷氏志》编写委员会

顾　　问：雷春美　雷炳成

指导顾问：庄奕贤　雷维善　李绍瑛　雷致青　雷仕庆

指导专家：俞　杰　吕秋心　谢向明　管旬辉　方彦洸

主　　任：雷和孙　雷伙德

副 主 任：雷春娟　雷祖云　雷禄鑫　雷永金　雷光森　雷广震
雷仁广　雷良达　雷建光　雷寿坤　雷朝阳　雷开勋
雷山强

委　　员：

雷孙金　雷庆传　雷光秀　雷金兰　陈　云　雷茂生
雷成宝　雷华杰　雷昌堡　雷大钦　雷国明　雷水木
雷智辉　雷新土　雷秀花　雷向荣　雷廷升　雷国民
雷顺苏　雷大良　雷维安　雷雅培　雷亚雄　雷飞燕
雷家霖　雷锡亨　雷坤土　雷达勤　雷克财　雷兆平
雷镜明　雷锡潮　雷泽斌　雷德修　雷贤淇　雷达军
雷贤敬　雷贤盛　雷玉秀

《畲族雷氏志》编辑部名单

主　　编：雷弯山　雷　斌

副 主 编：雷　楠　雷碎卿　雷省身　雷珺婷　雷桂春

编写成员：雷卫平　雷大霖　雷晓春　钟根荣　雷进高　雷　钧　蓝珍华

雷梦舒　雷登城　雷李江　雷　靖　李桂兰　钟小军　周丽雅

雷晓明　雷朝涨　雷秀吕

收集、提供资料人员：（排名不分先后）

雷　瑶　雷新众　雷兴寿　雷瑞华　雷光松　雷本科　雷云钊

雷鑫俊　雷传华　雷永健　雷天煊　雷新灼　雷顺号　雷自杰

雷雅群　雷连弟　雷　宇　雷　蕾　雷永伙　兰建春　雷成德

雷永亨　蓝炳和　雷明钿　雷良裕　雷继呈　雷广烺　雷广桃

雷淑华　钟金灼　雷日全　雷　驰　雷　敏　雷美凤　蓝善英

蓝国华　钟石木　蓝承风　雷贤明　雷后兴　雷金花　陈　珍

雷昌勇　雷本汉　雷彭斌　雷玉焱　雷建文　石中竖　雷泽斌

林婉纯　雷小荣　蓝金炮　陈焕钧　雷睿杰　雷开全　雷春茂

雷招华　雷　萍　雷　彪　雷火元　雷一坤　蓝文鑫　雷银才

雷土根　雷永斌　雷会鑫　雷招珠　雷冬翠　钟发品　雷国强

雷春伟　雷顺招　雷朝欣　雷木根　雷周华　钟美英　雷明顺

梁岳平　施永平　雷红琴　蓝新华　钟光寅　钟友根　雷仁义

雷朱华　李宗焕　雷家锡　雷利海　雷维学　雷生财　雷泽金

雷国胜　雷加钦　黄志忠　雷翰林　雷华东　雷林清　雷倩倩

研究的记录　记录了研究

志者，记也。作为中华民族共同体一员、东南沿海地区之主要少数民族的畲族，因封建统治者的民族歧视，在旧志书中对其历史与文化的记载不但少，且不实。史书、志书中对畲族的记载，几乎都是封建统治者如何征剿、平定畲民起义之类的内容；畲家人被贬称为“南蛮”“獠”；偶尔提及畲族文化，也仅仅是出于猎奇而已。宋代刘克庄的《漳州谕畲》，是学界认为最早较系统的对畲民的记录，然而，这却是为表彰卓德庆镇压畲民起义所作的牌文。文中以“畲”“畲民”称呼含雷姓在内的畲家人，不仅对溪峒畲民进行了较详尽的分类介绍，还对畲民起义的原因进行了比较客观的分析，对畲民遭受的歧视和盘剥给予了一定的同情，并指出畲民的盘瓠神话传说是“殆受教于华人耳”。近代较客观地记录畲民历史与文化的是1928年夏在敕木山考察畲民文化后的德国学者哈・史图博与学生李化民，其著作《浙江景宁县敕木山畲民调查记》夹叙夹议地记录了一个畲族村落。20世纪80年代以来，福建、浙江等省部分畲族人口较多的县，编写了《畲族志》，根据志书文体“记而不论”、文字简洁的要求，其对畲族历史与文化现象作了简单描述，用神话传说阐释族源与文化，问题是缺乏“语境”，即因循着以往剥离语境的事象记录模式。如畲族的确认，是畲族的一件大事，这些志书都是记“1956年被国务院确认为畲族”，没有记录为何要确认，如何确认，哪个部门确认，确认依据是什么，畲民、学者的反应如何。

民族志（ethnography）又称人种志，从用词和翻译上说，英文“ethnography”翻译为“民族志”其实并不确切，应该译为“族群文化志”，是人类学家基于实地调查，建立在对特定族群第一手观察和参与之上的关于文化的描述，是人类学的一种研究方法和写作文本。《畲族雷氏志》应属于这类体裁。记录、研究方法的不断创新是学科发展的生命力，研究、记录畲族雷氏的历史文化也应如此，畲族雷氏历史悠久，早期与各氏族、部落相互交流交融，后与汉等民族杂居，有语言，但没有系统的文字，对其历史与文化的记录，用传统记录范式很难得出令人信服的结论。要综合考虑地理状况、战争状况、民族迁徙、民族融合等多方面因素，将多种研究范式进行集成、综合应用，这就需要转换研究、记录范式。“范式”，英文为“paradigm”，源自希腊词“paradeig-ma”，意指“模范”或“模型”，由美国哲学家托马斯・库恩于1962年在其经典著作《科学革命的结构》一书中提出。库恩对科学发展持“历史阶段论”，认为每一个科学发展阶段都有特殊的内在结构，而体现这种结构的模型即为“范式”。研究范式是一门学科的世界观、方法论和工具，是指“特定的科学共同体从事某一类科学活动所必须遵循的公认的‘模式’，它包括共有的世界观、基本理论、范例、方法、手段、标准等等与科学研究有关的所有东西”。《畲族雷氏志》，运用马克思主义方法，遵循马克思“我们不把世俗问题化为神学问题。我们要把神学问题化为世俗问题。相当长的时期以来，人们一直用迷信来说明历史，而我们现在是用历史来说明迷信”“任何神话都是用想象和借助想象以征服自然力，支配自然力，把自然力加以形象化；因而，随着这些自然力之实际上被支配，神话也就消失了”的理念。研究表明，生命是蛋白质的存在形式，人是由古猿进化而来的。运用这一观点分析畲族历史资料得出，盘瓠神话传说诠释畲族来源，不仅仅是“想象”，而且是封建统治者镇压畲家人的“将卒所为”，即镇压畲家人的文化手段。针对传统志书以家谱为据，指出，“修谱”畲语为“shao bo”，译为汉语是“造谱”，是向汉族学习而来的，畲族雷氏族谱基本上是清代“造”的，前面数千年的历史，特别是族源，无法搞清，只好用外来的神话传说，最早是清代苍南县雷云把神话传说写入族谱，后来其他各地效之；上挂黄帝，黄帝是汉民族人文始祖，也不是血缘始祖；“郡望”与“发源地”是两个不同概念，雷氏郡望“冯翊郡”的“冯”应念成“píng”，不能念成“féng”（冯，念为“féng”，姓也）。尤其是以马克思主义中国化时代化最新成果习近平新时代中国特色社会主义思想为指导，对畲族历史文化事象进行实地考证，通过实地考察，收集相关资料后，进行分析，形成观点，然后多次到实地进行反复印证，符合实际的进行记录，不符合实际的予以否定。运用生物学、分子生物学、化学、地学、物理学等前沿学科的最新技术分析今粤、闽、赣三省交界地——凤凰山地区古代遗存。这一考古学的研究方法，比起历史典籍研究方法在梳理文化特征的编年史上更具有科学性、精确性。同时，在根据考古学的调查弄清物质文化的功能或其社会背景的时候，就将民族志的材料和民族学的解释作为线索。分子遗传学则主要研究基因的本质、基因的功能以及基因的变化等问题。DNA 是生物的遗传物质，基因以遗传密码的形式编码在 DNA 分子上。目前的 DNA 分析技术已经使人们可以从基因水平上直接研究人类自身的体质特征和遗传演化规律。人类基因组中的基因包含着有关人类生长发育、衰老、疾病乃至性格的全套遗传信息，控制着人类个体乃至群体的遗传特征。对人类 DNA 的分析将揭示出人类个体和群体特征的众多信息和复杂的变异，这就为进行畲族识别和分析畲族起源、迁徙、流动、融合提供了依据，从而使畲族历史文化探源有了坚实的科学依据。在半个多世纪的文献分析、田野调查、实地考证，特别是 20 世纪末以来的考古新发现、遗传基因鉴别等丰富、有力证据的基础上，得出了关于畲族族源的科学结论——“畲族源于凤凰山”，凤凰山不是一座山，而是一个区域，包括了今榕江、韩江、九龙江、晋江流域及江西南部，畲族由凤凰山古人因劳动创造演化而来。

全书记录了畲族雷姓从周代“畲家人”到如今全面小康的 3000 多年的主要事件。记录不是停留于对事件的表面现象的记述，而是强调“语境”。“语境（context）”，是系统的有明确所指的术语，代表着一套精细的可操作程度很高的学术思想与方法论。这一方法，有时间、空间、事件、心理、功能、背景要素，揭示事件时间、空间、原因、过程、结果等要素。不但记录民众的解释，还给出科学解释。这种科学解释并不是以学术研讨的形式出现，而是以对该事件的相关生活背景的记述形式出现，不违背志书“述而不论”的文体要求，又使读者能够全面、深入地知晓畲族雷氏的特色文化。

由于《畲族雷氏志》不但记录运用现代科学方法研究畲族雷氏的历史与文化得出的结论，而且记录了研究的过程，因而本志具有“存史、资治、教化”功能。

第一是具有存史功能。以文字形式记录畲族历史文化，保存史料，流传后世，有“补史之缺、参史之错、详史之略、续史之无”的存史价值。

第二是资治功能。“治天下者以史为鉴，治郡国者以志为鉴”。志书是考察一地地情的工具书。1989 年习近平出席宁德地区地方志工作会议时曾说，“要马上了解一个地方的重要情况，就要了解它的历史。了解历史的可靠的方法就是看志，这是我的一个习惯。过去，我无论走到哪里，第一件事就是要看地方志，这样做，可以较快地了解到一个地方的山川地貌、乡情民俗、名流商贾、桑麻农事，可以从中把握很多带有规律性的东西。”《畲族雷氏志》为领导干部快速了解畲族的历史与文化提供了最好的教材，为其科学决策提供了历史借鉴和现实参考，也为科学研究人员提供了大量的畲族远古遗存、雷氏基因、文献资料，为进一步深化畲族研究提供了方法。

第三是教化功能。习近平在《巩固民族大团结的基础——关于促进少数民族共同繁荣富裕问题的思考》一文中指出："畲族人民在漫长的历史岁月中，创造了光辉灿烂的文化，这不仅是畲族人民自己的瑰宝，也是我们国家的一份宝贵的财富。畲族文化为畲族的延续和发展起到了积极作用，在实现社会主义现代化过程中一定要让畲族文化更加发扬光大。首先，要继承和发扬畲族文化传统中优秀的部分。畲族语言、畲歌、畲族服饰，这些都是最基本的文化，都应当很好地继承。"《畲族雷氏志》客观、全面地记录了畲族历史与文化，有利于畲民弘扬畲族优秀传统文化。习近平总书记于2014年5月4日在北京大学师生座谈会上指出："一个民族、一个国家，必须知道自己是谁，是从哪里来的，要到哪里去，想明白了、想对了，就要坚定不移朝着目标前进。"深化了"我是谁？我从哪里来？要到哪里去？"的人类千古哲学之问。畲族从哪里来？长期以来众说纷纭，神话传说影响了畲民的自尊心、自信心，也阻碍了民族团结。中华人民共和国成立后，中国共产党贯彻执行民族平等、民族团结政策，畲家也同其他族群一样，亮出自己的民族成分。鉴于当时全国各地报出400多个民族名称，许多族称混乱，为有利于保障少数民族的平等权利，中央决定由中央及地方民族事务机关组织科研队伍，进行识别。1953年，中央派出了畲民识别调查小组，这是由中央派出的第一个民族识别调查组，体现了党中央、人民政府对畲族的重视。民族识别以历史唯物主义为指导，以斯大林的民族四特征为依据，调查小组两次到浙江、福建、广东调查，调查结果均认定畲族既不是汉族，也不是苗族、瑶族的一支，而是一个具有自己民族特点的单一的少数民族。当专家提出族称为"畲"时，闽东许多畲民不同意这个名称，甚至激烈反对，认为"畲"与"蛇"同音，带有侮辱、歧视色彩。族称要"名从主人"。1956年8月16日，中央统战部给浙、闽、粤、赣省委统战部发出电报，"畲族的名称问题，据过去的调查及报告，闽东的畲族（约占畲民人口的一半）不愿被称为'畲'，认为有侮辱之意，而愿改为自称'SAN-HAK'（音译：山嚇）。其他地区愿采取何名，也请你们设法了解。以上请你们研究提出意见，以便迅速解决这一问题。"浙江省组织专家研究，征求畲民意见，认为"畲"符合历史，并报中央。于是中央统战部于1956年12月8日发出名为《关于确定畲族的民族成分和民族名称问题》并报中央的电报，确认畲族为单一民族，族称为"畲"。本志记录了中华人民共和国70多年的沧海桑田、波澜壮阔，畲族的面貌、畲乡的面貌、民族关系的面貌都发生了翻天覆地的变化。畲族人民深感：没有共产党就没有畲族的今天！畲族人民非常感恩共产党！2019年12月24—26日，由潮州市潮安区人民政府、潮州市畲族文化促进会主办的"首届中华畲族发源地潮州凤凰山文化交流会"在潮州市凤凰山举行。全国各地的畲族研究会（促进会、协会、联谊会）会长，北京及相关省（区、市）有关部门领导、专家学者及海外畲族宗亲代表，潮州市畲族文化促进会会员等欢欣鼓舞，参加了此次"千年首聚"盛会。大家认同凤凰山是畲族的发源地，把12月8日定为畲族的"感恩节"。这为铸牢中华民族共同体意识、构筑中华民族共有精神家园打下坚实基础，将进一步推动共同团结奋斗，共同繁荣发展。

以上序言所述所论，皆出自有关研究者提供的资料，是研究的记录，也记录了研究。我虽研究不多，但乐于为研究者鼓与呼，故应邀作序。在我看来，讲中华民族"多元一体"，不如讲中华民族"多源一体"更为确切。费孝通先生提出"多元一体"的"元"，有其特定含义，即中华民族"所包括的五十多个民族单位"，仅此而已。56个民族不能说成56个"元"。56个民族是一家，属一元，只能是大一统传承，一元化成体，不能搞"多元化"。中国的"大一统"之相延，以"一元"文化传承为基。我国各民族虽是不同单元，但始自"一元"，趋于"一元"，成就"一元"，巩固"一元"，所以铸造了、维系了、巩固着中华民族"一元多样（或多支）一体"的大一统基本格局。在以长江、黄河流域为中心的地理环境中，一个农业文明——中华文明生于斯、长于斯。农业文明主要通过与游牧文明的冲突和交融，形成和养育了先称为"华夏"、后名为"中华"的民族共同体。处处显示了"始于一元、多必归一"的巨大磁感应强度和不可抗拒的向心力，体现了"基于一元、中华一统"的坚韧不拔的历史逻辑。（详见《文史哲》2011年

6 期，叶小文《“多‘元’一体”与“多‘源’一体”辨析》一文）

这本《畲族雷氏志》，通过探析畲族之“源”，确证这个人口不足百万人的少数民族，同样为我中华民族之“一体”。

叶小文

（作者为国家宗教事务局原局长，中央社会主义学院原党组书记、原第一副院长，中共十八大中央委员，十二届、十三届中国人民政治协商会议全国委员会委员、全国政协文史和学习委员会副主任，中共中央党校、北京大学、韩国东国大学等高校兼职教授）

2022 年 12 月 21 日

遗传基因　科学依据

20 世纪 80 年代，中国科学院和中国社会科学院的科学家们从不同的角度、用不同的方法不约而同地对中国姓氏进行了科学研究，得出了一个相同的结论：中国人的姓氏是一种重要的国情资源！姓氏已深深地埋在每一位中国人的心中，是一道抹不去的根亲烙印，是一类能够世代遗传的血缘文化“基因”。中国姓氏文化不但在历史学、民族学、社会学、文字学、考古学等传统的文化领域中有着深远的影响，而且由于中国人姓氏的历史和传递规律，它在探讨人类起源、人群迁移、民族融合、对中国人遗传基因的演化和保护乃至疾病类型分布和药物学等跨自然科学和社会科学领域研究中也有重要作用。

姓氏，原是每个人的血缘标志和文化符号。

姓，字形为左右结构，左“女”右“生”，从“女”而生。蒙昧时代，原始人群居杂婚，近亲婚育，为消除这种危害，于是制定了同姓不婚的嫁娶礼仪制度，“正姓氏，通媒妁，制嫁娶”，从而避免了血亲通婚，实现优生繁衍，标志着人类从群婚制到受血缘关系限制的婚姻制的转变，是人类文明进步的一个重要里程碑。进入父系氏族社会后，妻从夫居，子女不再属母族而归于父族，世系以父方计，母系姓族遂转为父系姓族。

“姓”作为家族标识、称号，最早起源于人类的图腾，表示自己是对某一个天气、某一个气象、某一个地方、某一种动物的崇拜。在原始部落中，图腾、族名和祖先名常常是一致的。久而久之，图腾的名称就演变成同一氏族全体成员共有的标记——姓，即姓最早起源于部落的名称或部落首领的名字。而部落的名称或部落首领的名字又来源于远古时代的各种图腾。风、雨、雷、云等与自然相关的姓氏又与自然崇拜、图腾相关联。

自然崇拜，就是对自然神的崇拜，它包括了天体、自然力和自然物三个方面。当人类注视着周围大千世界客观事物的千变万化，就开始了沉思默想。原始思维是天真的、浪漫的、直观的和离奇的。日出日落，月亮盈亏，寒暑节序，雷霆风雨，这一切的一切，先民都认为由神祇所主。“万物有灵说”从此产生。自然现象的变化，尤其是那些能够直接影响人类生存的自然变化，被看成了有人性的、有意志的实体，从而激起人类对自然的崇拜，因此，自然物便成了自然崇拜的主要对象。《国语·鲁语》：“社稷山川之神，皆有功烈于民者也；及前哲令德之人，所以为明质也；及天之三辰，民所以瞻仰也；及地之五行，所以生殖也；及九州名山川泽，所以出财用也。非是，不在祀典。”这句话说出了古人对无所不包、无奇不有的大自然崇拜的原因。19 世纪德国唯物主义哲学家费尔巴哈在《宗教的本质》一书中指出，自然宗教的本质同样是人的本质的异化，不过是用自然被人化的间接方式表现出来。“自然界的变化，尤其是那些最能激起人的依赖感的现象中的变化，乃是使人觉得自然是一个有人性的、有意志的实体而虔诚加以崇拜的主要原因。如果太阳老是待在天上不动，它就不会在人们心中燃起宗教热情的火焰。只是当太阳从人眼中消失，把黑夜的恐怖加到人的头上，然后又再度在天上出现，人这才向它下跪。”对于自然的依赖，再加上那种把自然看成一个任意作为的、有人格的实体的想法，就是献祭这一自然宗教的基本行为的基础。人类生活在大自然中，大自然千姿百态，变化无穷，这些现象为原始人的感觉器官和心理所不能承受，这种超人的力量震撼着原始先民的心灵，从而使他们产生出强烈而又普遍的恐惧心理。这就是自然崇拜产生的原因。在原始人的眼里，强大的自然物和自然现象，都具有至高无上的灵性，这种灵性往往能主宰人类的命运，改变人们的生活。因此在不能征服和认识它们的时候，只有把它们当作有生命力的神灵加以顶礼膜拜。这种对自然力的崇拜，直接表现为对自然物本身的崇拜。原始人类通常把自然力拟人化，赋予自然力以形体，雨有雨师，风有风伯，雷有雷公，云有云神，因此，费尔巴哈在论述宗教的本质时曾说，人的依赖感是宗教的基础，而这种依赖感的对象，亦即人所依靠，并且也为自己感觉到依赖的那个东西，本来不是别的东西，就是自然。自然是宗教最初最原始对象；这一点是一切宗教和一切民族的历史所充分证明的。产生这种现象的原因是原始生产力的低下，大自然一方面给赖以生存的人类提供一切物质资料和条件，另一方面又会给人类带来巨大的灾难，自然崇拜就是这一矛盾冲突的产物。诸多自然现象中，最令人恐怖的莫过于雷鸣电闪，原始人一方面对雷感到恐惧，另一方面又依赖雷，因此，“雷”受到原始人类的格外崇敬，久而久之，人们对“雷”形成了神化观念。雷神便成为最早的自然神之一。从文字上看，中国的“神”字，古代无偏旁，写为“申”字，甲骨卜辞中的“申”字即“象闪电之形”，从中也可看出雷神为最早之神及其至尊地位。

恩格斯说：“一切宗教都不过是支配人们日常生活的外部力量在人们头脑中的幻想的反映。在这样反映中，人间的力量采取了超人间的力量形式，在历史初期，首先是自然力量获得了这样的反映，……但是除了自然力量外，不久社会力量也起了作用，这种力量和自然力量本身一样，对人来说是异己的，最初也是不能解释的，它以同样的表面上的自然必然支配着人，最初仅仅反映自然界的神秘的幻象，现在又获得了社会属性，成为历史力量的代表者。”雷神是最早的自然神，获得社会属性后，就与人之始祖等关联。

从文字的层面看，“雷”字，象形。早期甲骨文为指事字，在闪电（申）四周加几点指事符号，表示伴随暴雨、闪电发出的巨响。晚期甲骨文在闪电的两边画两个“田”（田，代表战车的轮子），显示古人相信伴随闪电的震天巨响，是在天穹轰然驰过的天神战车发出的。造字本义是天神战车在天顶轰然奔驰，发出震响。金文加“雨”，强调天象景观，并将两个“田”（轮子）写成四个“田”（轮子）。篆文省去闪电形状，省去一个“田”（轮子）。隶书再删去两个“田”（轮子），简写成“雷”。

雷，对畲家人的影响更是十分深远。“畲”，是“刀耕火种”之意。雷姓畲家早期在今粤、闽、赣三省交界的凤凰山区，诸多自然现象中，最令人恐惧的莫过于“Long Long”的巨响。先是乌云翻滚，接着是惊天动地的“Long Long”的巨响，和形如银蛇狂舞、似乎要撕裂天庭的闪电交织在一起，然后是狂风暴雨，引发巨大的泥石流。天崩、地裂般的“Long Long”的巨响，击中高山巨石，击中擎天大树而引发森林大火，击中动物，击中人……一方面它似乎可以毁灭一切。而另一方面，大火过后，到处可见被烧死的动物，随手可得，被烧烤过的兽肉味道更鲜美，且扩大了食物的来源和种类，带来了温暖，扩大了活动范围，于是，人类开始用火。火的使用，使人类摆脱了“茹毛饮血”的时代，脱离动物界。进而用火驱赶、围歼野兽，行之有效，提高了狩猎生产能力；焚草为肥，促进了野草生长，出现刀耕火种。Long 声震动，万物苏生；Long 声息止，万物萧瑟、枯萎。Long 又是起火、降雨的先行，人类感觉到风、雨、电等是“Long”所主宰，因而，一方面对雷感到恐惧，另一方面又依赖“Long”，因此，“Long”受到格外崇敬，久而久之，对“Long”形成了神化观念，并成为标识，最后把“Long”作为群体之姓。畲族直到如今，在传统服饰、彩带上还保留着许多雷纹，是雷崇拜的遗留。汉文献早期记载畲家雷姓时，用的是“耒”“娄”“蒌”“楼”“吕”等，这些文字不是畲家早期的多个姓，而是不同的学者用汉字注畲语“Long”的语音，因为其内涵都是打雷的雷，汉文字是“雷”，所以后来就成了“雷”。

随着社会生产力的发展，子孙的繁衍，同姓的氏族又分成若干分支散居各地，形成了区别贵贱的“氏”。《资治通鉴外纪》云：“姓者，统其祖考之所自出。氏者，别其子孙之所自分。”《左传·隐公八年》记：“天子建德，因生以赐姓，胙之土而命之氏。”即周天子分封诸侯时，被分封的诸侯多与周天子同属姬姓。能够被“赐姓”“命氏”者都是有爵位、官位、封地，可以入宗庙的贵族阶级。所以“氏”可以明确表示自己的家族出身与社会地位，于是“氏”就有“别贵贱”的作用。先秦时代，只有贵族有姓氏，故郑樵云：“氏所以别贵贱，贵者有氏，贱者有名无氏。”顾炎武在《日知录》中称：“自战国以下之人，以氏为姓。”“姓氏之称，自太史公始混而为一。”战国之后，中国人开始以氏为姓，姓氏合一。

“氏别贵贱”的作用在汉代愈演愈烈，并成为一种政治斗争的工具，最终导致门阀制度的建立和完善。在选官、晋爵、结婚、福利等方面均以其姓氏家谱品评高低。姓氏直接影响着一个人的社会地位、婚姻问题，以至前途命运，甚至连日常交往、场面座次亦明确有别，导致《晋书·刘毅传》描绘的“上品无寒门，下品无士族”。于是就出现了“姓氏”的政治性。

姓氏的政治性。一方面，作为一种政治斗争的工具，突出表现为皇帝的赐姓；另一方面，封建专制者又以避“国讳”的名义，通过国家行政手段方式，对某些姓氏强行改易或限制统辖区内所有成员使用某些字眼的姓氏。百姓也往往因政治因素，为避祸而改姓。封建统治者一直歧视畲家，因此，畲家的第一姓——盘，被迫改为“潘”；雷姓改为“施”“许”姓；蓝姓改为“徐”姓，等等。还有民族的融合改姓，其中以北魏孝文帝下诏改鲜卑姓为汉姓最为著名，当时，一次就改了144姓。姓氏受数千年政治文化影响，产生了家族血缘关系的模糊性，一个民族有许多姓，一个姓氏有不同民族，同姓不同宗。

“参天之木，必有其根。怀山之水，必有其源。”世界上天地之物都有其根源，而血缘寻根是人类的天性。寻根意识是当今世界的主要思潮之一。姓氏寻根，是中国人寻根中最基本、最重要的内容。

姓氏寻根，各姓氏家谱，基本上是引申到史前的传说人物为共同的始祖，这些始祖，实际上不是血缘始祖，而是文化始祖。且文化寻根其世系是粗线条的，掺合了各种传说、攀附的成分。当今，我们各姓氏宗族开基祖以前的历史，大部分是断代的，不能完整地与始祖联系起来。

那么如何寻找与血缘始祖的关系呢？可用人的基因。

人类的23对染色体中的第23对决定性别的染色体叫性染色体，分X、Y两种，男性精子中带有X、Y两种染色体，女性卵子中只带有X染色体，是可以遗传的。中国人的姓氏以父系方式传递，故姓氏形成了Y染色体上的一个特殊遗传位点，每个姓氏相当于这个位点上的一种等位基因，其传递方式是父系遗传。我们曾通过计算机聚类系统分析几十年来收集的上百万份血型数据，发现不同人群血样中的血型、酶、蛋白质的区域分布和人们姓氏的区域分布高度一致，且在过去的一千年中竟没有多大的变化！姓氏传递是连续和稳定的。用基因与姓氏联姻研究，在人类群体遗传学中形成了一个分支，就是姓氏群体遗传学。它是利用人类姓氏的特定传递规则，与人类遗传学的基因理论相对应，研究人群中姓氏的种类和分布，进而分析人群间的亲缘关系和历史上人群迁移模式等的一门学科。目前，“姓氏基因”研究最引人注目的结果是，同是汉族姓氏，从血缘上分成两大分支，以武夷山—南岭为界，表明了南北两大区域人群的不同源性。

《畲族雷氏志》，收集了1997年以来全国不同地区与部门、不同目的、不同样本的畲民基因检测结果，结果都是南方基因，源于广东一带，后慢慢扩散开来，且证实考古学、族谱关于畲家人的迁徙路线。尤其是，他们的Y染色体M7非常古老，是一种原生成分，而不是通过交流而获自其他民族的；非常特别的是有很高频率的FIa单倍体，其他民族很少见。FIa是古老单倍体，并且流传到了其他各个语系人群中。同时结合民族记忆：全国畲民一致认同本族群来自今粤、闽、赣三省交界地——凤凰山，唐代之前凤凰山包括如今韩江、榕江、九龙江、晋江的四江流域。多数文献特别是早期文献记载畲家雷姓不是来自北方，而是南方。114 部畲族雷氏家谱及畲族其他姓之家谱都记录畲家雷姓来自三省交界的凤凰山地区。考古资料尤其是近些年的考古新发现亦可佐证，漳州莲花池山旧石器遗址、晋江深沪湾旧石器遗址，从时间与古人类生活方式看，此两处古人处于直立人阶段。漳平奇和洞考古发现 1.2 万年前的古人类头盖骨（入选 2011 年全国十大考古新发现），东山发现一万年前古人类肱骨残段，表明直立人已发展至智人阶段。考古界认为“北有山顶洞人，南有奇和洞人”，奇和洞人代表了东南地区土著文化。已发现的现代人遗址有近百处，具有代表性的是潮州象山人（距今 8000 年左右）、陈桥人（距今 6000 年左右）、后山人（距今 4500 年左右），这个时期是部落、部落联盟形成时期，族群共同体在周代被称为“畲家”。凤凰山地区古人类的发展具有连续性、系统性、封闭性的特点。直到晋代，才有其他族群进入凤凰山，与畲家人交流融合。如今，全国畲民使用的“shang ha wa”（畲语）与凤凰山相同。

《畲族雷氏志》用历史唯物主义的立场、观点和方法看待畲家历史，把考古探索和文献研究同基因遗传等自然科学技术手段有机结合起来，综合把握物质、精神和社会关系形态等因素，逐步还原文明从涓涓溪流到江河汇流的发展历程，坚持多学科、多角度、多层次、全方位，密切考古学和历史学、人文科学和自然科学的联合攻关，拓宽研究时空范围和覆盖领域，运用生物学、分子生物学、化学、地学、物理学等前沿学科的最新技术分析凤凰山古代遗存，使畲族探源有了坚实的科学依据，拓展了我们对畲族雷氏的认知，科学回答了畲族雷氏起源、形成、发展的基本图景、内在机制以及各区域文明演进路径等重大问题。当然，成果还是初步的和阶段性的，还有许多历史之谜等待破解，还有许多重大问题需要通过实证和达成共识，即仍然任重而道远，必须继续推进、不断深化。

《畲族雷氏志》记录了畲族雷姓的历史与文化，同时反映了全体畲族人民丰富多彩的历史文化发展风貌，在共同缔造中华文明中所做出的贡献，利于人们树立正确的历史观、民族观、国家观、文化观，铸牢中华民族共同体意识，加强各民族交往交流交融，促进各民族像石榴籽一样紧紧抱在一起，共同团结奋斗、共同繁荣发展。

姓氏不仅仅是一种文化，目前人类群体遗传学中已经形成了一个分支——姓氏群体遗传学。中国人的姓氏和分布是中国一项特有的国情，它涉及中华民族的起源、祖先们遗留下来的基因资源的分布、当今海内外的寻根和国家的统一、今后人口发展趋势和国土利用等许多问题，因此具有非常重要的意义。《畲族雷氏志》的研究、记录方法也将为其他姓氏研究提供新的路径。

袁义达

（作者为中国科学院原遗传研究所室主任，研究员，华夏姓氏源流研究中心主任）

2023 年 2 月 20 日

前　言

畲族，中华民族共同体的一员。今主要姓氏为盘、蓝、雷、钟等六姓，因而习近平同志为《宁德畲族文史工作》题词“一族信史承前启后，六姓新篇继往开来”。畲族雷姓人口占畲族总人口的43%；全国雷氏人口汉族最多，其次是畲族。

福建省姓氏源流研究会编写、出版了《福建姓氏志（第一卷）》（福建人民出版社2019年12月版），将畲族雷氏编入其中，但字数有限（因按人口比例），为更加全面、系统地反映畲族雷氏的历史与文化，我们在《福建姓氏志（第一卷）》“雷姓篇”架构的基础上编写《畲族雷氏志》。本志以唯物史观，特别是马克思主义中国化时代化最新成果——习近平新时代中国特色社会主义思想为指导，弘扬科学精神，实事求是，通贯古今，明古详今，重在特色，还原畲族雷姓的历史与文化，旨在不断增强中华民族共同体意识，推进各民族共同团结奋斗、共同繁荣发展，同心共筑中国梦。

2020年第七次全国人口普查数据显示，全国畲族有74.6万人，其中雷姓32.3万人。畲族雷姓，广东省有1.4万人，主要分布于潮州市的潮安、湘桥，韶关市的始兴、南雄，河源市的东源等县（市、区）；福建省有17.6万人，主要分布于福州市的连江、罗源、永泰、晋安、闽侯，泉州市的南安，三明市的宁化，南平市的建瓯、顺昌，龙岩市的上杭，宁德市的蕉城、福安、霞浦、福鼎、古田等县（市、区）；浙江省有8.9万人，主要分布于温州市的平阳、苍南、文成、泰顺、瑞安，丽水市的景宁、莲都、云和、龙泉、遂昌、松阳、青田，杭州市的桐庐、建德、临安，金华市的武义、兰溪，衢州市的龙游等县（市、区）；江西省有3.7万人，主要分布在上饶市的铅山，鹰潭市的贵溪，赣州市的南康、全南、兴国，吉安市的青原、永丰，抚州市的乐安、资溪等县（市、区）；安徽省有0.7万人，主要集中在宣城市宁国云梯畲族乡。

族源，艰辛探索新定论

2014年5月4日，习近平总书记在与北京大学师生座谈时指出：“一个民族、一个国家，必须知道自己是谁，是从哪里来的，要到哪里去，想明白了、想对了，就要坚定不移朝着目标前进。”深化了“我是谁？我从哪里来？要到哪里去？”的人类千古哲学之问。习近平总书记在中共中央政治局第三十九次集体学习时指出，要把中国文明历史研究引向深入，推动增强历史自觉、坚定文化自信。他强调，我们党历来用历史唯物主义的立场观点方法看待中华民族历史，继承和弘扬中华优秀传统文化。经过几代学者接续努力，中华文明探源工程等重大工程的研究成果实证了我国百万年的人类史、一万年的文化史、五千多年的文明史。中华文明探源工程成绩显著，但仍然任重而道远，必须继续推进、不断深化。习近平指出，我们运用生物学、分子生物学、化学、地学、物理学等前沿学科的最新技术分析我国古代遗存，使中华文明探源有了坚实的科技分析依据，拓展了我们对中国五千多年文明史的认知。对文明起源和形成的探究是一个既复杂又漫长的系统工程，需要把考古探索和文献研究同自然科学技术手段有机结合起来，综合把握物质、精神和社会关系形态等因素，逐步还原文明从涓涓溪流到江河汇流的发展历程。

要加强统筹规划和科学布局，坚持多学科、多角度、多层次、全方位，密切考古学和历史学、人文科学和自然科学的联合攻关，拓宽研究时空范围和覆盖领域，进一步回答好中华文明起源、形成、发展的基本图景、内在机制以及各区域文明演进路径等重大问题。

畲族族源、畲族雷氏来源的研究，正是遵循了这一要求与方法。长期以来，畲族雷姓与盘、蓝、钟等姓一样，把郡望等同于发源地，把雷姓冯翊郡的“冯（píng）”念为“féng”；用神话传说阐释族源。福建省姓氏源流研究会雷氏委员会联合福建省民族研究会、福建省畲家企业商会组织粤、闽、浙畲族领导、专家学者，在半个多世纪的文献分析、田野调查、实地考证，特别是 20 世纪末以来的考古新发现、遗传基因鉴别等丰富有力证据的基础上，得出了科学结论——“畲族源于凤凰山（今榕江、韩江、九龙江、晋江流域及江西南部），由凤凰山古人因劳动创造演化而来”。研究成果《畲族源流研究》于 2016 年 12 月由中共中央党校出版社出版，得到广大畲民与专家学者的赞同。畲族族源从众说纷纭乃至荒诞学说，终于进入正本清源的阶段。

2019 年 12 月 24—26 日，由潮州市潮安区人民政府、潮州市畲族文化促进会主办的“首届中华畲族发源地潮州凤凰山文化交流会”在潮州凤凰山举行。全国各地的畲族研究会（促进会、协会、联谊会）会长，北京与相关省（区、市）有关部门领导、专家学者及港澳台地区畲族宗亲代表，潮州市畲族文化促进会会员，当地畲族群众等千余人欢欣鼓舞地参加了此次“千年首聚”盛会，并在李工坑雷姓畲族村举行了全族首次祭祖。

“在距今 8000 年以前，凤凰山畲家古人类便通过‘东山陆桥’步行进入台湾，在那里定居繁衍，成为台湾岛上的少数民族”的观点，得到专家与台湾少数民族的认可。

2020 年 5 月 14 日下午，中国科学院、国家文物局联合发布了一项有关东亚古人群遗传特点、基因交流与迁徙融合的重大学术成果：首次正式发表的东亚人群规模性、系统性的史前基因组研究成果表明，中国南北方古人群早在 9500 年前就已经分化，其中距今 8400 年的福建奇和洞（属于凤凰山范围）个体基因组具有极高的研究价值，通过古基因组数据确认，认定福建及毗邻地区距今 8400 年的古南方相关人群是南岛语系人群的祖先来源。5 月 15 日凌晨，美国《科学》（*Science*）期刊以 research article（研究性论文）的形式正式发表研究论文 *Ancient DNA Indicates Human Population Shifts and Admixture in Northern and Southern China*。《央视新闻》（5 月 15 日）、《人民日报》（7 月 3 日）等媒体也进行了相关报道。该成果进一步证实畲族源于今粤、闽、赣三省交界地。

事件，生生不息畲民魂

本志记录了雷等姓畲族先民从周代“畲家人”到如今畲族全面小康的 3000 多年的主要事件。

周代，畲族先民在海边以石筑寨，即原“东石寨”，位于今福建省晋江市东石镇，该寨碑文首句开宗明义：“东石寨即春秋时闽中畲家寨”，“东石寨”于 2009 年 11 月被列为第七批福建省文物保护单位。晋江市一些族谱、民间史书也记载了周时至秦汉聚居晋江的主要氏族是福建最古老的畲家人。“畲家人”的称呼一直沿用至今。

西汉时，广东四大古镇之一的松口，主户是畲家人，名为“东畲寨”。今畲江、畲江镇等也因原为“畲坑”而得名。连南越王赵佗也“化南夷之俗，背叛王制，椎髻箕坐”（《论衡·卷二率性篇》），仿效畲民发式和坐容。汉文帝初年，南海王反汉，凤凰山西北部（今梅州）部分雷姓畲家人被“处之上淦（今江西樟树）”（《汉书·严助传》），直至安徽庐江。建元六年（公元前 135 年），汉武帝发两路大军讨伐闽越后，认为“东越狭多阻，闽越悍，数反覆，诏军吏皆将其民徙处江淮间”（《史记·七十列传·东越列传》）。凤凰山东部（今闽南、闽中）部分雷姓畲家人被迁至江淮，有的漂洋过海到台湾。

唐初，封建统治之手始伸入凤凰山，强迫畲民交纳贡赋，原来“无粮纳”的畲家人进行反抗。总章二年（669 年），唐高宗派陈政率 3600 名唐军入闽镇压，畲民在雷万兴等领导下，组织起来与唐军进行抗争。在两军交战过程中，起义军屡胜唐军，陈政只好上书朝廷：“群蛮来侵，自以众寡不敌，退保九龙山，奏请益兵”（《漳州府志・卷三十一・灾祥》）。唐统治者又派其兄陈敏、陈敷“领军校五十八姓来援”（《漳州府志・卷三十一・灾祥》），但仍镇压不了“峒蛮”，“守帅不能制”（《漳州府志・卷一・建制》），“诛之则不可胜诛，徙之则难于屡徙”（《漳州府志・卷二十六・艺文二》）。其子上书朝廷，要求增设一州，唐垂拱二年（686 年），在凤凰山东部增设漳州。唐开元二十一年（733 年）于凤凰山东北部置郡汀州。然而，反抗斗争仍然不止，唐昭宗乾宁元年（894 年），出现宁化“黄连峒蛮二万，围汀州”（《资治通鉴・卷二百五十九》）。郡县制强化了封建统治，畲民被迫迁徙，少量雷姓畲家人分别从陆路、海道迁出凤凰山，经连江、罗源到达闽东、浙南。部分漂洋过海到台湾、南洋。唐时镇压畲家人，除以暴力残酷镇压外，还有两种手段，一是唐军强娶畲女为妻，二是文化手段，即外加盘瓠神话传说于畲家人。

宋末元初，畲家雷姓人数超 70 万（畲家人口达 210 万），与蓝、钟等畲民组成“畲家军”抗元。抗元失败后，统治者实行“以畲制畲”，部分畲民被遣散至凤凰山周围地区。

明代，畲民反歧视、反压迫抗争被残酷镇压，凤凰山上一直不纳粮的雷姓等部落，也只好下山向政府交税。畲家人基本逃离凤凰山，大量迁到闽东、浙南。他们印象最深的是“无纳粮”，一直为“不纳粮”而抗争，然而找错了理由。

清代与民国时期，畲民被视为异类。《平闽全传》，又名《杨文广征蛮十八洞》，描写宋时杨文广用神佛攻克了南闽十八洞，平伏了唐初蓝、雷精妖。社会生活中畲民被“禁考、禁畲语、禁凤凰装”等，并继续迁徙。

畲民的迁徙活动以家庭、家族为单位，少则三五人一伙，多则二三十人一群，没有目标，也没有组织，跣足负担，一头挑着祖宗的牌位和骨灰，一头挑着幼儿，徐徐而行，傍树为家，依山而居，从而形成当今“大分散、小聚居”的分布格局。

在两千多年封建制度的压迫下，畲家人除逃遁迁徙外，许多被迫改为汉族。如今闽西有的县雷、蓝、钟姓人数超半，应为畲族，但民族成分是汉族。晋江市的大姓是施、许等，族谱记载是雷、蓝姓畲家人更改的姓氏。厦门大学的国家社科基金重大项目“中国南方少数民族族谱研究”成果认为，在八姓入闽传说中提到的诸姓，其实极有可能就是当时的闽越居民。畲家人有抱养汉等民族女婴、娶招其他民族青年的传统，认为其只要学会畲语，就是畲家人，即血缘上一直在进行交融。

中华人民共和国成立后，雷氏畲民分得土地、山林，停止迁徙，安居乐业。中国共产党实行民族平等、民族团结政策。1953 年第一次全国人口普查，因全国一共报出 400 多个民族成分，中央决定由中央及地方民族事务部门组织力量，对每个自报的民族成分与族称进行辨别，即进行“民族识别”。中央派出的第一个民族识别调查组，是畲民识别调查小组，调查组 5 人，北京专家 3 人，畲民成员是华东局的雷关贤、福建民政厅的雷恒春。调查小组第一次到浙江、福建，第二次到广东进行调查识别，均认定“畲家人”既不是汉族，也不是苗族、瑶族的一支，是具有自身民族特点的少数民族。1956 年 12 月 8 日，中央统战部发出给浙江、福建、广东、江西省委统战部并报中央的电文《关于确定畲族的民族成分和民族名称问题》，正式将“畲家人”确认为单一民族，族称为“畲”。

改革开放后，随着党的民族政策不断落实，建立了 1 个畲族自治县、45 个畲族乡（镇）。畲民享受“造福工程”优惠政策，走出深山，有的离土离乡创办了现代企业，政治、经济、生活都发生了翻天覆地的变化，与全国人民一起实现了全面小康，梦想成真。畲族人民深深感到：没有共产党就没有畲族的今天，并把 12 月 8 日作为畲族的“感恩节”。

风情，底蕴深厚聚“非遗”

习近平同志在福建、浙江工作时，不但了解畲族的历史与文化，而且与畲族人民结下了深厚感情，在《一切为了畲族的发展——〈畲族社区研究〉序言》中说：“我和畲族是有缘分的……我的心系着畲族人民。”在《巩固民族大团结的基础——关于促进少数民族共同繁荣富裕问题的思考》一文中指出：“畲族人民在漫长的历史岁月中，创造了光辉灿烂的文化，这不仅是畲族人民自己的瑰宝，也是我们国家的一份宝贵的财富。畲族文化为畲族的延续和发展起到了积极作用，在实现社会主义现代化过程中一定要让畲族文化更加发扬光大。首先，要继承和发扬畲族文化传统中优秀的部分。畲族语言、畲歌、畲族服饰，这些都是最基本的文化，都应当很好地继承。……其次，要抓紧挖掘整理畲族文化遗产，如畲歌、民俗、民谚、民乐、舞蹈、故事等，要组织力量进行深入探讨，取其精华，古为今用。我觉得畲族歌舞就很有特色，很有风采，还有畲族的传统歌会完全可以加工升华一下。……其三，要努力丰富畲族人民文化生活，积极引导群众开展各种健康有益的文体活动，建立或完善民族文化站、文化中心、山村俱乐部、文化活动室、图书阅览室等。总之，要多层次、多形式、多渠道地发展与时代相适应的民族群众文化事业。”

畲族古人早期生活在凤凰山海边、平原，初采集野果、捕鱼、狩猎，后刀耕火种，再发展到种植水稻等农作物。被迫外迁后，没有土地、森林等生产资料，只有刀等生产工具，只能继续狩猎和采薪、刀耕火种，垦山筑田。畲族古人善种畲禾（旱稻），把荒山野岭变成鱼米之乡，是我国“东南沿海山区的杰出拓荒者 ”。迁入浙江、安徽后，畲民佃租他人土地，实行牛耕水田的农业生产方式。畲族妇女尤胜男子，白天同男子共同劳动，争挑重担；晚上回到家里做家务，干脆利索；不但能“粗”，而且能“细”，纺纱织布，飞针走线，巧织彩带。

洪荒时代，畲家古人“织绩树皮”御寒保暖。在实践中发现一种植物藤条纤维质地好，取名为“qu”（汉语：苎麻）。将其人工培育，去骨刮皮，晒干破丝，捻成细线，编织为布，再以树叶、果实染色，然后缝制成衣。被迫遁入山区后，代代传承，无论寒暑，皆衣麻，把本家古人创造的几何印纹、图象文字、山形和水波形状等用丝线绣在衣鞋帽上。畲民用“ming zhang”（汉语：豪猪刺）椎髻，穿上花边衫，扎上彩带，椎髻卉裳，戴上银“gie（笄）”（头饰）和各种刻有凤凰图案的银饰，色彩斑斓，绚丽多彩，不但银光闪闪，且能发出凤鸣声，他们在山间小路上迈着飞快的脚步，活像一只只在奔跑的凤凰。凤凰装，是畲族人对民族源自凤凰山的深刻记忆，“gie（笄）”是对凤凰山最高峰——凤鸟髻的模拟。

在漫长的生产、生活实践中，畲族人民形成了淳朴、热情、好客的饮食文化。

在聚居村落，全国畲民至今仍通用传承了数千年的畲语，“唠歌”“对密语”则是用纯畲语表达的典范。

婚姻保留着氏族外婚制特征，两性地位上保留了“女高于男”的特点，婚配形式上保留了“男嫁女”“做两头家”的方式，婚礼的时间安排上保留了“婚姻”的本意。男女青年在劳动等场合相识，通过对歌自由恋爱。昔时婚礼相当简朴，一路对歌一路行。受到封建婚姻文化的影响，婚礼日益繁杂，也形成系列程式，同时又保留了“关门迎亲”“难媒人”“戏赤郎”“唠行郎”“搽黑脸”等原始抢婚习俗，但“抢”不是真抢，而是演示性的抢，目的在于增加婚礼的热闹、欢乐的氛围，从一定意义上说拓展了婚俗文化的内涵。“新郎官”“新来主”，不拜父母，也不对拜，且男跪女不跪，这是母系社会、唐代婚姻习俗的延续，以及畲族女性地位高于男性所决定的。

在与疾病的长期斗争中形成的畲医药技术，往往药（技）到病除。

传师学史、唠歌、舞蹈、武术、节俗信俗等民间艺术活动在畲汉长期交流交融中，不断地与时俱进、推陈出新，构成了多彩、立体的畲乡风情与“睿智、勇敢、开拓、和谐”的民族精神，形成了畲族衣食住行诸方面非物质文化遗产的体系，有220多个项目被列入国家级、省级、市级、区县级的非遗目录，并产生了相应级别的传承人，有效地保护了畲族优秀传统文化的传承与发展。

族谱，行第世系显特征

修谱，畲语为“zao bo”（造谱），是向汉族学的。“谱牒”章，对有一定代表性的115部雷氏族谱作了简介。从最早宋淳祐八年（1248年）始修的建瓯市房道镇《璜溪雷氏宗谱》，到明清时期“造谱”的高潮，再到现代畲族人进一步重视民族历史，畲族史志文化和家族文化的内容大大丰富了。具体记录了畲族雷氏从广东凤凰山到皖南的迁徙行程，同时折射出粤、闽、浙、赣、皖诸省间畲民的迁徙繁衍之苦、刀耕火种之难。族谱以独有的“大、小、百、千、万”记录行第，成为畲族雷姓昭穆世系的鲜明标志。

建筑，承载家史凝智慧

畲族建筑中，建于汉代的云霄“五通庙”年代最为久远。上杭的“树槐堂”、霞浦的“观音亭寨”“雷世儒大厝”“龙溪宫”与“福宁山民会馆”等，被列为国家级、省级文物保护单位，一厝一堂一馆，映照出雷姓家族的兴盛历史与事件。陵墓与宗祠，承载着畲民后裔对肇基始祖、支系首领、家族名人的缅怀之情，也充满了对家族后裔繁荣的期待。最具影响力的当属江西南康府建昌县新城乡北山社上社堡（今江西永修县梅棠镇新庄雷姓畲族村），雷发达家族以艺应募，到北京供役，200多年间8代掌案样式房，主持设计、修建了故宫、三海、圆明园、颐和园、避暑山庄、东陵、西陵、杭州行宫等建筑。设计修建这些建筑时，没有局限于谢林、黑格尔建筑是“凝固的音乐”的思想，而是把汉、满、畲等民族文化有机融合。2007年“样式雷图档”入选《世界记忆遗产名录》。

人物，名人辈出强中华

“著述与艺文”呈现古今畲族雷姓人著书立说的风采。

人物传与人物录，追忆和记录了历代进士名贤、为国捐躯英烈和中华人民共和国国家建设栋梁之材的事迹。唐代有领导凤凰山畲民起义的雷万兴，当面严词斥责安禄山罪行的雷海青（后成为东南地区“戏神”“田公元帅”）；清代有雍正年间进士、理学名臣、浙江督学的雷鋐，道光年间江西铅山的名仕雷维翰，道光年间浙江平阳三年抗争“禁考”、后成为“贡元”并获六品顶戴文林郎的雷云，医道驰名闽浙的雷丰、雷臻璧等。

土地革命时期以来，畲族人民有两个特点：第一，保守秘密，对党很忠诚；第二，团结。在整个新民主主义革命时期，畲族没有出过一个叛徒，涌现出一大批为中华人民共和国成立而抛头颅、洒热血的英雄人物。

中华人民共和国成立后有为畲族确认与民族发展做出巨大贡献的雷关贤、雷恒春，被誉为“中国橡胶之父”的雷贤钟，海水鱼类养殖专家、工程院院士雷霁霖，热心从事办学等公益事业的雷学金等。

本志采用规范的现代语体文，力求通畅、严谨、朴实、简洁。在汉文字不能准确表达畲族雷氏的语音、语意时，采用畲家古文字或汉语拼音、汉字注畲声、汉字替代等方式；畲语有自身的构词方式与表达形式，本志主要编写者都是精通畲语的专家，因而用畲族特有思维方式表达，故不同于汉语处，非错别字或文理不通。

《畲族雷氏志》编写委员会

2022年8月

凡　例

一、本志以马克思列宁主义、毛泽东思想、邓小平理论、“三个代表”重要思想、科学发展观和习近平新时代中国特色社会主义思想为指导，坚持辩证唯物主义和历史唯物主义的观点，弘扬科学精神，实事求是，旨在推进各民族共同团结奋斗、共同繁荣发展。

二、《畲族雷氏志》为首修，全志取事，上至畲族雷氏发端，下限为2020年。通贯古今，明古详今，重在当代。

三、本志为专业志，凡属畲族雷氏特点、特色之处，力求详述；与其他姓氏共同之处，简叙或不记。

四、本志由述、记、传、图、表、录组成。文字为主，图表为辅；正文为主，丛录为辅。相互参证，相得益彰。

五、宗祠、陵墓、古建筑、非物质文化遗产、名胜古迹等按保护级别与时间顺序排列。

六、年代变迁，地名更动，记叙采用事件发生时所用的地名与时间，中华人民共和国成立之前历代纪年加注公元纪年；古地名加注现名，以备稽考。

七、本志采用规范的现代语体文，力求通畅、严谨、朴实、简洁。汉文不能表达畲族雷氏的语音、语意时，采用畲家古文字或国际音标、汉语拼音。

八、本志引用文献资料，已点明出处的不再页下注。

目　录

大 事 记

石器时代

福建华安县官畲村至诏安县，有一条延绵200多公里的远古摩崖石刻弧形分布带，时间有的在一万年以上。最具代表性的是华安县沙建乡苦田村的“仙字潭岩刻”，刻于5000年前。是畲族先民所为。1961年，福建省人民委员会将其列为第一批省级文物保护单位，碑文为“少数民族遗存的图象文字”；2013年，国务院将其列为全国重点文物保护单位。

周代

福建晋江市的“东石寨”（今东石镇），是周代畲族先民在海边以石垒成的古寨，寨碑上有介绍“东石寨”的碑文，首句称“东石寨即春秋时闽中畲家寨”，2009年11月被列为第七批福建省文物保护单位。当地现还保留着“东畲”“西畲”“畲下”等地名及畲族村。

晋江市部分族谱、民间史书记载，周时至秦汉，聚居晋江的主要氏族是福建最古老的畲家人。“畲家人”这个称呼，从周代开始，在全国各地族际交流中一直沿用至今。

晋江族谱载，许、施等姓为畲家雷姓更改而来。

汉代

汉文帝初年（公元前179年），南海王反汉，凤凰山西北部（今梅州）部分雷姓畲家人被“处之上淦（今江西樟树）”（《汉书·严助传》），直至安徽庐江。

建元六年（公元前135年），汉武帝发两路大军讨伐闽越后，认为“东越狭多阻，闽越悍，数反覆，诏军吏皆将其民徙处江淮间”（《史记·七十列传·东越列传》）。凤凰山东部（今闽南、闽中）部分雷姓畲家人被迁至江淮，有的漂洋过海到台湾，直至南洋。

西汉时，广东四大古镇之一的松口，是古畲民聚居地，主户是畲家人，名为“东畲寨”。今畲江、双螺畲、畲江镇等，皆因旧时为“畲坑”而得名。

永平年间（58—75年），汉明帝为了征服散居在闽南沿海的畲家，派兵攻打“畲家寨”。最终，畲家人不得不“弃寨”，被迫迁徙到闽东福鼎等地。

晋代

永嘉五年（311年）“五胡乱华”后，“畲家寨”被改称“东石寨”。

隋代

隋末（约607—617年），雷风顺从广东潮阳进入福建罗川（今罗源），转迁长溪（今霞浦）大黄坪（今属福安）。

唐代

总章二年（669年），广东潮州和福建南部畲民在雷万兴、苗自成、蓝奉高领导下，发动起义。

永隆二年（681年），有雷姓参加的畲汉起义军攻陷潮阳县城，陈元光镇压不了起义，上奏朝廷设置漳州。垂拱二年（686年），漳州设立。

开元二十四年（736年），设置汀州，“徙内地民居之，而本土之苗仍杂处其间，今汀人呼曰畲客”（《临汀汇考·卷一·建制》），其中雷姓畲民有相当部分。

乾元元年（758年），雷姓等畲家先民被迫从祖居地“凤凰山”中心（今广东省海阳、潮安一带），向福建泉州、莆田、福州方向迁徙。

永泰二年（766年），雷进裕一家5口由福建罗源县十八都苏坑境南坑（今罗源起步镇乌坑村，村已废，浙江等地称苏坑）迁入浙江青田县鹤溪村大赤寺（今属景宁澄照乡大赤垟村，寺已废），后居住包凤叶山头村（今景宁鹤溪镇辖）。这是畲民最早迁入浙江的一支。

光启二年（886年），盘、蓝、雷、钟等姓畲民300余人从闽南海上入闽，在连江县马鼻上岸，后向北移动，先居罗源沨头（今罗源县起步镇黄家湾村）等地，随后及后裔多批次逐渐向福宁州（今宁德）和浙南迁徙。

光启三年（887年），畲家武装首领雷声（又名雷法嵩）等率族人三千余众，为王审知向导官，因征讨有功，钦赐雷法嵩督挥元帅，族兵散居闽中，以耕读为业。

景福二年（893年），雷声率众自漳州随王审知进入福州。

五代

后晋开运二年（945年），有士兵被“派军”于永福县（今永泰）嵩口地区“屯田”，其首领雷伯兴定居三峰长坂洋肇基。

后周广顺三年（953年），江西上饶铅山县置县，辖黄柏村（今篁碧雷姓畲族村）。

宋代

嘉定二年（1209年）十一月，江西爆发以畲族李元励为首的有雷姓参与的畲汉人民联合起义，坚持斗争三年。

宝庆元年（1225年），江西赣州爆发了以陈三枪、钟全为首的有雷姓参与的畲汉人民联合起义，直至端平元年（1234年）。

景定三年（1262年），刘克庄为刻碑表彰卓德庆镇压畲民起义的功绩，写了《漳州谕畲》一文，以“畲”“畲民”称呼畲家人（含雷姓）。文中不仅对溪峒畲民进行了较详尽的分类介绍，还对畲民起义的原因进行了比较客观的分析，对畲民遭受的歧视和盘剥给予了一定的同情，指出畲民的盘瓠神话传说是“殆受教于华人耳”。[①]

文天祥（1236—1283）的《知潮州寺丞洪公行状》，对广东潮州一带畲民作了记载，“潮与漳、汀接壤，盐寇、畲民群聚”。[②]

景炎元年（1276年），宋端宗到潮州，张世杰招义军勤王抗元，畲家许夫人率诸峒畲户（含雷姓）响应。

---

① 刘克庄：《后村先生大全集》卷九三，商务印书馆，1936，四部丛刊初编本。

② 文天祥：《文山先生全集》，上海书店，1989，四部丛刊初编本。

元代

至元十四年（1277 年）七月，陈吊眼、许夫人率领汀漳有雷姓参与的“诸峒畲军”协助张世杰围攻泉州叛军蒲寿庚。

至元十五年（1278 年），闽北爆发以黄华为首的有雷姓参与的畲汉人民大起义。许夫人从漳州经闽西转战闽北，加入黄华起义军。

至元二十五年（1288 年），钟明亮在广东循州发动有雷姓参与的畲汉人民起义，转战漳、汀、赣诸州，得到福建、江西畲汉人民的广泛响应，“声摇数郡”。

后至元四年（1338 年），元末畲民起义军首领李志甫和汉人黄二使领导有雷姓参与的畲汉人民攻打漳州、龙溪等地，直至浙江省。

至正十八年（1358 年），连江、罗源、侯官（今福州北岭与闽侯中部的白沙、大湖一带）山区畲民（较多为雷姓）响应陈友谅领导的农民起义，投入反对元朝统治者的斗争。

明代

洪武年间（1368—1398 年），雷大鸿由侯官（今福州北岭至闽侯白沙、大湖一带）迁罗源霍口乡龟山村（今已废）肇基，永乐年间（1403—1424 年）经卓贤垅移居霍口岗尾村。

洪武十二年（1379 年），雷景武、雷景通兄弟二人由罗源梅溪里迁至浙江青田县岭根肇基。

洪武十三年（1380 年），部分雷姓畲民移居福宁并浙江温州、处州等处。

洪武二十八年（1395 年），雷肇松一家 6 口从福州北岭迁往福鼎牛埕下。

洪武二十八年（1395 年）至崇祯八年（1635 年），福州、侯官、连江、罗源等地先后有 18 支雷、蓝、钟三姓畲民迁往宁德、福安、福鼎、霞浦等地定居。

成化二年（1466 年），雷两从福州迁入福安十都官湖（今福安）。

弘治年间（1488—1505 年），雷安和、雷安居二兄弟从连江县小沧七里迁入罗源拜井里（今松山镇）、吾洋，后裔分迁八井、横埭、安井、经布岩等地。

弘治十三年（1500 年），雷玉从云和三都迁平阳莒溪十八家（今苍南县莒溪镇上村）。

正德十一年（1516 年），谢志珊、蓝天凤在江西上饶发动有雷姓参与的畲汉人民起义，起义军以赣州为中心，与福建汀、漳二府，广东南雄、韶州、惠州、潮州四府及湖广郴州、桂阳等地义军相呼应。

正德年间（1506—1521 年），雷仁生由福建罗源县迁至浙江遂昌县大柘镇培坞。

嘉靖八年（1529 年）至崇祯十三年（1640 年），罗源苏坑境、黄重下，连江太平里、安定里、中鹄里，福州麻寮、北岭头等地雷姓畲民，先后共 34 支，迁往浙江省平阳、苍南、龙泉、遂昌、青田、云和、景宁等地定居。

嘉靖二十四年（1545 年），罗源县《罗川志》载：罗源枕山襟海，地多险阻，畲人及他邑流移居民杂处草泽之中。又载：畲民，分行自食其力，不占庶民田地。

嘉靖三十八年（1559 年），倭寇劫掠福建福安等地，当地畲民（含雷姓）奋起抗击。

隆庆元年（1567 年），雷代一（大一）由浙江庆元龙宫迁至福鼎佳阳滨阳。

万历年间（1573—1620 年），闽东畲民引种甘薯（即番薯）。

万历二年（1574 年），雷志将由青田岭根迁徙至青田八都垟源头井垟（今文成县西坑畲族镇旁边垟民族村）。

万历八年（1580 年），重下里（今霍口乡）龙头山洄头（今川边洄头）雷永祥偕子仰宇、仰善、仰甫一行迁平阳县桥墩黄坛口（今苍南县枫树湾一带）。

万历十七年（1589 年），雷王等领导福建莆田、仙游“菁客”（包括畲民）起义。一支数十人的雷氏畲民由罗源乌坑（今属起步镇）迁往浙江省云和县黄厝村定居。

万历三十四年（1606 年），雷进明、雷进宝两兄弟由福建罗源县十八都苏坑境南坑迁至浙江景宁县七都包凤。

万历四十一年（1613 年），雷虔山携一家 48 口，由福建罗源县十八都苏坑境迁至景宁二都王畈（今红星街道王金垟村）。

万历末期至崇祯年间，遂昌后垅雷氏始祖雷法进从景宁县小兴山迁入遂昌三都大桥高山居住。

崇祯二年（1629 年），雷可奇、雷君文自沨头迁至福安县牛石坂发族。

崇祯五年（1632 年），雷天致自罗源井洋（今起步镇水口洋村）迁至宁德县麒麟寨。

崇祯七年（1634 年），遂昌应村乡南塘、石练镇黄庄等雷氏支族始祖雷盛荣、雷盛华、雷盛贵、雷盛林四兄弟，带领老小从云和县三都梅垄徙入遂昌西乡十六都叶村成（陈）和居住。

崇祯八年（1635 年），雷康山自罗源安潭（今霍口乡塘下村晏潭自然村）迁至宁德县金涵烟亭村。

崇祯十年（1637 年），雷大山由福安穆阳金斗梁迁至福鼎佳阳滨阳。

崇祯年间（1628—1644 年），福建连江县安定里石佛岭雷千八郎携子女迁至云和县四都叶垄。罗源八井村雷氏族人建雷氏宗祠。

明代，以乡统都，江西铅山县篁碧雷姓村隶属三十七都。

清代

顺治初年（1644 年），雷文发一家由浙江平阳昌禅迁至福鼎佳阳双华华阳。

顺治二年（1645 年），刘中藻领导福建、浙江有雷姓参加的畲汉人民发动抗清斗争，先后收复浙江庆元、泰顺，福建寿宁、宁德、福安、古田、罗源等县。

顺治七年（1650 年），雷世全从福建罗源县黄重下牛栏坪迁入遂邑十三都东峰坛宙（今妙高东峰前寮）居住。

顺治九年（1652 年），雷石崑从云和二都旱畔新处垟迁入遂昌十一都苦竹林，后移至湖山廿四都（奕山）下蓬定居。

顺治十八年（1661 年），朝廷颁布迁界令，罗源陈伯井（今八井）、牛洋、可湖、廷洋坂、乌坑（今已废）等村雷姓畲民被逼迁移，田园抛荒，房舍被焚，畲民流离失所。

顺治年间（1644—1661 年），罗源畲族蓝、雷两姓共 6 支数十人分别迁往浙江云和、平阳、杭州和福建宁德县等地。

康熙元年（1662 年），罗源雷友法自乌石沨头（今起步镇黄家湾村）迁宁德县八都后岗山村。沨头雷法全等人迁浙江平阳县黄山头村。

康熙三年（1664 年），雷孔明、雷孔华兄弟两人由福建古田县九都黄泥田水缸丘迁至浙江景宁县五都叶山头李树坪。罗源雷玉信自罗源前沿厝迁宁德县虎沨漈坑。

康熙八年（1669 年）冬月，雷寄富、雷寄贵、雷寄兴三兄弟（云峰寅头、三仁梓里等地雷氏始祖）带领老小从云和县二都荒各田迁入遂邑十三都苦竹坑居住。

康熙十年（1671 年），雷士韵（石练山边、妙高水阁和古院等地雷氏始祖）由宣平黄瓜垅迁入遂邑西乡十七都黄墩全迪源居住。

康熙十三年（1674 年），雷氏祈盛、祈福、祈禄、祈元、祈耀五兄弟（雷虔山之曾孙）带领四十余口，从景宁县油田庄王畈村迁至遂昌一都（南门半坪坳）、十都（北界金钩）、十三都（东峰朱家、古院新安）、十四都（骆村岭脚）、十六都（金安）居住。

康熙中期（1692 年前后），雷氏仕敬、仕明、仕聪、仕生、仕文五兄弟由云和县叠石迁入遂昌西乡十七都（大柘后垅一带）居住。北门蔡村雷氏为其中一支。

康熙三十七年（1698 年），温州畲民（含雷姓）为争取“不编丁甲，不派差徭”的合法权益，经反复抗争，迫使温处兵备道刘廷玑同意畲民要求，并于次年在平阳县衙前勒石树立《奉大宪勒石永禁示谕》碑。

康熙五十年（1711 年），《罗源县志》载“畲民杂处境内，历世相仍，与民一体，其稽查奸良，责之畲总，每年取具册、结存案”①，实行同化统治。

康熙六十年（1721 年），新修《罗源县志》载，“畲民虽小，能关弓药矢，不惧猛兽，盖其性也。”②

雍正四年（1726 年），雷应贤一家由浙江平阳西山下迁福鼎桐城浮柳，雷应岩迁桐山福全山，雷应坷迁至秦屿竹下坑头（虎头岗）。

雍正六年（1728 年），雷时六由福建省宁化县下沙岗迁徙到江西铅山黄柏村（今篁碧畲族村）。

乾隆二年（1737 年），闽浙总督郝玉麟、福建巡抚卢焯在上表朝廷的奏章中写道：“普天之下最善良者，莫畲民若也。男耕女馌，恪守法纪，其风俗近古。”（霞浦县水门畲族乡茶岗村及泰顺县龟湖镇长坝头村的《雷氏族谱》中的《释明畲字义》载）朝廷乃准畲民（含雷姓）不编丁甲，免派差徭，循例古法，勒石示谕。清廷颁旨绘畲民图册进览，从乾隆五年（1740 年）起，“编图隶籍”“编甲完粮”逐渐在畲民（含雷姓）聚居地实行。

乾隆五年（1740 年），畲民被编入保甲地籍，事实上否定了温州畲民（含雷姓）为“不编丁甲，不派差徭”而发起的抗争。雷得章由浙江平阳福掌迁福鼎前岐大丘头。

乾隆七年（1742 年），雷得如由浙江平阳凤洋崩山迁福鼎桐城宝庙（丹岐凤阳）。罗源、连江、永泰、闽县、侯官（今福州北岭与闽侯白沙、大湖一带）等县各乡、村畲民（含雷姓）推行清廷“编图隶籍”“编甲完粮”令，田赋负担增加。

乾隆十七年（1752 年），督抚绘畲民图册进奉，朱批“知道了”。至此，“编图隶籍”“编甲完粮”的经济政策逐渐施行于闽东畲民地区。

乾隆二十年（1755 年）十月，龙游县知县万世荣在龙游城南靖林寺立《毋许索勒畲民藉公索诈》碑，禁止索勒畲民（含雷姓）（此碑现藏于龙游县博物馆）。

乾隆二十四年（1759 年），雷得隆由浙江平阳福掌迁至福鼎磻溪。

乾隆四十年（1775 年），雷观起、雷长林、雷长明、雷立坤迁入顺昌高沙铺（今双溪街道下沙村黄坑、半岭）。

乾隆四十一年（1776 年）秋，浙江青田县知县吴楚椿著《畲民考》一文，认为土民把畲民斥为“异类”为“谬引荒诞不德之说”③，启奏署府准予畲民（含雷姓）一起考试。

乾隆五十四年（1789 年），雷应陈由浙江平阳闹村北山迁至福鼎佳阳佳山瓦窑下。

乾隆六十年（1795 年），雷法万率 49 户 270 多人在顺昌沙岭居住，后裔分迁井垅、黄坑、黄竹坑。雷盛由浙江省庆元县石湖乡新漈畲处迁入顺昌岚下乡桃源村梨坪。

乾隆年间（1736—1795 年），罗源先后有雷法谋、雷师功、雷茂等数人迁往宁德县、长乐县。

嘉庆七年（1802 年），平阳县正堂据畲民雷尚春等呈请，在县衙门口立石碑，示仰居民人等不许扰害畲民。福宁府府试期间，县书王万年串通监生不准畲民参加考试，钟良弼被赶出考场，不服，呈书上诉，经省抚院李殿图明断，允准畲汉一同应试。

嘉庆八年（1803 年），雷起龙首倡，丽水、松阳、青田等县以及平阳、泰顺、瑞安（今文成

① 《罗源县志》第三十一篇《畲族》，1998。

② 《罗源县志》第三十一篇《畲族》，1998。

③ 《处州府志·艺文志》。

县）畲民经多次抗争，迫使浙江巡抚阮元和学使文宁于嘉庆八年咨准畲民与平民一同报名赴考，争得科举考试权利。

嘉庆十一年（1806年），雷土生带着家眷20多人，从广东潮州迁入福建顺昌元坑镇谟武游家山。

嘉庆十二年（1807年），雷维霈（江西南丰人，进士）任延平知府。

嘉庆十三年（1808年），罗源西兰雷发成迁至侯官县大湖六锦村。

嘉庆二十年（1815年），罗源重下里湖头雷氏（名讳失详）迁侯官县廷坪乡塘里村南美自然村定居。

道光九年（1829年），雷学光由建瓯房道迁入顺昌洋口白沙村马坑。

道光十年（1830年），清政府明令准许畲民参加科举考试。

道光十三年（1833年），罗源八井村雷氏撰《禄房雷氏族谱》。

道光十六年（1836年），雷祖接、雷祖学兄弟由南平迁入顺昌田坪村上里垅。

道光二十四年（1844年），平阳畲民雷云（今苍南县凤阳人）参加县试，备受童生、廪生种种阻挠，未能应试。经三年奔波上告，方准补考。咸丰十年（1860年）被授予“贡元”。泰顺知县正堂据畲民雷阿发等呈请，在县衙门前立石碑，示仰衙门书役、乡保烟户人等不许滥派畲民当差，不得借故索累畲民钱物。

道光二十九年（1849年），雷德旗等为首建宗祠于遂昌培坞。该祠于咸丰年间遭兵燹被毁。后于民国四年（1915年）重建宗祠于遂昌大田，至民国八年（1919年）落成祭谱。

咸丰四年（1854年）七月十九日，福鼎点头大娥村史姓财主占山霸地，欲绝畲民生路，拳师雷一柱伸张正义，战死于大娥岭。

同治三年（1864年），福鼎牛埕下畲民雷启禄热心公益事业，主持修造福鼎城区拦河坝，其六十寿辰时，福鼎知县陈培桂撰文并书，送贺“急公好义”花甲寿匾。罗源牛栏坪雷氏首修族谱。

同治八年（1869年）六月，连江县七里村雷土焕建造“探花府”1座，纯木结构。主座左右有两列厢房与主屋沟通，呈内庭式布局，规模较大，现为连江县级文物保护单位。

同治年间（1870年前后），雷世有从丽水碧湖惠明寺迁入遂昌东乡濂竹之苏村（即苏旺）居住。

同治八年至光绪二十一年（1869—1895年），闽东的罗源、福安，浙南的丽水，闽北的建阳、古田，发生多起有雷姓参加的畲汉人民反洋教、捣毁教堂事件。

光绪八年（1882年），景宁县张春东弄村、暮垟湖村3位畲族青年，参加处州府武生会试，马箭、步箭皆中，因系畲民而不录榜。畲民20余人赶赴处州府衙评理。此后，丽水县雷有高、雷宝田等分别中贡生及考取秀才。

光绪十年（1884年），张景祁编撰《福安县志》刊“各都畲民村居”182个。

光绪十三年（1887年），一支雷姓畲民由浙江桐庐迁至安徽宣城宁国市云梯独山头，后迁至千秋村铜岭关。

光绪十八年（1892年），遂昌社后寅头《雷氏宗谱》创修。

光绪二十一年（1895年），罗源岗尾雷氏撰《岗尾雷氏族谱》。

光绪二十四年（1898年），顺昌知县钟国华上书督统，建议开籍，纳客户（畲民旧称），所在顺昌畲民（含雷姓）得以入籍。

光绪二十五年（1899年），福州雷铭勋，举人出身，拣选知县，主持编纂福建《雷氏宗谱》，主张畲民汉化，不背祖，后宗谱未修成。福建按察司盐法道发布告谕，要求畲民（含雷姓）改穿汉装，遭连江、罗源、侯官（今福州北岭与闽侯白沙、大湖一带）、永泰等县畲民反对。“山民会馆”在福宁府（霞浦西门外教场头）成立，成为闽东、浙南等主要畲族聚居地的民间公益团体和多功能公共活动场所，民国八年（1919 年），会馆迁入霞浦县城内旗下街新址。

光绪年间（1875—1908 年），一支雷姓由福建浦城迁徙至云梯畲族乡白鹿村落花坞。

光绪三十三年（1907 年），雷裕元撰罗源《沨头雷氏族谱》。

宣统三年（1911 年），雷炳兴由浙江庆元县大治乡道干村迁入顺昌岚下桃源梨坪村。遂昌湖山《括昌奕山雷氏宗谱》印刷本（二修）出版。

中华民国

民国元年（1912 年），遂昌后江“明德小学”创办，成为浙江畲村第一所小学。

民国二年（1913 年），罗源、连江、闽侯（含今福州北岭）三县畲族头面人物聚会福宁府（今霞浦县），商议推荐山民会馆董事会人选事宜，并登记 300 余户入会，募集 500 多块银圆和部分粮食等物。

民国四年（1915 年），在美国巴拿马万国博览会上，景宁县畲族妇女雷成女炒制的惠明茶获一等证书和金质奖章。

民国四年（1915 年），闽东福安畲汉人民掀起反对日本帝国主义侵略、抵制日货、提倡国货的爱国主义运动。同年，景宁畲族群众联合汉族农民 3000 多人攻打县城，捣毁烟酒稽征所。

民国五年（1916 年），霞浦、福安、宁德、福鼎、寿宁、罗源、连江、闽侯（含福州北岭）、泰顺、平阳等 10 县畲族 2000 余人（户）加入“山民”会馆，并筹集 1000 多银圆以及谷物等。

民国六年（1917 年）七月，景宁县知事余光凝告令各学校，畲民子弟志愿就学者，务当一律收取。

民国九年（1920 年），“山民”会馆成立董事会，改称“福宁三明会馆”，成为闽东、浙南等地畲族主要聚居区的同族性团体。

民国十年（1921 年），彭湃在广东海陆丰领导农民运动，当地有雷姓畲民参加，畲汉人民积极参加农会组织，建立农民自卫军，开展减租、抗捐、退押以及反帝反军阀的斗争。

民国十四年（1925 年），松阳县高焕然主持纂修《松阳县志》，其中“风土 · 畲客风俗”篇对畲民来源、风俗、语言等作了较翔实的叙述。

民国十四年（1925 年），沈作乾著《括苍畲民调查记》，在《北京大学研究所国学门周刊》第一卷第 4、5 期刊出。

民国十五年（1926 年），“山民会馆”因一起民族纠纷人命案败诉而受重挫。次年，在林宝琦叛乱事件中遭劫难，后一蹶不振。

民国十六年（1927 年）秋，赣西工农革命军第七纵队在畲乡东固建立。冬，中共浙西特委在浙江兰溪成立，领导遂昌等地畲汉人民进行革命斗争。

民国十七年（1928 年）四月，中共党员谢纬、王景贤、陈玉川等在宣平县介绍畲民雷明清等加入中国共产党，建立党支部。他们是浙江畲族第一批中共党员。

民国十七年（1928 年）五月，江西崇贤畲汉农民暴动，并取得胜利。七月，浙西湖山区农民（含雷姓畲民）暴动。

民国十七年（1928 年）夏，上海同济大学教师、德国人哈 · 史图博和其学生李化民至敕木山考察畲民习俗，著《浙江景宁县敕木山畲民调查记》，后合著德文版《浙江景宁敕木山畲民调查记》于民国二十一年（1932 年）在南京出版。

民国十七年（1928 年），傅柏翠领导蛟洋暴动，实行土地革命，成立杭武县北三区“乡苏”，雷寿天被选为“乡苏”主席。民国二十年（1931 年）傅柏翠被当作“社会民主党”误杀于华家亭，1955 年 2 月追认为烈士。他被误杀后，雷俊杰被选为主席，文书雷隆声，宣传委员雷元贞，军事委员雷阳声，交通委员雷开宗。

民国十八年（1929 年），毛泽东、朱德领导的红四军三次入闽，建立了闽西革命根据地。闽西畲村民众踊跃参加革命斗争，仅有 1.6 万人的才溪乡，就有 3762 人参加红军，其中不少是雷姓畲民。

民国十八年（1929 年）七月，在红四军一纵队的帮助下，才溪暴动成功，畲民雷标三当选才溪乡苏维埃政府主席。

民国十八年（1929 年）七月，中共闽西第一次代表大会在上杭蛟洋乡文昌阁召开，畲民雷时标、蓝鸿翔当选特委。

民国十八年（1929 年）九月，中共福州市委在永泰县清凉、山田等畲民聚居村建立农民协会组织，有畲民（多为雷姓）会员 100 多人。

民国十八年（1929 年），《遂昌县志》载，全县畲民有 6085 人，占全县总人口 4.99%。

民国十九年（1930 年）一月，景宁县雷之成、蓝政新领导农民 200 多人攻打外舍盐霸周景原，后又联合张兰孙领导的农民队伍攻打景宁县城。

民国十九年（1930 年）一月，文成县青坑村雷子林、雷成鹏等参加中国共产党领导的农民赤卫队，后编入红十三军。

民国十九年（1930 年）一月十五日，景宁县外舍瓯盐支栈周蔚庭垄断食盐，哄抬盐价，四格村蓝正新等畲汉农民 200 余人捣毁盐店，政府以武力镇压。二月六日，畲汉农民千余人反击，雷之成等 4 人被杀害。此事件被称为“打盐霸”。

民国十九年（1930 年）三月，中共浙江瑞安县委书记郑贤塘等来到西区双桂、公阳、青坑、驮坟、驮庵等畲族乡村，发动有雷姓参加的畲汉农民 2000 多人参加赤卫队。后来，赤卫队编入红十三军第一团。

民国十九年（1930 年）六月下旬，宣平县红军南营成立，畲民雷兰树和雷水根任排长。

民国二十年（1931 年），平阳福掌畲民雷子奎等在福建参加革命，加入中国共产党，成为温州的第一批地下党员。

民国二十一年（1932 年）一月，景宁县开办城东乡立南泉初级小学（校址在惠明寺），为景宁第一所畲村小学。

民国二十一年（1932 年）六至十二月，福鼎磻溪炉屯黄土岗雷宗铁等畲族青年先后加入福鼎地下党组织，成为福鼎畲乡第一批中共党员。

民国二十一年（1932 年）十二月，浙江省拒毒委员会下令禁止畲民穿戴民族服饰，禁说畲语。

民国二十一年（1932 年），顺昌井垅村雷腾孙、雷木俤等参加红军第九军团机枪连。

民国二十二年（1933 年）三月，泰顺县洲岭乡上庄村成立中共地下党支部，雷德如任书记。冬，平阳县福掌村成立中共地下党支部，雷子奎任书记。它们均为温州少数民族地区早期地下党组织。

民国二十二年（1933 年）六月，福鼎秦屿吉坑长保岭畲村成立以雷兆坤为负责人，雷阿积、雷妹古等 30 多人参加的畲族抗租团。冬，中共福鼎县委成立后，畲族地区广泛开展了“五抗”（抗租、抗税、抗粮、抗捐、抗债）斗争。

民国二十二年（1933 年），江西实行区、乡、保、甲制度，铅山县设篁碧乡，隶陈坊区。

民国二十三年（1934 年）一月，浙江省第三特区行政督察专员公署许蟠云、王虞辅、范翰芬撰写的《平阳畲民调查》出版。

民国二十三年（1934 年）三月，中共福寿县委第一区委在泰顺县洲岭乡上庄畲族村建立党支部，雷律如任书记，同时，建立该乡岭上湾村苏维埃政府，雷德如任副主席。

民国二十三年（1934 年）六月，福鼎下南区苏维埃政府在店下西岐成立，雷德港任主席。

民国二十三年（1934 年）八月，福鼎前岐桥亭鹿坑雷祖祇（后化名李资平）、雷承寿等 8 位畲民青年参加中国工农红军北上抗日先遣队，即中国工农红军挺进师。

民国二十三年（1934 年）十月，中共党员雷子奎从福建厦门回到平阳县福掌畲族村（今属苍南县），与早年曾在福建参加革命的李友仁（畲族）取得联系。两人发动群众，成立贫农团、肃反队、抗租团等组织，开展抗租、抗捐、抗核、抗税、抗债的“五抗”斗争。

民国二十三年（1934 年）十月，中央苏区的工农红军主力部队被迫退出中央革命根据地，开始二万五千里长征，闽西大量畲族（含雷姓）青年随军远征，闽东红军奉命北上抗日。

民国二十三年（1934 年）十二月，罗源县福湖、八井，连江县总洋、真茹、溪利等畲村农民革命斗争失利，畲族战士、群众 80 多人被杀害，福湖村苏维埃政府主席雷梅波牺牲，八井村苏维埃政府土地部长雷世珠隐姓埋名，流落他乡，以篾匠身份作掩护，直至 1949 年。

民国二十三年（1934 年），顺昌雷腾孙、雷木俤等在江西黎川等地作战中牺牲。

民国二十四年（1935 年）三至八月，在福鼎白琳康山屋斗、前岐桥亭鹿坑、硖门柏洋巨洋建立村苏维埃政府，雷阿辉、雷能燕、雷阿灼分别任福鼎白琳乡康山屋斗村、前岐乡桥亭鹿坑村、硖门乡柏洋巨洋村的苏维埃政府主席。

民国二十四年（1935 年）五月，粟裕率中国工农红军挺进师由江西进入浙江，在遂昌、松阳、丽水、龙泉等县开展革命工作。七月，松阳县马蹄湾畲村建立游击队，雷荣根担任队长。龙泉良溪、罗墩、际上等畲村建立了党支部，雷章根、雷佑能、雷日元分别任党支部书记。同时成立了畲乡第一个红色政权——良溪苏维埃政府。

民国二十四年（1935 年）六月，中国工农红军挺进师在遂昌石练古木树下村雷关松的屋墙上写了大幅标语：“工农群众团结起来，打土豪，分田地。”

民国二十四年（1935 年）七月，遂昌石练乡黄庄村雷有德由红军干部黄富武、张云龙二人介绍加入中国共产党。

民国二十四年（1935 年）八月下旬，龙泉县良溪村、红坞村成立畲民游击队，共有队员 80 多人，编制四个班。队长兰水德（又名雷水德），书记雷樟根；二班班长雷养，三班班长雷土寿。

民国二十四年（1935 年）十月，红军挺进师政委刘英率领队伍到达浙江平阳县，福掌村等畲族村建立党组织，雷子奎担任书记，一批畲族群众加入中国共产党，并开展抗租、抗税、抗粮的斗争。同时成立村苏维埃政府，主席李友仁（畲族）。

民国二十五年（1936 年）三月，福鼎牛埕下成立以雷家员为主席的村苏维埃政府。

民国二十五年（1936 年）八月，中共顺昌县委书记雷荣华牺牲。

民国二十五年（1936 年）十月十九日，驻平阳县马站镇国民党十九师 100 余人包围福掌村，烧毁民房 124 间，雷子奎带领赤卫队突围。畲族赤卫队队员雷文涨、雷天阳、雷国寿、雷必岩等因被叛徒出卖，被捕牺牲。

民国二十五年（1936 年），《福建省统计年鉴》第一次统计“各县（区）苗夷人口”（即畲民）。其中：闽侯县（含今福州北岭）199 户 856 人，连江县 874 户 3841 人，罗源县 1413 户 5552 人。

民国二十五年（1936 年）秋，红军挺进师的一支队伍到达文成县叶山，畲民老贫农雷阿实热情接待，党组织将其吸收为中国共产党党员，并在他家建立了一个党小组，由他担任小组组长，雷阿实成为全县畲民最早的一位党小组组长。

民国二十六年（1937 年）十二月，遂昌石练乡黄庄村雷有德被国民党遂昌当局义勇队以“通匪”之名逮捕，在柳村社殿受酷刑，次日被押送至遂昌监狱关押。

民国二十六年（1937年），罗源县畲族5552人，占全县人口5.24%。

民国二十六年（1937年），《福建省统计年鉴》首次统计福安畲民人口，共2000户8400人。

民国二十七年（1938年）二月，中共龙泉县委委员、道太区委书记曹景垣在龙泉城郊岭坤畲村展开抗日救亡工作，先后发展党员26人，建立党支部，书记雷光照。

民国二十七年（1938年）三月二十六日，粟裕率领红军北上抗日，途经遂昌，与国民党遂昌县当局交涉，“政治犯”雷有德等（共5名）被保释并跟随粟部开赴抗日前线。

民国二十七年（1938年）十月，中共遂昌县大柘区委委员吴然、傅四美在横源村发展了雷观元等16名畲族中共党员，建立下横源党支部。

民国二十七年（1938年）十月，云和县乡村建设指导员、中共党员周春龙，先后在洋溪、下洋等村发展雷细根等10名畲族中共党员，建立中共下洋、粟溪支部，书记为雷细根、蓝春进。

民国二十八年（1939年）四月，因有长期种桑养蚕基础，处于抗日战争大后方的龙泉县八都经济建设实验区，到际上村组织蚕桑生产合作社，有10个组员，由际上村雷方仁、雷章海等人负责，党员雷樟海担任会计。

民国二十八年（1939年）六月，遂昌石练乡黄庄村雷有德再次被捕，石练山边畲民雷盛林同时被捕。二人在大柘区署受酷刑后，次日被押送至遂昌，途经西门外东岳庙前深潭边，两人投河牺牲。

民国二十九年（1940年）十月，永泰县岭路乡凤落畲民（多为雷姓）聚居地农会，组织建立“有限责任信用社”及“盐于店”，解决抗日战争期间畲民生产、生活上的困难，积极宣传抗日救国，反对国民党政府抓壮丁和苛捐杂税。

民国三十年（1941年）九月，石练分区区委书记顾瑞成和委员顾樟槐被国民党当局抓壮丁，中共遂昌县委组织决定由雷关贤任石练分区委副书记，接替顾瑞成的工作。

民国三十一年（1942年）二月十三日，中共遂昌县委驻地乌尖头山棚遭敌军袭击，书记曾铁民在突围中受伤，被高垟村雷裕高等抬至后安山棚养伤，但在敌人严密封锁下，得不到有效治疗，于三月七日牺牲。雷裕高等人将曾铁民安葬后被敌人发觉，为了保全尸体又将曾的尸体挖出移至五里外的山上安葬。

民国三十一年（1942年）二月，国民党遂昌当局因袭击中共遂昌县委无果，逮捕保仁乡金坞共产党员雷樟贤。雷樟贤遭到严刑逼供，一夜昏死三次，但他仍守口如瓶，敌人只好将他送进县城牢房。

民国三十三年（1944年）二月，中共连江中心县委在长龙乡洪塘、潘渡乡溪利、南山，罗源八井、可湖、福湖等17个畲族村建立苏维埃政府，并建立农民赤卫队武装，保卫红色政权。

民国三十四年（1945年）四月，遂昌川溪乡下坑口村中共党支部书记雷水寿通过乡长占一来的关系，搞来10多张通行证，供共产党脱产干部外出活动使用，并订报纸1份，由交通员钟兰友转送给白马山县委机关。

民国三十四年（1945年）五月一日，人口复查，平阳全县有158881户721343人，其中畲族2319户10599人。

民国三十四年（1945年）八月二十一日，龙泉际上村雷姓畲民雷石孙等40人联名龙泉县县长要求调换国民学校校长，推荐雷积云充任。随后县长徐渊若批准任命叶润川为该校校长。

民国三十五年（1946年）二月，浙江保安五团到文成周山下等畲族村“搜剿”，抓捕几十人。中共党员雷本余、雷明铁、蓝天宝等英勇牺牲。

民国三十五年（1946年）春，遂昌县委派遣中共党员雷炳根、雷连海打入国民党内部担任保长，建立起“白皮红心”政权。

民国三十五年（1946年）六月，遂昌县委书记殷铁飞的妻子林文敏带着出生不久的儿子隐蔽在保仁乡杉树安畲族女中共党员雷连英家中。

民国三十六年（1947年）一月三十日，顺昌县警察局枪杀下沙半岭村村民刘家棣，迫害畲民雷腾宾等人，激起半岭村和吉州村村民及死难者家属亲友共300多人的愤怒，他们打横幅到县政府示威、抗议。

民国三十六年（1947年）三月，中共连罗宁边区工委、中共罗古林中心县委、中共罗源工委，分别在罗源县八井、白水、上土港、福湖、堡岗、梨坑、车溪、黄家湾、廷洋坂，连江县溪利、南山、东风、塘坂、高岳、总洋、真茹，闽侯县日溪、芙蓉、峨嵋（以上三村今属晋安区）等畲村发展中共党员，建立支部，并在畲民自然村建立党小组。

民国三十六年（1947年）七月，遵照特委决定，遂昌县成立武装工作队。钟兰养（化名金耀东）为队长，其中畲民顾胜利、雷刘开、雷土林、雷日金、雷水德等人为队员。

民国三十七年（1948年）十月九日，中共龙（游）南区委书记周樟福，委员钟光荣、雷金连、包长福等因被叛徒出卖，被杀害于溪口镇。

民国三十七年（1948年）十一月，景宁县游击队同该县渤海区有雷姓参加的畲汉民兵400多人密切配合，攻打渤海区公所，歼敌数名，缴获步枪15支和一批子弹、手榴弹等。

民国三十七年（1948年）十二月，文成县地下党游击队委托雷大碑、雷大喜、雷朝福三兄弟在畲族聚居村设立一个医疗点，为负伤的游击队员医治。

民国三十八年（1949年）二月十七日，景宁县东坑、梅歧乡有雷姓参加的畲汉民兵200余人，配合浙南游击纵队攻入泰顺县城，歼敌300余人。参战部队、民兵得到中共华东局和闽浙赣省委嘉奖。

民国三十八年（1949年）二月二十一日，浙南游击纵队第一支队和浙南第三县队在泰顺县南山岭头伏击浙保二团三营，全歼敌军。当天下午，畲族民兵雷昌夫等在吴山缴获步枪22支、轻机枪4挺、短枪2支以及子弹、信号枪弹等。

民国三十八年（1949年）三月十六日，遂昌县武工队在保仁乡共产党员雷连海、雷友元、蓝金土等13人配合下，袭击保仁乡公所，当夜还锯断了沙口至高桥村的电话柱，剪断电话线，使县城与西乡的通信中断。

民国三十八年（1949年）五月八日，中国人民解放军二野三兵团十一军三十二师九十五团解放遂昌县，随即成立城防司令部。中共遂昌县委书记殷铁飞率领武工队进城后，为了维持革命秩序和保卫胜利果实，组织保仁、大柘、石练等乡的中共地下党员进城防守，其中绝大部分为畲族（含雷姓）党员。

民国三十八年（1949年）五月十一日，景宁县各乡3000多畲汉民兵包围景宁县城。国民党景宁县县长章昌深星夜弃城逃跑。十二日，景宁县解放。

民国三十八年（1949年）五月，雷仕安只身逃壮丁，由建瓯房道村迁徙到顺昌井垅村。

民国三十八年（1949年）五月，江西铅山县解放，全县划分为五个区，太源乡（今畲族乡）属第四区陈坊乡。

民国三十八年（1949年）七月，中共罗古林中心县委在罗源县霍口乡价洋村举办畲族干部训练班，为解放福州和罗源、连江等县，建立新政权做准备。

民国三十八年（1949年）七月，罗源、连江、闽侯县（含今福州北岭）各畲村群众参与修建从古田边区通往福州大、小北岭，总长300华里的支前大道，并筹措粮食4000多担、咸鱼200多担、生猪200多头、柴草一万多担，为解放省城福州做出贡献。

中华人民共和国

1949 年，中华人民共和国成立后，畲民聚居的福建、浙江、广东、江西和安徽各省各级人民政府都设立了民族事务委员会、民族事务处等专门机构，负责管理包括畲民在内的少数民族事务。

1949 年 11 月，福建省光泽县司前区划归江西铅山县管辖，称铅山县司前区。篁碧乡从第四区析出，隶司前区。1950 年初，司前区划还光泽县，今篁碧畲族乡仍隶属铅山县第四区。

1950 年 7 月 13 日，平阳章家山畲民雷贵英、钟娇莲两位妇女在赤溪挑柴时发现 5 个化装成茶工的国民党特务，立即上报村干部。村干部、民兵 60 余人分两路上山搜查，在石洞里将他们抓获。

1950 年 10—12 月，顺昌雷将启、雷梨贤等 100 多人，在武装部长万水旺带领下前往建阳、建瓯、顺昌南山（际会）等地，配合解放军追剿以全樟琳为首的匪帮以及国民党残余势力。

1951 年初，福安四区（穆阳）燕窝村创办福安第一所民族初级小学。

1951 年 12 月，闽侯、连江、罗源、永泰等县土地改革基本完成，90%以上无田或少田的畲民（含雷姓）普遍分得土地 1.5～2.5 亩。

1951 年，江西贵溪市樟坪乡（今畲族乡）正式成立，管辖樟坪、桃田等 25 个村。

1952 年 1 月，云和县畲民第一个农业常年互助组雷火财互助组诞生。

1952 年 7 月，福建省人民政府编写《畲族福安县仙岭洋村调查情况》，这是中华人民共和国成立后第一份关于畲族社区的调查资料。

1952 年 9 月 11 日，福安县仙岩乡仙岭洋村雷霖其作为华东少数民族代表参加北京国庆观礼团，是福建省第一位进京的畲族代表。

1952 年 9 月，浙江畲民代表雷必隆、雷关贤等，赴北京参加国庆典礼。

1952 年 9 月，罗源一区公所干部雷瑞义和浙江畲族青年干部雷增寿（兰溪市）、雷碎达（文成县）等被选送到中央民族学院参加第一期中国少数民族干部政治理论研究班学习。

1952 年 10 月 6 日，进京福安代表雷霖其出席中央民委第二次代表会议，被选为华东区民族委员会委员。

1952 年 10 月，罗源县各界人民代表会议常委会发出通知：禁止侮辱畲族群众，并统一称畲族为少数民族。

1952 年 10 月“浙江省云和初级师范学校短训班”创办，校址设在云和县黄水碓瓦窑。此校即“浙江省少数民族师范学校”的前身。

1952 年 12 月 18—25 日，浙江省第二届各界人民代表会议第一次会议在杭州举行，畲族代表雷必彬（平阳）、雷火财（云和）、雷振声（泰顺）等 5 人出席会议。

1952 年 12 月，宣平县大源乡下圩村畲民雷火顺等办起该县第一个初级农业生产合作社。

1952 年 12 月，福安十一区仙岩乡仙岭洋村中共党支部成立，有中共党员 5 人。这是中华人民共和国成立后福安成立的第一个畲村党支部。

1952 年 12 月，福建省人民政府拨专款 1.7 亿元（人民币旧币），在福安仙岭洋村建校舍。这是省人民政府在福安拨款兴建的第一座民族学校校舍。

1952 年，罗源县畲族干部雷瑞义被选送到中央民族学院，进入第一期中国少数民族干部政治研究班深造。

1953 年春节后，遂昌县举行全县民间音乐舞蹈观摩会演，大柘区后垄村畲族歌手雷招英、雷福秀第一次登上县舞台，表演畲歌对唱（《畲民翻身得解放》和《十二农事》等）。

1953 年 2 月 8 日，福安畲族仙岩乡自治区人民政府成立，这是福建省第一个畲族乡自治政府。

1953年3月22日，景宁县召开第一次少数民族代表会议。

1953年3月，上杭才西乡畲民雷佛春互助组开始办初级农业生产合作社，后被评为福建省农业劳模。

1953年3月，罗源县人民政府按照《中华人民共和国民族区域自治实施纲要》规定，开展全县少数民族聚居村的社会、经济调查，制定民族乡建立工作方案，并确定八井为建乡试点，7月进入实质工作，12月正式成立。全乡189户642人，耕地1286亩，林地5260亩，首任乡长雷世珠。

1953年5月17日—7月12日，温州专区普选工作队到文成峃口区周垟乡进行普选试点，选出代表18人，其中少数民族代表含雷姓8名。

1953年8月，国家民委、华东局民委派专员到罗源县岐余区八井村进行畲民民族成分调查。

1953年8月，中央民委民族识别调查组一行4人，由中央民族学院施联朱率领，到景宁县东弄村等畲民居住地进行民族识别调查。

1953年9月，罗源县中共八井乡党支部书记雷世珠，代表少数民族参加福建省人民赴朝慰问团，慰问中国人民志愿军。

1953年，福建省民委负责人和中央民族学院施联朱一行，在上杭庐丰乡进行畲民识别调查调研。

1953年，第一次全国人口普查数据显示，福安县畲民人口30743人，温州畲民22038人。浙江遂昌县畲民（按苗族统计）8189人，占全县总人口的6.63%。罗源县畲族人口10092人，比1949年增加1638人，畲族人口占全县总人口的9.02%。

1950—1953年，平阳县顺溪镇青石桥村雷朝开、晓坑乡徐垟村雷玉明和温州青年雷月发、雷加林等参加中国人民志愿军，牺牲在朝鲜战场上。

1954年2月，雷国华等3人考入浙江省少数民族师范学校，成为文成县首批进入该校就读的学生。

1954年3月，铅山县太源乡、西坑乡分别成立畲族自治区人民政府，并于7月13日获得江西省政府的正式批准。

1954年4月，福安县第一届人民代表大会召开，福安畲民作为中华人民共和国公民参加福安全县第一次普选。畲族选民9225户31181人。28名畲民被选为代表，参加福安县第一届人民代表大会第一次会议。

1954年7月10—14日，文成县第一届人民代表大会第一次会议召开，出席代表160名，其中畲族代表（含雷姓）9名。

1954年12月，中共衢州地委决定实行遂昌县委常委制，雷贤富当选中共遂昌县委委员。

1955年4月，文成县畲村水稻种植开始由一熟制改为二熟制。

1955年11月21日，在福安县一届人大五次会议上，畲民雷锦灼当选副县长。

1955年11月26—30日，遂昌县召开第一届人民代表大会第三次会议，雷云光当选为县人民委员会委员。

1955年，太源、西坑自治区人民政府分别改称铅山县太源畲族乡人民委员会和铅山县西坑畲族乡人民委员会。

1956年5月29日—6月2日，遂昌县召开第二次党代会，雷贤富当选为县委委员和省党代会代表。

1956年6月27日—7月13日，罗源县雷瑞义出席中共福建省第一届代表大会。

1956年10月15—20日，浙江省人民委员会在杭州召开畲民代表会讨论族称问题，出席会议的畲民代表及省级机关有关部门干部共47人，其中温州雷必隆、雷必康、雷一本等参加，会议代表一致同意用“畲族”这个族称。

1956 年 10 月，罗源县为培养局级少数民族干部，先后选派雷恒裕、蓝致兴等 6 人到中南民族学院和中央民族学院培训。

1956 年 12 月 3—7 日，遂昌县召开第二届人民代表大会，雷云光当选为副县长。

1956 年 12 月 8 日，中共中央统战部在给福建、浙江、广东、江西的电文中，正式确认畲族族称为“畲”。

1956 年 12 月 27 日，福安县第二届人民代表大会第一次会议上，雷锦灼连任副县长。

1956 年 12 月，福安仙岩畲族自治乡撤销，并入湖坂乡。

1956 年 12 月，全国人大常委会副委员长赛福鼎·艾则孜由福建省人大常委会副主任蔡良承、福建省民委主任雷恒春陪同，视察罗源县霍口畲族乡福湖村。

1956 年 12 月，罗源县霍口、飞竹等地畲民聚会要求实行民族区域自治，闽侯（含今福州北岭）、连江等县部分畲村派代表参加。

1956 年，铅山县太源、西坑畲族乡合并，成立太源畲族乡。

1957 年 1 月 9 日，遂昌大柘乡雷小秀、雷小奶等作为畲族歌舞《姐妹采棉》演员，参加全国第二届民间音乐舞蹈观摩会演，获演出三等奖，参加会演者各获纪念章一枚。

1957 年 4 月 15 日，福鼎管阳乡钰阳村雷大妹荣获“全国劳模”称号，并出席全国劳模代表大会。

1957 年 4 月，中共福建省委组织工作组到罗源县霍口宣传中共的民族政策，并建立福建省第一个畲族乡，即罗源县霍口畲族乡人民政府。

1957 年 4 月，遂昌雷春秀等 4 名畲族代表赴北京参加五一劳动节庆祝活动。在怀仁堂前受到毛泽东、刘少奇、朱德、邓小平等中央领导接见并合影留念。

1957 年 5 月，平阳顺溪镇溪南村雷桂花，泰顺县人民代表雷宗耕和雷陈她，文成县三源乡党总支书记雷益桃，文成县人民代表雷春花、雷一本等赴北京参加“五一”庆典，受到毛泽东等中央领导接见。

1957 年 7—10 月，福安相继成立仙岩、竹岭、燕洋、王溪、东南、凤洋、蓝山、碧后、茶洋、山岭、长山、岭洋等畲族乡。

1957 年 8 月，福鼎县决定利用旧公房（原车站旁）创办“福鼎县少数民族招待所”，雷阿林任第一任负责人。

1957 年 8—10 月，福建、浙江、广东、江西等省代表成立畲族赴京参观团。这是畲族成分确定后的第一次正式组团，福安雷全妹任副团长。参观团进京参加国庆观礼后，还到东北、武汉、上海、杭州等地参观。

1957 年 9 月，罗源县霍口乡川边雷金春被评为福建省劳动模范。

1957 年 9 月，福安仙岩民族小学增设高小班，成为福安第一所民族完全小学。

1957 年 9 月，福鼎代表雷大妹、雷左莲等赴京参加国庆观礼，在中南海受到刘少奇主席、周恩来总理、董必武委员长和陈毅、贺龙等国家领导人接见并合影留念。

1957 年 9 月，福鼎县商业部门在百货公司特设畲族妇女特殊装饰品供应专柜。

1957 年 9 月底，遂昌雷云光为团长、文成周山乡上坑村农业社副社长雷裕卿为成员之一的浙江省少数民族参观团，赴京参加国庆八周年观礼活动。

1957 年 10 月，丽水县山根村畲族舞蹈《采油茶舞》赴京演出。

1957 年 10 月，罗源县霍口、车溪、西兰、塔里、后山、八井、高洋，连江县掌濑、溪利 9 个畲族乡成立，全部由建乡畲族人担任乡长。

1957 年 11 月，福州市第一个畲族文化站在罗源县福湖村成立。

1957年12月，国务院授予浙江学田乡包凤村畲族妇女雷马翠“全国劳动模范”称号。

1957年12月，浙江省人民委员会《关于建立民族乡问题的通知》规定建立民族乡的地方少数民族人口应占全乡人口的30%。随后平阳、文成、泰顺县人民委员会即到有关乡镇调查，为建民族乡做准备。

1957年，广东省政府拨专款兴建潮安县山犁村畲族小学。

1957年，福安城关设立少数民族招待所，一年接待畲族群众约3000人次。

1957年，顺昌县井垅村雷仕安、浙江瑞安市雷成横等受邀进京参加全国少数民族国庆观礼团，受到毛泽东、刘少奇等党和国家领导人接见并合影留念。

1958年4月28日，浙江省人民政府批准平阳县凤阳乡、岱岭乡，泰顺县司前乡，文成县周山乡建立畲族乡。

1958年4月28日，浙江省人民委员会批准建立周山畲族乡。6月20日，周山畲族乡正式挂牌成立。10月，周山畲族乡改为周山管理区。

1958年5月，福安县第三届人民代表大会第一次会议上，雷锦灼连任副县长。雷全妹当选福建省第二届人大代表。

1958年6月4—9日，遂昌县召开第三届人民代表大会，雷云光当选为县人民委员会委员，雷春秀与文成乌田村雷兰英，当选浙江省第二届人民代表大会代表。

1958年6月，安徽省人民政府正式确认宁国境内以云梯乡为主的蓝、雷、钟三姓居民为畲族。

1958年6月，福建省第一所民族中学在福安城关北门外伽贝山动工兴建。

1958年9月，中央民族调查组一行5人以郑小瑛为组长，在福鼎的双华、浮柳、瑞云等乡开展调查时，发现畲族有我国各民族歌唱时罕见的“双音”。

1958年10月，江西贵溪市樟坪人民公社（今畲族乡）成立。

1958年10月，铅山成立陈坊人民公社，政社合一，铅山太源乡撤销，归陈坊公社管辖。

1958年12月，罗源县碧里公社西洋村民兵雷祥清出席全国群英会，国务院授予其“打猎英雄”称号，奖励半自动步枪一支。

1958年12月，温州各县文管会将社会上散存的畲族民歌抄本、家谱等全部收集，交给浙江博物馆，其中仅泰顺就有畲族民歌手抄本8本、家谱5本。

1958年，人民公社化后福安畲族乡撤销，并入各相应人民公社。

1958年，遂昌石练信用社雷天财被评为浙江省先进工作者。

1958年，文成稽垟乡底庄村党支部书记雷一本参加全国少数民族会议，受到党和国家领导人接见并合影。

1959年9月，福鼎代表雷大妹、遂昌蕉川公社党委委员雷志贵（夹路畈）进京参加国庆十周年观礼活动。

1959年11月1日，福鼎雷志满参加福建省组织的畲族参观团，到北京参观民族文化宫展览，在中南海受到党和国家领导人刘少奇、朱德的接见。

1959年，浙江省选送遂昌的雷土田、雷根田，温州的雷进夫、雷根亮等9人作为第一批畲族学员，福建省选送福鼎的雷爱娇等3人进入中南民族学院学习。

1960年1月，铅山县篁碧乡（今畲族乡）从陈坊公社划出，改建为篁碧林场，4月划归国营天柱山综合垦殖场，改为篁碧分场。6月，并入国营武夷山综合垦殖场，仍为篁碧分场。

1960年2月3—5日，遂昌县召开第三届人民代表大会第二次会议，雷贤富当选副县长。

1960年5月2日—7月23日，罗源飞竹公社西兰大队民兵队长雷钦送参加国务院组织的少数民族参观团，并前往北京等地参观学习。

1960 年 5 月，罗源县中共八井大队支部书记雷志岳被评为福建省先进工作者。

1960 年 5 月，泰顺县副县长雷必隆、罗阳公社仙居生产队队长雷必荣、平阳县矾山公社凤阳管理区党总支书记兼大队长雷文理、桥墩公社桥墩生产队党支部副书记雷必金、瑞安县玉和公社（文成上林乡）周山垟小学教师雷钦关等，赴京出席全国文教群英大会，并参加少数民族参观团到全国各地参观。

1960 年，景宁县鹤溪镇雷桂梅、丽水县联济村雷仁余、龙泉县瀑云公社雷世英被评为全国先进民兵，出席全国民兵代表大会，各获自动步枪 1 支。

1961 年 3 月，罗源全县 6 个公社拆为 36 个小公社，原起步公社的官村成立少数民族公社，雷志岳任党委书记，蓝招弟任社长。

1961 年 9 月，福鼎县雷必蓝、罗源县官村公社党委书记雷志岳、遂昌县大柘公社主任雷玉琪、泰顺县百丈公社党支部副书记雷元夫、文成县周山公社周岩村烈士家属雷春花作为全国少数民族参观团成员，赴北京参加国庆十二周年观礼活动。

1961 年 12 月 11—13 日，遂昌县召开少数民族代表座谈会，听取全国少数民族国庆参观团成员雷玉琪（大柘公社主任）等传达汇报参观情况。会议期间参观了农具厂、火柴厂、造纸厂、碾米厂及医院。

1962 年 1 月 24—28 日，遂昌县召开第四届人民代表大会，雷贤富当选为副县长。

1962 年 9 月，福安县第四届人民代表大会第一次会议上，雷锦灼连任副县长。

1962 年，顺昌井垅大队雷将生受邀进京参加全国少数民族国庆观礼团，受到毛泽东、刘少奇等党和国家领导人接见并合影留念。

1962 年，遂昌大柘公社溪东大队雷春秀获“浙江省劳动模范”称号。

1962 年，福鼎由双华牧羊姑娘雷开花、雷美珠、雷丕妹等 4 人演出的畲歌表演《织裙带》，参加县、市、省工农兵文艺会演并获奖，四位演员受到省委书记叶飞的亲切接见。

1963 年 2 月 27 日—3 月 5 日，浙江省人民委员会在杭州召开全省少数民族代表会议。出席会议的有畲、回、满、蒙古等民族代表 118 人。

1963 年上半年，福安县人大常委会决定恢复仙岩、风洋、山岭、茶洋、竹岭畲族乡。

1963 年 8 月，中国科学院民族研究所福建少数民族社会历史调查组编的少数民族史志丛书之一《畲族简史简志合编（初稿）》出版。

1963 年 9 月，霍口区霍口公社山垄湾大队雷志良、福鼎雷梅英、遂昌三川乡渡船头村党支部书记雷水根、平阳县中墩公社生产队长雷顺瑜与莒溪公社生产队长雷冬梅等，参加全国少数民族参观团赴京观礼。

1963 年 10 月，福安专区民政科组织少数民族巡回医疗队 14 人，并带上药品深入福鼎畲族地区，畲民就诊达 4000 人次。

1963 年 11 月 24 日，福安民族中学五周年校庆，省委书记叶飞、省长魏金水等题词祝贺。

1963 年 12 月 28—31 日，遂昌县召开第五届人民代表大会，雷贤富连任副县长，雷庆贤（大柘永安）当选县人委委员。

1963 年，安徽省人民政府民族事务委员会拨专款在云梯乡千秋村创办了畲民小学，设一至四年级。1968 年，畲民小学发展成为全日制完全小学。

1963 年，顺昌际会大队洋百洋生产队，因交通差、信息闭塞，全队 70 户、300 多名畲民（含雷姓）搬迁到路坑定居。

1964 年 3 月 4—7 日，遂昌县召开第五届人民代表大会第二次会议，雷春秀（大柘溪东）当选浙江省第三届人大代表。

1964 年 4 月，福鼎雷左莲（女）当选福建省第三届人大代表。

1964年8月，福安县第五届人民代表大会第一次会议上，雷锦灼连任副县长。雷全妹当选福建省第三届人大代表。

1964年9月，文成双桂公社副社长雷明友参加中华人民共和国成立15周年国庆节少数民族参观团，受到党和国家领导人接见并合影。

1964年10月12日，福鼎《织裙带》《养蚕姑娘》歌舞演员雷丕妹、雷开花、雷美珠等4人参加中央调演观摩演出。

1964年11月26日，文化部、中央民委举办的全国少数民族群众业余艺术演出会在北京开幕。浙江代表团云和县畲族农民雷月连、雷凤珠表演的歌曲《幸福路》，表达了畲族山区通公路带来的幸福前景。12月27日，党和国家领导人毛泽东、周恩来、朱德、邓小平、宋庆龄、董必武等接见全体代表。《人民画报》《中国少年报》等作了报导。

1964年，第二次全国人口普查数据显示，景宁畲族人口11410人，温州畲族人口32048人，福安畲族人口37195人。罗源县畲族人口11222人，占全县总人口的8.12%。

1965年3月20—22日，文成县人民委员会召开茶桑现场会后，各畲村响应会议号召，大力发展茶叶、桑叶生产，普遍开展养蚕工作。

1965年9月，文成县教育局规定，畲族小学杂费减免30%。

1965年12月，泰顺县召开第二届人民代表大会，雷必隆当选副县长，成为继遂昌县雷云光、丽水县蓝玉璋后的浙江省第三位少数民族副县长。

1966年4月，泰顺县罗阳北外村妇女主任雷仁爱、竹垟乡竹垟村妇女主任雷崇多当选浙江省贫下中农协会代表。

1966年4月，在遂昌县第六届人民代表大会第二次会议上，雷贤富连任副县长。

1966年9月，罗源霍口公社福湖大队民兵队长雷枝旺、泰顺司前公社村民雷益亲进京参加国庆观礼活动。

1968年7月，上饶成立国营铅山县天柱山综合垦殖场，场部驻太源，下辖4个分场，改太源乡为太源分场，10月成立天柱山人民公社，与垦殖场实行“社场合一”，太源分场（有雷姓畲民）改称太源生产大队。

1968年12月30日，文成县革命委员会成立，雷月梅当选常委。

1968年，贵溪市樟坪公社（今畲族乡）并入文坊公社。

1969年4月，福州市北峰区黄土岗畲族村党支部书记雷金蓝（女）、浙江云和县畲族妇女雷桂梅等出席中国共产党第九次全国代表大会。

1969年10月，福州北峰区黄土岗畲族村自办水电站建成发电，成为宦溪镇首个通电行政村。

1972年10月，文成长垄畲族村发动群众自力更生修建石庄至长垄村简易公路，历时18年修成。

1973年10月，浙江云和县畲族妇女雷桂梅、福建罗源县霍口公社中共山垅湾大队支部书记雷志良等当选中共十大代表，赴京出席全国人民代表大会。

1977年8月，浙江摄影办公室等举办庆祝中国人民解放军建军50周年摄影美术展览，著名画家周沧米的反映1938年红军某部转战浙江畲族地区和当地人民结下深厚阶级情谊的国画《畲山情意》参展。

1977年8月，全国高等院校恢复招生考试，中央民族学院政治系在浙江省录取雷先根等3名畲族新生。

1978年3月，福安县召开第七届人民代表大会第一次会议，雷瑞华担任县革命委员会副主任。

1978年9月，国家民委组织少数民族国庆参观团在北京参加国庆活动。遂昌城关镇东梅村雷观法、文成峃口区教育革命办公室主任雷明凯为参观团成员，受到党和国家领导人华国锋、邓小平等的接见。

1978年11月，福鼎佳阳女歌手雷梅英前往北京参加全国民间歌手、诗人座谈会，并在怀仁堂演唱《迎客歌》《畲歌对唱》。

1979年3月，罗源县畲山卷烟厂兴建。1983年5月14日，国务院批准该厂列入国家计划，定名为福建省畲山卷烟厂。

1979年4月，国家民委组织包括了22个省（市、区）54个少数民族的560多人的民族参观团到北京参加劳动节庆祝活动并到陕西、四川、贵州参观。浙江团包括平阳县矾山镇文教组副组长雷顺明等10人，团长为省第五届人大代表、云和县北溪公社党委书记雷方岳。

1979年7月，浙江省委、省革委授予遂昌大柘营业所主任雷进贤“劳动模范”称号。

1979年9月，国家民委组织各少数民族参观团计230人在新疆、甘肃参观后，于9月27日到北京参加庆祝国庆活动。安徽团有云梯畲族乡畲族代表雷水林。福建团有罗源县雷志森。浙江团包括畲族、回族、满族代表10人，团长为浙江省少数民族师范学校党委副书记、副校长雷耀铨，成员有平阳县法院干部雷金兰、泰顺县章成公社中心学校副校长雷声泰、文成县委组织部副部长雷开勤等。10月2日，参观团受到党和国家领导人华国锋、邓小平、叶剑英等接见。

1979年10月1日，国家民委举办的全国民族工作展览在北京民族文化宫展出。浙江参展内容为图片和部分实物，包括反映平阳县青街乡王神洞畲族村情况的《畲乡新貌》。

1980年9月，泰顺县新山公社妇女干部雷美娥赴京参加国庆观礼活动。

1980年10月12日晚，在北京人民大会堂，罗源县文化馆工作人员雷素菊、平阳雷香梅等参加全国少数民族优秀节目会演并获奖，其作品被收入新闻纪录片《姹紫嫣红》。

1980年12月，福安县第八届人民代表大会第一次会议召开，雷瑞华担任县长。

1981年6月18日，经国务院批准，平阳县的矾山镇及矾山、灵溪、马站、金乡、钱库、宜山、桥墩7个区、72个公社（922051人）划归苍南县。11月2日，平阳、苍南县分署办公。

1981年7月，铅山县太源畲族分场从天柱山公社划出，设立太源畲族人民公社，驻地为太源村。

1981年9月底，福鼎雷赵山等3人、遂昌县广播站副站长雷樟明、泰顺县二轻局副局长雷训贤等赴京参加国庆观礼活动。

1981年10月23—25日，遂昌县召开少数民族代表会议，听取国庆参观团代表雷发寿（龙泉县）等在山东、天津、安徽、北京等地参观的情况介绍。会议组织代表参观了毛田、大竣山、后江、金岸等大队和后垄少数民族学校。

1981年11月7—10日，遂昌县召开第七届人民代表大会第一次会议，雷进贤当选县人大常委会委员。

1982年6月，《温州市畲族民歌汇编资料》第一辑出版，文成县搜集整理的民歌占80%的篇幅。

1982年6月，罗源西兰公社石壁下大队下刘坑村被评为福建省文明村。

1982年10月，罗源松山公社八井大队雷信钗、雷知土赴内蒙古呼和浩特参加全国第二届少数民族传统体育运动会，并表演八井拳术。

1982年，第三次全国人口普查数据显示，景宁畲族人口16020人，温州畲族人口50210人，福安畲族人口53813人，福鼎畲族人口25240人，罗源畲族人口16657人（占全县总人口的8.01%）。

1982年，顺昌县民政局为洋口镇田坪、谢坊畲族大队修建水电站2座。

1982年，顺昌畲族大队成立农村老人协会，并相应配备办公、活动场所，由1～3名老党员、老村干部负责。

1983年2月，遂昌中学雷月明被授予浙江省“五讲四美为人师表优秀教师”荣誉称号，遂昌后垄少数民族学校被评为浙江省“五讲四美为人师表先进集体”。

1983年2月26日—3月13日，浙江省文化厅、省政府民族事务处和省舞蹈家协会在金华市举行中国民族民间舞蹈集成浙江卷现场交流及讲习会，调看的节目有武义、兰溪两县畲族老艺人演出的畲族民间祭祖舞。

1983年5月，平阳县顺溪公社团委书记雷大霖、瑞安市统战部雷碎卿、遂昌县党史办雷关贤等参加第二次全国少数民族参观团，受到李先念、杨尚昆、邓颖超、王震、习仲勋等党和国家领导人接见。

1983年5月21—24日，浙江省畲族民族民间文艺学会成立会在丽水举行。学会由省人民政府民族事务处、中国民间文艺研究会浙江分会共同筹备和领导。会议通过会议章程，选举蓝玉璋为会长，雷耀铨为副会长。

1983年6月，连江县小沧畲族乡成立。

1983年6月，罗源县政协主席雷志森被推选为全国政协委员，赴京出席全国政协六届一次会议。

1983年8月，铅山成立太源畲族综合垦殖场，与公社实行“社场合一”体制。

1983年8月，根据国家民委借调少数民族讲解员的通知，浙江省选调云和县景宁区供销社食品厂会计、畲族女青年雷素菊为北京民族文化宫讲解员，8月30日赴北京，借调期2年。

1983年10月，福州市民族事务委员会成立，孙照海为主任，贤图南（回族）为副主任。

1983年10月，顺昌全县畲族大队改为畲族村。

1983年10月，福鼎雷开桂、李弟古当选福建省第六届人民代表大会代表。

1983年12月，景宁、云和县的雷佰梅等3户，获“全国五好家庭”光荣称号。

1983年，顺昌雷有根当选福建省第六届人大代表。

1984年3月28日，云和县人民政府决定恢复张春（原名张村）畲族乡、安溪（原名温溪）畲族乡，新建大均畲族乡、郑坑畲族乡、雾溪畲族乡。

1984年4月，丽水县首届畲族“三月三”歌舞会在县城举行。

1984年4月13日，文成县商业局、民族科、供销联合总社、县人民银行联合发文向全县畲族村民赊销纯棉布、絮棉，总价值20万元。

1984年5月，浙江省首次民族教育工作会议在丽水召开。

1984年5月3日，苍南县人民政府决定恢复凤阳畲族乡、岱岭畲族乡。

1984年5月8日，浙江省民政厅批准平阳县人民政府新建青街畲族乡。

1984年5月14日，浙江省教育厅、民族事务局决定，从当年秋季起，泰顺、文成、苍南、平阳等县各自在第一中学内开办一个民族高中班，降分录取少数民族考生。

1984年5月17日，浙江省教育厅、省民族事务局决定，在温州医学院开办医学民族班（本科），1984年招生30名，主要招收聚居在浙江省的畲族考生，酌情招收其他少数民族考生。

1984年5月26日，泰顺县人民政府决定恢复司前畲族乡。

1984年5—10月，文成、苍南、泰顺三县先后恢复了周山、凤阳、岱岭、司前4个畲族乡。

1984年6月，铅山太源人民公社撤销，恢复太源畲族乡，驻地太源。

1984年6月30日，国务院批复浙江省人民政府，同意设立景宁畲族自治县。以原云和县的景宁、渤海、东坑、沙湾、英川5个区，1个镇，35个公社为景宁畲族自治县的行政区域，县人民政府驻鹤溪镇。10月1日正式对外办公。

1984年7月，罗源县霍口畲族乡成立，首任乡长为雷恒裕。

1984年7月，中共宁德地委批准在畲族聚居地福安竹洲山、上马山设立革命纪念碑。

1984年8月11日，浙江省民政厅批准松阳县人民政府新建板桥畲族乡。

1984年8月12—16日，浙江省文化厅、民族事务局在景宁畲族自治县鹤溪镇召开全省畲族文化工作会议，贯彻全国民族文化工作会议精神，交流畲族群众文化经验，观摩丽水地区及云和县群众艺术表演、鹤溪镇畲族传统婚礼以及畲汉民间艺术表演等。

1984年8月28日，中共浙江省委决定建立中国共产党景宁畲族自治县委员会，时养民任县委书记，雷喜庆、雷明亮为县委副书记。

1984年9月，丽水、云和、遂昌三县分别开设少数民族高中班。

1984年9—10月，福安县撤销坂中公社、康厝公社、穆云公社，建立坂中畲族乡、康厝畲族乡、穆云畲族乡。

1984年10月3日，浙江省民政厅批准龙泉县人民政府恢复竹垟畲族乡。

1984年10月，福安县第九届人民代表大会第一次会议召开，雷瑞华担任县长。

1984年10月，畲族聚居地福安康厝东山村“东山雪洞”，被福安县人民政府确定为首批县级文物保护单位。

1984年11月，浙江省第一届少数民族体育运动会在景宁畲族自治县鹤溪镇举行，大会期间成立了浙江省少数民族体育协会。

1984年11月14日，浙江省民政厅批准文成县人民政府建立敖里畲族乡。

1984年12月21日，景宁畲族自治县首届人民代表大会第一次会议召开。会议选举雷明亮为县长。

1984年12月27日，中国共产党景宁畲族自治县第一次代表大会召开，选举产生中国共产党景宁畲族自治县第一届委员会，县委书记时养民，副书记雷喜庆、雷明亮等。

1984年12月，江西铅山篁碧乡雷姓村民恢复畲族身份，原篁碧村更名为篁碧乡篁碧畲族村。

1984年12月，遂昌县畲族民族民间文艺研究会成立。

1984年12月，文成周山畲族乡重建。

1984年，文成县把畲族人口占30%以上的行政村确定为民族村。

1984年，江西贵溪市恢复乡村建制，樟坪乡更名为樟坪畲族乡。

1984年，浙江省六届人大常委会第五次会议通过：从1984年9月起，对少数民族小学生免收学费。

1984年，宁德地区公署报请福建省政府批准，全地区建立84个民族乡（村），福鼎县7个，包括前岐双华、佳阳、象洋，桐城浮柳、岔门，白琳牛埕下，硖门瑞云。

1985年1月22日，浙江省民政厅批复龙游县人民政府新建沐尘畲族乡。

1985年2月11日，浙江省民政厅批准遂昌县建立三仁畲族乡，批准泰顺县人民政府新建竹里畲族乡。

1985年3月7日，丽水县龙江乡犁头尖村举行畲族“传师学师”仪式。浙江省畲族民族民间文艺学会进行了指导和录像。

1985年3月13—17日，广东、福建省民委和浙江省人民政府民族事务局在广东省潮州市联合召开全国首届畲族史学术讨论会。国内外研究畲族问题的专家、学者和民族工作者共57人出席会议，提交论文30余篇。福建罗源县指派雷大树、游文良与会，游文良在会上进行了关于畲族语言的报告。讨论会汇集的《畲族研究论文集》于1987年4月由民族出版社出版。

1985年4月3日，文成县人民政府决定恢复周山畲族乡。

1985年4月8日，遂昌三仁畲族乡人民政府成立大会隆重召开。

1985年4月22日，景宁畲族自治县举行盛会，庆祝自治县成立一周年。浙江省委副书记陈法文、全国人大民族委员会代秘书长萨义尔、丽水地区行署专员徐松林以及省有关部、委、办、厅（局）负责人，福建、广东的畲族代表到会祝贺。

1985年4月，文成县对全县少数民族农户从1985年起免征农业税3年。

1985年7月，福建省民委主任雷恒春来福鼎检查调研民族工作。

1985年9月1日，文成中学开办民族高中班，招收少数民族学生40名。

1985年11月，福鼎叠石畲族教员雷华安被国务院授予“边陲优秀儿女”称号。

1985年12月，全国人大常委会副委员长赛福鼎·艾则孜由福建省人大常委会副主任蔡良承、福建省民委主任雷恒春陪同，视察罗源县霍口畲族乡福湖村。

1986年1月20日，浙江省民政厅批准丽水地区民政局新建丽水县崇义畲族乡、丽新畲族乡。

1986年1月，仙岩民族小学更名为福安县民族实验小学，系福建省第一所县属民族实验小学。

1986年1月，罗源雷恒裕当选福建省党代会代表，出席省党代会。

1986年4月24日，景宁畲族自治县人大常委会发文，自治县设立后，原设的张春、大均、漈头、外舍、北溪、郑坑等6个畲族乡取消其民族乡名称。

1986年5月6—8日，松山乡八井村雷信钗、雷钗桃（女）参加福建省首届少数民族传统体育运动会，并表演八井拳术。

1986年6月28—30日，白塔乡笕下村女歌手雷银珠、霍口畲族乡岗尾村男歌手雷会棋前往福安参加福建省首届畲族歌会。

1986年7月25日，武义县大源畲族乡成立。

1986年9月10日，罗源松山乡八井村雷钗桃（女）前往新疆乌鲁木齐参加全国第三届少数民族传统体育运动会。

1986年9月，景宁畲族自治县民族中学建校。

1986年10月12日（重阳节），在遂昌三仁畲族乡举办三仁畲族乡首届歌会。遂昌县畲研会倡议将每年重阳节作为畲族唱歌节。

1986年11月，《景宁畲族自治县概况》一书由浙江人民出版社出版。

1986年11月，浙江省畲族民族民间文艺学会编的《畲族哀歌选集》印刷，在内部发行。

1986年11月，泰顺司前初级中学改建为泰顺民族中学。

1986年，浙江昌化林场雷根法被中央绿化委员会授予“全国绿化劳动模范”称号。

1986年，遂昌中学校长雷月明荣获全国总工会五一劳动奖章。

1986年，浙江电影制片厂拍摄的我国第一部反映畲族的电视剧《妹是畲山人》在中央电视台首播。

1987年2月22日，浙江省、温州市民族舞蹈摄影队到文成拍摄雷本楷的《柴爿舞》。

1987年2月22日—3月1日，畲族民间舞蹈采编会在景宁畲族自治县召开。会议决定对畲族民间舞蹈进行全面搜集，并将流行的舞蹈编入《中国民族民间舞蹈集成·浙江省丽水卷》。

1987年3月，中央民族学院教授、民族学家施联朱带领畲族研究生雷玉虹到丽水地区考察。

1987年3月，福建、浙江、广东、江西、安徽等5省畲族地区经济研讨会在福州召开，会议期间，与会代表到罗源县考察畲族经济。

1987年4月8—11日，中国共产党景宁畲族自治县第二次代表大会召开，选举产生中国共产党景宁畲族自治县第二届委员会，时养民任县委书记，雷喜庆等3人任副书记。

1987年4月30日，浙江省民政厅批准兰溪市人民政府新建圣山畲族乡。

1987年5月，福建上杭县召开雷、蓝、钟三姓畲民代表座谈会，了解民族工作落实情况。

1987年7月，福鼎县民族中学创办。当年招收畲族学生118名。

1987年9月28日，遂昌县民族科决定建立民族工作信息网络。

1987年10月，福州市人民政府在罗源县召开少数民族地区发展商品经济经验交流会，福建省民委主任雷恒春到会。

1987年10月25日—11月1日，景宁畲族干部雷喜庆出席中共第十三次全国代表大会。

1987年11月，以福安康厝畲族乡金斗洋村畲族拳为研究对象的《畲族拳》一书，由人民体育出版社出版。

1987年12月26日，浙江省民政厅批准丽水市人民政府将崇义畲族乡改为老竹畲族镇。

1987年12月，在遂昌县九届人大会议上，雷招珠当选浙江省第七届人民代表大会代表。

1987年，顺昌雷腾祥当选福建省第七届人民代表大会代表。

1987年，文成中学学生雷曙君参加浙江省业余体校田径运动会，获得田径少年乙组3千米竞走冠军。

1987年，宁都县政府批准恢复雷姓为畲族。

1988年1月6日，福建省召开民族团结进步表彰大会。福鼎店下三佛塔丁松畲族自然村被国务院授予“全国民族团结进步先进单位”称号。

1988年4月9日，浙江省民政厅批准桐庐县人民政府将莪山乡改建为莪山畲族乡。

1988年4月12—15日，遂昌县召开第九届人民代表大会第三次会议，增选雷震为常务委员会委员。

1988年4月25日，第一次全国民族团结进步表彰大会在北京召开。浙江省人民政府秘书长汪弘毅带领浙江省代表出席大会。龙泉县竹垟畲族乡等7个先进单位和7位先进个人受到表彰。

1988年5月13日，浙江省人民政府确定30个县（市、区）为革命老根据地县，其中少数民族人口较多的县有遂昌、松阳、景宁、龙泉、丽水、云和、平阳、苍南、文成、泰顺、武义。

1988年9月，罗源县政协主席雷志森进京出席全国民族团结进步表彰大会，罗源县人民政府被国务院授予“全国民族团结进步先进集体”称号。

1988年9月底，遂昌中学校长雷月明作为全国少数民族参观团成员，赴北京参加国庆40周年观礼团活动。

1988年10月，《中国民间文学集成·浙江省·温州市文成县畲族卷》出版。这是温州市首部少数民族民间文学集成卷本，收录文成县畲族民间故事105个、谚语410条、畲歌120首。

1988年，广东韶关市民委下发《关于恢复雷姓群众为畲族的批复》。

1988年，顺昌县民政局、教育局将上凤学校戴帽“初中班”改为“顺昌县民族中学”，成为建阳地区第一所民族中学。

1988年，上杭县政府批准《关于成立上杭县民族事务委员会的通知》和《关于改设庐丰畲族乡、官庄畲族乡的通知》。

1989年7月1日，浙江省第七届人民代表大会常务委员会第十次会议批准《浙江省景宁畲族自治县自治条例》。

1989年7月1日，“闽东畲族革命纪念馆”隆重开馆，福建省军区、地委、行署领导到场剪彩。

1990年1月27日（正月初一），中共福建省委书记陈光毅在福州市市长洪永世的陪同下，赴罗源县白岩、福湖、石别下等畲族村给群众拜年。

1990年2月，福安坂中畲族乡电话与市区电话网割接成功，成为全国第一个实现电话自动化的畲族乡。

1990 年 3 月 29 日，文成敖里畲族乡举办“三月三”歌会，演出 30 多个文艺节目，3000 多名畲汉干部、群众、师生参加。

1990 年 4 月 17—18 日，浙江省畲族民族民间文艺学会第二次会员大会在丽水举行。大会修改通过新章程，选举雷耀铨为会长。

1990 年 5 月 3—8 日，文成县政协第三届委员会第一次会议召开，选举雷开勤为副主席。

1990 年 5 月，原宁德地委书记习近平与新到任的地委书记陈增光到福安坂中畲族乡交接挂点单位。

1990 年 6 月 7 日，福州市人民政府批准在罗源县开办福州市民族中学，招收连江、罗源、闽侯及福州市郊山区少数民族学生。

1990 年 6 月，福安市民族职业中学成立。

1990 年 6 月，福州市人民政府决定在罗源县开办福州市民族中学，招收全市少数民族学生。

1990 年 10 月，福安坂中畲族乡被国家民委授予“全国民族团结进步先进集体”荣誉称号。

1990 年 10 月，上杭县召开《上杭县畲族志》编写工作会议。

1990 年 10 月 26—28 日，浙江省第二届少数民族传统体育运动会在丽水市体育馆举行。金华市组队参赛，获体育道德风尚奖。在中国式摔跤比赛中，武义县雷康平获 52 公斤级冠军；雷伟昌获 74 公斤以上级冠军，雷新标获亚军。

1990 年 12 月 28 日—1991 年 1 月 3 日，文化部、国家民委主办的全国少数民族舞蹈（单人舞、双人舞、三人舞）比赛在昆明举行。浙江省参加业余决赛的畲族三人舞《畲山听樵》获舞蹈音乐作曲一等奖、创作二等奖、表演三等奖，独舞《鹅女》获创作三等奖和演出奖。

1990 年 12 月，上杭官庄畲族乡被评为“全国民族团结进步先进单位”，受到中央民委表彰和奖励。

1990 年 12 月统计，1989—1990 年福州市畲村修路 45 条 171 千米，大型桥梁 4 座，机耕路 34 条 91 千米，除连江县小沧乡七里村外，全部通公路。

1990 年，第四次全国人口普查数据显示，福安县畲族人口 58002 人，罗源县畲族人口 16881 人（占全县总人口的 8.06%，不含外出人口），景宁县畲族人口 17378 人，温州畲族人口 54353 人。

1990 年，韶关市南雄县人民政府发布《关于转发粤府〔1989〕143 号文件的通知》，该文主要内容是要求在畲族群众中宣传广东省杂散居少数民族工作的若干规定。

1991 年 4 月 9 日，中央电视台《新闻联播》中“祖国大家庭”栏目系列报道我国 56 个民族之一——《畲族》播出。此节目由浙江省民委、浙江电视台合作完成。

1991 年 5 月，国家民委授予泰顺县林业局“全国民族团结进步先进集体”荣誉称号，苍南雷子旺、泰顺雷建松等被评为先进个人。这是仅有的一次由国家民委授予的荣誉称号。

1991 年 6 月 29 日，福州市民族工作会议在罗源县召开。

1991 年 9 月，文成黄坦中学、峃口中学、西坑中学开办初中民族班。

1991 年 12 月 18—23 日，罗源县派民委副主任雷大树前往广西南宁参加全国民族工作经验交流会。

1991 年 12 月 24—25 日，罗源霍口畲族乡岗尾村雷会祺、大王里村雷玉花（女）前往浙江省景宁县参加畲族文化节，并演唱畲歌。

1992 年 1 月 19 日，遂昌县畲族民族民间文艺研究会成立，并召开会员代表大会。

1992 年 3 月，《上杭县畲族志》初稿审稿会在上杭县城召开，施联朱、蒋炳钊两位教授到会指导。

1992年3月，丽水地区畲族志编纂委员会、中共丽水地委统战部、丽水地区行署民族事务处编辑的《丽水地区畲族志》由电子工业出版社出版。

1992年5月8日，中共浙江省委、省人民政府下发《关于做好撤区扩镇并乡工作的通知》，规定民族乡和有重要历史意义的乡一般不撤并，部分民族乡行政区域变动如下：平阳县青街畲族乡与睦源乡合并，保留青街畲族乡；文成县敖里畲族乡与西坑乡合并，扩建为西坑畲族镇；泰顺县司前畲族乡与里光乡合并，扩建为司前畲族镇；武义县大源畲族乡与柳城镇合并，改名柳城畲族镇；丽水市老竹畲族镇与永丰乡合并，保留老竹畲族镇名称；龙游县沐尘畲族乡与坑头乡合并，保留沐尘畲族乡名称；兰溪市圣山畲族乡与水亭乡合并，改名水亭畲族乡。

1992年5月29日，文成县实行撤区扩镇并乡。撤销敖里畲族乡、西坑乡，成立西坑畲族镇，保留周山畲族乡。文成县少数民族乡镇保留一镇一乡。

1992年6月26日，遂昌中学书记、校长雷月明同志入选《中国少数民族专家学者辞典》。

1992年8月26日，文化部、中国民族文化博览会组委会举办的畲族全国“民族之花”评选复赛在景宁举行。景宁畲族自治县蓝伟珠、丽水市雷芳、文成县蓝海霞被评选为畲族之花。此次大赛在全国56个民族的18～25岁姑娘中，各选3位民族之花。畲族民族之花花落浙江省。

1992年9月22日，福鼎县人民政府批准撤销硖门乡，设立硖门畲族乡。

1992年9月，泰顺县章成小学校长雷建阳获“全国优秀教师”称号。

1992年9月，苍南县委常委、宣传部部长雷必贵进京参加国庆观礼活动。

1992年11月，经安徽省人民政府批准，宁国县云梯畲族乡成立。

1992年11月，在遂昌县十届人大二次会议上，雷招珠当选浙江省第八届人大代表。

1992年11月，顺昌雷腾祥当选福建省第八届人大代表。

1992年12月，温州市民族处完成《温州市志》少数民族篇编写任务。

1992年12月24—26日，首届景宁畲乡文化节在景宁鹤溪镇举行。

1993年3月24日，浙江省民委向国家民委办公厅上报确认畲族吉祥物为凤凰。凤凰是古代传说中的鸟名，象征吉祥、幸福。

1993年3月，景宁畲族自治县县长雷文先出席第八届全国人民代表大会第一次会议。

1993年4月1—3日，中国共产党景宁畲族自治县第四次代表大会召开，选举产生中国共产党景宁畲族自治县第四届委员会和县委书记陈铁雄、副书记雷文先等3人。

1993年4月12—16日，文成县政协第四届委员会第一次会议召开，选举雷开勤、雷昌协为副主席。

1993年4月20日，平阳雷朝宽当选为浙江省人大代表，雷朝欣当选为温州市人大代表，雷金莲被推荐为温州市政协委员。

1993年4月，在十一届人大第一次会议上，雷春茂当选遂昌县人民政府副县长。

1993年5月，浙江省畲族民族民间文艺学会编的《浙江畲族民歌集》印刷，在内部发行。

1993年6月29日，遂昌三仁畲族乡党委书记、乡长雷保民作为全国各族青年团结进步先进个人代表赴京参加表彰活动。

1993年9月，福州市民族中学教学楼落成并交付使用，设5个班，招287名学生，其中畲族学生占1/3。

1993年10月12日，遂昌三仁畲族乡党委书记、乡长雷保民被推荐为“浙江省十大杰出青年”候选人。

1993年10月，《中国民间歌曲集成·浙江卷》由人民音乐出版社出版，卷内分汉族民歌篇和畲族民歌篇。

1993年11月3日，遂昌大柘镇后垅少数民族小学校长雷招珠随中国青年教育考察团东渡日本考察。

1993 年，顺昌水南乡（今双溪街道）井垅小学由政府拨款并自筹资金创办井垅民族小学。

1994 年 1 月 10 日，浙江省人大代表雷招珠等视察三仁畲族乡民族工作。

1994 年 4 月 13 日，丽水市老竹畲族镇、丽新畲族乡，以及武义县柳城畲族镇、松阳县板桥畲族乡联合在老竹畲族镇举办畲族传统“三月三”（三月初三）歌会。景宁畲族自治县民族中学 700 多名师生举行篝火晚会。

1994 年 8 月，景宁畲族自治县县长雷文先，率县畲族民间歌舞团一行 15 人，参加“94 日本福井国际艺术节”，演出《畲山听樵》等 5 个民族歌舞节目。

1994 年 8 月 12 日，遂昌县民族高中开始招生。

1994 年 9 月，中共福建省委常委、福州市委书记习近平率市委、市人大、市政府有关部门负责人到罗源县召开现场会议，研究畲乡奔小康“造福工程”的实施。

1994 年 10 月 1 日，国务院召开“第二次全国民族团结进步先进集体、先进个人”表彰大会，授予温州医学院、温州卫生学校“先进集体”称号，苍南雷子旺被评为先进个人。

1994 年 10 月 18 日，景宁畲族自治县成立 10 周年庆祝活动在景宁县城鹤溪镇隆重举行。中共浙江省委、省人大常委会、省人民政府、省政协发来贺电。以省委副书记、省政协主席刘枫为团长，省人大常委会副主任毛昭晰、副省长龙安定、省政协副主席吴仁源为副团长的省代表团到场祝贺。全国人大民委、国家民委发贺电并派国家民委教育司司长周明甫到场祝贺。庆祝活动期间举办了自治县成立 10 年成就展，召开发展景宁经济研讨会、畲族文化研讨会以及歌舞民俗演出等。畲族文化研讨会论文集《畲族历史与文化》于 1995 年 6 月由中央民族大学出版社出版。

1995 年 3 月，中共福建省委决定由福建省水产厅帮扶罗源霍口畲族乡，中共福建省委政法委帮扶连江小沧畲族乡。

1995 年 3 月 31 日，中共平阳县委下发〔1995〕2 号文件《关于加强培养选拔优秀年轻干部工作的实施意见》，对从少数民族人口在 500 人和 1000 人以上乡镇的少数民族干部和党政领导班子中选配少数民族领导干部作了规定。

1995 年 4 月 7—8 日，遂昌县副县长雷春茂到云峰镇毛田、古亭，妙高镇井桐坞、东梅村考察工作。

1995 年 6 月 14 日，浙江省第二次民族团结进步表彰大会召开。遂昌三仁畲族乡乡长雷土根荣获“全国民族团结进步模范个人”称号。遂昌大柘镇中心小学雷永春、云峰镇毛田村雷月星荣获“浙江省民族团结进步个人”称号。

1995 年 6 月，武义县民族宗教科等 6 个单位和兰溪市水亭畲族乡信用社主任雷品元等 5 人，被授予“浙江省第二次民族团结进步表彰大会模范集体和模范个人”荣誉称号。

1995 年 12 月 27 日，经平阳县十一届人大常委会第二十六次会议审议，任命雷大取为平阳县人民政府副县长。

1995 年 12 月 30 日，平阳县少数民族联谊会成立。出席代表 290 多人。选举首届县少数民族联谊会理事会理事 44 人、常务理事 17 人，选举雷元溪为会长。

1995 年，顺昌井垅村的上府垅、下府垅 2 个畲民小组的 358 人，享受“造福工程”资助，搬迁到牛押丘村。

1995 年，国务院授予景宁畲族自治县鹤溪镇包凤村党支部副书记雷汤菊“全国劳动模范”称号。

1996 年 1 月 18 日，浙江丽水地区民族宗教局领导雷明亮等到遂昌三仁畲族乡考察。

1996 年 3 月，江西省人民政府批准同意铅山县篁碧乡更名为篁碧畲族乡。

1996年4月，福州市“畲族三月三乌饭节”在连江县小沧畲族乡举行，中共福州市委副书记王文贵等参加。

1996年5月19—21日，国家民委、共青团中央、全国青联在北京召开全国民族地区杰出青年经验交流会，景宁畲族自治县鹤溪镇包凤村党支部副书记雷汤菊出席会议，并被授予“全国民族地区杰出青年”荣誉称号。

1996年6月4日，浙江省人大常委会委员雷喜庆等赴三仁畲族乡考察发展民族经济工作。

1996年6月，福建省第三届少数民族运动会在连江县城关举行，省长陈明义、副省长童万亨与会指导。

1996年9月，福建省人民政府授予连江县小沧畲族乡人民政府“民族团结进步模范集体”称号。

1996年9月12—18日，景宁畲族自治县鹤溪镇包凤村党支部书记雷汤菊出席中共第十五次全国代表大会。

1996年12月19日，文成县十一届人大常委会第24次会议，任命雷明远为文成县人民政府副县长。

1997年1月，国务院副总理李岚清到罗源深入福州民族中学考察教育工作。1997年2月18日，遂昌、龙游畲族新春歌会在遂昌新路湾镇夹路畈村举行。

1997年5月4日，遂昌县委下发《中共遂昌县委、遂昌县人民政府关于进一步扶持少数民族地区发展经济、教育、文化和卫生事业的意见》。

1997年9月，福州市民族中学开办高中部，成为完全中学。

1997年10月17日，遂昌县民族中小学教育工作会议在后江民族初中举行。

1997年11月28日，雷爱美在福鼎市第十二届人民代表大会第六次会议上被选为福建省第九届人大代表。

1997年，福鼎市有56个畲族自然村，共701户3340人实行了易地搬迁，政府先后投入资金438.8万元，建筑面积27015.4平方米。

1998年1月20日，遂昌北界镇镇长助理、妇联主席雷招珠在浙江省九届人大一次会议上当选第九届全国人大代表。

1998年3月27日—4月1日，文成县政协第五届委员会第一次会议召开，选举雷开勤、钟维枢为文成县政协副主席。

1998年6月22日，罗源县人民政府决定，起步镇水口洋畲族自然村从原隶属的潮格村剥离出来，正式成立水口洋村。建村后水口洋为纯畲族村，辖水口洋、坑脉里、坪石3个自然村，有61户300人。

1998年9月，中共中央政治委员、中共北京市委书记贾庆林及林幼芳女士，向福州民族中学赠送钢琴，并举行赠送仪式。

1998年12月1日，中共温州市委、市人民政府发出温委〔1998〕188号文件《关于贯彻实施〈民族乡行政工作条例〉和〈城市民族工作条例〉若干意见的通知》，从6个方面提出24条贯彻实施的具体意见。

1999年4月8日，丽水市民宗局局长雷明亮到遂昌县了解民族工作情况，并赴三仁畲族乡考察。

1999年5月20日，浙江省民宗委主任宋云祥、副主任周永辉，丽水市民宗局局长雷明亮到三仁畲族乡考察。

1999年7月，广东河源市东源县漳溪乡更名为漳溪畲族乡。

1999年9月15日，中共罗源县委、县人民政府出台《关于加快民族地区教育事业发展的决定》。

1999 年 9 月，福鼎市民委主任雷朝瑞被国务院授予“全国民族团结进步模范个人”称号。

1999 年 10 月，福建省第九届人民代表大会常务委员会第十四次会议通过《福建省少数民族权益保障条例》，这是福建省第一部有关民族事务的地方性法规。

1999 年 10 月，金华金宇建设有限公司董事长雷永金，作为浙江省唯一少数民族代表出席观摩第六届全国少数民族运动会并参加中华人民共和国成立 50 周年观礼。

1999 年，中共平阳县委、县人民政府下发《关于进一步扶持少数民族地区发展的若干规定》。文件规定：每二至三年召开一次全县民族工作会议或表彰会议。少数民族人口在 500 人以上的乡（镇）至少要配备 1 名少数民族干部，人口在 1000 人以上的乡（镇）党政领导班子中至少要配备一名少数民族领导干部。县财政安排民族补助资金在 1998 年 12 万元的基础上，每年以 10％递增。少数民族医疗补助费在 4.6 万元的基础上，每年以 10％递增。从 1999 年开始，县财政安排给青街畲族乡 10 万元机动财力，给予在民族班就读的少数民族学生每人每月 30 元生活补助。少数民族小学生、初中生免收学杂费，报考平阳一中等重点高中的少数民族学生在录取分数线下降 50 分内择优录取 5 人。

1999 年，顺昌大历乡下坑大坪组 5 户 31 人、际会乡黄窠组 40 户 180 人、洋口镇谢坊村枫树垅 8 户 36 人的畲民享受“造福工程”搬迁。

1999 年，在福建省第三次民族团结进步表彰大会中顺昌井垅村被授予“模范集体”荣誉称号，谢坊村雷有旺被授予“先进个人”荣誉称号。

2000 年 2 月，福鼎市政府对少数民族人口占 30％以上的行政村进行评定，桐城街道的浮柳、岔门，前岐镇的龙头湾、桥亭、佳阳、井头、象洋、双华、罗唇、佳山，店下镇的硋窑，秦屿镇的才堡、方家山、洋里，硖门畲族乡的瑞云，磻溪镇的排阳、朝阳、赤溪、油坑，白琳镇的康山、牛埕下、高山，管阳镇的唐阳、亭边等 24 个村被确定。

2000 年 4 月，连江县小沧畲族乡举行“三月三”乌饭节及“畲山湖”民俗风情旅游线路开通庆典。

2000 年 5 月，中国福州民族风情旅游节暨中国福州招商会在罗源县霍口畲族乡举行。

2000 年 7 月，福州市畲族聚居村 11113 户通自来水，53301 名畲民受益，通水率达 98％。

2000 年 9 月，福州市 75 个畲族聚居村用电户达 11008 户，占全市农村畲族总户的 98.5％。

2000 年 9 月，雷卫文等 3 位畲民在遂昌县党代会上当选丽水市第一次党代会代表。

2000 年 10 月，江西省吉安市永丰县龙冈畲族乡成立，2001 年 3 月正式挂牌。

2000 年 10 月，第一部《福鼎畲族志》印制 2000 册。

2000 年 10 月，在福鼎乡镇换届选举中，有 22 位畲族干部进入 15 个乡镇、街道办事处的党政领导班子。

2000 年 11 月，雷清当选丽水市第一届政协委员。

2000 年，第五次全国人口普查数据显示，平阳畲族人口 12150 人、文成畲族人口 13700 人。

2001 年 1 月 20 日，遂昌县委、县政府决定命名 51 个村为“遂昌县第三批小康村”。10 个民族村榜上有名。

2001 年 3 月 25 日，顺昌县宣传部、民政局、文化局等单位在华阳山风景区举办顺昌县首届畲族“三月三”文化艺术节，近万人参加。

2001 年 4 月，顺昌县大历镇下坑村、水南镇余墩村、仁寿镇江墩村被县政府批准为畲族村。

2001 年 8 月，桐庐县莪山畲族乡初中与乡中心小学合并，成立桐庐县莪山畲族乡中心学校。

2001 年，金华兰溪市水亭畲族乡被评为浙江省级教育强乡。

2001 年，江西南康赤土镇更名为南康县赤土畲族乡，是赣州市唯一的少数民族乡。

2002年2月，《苍南文史资料》第17辑《畲族回族专辑》出刊。该书32开本，160页，10余万字。

2002年3月，江西省雷氏文化研究工作委员会成立，雷良钧担任首任主任，雷湘池任顾问，雷汉兴任秘书长。2005年7月雷正良任主任，雷良钧任名誉主任，雷良驿任秘书长。2007年11月雷秋模主持工作，雷剑义任秘书长。

2002年4月15日（三月初三），闽东第三届畲族“三月三”歌会在福鼎太姥山举行，省地各级领导、浙南来宾以及畲乡群众等共4500多人参加。

2002年6月，《顺昌畲歌集》（第一辑）（2000首）出版。

2002年6月20日，遂昌县委、县政府出台《关于进一步加强少数民族工作的若干意见》。

2002年6月，经江西省民政厅批准同意，吉安市青原区东固镇更名为青原区东固畲族乡。

2002年6月，游文良专著《畲族语言》，由福建人民出版社出版发行。

2002年9月，中央军委授予雷炳成少将军衔，雷炳成成为中华人民共和国成立以来第一位文成籍将军。

2002年10月8日，经江西省民政厅批准同意，乐安县金竹乡更名为乐安县金竹畲族乡。

2002年10月，武义县金穗民族中学被国家民委、教育部评为全国中小学民族团结教育先进集体。

2002年，武义县柳城畲族镇被列为浙江省级中心镇，是武义县南部地区两镇四乡经济、文化、交通、医疗保健、旅游、物流中心。

2003年1月14日，中共福州市委副书记雷春美率市财政、农业、广电、民宗局等部门负责人到霍口畲族乡调研，并为福湖小学校舍解决10万元基建资金。

2003年1月28日，遂昌濂竹乡苏旺村雷水松户被县委、县政府评为“县级小康示范户”。

2003年3月13日，遂昌县在三仁畲族乡召开学习贯彻《浙江省少数民族权益保障条例》座谈会。

2003年8月，苍南畲族蹴球运动员雷新专、雷祖鑣、雷小燕、钟晓绿4人，代表浙江参加在北京东台区举办的“全国蹴球邀请赛”并取得好成绩。雷新专、雷祖鑣组合获男双第一名，钟晓绿、雷小燕组合获女双第二名，钟晓绿、雷新专组合获混双第三名，并获体育道德风尚奖。

2003年8月29日，遂昌县召开奖励少数民族学生会议。对在中考和高考中取得优异成绩的少数民族考生分别给予1000～3000元不等的奖励。

2003年9月19日，广东省河源市民族宗教考察团一行7人到福湖村考察。

2004年5月18—21日，国家民委党组成员、驻委纪检监察组组长郝文明一行4人，在福建省民宗厅副厅长雷斌的陪同下，到福鼎市、霞浦县考察调研少数民族干部培养选拔使用工作。

2004年6月27日，遂昌县举行少数民族学生代表座谈会，并对雷晓芬等16名优秀少数民族学生进行奖励。

2004年7月，福州市民族中学321名应届高中毕业生参加高考，上线人数304人，总上线率95%，其中本科上线（含重点线）102人，本科上线率达31.8%，创建校以来高考最好成绩。

2004年10月13日，遂昌县雷先土主创的“畲族网”正式挂网运行。

2004年10月13日，遂昌县民间文化大集活动“畲族婚嫁对歌表演”在三仁畲族乡举行。县统战部、民宗局、三仁畲族乡党委政府联合举办畲民书画展，并对畲族传统织布工艺进行展示。

2004年，顺昌全县实行村财托管，各乡镇成立会计服务中心，畲族村不设会计，村账目全部托交镇服务中心代管，各村设报账员1名。

2005年1月，兰溪市水亭畲族乡被浙江省文化厅评为“东海文化明珠”。

2005年2月，中共罗源霍口畲族乡党委书记雷言钦荣获共青团中央、国家民委、全国青联联合颁发的第四届全国各族青年团结进步优秀奖。

2005年3月8日，遂昌县统战部、民宗局在县城广场参加由县综治办、普法办联合举办的法律宣传活动。向市民群众进行《中华人民共和国民族区域自治法》《浙江省少数民族权益保障条例》等法律法规的宣传。

2005年3月23日，全国政协港澳台侨委员会主任何少川、福建省政协副主席陈家骅带领民族文化抢救保护工作调研组到罗源开展畲族文化保护现状和抢救保护情况的调研。

2005年4月12日，文成县少数民族联谊会第一次会员代表大会召开，雷开勤当选联谊会会长。

2005年5月，金华金宇建设有限公司董事长雷永金被授予“国务院第四次民族团结进步模范个人”荣誉称号。

2005年5月31日，遂昌三仁畲族乡中心小学“畲娃山歌会”社团成立。

2005年6月18日，温州大学教授邱国珍在《温州日报》发表歧视污辱畲族的文章、照片，温州各县及周边省、市、县畲民纷纷抗议并责成作者道歉、赔偿精神损失，引起温州市委高度重视。温州日报社给平阳、苍南、泰顺、文成等县各8万元补偿，温州大学撤销其温州大学民俗研究所主任职务。

2005年9月，雷馨、雷水香在遂昌县党代会上当选丽水市第二次党代会代表。

2005年9月，经福鼎市民宗局建议，福鼎市教育局同意，畲族歌谣列入福鼎市少数民族地区中小学的地方乡土教材，在福鼎市民族中学以及瑞云、牛埕下、浮柳、双华等4个民族小学开展传唱教学活动。

2005年9月，由广东省民族研究所出资，游文良、雷楠、蓝瑞汤著的《凤凰山畲语》一书由吉林人民出版社出版。

2005年10月，由中共罗源县委统战部和县党史研究室编撰的《罗川畲族颂》上集付梓面世。

2005年11月，雷陈松在遂昌县十三届人大四次会议上当选丽水市第二届人大代表。雷清当选丽水市政协第二届委员会委员。

2006年2月10日，罗源县首届畲家拳会演在八井村举行。9个畲族村代表队派出18名选手参赛，表演七步连星、十八贴、五虎庄、龙庄等拳术套路以及棍术。分别评出集体项目、个人项目一、二、三等奖。福建省民宗厅、福州市民宗局、中共罗源县委、罗源县人民政府领导及县直有关部门，以及乡镇负责人、民族村干部、邻村群众数千人观摩。

2006年8月，平阳县政府确认南朱山、书阁、前山三个村为民族村。

2006年12月，《中国少数民族古籍总目提要·畲族卷》编纂协作工作第一次会议在福州召开。为此，由福建牵头，浙江、江西、广东、贵州、湖南、安徽七省协作的《中国少数民族古籍总目提要·畲族卷》编纂工作正式启动。

2007年3月，罗源霍口畲族乡福湖村、飞竹镇飞竹居委会、松山镇八井等村的畲族山歌、畲族服饰、苎布织染缝纫技艺、“三月三”乌饭节、畲族医药、八井拳术等被列入福州市第一批非物质文化遗产名录。

2007年6—8月，罗源县民族与宗教事务局开展民族古籍资料收集工作，共收集祖图、家谱、畲族医药书籍、畲族宗教仪式重本、金歌唱本、旧契约、故园碑刻、匾额等500余件（条），并作整理。

2007年8月，顺昌溪兰村雷伍星等人发起并举办庆奥运畲歌演唱会。

2007年8月27日，遂昌县人民政府下发《关于同意石练镇宏岗村、妙高镇大毛头村列入少数民族村的批复》。

2007年11月，雷楠、陈焕钧著《凤凰山畲族文化》一书由海天出版社出版。

2007年12月，温州市民宗局在泰顺召开《中国少数民族古籍总目提要·畲族卷·温州片卷》审稿会。《温州片卷》共征集古籍400余件，筛选出100多件上送浙江省总纂办。

2007年12月，在潮州再次举办全国性畲族文化研讨会。

2007年，罗源县少数民族报考民族乡公务员笔试享受每科照顾10分的政策。

2008年1月，2008北京奥运会组委会确定武义县柳城畲族镇中心小学校长雷旭雄为2008年北京奥运会火炬手，于5月17日参加浙江绍兴站火炬接力。

2008年2月20日，福州市首届闽都民俗文化节暨罗源站“畲族·风”活动在霍口畲族乡福湖村举行，开展畲族歌舞，畲族请祖、祭祖、婚礼等仪式的演出和展示，并举办生产生活实物展览和畲家小吃品尝活动。

2008年5月11日，北京奥运会福建省两名畲族火炬手之一的起步学区畲族女教师雷翠晶，在福州参加北京奥运会火炬接力传递。

2008年5月26日，畲族乡村村民踊跃为四川省汶川地震灾区捐款。

2008年6月，兰溪市水亭畲族乡“断头龙”舞被列入第一批国家级非物质文化遗产扩展项目名录。

2008年8月8日，顺昌县畲家中草药研究所成立。

2008年8月25日，遂昌县委统战部印发《关于组织实施“少数民族低收入群众增收帮扶行动计划”工作方案》。

2008年8月，罗源县申报的畲族服饰、畲族医药被列入全国第二批非物质文化遗产名录。

2008年，顺昌县溪兰村畲民江南处组4户25人、金银山组3户22人，享受“造福工程”资助，搬迁到大湾新村居住，

2009年2月26日，福鼎市佳阳畲族乡举行挂牌仪式，福建省民宗厅厅长王聚仁、巡视员雷斌及有关处室负责人到场。福建省副省长洪捷序、省政协副主席叶家松分别发来贺信。

2009年3月20日，位于罗源白塔乡旺岩畲族村，集灌溉、发电、防洪于一体的三溪小（一）型水库，经改造后通过市级验收，正式投入运行。

2009年5月31日，福鼎市磻溪镇赤溪畲族村举行“中国扶贫第一村”揭牌仪式。

2009年6月15日，罗源县人民法院成立全市首家畲族巡回法庭，定期在霍口乡和西兰乡畲族人口密集村设立巡回办案点，审理因婚姻、抚养、赡养、劳动等纠纷涉及畲族当事人权益的案件，对以上两乡畲族村人民调解员调解案件方法进行指导，并接受群众的法律咨询，提供上门立案服务。

2009年6月16日，由浙江省民宗委、省政府研究室、省农办、省财政厅等组成的联合调研组，对遂昌县少数民族乡村经济社会发展情况及扶持政策进行专题调研。

2009年8月31日，由福建省民族与宗教厅巡视员雷斌带领的，省文化厅、广电局、新闻出版局等单位有关人员组成的福建省少数民族文化工作调研组到罗源县八井、石壁下、福湖等村开展少数民族文化调研活动。

2009年8月，杭州市桐庐县莪山民族小学成立，当年有师生490名。

2009年9月29日，顺昌县畲族研究联谊会在县政府礼堂召开成立大会，参加大会的会员299人。

2009年12月30日，连江县民族经济发展促进会成立，雷伙德担任会长。

2009年12月31日，在连江县副县长雷言钦的推动下，连江县民族经济发展促进会成立，雷伙德当选会长，雷传太为秘书长，雷德标等为副会长。

2009年，平阳顺溪兴顺畜禽养殖场雷金翠，出席全国第五次民族团结进步表彰大会，并获“民族团结进步模范个人”称号，参观庆祝中华人民共和国成立60周年阅兵式。

2010年2月10日，南平市委书记雷春美到顺昌调研，看望并慰问顺昌县畲族研究联谊会全体成员。

2010年4月5日（三月初三），温州市民宗局、泰顺县人民政府主办的“首届瓯越三月三畲族文化风情旅游节”在司前畲族镇、竹里畲族乡隆重举行。此后的每年“三月三”活动，由泰顺、文成、苍南、平阳四个县轮流主办。

2010年9月5日，中共中央政治局常委、中央书记处书记、国家副主席习近平一行来到福鼎硖门畲族乡柏洋村视察。习近平深入畲族乡村同群众亲切交谈，强调要以改善民生为重点，大力发展社会事业，帮助群众切实解决就业、医疗、住房和孩子上学等方面的实际困难，保证人民群众安居乐业。

2010年10月16日，遂昌县畲族赛歌会在石练镇金苏民族村举行，莲都、松阳、武义等地的40多名畲族歌手参加赛歌会。

2010年10月27日，丽水市第二次民族团结进步表彰大会暨少数民族文化会议召开，遂昌雷先土荣获市“民族团结进步模范个人”称号。

2010年12月，温州市人民政府授予泰顺职教中心雷圣锋“优秀班主任”称号。

2010年12月，石中坚、雷楠的专著《畲族祖地文化新探》，由甘肃民族出版社出版发行。

2010年，第六次全国人口普查数据显示，福鼎市畲族人口26469（其中男性13748人，女性12721人），温州市畲族人口80096人。

2010年，松溪县雷畲村云雾野生茶生态园合作社成立，推行“合作社＋产业＋农户”的精准扶贫模式，动员贫困户以山社入股。

2011年1月7日，景宁畲族自治县鹤溪镇敕木山村落民房被浙江省人民政府公布为第六批省级文物保护单位。

2011年1月，《江西畲族百年实录》由江西人民出版社出版发行。

2011年3月25日，文成县进行乡镇行政区划调整，撤销石垟乡、岭后乡、下垟乡建制，其行政区划并入西坑畲族镇，保留周山畲族乡。

2011年3月，顺昌县畲族研究联谊会选送《团结和睦的山哈人》《缘分歌》节目参加宁德举办的“三月三”歌会活动。

2011年5月1日，顺昌秀吴村村主任雷全林被县政府授予“五一劳动模范”称号。

2011年7月23日，顺昌县畲族研究联谊会召开专题会议，启动《顺昌县畲族志》编撰工作。

2011年9月，文成培头民族小学开始每周开2节畲语课教学活动。

2011年12月30日，遂昌大柘镇永安畲族村被浙江省民宗委、省农办评为第三批“浙江省民族团结进步小康村”。

2012年1月6—10日，文成县第十五届人民代表大会第一次会议，选举雷宇为副县长。

2012年3月21日，文成县少数民族联谊会第二次代表大会上，雷本汉当选会长。

2012年9月，《中国少数民族古籍总目提要·畲族卷》出版。

2012年12月，顺昌县畲族民俗馆在洋口镇上凤新村慈济大爱村落成。

2012年12月24日，环境保护部授予江西吉安县龙冈畲族乡“2010—2011年度国家级生态乡镇”称号。

2013年1月，《浙江畲族百年实录》由浙江人民出版社出版发行。

2013年4月，温州市在青街畲族乡举办第四届瓯越“三月三”畲族风情旅游节，接待游客

1.7万余人次。《民族风、山哈情、中国梦、畲乡美》一文在《中国民族杂志》上发表。

2013年6月26日，福建省委书记尤权到福鼎硖门畲族乡视察，参观了雷增喜家庭农场。

2013年8月，文成县外南畲族村党支部书记雷衍开、文成大岱镇外南民族村党支部书记雷衍开等，获浙江省委宣传部、统战部、民宗委授予的“2012年度十佳最美基层民族干部”称号。

2013年8月，《福建畲族百年实录》由福建人民出版社出版发行。

2013年10月，南平市非物质文化遗产保护项目顺昌“畲族青草茶”（畲家五行茶）参加第六届海峡两岸（厦门）文化产园博览交易会，产品在主题馆展出。

2013年11月，永泰县富泉中心小学更名为富泉民族中心小学，成为永泰县唯一一所民族学校。该小学1935年成立时为私塾，1961年更名为富泉小学，后为富泉中心小学，占地5467平方米，建筑面积3656平方米。

2013年12月，顺昌县洋口镇田坪村、福鼎赤溪畲族村被列为中国少数民族特色村寨。

2013年，江西宁都县田埠乡龙下畲族村村口四石柱牌坊落成。

2014年1月9日，福鼎市民族中学举行“全国民族传统体育示范基地”授牌仪式，国家民委文宣司体卫处处长张铁军到场授牌。

2014年4月2—3日，由中华民族团结进步协会、福建省海外联谊会、福建省少数民族发展基金会、宁德市中华畲族宫协会、中华畲族文化与慈善基金会主办，福鼎市畲族文化促进会承办的“中华一家亲”和2014海峡两岸各民族欢度“三月三”节暨福建省第三届“三月三”畲族文化节在福鼎市举办，国家民委副主任丹珠昂奔，福建省委常委、统战部部长雷春美，福建省民宗厅厅长杨志英及台湾少数民族同胞，闽浙两省畲族同胞代表，中央、省、市新闻媒体记者等参加此次活动。

2014年4月10—11日，中共浙江省委书记、省人大常委会主任夏宝龙到黄坦镇培头民族村进行驻点调研，共商畲村发展大计。

2014年5月，文成大岱镇龙川社区乌田民族村道家文化与畲族文化研究者雷德宽向县博物馆捐赠其收藏的畲族与道教文物近200件。

2014年8月，福州市首个小学少数民族班在连江县第三实验小学开班。该民族班主要招收连江县农村少数民族一级年适龄儿童（不含凤城镇、敖江镇、江南乡），共45人。

2014年9月22日，畲族文化柱（盘、蓝、雷、钟）在上凤村慈济大爱村顺昌县畲族民俗馆前落成。

2014年9月，顺昌雷财祥、连江雷伙德出席国务院第六次全国民族团结进步先进集体与先进个人表彰会，获“全国民族团结进步模范个人”荣誉称号。

2014年9月，安徽云梯千秋畲族村被国家民族事务委员会评为首批“中国少数民族特色村寨”。

2014年12月，浙江省政府发文，遂昌妙高街道东峰村党支部书记雷文彬被授予“浙江省民族团结进步模范个人”称号。

2015年1月29日，习近平总书记在国家民委《民族工作简报》对福鼎赤溪村作重要批示：“30年来，在党的扶贫政策支持下，宁德赤溪畲族村干部群众艰苦奋斗、顽强拼搏、滴水穿石、久久为功，把一个远近闻名的‘贫困村’建成了‘小康村’。”

2015年2月，福建省畲家企业商会在福州海峡国际会展中心成立，钟兆星担任会长。商会班子中：雷和孙担任监事长，雷伙德担任常务副会长兼秘书长，雷言钦、雷祖云、雷宏龙担任常务副会长，雷春娟、雷良文、雷廷升、雷杨钦、雷孝林、雷禄鑫担任副会长，雷伙德兼任党支部书记。

2015年7月，安徽千秋畲族村被收进住房城乡建设部、国家旅游局联合公布的第三批全国特色景观旅游名村名单。

2015 年 7 月 27 日，中共温州市委表彰 100 名“温州市优秀村（居）党组织书记”，平阳前山村雷聪、九岱村雷美红、泰顺玉塔村雷大良等榜上有名。

2015 年 8 月，广东博罗县乡土教材、少数民族双语教学教材、畲族语言文化学习与传播丛书《畲语课本（试用本）》（第一册 ）由广东人民出版社出版发行。

2015 年 11 月 27 日上午，中共宁德市委宣传部、福建电影制片厂、湖南一甲传媒有限公司等单位联合摄制的国内首部畲族题材院线电影《梦归山哈》在宁德开机。影片在宁德蕉城区霍童、邑坂、上金贝、猴盾，霞浦县半月里村，以及福安、福鼎等地取景拍摄。

2015 年 11 月，福建省民族研究会成立，雷弯山担任会长。

2015 年 12 月 7 日，汪洋副总理视察赤溪，并把福鼎赤溪村的扶贫工作作为“宁德模式”加以推广。

2015 年 12 月 25 日，延顺高速公路开通，顺昌入口设在顺昌双溪街道井垅村（畲族村）。

2016 年 1 月 14 日，文成县新闻中心主办的 2015 年度“文成县十大新闻人物”评选结果出炉，离家 73 年、千里寻亲的 95 岁抗战老兵雷长久榜上有名。

2016 年 2 月 3 日，文成县进行乡镇行政区划调整，调整西坑畲族镇管辖范围，增设铜铃山镇。调整后，西坑畲族镇辖 11 个行政村（西坑、塘垟、梧溪、旁边垟、让川、敖里、双田、江山、南坑垟、叶岸、双前），镇政府驻地为镇前路 1 号。

2016 年 2 月 19 日，中共中央总书记、国家主席、中央军委主席习近平在人民网演播室同在福鼎市磻溪镇赤溪——中国扶贫第一村采访的记者连线，与赤溪村干部、群众在线交流。

2016 年 3 月 20 日，“浙江省首届水彩画写生作品展”评选结果揭晓，文成县畲族画家雷斌《致青春・周末阳光》获优秀奖。

2016 年 3 月，中华雷氏文化研究会安徽省分会在六安成立，雷前飞任会长，雷欢为副会长。

2016 年 4 月 10 日，中央统战部副部长、国家民委党组书记巴特尔在福建省委常委、统战部部长雷春美的陪同下，到福鼎市考察民族工作。

2016 年 4 月，《顺昌畲歌集》（第二辑）出版发行。

2016 年 5 月，安徽云梯畲族乡中心小学组织编写的《说畲语》《唱畲歌》2 册校本教材被成功使用。

2016 年 6 月，文成西坑畲族镇江山民族村金山自然村的雷特被清华大学数学与应用专业录取，成为文成县第一位被清华大学录取的畲族学子。

2016 年 10 月 6 日，文成黄坦镇培头民族村被国家民委评为第二批“中国少数民族特色村寨”。

2016 年 10 月 9 日，文成西坑畲族镇民族学校竹竿舞代表队在浙江省第二届音乐竹竿舞比赛中分别获得两副竹竿男女四人跳和单副竹竿男女双人跳两项金奖。

2016 年 11 月 5 日，在浙江省美丽乡村和农村精神文明建设现场会上，西坑畲族镇成为第一批浙江省美丽乡村示范乡镇。

2016 年 11 月 22 日，浙江省委省政府农业和农村工作领导小组办公室、省民宗委主办的浙江省首届畲家乐特色菜点大赛上，西坑畲族镇悦慢民宿的芙蓉糕莲（畲族糍粑）荣获“畲家金牌点心”称号。

2016 年 11 月 30 日，文成博物馆试开馆，博物馆三楼设有畲族文化专题厅，展示了畲族服饰、婚嫁银饰、生活用具等。

2016 年 12 月 9 日，浙江省政协委员、省政协民宗委副主任雷祥雄带队的省政协少数民族界别活动组一行 8 人到周山畲族乡调研。

2016年12月18日，福建省姓氏源流研究会雷氏委员会成立，雷和孙担任名誉会长，雷斌、雷弯山担任顾问，雷伙德担任会长，雷光森、雷春娟担任常务副会长，雷孙金任秘书长，雷水木、雷智辉、雷国明、雷茂生、雷华杰、雷大钦、雷成宝、雷昌堡、雷寿坤等担任副会长。

2016年12月20日，江西永丰县龙冈畲族乡被国家民族事务委员会评为第四批全国民族团结进步创建活动示范单位。

2016年12月，雷弯山的专著《畲族源流研究》，由中共中央党校出版社出版发行，“畲族源于凤凰山”新成果，得到海内外专家学者的充分肯定和畲民的普遍拥护，畲族源流进入正本清源阶段。

2016年12月，福鼎硖溪镇赤溪村被国家民族事务委员会评为全国民族团结进步创建活动示范村。

2017年9月23日，“浙江山哈走亲遂昌暨遂昌县民族团结进步进乡村”活动在妙高街道东峰村举办，来自杭州、兰溪、武义、丽水等省内各地的200多名畲族同胞齐聚遂昌，开展了一场别开生面的走亲互动活动。

2017年12月，江西南康市赤土畲族乡被国家民族事务委员会评为第五批全国民族团结进步创建示范区。

2018年2月10日，遂昌县召开民族干群十九大精神、省县“两会”学习会暨第三届畲族文化研究会第三次会议，200多名乡镇街道统战委员、民族村书记和主任、畲研会全体会员参加，会议增选了畲研会理事、副会长。

2018年3月5日，丽水市政协调研组到遂昌调研民族乡村振兴和畲族文化传承工作。市委统战部副部长、民宗局局长雷金松，丽水市委党史研究室、市地方志办公室主任雷华英等参加。

2018年4月17日，遂昌县民宗局带领畲研会一行10人赴莲都、景宁参加“三月三”活动。同日，雷云梅在中国“三月三”开幕式受到组委会表彰，获“中国好畲娘”称号，并接受浙江在线等媒体采访。

2018年4月30日，丽水学院教授雷法全一行到遂昌调研民族工作。

2018年7月19日，遂昌县首期畲族歌舞培训班开班，100多名民族乡村歌舞爱好者参加培训学习，邀请浙江畲族歌舞团专家到班指导。

2018年9月18—30日，遂昌妙高街道东峰村书记雷文彬作为浙江4名代表之一，参加2018年全国少数民族参观团，赴四川、陕西、河北和北京等省（区、市）考察，参加一系列国庆活动，接受党和国家领导人接见。

2018年10月18日，浙江平阳县民宗局、少数民族村干部等一行50人至福建福鼎赤溪村考察特色村寨建设情况。

2018年12月12日，丽水市委常委、常务副市长林亮，市委统战部副部长、市民宗局局长雷金松等赴三仁畲族乡调研民族乡村振兴工作。

2018年12月，《广东博罗畲语800句》由广东高等教育出版社出版发行。

2019年2月12日，位于福州三坊七巷郎官巷30号畲族馆的“开馆仪式暨海峡两岸少数民族乡村振兴交流会”正式举行。

2019年4月15日，景宁鹤溪街道鹤溪村被列入浙江省第一批省级传统村落名录。6月6日，被列入第五批中国传统村落名录。

2019年5月17日，潮州市畲族文化促进会，在潮安文祠镇李工坑村举行成立大会。

2019年6月22日，福鼎市民宗局成立《福鼎畲族歌言集》组委会、《福鼎畲族志》编委会。

2019年7月13日，福建省畲医畲药协会在福州成立。钟厚泰担任会长，雷伙德担任执行会长，雷光森担任副会长兼秘书长。协会班子中雷雯、雷顺荣、雷华杰、雷知文等担任副会长兼理事，雷荣启担任副秘书长兼理事。

2019 年 8 月 14 日，福州民族小学挂牌成立。学校坐落在福州市罗源湾滨海新城旁，首批招收畲族等少数民族学生 104 名。

2019 年 8 月，宁德师范学院李益长著《畲族民俗风情概说》[①] 一书由吉林大学出版社出版。该书采纳了“畲族源于凤凰山”新成果，被出版社评价为全书的新亮点，对畲族学生、畲族民众正确认识畲族源流，产生了积极、全面、深远的影响。

2019 年 10 月 19 日，由福建省人大常委会社会建设委员会指导，厦门南普陀寺慈善会、厦门南普陀中医院承办的“不忘初心、牢记使命——助力少数民族村落文化传承”活动启动仪式在福鼎市民族中学举行。福建省人大常委会党组书记、副主任雷春美出席并讲话，参加启动仪式后赴双华村参观畲族文化馆，调研畲族传统文化保护传承工作，并前往中国扶贫第一村福鼎赤溪村了解当地脱贫工作情况。

2019 年 10 月 26 日，“中华一家亲 · 2019 海峡两岸少数民族茶业振兴交流暨福建省第五届少数民族名优茶评选活动”在连江贵安举办。福鼎市少数民族茶企在活动中获得金奖 1 个、银奖 2 个、铜奖 3 个。

2019 年 12 月 4 日，福建省林业局网站发布《关于拟提交审定 2019 年福建省森林村庄的公示》，福鼎叠石乡竹洋村、管阳镇唐阳村 2 个畲族村入围。

2019 年 12 月 24—26 日，首届中华畲族发源地潮州凤凰山文化交流会，在潮安文祠镇李工坑村举行，来自广东、福建、浙江、江西、安徽等省各级各有关部门领导、专家学者及海内外畲族宗亲代表、潮州市畲族文化促进会会员等 300 余人参加。

2019 年 12 月，《福建姓氏志（第一卷）》由福建人民出版社出版发行，雷姓在第十篇，“畲族源于凤凰山”最新成果被采纳。

2020 年 4 月，国家民委第三批中国少数民族特色村寨名单中，温州市有 6 个民族村入选。至此，温州市共有 11 个民族村入选中国少数民族特色村寨名录，分别是：文成县西坑畲族镇让川民族村、黄坛镇培头民族村，平阳县水头镇新联民族村、南雁镇堂基民族村、青街畲族乡王神洞民族村和九岱民族村，泰顺县司前镇左溪民族村和里光民族村、竹里畲族乡竹里民族村、彭溪镇玉塔民族村，苍南县岱岭民族村。

2020 年 9 月 1 日，“同舟共济 · 守望相助 · 团结奋斗”福建省第十三个民族团结进步宣传月启动仪式在福鼎磻溪镇赤溪村举行。

2020 年 10 月，永泰畲族民俗馆改造成功并开馆。民俗馆位于富泉乡协星村，原系雷氏祖屋（1966 年重建），2022 年第二次重修时，建筑面积扩大到 800 平方米。

2020 年 11 月，永泰县富泉畲乡文化中心落成。该中心分为上、下两层，砖、木、混凝土结构，占地面积约 1500 平方米，建筑面积 1200 平方米。

2020 年 11 月，福建省畲家企业商会第二届换届筹备委员会成立，因新冠肺炎疫情，大会延迟至 2021 年 3 月召开。雷和孙当选会长，兰平勇担任监事长，蓝天辉担任副会长兼秘书长，雷伙德担任党支部书记，雷春娟、雷祖云担任执行会长，雷禄鑫、雷茂生、雷光森、雷泽闽、雷大钦、雷敏担任副会长。

2020 年 12 月 30 日，潮州市第十五届人民代表大会常务委员会第三十五次会议通过《潮州市畲族文化保护条例》。这是广东省第一部专门针对少数民族文化保护的地方性法规。

2020 年 12 月，江西省生态环境厅授予南康市赤土畲族乡“第十三批江西省省级生态乡（镇）”荣誉称号。

---

① 中图法分类号，K892.383 ISBN 978-7-5692-5444-O/CNY。

第一章 源 流

第一节 族源

畲族族源、畲族雷氏来源的研究，以唯物史观为指导，注重事实，讲究科学，运用生物学、分子生物学、地学等前沿学科的最新技术分析凤凰山古代遗存，得出“畲族源自凤凰山，由凤凰山古人因劳动创造演化而来，周代被称为‘畲家’”的结论。

一、溯源

2015年，福建省畲家企业商会、福建省民族研究会相继成立，浙江、福建多次召开姓氏源流研究会雷、蓝、钟氏委员会筹备会，许多会员、畲族干部群众要求研究会搞清畲族“我是谁？我从哪里来？要到哪里去?”的问题。福建省民族研究会第一次常务理事会研究决定：本届研究会的主题是“围绕全面建成民族地区小康”，即解决“我要到哪里去?”及“如何去?”的问题；将弄清“我是谁？我从哪里来?”的问题，即畲族源流研究作为基础性的研究。

考证深沪湾旧石器遗址

考证莲花池山遗址

广东凤凰山调研

福建省姓氏源流研究会雷氏委员会（筹）、福建省民族研究会、福建省畲家企业商会组织各省长期以来在这方面有研究的专家，整理已有资料，开展田野调查，搜集新资料。

研究者遵循马克思“我们不把世俗问题化为神学问题。我们要把神学问题化为世俗问题。相当长的时期以来，人们一直用迷信来说明历史，而我们现在是用历史来说明迷信”[①] 的思想，以及中国当代著名哲学家、哲学史家、哲学教育家、中国马克思主义哲学史学科和人学学科的开创者、北京大学哲学系哲学教育终身成就奖获得者、北京大学资深教授黄枬森关于“人的发展包含作为个体的人的发展和作为类的人的发展两个层次”“类人猿演化为人不是单个的猿演化为人，而是猿的社会演化为人的社会。人的社会诚然是由个体的人构成的，没有个人也就没有社会，但历史上并不是先有个人，然后再由个人组成社会。个人始终是在社会中出生、发育、成长和发展的。人类社会的发展是人的发展的历史前提”“作为个体的人的发展和作为类的人的发展，同人类社会的发展一样，都是一个从简单到复杂、从低级到高级的发展过程”“作为类的人的发展，同样也包括作为类的人的身体的发展（大致经历了猿、猿人、智人、现代人四个阶段）”[②] 的观点，对所有资料进行分析研究。

古人类进化简表[③]

<table>
<tr><th>进化阶段</th><th colspan="2">名称</th><th>化石发现地区</th><th>距今年代（万年）</th><th>脑量（毫升）</th><th>特点</th></tr>
<tr><td>人类祖先</td><td colspan="2">南方古猿</td><td>非洲</td><td>400～100</td><td>400～500</td><td>与黑猩猩相似，颅内膜的形态已经和人类相近</td></tr>
<tr><td rowspan="4">发展</td><td colspan="2">能人</td><td>非洲</td><td>200</td><td>510～750</td><td>开始制造工具，可能具有语言能力</td></tr>
<tr><td colspan="2">直立人</td><td>非洲
亚洲
欧洲</td><td>200～20</td><td>600～1251</td><td>开始使用火，制造石器、骨器等工种工具，集体狩猎，以天然洞穴为栖身之所</td></tr>
<tr><td rowspan="2">智人</td><td>早期智人（古老型智人）</td><td>非洲
亚洲
欧洲</td><td>20～5</td><td>1300～1400</td><td>石器制造技术很高，用途分工明显，可以人工取火；还出现了埋葬死者的习俗</td></tr>
<tr><td>晚期智人</td><td>非洲
亚洲
欧洲
大洋洲
美洲</td><td>5～1</td><td>1300～1400</td><td>装饰品加工中出现了磨制技术和钻孔技术，为后来的磨制石器奠定了基础；使用骨针缝制衣服，抵御风寒；出现了美化自己的装饰器；岩画、骨雕、石雕人物像和动物形象，表明原始艺术和原始宗教意识的存在；埋葬死者的习俗更普遍</td></tr>
</table>

① 马克思：《论犹太人问题》，载《马克思恩格斯全集》第 3 卷，人民出版社，1960，第 169 页。

② 黄枬森：《略谈人的发展的整体图景》，《西南师范大学学报》，2002，28 卷第 3 期，第 5-12 页。

③ 赵荣：《人文陕西》，陕西旅游出版社，2010，第 4 页。

2016 年畲族“三月三文化节”（福安）期间，在有中华雷氏文化研究会浙江省分会领导与会员参加的福建省姓氏源流研究会雷氏委员会第二次筹备会议上，大家的认识得到统一，“畲族、畲族雷姓的祖宗不是狗，是人！是由猿人进化而来的”的发言获得阵阵掌声。

福建省姓氏源流研究会雷氏委员会第二次筹备会议合影

2016 年 12 月，以福建省畲家企业商会监事长雷和孙为编委会名誉主任，福建省畲家企业商会常务副会长兼秘书长、福建省姓氏源流研究会雷氏委员会会长雷伙德为编委会主任，福建省民族研究会会长雷弯山教授为主编的《畲族源流研究》一书由中共中央党校出版社出版。该书以唯物史观为指导，讲科学，讲事实，论证了畲族源自凤凰山，由凤凰山古人因劳动创造演化而来。

福建省委原副书记黄瑞霖题写书名

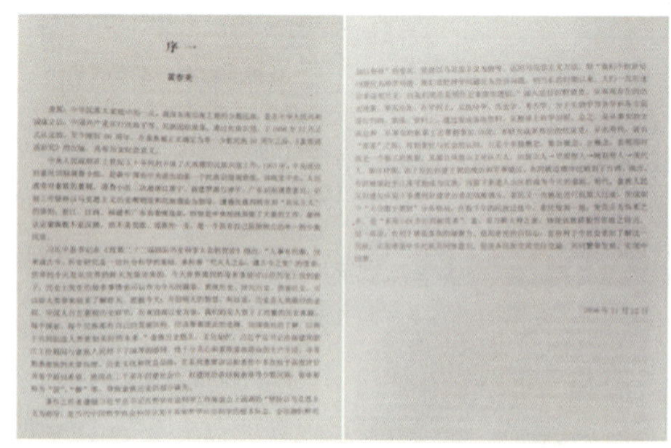
序一

福建省委常委、统战部部长雷春美作序

（一）凤凰山域

作为畲族发源地的凤凰山，位于如今广东、福建、江西三省的交界地。东临大海，与台湾隔海相望。境内群峰竞秀，仅凤凰镇范围内就有凤鸟髻山等 50 多座千米高山。主峰凤鸟髻海拔 1497.8 米，是粤东第一高峰。

凤凰山凤鸟髻

凤凰镇内高山

山高路陡是该地的特点。如今虽建了公路，但非本地车“不敢上、不能上、不让上”。

考古资料表明，凤凰山是我国南方几何形印纹陶遗存的一个分区。

我国南方几何形印纹陶遗存可分七个区：宁镇区、太湖区、赣鄱区、湖南区、岭南区、闽台区、粤东闽南区（包括福建九龙江以南和广东东江流域以东的海滨地区）。[①] 凤凰山为一个独立区。

粤东闽南位于我国东海和南海的交界处，闽江与珠江两大流域之间，地势西北高，东南低，呈现出明显的层状地貌，山地、丘陵、台地、平原等由内陆向沿海逐级下降。地理位置和相同的地理环境，使得粤东闽南地区先秦时期考古学文化十分接近。“粤东与毗邻的福建闽南、闽西南同属闽南方言区，《舆地纪胜》谈到广南与福建的语言时说‘虽境土有闽广之分，而风俗无漳潮之别’，我们曾根据先秦时期两区土文物对比论证了粤东闽南构成同一史前文化区域，两地浮滨类型文化遗存的共同性就是主要的论据。”[②]

畲民记忆，凤凰山是大地。古歌《广东大地》（凤凰山大地）唱道：

广东大地出凤凰，旗杆大船海洋中，台湾钦赐双交界，广东桥下水流上。
广东大地凤凰山，旗杆大船海洋边，台湾钦赐双交界，广东桥下水流声。
广东桥下水流声，寄声你娘过来行，寄声你郎过来了，好花莫掺别人边。
广东桥下水流上，寄声你郎过来坐，寄声你郎过来了，好郎莫掺别人帮。
凤凰山下清了清，凤凰又在是南京，句句都讲奴郎好，也莫一头结成亲。
凤凰山下平了平，凤凰又在南京城，句句都讲奴娘好，也莫一头结亥成。
凤凰山下长了长，广东大地出刁娘，广东大山凤凰鸟，凤凰山下状元郎。
凤凰山下平了平，广东大地出刁仙，广东大山凤凰鸟，凤凰山下状元仙。
广东大地出刁人，一心要睇凤凰亭，一直要睇凤凰鸟，一箭打落潘王身。
广东大地状元郎，一心要睇凤凰场，一直要睇凤凰鸟，一箭打落潘王中。

《封金山》赞美土地：

平坦开阔的理想的开辟之地：有“方圆三万七千里”的田洋，有“八十五里串心街”“十里长街万里洋”。有丰饶的物产，开发经济、发展民族的好所在：“树木林林满山摇，桁桁扛转好起楼”“山水地盘十分好，年长月久采唔光”“封金山上好住场，到处好造大寮堂，十字街头造金殿，造出金殿九城墙”“封金山上好造京，八十五里串心城，十字街头造州府，造出金殿九重

① 李伯谦：《我国南方几何形印纹陶遗存的分区、分期及其有关问题》，《北京大学学报》，1981，第 1 期，第 39-57 页。

② 曾骐：《粤东、闽南史前文化区域》，《汕头史志》，1994，第 1 期。

城”“封金山上好园圃，三万田洋对江河，东边造了西边造，东南西北都造过”。

宋刘克庄在《漳州谕畲》中指出，直至宋代，畲民的活动范围，“西畲隶龙溪，犹是龙溪人也。南畲隶漳浦，其地西通潮、梅，北通汀、赣”[①]。西畲只局限在当时龙溪县的范围内，所以可称为龙溪人。南畲名义上隶属于漳浦，但是在宋代，漳浦县的范围很大，西通潮、梅，北通汀、赣，除了现南靖、平和、诏安、云霄、东山等县，其西部邻接潮州、梅州，西北部则邻接汀州并经由汀州与赣州相通。刘克庄所云畲民活动范围，局限于漳州，没有包括广东。“通”字表明，“南畲”的范围实际上应该包括潮、梅、汀、赣这几个区域。因此，当时畲民的活动范围不会局限于如今广东潮州的凤凰山。从当时的畲民活动来看，唐宋时期，凤凰山指的是韩江与九龙江流域。杜佑的《通典》及唐宋时期的地理总志都把潮州划为“古闽越地”或“七闽地”，而古闽越地的范围，除今福建省外，还包括潮州等地。

因而，凤凰山包括今三省交界的广大区域：闽南地区的九龙江、晋江流域，包括如今福建省的厦门、泉州、漳州、龙岩市及三明市的部分县；粤东地区的韩江、榕江流域，主要包括广东省的潮州、汕头、揭阳、汕尾、梅州五市以及江西的南部。共同的远古文化，构成一个“凤凰山文化区”。

凤凰山东面，拥有今福建最平坦的土地，即福建四大平原中的两个——面积最大的漳州平原和面积位居第四的泉州平原，闽南丘陵平原总面积25536.3平方千米。凤凰山西南面，是潮汕平原，为广东第二大的平原，面积4000多平方千米。广东省东北部主要盆地有：兴宁盆地，面积320平方千米；梅江盆地，面积约110平方千米；蕉岭谷地，面积约100平方千米；汤坑盆地，面积约100平方千米。凤凰山北面，是赣南丘陵，海拔一般在100米左右，丘陵之中间夹有盆地，多沿河作带状延伸。凤凰山文化区不但地势平坦，且气候温暖湿润，沿海无雪无霜，光热资源丰富，雨量充沛，河网密布，土地肥沃，农耕条件优越，作物可一年二熟或三熟。这些为畲家、畲家雷姓的形成、发展提供了良好的自然条件。

汉唐时，畲家人的活动范围在凤凰山域，最大范围涵盖韩江、榕江、九龙江、晋江四江流域。唐时，潮州的疆域东到泉州（今之福州），北到江西赣州，南到大海，西到惠州。

宋明时期，畲家人的主要活动范围在韩江与九龙江之间。

明代，大部分畲民迁出之后，各地畲民所说的凤凰山，主要是指潮州凤凰山。

如今，畲族之所以把凤凰山区域局限于潮州凤凰山，原因有四：一是“凤凰”山这一名称与潮州凤凰山一致。二是唐宋时期畲家人的主要活动区域以凤凰山区为中心，特别是这个时期是畲家人发展的重要时期，因此这一时期的活动区域令人印象深刻。三是由凤凰文化特点决定的，凤凰文化崇尚的是和谐，《山海经·南山经》云：“是鸟也，饮食自然，自歌自舞，见者天下安宁。”凤凰是外在美与内在美的统一，是至德、至慧、至情的统一，是祥和、幸福、恩爱的象征，合乎畲家人的愿望。四是此处是多数畲家人最后离开的地方，离开之地的印象是极其深刻的。

（二） 考古遗存

20世纪末以来，凤凰山区域考古取得一系列新发现。

2010年，中、英、德等多国古生物学者在漳浦县发现一处约1500万年前的化石宝库——漳浦生物群。研究团队历经10年野外采集，共获得超2.5万枚含虫琥珀和超过5000块植物化石。从所发现化石的多样性看，漳浦生物群中的琥珀类群，是近100年来新发现的最为丰富的琥珀生物群。它与缅甸克钦琥珀生物群、波罗的海琥珀生物群、多米尼加琥珀生物群一起，构成世界四大琥珀生物群。这一生物群中保存着大量琥珀和植物化石标本，生动展现出远古生物在热

---

① 刘克庄：《后村先生大全集》卷九三，商务印书馆，1936，四部丛刊初编本。

带雨林中的生活图景，其中的很多物种至今仍然存在。

2020 年 11 月 7 日，恐龙资源联合考察队在上杭县龙翔大道旁约 1600 平方米的坡面上，清理出 240 余枚恐龙脚印，它们分别属于植食性蜥脚类、大型中型小型鸟脚类、肉食性大型三趾型兽脚类、两趾型恐爪龙类和小型兽脚类等至少 8 种造迹恐龙。这一恐龙足迹群化石是国内首次发现的大型恐爪龙类行迹，也是中国迄今发现的面积最大、多样性最高的晚白垩世恐龙足迹群。

良好的自然条件为畲家古人的繁衍生息提供了保障。

1. 直立人遗址

晋江深沪湾旧石器遗址、漳州莲花池山旧石器遗址，从时间上看，这两处古人处于直立人阶段。

（1）晋江深沪湾旧石器遗址

晋江深沪湾旧石器遗址，在东石镇南面不远处，于 2002 年被发现并确定。迄今为止，共发现 7 个旧石器地点，发现石制品 36 件。

晋江深沪湾旧石器遗址

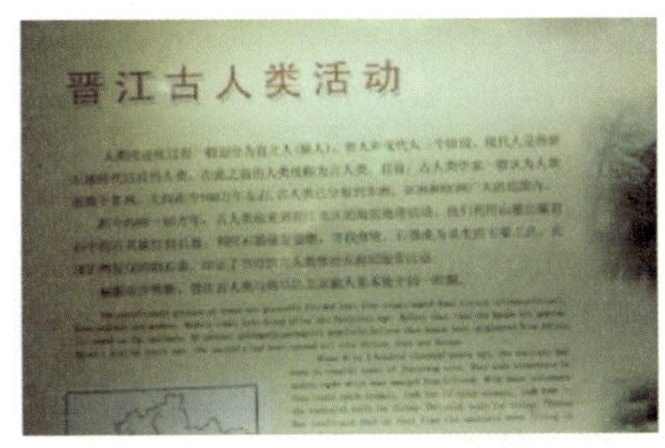

博物馆对晋江直立人的介绍

晋江直立人的石器

中科院地质与地球物理研究所组织了北京大学等单位的 11 位专家对深沪湾发现的旧石器进行鉴定评审。多数专家认为遗址时代大致在距今 50 万～80 万年前，与周口店北京人处于同一时期，不同的是，周口店北京人居住在山洞里，会烤火；晋江直立人则生活在海边，居住在用石头和树枝，或动物骨头盖起来的窝棚中，捕食海鲜，而且懂得用火烤熟食物。

（2）漳州莲花池山旧石器遗址

漳州莲花池山旧石器遗址位于漳州北郊的台地中。

漳州莲花池山旧石器遗址

2005年，考古人员在原有的基础上对漳州莲花池山旧石器遗址进行抢救性发掘。发掘至更新世文化层，发现了不同时期的旧石器时代遗物，即上、中、下三个砾石带所包含的旧石器，有石核、石片、砍砸器、刮削器等，石器类型丰富。这些石器不同于陕西大荔等地的细石器，也不同于广东阳春的砾石石器，从打制工艺和器物的类型看，属于小石器系统；而从所含石器的层位上看，其年代比前两者还要早。特别是下层文化出土的石器，存在于距今40万年前的红土层中。

单凸刃砍砸器

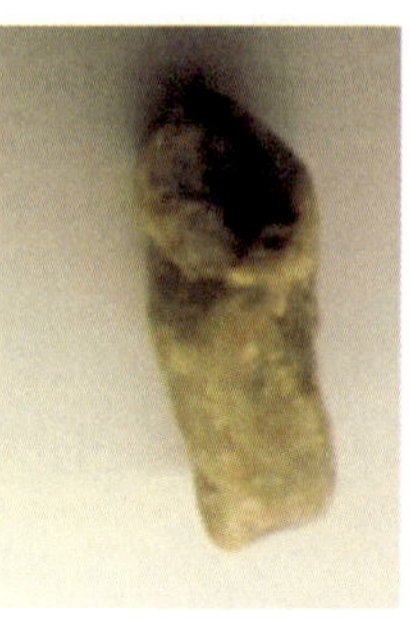

石锤

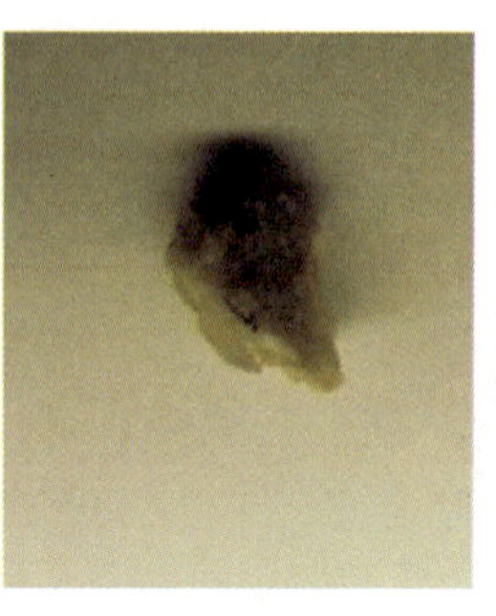

单凸刃刮削器

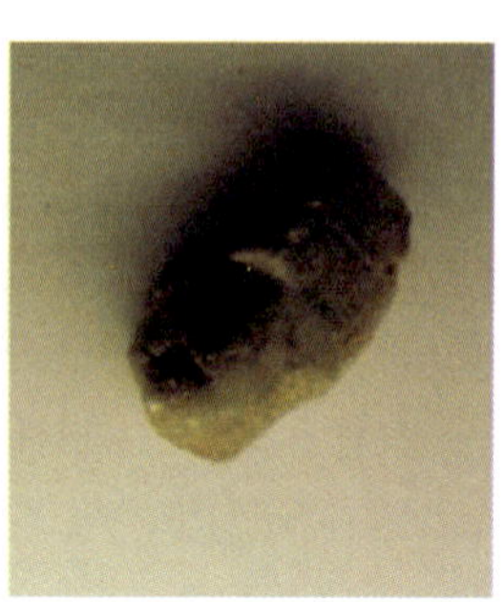

手镐

20万～40万年前的旧石器

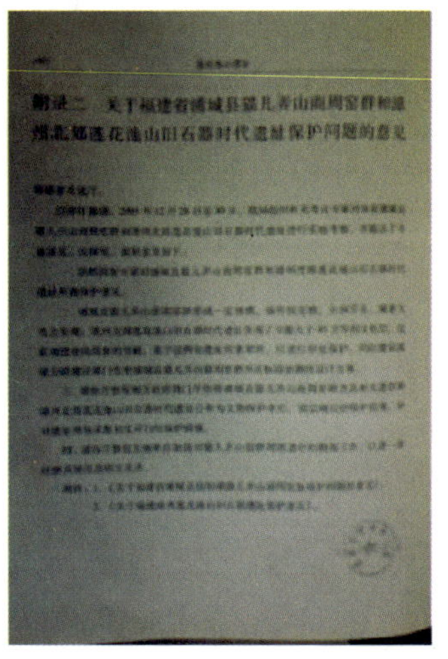

国家文管局文件认定石器年代大于40万年

剥皮器

根据这些出土的石器，专家推测，当时漳州直立人过着群居的生活，靠这些石器来砸开植物的块根以及硬果壳。在这批工具中，发现了一个被打制得十分尖锐的器具，这是最原始的“剥皮器”。当时的漳州直立人已经懂得用这个器具把皮毛剥去再食用，也懂得享受烧烤的美味。

这两处的直立人来自哪里？中国科学院专家根据考古学资料认为，他们源自元谋人，即元谋人的一支先向南，后沿海岸线向东进入今广东，然后进入如今的闽南地区。

2. 智人遗址

在凤凰山文化区，近年来发现十多处旧石器遗址，时间都在1万～20万年之前。

（1）万寿岩遗址

万寿岩遗址位于福建省三明市岩前镇岩前村西北的石灰岩孤峰上，属旧石器时代遗址。

旧石器时代文化遗址主要在灵峰洞和船帆洞。灵峰洞内清理出石制品75件，多数为断块、石核和石锤，其中石器11件。这些石制品，距今约18万年，打片和加工石器用锤击法，所产生

万寿岩遗址

的石片、石核和石器形制都不甚规整，具有原始性。船帆洞中4万年前的人工石铺地面和排水沟槽为国内首次发现，世界罕见。曾任全国政协委员、国家文物局古建专家组组长的罗哲文誉其为“人类最早的建筑”。

2000年，万寿岩遗址荣登中国十大考古新发现榜首，被列为“三元森林公园”八大景之一。

2001年6月25日，万寿岩遗址被国务院公布为第五批全国重点文物保护单位。

2013年底，万寿岩旧石器时代遗址被列入第二批国家考古遗址公园立项名单。

（2）晋江深沪湾旧石器遗址

晋江深沪湾旧石器遗址有一条条的砾石带，据检测，年代距今分别为3万年、3万～9万年、7万～10万年。

砾石带

(3) 漳州莲花池山旧石器遗址

1989 年漳州北郊建设北环城路，考古人员在莲花池山地表捡到了 4 万～8 万年前的小石器。

漳州北郊的北环城路

1990 年 5 月，中国科学院古脊椎动物与古人类研究所、福建省博物馆、漳州市文化局联合组成的发掘队对莲花池山旧石器遗址进行了试发掘，发现了 23 件以砾石英结晶体、硬砂岩为原料打制的石制品，其中有石核、石片、砍砸器和刮削器 4 种，属距今约 4 万～8 万年的旧石器。在上层的红黄色砂质土中发现的小型石制品，以黑褐、黑灰、青白、灰白色燧石打制而成，年代在距今 0.9 万～1.3 万年间。我国著名的古人类学专家、“北京人之父”贾兰坡认为，这里发现的小石器独具特色，不仅以凹刃居多，而且刃口多是特意修制出来的。

石核与石片　尖状石器　镞状石器

(4) 东山遗址

1987 年，东山华福酒店建筑工地施工时挖掘出人的肱骨残段。肱骨残段前缘光滑且圆，外侧缘的上 1/3 段大致完整，表面较粗糙；内侧缘比较圆钝；肱骨的后面相当平整，向下渐渐增宽；肱骨的横断面呈三角形；骨壁薄。经鉴定，这一肱骨残段属于更新世晚期至全新世早期这一过渡时期，绝对年代为距今 1 万年前，属于晚期智人，被称为“东山人”。

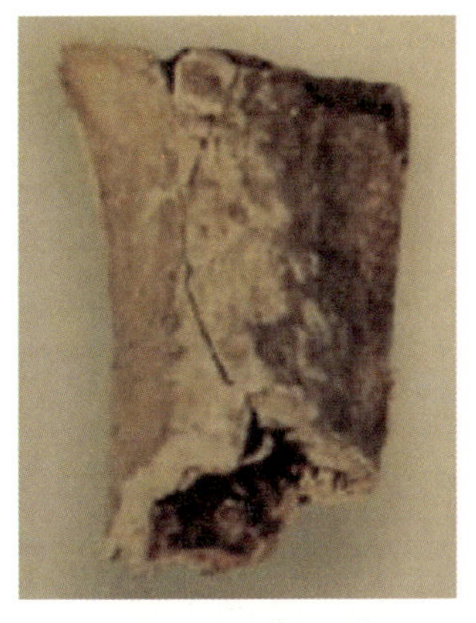

东山人右肱骨①

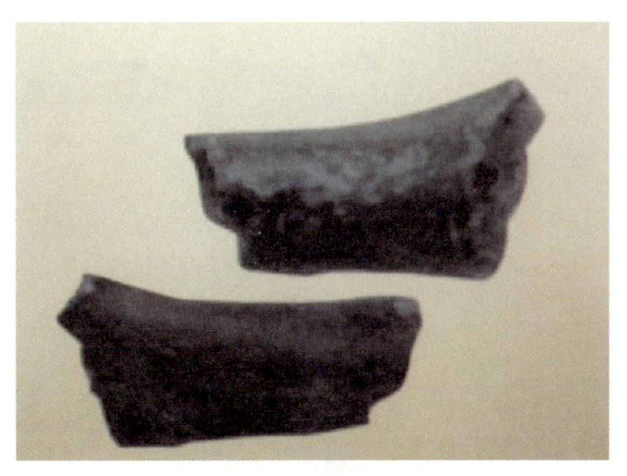

东山人肱骨残段

东山采集的石器是具有特色的细小石器，是一种与南方砾石石器传统大相径庭的、特殊的工具组合，明显地代表一种与周边地区不同的文化传统。专家将其年代定在旧石器时代末期至中石器时代，即界定在距今 9000～13000 年前。这种文化的主要特点是：①石制品普遍细小，最大的不超过 60 毫米；大多数在 30～40 毫米之间；②采用锤击和砸击两种方法制成；③制作石器的毛坯基本上是石片，原料多样，但以燧石为主；④具有第二步和第三步加工的石器占主导地位；⑤类型繁多，制作精细。石制品数量巨大，存在相当数量的凹缺刃刮削器，特别是存在石箭镞和石杵类型，而其他地点未见。特别是发现 1 件砾石砍砸器，原料为变质斜长岩砾石，质地坚硬，韧度大，磨圆度良好。砍砸器器型甚大，长 137 毫米，宽 116 毫米，高 71 毫米。在砾石的一端有打砸形成的两个大片的疤痕。两个疤痕都是以砾石较平的一面作为自然台面向隆起的一面打击形成的。在较小的疤痕上还可见再次轻击的较小疤痕，使其成为一个约 70 毫米的锋利刃缘。在砾石左侧边缘也有砸片的痕迹，两个打击点清晰可见，再以该片疤为台面向同一个面打去一个大片，但片疤不平齐，可能是岩石质地原因造成的。其他部位均遗留原砾石面。根据该石制品所处的地层层位推测，其年代至少在距今 3 万年之前。

石器表明，在距今 1 万多年前，“东山人”依靠石质工具和骨角器从事狩猎、捕鱼和采集，并在生产斗争中逐渐学会在骨骼上刻划，以表达自身的思想意识和某种愿望。

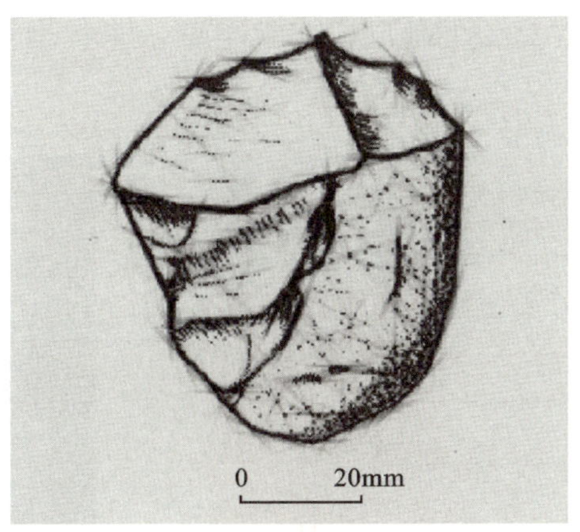

砍砸器

① 照片拍摄于福建省博物院。1987 年在东山渔民的捕捞物中发现的一段残长 57.9 厘米的人类右肱骨，表面为浅灰色。定名为“东山人”的古人类生存于距今 1 万年左右的更新世晚期至全新世早期，属晚期智人。

（5）奇和洞遗址

奇和洞外景

奇和洞地处漳平市象湖镇灶头村东北 4 千米处，海拔 266 米的黛烟山下。在 2008 年第三次全国文物普查专题调查中被发现。2009 年进行抢救性试探发掘，在洞穴地表的钙板层下，发现了数百件哺乳动物的牙齿化石，初步判断，史前奇和洞就有人类活动。2010 年进行抢救性全面发掘。在第一期发掘中，专家发现大量的古生物化石和古人类使用的石器、陶器和骨器，其中骨制鱼钩和石制鱼形陶饰件在福建省境内是首次发现。经过北京大学专家测定，这些文物的年代大约在 1.2 万年前。

2011 年 1 月底，考古队对奇和洞进行第二期考古发掘。2011 年 1 月 3 日 15 时 50 分，考古队队员、汉城博物馆的赵兰玉在清理 T2 西部的扩方时，在地层下 80 厘米处发现了一颗完整的成年个体头盖骨。专家们研究分析的结论是，这个头盖骨为晚期智人，属旧石器时代晚期，距今有 1 万多年。美国毕士普博物馆人类学部主任、美国夏威夷大学人类学系教授焦天龙博士评价道：人类进化史上有几个重大转变，或者说未解之谜，其中一个就是旧石器时代晚期到新石器时代早期，时间跨度从 15000 年前到 10000 年前，人类畜牧业、陶器出现，全世界都在寻找这类线索，而奇和洞古老的陶器、完整的地层，非常罕见，非常难得。奇和洞遗址入选 2011 年全国十大考古新发现。

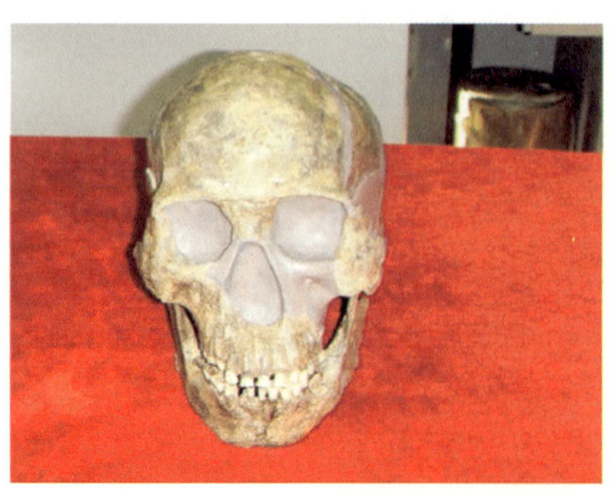

奇和洞人头盖骨

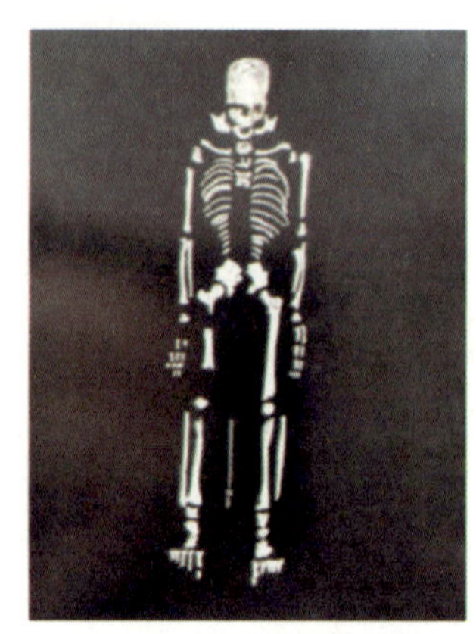

奇和洞人骨骼

在奇和洞西边不远、靠近凤凰山主峰有个“百家畲洞”。《明史》卷四十五《地理六》载，福建漳州府漳平“南有百家畲洞，踞龙岩、安溪、龙溪、南靖、漳平五县之交”。明代黄仲昭《八闽通志》卷之八《地理·山川》载：“百家畲洞在县南永福里。界龙岩、安溪、龙溪、南靖、漳平五县之间，万山环抱，四面阻塞，洞口陡隘，仅通人行，其中深速宽广，可容百余家，畲田播种，足给衣食。”《漳平县志》载：“……则永福自为一区，其山之名者有双害山、猛虎山、大壮山与百家畲洞于环阻之中又复有平者，然其细已甚不胜纪。”“闽中山溪高深处往往有之，在漳平三姓，曰蓝、曰雷、曰钟。随山种插，去瘠就腴。编获架茅以居。善射猎，涂矢以毒，中兽立毙。其贸易，刻木大小长短为符验。能辨华文者，其酋也。族处，猜猜然，喜倾杀。或侵之，一人讼则众人同，一山论则众山同。明设抚瑶土官，计刀出赋。官府有征剿，无不听调也。后抚者索取山兽皮张，因以失赋，官随亦废。昔元时，南胜李志甫之乱，未必不由此起，岂瑶之罪也哉。”[①] 在漳平流传着关于畲民与百家畲洞的故事和歌谣，歌云：“春秋战国乱纷纷，七国鼎立相并吞。楚国蛮奢江南地，百家畲洞我为居。”“祖公原先住蓝田，百家畲洞名相连。官府欺压地主占，逃转别处去开荒。”邱水才《百家畲洞与畲族探源》一文云，漳平“永福里”现为永福镇。直到明清时期，永福里范围还很广，包括了现在的永福、官田、拱桥等乡镇，总面积达 2000 多平方公里。经查，百家畲洞现名“石岩洞”，位于漳平市永福镇北部海拔 1365 米的大苍山南侧半山坳上。此洞分上、下两个，均由巨大的岩石堆垒而成。洞口有一小土坪，前方有大石自然围屏，洞口朝南，太阳从东山一露面即能照到。这里地势高峻，视野广阔，居高临下，放眼可看到半个永福。古时畲族“太姥”就居住在这里，指挥百家畲人种地打猎。百家畲洞盛产兰花，为福建的“建兰”主产地，这里有畲家太姥艺兰为生的传说。《漳平县志》卷一《疆里》记载，百家畲村在明朝属“永福里腔头社”的一个小自然村，现名“白涤坑”。又载，在百家畲洞所处的永福镇蓝田村有蓝、陈两家共建的祖祠。原先蓝、陈两族为了争夺土地，多次争斗，后经双方谈判，决定建祠以修好。会歌《苦历歌》云：“畲家最先住永福，永福本称百家畲。祖公就住石岩洞，蓝田有祖合陈家。”根据以上的文献资料、口碑资料及专家的考证，百家畲洞是畲家人早期的一处居住地。当然，此洞是否也会有奇和洞那样的发现，或者与奇和洞直接关联呢？只有挖掘后才能知道。

奇和洞与百家畲洞之间的山羊隔村，较好地保留着畲家的传统文化。1953 年，中央派出畲民识别调查组调查了三个点，山羊隔村是其中的一个点。

3. 现代人遗址

凤凰山文化区现代人遗址已经发现数百处。从已经挖掘的遗物看，凤凰山文化区自成体系。此处古人的生产、生活有自己的特点，打磨小石器也有自身特点，特别是陶器更具自身特色。其几何印纹陶上的纹样、竖行兰纹等基本不见于其他地区；从陶器的类别和形制风格来说，差别更大，高领壶、尊、瓶以及外加小平底的风格等也是只见于本区。生产工具、武器等，如大型无阑石戈等，亦是独具特色，在其他地区很少见到。

距晋江直立人活动区域不远的颜厝村，考古专家在考察旧石器遗址时，在一个小山包上发现了 4000～7000 年前的新石器沙丘遗址。在遗址的土层里发现了大量的贝壳堆积物和一些碎陶片，贝壳品种竟达十几种之多。专家认为，堆积在沙土里的贝壳是史前人类食用后丢弃的生活垃圾。古人类从海里拣回海生贝类，将它们烧熟食用后，就将外壳扔到居所周围，时间一长，就堆成了一个小山包，从堆积物的高度和宽度可以推断，曾经有一个古人类族群长时间生活在这里。后来，风沙将那些堆积物覆盖住，并渐渐将它们深埋到沙丘底下。

---

① 清道光《漳平县志》卷一《舆地·山川》。

晋江新石器沙丘遗址

山包上长着许多高大的木麻黄，底下为大量海砂，那些贝壳堆积在距山体表面2米深处。近年来，由于山体遭到了疯狂采砂，小山包四周已经被挖下了近10米深。为保护这一遗址，政府改变土地使用规划，将土地性质由企业用地改为考古保护用地。

潮州市有代表性的遗址：

（1）象山遗址

象山遗址位于南澳县后宅镇后江海湾侧旁，西、西北均面向海湾，是一座从东向西缓坡延伸的低丘，高度为5～30米。

在该遗址采集到近百件石器标本和50余件石片、6件石核。石质绝大多数为黑色、棕色、灰白色燧石，个别石器由石英砂岩、白色石英制作，这些石器形体扁薄细小，长度一般为2～4厘米。品种包括尖状器、雕刻器、石钻、刮削器等，以刮削器的种类、数量最多，可以细分为直刃、凹刃、凸刃、凹凸刃、圆头和多边刃等。大部分石器采用单向加工，部分采用两面交互加工，少数使用错向加工。其中弧背长刮削器、“人”字形凹刃刮削器、“山”字形石钻头可以作为象山文化的典型器物。在遗址断崖距表土深1.55米、1.88米的文化层中曾分别采集到一片夹砂灰陶片、一件凹刃刮削器。这批细小石器与福建漳州、平和、诏安、东山等地发现的石器，

贝丘池

残留贝壳

在石料、器形、加工工艺上，都惊人地相似，应属同一文化系统。陶片表里均有纹饰，陶片外饰斜绳纹，内壁有浅印的方格纹，火候偏低。根据石器与陶器特点，其时间可定为距今8000年前。

（2）陈桥村贝丘遗址

陈桥村贝丘遗址在原潮州城西3千米的陈桥村沟北的海积台地上。这里如今已是潮州市区。

陈桥村贝丘遗址碑

1956年在翻开数十万斤蚝壳的堆积地层后，发现了一批轻微石化的人骨，称之为“陈桥人”。与该遗址类似的还有潮安、澄海、揭阳境内陆续发现的石尾山、海角山、梅垅澳西、管垅、内底村、池湖等一批贝丘遗址，与福建平潭县海坛岛壳丘头贝丘等遗址处于同一时期，距今5000～6000年。

陈桥村贝丘遗址文化堆积厚达1.40米，除了贝壳和灰黑色黏土外，还发现了非常丰富的遗物，有石器、骨器、陶片。自然遗物包括大量牡蝎、魁蛤、文蛤、海蛙、海螺、乌蜘等海洋生物及蚌等淡水生物的硬壳。地层中发现10个个体的人骨。

陈桥遗址属沿海地带的一类贝丘遗址，石器以打制的砾石石器为主，均用椭圆形砾石在边缘及尖端采用交互打击法制成。有一种大型尖状器，保留了大部分自然岩面，加工只限于尖端附近，形制酷似广西北部湾东兴（今防城）海边贝丘遗址发现的“蚝蝎啄”。石器中还有手斧状石器、砍砸器和敲砸器，并发现少量半磨制的石器。

陈桥人还采用牛、鹿、猪、鱼等骨制作骨器，如磨制的骨斧、骨刀、骨铲、骨锤、骨针、骨链。遗址中骨器、锯切的骨料、半成品很多，若按骨器制作用料推算，陈桥人宰杀的动物可能有百头以上。这些动物多数为狩猎动物，可能已驯养猪、牛。保存在中山大学人类学系的一件长身骨铲系采用牛的肋骨锯切后磨刃而成，骨铲的上端遗留有安柄时使用的藤条捆扎的清晰痕迹。骨斧、骨铲与稻作农业有关，由此，专家推测陈桥人可能已有稻作农业。

陈桥人使用的陶器全系夹砂陶，以灰胎质最多，兼有红、黑胎，火候很低、手制，器表有的经磨光，有的胎面则有石英砂裸露，有的陶片的口沿部位、内壁、腹部涂烤有红色或施红陶衣。出土众多陶片大多无法复原，完整的陶器有直口圈底小陶杯等。

（3）后山遗址

凤凰山区山岗遗址以普宁池尾的后山遗址为代表，带有强烈的区域特色。

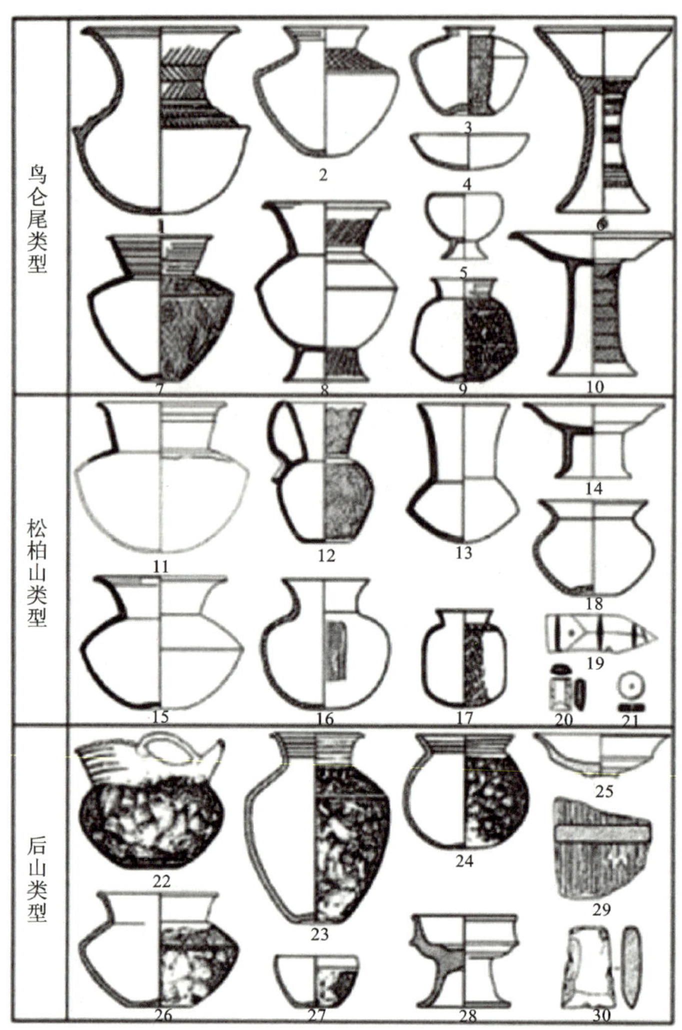

后山文化主要文物

6、16～18 属南靖鸟仑尾遗址(M15:4、M15:2、M4:15、M14:6、M14:2、M14:3、M14:1、M3:10、M1:4);7、12、13、19～22 属漳州虎林山遗
2:8、M3:2、M4:2、M3:13、M3:1、M3:11);8～11、14、15 漳州松柏山遗址(M1:5、M4:2、M1:21、M2:6、M2:2);22-30 属普宁后山遗址(
:9、采:32:采:30、M1:2、M4:2、采 7、72①、M①:③)

后山遗存以鸡形壶、方格纹凹底陶罐和磨光石器共存为特征。在后山发掘出土了 7 个个体的鸡形壶，这类陶壶的共同点是器身横截面为椭圆形、尖唇、高领，用手捏合罐口沿的中部构成前端翘起的壶口，尾端则呈喇叭状流口，两口之间附有宽扁状把手做提梁，器底内凹，器身拍印方格纹。后山的鸡形壶可分宽体长身型和窄体短身型。与鸡形壶共存的陶器有罐、钵、盂、豆等。陶罐敞口、高领、折肩或折腹、圆凹底，饰方格纹。早于后山一些山岗遗址如潮阳左宣公山遗址、揭阳地都娱蛤山遗址、普宁虎头埔遗址等，已出现几何印纹陶，它们可能受到莲花山北的几何印纹陶文化的影响，但到了后山人阶段，陶器中的几何印纹陶数量突然锐减，只留下一种方格纹，出现了一类与后来浮滨文化折腹豆相近的圈足豆。[①]

（4）浮滨遗址

浮滨文化跨闽粤两省，是分布在韩江、榕江、九龙江、晋江四个流域的一支考古学文化。饶平县浮滨镇塔仔金山、联饶镇顶大埔山是典型代表。

① 魏峻：《粤东闽南地区先秦考古学文化的分期与谱系》，载《考古学研究》，2012，第 140-165 页。

浮滨镇塔仔金山、联饶镇顶大埔山出土的石器类型有戈、矛、斧、凿、砺石以及环、玦等饰物，陶器类型有大口尊、尊、壶、豆、杯、盆、钵、盂、罐、纺轮等。陶器质料有夹砂红陶、黑陶、泥质灰陶，并有部分陶器施酱褐色釉，有的陶器的腹部或肩部刻有符号或文字，其中石戈、大口尊、深腹豆最具特色。

浮滨人拥有少量的青铜兵器、青铜工具，使用刻划于陶器上的简单文字。浮滨人已有发达的制陶业，掌握轮制技术，创造了广东境内最早的釉陶。浮滨人处在一个战争频繁的时代，除了使用青铜兵器之外，还大量使用制作精美的仿铜石兵器（石戈、石矛）等，饶平 21 座古墓便出土石戈 33 件、石矛 7 件，显示了浮滨人的尚武精神。浮滨文化在铜器、陶器、石器以及丧葬习俗上与商周文化有着千丝万缕的联系；在凹石、印纹陶、条纹褐釉灰陶系、有段铜铸等方面则反映出浮滨人所具有的本土特征，也反映了中原的华夏文化与岭南文化的第一次融合。

从象山人制造细小石器，陈桥人制造骨器，到后山人以鸡形壶为特色，再到浮滨人使用的仿铜石戈，考古学资料提供了凤凰山新石器时代从肇始到终结的一个大致轮廓，说明了在商周时代，韩江流域的文化已经发展到与中原的商周文化相当的程度。考古工作者认为，创造这里印纹陶文化的人是畲族先人。

考察浮滨遗址

浮滨陶器

4. 图象文字

华安县官畲畲族村、汰内、蕉林、石门坑、草仔山、高安，龙海的云洞岩，南靖县村雅，云霄县仙人亭、仙人峰、青崎村，漳浦县墓坑、海月岩、大荟山、赵家堡，东山县岵嵝山、东门屿，长泰县枋洋镇等地，均发现远古摩崖石刻。从华安县官畲畲族村到诏安，构成一条延绵数百千米的弧形的远古摩崖石刻分布带，时间距今 3500 年以上，为包括畲族雷姓在内的畲家先人所为。

时间较早的是“太阳石”。“太阳石”位于云霄县树洞村附近的仙人峰上，因形状如太阳，故被称为“太阳石”。“太阳石”高 4.2 米，宽 3.5 米，向东的一面下部凿成圆弧状，其边缘刻画着 6 道连续而有序的放射线。圆弧壁上有明显人工雕琢的痕迹，这些规整而粗犷的放射线也系人工刻意雕琢而成。而巨石的西面平整如壁，虽已严重风化，但隐约可见刻画有类似“王”字的一组竖行刻画符号。这块巨石位处石坪东部，在太阳升起的方位，后边的石坪是古人的一个主祭祀台。岩画是以太阳神崇拜为主题的天体岩画。“太阳石”西侧 50 米的陡峭崖壁的岩面上刻画粗犷流畅的线条，组合成状如山川流水、飞鸟悬鱼、行云走日、叶脉穗纹和手印足迹的图案，面积约 40 平方米，是以生殖崇拜和自然崇拜为主题的大型祭祀岩画。这两处岩画属于新石器时代至商周以前的史前遗迹。此外，在仙峰岩山坡一带散布着多处人工雕琢的圆凹穴岩画。考古工作者还采集到一件石锛，确证云霄仙人峰在 5000 至 1 万年前就有古人类活动。

太阳石

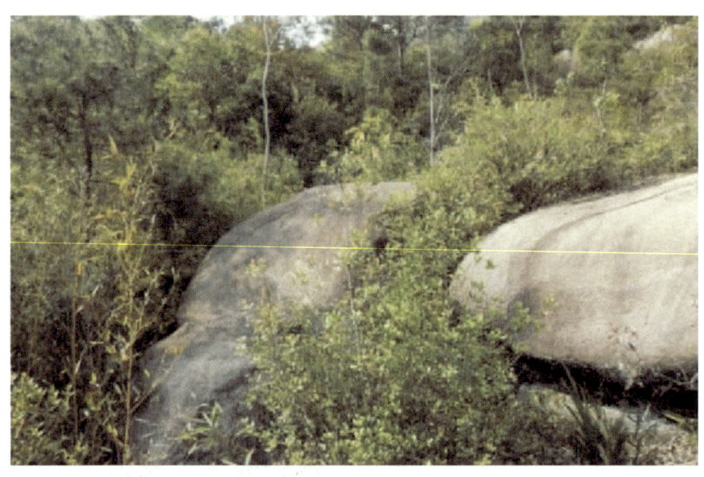

太阳石下方的岩画

2021 年 7 月 12 日，《今日头条》发表《考古新发现！宁化神秘远古的狮子岩祭祀台和南蛮十八洞》一文，报道了宁化狮子岩祭祀台。宁化狮子岩石刻的一组祭祀符号，表明狮子岩是商周时期（或更早的石器时代）在这一带居住的先民祭祀的平台遗址。由 18 个圆点组成的圆环祭祀图，象征着曾在祭祀台周边活动的十八个部落村寨，也就是传说中的“南蛮十八寨”，他们应是现今周边仍广泛留存的“畲族”的祖先。

狮子岩祭祀台与祭祀符号

华安仙字潭岩刻是漳州史前摩崖石刻的典型代表，最古老也最著名，素有“江南一绝”“千古之谜”之美誉，因其有“有文纵横如篆书”“虫文鸟篆不可识”“天书”“仙书”“仙篆”“雷劈显字”“人莫能识”之说等，故其地名为仙字潭，摩崖符号为“仙字潭岩刻”。

福建省人民委员会碑文正面

福建省人民委员会碑文背面

仙字潭摩崖石刻于2013年被列为全国重点文物保护单位

仙字潭位于漳州直立人遗址北34千米处，属华安县沙建乡苦田村。汰溪流经华安县沙建乡汰内约2千米处时，忽折而东流，由此形成一条较大的河湾，水深成潭，面积10余亩，潭南低丘连绵，草木丛生，形成一块冲积地；溪北为蛆盘山，山脚下峭壁高约30米，因天然剥蚀，形成参差不齐的大小石面，“仙字”就在水面2米以上约200平方米的岩面上。

仙字潭全景

仙字潭摩崖石刻

仙字潭摩崖石刻所刻画的字没有整齐的序列，笔画也不整齐，有深有浅。按不同部位算，共有六处，自东往西分布，长 20 米左右。除一处汉字“营头至九龙山南安县界”外，其他 5 处共 36 个符号，最大的长 0.74 米、宽 0.35 米，最小的长 0.13 米、宽 0.1 米。“仙字”既像图画，有的如王者坐地，有的仿武士争斗，有的若舞女蹁跹，有的如兽面狰狞，有的像俘虏被执，有的似人首落地，千奇百怪；又像文字，有两处特别像“畲”“雷”字。

仙字潭部分“仙字”

如果说岩刻为畲家的早期图象文字，那么后来的文字哪里去了呢？答案是消失了。为什么会消失呢？原因主要有二：一是由岩刻的性质所决定的。随着社会的发展，人们的思想日益复杂，象形文字逐渐向表意文字发展、演变，记录和传播信息的文字也日益增多，原有为数不多的图象文字已难以满足社会的需要，导致文字向象形、指事、会意、转注、形声、假借，即所谓“六书”发展、演进。这样，文字数量便可大增，从而完整地表达人们的思想。因而，原有的图象文字就被淘汰了。二是因秦始皇统一文字所致。秦始皇统一中国后，丞相李斯对当时的文字进行收集整理，然后删繁就简，美化加工，形成了脱离图画、整齐和谐、十分美观的基本上是长方形的方块字体。由于文字是一种交流工具，故当整个社会都采用统一的文字后，一个弱小民族的文字不可能继续使用，用则进，不用则废，因此畲族的早期图象文字就消失了。

畲族早期的图象文字如今只有少量的遗留，主要表现在畲族的服饰上，尤其是彩带上，它是“活”着的“文物”。

畲族彩带

畲族上衣

5. 畲家寨

福建省晋江市东石镇的“东石寨”是省级文物保护单位，“东石寨”是春秋时的“畲家寨”，是畲家人居住地。

雷氏委员会会长、顾问考证畲家寨

福建省文物保护碑

东石寨碑文首句："东石寨即春秋时闽中畲家寨"。

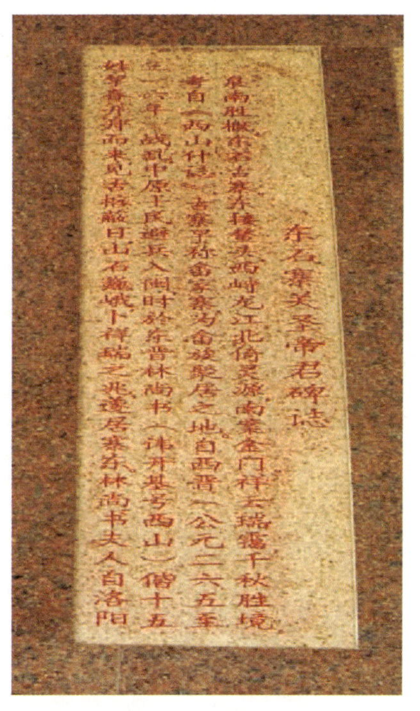

畲家寨两碑文

香港中国新闻出版社出版的《东石寨》一书，在《东石古寨话古今》一文中云："东石寨高邈、旷达，历史悠久，是座露天的博物馆。……早时此寨是闽中畲家族酋长住地，称为'畲家寨'。"东汉永平年间（58—75 年），汉明帝为了征服散居在闽南沿海的畲家，派兵攻打"畲家寨"。最终，畲家族不得不"弃寨"而被迫迁徙到闽东福鼎等地。此书在第 1 页有《千年古寨》一诗，诗云：

畲人在这里以石筑寨　　"海丝"在这里浓墨着笔
汉人在这里依寨定居　　龙江在这里滚滚逝去
朱熹在这里结庐讲学　　文明在这里悄然掀开
成功在这里屯兵训师　　历史在这里不断延伸

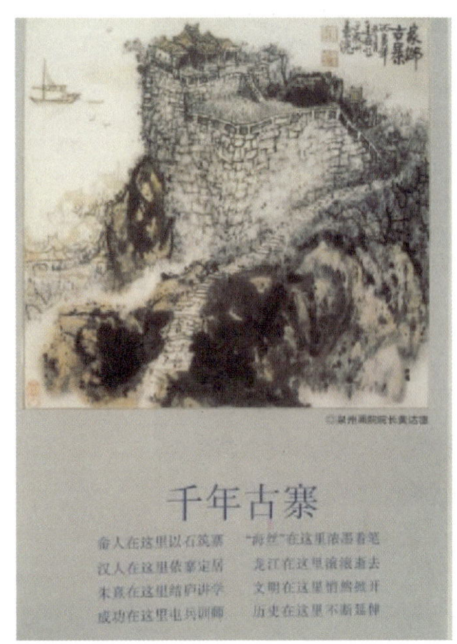

《东石寨》一书的诗文

清代蔡永蒹的《西山杂志》中《东石寨》一文记载：“福建省周时有七闽，其地域也即泉郡之畲家……畲家居闽中故泉郡，为七闽之冠，秦置闽中郡，后人误指福州畲家寨相传。东石寨，在泉郡晋邑之南，为畲家人族长之所居……沿海畲家人俱从之往。”

陈仲初的《晋江族姓渊源概说》云：“根据晋江的一些族谱、民间史书和传说推断，周朝至秦汉，聚居晋江的主要氏族是福建最古老的土著畲族人。”

如今东石寨附近尚存“雷厝”“西畲”“畲下”“畲店”等地名与蓝、雷、钟姓畲家人，还有内坑霞美畲族村。

畲族雷姓与盘、蓝等姓在周代称为“畲家”。畲家，是个实体概念、单独概念、正概念、集合概念，也就是说，这个共同体在周代已经形成。

6. 东畲寨

考证东畲寨

松口，是广东的四大古镇之一，地处广东梅县东北部，在梅江的下游，距离梅州城 50 千米。历史上“松口”包括松北、松南、松东乡及松口镇范围，总面积 360 平方千米。松口地理位置优越，地处闽粤要冲，北通福建的上杭、武平，东邻永定，西连蕉岭，南接大埔，自古为兵家必争之地；既属依山傍水的小盆地，又处梅江下游，故两岸土地肥沃，利于农耕，又因水陆交通方便，利于商贸。故松口有句话：“自古松口不认（嘉应）州。”松口之所以不认州，是因为这里旧时是广东第二大的内河港，广东的四大古镇之一，地处闽赣粤的交汇地，水陆交通发达，历史上便是商贸重镇，货物和人流的聚集地，松口人对海外通邮、通航、通商均不用经过当时的嘉应州城。

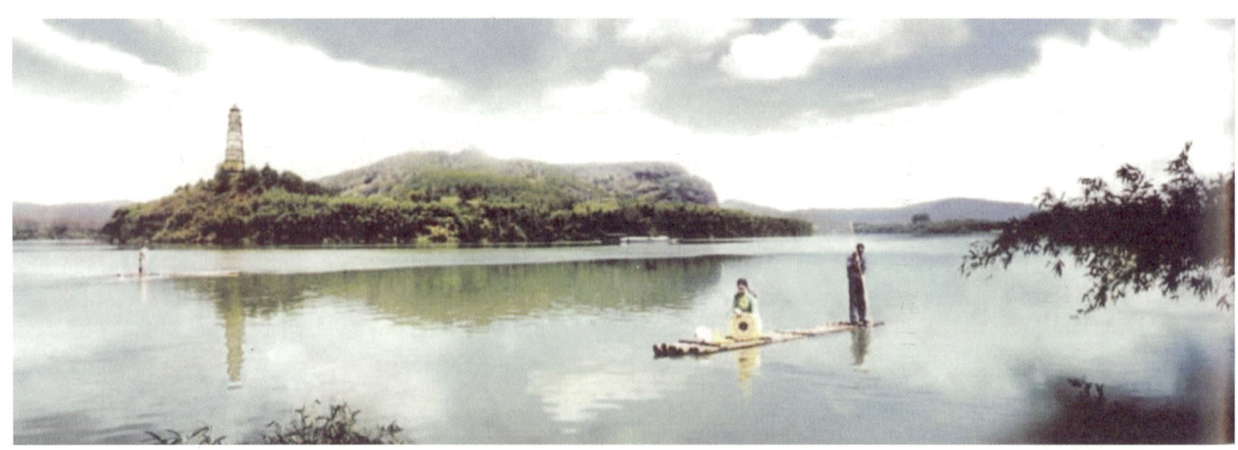

松口是广东第二大的内河港①

《梅州市志》《梅县志》载：西汉时期，松口归属南海郡揭阳县。当时松口主户是畲族人，

① 梅县松口镇志编纂办公室：《梅县松口镇志》，广东人民出版社，2014，彩页。

名为“东畲寨”。《松口镇志》载：西汉赵佗称南越王时，曾统一岭南，当时梅县属南海郡龙川县，并无独立县名，那时在松口居住的是畲族人，所以称“东畲寨”。离“东畲寨”即现松口镇所在地约 4 千米的山口村，南向五指峰，北倚鳌头峰，山清水秀，钟灵毓秀。该村分上、中、下三个村，上村有个“谷公畲”，有座七世祖屋名叫“上寨”，与“畲寨”相关。当地畲民保留着畲族的传统文化。

上村一角

“谷公畲”

王充《论衡·率性》载，南越王赵佗“化南夷之俗，背叛王制，椎髻箕坐”。赵佗虽为南越王，却还仿效畲民的发式和坐姿，可见畲民在赵佗心中具有相当高的地位。

查阅松口各姓族谱可知，直到唐代才有部分汉人陆续迁入松口。宋末元初，来自福建汀州府各县的汉人才大量迁入松口。

今梅州还有畲江、畲江镇，其名源自汉唐时期的“畲坑”，处于梅县区、兴宁市、丰顺县、五华县的交界处，为凤凰山中心区，为畲家人居住地。

广东梅州有的地名没有“畲”字，但早期也居住着畲家人。《嘉应州志》卷四《山川》载：“黄沙嶂，在城南二十五里，中皆种畲人。”卷八《礼俗》载：“土瘠民贫，其畲民尤作苦。”

畲江镇

该镇因唐、宋、元时期是畲族的主要聚居地而得名畲坑。其地处梅江上游，后又改称畲江，位于梅县西南部，距梅城40公里。全镇面积175平方公里，辖23个村民委员会和2个居民委员会，2008年底人口4.5万多人，有汉族姓氏51个，主要有刘、叶、郭、陈、罗等。

（撰稿人：韩晓晖）

畲江镇居委会

畲江圩镇居民委员会因设在畲江圩镇而得名，2008年底，圩镇有530多户，有2000余人，主要姓氏有：吴、赖、郭、罗、刘、李、廖、陈、叶、谢等近50姓。广东省原副省长谢强华是该圩镇人。

（由镇党政办公室供稿）

《梅县地名考》第 71 页

广东梅县畲江

畲江镇政府大门

（三）文献资料

1. 传说与山歌

《民间文学》1957 年第 9 期，湖南人民出版社 1982 年版的《节日的传说》，四川人民出版社 1985 年版的《中国少数民族神话传说》，浙江少年儿童出版社 1991 年版的《中国神话故事大全》，都载有“畲族祖宗的传说”。

总 目 录

（第一卷）

《中国神话故事大全》目录

1.浙江丽水、云和、景宁、建德一带散居着很多畲族人。畲族有个风俗习惯，每逢过年过节都要为祖公祖婆祭奠，在祭祀时要边敲钵边洒清水，还要跳祭祖舞和唱山歌。

2.传说在广东省潮州附近有座凤凰山。凤凰山方圆三百六十里，山高三千六百尺。在山上有个金银坑，金银坑里住着一只金凤凰。金凤凰到处飞，把宝贝都衔来放坑里，因此坑里宝贝俱全，金光四射。

· 139 ·

“畲族祖宗的传说”首页

中国人事出版社 2002 年版的《畲族叙事歌集粹》（雷阵鸣、雷招华主编）第 8—21 页，《福建民族》1994 年第 5 期等，全文登载了《凤凰山》（亦称《祖歌》）的歌词。

这些传说与山歌等，都记载了畲族源于凤凰山。

2. 宗祠镌刻

村标、宗祠等亦刻着畲族源自凤凰山的相关话语。

凤凰圣山石古坪畲族村认定自己是畲族发源地

李工坑村村标

福鼎市双华蓝氏宗祠对联

3. 族谱记录

各地编修的族谱，都记载先祖居住在广东凤凰山。如景宁多个雷氏族谱载："先祖蓝、雷、钟姓一道于唐乾元元年（758年）离开广东居住地外迁。"松阳《雷氏宗谱》载："前朝上祖是广东潮州府海洋（阳）县会稽山内居住。"故《浙江畲族民间文献资料总目提要》的"前言"写道："在这次畲族民间文献资料大普查中，共收集到浙江蓝、雷、钟、李、吴姓族谱145部，最早创修于唐代。""我们很容易理出这样一个概念，畲族人民认为自己的祖籍地（是）广东省凤凰山，经过艰苦迁徙，由广东向福建、浙江、江西、湖南、安徽等地辗转迁徙，最终定居于六省之中。"①

4. 史籍记载

居于我国东南沿海包括畲家雷姓在内的少数民族，由于活动地域、文化与汉族不同，于是在汉文史籍上，畲家雷姓被称为"南蛮"。《说蛮》云："刀耕火种是畲蛮。"《集韵》曰："畲，火种也。"称雷姓是"南蛮"。《尚书》《国语》《六韬》等古籍都认为，"南蛮"与北方无关。

《辞海》"雷万兴"条记："雷万兴，山越（畲族）首领。潮州人。唐总章二年至开元三年（669—715），与同族人蓝奉高（？—715）等先后领导闽南、粤东山越（畲族）人民反抗唐朝的统治。"

《潮州志》曰："畲民初聚居闽粤赣三省之交。"

《梅县历史》记载："蓝雷盘钟四姓是一家人，原住广东潮州府凤凰山多年，后迁往福建汀州宁化县居住。"

《福建通志》引《丁氏古谱》曰："六朝以来，九龙江西岸，尽属蛮僚。"

《临汀汇考》写道："唐时初置汀州，徙内地民居之，而本土之苗仍杂处其间，今汀人呼曰畲客。"

《福州市畲族志》载："福州市地区畲族人民，先祖主要从畲族祖居地——广东凤凰山迁来。最早入迁的时间是唐乾元元年（758年），畲族先民雷进裕一支离开广东凤凰山到福建罗源十八都苏坑境南坑居住。"

《闽东畲族志》记载："唐景福元年（892年）畲族盘、蓝、雷、钟4姓360余口，跟随王审知担任向导从海道来闽，在连江马鼻登岸，后徙居罗源大背头等到处，再由罗源迁居闽东的宁德、福安、霞浦、福鼎等到地。"

《浙江省少数民族志》载："隋唐之前，畲族先民在粤、闽、赣交界的凤凰山区生息，从事刀耕火种的原始农业生产方式。"

江西省《铅山畲族志》记载，畲族始祖居住在广东潮州凤凰山。

① 吕立汉：《浙江畲族民间文献资料总目提要》，民族出版社，2012，第2-3页。

兴国县《盘蓝雷姓氏出身源流考》也记载，当地各姓畲民原居住广东潮州海阳县凤凰山。

安徽省的《民族宗教志》载："畲民自传发源于广东潮州凤凰山，后辗转迁徙，多落脚于荒山密林，大多非当地土著。"说明他们是14世纪后从广东凤凰山迁至闽东、浙南和赣北山区的。

《畲族简史》一开篇就说："至迟于公元七世纪初，畲族人民就已居住在闽、粤、赣三省交界地区。"①

《广东民族研究》的"序"认为，广东凤凰山在"畲族族源上处于滥觞地位"，"滥觞者，事物之源头也。关于畲族族源，众说纷纭，但有三个基本事实是世所公认的：（1）早在1200多年前的隋唐之际，粤、闽、赣交界地域的畲族，已有雄厚的经济实力、人口数量与广袤的居住地域。当地畲族作为一股强悍的政治势力，长期跟中央封建皇（王）朝抗衡、对峙，以致成为（唐）高宗皇命心腹之患，在兵力穷极之下，被迫设漳州郡治，以分治畲族。这段史迹赫赫在目，记载了畲族人民的光荣革命传统。……（3）粤外畲族自古至今口碑相传，粤东及潮州凤凰山是其民族的发祥地，粤内外畲族都由凤凰山区辗转他迁。这种世传的认祖意识，非是文人及某种政治势力所能编织、臆造成的，倘若无事实为基础，其民族传诵、承继的或力，恐怕不会如此持久，为全体畲族子孙世信赖。"②

《延平畲族》一书"延平畲族渊源追溯"中，在叙述了"传说"之后云："福建南平文史学者刘光舟先生根据有关史料和对延平历史多年的研究认为：实际的历史背景是，随着秦、汉封建帝国的建立，南方各支越族同南迁的汉人融合，渐趋消亡。汉武帝元封元年（公元前110年）无数闽越人被汉朝军吏北徙到江淮之间，闽北几乎空虚。取而代之的是南移的汉人，少数土著被逼入深山洞寨，自生自灭，逐渐同化。唯有汉高祖时被封为'南海王'的一支'本土之苗'在闽交界处继续得以生存。他们聚居在广东潮州和福建汀漳一带，共以潮州凤凰山为'圣地'，所以畲民都说自己祖籍在广东。"③

蒋炳钊在《畲族史稿》《东南民族研究》等著作与《闽粤交界地是畲族历史上的聚居区——兼论畲族族源问题》④ 等多篇论文中一直强调：畲族先民与南海王织这一支越人的关系最为密切，畲族就是古代闽、粤、赣交界地区的越人后裔。

厦门大学人类学所郭志超教授在《闽台民族史辨》中说："闽粤赣交界地区的各处畲民凭什么会认同潮州凤凰山为其祖居地？只有一种解释，即：潮州凤凰山区是畲族先民在闽粤赣交界地区最早的居住地。也就是说，畲族先民在比'隋唐之际'早得多的时候，甚至是在汉晋时期就到了潮州凤凰山……"

国际汉学大师饶宗颐在《潮州学在中国文化史上的重要性——何以要建立潮州学》中指出："先以民族而论，潮州土著的畲族，自唐代以来，即著称于史册，陈元光开辟漳州，筚路蓝缕，以启山林，即与畲族结不解缘。……换句话说，凤凰山是该民族的策源地。"

蓝万清在《寻根》中指出："先进文化发展方向与人民群众精神需求相结合，才能代表广大人民群众的根本利益，而广大畲族人民群众最需要满足的精神需求是什么，应该是他们的寻根意识。追溯畲族远古历史，众所周知，畲族起源于广东潮州凤凰山。由于年代悠久、路程漫长、时间剥蚀，知道自己过去的畲族人越来越少，重温历史、唤醒记忆、内聚人心成为时代的要求，也是这一代畲族人责无旁贷的义务与责任。"蓝万清在《试论畲族文化变迁》中说："近来，越

① 《畲族简史》编写组：《畲族简史》，福建人民出版社，1980，第6页。

② 朱洪、姜永兴：《广东民族研究》，广东人民出版社，1991，第2页。

③ 南平市延平区畲族研究联谊会：《延平畲族》，鹭江出版社，2013，第14页。

④ 蒋炳钊：《闽粤交界地是畲族历史上的聚居区——兼论畲族族源问题》，载《畲族研究文集》，民族出版社，1987，第152页。

来越多学者承认畲族与土著民族即古越人的渊源关系，越文化属印度尼西亚文化系统，属马来人种，从考古文化看，与中原汉文化有显著不同，如有段石锛，有肩石斧，最主要特征是在陶器表面拍印几何印纹，即成为所谓‘印纹陶文化’。”“闽粤赣交界区横贯武夷山、玳瑁山、博平山和凤凰山，唐代‘莽莽万重山、苍然一色，人迹罕到’。作为独立的民族共同体的畲族先民是此地的最早开发者和建设者，有固定村落和民族服饰，以刀耕火种畲田为业，辅以狩猎，故陈元光《请建州县表》：‘左衽居椎髻之半，可耕乃火田之余’，‘所事者搜狩为业’。畲族首领雷万兴、苗自成的儿子和蓝奉高组织了大规模的畲民起义，说明唐代畲族有一定的社会组织形式。”①

厦门大学陈支平教授在《福建族谱》一书中说：“畲族本是中国南方古老土著越人的后裔。”

陈耿之在《学术研究》2004年第10期《畲族的发源地与畲族的文化影响》中认为：潮州凤凰山是我国畲族的发源地。

李兴金在《寻根》2004年第5期《畲族起源与风俗》中认为：“畲族起源于广东潮州凤凰山，后迁居福建、江西、浙江。”

福建省文史研究馆原馆长卢美松在《畲族探源》指出：“1980年出版的《畲族简史》，把学术界关于畲族渊源讨论的意见归纳为两种：一种是，畲、瑶同源于汉晋时代的武陵蛮（即五溪蛮）；另一种是，畲族为古代越族的后裔。”在这两种意见中，卢美松认同后者，即“土著说”；“畲族先民是远古时代的土著居民，如上古时代的苗蛮，商周时期的七闽（八蛮），战国秦汉时期的闽越（百越），三国六朝时期的山越（山夷），隋唐时期的蛮獠等皆是，宋以后方有畲民之称。当然，各个历史时期对畲族及其先民的称呼并不统一，这反映畲族在形成、发展过程中的历史演变情况。夏代以后，中原三苗族受华夏族与中原王朝的逼迫与驱逐，逐渐南迁，融入南方各土著部族中。因此，南方土著居民便有了苗族或蛮族的称呼（古代苗、蛮为一音之转），而《周礼》所载‘七闽’‘八蛮’，实即南方土著民族。他们构成了南方少数民族的主体。”

蓝贤在《畲家民歌》的附录一“畲族蓝、雷、钟姓源流”中说，华安畲族“雷姓畲民从何处迁居华安有三说：一说，新玗镇官畲村雷姓畲民的原住地是汰溪桃源洞，即今沙建镇汰溪内。二说，雷姓畲民的原住地是九龙山畲峒（今仙都镇九龙山上波际庵旧址）。三说，据官畲七十多岁老人雷老货说：‘我姓雷，是从安溪县湖头街迁来的’。此种说法笔者曾在四十年前听过上一辈的老人在闲谈时说过。本人近年查过雷姓族谱，记载一世祖雷公不知本名，也未记载从何迁入，其墓葬龙仔湖（今官畲村），二世祖佛养公一脉传衍至今已有十五代130多人”。

黄元德在华安《畲家民歌》的“序”中说：“专家对畲族的来源有很多说法，意见也不一致，有一种认为是古越人、古闽人的后裔，或源于南蛮的一支，这就是所谓‘土著论’的观点，从华安现状看，这种观点是成立的。”

（四）基因资料

复旦大学分子人类学研究的结论：“最新的分子人类学材料——Y染色体DNA能对民族系统进行精细的分析。研究发现百越系统与中国的其他系统差异很大，而与南岛语系民族（马来系统）特别是台湾语族群体相当接近。已经研究的百越群体显示出遗传发生关系和语言文化类型的差距，这与百越的整体认同和地域分化有关。根据数据的主成分分析得到百越民族系统遗传结构的三个特点：1. 百越有单起源的遗传学迹象，可能大约在三四万年前发源于广东一带，而后慢慢扩散开来；2. 百越二分为以浙江为中心的东越和以版纳（西双版纳）为中心的西越；3. 百越群体在发展过程中曾经由广东向东北、西北、西南三个方向迁徙。百越接触过的许多族群也涵入了部分百越的遗传类型。百越从广东经江西向浙江的扩散可能发生于很早以前，福建与浙江的越族群体是不同路线迁来的，在台湾少数民族遗传结构中同样再现出这种二元性。西

---

① 蓝万清：《试论畲族文化变迁》，载施联朱《畲族历史与文化》，中央民族大学出版社，1995，第59页。

部傣族类群是很晚从广东迁出的。”“这些群体的 Y 染色体遗传结构体现出相当大的一致性，而与其他系统中研究过的群体完全不同。他们都有大量的 M119、M110 或 M95、M88 突变，而外族极少有这些遗传标记，与百越接触少的群体则没有。”“根据现有的百越民族群体 Y 染色体数据，我们应用主成分分析的数理统计方法，把数据中的主要趋势信息抽提出来，得到了三个主成分（趋势）。按各个群体的对应值把三个主成分按等高线绘制原理做成三张地图。这三张地图体现了百越遗传结构中的三个主要特点。第一主成分占到信息总量的 47.0%，从图中单一中心、梯度平缓的分布格局明显看出，所有的百越群体首先是有整体性的，共性是最主要的。因此百越的血统只有一个主要来源。图中的分布中心在广东一带，所以广东最有可能是百越民族血统最早的发源地，而后渐渐向四周扩散。”①

畲民的基因 M7，在 Y 染色体的 STR 网络结构中靠近中心位置，非常古老，是一种原生成分，不是通过交流而自其他民族获得的。

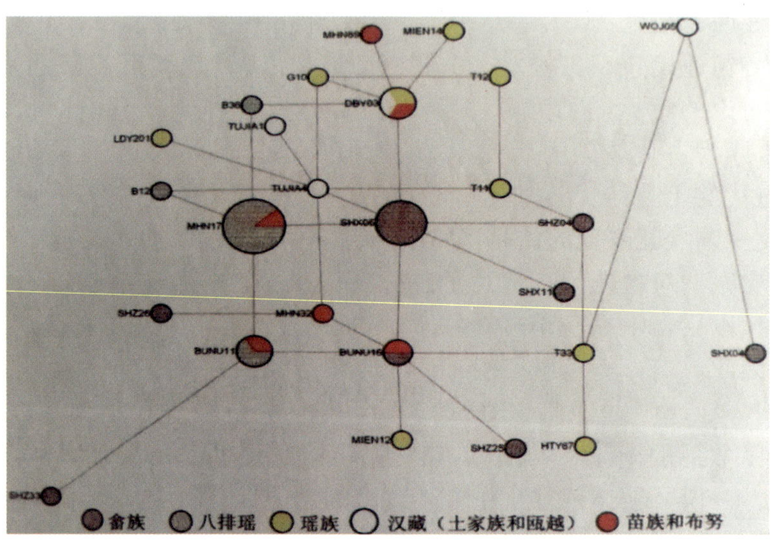

Y 染色体 M7 单倍群的 STR 网络结构

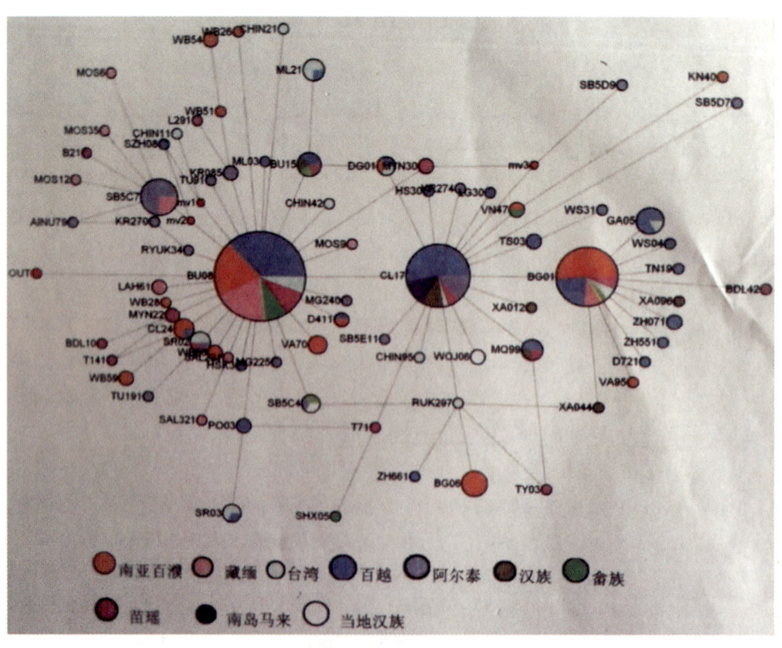

线粒体 DNA 单倍群 FIa 内部多态性网络结构

① 李辉：《百越遗传结构的一元二分迹象》，《广西民族研究》，2002，第 4 期，第 26-31 页。

非常特别的是畲族群体中有频率很高的 FIa 单倍体，这在其他民族群体中都是很少见的。FIa 是古老的单倍体，在南岛语系的群体中就已经存在，并且流传到了其他各个语系的人群中。

从 1997 年至 2015 年，全国不同地区与部门、不同目的、不同样本的实验，基因检验结果都相同——畲族雷姓源于凤凰山。

“北有山顶洞人，南有奇和洞人”，2020 年 5 月 14 日下午，中国科学院、国家文物局联合发布了一项有关东亚古人群遗传特点、基因交流与迁徙融合的重大学术成果：首次正式发表的东亚人群规模性、系统性的史前基因组研究成果表明，中国南北方古人群早在 9500 年前就已经分化，其中距今 8400 年的福建奇和洞个体基因组具有极高的研究价值，通过古基因组数据确认，福建及毗邻地区距今 8400 年的古南方相关人群，是南岛语系人群的祖先来源。5 月 15 日凌晨，美国《科学》（*Science*）期刊以 research article（研究生论文）的形式正式发表研究论文 *Ancient DNA Indicates Human Population Shifts and Admixture in Northern and Southern China*。央视新闻（5 月 15 日）、《人民日报》（7 月 3 日）等媒体也进行了相关报道，后《北京日报》详细报道了这一研究成果。该成果进一步证实畲族源于今粤、闽、赣三省交界地。

新知周刊

古DNA探索南北方人群演化之谜

《北京日报》的报道

（五）社会认可

畲族起源于凤凰山的观点得到广大畲民、学者、领导的认可。

浙江省丽水市城北学校雷冬翠老师的《听君一席话，何止胜读十年书（有感于初闻雷弯山教授的讲座）》一文，反映了多数畲民、读者的心声，得到领导、读者高度评价。

> 早闻先生学识渊博，毕业于北大哲学系，热衷于畲族文化研究，见解独到，其研究深度、广度位于当今世界之前沿。今天，先生从“唯物史观”，现代科学观，遗传学说等，对畲族的起源侃侃而谈。
>
> 早在周代就有“畲家”之称，其源自凤凰山文化区古人，由“直立人→早期智人→晚期智人→现代人”进化而来。而非“盘瓠”神话之“狗王”，高辛皇之说。正是秉着马克思主义的理论，即“我们不把世俗问题化为神学问题，我们要把神学问题化为世俗问题。相当长的时期以来，人们一直用迷信来说明历史，而我们现在是用历史来说明迷信”。
>
> 回想自己也曾津津乐道于《高皇歌》之传说，抄阅“史诗”之狗王出世、立功、受封、变身、发族等，误入乡野之口传，实在惭愧。人类的演变史是由“直立人”经过漫长进化成“现代人”，这是放之四海而皆准的道理，竟也落入虚妄。今闻先生一席话，醍醐灌顶，才明白畲族的学者、前辈们在研究上所花费的精力是我等望尘莫及的。我虽才疏学浅，能力不及他们的万分之一，但仍可站在巨人的肩膀上眺望，思考“我是谁？我从哪里来？要到哪里去？”这一千古之问，实属幸事！
>
> 黑格尔在《哲学讲演录》中说：“一个民族的精神文明必须达到某种阶段，一般地才会有哲学……，它与这个民族的法制和政体、伦理生活、社会生活中的技术、风俗习惯和物质享受是同时并存的……”畲族的源流和哲学思想发展，何尝不是如此呢！
>
> …………

东隅已逝，桑榆非晚。吾辈生于斯，长于斯，虽耳濡目染，终究井底之蛙。感叹之余，也倍感欣慰。《凤凰山》歌，拟做成国家级非遗，一批批优秀歌曲得以传唱，大型歌舞剧《千年山哈》《畲山风》等已走上舞台。

…………

我有个小小心愿，就是有生之年能携家人到畲族的发源地——凤凰山区走一走。到山犁畲族村，看一看那汪萦绕村舍的碧水；到李工坑村，摸一摸那斑驳的山墙；到潮安区凤凰镇，眺望那凤鸟髻……不为追踪溯源，只为心中那圣洁的凤凰。

景宁畲族自治县畲族学歌会的歌手们改编了《高皇歌》：首先去掉耳虫变人、人身狗头的无依据事物，在歌诗中有不文明而对民族团结有损的也同时去掉。歌的结尾写道：

是谁创造了人类社会，是劳动人民自己，劳动者在劳动中不断进化，他们用群体的智慧不仅创造了丰富的历史文化，也为后人留下来许多美好的传说。在这漫长岁月是很艰苦度过，长期以来受到旧政府的压迫与不断残酷的屠杀，直至中国共产党成立领导下，畲民才得到解放，畲族人民与全国各民族一起，才过上幸福生活。“畲族”是中央1956年批准的。首先衷心感谢中国共产党和中央领导人，是你们赐给了我们一个民族的称号与名誉，与祖国各民族一起艰苦奋斗，度过了重重困难时代，国家年年批准调拨巨款给全国少数民族建设美好家园。我们畲族人民永志不忘共产党的关怀，我们一起高声欢呼，中国共产党万岁，万岁，万万岁！[①]

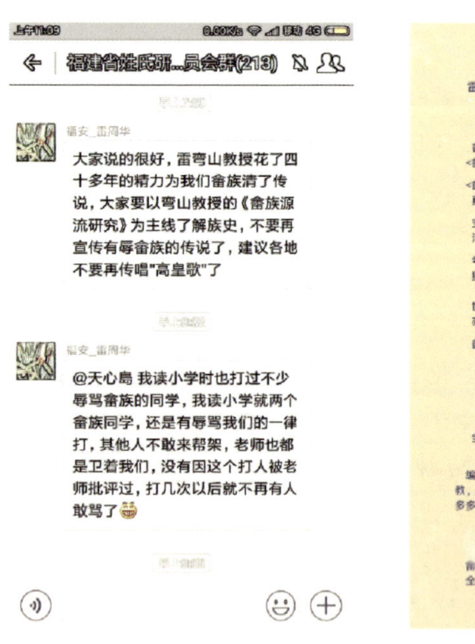

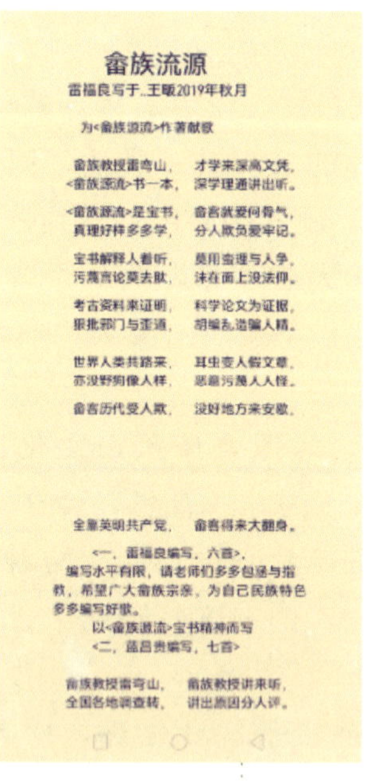

畲族流源

雷福良写于王畈2019年秋月

为<畲族源流>作著献歌

畲族教授雷弯山，才学来深高文凭，
<畲族源流>书一本，深学理通讲出听。

<畲族源流>是宝书，畲客就爱何骨气，
真理好样多多学，分人欺负爱牢记。

宝书解释人着听，莫用歪理与人争，
污蔑言论要去驳，沫在面上没法仰。

考古资料来证明，科学论文为证据，
狠批邪门与歪道，胡编乱造骗人精。

世界人类共路来，耳虫变人假文章，
亦没野狗像人样，恶意污蔑人人怪。

畲客历代受人欺，没好地方来安歇。

全靠英明共产党，畲客得来大翻身。

<一，雷福良编写，六首>，
编写水平有限，请老师们多多包涵与指教，希望广大畲族宗亲，为自己民族特色多多编写好歌。

以<畲族源流>宝书精神而写
<二，蓝吕贵编写，七首>

畲族教授雷弯山，畲族教授讲来听，
全国各地调查转，讲出原因分人评。

畲族源流歌一本，万古留传子孙唱。

歌尾结束

是谁创造了人类社会，是劳动人民自己，劳动者在劳动中不断进化，他们用群体的智慧不仅创造了丰富的历史文化，也为后人留下来许多美好的传说。

在这漫长岁月是很艰苦度过，长期以来受到旧政府的压迫与不断残酷的屠杀，直至中国共产党成立领导下，畲民才得到解放，畲族人民与全国各民族一起，才过上幸福生活。

[畲族]是中央国务院1956年批准的。首先衷心感谢中国共产党和中央领导人，是你们赐给了我们一个民族的称号与名誉，与祖国各民族一起坚苦奋斗，度过了重重困难时代，国家年年批准调拨巨款给全国少数民族建设美好家园。我们畲族人民永志不忘共产党的关怀，我们一起高声欢呼，

中国共产党万岁，万岁，万万岁！

聊天截图及歌词截图

歌手们还为雷弯山教授《畲族源流研究》一书编歌。

雷福良编写：

畲族教授雷弯山，才学来深高文凭，
《畲族源流》书一本，深学理通讲出听。

① 对原文中的错别字、病句做了勘查，后不一一注明。

《畲族源流》是宝书，畲客就爱何骨气，
真理好样多多学，分人欺负爱牢记。

宝书解释人着听，莫用蛮理与人争，
污蔑言论莫去肽，沫在面上没法仰。

考古资料来证明，科学论文为证据，
狠批邪门与歪道，胡编乱造骗人精。

世界人类共路来，耳虫变人假文章，
亦没野狗像人样，恶意污蔑人人怪。

畲客历代受人欺，没好地方来安歇，
全靠英明共产党，畲客得来大翻身。①

蓝昌贵编写：

畲族教授雷弯山，畲族教授讲来听，
全国各地调查转，讲出原因分人评。

畲族无字实罪过，祖祖代代当农奴，
中国成立共产党，山客生活正好过。

科学理论来分析，夏老山客同类人，
元始出生一个样，都是猿人变成身。

山客人少排不上，没有文化苦难当，
说我生来耳中虫，全盘装虫变人相。

畲族祖宗污灭光，头脑要用科学装，
全靠党的领导好，才有畲族名声扬。

山客代代要牢记，神话莫当真事记，
真是真来假是假，莫来代代分人欺。②

蓝启洪编写：

畲族教授雷弯山，经过历史考察成，
《畲族源流》那来去？今下解释大利听。

山客仔女要牢记，我你都是猿人身，

---

① 畲语中："爱"，汉语为"要"；"何"，汉语为"有"；"分人欺负爱牢记"，汉语是"受人欺负要牢记"；"肽""仰"，汉语为"看"。

② 畲语"分人欺"，汉语为"被人欺"。

神话讲是耳中虫，不合历史的实际。

专家考察千年记，封建统治镇压人，
为了生存罪受了，山客仔女不服气。

神话莫当真事做，样样说出不妥当，
狗头腾图切莫用，盘古王歌没法唱。

山客仔女记心头，过去百样污蔑透，
畲族不忘共产党，名正言顺何出头。

千年山客长了长，畲族文化何文章，
大家共同来协力，改掉一切重新做。

毛得字歌是不是，书堂坐少有主意，
山客歌词用代字，帮忙改好感谢你。

蓝德正编写：

畲族教授雷弯山，才学八斗高似仙，
山客住地调查了，最后来到我们寮。

畲族教授雷弯山，落笔书写理来正，
山客源流摸清楚，传书一本分人仰。

畲族祖宗被污蔑，圣人文章更英明，
自己更要头脑醒，把好名誉来传承。

畲族源于凤凰山的内容进入博物馆与祠堂。

福州畲族馆

畲族记

泱泱中华，多元共同。东南一族，源远流长。考古发现，基因检测，科学印证，元谋一支，往南向东，至凤凰山，榕韓九晋，四江流域，印纹陶区，直立人始，劳动之因，进化繁衍。织绩树皮，御寒保暖；培植苎麻，编织为布。畲语瑰宝，图象文字。周代畲家，盘蓝雷钟，添吴李杨。永嘉之乱，衣冠南度，文化交融，蚕丝经纬，染以果实，凤凰盛装；山歌呼应，舞雅武勇。草药驱魔，验方远名。唐代以降，千年迁徙，闽浙赣皖，闯荡南洋。筚路蓝缕，谦称山哈。开荒辟地，刀耕火种，东南拓荒，杰出使者。新中国初，民族平等，国定族名。二月正二，会亲求丰；三月逢三，缅怀万兴；八月廿三，海青铁骨。蓝氏三杰，勇智谋略；样式雷档，世界非遗，风流人物，国之英豪。聪明睿智，勤奋事业；勇敢顽强，开拓进取；以德治家，自律守己；敦厚孝悌，和睦邻里；祖德流芳，凤凰精神。

李工坑畲族《畲族记》

霞浦雷氏村刻上“源于凤凰山”

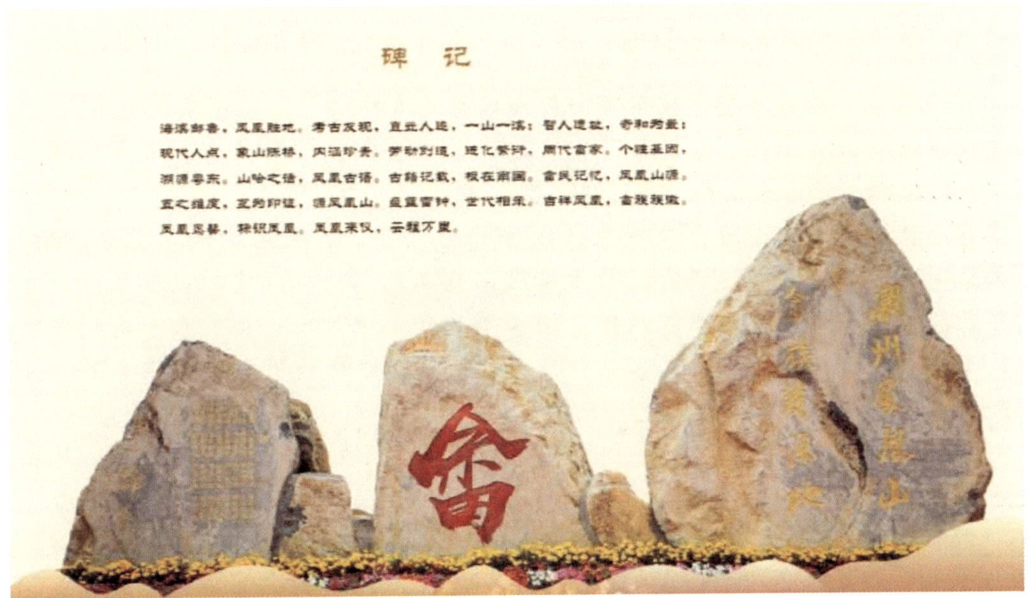

畲族源于凤凰山碑文

碑 记

滨海邹鲁，凤凰胜地。考古发现，直立人迹，一山一滨；智人遗址，奇和为最；现代人点，象山陈桥，内涵珍贵；劳动创造，进化繁衍，周代畲家。个性基因，溯源粤东。山哈之话，凤凰古语。古籍记载，根在南国。畲民记忆，凤凰山源。五之维度，互为印证，源凤凰山。盘蓝雷钟，世代相承，吉祥凤凰，畲族族徽。凤凰鸟髻，标识凤凰。凤凰来仪，云程万里。

《中国民族报》对《畲族源流研究》的出版与基本观点进行了报道。

中国民族报

2017年3月24日

品味

尊重

《畲族源流研究》

《雪祭》

《中国民族报》专题报道

2017年4月，网易“凰山拾遗”、新浪网“瓯越山人”连续发表5篇名为《我从凤凰山来——读雷弯山〈畲族源流研究〉》的文章，对《畲族源流研究》作出评述，主要观点如下：

2016年岁末，福建省委党校雷弯山教授编著的力作——《畲族源流研究》，经中共中央党校出版社出版发行。专著分研究方法、学术公案、族群为畲、考古根据、文献依据、基因证据、外来文化和千年迁徙，共八章、55万字。

雷弯山教授以马克思历史唯物主义方法论为指导，首次用现代人类分子遗传学、近年凤凰山地区考古成果论证畲族源于凤凰山直立人。论据翔实，说理充分，厘清了史学界长期争论不休的畲族源流问题。诠释了“我是谁？我从哪里来？要到哪里去？”的畲民千古之问。这是一部比较客观、公正、科学阐述畲族历史的文化专著，开创了畲族知识分子系统撰写本民族历史文化的先河！

雷弯山教授独辟蹊径，首次运用现代医学分子遗传学DNA检测的成果，论证了畲族源于远古凤凰山直立人。他在“基因证据”一章中，共辑录国内医疗机构所做的DNA（脱氧核糖核酸）检测简报25例，参与检测的人来自汉、畲、回、蒙、藏、白等20多个民族，收集了3600余人的血液样本。这些DNA检测实例虽然是为司法、医学而做，但其结果对研究畲族族源有重要的参考价值，把它作为畲族源于凤凰山直立人的依据，定位准确，论据真实，结论科学，令人信服，使仅凭史籍资料研究畲族历史文化，以致以讹传讹误导世人成为历史。

雷弯山教授以近年来闽南、粤东考古成果为依据，科学论证畲族源于远古凤凰山直立人，是《畲族源流研究》又一特色。近年来，考古界在闽南、粤东史前遗址取得的重大成果表明：凤凰山文化区，从50万年前的晋江直立人到4000年前的后山人、浮滨人，这段漫长的历史时期，只有凤凰山人在该地区繁衍生息。与3000多年前《周礼》记载的“七闽”，以及现代分子遗传学DNA检测福建畲族是独立的一个民族群体的结论相符合。充实的依据证明，畲族源于凤凰山直立人的结论毋庸置疑。

史籍记载的资料、近年来凤凰山地区的考古成就、现代分子遗传学的研究成果，是《畲族源流研究》证明畲族源于凤凰山直立人的三大重要依据。三者不是相互孤立

> 的，而是存在错综复杂的内在联系。
>
> 由此可见，福建畲民源于凤凰山直立人，根据分子遗传学基因理论分析，福建畲族系独立的一个民族群体，完全符合福建畲族发展史实。因为福建畲族是凤凰山直立人的后裔，从50万年前的晋江直立人到4000年前的后山人，他们是一直生活在这片神奇而广袤富饶的滨海丘陵地带的土著。福建畲族的血缘关系与北方汉族相对距离较远没有疑问，这些结论否定了畲族外来说。

福建省文史研究馆原馆长卢美松说：“感觉非常震撼，我本以为畲族研究已有多年，且有过似乎成为定说的成果。迨及浏览书稿，方觉弯山的研究，似乎已经超越这些固有结论，有自己的新见和异说。”

浙江省民族事务委员会原主任李绍瑛说：“雷弯山教授的著作《畲族源流研究》已出版发行，该书科学阐述了畲族的源流，对畲语、盘瓠等有争议的问题，都有深刻的论述，有理有据。该书值得我们畲族同胞和研究畲族的朋友一读。”

中国社会科学院台湾所研究员雷玉虹在微信上说：“看你走了那么多地方，可说是前无古人啦，后来者也不易超越。真的很棒，目前为止，还没看到一本视野如此开阔的本族历史专著。此书实证性强，脑洞大开，是有价值的巨著，让人受益匪浅！该成果可成为反‘台独’的利器！这本著作费了很多心力，打开了畲族研究的新的时空领域，有划时代的意义。”

聊天截图

1956年畲族识别调查组成员、福建省民族事务委员会原主任雷恒春看了此书后，认为此书写得非常好，甚至买来此书送给朋友施联朱等人，让大家知道畲族从哪里来。

1956年畲族识别调查组负责人、中央民族大学施联朱教授，曾支持畲族源于“武陵蛮”的观点，是畲族“外来说”的代表，2017年有一学会领导拿《畲族源流研究》一书去施联朱家，本想借施联朱否定书中观点，结果施联朱说（事先福建民委原主任雷恒春已寄书给施联朱）：“转告弯山，我赞同他的观点。”（当时便发微信给雷弯山。）2019年3月13日，雷弯山一行代表福建省民族研究会去看望施联朱（研究会顾问），他说：“我今年100岁了，脚不能走，但每天还看两份报纸，头脑很清楚。我非常赞同你《畲族源流研究》的观点。”

福建省姓氏源流研究会老会长蔡千豪多次说，此书有三大突破：一是科学解决了畲族族源问题，二是解决了台湾人的来源问题，三是为人类学研究提供了新方法。并在微信上说“您是真正按马克思主义观点剖析中国社会人类学，扭转了五四运动以来‘本本主义’的误区。都能像您这样就不会全盘西化了。”

郑州信息工程学院蓝荣欣博士、教授有感：

期盼已久，终于收到雷教授的鸿篇巨制《畲族源流研究》。一册在手，顿觉厚重——书的厚重，研究成果的厚重，畲族文化的厚重；由此对作者坚实的学力和畲族的悠久历史、璀璨文明的敬意油然而生。

作者十分重视科学研究原则的运用，融合了多学科的知识、技能和方法，不但身体力行，而且言传身教；科学的方法、独特的探索、丰富的史料、严密的逻辑、新颖的见解、有力的证据、创新的结论，让人耳目一新，幡然开悟，掩卷思索。

关于畲族，关于畲族的源与流，关于畲族的文化基因与生物基因，关于畲族文化的精华与糟粕、传承与遗弃、认同与背离，永远有说不尽的话题，困扰或破茧、挣扎或摆脱、静止或向前，借助此书我们或许能找到些许线索。

书籍印刷精美，图文并茂，信息量大，是一册能给人知识、感触、启迪、动能的好书。

北京朝阳区蓝向东检察长读后感：

今日喜获雷弯山教授集四十年畲族研究之大成的著作《畲族源流研究》，不胜欢喜，亦十分惭愧。

作为一名畲族后人，也曾动念写点本民族的东西，但是自己除了身体里流淌着畲族的血液，张口还能说说畲族话，以及当年在中央民族学院上学时了解的十分有限的民族知识外，对于本民族实在是了解得太少了。

弯山先生本是北大哲学系毕业，后攻得硕博学位，既是教授又担任行政工作，可以说是一个大忙人，但他业余时间却热衷于畲族历史和文化的研究且四十年不辍，这缘于他从小生活在浙南的偏僻小山村，是畲家走出来的大学者，所以比他人有更大的责任感和使命感从事这方面的研究。

关于畲族的源流，有诸多说法与争论。现实中有族谱、画卷、《高皇歌》等，但这些都是神话传说、文学作品、社会意识，不是社会存在。弯山先生秉承“我们不把世俗问题化为神学问题。我们要把神学问题化为世俗问题。相当长的时期以来，人们一直用迷信来说明历史，而我们现在是用历史来说明迷信”的研究宗旨，力图还原畲族历史的本来面目。

弯山先生的这个课题研究难度是很大的，最主要的原因是畲族有语言而没有文字，很多历史无从查起，而更大的挑战是既要否定基于神话传说的畲族源流的误传，又要正本清源，确切地回答畲族“从哪里来”的问题。

弯山先生告诉我，为了研究这个课题，全国45个畲族乡，他去过40个，只要有能讲畲语的乡村他都去。这是十分难能可贵的。

拿到先生的大作，我如饥似渴地读了起来，因为，关于本民族的来源，同样也有不少疑问在自己的头脑里。

畲族从哪里来？

弯山先生研究认为：早在周代，就有“畲家”之称，得到畲民与社会的认同；且是一个单独概念、集合概念、正概念，表明周时就是一个独立的族群。其源自广东凤凰山古人，发展脉络为直立人—早期智人—晚期智人—现代人。秦汉时期，由于反抗封建王朝统治和军事镇压，有的畲家人被迫漂洋过海到了台湾、南洋，有的畲家人被驱赶至江淮等地成为汉族，而留下来遁入山区的则成为今天的畲族。明代，畲族人民反封建反压迫斗争遭到封建统治阶级的残酷镇压，畲民再一次被迫进行民族大迁徙，形成了“大分散小聚居”的分布格局。在数千年的民族迁徙过程中，畲民每到一地，都刀耕火种，变荒山为鱼米之乡，是“东南山区杰出的拓荒者”。

弯山先生研究畲族源流涉及了若干门学科，其中包括人类学、民族学、历史学、考古学乃至基因学等，先生之博学及治学之严谨令晚辈钦佩！

捧着他的55万字的专著，我说：这是一本严肃的学术专著，您走进先民的历史深处，寻觅畲族的精神家园，做了一件前无古人的大事！

2017年3月27日于北京

2017年在福州举行的海峡两岸各民族欢度“三月三”大会上，台湾代表团团长廖国栋在开幕式上讲：

昨晚半夜到福州，看到一本书，雷弯山先生所著的《畲族源流研究》，不过非常意外看到一个更新的研究，提到整个南岛民族，也就是整个南太平洋的国家，这些民族跟我们东南区的，包括畲族是渊源相连的。过去在台湾，有很多国际的学者的研究，提到整个南太民族，也就是南岛国家的民族的根源，他们的原乡在台湾，我所知道的是如此。但是我昨天看到《畲族源流研究》这本书的时候，特别看到这个更新的研究，也就是整个南岛民族很可能是中国东南区民族延伸出去的这么一个报告，他们不是随便说说，而是有根据的，根据人类学研究、基因学研究、DNA研究认为是如此，这把我们的台湾少数民族跟畲族的关系拉得更近了。

2018年8月13—20日，五年一届、有121个国家7000余学者与会的第24届世界哲学大会（WCP2018）在北京召开，13日上午在人民大会堂举行开幕式。从《畲族源流研究》一书中整理出来的《畲族源于凤凰山》《“样式雷”的建筑哲学》两篇论文经评审入会，雷弯山同与会人员进行交流，得到与会专家、学者的充分肯定和高度赞扬。

雷弯山在第24届世界哲学大会上发言

2018年12月8日，为纪念改革开放40周年，海峡两岸少数民族“乡村振兴”交流暨畲族“感恩节”（畲族确认62周年）在福州世纪金源大饭店举行。畲族源于凤凰山、“两岸同胞同根同源”的观点得到大家认可。

2019年12月24—26日，由潮州市潮安区人民政府、潮州市畲族文化促进会主办的“首届中华畲族发源地潮州凤凰山文化交流会”在潮州凤凰山举行。全国各地的畲族研究会（促进会、协会、联谊会）会长，北京及相关省（区、市）有关部门领导、专家学者，以及港澳台地区畲族宗亲代表，潮州市畲族文化促进会会员，当地畲族群众等千余人欢欣鼓舞地参加了此次“千年首聚”盛会。通过学习交流，大家对于凤凰山是畲族的发源地这一结论，不但知其然而且知其所以然，并强化了每年12月8日为畲族“感恩节”的共识。

今日头条

头条 今日头条 打开

感恩62年！连江“凤凰民族”一路前行

连江在线

打开今日头条，查看更多图片 〉

2018年12月8日，纪念改革开放40周年，海峡两岸少数民族“乡村振兴”交流暨畲族“感恩节”在福州世纪金源大饭店举行。

今日头条

中国民族哲学学会副会长雷弯山教授作了专题讲座，就如何理解“两岸同胞同根同源”？如何弘扬畲族优秀文化，推进乡村振兴发展？”等问题与嘉宾们作了热烈的交流。

你的好友

打开

雷弯山在大会作主题演讲的社会报道

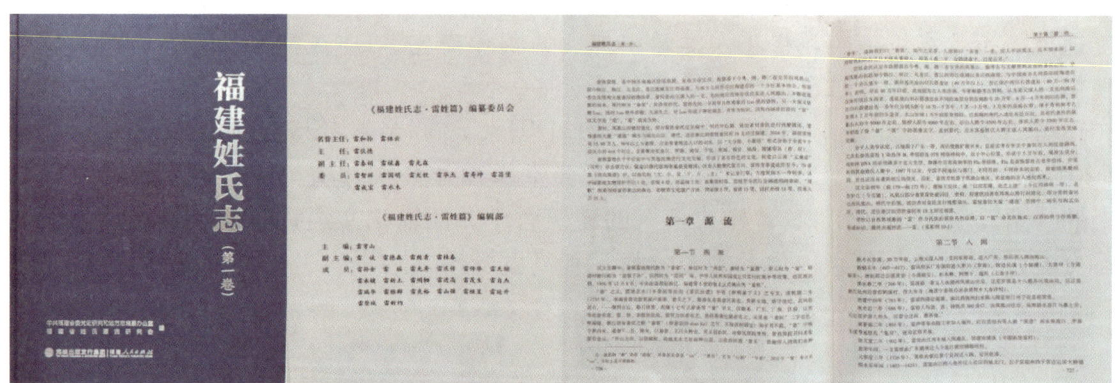

《福建姓氏志（第一卷）》

“首届中华畲族发源地潮州凤凰山文化交流会”在潮州李工坑村（雷姓村落）举行

会间还在李工坑畲族村（雷姓村落）举行了首次祭祖仪式。

与会族亲合影与潮州市畲族文化促进会会长雷仁广宣读祭文

中华畲族发源地潮州凤凰山首次祭祖祭文：

凤凰古地，直立之人，劳动创造，进化繁衍，成就吾族，
春秋畲家。盘蓝雷钟，再添李吴，七十万众，枝繁叶茂，
遍布东南，走向世界。己亥冬至，相聚潮州，发源之地，
面凤乌髻，告慰先祖。

洪荒之始，捕鱼狩猎，刀耕火种，披荆斩棘，垦山筑田，
勤耕细作，荒山野岭，茶米之乡，东南拓荒，聪明睿智，
杰出使者。培植苎麻，蚕丝经纬，染以果实，图象文字，
凤凰盛装。语言传承，彝雅武勇。草药驱魔，验方远名。
明亮揭竿，威震南国；蓝氏三杰，勇智谋略；样式雷档，
世界非遗，风流人物，国之英豪。

凤凰涅槃，浴火重生。新生中国，国定族称，自此平等。
输血造血，脱贫致富。民族文化，发扬光大，畲歌飞扬，
遨游太空。二月正二，会亲求丰；三月初三，缅怀万兴；
八月廿三，海青铁骨；腊月招兵，祭拜祖先。

凤凰来仪，云程万里。中国特色，坚定信念；迈开步伐，
融入社会；更新思想，坚信马列。弘扬祖德，自信自强；
以德治家，自律守己；敦厚孝悌，和睦邻里。加快发展，
全面小康；民族团结，共圆国梦。

众亲祭拜，以表初心；祖先有知，族民吉祥；凤凰腾飞，
吾族繁荣。

（六）民族确认

中华人民共和国成立后，中国共产党切实帮助少数民族发展，实现民族平等、民族团结，实行民族区域自治。畲家人也同其他族群一样，亮出自己的“畲族”民族成分。1952 年 10 月，浙江省招收畲族学生 86 人（原定招收 100 人），于云和创办了“浙江省云和初级师范学校短训班”。1952 年冬，中央民族访问团中南区第一访问组在铅山县县长戴本仁的陪同下，翻山越岭到狐狸岩村访问。访问团中的专家对当地语言、生产方式、生活习俗等进行了详细调查，召开多种形式座谈会，然后得出结论：当地居民不是苗族而是“畲族”。翌年，经江西省人民政府批准，将畲族聚居的太源、西坑二乡改为畲族自治区。福建省畲族仙岩乡自治区人民政府于 1953 年 2 月 8 日成立。1953 年第一次全国人口普查数据显示，浙江省的畲族人口为 81775 人，福建省为 96375 人。

× 畲族盛会！海内外畲族宗... ···

畲族盛会！海内外畲族宗亲首次齐聚凤凰山"寻根问祖"

潮州凤凰山是畲族同胞公认的发源地。12月25日上午，海内外畲族宗亲代表首次齐聚畲族发源地"寻根问祖"，以参观考察、祭祀祖先、文化交流和研讨等形式，参加"首届中华畲族发源地潮州凤凰山文化交流会"。

我来说两句 发送

× 畲族发源地潮州凤凰山文... ···

中国报道网-中国报道杂志社唯一官方网站

中国报道 CHINA REPORT • 创新中国

首页 大湾区 地方 财经 生态

视频 创新 访谈 人才 科技

输入搜索词

位置 >创新中国 > 文体 >

畲族发源地潮州凤凰山文化交流会成功举办

发布时间：2019-12-26 02:14 来源：中国报道

潮安专版 03

擦亮凤凰山畲族发源地金字招牌

媒体报道

江西狐狸岩村

畲族仙岩乡自治区人民政府旧址

1953年第一次全国人口普查，全国一共报出400多个民族成分，有的是同一民族在不同地区的不同称呼，有的不一定是一个单独民族。中央决定由中央及地方民族事务部门组织力量，对每个自报的民族成分与族称进行辨别，即进行“民族识别”。

1953年，中央派出的第一个民族识别调查组是畲民识别调查组。由北京的专家施联朱、黄淑娉、陈凤贤，与华东军事行政委员会民族科副科长雷关贤（畲家人，会畲语，浙江遂昌人）组成，施联朱担任组长，赴浙江景宁县东衕畲村调查。到福建后，福建省民政厅派雷恒春（畲家人，会畲语，罗源人）加入调查组，随后调查组到罗源县八井、漳平县山羊隔等畲村进行识别调查。时间共3个月。1955年，中央又派杨成志、黄淑娉、陈凤贤等赴广东进行畲民、“疍民”识别调查。两次调查均认定：“畲家人既不是汉族，也不是苗族、瑶族的一支，是具有自身民族特点的少数民族。”1956年8月11日，中央统战部给浙江、福建、广东、江西省委统战部发出名为《关于确定畲民民族成分问题》的电报。

畲民识别调查组专家依据文献记载以及畲、汉民之间的相互指称，将畲家人族称定为“畲”时，有的畲民特别是闽东许多畲民不同意这个名称，甚至激烈反对。因族称要“名从主人”，于是中央统战部于1956年8月16日给浙、闽、粤、赣省委统战部发出电报：

浙江、福建、广东、江西省委统战部：

根据几年来各方面调查材料及畲民的意见，均说明了畲族不是汉族，畲民也不承认自己是汉族，迫切要求确定自己为一个少数民族。在语言方面，根据调查了解，浙、闽、赣三省畲话彼此相通，语法结构相同，基本词汇绝大部分一样，可以说有共同的语言。同时，畲民也有与汉族不同的风俗习惯、历史传说与信仰。我们认为，根据畲民的自愿及目前存在的特点，是可以确定为一个少数民族的。

至于畲与瑶（或苗）的关系问题，也就是畲与瑶历史上是否同一民族还是不同民族的问题，尚需有科学上作进一步研究，但这并不妨碍目前承认畲族为一个少数民族。

畲族的名称问题，据过去的调查及报告，闽东的畲族（约占畲民人口的一半）不愿被称为“畲”，认为有侮辱之意，而愿改为自称“SAN-HAK”（音译：山嚇）。其他地区愿采取何名，也请你们设法了解。

以上请你们研究提出意见，以便迅速解决这一问题。

中央统战部

一九五六年八月十六日

浙江省少数民族师范学校民族研究室的研究人员结合文献，特别是畲汉之间称呼，认为族称应定为“畲”。但“畲”字，历史上是个多音多义多写法字，作为族称要有确切的读音，规范、统一的写法，确切的含义。经分析认为，应写成“畲”字，那么只能念“she”。内涵是，这个古老民族的人民在中华人民共和国都分得一份土地。研究成果写成报告上报省里。浙江省人民政府于1956年10月18—20日，在省城杭州召开讨论畲族族称的专题会议。出席会议的有相关省级部门干部、各地区畲族代表，共47人。会议上，作中心发言的是浙江省少数民族师范学校负责人钟玮琦，雷关贤等作了补充。会议通过充分讨论，大家同意将畲家人的族称定为“畲”。会后，浙江省委统战部写出报告，上报中央统战部。

中央统战部根据浙江省委统战部10月25日报告和广东、江西、福建省委统战部的回复电报，于1956年12月8日发出《关于确定畲族的民族成分和民族名称问题》并报中央的电报：

浙江、福建、广东、江西省委统战部并报中央：

浙江省委统战部十月廿五日报告、江西省委统战部十月卅一日电、福建省委统战部十一月十五日电和广东省委统战部十一月十七日电均悉。由于各省对于确定畲民为一个少数民族意见一致，因此，我们认为现在可以正式确定畲族为一个少数民族。

关于畲族的民族名称问题，从各省的文电看来，浙江、广东、江西三省的畲民都同意叫畲族，认为他们的宗谱和历史记载都叫畲族，这个名称并不带有侮辱性质；福建省的畲民也认为“畲”字原来是不含恶意的，不过畲与“蛇”同音，他们怕确定叫畲族的名称以后，汉人仍象过去一样叫他们“畲客”、“畲婆”、“蛇人”，而这样叫是带侮辱性的，所以他们觉得改换一个名称如叫“山吓”好一些。根据上述情况，我们认为确定对畲民称为“畲”族还是比较恰当。对福建省畲民中的那种顾虑，同意由省委统战部在最近期间召开畲民代表会议予以讨论和解释，并且注意教育当地汉族人民尊重畲族人民，改变过去对畲族那些带有侮辱性的称呼。畲族代表会议对民族名称问题讨论的结果并望电告我们。

中央统战部

一九五六年十二月八日

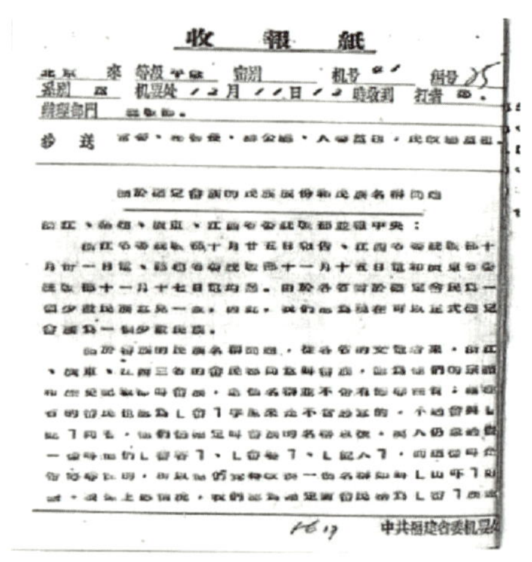

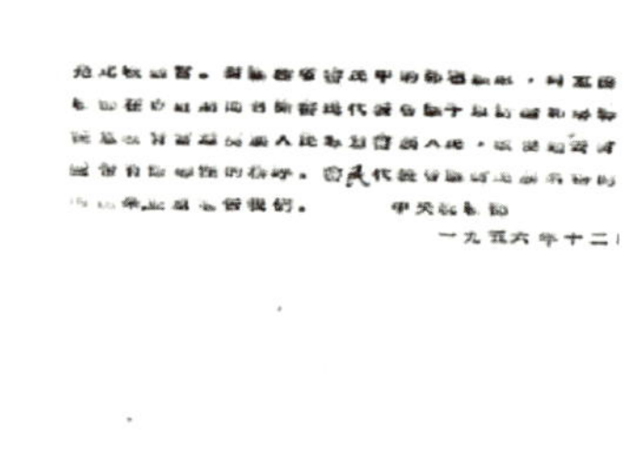

畲民识别调查组在罗源调查　　浙江、福建省档案馆中的中央统战部电文

首次确认为畲族的畲家人基本上保留了畲家语言、民歌、服饰等民族优秀传统文化。国家民委等三部门于 1981 年联合下达了（81）601 号文件：由于历史原因被错误识别为汉族的少数民族后裔，可申请恢复为少数民族身份。许多畲族地区也行动起来，短短几年时间，畲族人口由 371965 人增加到 630378 人。鉴于各地因利益驱动，个别地区不适当地更改民族成分，与民族政策、文件要求相违背，国家民委发出民委（政）字〔1989〕573 号《关于暂停更改民族成份工作的通知》，暂停更改民族成分工作。

二、郡望与发源地

畲家雷姓有的祠堂、家谱、正堂、墓碑上，也与蓝、钟等姓一样，写有郡望——“冯翊郡”。

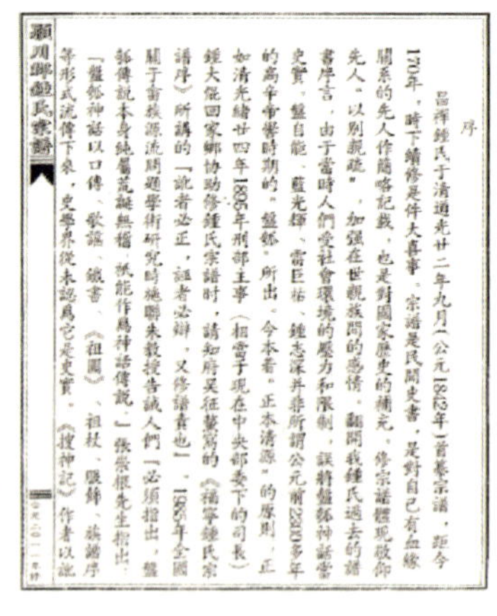

雷氏宗谱“序”①　　《汝南蓝氏宗谱》封面　　钟姓宗谱

冯翊在如今陕西靠近河南的大荔，汝南、颍川在如今的河南，于是许多畲民认为畲族源于河南。有的家谱写第一个祖来自“冯翊郡”，结果一考证，不但时间、地点有问题，且连官名当时都还没有。原来是为了源自“冯翊郡”编“造”了一个祖先（畲语修谱为“zao bo”，译为汉语是“造谱”）。修谱者、“专家”在修谱与著述时写道：雷姓是“冯翊郡”，蓝姓是“汝南郡”，钟姓是“颍川郡”，汝南、颍川在河南，冯翊在靠近河南的大荔，所以畲族源于河南；黄帝出生于河南，高辛是黄帝曾孙，因此畲族是黄帝的后代。

① 图中“冯羽郡雷氏宗谱”当为“冯翊郡雷氏宗谱”。

修谱者、“专家”的推理，也犯了与许多畲民同样的错误，把“郡望”与“发源地”等同起来。

首先，冯翊郡的“冯”应念“píng”。

冯翊郡的“冯”，许多人念为“féng”。冯，古同“凭”，凭借，依靠；马行速。冯翊郡，西汉武帝至东汉末年的左冯翊（zuǒ píng yì）辖地，东汉末始改置冯翊郡，治所在高陵县，后移治临晋（今陕西大荔县），因此，冯翊郡的“冯”应念成“píng”，不能念成“féng”。冯，念为“féng”，姓也。

其次，“郡望”与“发源地”是两个不同的概念。

发源地，指河流开始流出的地方，借指事物发端、起源的所在，即可考证的、物质范畴的发出、根源之处。它不会因社会变化而改变。

郡，是在春秋战国到秦代几百年间逐渐形成的地方行政区划。望，就是“望族”，指有声望的姓氏大族，显贵的为世人所仰望的姓氏。郡望，又称“姓望”或“地望”，顾名思义，就是指一个郡中的望族。同一姓氏的人，社会地位不可能完全一样，有的地方人才辈出，冠盖连绵，门第高贵，家世显赫，为该姓人所敬重和仰望，亦名闻天下，为世人所称颂，这些地位较高的人为表示自己这一支高于其他地区的同姓人，便在自己的姓氏前加上所居住郡，这样就有了“郡望”。郡望会随着社会发展而变化，一个姓氏有好几个郡望，如雷氏郡望，除冯翊郡外，还有豫章郡、南安郡、新平郡；有的姓甚至有 30 多个郡望。

郡望是封建社会门阀制度的产物。在门阀制度盛行的魏晋南北朝时期，与高门望族相比，门第较低、家世不显的家族则被称为“寒门”“庶族”，他们在政治生活中极受压抑。当时用以铨选官吏的九品中正制，只论门阀家世，不论才行品德，形成了“上品无寒门，下品无士族”的局面；国家法令又明文规定士族有荫族、袭爵、免役等多种特权；士族自视甚高，不与庶族通婚。《西厢记》里张生与崔莺莺两家的婚姻，张生因为出身于西洛，不是海内望族，就无法与博陵崔氏这样的名门相匹配。封建门阀制度下，姓氏直接影响着一个人的社会地位、婚姻问题，以至前途命运，甚至连日常交往、场面座次亦明确有别。畲民为了生存、发展，也附会之。正如明姚琛《丹铅总录·郡姓》所云：“虚高族望，起于江南。言今之百氏郡望，起于元魏胡虏之事，何足为据也。”

“郡望”与“发源地”是两个不同的概念，不是一回事，不能把郡望作为民族的发源地，举个不恰当的比喻：如东南沿海地区有的商家打着“新疆产”的幌子卖哈密瓜，其实这个瓜是本地产的。只是因为“新疆产”的瓜质量好，销路好，价格高，所以商家打着“新疆产”的幌子。

总之，不能把郡望作为民族、姓氏的发源地！

凤凰山山犁村祠对联“冯翊世家”改为“凤凰世家”

再次，黄帝是人文始祖。

人教版七年级（初中一年级）《中国历史》（上册）教材第 3 课《远古的传说》指出，炎帝、黄帝是传说人物。“在中国古老的传说中，炎帝和黄帝有很多创造发明，他们被尊为中华民族的人文始祖”。所以，黄帝，一是传说人物；二是人文始祖，“人文始祖”与“血缘始祖”也是不同的概念。而且如果把黄帝、高辛作为畲族的“血缘始祖”，那么畲族就不是少数民族，而是汉族。

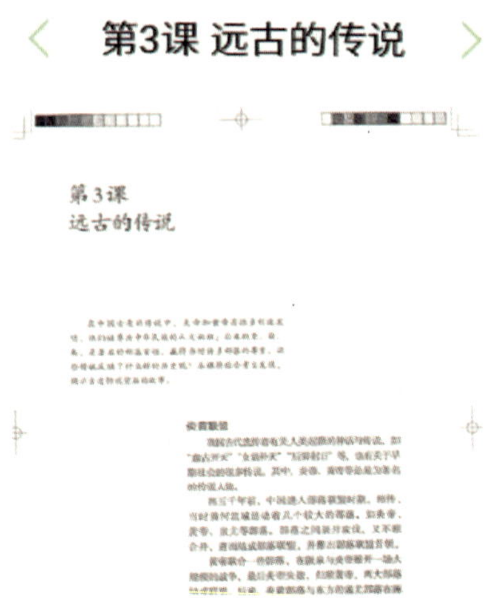
第3课 远古的传说

第3课
远古的传说

七年级《中国历史》（上册）教材

三、神话传说

畲族、畲族雷氏来源的神话传说有两种：一是盘瓠神话传说，二是祖宗的传说。马克思说：“任何神话都是用想象和借助想象以征服自然力，支配自然力，把自然力加以形象化；因而，随着这些自然力之实际上被支配，神话也就消失了。”①“祖宗的传说”，是畲家内生的传说，是“用想象和借助想象”。“盘瓠神话传说”诠释畲族、畲族雷氏来源，是外加的传说，不仅是“用想象和借助想象以征服自然力，支配自然力，把自然力加以形象化”，而且是封建社会歧视畲家的产物。

（一）嫁接神话

东汉镇压黄巾军的应劭、东晋参与镇压荆湘起义的干宝等把源于北方的盘瓠神话传说由北方换成了南方，把“有鸟焉，其状如鸡，五采而文，名曰凤凰”改为“有畜狗，其毛五采，名曰盘瓠”，作为镇压南方少数民族的文化手段。

唐代，封建统治者开始在凤凰山区实行封建化统治，雷万兴父子等领导畲、汉人民进行了半个世纪的反抗。唐统治者多次派兵镇压，但未能平息。陈元光接任后，认为仅凭武力镇压是“兵革徒威于外，礼让乃格其心”，而且“诛之不可胜诛，徙之则难以尽徙”“功愈劳而效愈寡”。于是呈请在泉、潮之间设郡县，并采用文化手段加强对该地区的统治，把盘瓠神话外加于畲家。故明代郭造卿《防闽山寇议》说：“山中自称盘瓠后，各画其像岁时祝祭。……常称城邑人为‘河老’，谓之河南来，畏之，繇陈元光将卒始也。”② 从文书、“祖图”等的内容来看，写的、画

① 中共中央马克思恩格斯列宁斯大林著作编译局：《政治经济学批判》导言，载《马克思恩格斯选集》第二卷，人民出版社，1995，第 29 页。

② 郭造卿：《防闽山寇议》，载顾炎武《天下郡国利病书》卷九十六《福建六》，广雅书局光绪二十六年刊本。

的时间是在唐朝；“燕王”是“番王”：“乾元”是唐肃宗李享的年号，乾元二年是759年；“天宝”是唐玄宗李隆基的年号，天宝十二年是753年。

“祖图”中的“唐兵败”“唐兵败走”

宋时刘克庄在《漳州谕畲》中说：“余读诸畲款状，有自称盘护孙者，彼曷尝读《范史》，知其鼻祖为盘护者？殆受教于华人耳。”

明正德十一年（1516年），江西赣州畲民起义，王守仁除在军事上残酷镇压外，还把其心学理论运用到镇压畲民中，其名言是“破山中贼易，破心中贼难”，大力推行愚民政策，把畲民列为“盘瓠异类”。“畲家”“畲民”的称呼，被改为“畲贼”“山贼”“盘瓠种”“盘瓠种子孙”。

明清时期，畲家雷姓向汉族学了修家谱。初时比较简单，没有盘瓠神话传说，只是记载其从广东凤凰山迁出，然后是谱系。中央民族学院施联朱教授等6人在《福建省福安甘棠乡山岭联社畲族调查（摘录）》中写道：“先畴农服世锦长，太古敦庞俗本良。广东迁乔来浙省，闽疆转徙到韩疆。初住广东，后迁汀州，明正德时迁到浙南与‘韩疆’，韩疆即‘福安’。”“谱序中认为盘瓠传说之记载系荒诞无稽之谈。”在“名称与来源”一节最后写道：“我们遍翻钟姓族谱，谱首皆无盘瓠传说的记载。但后来修撰宗谱，认为宗谱头的序言是必不可缺少的。畲族无本民族系统文字。在旧社会，畲族是一个苦难深重的民族，也是一个文盲充斥的民族。像修撰宗谱这种需要一定文化水平才能胜任的工作，当然只能花钱聘请有文化的汉族文人帮助完成，社会上又有汉族文化人专门从事修谱，于是，五花八门的畲族族源传说便应运而生，盘瓠传说入谱中。”

王守仁坐镇上杭指挥镇压畲民处

雷德潮给浙江省畲族文化研究会写的《关于畲族谱序和源流的质疑》中讲到，福鼎双华村（每年二月初二，闽、浙、赣各地的畲民都要聚集到双华畲族村进行会亲）的谱序是如何加上盘瓠传说的：

福鼎市政协文史委员蓝清魁同志于一九八五年二月三日写给苍南县民族科的文章说：“我族历来受人岐（歧）视，侮辱是极端严重的，除了落后面貌原因外，其主要是历史源流被人歪曲。如清同治年间，福鼎双华蓝姓宗谱聘请汉族王聘三和莒溪夏增荣先生造谱并代作谱序；该造谱先生完全抄袭宋代范晔写的《后汉书·南蛮传》和干宝《搜神记》郭璞《山海经》等鬼话连篇，所谓的谱序文章满纸荒唐，均是无稽传说。造谱前未说明作谱序酬金额，完谱时族长取谱与前岐丹桥钟氏宗谱谱序相校对，两族谱谱序竟是同一木板刻印的，酬金要一百数十两银，族长因与他争论，结果无奈只好照付了。而造谱先生毫不费力地赚去了一笔外快银钱，但族人却不辨真伪，尽把家谱谱序的无稽谎言编成高皇歌唱。”

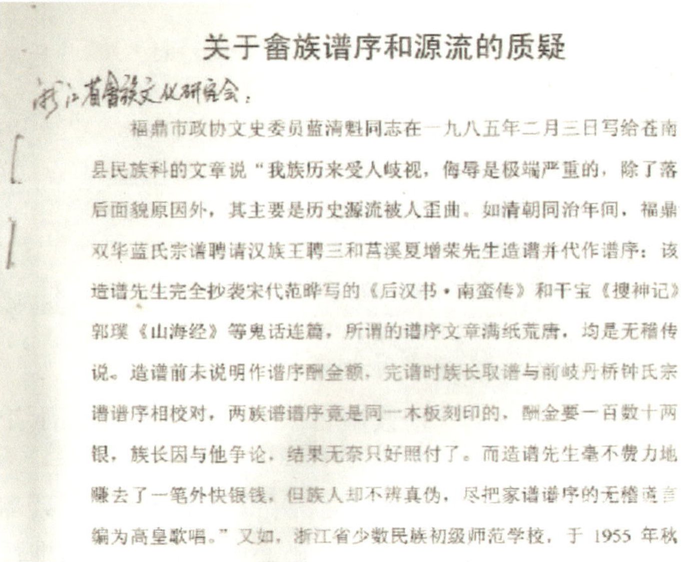

关于畲族谱序和源流的质疑

浙江省畲族文化研究会：

福鼎市政协文史委员蓝清魁同志在一九八五年二月三日写给在南县民族科的文章说“我族历来受人歧视，侮辱是极端严重的，除了落后面貌原因外，其主要是历史源流被人歪曲。如清朝同治年间，福鼎双华蓝氏宗谱聘请汉族王聘三和莒溪夏增荣先生造谱并代作谱序：该造谱先生完全抄袭宋代范晔写的《后汉书·南蛮传》和干宝《搜神记》郭璞《山海经》等鬼话连篇，所谓的谱序文章满纸荒唐，均是无稽传说。造谱前未说明作谱序酬金额，完谱时族长取谱与前岐丹桥钟氏宗谱谱序相校对，两族谱谱序竟是同一木板刻印的，酬金要一百数十两银，族长因与他争论，结果无奈只好照付了。而造谱先生毫不费力地赚去了一笔外快银钱，但族人却不辨真伪，尽把家谱谱序的无稽谎言编为高皇歌唱。”又如，浙江省少数民族初级师范学校，于 1955 年秋

雷德潮写的报告

浙江省文成县外南村修于民国二十二年（1933 年）的《冯翊郡雷氏宗谱》记载，该村族人于清光绪六年（1880 年）始修族谱，序言也由汉族文人夏增荣编撰。序言中关于族源曰：“冯翊郡系出帝喾高辛之朝，因燕寇侵界，人民遭害，盘瓠除寇有功，遂封于驸马忠勇王后，往广东潮州府而家焉。”把《广东盘匏氏铭志》中的“黄帝轩辕氏元妃”换成“帝喾高辛”，又把“龙骑”换成“盘瓠”，把盘瓠传说隐藏其中。当时对历史知识一窍不通的畲族先民，没能识破夏增荣偷梁换柱的诡计。

浙江苍南县清贡生雷云于清同治丙寅年（1866 年）修《雷姓族谱》（雷永祥支族）时，“以尽报本追远之深心，尊祖敬宗收族之遗意”，将神话传说引入了族谱中。后来其他各地造谱时均效仿之。

民国时，雷一声在为福建霞浦县《蓝氏宗谱》作序时说：“盘瓠之说，历代史籍均无考，所仅见者，止出于《汉书》，……不过等诸蝎角斗争蚊睫鹊巢之滑稽耳。腐儒因之，遂以弁诸谱首作鼻祖，并杜撰三代以下之官职而指为三代上之头衔与历朝敕赠封诰俚言鄙词一串，迂腐卑劣，令人喷饭不已。斯谱之作，本拟删之，但以误传误已深入脑根，牢不可破，姑依原谱存之，虽属鲁鱼亥豕，不胜其弊，然夏王郭公仍阙其文，以符春秋之遗旨。”

部分畲民之所以接受盘瓠神话传说，是为生存之需要。厦门大学人类学研究中心主任、博士生导师石奕龙在《明清时期畲族盘瓠传说的再发明及其原因》中指出：与闽南、闽西的畲族族谱相比，在闽东与浙南等地的畲族宗谱中，不仅增加了盘瓠传说以及相关的表述，而且对历史上的盘瓠传说进行了改造或再创造。这种传统的再创造与发明，重点都在于强调蓝雷钟等是盘瓠忠勇王的后裔，高辛皇帝的驸马，是王朝的贵胄，因忠勇王的旷世功劳，高辛皇帝敕赐他们世代免除差役，所以可以“逢山逢田，任其耕种”，或者“逢山离坟三丈，离田三尺，任从开种”。“为什么会出现如此的再发明？当我们把这种现象与畲族在明清以后的迁徙事实联系起来看时，这种现象的功能意义和实践意义就显露出来了。”结论是：“闽东、浙南地区与历史上有所不同的盘瓠传说，是在明清以后再发明出来的。这是畲族面对明清时期大迁徙这样的社会环境的变化而进行的一种传统再发明或文化再生产，其目的是：为了满足其被迫到处迁徙，并在

该地区的土地与山林均已私有化的情况下，占他者的土地垦荒维生的需要，为他们在‘侵占’他人私有的山地或田地并可能引起纠纷时，建构一定的‘法律’根据，使他们的占地成为‘合法’，从而使他们在万一被人发现他们占地，发生纠纷的争斗中，处于有利、有节和不败的地位，从而使他们在迁徙地的生存与定居增加一份保险。”①

有的地区由汉族人把盘瓠神话传说绘制成图卷，并逐渐将其称为“祖图”，其实是“长联”。

长联

也有人把盘瓠神话传说编成歌唱。目前发现最早的《高皇歌》，是浙江省平阳县青街畲族乡黄家坑村畲民雷必俭所藏的清乾隆二年（1737 年）的手抄本，共 105 首，422 句（其中第 96 首有 6 句，其他为一首 4 句）。

盘瓠神话源于北方，同时雷姓也虚高郡望——冯翊郡，导致畲家之“源”在北方，于是就出现了畲家族源的争论。

（二） 历代对盘瓠神话的批判

绝大多数畲民历来反对把盘瓠作为本民族的始祖，把盘瓠改为“麒麟”“龙麒”“忠勇王”等就是证明。

而且历来绝大多数的学者、官员都认为，把盘瓠、狗作为畲族的来源是“荒诞不经，未足置信”。

南朝范晔在《后汉书·蛮夷传》中，把盘瓠神话传说作为史实来写，杜佑就在《通典》中指出：“范晔《后汉书·蛮夷传》，皆荒诞不经。大抵诸家所序四夷，亦多此类，未详其本出，且因而商略之。”

宋人罗泌专门写了《论盘瓠之妄》：“予曰黄闵《武陵记》所志者，然实诞也。卞明，黄帝氏之曾孙也，白犬者，乃其子之名……非狗犬也。郭璞、干宝、范晔等，各自著书，枝叶其说，人以喜听，而事逐实矣。按《玄中记》：盘瓠浮之东海中，是为犬封氏……然亦不谓蛮人之祖。《经》亦有云犬戎神，人面兽身，非蛮人之祖也。”

唐刘知几在《史通·书事篇》中说：“范晔博采群书，裁成汉典，颇观其取，有奇工。至于方术篇及诸蛮夷传，及录王乔、左慈、麋君、盘瓠，言惟遇诞，事多诡越，可谓美玉之暇，白圭之拈。惜哉，无是可也。”

清嘉庆七年（1802 年），福建发生因盘瓠神话而对畲族童生钟良弼阻考事件，福建巡抚李殿图仗义执言：“以女妻犬，理所必无事，或有之，谁则实见其事，且审其姓氏于洪荒之世而为之记载乎？”

清浙江青田县令吴楚椿的《畲民考》指出：“畲民本属琼海淳良，奉官迁浙，力农务本，已逾百年……而一任土民谬引荒诞不经之说，斥为异类，阻其上进之阶，是草野之横议也。”

1934 年，浙江省第三特区行政督察专员公署许蟠云、范翰芬、王虞辅等人赴平阳矾山考察

① 石奕龙：《明清时期畲族盘瓠传说的再发明及其原因》，载《潮汕文化研究》，2007。

时，写下了《平阳畲族调查》，在“关于来源之传说”一节中说：“一般人对于该族的来源，有各种神话式之传说，荒诞不经，未足置信。然此等传说之基础，皆渊源于轻视异族之心理，适于民族自尊之神话为相反之穿凿，兹不具述。”①

钟敬文在《槃瓠神话的考察》一文中认为：这是“出于记录者有意无意的改动”。“如果说蚩尤是虫（实际是苗龙、融吾、戎吴、媸龙、媸妍、媸禽或媸酉即炎帝；媸是谦称，龙去一撇成尤，蚩尤成了一条愚蠢之极的大虫）、槃瓠为犬，与顾颉刚言大禹是一条大虫并无两样，实乃无稽之谈。”

肖孝正在《闽东畲族歌谣集成》中论证了“畲族狗图腾”的谬误。在《再论畲族图腾及其高辛夷史源——兼与“盘瓠即犬”“畲族狗图腾”说商榷》中认为：“盘瓠即狗”“畲族狗图腾”说，是历史阶段的误会。

广东省民族研究所的朱洪、李筱文对广东省畲族图腾进行研究后说：当我们展示《祖图》，驸马形象是狗头人身，溯其源，则是东海苍龙再世。从犬子成盘瓠、成附王，与高辛帝宫中三公主成婚而繁衍后代，这纯属神出鬼没话。从历史唯物主义的观点来看，这是不科学的。动物与人不能交配，更不能生育后代，这完全违反了生物进化的科学性。

施联朱在《面向21世纪畲族历史文化研究的几个问题》等文中认为，盘瓠传说本身纯属荒诞无稽，是不可信的。

钟雷兴主编的《闽东畲族文化全书·谱牒祠堂卷》在“概述”中说，置于谱首的“姓氏源流”或“族姓渊源”记载，以远古神话为主体架构，但这部分神话不同于信史。

蓝炯熹在《盘瓠传说：三种文本和三种解读》一文中认为：“盘瓠传说是远古传说，是神话。”

蓝万清在《论畲族盘瓠传说的演变》中指出：“‘殆受教于华人’，大量接受汉文化是毋庸置疑的。”并说“盘瓠传说是一种原始宗教的图腾崇拜”“传说时代的不可尽信的历史”。2016年6月8日在“畲族研究”微信群中强调“这种将传说史实化的说法，不可取”。

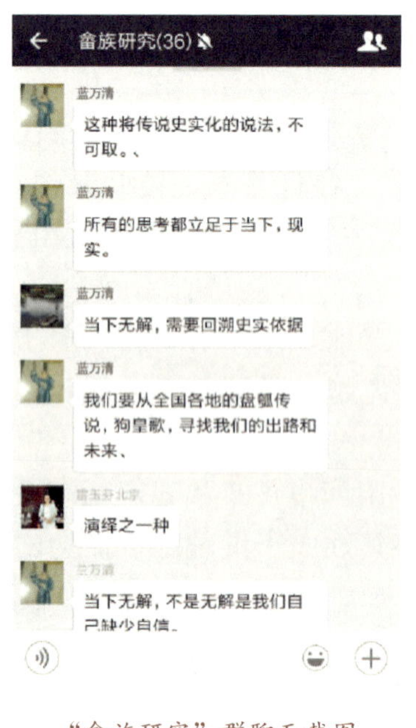

“畲族研究”群聊天截图

1996年夏天，浙江丽水地委党校党委书记兼常务副校长雷弯山带领教师调查组去景宁畲族自治县、丽水城郊畲村进行实地考察，召开畲民座谈会，同时对畲民做了大量问卷调查。问卷的第20题是“你有否听说过‘盘瓠’传说?”答“经常听说”的有26.92%；答“不知道”的有30.77%；答“偶然听到”的有42.31%。第22题“你是否喜欢吃狗肉?”答“很喜欢”的有38.89%；答“不喜欢”的有53.70%；答“不能吃”的有7.41%。座谈中，畲民们解释“不喜欢”“不能吃”狗肉是因为狗吃屎，不干净，与“图腾”无关；对盘瓠、狗“图腾”说法，一致认为是人家侮辱畲民的东西。

如今360百科的“盘瓠传说”词条也明确地指出，“盘瓠传说”完全是汉人的创作，畲族人民后来才借用了“盘瓠传说”。

畲族自称“山哈”。“哈”，畲语意为“客人”，“山哈”即指山里人或居住在山里的客人。……《集韵》：“畲，火种也……”唐刘禹锡《竹枝词》云：“长刀短笠去烧畲。”李商

① 浙江省少数民族志编纂委员会：《浙江省少数民族志》，方志出版社，1999，第677页。

隐《赠田叟》诗有“烧畲晓映远山色，伐树暝传深谷声”之句。宋范成大《劳畲耕》云：“畲田，峡中刀耕火种之地也。”

1958年，由中国科学院民族研究所、中央民族学院、北京大学、厦门大学、中央音乐学院、福建省文化局等单位派人组成“福建少数民族社会历史调查组”，历时三年，初步完成畲族社会历史调查和《畲族简史简志合编（初稿）》的编写工作。1979年，吸纳了福建师范大学历史系、杭州大学历史系、浙江少数民族师范学校和畲族地区畲族干部群众宝贵意见后，在初稿的基础上，补充修订出版了《畲族简史》一书。该书认定：畲族是我国一个具有悠久历史的少数民族，至迟在公元七世纪初，畲族就已经定居在闽、粤、赣三省交界地区。但是，当初他们是否是当地的土著居民，抑或从别处迁徙而来？其定居时间最早可追溯到何时？这些问题囿于史料，尚难断言或推测。根据前述《山海经》、《搜神记》、《后汉书》记载的“盘瓠传说”，以及《畲族简史》认定的史实，我有理由认为“盘瓠传说”完全是汉人的创作，畲族人民后来才借用了“盘瓠传说”，编纂了民族初祖的神话故事。

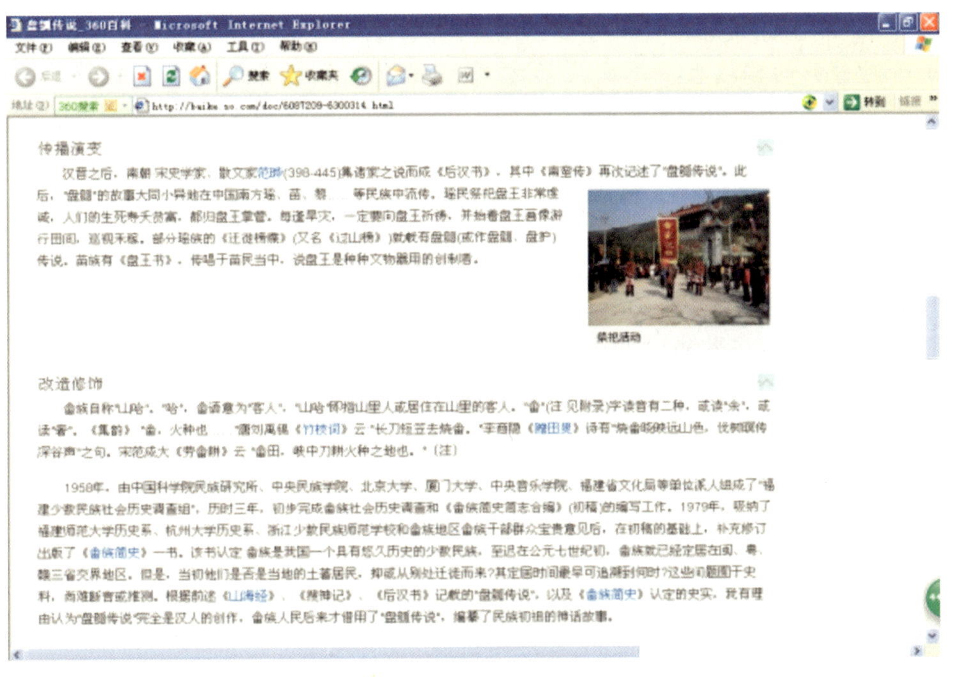

360百科“盘瓠传说”词条

福建省文史研究馆原馆长卢美松在《畲族探源》中指出：“畲族以及同样信奉盘瓠的瑶族、侗族，与南蛮（特别是信仰盘瓠的蛮族）是有着直接关系或密切联系的。尽管畲族不必就是中南地区盘瓠蛮之后，但他们同在我国南方生活了2000余年，生产方式、生活习惯、思想意识都有许多共通或相似之处。他们在世代的交往接触中，产生一些共同点是不足为奇的。”又说：“《罗源县志》载：‘畲民，祖出于盘瓠之后，即瑶人也。隋时有大功，封为王，生三子一女。长，赐姓盘，名自能，封贰骑侯；次，姓蓝，名光辉，封护国侯；次，姓雷，名巨佑，封立国侯；女婿钟姓，名志深者，官二品。世居会稽七贤洞。后子孙众多，分行自食其食。不与庶民交往，无作庶民田地。’这些记述，把畲族与盘瓠的关系，进一步具体化了。但还是可以看到他们与越人的关系，因会稽是于越人的故乡祖地。事实上，畲人主要应是由古代土著蛮人（在福建则为闽蛮人）发展演变而来。这些土著蛮人，在后来的传衍发展中，大部分汉化而融合于汉族；另一部分则闭守山林，绝少与平旷地区的汉人往来，较严格地保持着自身固有的文化与风习、直到近代，因而造就了一个独具特色的民族。”

浙江师范大学教授王逍在《文化透镜下的畲族历史》的第二部分“华夷秩序下的族群异类”中指出：

1. 被扭曲的族群特征

独特的历史变迁和生态环境形塑了畲族独特的文化形貌与文化结构，但是在封建的大汉族主义文化氛围中，畲族的族群特征因与主流文化——汉文化的格格不入而长期被视为异类，畲族较之汉族的异质性文化特征是封建汉族文人关注的重点，也是时人为之侧目的主因。嘉庆年间丽水教谕屠本仁在《畲客三十韵》中，以诗歌浓缩的形式表达了浙南山区畲民因刀耕火种、妇女赤脚卖柴等生产、生活方式，服饰特征与汉人迥异而被视为“异类”并遭受汉人歧视的情景：“攀陟重岩艰，依栖穷谷僻；斫畲刀耕举，烧畲火种墌。……开垦有畸零，树艺无空隙；舆丁及担夫，余力耐劳剧。笞辱等人奴，谋食不遑惜；……三五女负薪，鬻市两脚赤。[illegible]筒绿拥髻，布幅青搭额；州人辄鄙之，相视笑哑哑。”

明清时期的正史对处于华夏边缘的畲民，基本上不屑一顾。而有关方志、文集、笔记小说等对畲族的描述大多是从生活方式、生活习俗尤其是语言、服饰等文化特征与汉人迥异的视角加以阐发的。即算对畲民态度尚比较客观的文人范绍质，在其《瑶民纪略》中也将畲民形容为：“黎面青睛，长身猿臂，声哑哑如鸟，人呼其名曰畲客”。他将畲民体质特征类比为猿猴之类，将畲民语言附比为鸟语般的A舌之音，无疑他亦如时人一样将畲民及其他非汉族群视为蛮夷之邦、化外之民，打上了一点四方汉民族华夏中心主义的烙印。

2. 盘瓠传说的污名化解读与族群歧视

畲族这种华夷秩序下的异类特征首先因大汉族主义者对盘瓠传说的污名化解读而被放大。自范晔《后汉书・蛮夷传》记载了“盘瓠传说”故事以来，历代封建汉族文人既有认为其荒诞不经而加以驳斥的，更有对其进行污名化解读的。一些大汉族主义者，将畲族盘瓠图腾传说等同于现实，再嫁接汉文化中“犬”的污名化内涵，视畲民为“犬种”、为华夏边缘的异类。这种族群歧视体现在诸如族群认同、话语霸权、通婚、经济、教育等方面。例如在浙南：“畲民不知其种类云。……土著者贱之，斥为盘瓠遗种”“括人故嗤鄙之，不与通婚姻，辄目为盘瓠遗种”。遂昌畲民“力田佣工，不敢与本地人抗礼”。尤其是当畲民试图获取与汉人平等的科举资格时，更是被汉人攻击为“盘瓠遗种”或“犬养”“贱民”等。

封建的大汉族主义者这种对盘瓠传说的污名化解读又延伸到对族群称谓上的污名化以及对整个族群的歧视，这种情况一直延续到新中国成立前夕。以下是50年代及80年代国家民委组织的畲族调查所保留的有关新中国成立前民族歧视的口传史料。

浙江景宁东弄村畲民过去被汉人侮称为“畲客儿”“畲客婆”“畲客牯”“畲客骨”“小姓人”等。

浙江平阳县王神洞畲区流传着这样的歧视性民谚：“无人找马，无马找找畲主”；“畲客婆，越做越无；畲客牯，越做越苦”。广东“凤凰山区的汉族统治者经常辱骂畲民为‘烅畲客’（烅是腐烂的意思）‘畲客仔’‘狗头王派’；莲花山区的畲民被当地汉族统治者讥笑为‘死畲’‘畲婆’‘死畲仔’‘狗头王子孙’；罗浮山区增城博罗‘瑶人’经常被汉人地主骂为‘死人山瑶仔’‘死山瑶婆’。饶平石鼓坪附近的汉人用歌谣来讽刺畲民：‘石鼓坪，烟畲客，藤断石叠’。汉人地主把自己比作石，把畲民比作藤，藤易断而石将会叠起来，固如磐石。又讥笑畲民生活穷困：‘石鼓坪，畲客仔，无戏棚，用凳仔；无布棚，用裙仔；无的嘟（乐器，类似喇叭），用杓仔。海丰红萝村畲民新中国成立前被汉族统治者辱骂为‘畲仔畲叮当，畲婆嫁和尚’”。

至于福建宁德：“新中国成立前，在大汉族主义和统治阶级的压迫歧视下，畲族被汉人侮称为‘老畲客’‘臭畲仔’‘畲母’‘畲婆’‘蛇人’‘死畲人’……畲族人民受着统治阶级和大汉族主义的压迫，没有政治地位；不但经济上受着残酷的剥削，在政治上还受着严重的压迫。具体表现在‘八怕’和‘四无’上：‘八怕’就是怕土匪、怕官兵、怕抽丁、怕盗窃、怕派款、怕拉夫、怕逼租、怕辱骂；‘四五［无］’就是无土地、无势力、无钱财、无依靠。……在南山还流行着‘六卖’的俗语，即卖孩子、卖老婆、卖土地、卖青苗、卖房子、卖壮丁……新中国成立前畲族人民被辱骂做‘畲姆’‘畲婆’是最普通的，要是畲族妇女路经汉区或是到镇上去，便会沿途受到辱骂和嘲笑，尤其是在汉族奸商那里买东西，便更要受到欺侮和敲诈，因畲族不认字便开假收据多要钱等是常有的事。”福建福安甘棠乡过去汉族称畲族为“臭畲客”“臭畲姆”，畲族则反称汉族为“华老死”“华老佬”等。1957 年宁德一位第一次看戏的老人回忆说：“我们村只有我父亲一个人看过戏，我们后代都不知道什么叫戏，过去进城卖了柴很想看一下街头上的马戏，可是新中国成立前畲族哪里敢在城里看戏呀！现在当然不同了……”

而江西畲族新中国成立前被大汉族主义者侮称为“野人头”“野人婆”“野人仔”等。安徽宁国云梯乡畲族过去被侮称为“下客佬”“狗祖宗的后代”，有的还蔑称畲族妇女为“大脚婆”，戏称“大脚婆下田，无米过年”等等。

以上口传史料充分透视出畲族在大汉族主义氛围中、在封建的华夷秩序下所处的边缘化地位。随着新中国成立后新政权的建立和民族平等政策的实施，不仅民族歧视一去不返，而且畲族各方面的权益受到实质性的保护与关注。然而历史上族群歧视导致的历史阴影和族群封闭心里（理），往往在新的时空以另一种形式呈现出来。具体表现为：在通婚圈上仍以本民族内部人情礼物流动圈为主、对主流文化和新事物呈矛盾心态：既歆羡又排拒，尤其在民族经济互动中尚缺乏主动性和足够的自信心。①

20 世纪 80 年代以来，对盘瓠为畲族始祖的批判，影响最大的是三位畲族雷姓人。

一是景宁畲族自治县民族科科长雷先根。他认为：盘瓠图腾是封建社会民族歧视的产物。不少学者忽视了或有意删去盘瓠图腾产生的前因后果，从原始社会人们必然产生图腾崇拜的历史现象出发，说在畲族先民处于狩猎经济占主要地位的时代，犬是狩猎不可缺少的角色，所以畲族先人把犬当成神来崇拜很自然，并用“神话往往有历史的影子”“神话即不是骗子的谎话，也不是无所谓的想象的产物，而是保存关于过去的回忆的宝库”等言论断定先有南蛮民族的盘瓠图腾信仰，后才有《搜神记》《后汉书·蛮夷传》等的相关记叙，并说武陵蛮是盘瓠图腾的发祥地，还把武陵蛮叫作盘瓠蛮。从而再推断畲瑶同源于武陵蛮。并在各种涉及盘瓠为畲族始祖的场合展开猛烈的批判，而且公开烧了村中的“祖图”。

二是松阳县板桥畲族乡的教师雷阵鸣，他撰写了多篇批判盘瓠为畲族始祖的论文，其中最有影响力的是与雷银才合写的《再论把“盘瓠”神话当作畲族史实之虚妄》。

---

① 王道：《文化透镜下的畲族历史》，《贵州民族研究》，2006，第 3 期，第 164-170 页。

三是瑞安县统战部副部长兼民族科科长雷碎卿，笔名“瓯越山人”，著有批判盘瓠始祖传说的专著《论盘瓠之诞》，并著有《清末畲民报考之路》《赶考人》等说明盘瓠神话传说带来的危害。

他认同德国学者史图博的观点，即畲族盘瓠传说不是原始社会遗留物，它极有可能产生于近代，最早不会超过宋代。理由如下：

1. 畲族盘瓠传说神话故事的细节描述与原始社会差距甚远

我们翻开畲族历史民歌《高皇歌》、旧宗谱和祖图就不难发现盘瓠传说中许多荒诞无稽的东西：

传说称帝喾为“高辛皇”，史书上只称高辛氏、帝喾、帝俊、帝告等。没有发现称高辛氏为“皇帝”的称呼，至秦代始称君王为皇帝。

“大耳刘皇后”。传说五帝时代，尧的两个女儿娥皇和女英嫁给舜，史书上称舜妻或妃子。秦汉以后，皇帝的正妻始称皇后。“招为三公主驸马”。“公主”和“驸马”是皇帝女儿、女婿的专用称呼，亦至秦汉时代始。

“燕国（或犬戎）侵犯边界”，或“番贼侵犯边界”。历史上燕国或犬戎均产生于周代。至宋代始称我国西北的少数民族为“番”。

“爵封王侯”。帝王对有功之臣封王侯，商代始封侯，汉代才封王。

“龙麒打开是铁仓”。铁，在商代始有，至战国时代才大量开采冶炼。

“金钟变身”。黄金至战国时代始有，帝喾时代哪有黄金铸金钟呢？那时连黄铜也没有呢！

“纱帽两耳都不要”。朝廷官员戴两耳乌纱帽，至唐宋时代始流行。三国时代的诸葛丞相还是羽扇纶巾呢。

“封盘自能为南阳郡”。郡县制至战国末、秦代才开始实行。帝喾时代哪有郡？相传那时还处在原始母系氏族部落的社会呢！

“龙麒自愿归隐广东潮州凤凰山”。相传五帝时代，帝喾只是氏族部落公推的部落首领，管辖的范围有限，活动中心在河南偃师一带。而那时广东潮州凤凰山还是蛮荒之地，距离河南偃师有数千里之遥，龙麒能知道数千里之外的南方有座凤凰山可以安身吗？潮州，于隋开皇十一年（591 年）始建州，帝喾时代潮州从何处来？

“龙麒上闾山学法”。闾山法系道教，创于汉代。生于帝喾时代的龙麒，能到两千多年以后的汉代上闾山学法吗？

“龙麒于天定十二年六月二十七日上山打猎，追逐猛兽，跳过大崖，被树尖伤毙。”历史上“天定”是元末顺帝的年号，只有天定一、二年，即公元 1359—1360 年。距离帝喾时代已有 3000 余年，难道龙麒此时才去世？龙麒是神仙耶？是神仙就不会死，是凡人就不可能活到 3000 余岁！

2. 盘瓠传说是人欺压人的精神工具

盘瓠传说不是一个好东西！它从产生那一天起，就没有给畲族民众带来什么好处，而使一代又一代的畲族民众面临接二连三的不公平遭遇，甚至灾难！畲族盘瓠传说是地地道道的人欺压人的精神工具！具体表现为：盘瓠传说是封建统治者镇压畲族农民起义的舆论工具；盘瓠传说是封建统治者阻止畲族民众参加科举考试的借口；盘瓠传说是产生畲汉民族隔阂的帮凶；盘瓠传说是阻碍畲族生存发展的绊脚石；盘瓠传说是令畲民人格遭受侮辱的祸根；盘瓠传说是畲族从强盛走向衰落的根源。

（三）雷氏委员会的批判

2018年4月，为深入学习习近平新时代中国特色社会主义思想，贯彻落实党的十九大关于“弘扬科学精神，普及科学知识，开展移风易俗、弘扬时代新风行动，抵制腐朽落后文化侵蚀”的要求，福建省姓氏源流研究会雷氏委员会根据《畲族源流研究》一书的内容，组织制作《畲族源于凤凰山》光盘。5月5日，温州政协常委雷朝阳把光盘内容分段发到部分微信群中。5月6日，福建省姓氏源流研究会雷氏委员会常务副会长雷光森把光盘的完整视频发到部分微信群中，24小时点击量达2724人次，至月底点击量破万。

光盘《畲族源于凤凰山》及讲座的第一部分“任何神话都是用想象征服自然力”，针对长期以来社会上用盘瓠神话来诠释畲族的族源及文化的现象进行了更为深入的批判：

①自然力实际上被支配。马克思说，任何神话都是用想象和借助想象以征服自然力，支配自然力，把自然力加以形象化；因而，随着这些自然力之实际上被支配，神话也就消失了。研究表明，生命是蛋白质的存在方式。人是从南方古猿进化而来的。经过类人猿、直立人、智人、现代人等阶段，经历了数百万年时间。各民族进化时间大致相同，不可能一个民族从另一民族的耳朵里出来，也不可能由虫立即变狗，狗过几天变成狗头人身。

恩格斯在《劳动在从猿到人转变过程中的作用》中，详细地论证了由于劳动，类人猿进化至直立人、智人，然后发展到现代人的过程。劳动创造了人本身。

②习近平的论述中便没有神话。习近平总书记非常熟悉畲族光荣传统、历史文化和优良品格，在系列重要讲话和著作中多次给予高度评价并寄予殷切希望：“畲族文化为畲族的延续和发展起到了积极作用，在实现社会主义现代化过程中一定要让畲族文化更加发扬光大。首先，要继承和发扬畲族文化传统中优秀的部分。畲族语言、畲歌、畲族服饰，这些都是最基本的文化，都应当很好地继承。我在几个畲村了解到，有些小姑娘不会梳畲族发型，有的连畲语也不会说。可见，继承民族传统文化对年青人来说，尤其必要。其次，要抓紧挖掘整理畲族文化遗产，如畲歌、民俗、民谚、民乐、舞蹈、故事等，要组织力量进行深入探讨，取其精华，古为今用。我觉得畲族歌舞就很有特色，很有风采，还有畲族的传统歌会完全可以加工升华一下。要抓紧修建畲族博物馆，办好畲族研究会和畲族歌舞团，以丰富我国多民族的文化宝库。其三，要努力丰富畲族人民文化生活，积极引导群众开展各种健康有益的文体活动，建立或完善民族文化站、文化中心、山村俱乐部、文化活动室、图书阅览室等。总之，要多层次、多形式、多渠道地发展与时代相适应的民族群众文化事业。”

③从唯物史观分析，此神话没有一处符合历史事实。如“三公主”，“公主”早期指主持公共事务的人，帝王之女称公主是封建社会的事，与传说的高辛时代相差2000多年！

“祖图”中有现代轮船，与历史事实相差4000多年。

故德国学者哈·史图博1929年在浙江景宁敕木山村调查时说，此神话传说是缺乏历史文化的人胡编乱造的。

“祖图”中的现代轮船

史图博调查时住处

浙江景宁敕木山村

④从功能上看，盘瓠传说是封建统治者镇压人民的文化手段。东汉镇压黄巾军的应劭在《风俗通义》中最早记载了盘瓠传说。晋代参与镇压荆湘起义的干宝编《搜神记》时进一步改写此故事，把《山海经》“有鸟焉，其状如鸡，五采而文，名曰凤凰”改为“有畜狗，其毛五采，名曰盘瓠”。唐代镇压畲民时，把神话嫁接到畲家。

⑤长联非“祖图”。祖图，是三代或者五代祖宗的图像；而那幅今被称为“祖图”的，实为“组图”，画的是神话传说，民间称为“长联”。祭祖、传师学师时，祖图挂在厅堂中间；长联挂在天井边，或者门外，长联是不让进屋的。

传师学师厅堂插图

⑥畲族谱序中出现盘瓠神话是“他人所为”。祖坟（狗王墓）是“无稽之谈”，实为明代墓。狗王寮是清代汉族文姓的事，与畲家根本无关。

⑦部分畲民接受此神话是出于生存之需要。当然受文化水平的限制，一是把“郡望”等同于“发源地”，认为“冯翊”在陕西，所以畲族雷姓源于陕西。二是找错了理由。三是看不到社会的发展变化。

⑧历代学者、官员都认为盘瓠神话“荒诞不经，未足置信”。

⑨遭绝大多数畲民反对！长期以来，盘瓠不为绝大多数畲民认可，畲民将其改为“麒麟”“龙麒”等。特别是在当今讲科学的时代，盘瓠神话遭绝大多数畲民反对。

2018 年 1 月 8 日，微信“班长（会长论坛）联谊群”中出现关于“盘瓠传说的现实意义”的讨论，宁德市人大原主任钟雷兴马上说：“我不赞成。一把民族的远古传说当现实。二把历史上对盘瓠相貌的勾画，歪曲当真，这是对本族的污蔑，无知！三对民族文化特别是历史、族源问题的研究要尊重民族感情，要有利于民族团结进步。”福建省畲家企业商会常务副会长兼秘书长、福建省姓氏源流研究会雷氏委员会会长雷伙德接着说：“盘瓠传说是神话，是欺压畲民的软刀子。”浙江省畲族文化研究会副会长、温州市畲族文化研究会会长蓝玉景也说：“无知，无语，往自己身上贴污，还有什么历史和现实意义。”

⑩政府也反对！景宁畲族自治县中国畲族博物馆陈列布馆时，浙江省民族宗教事务委员会专门发函，要求回避盘瓠传说。

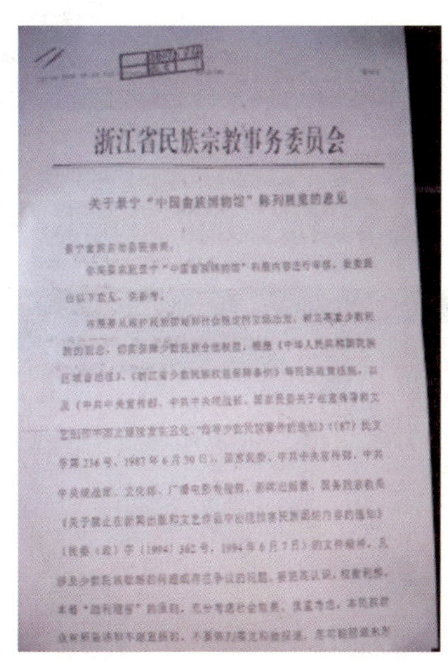

浙江省民族宗教事务委员会

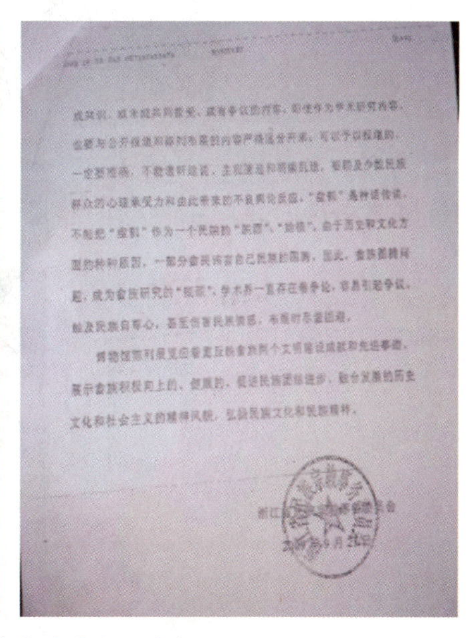

浙江省民族宗教事务委员会给景宁的函

2017 年 7 月初，新闻媒体报道，湖南卫视播放《盘瓠与辛女传奇》，浙江省民族宗教事务委员会立即向湖南省民委发函，提出疑问。

⑪图腾之说的本质未变。中国社会科学院专家认为，20 世纪初至 40 年代，盘瓠神话作为文化个案引起中国本土以及西方、日本学者的关注，在他们的研究中，更多地将其视为图腾信仰理论的中国个案并纳入全球犬图腾信仰地图中，这也就将盘瓠神话之群体纳入西方从 16 世纪开始建构的全球文明秩序与文明等级中。阐释盘瓠神话背后的文明/野蛮、进步/落后之文化标准和意识形态价值判断在当下依然有留存。

盘瓠不是畲族的图腾、标识、精神。畲族有国家规定的标识——凤凰。凤凰标识是早期的鸟图腾，象征畲族源自凤凰山。

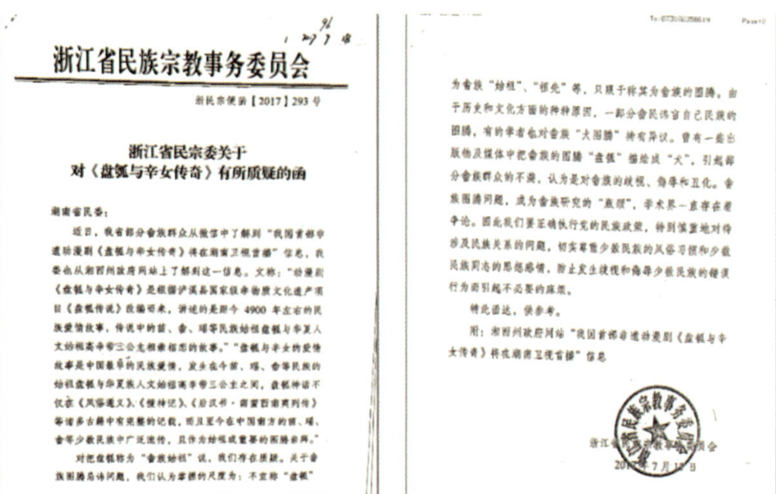

浙江省民族宗教事务委员会

浙民宗便函【2017】293号

浙江省民宗委关于
对《盘瓠与辛女传奇》有所质疑的函

湖南省民委：

近日，我省部分畲族群众从微信中了解到“我国首部非遗动漫剧《盘瓠与辛女传奇》将在湖南卫视首播”信息，我委也从湘西州政府网站上了解到这一信息。文称：“动漫剧《盘瓠与辛女传奇》是根据泸溪县国家级非物质文化遗产项目《盘瓠传说》改编而来，讲述的是距今4900年左右的民族爱情故事，传说中的苗、畲、瑶等民族始祖盘瓠与华夏人文始祖高辛帝三公主相亲相恋的故事。”“盘瓠与辛女的爱情故事是中国最早的民族爱情，发生在今苗、瑶、畲等民族的始祖盘瓠与华夏族人文始祖高辛帝三公主之间，盘瓠神话不仅在《风俗通义》、《搜神记》、《后汉书·南蛮西南夷列传》等诸多古籍中有完整的记载，而且至今在中国南方的苗、瑶、畲等少数民族中广泛流传，且作为始祖或重要的图腾崇拜。”

对把盘瓠称为“畲族始祖”说，我们存在质疑。关于畲族图腾忌讳问题，我们认为掌握的尺度为：不宜称“盘瓠”为畲族“始祖”、“祖先”等，只限于称其为畲族的图腾。由于历史和文化方面的种种原因，一部分畲民讳言自己民族的图腾，有的学者也对畲族“犬图腾”持有异议。曾有一些出版物及媒体中把畲族的图腾“盘瓠”描绘成“犬”，引起部分畲族群众的不满，认为是对畲族的歧视、侮辱和丑化。畲族图腾问题，成为畲族研究的“瓶颈”，学术界一直存在着争论。因此我们要正确执行党的民族政策，特别慎重地对待涉及民族关系的问题，切实尊重少数民族的风俗习惯和少数民族同志的思想感情，防止发生歧视和侮辱少数民族的错误行为而引起不必要的麻烦。

特此函达，供参考。

附：湘西州政府网站“我国首部非遗动漫剧《盘瓠与辛女传奇》将在湖南卫视首播”信息

浙江省民族宗教事务委员会

2017年7月[illegible]日

浙江省民族宗教事务委员会给湖南省民委的函

畲族族徽

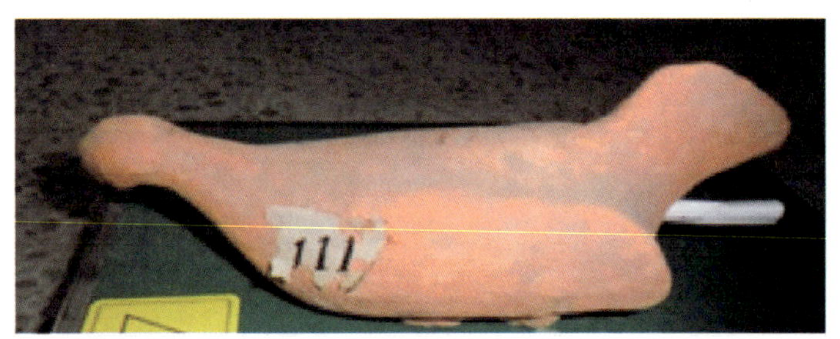

凤凰山出土的凤鸟

畲族的精神是凤凰精神。凤凰精神的内涵是：睿智、勇敢、开拓、和谐。

凤凰山李工坑村对联

闽侯老头村对联

⑫畲民以前为何不反感？因以前人们信鬼神。现在，要按照习近平总书记2018年2月11日在民族地区视察时所表达的精神“一定要驱走愚昧落后贫穷这些‘鬼’”。

⑬民族记忆，能改变吗？人类是在学科学、用科学、不断解放思想中发展进步的。马克思主义具有与时俱进的品格，党章、宪法如果不符合时代要求，也要进行修改。畲民错误的记忆当然可以改变，也必须改变！

闽东、浙江、安徽的畲族基本上是经罗源迁出的。如今罗源沕头的族谱新序去掉原序的神话传说，写“水的源，木有本，人之有祖”，祖来自广东凤凰山。

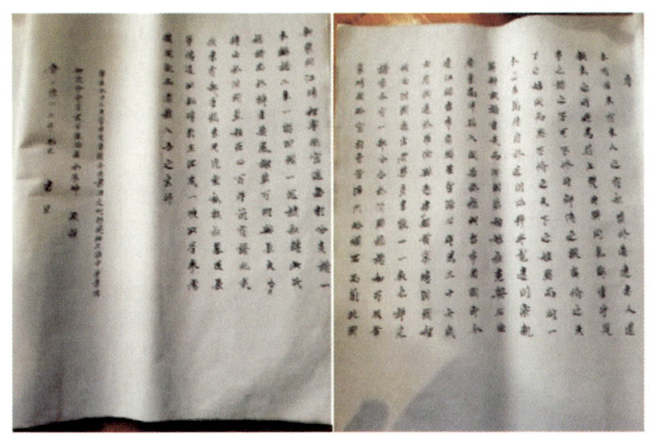

罗源洄头族谱新序

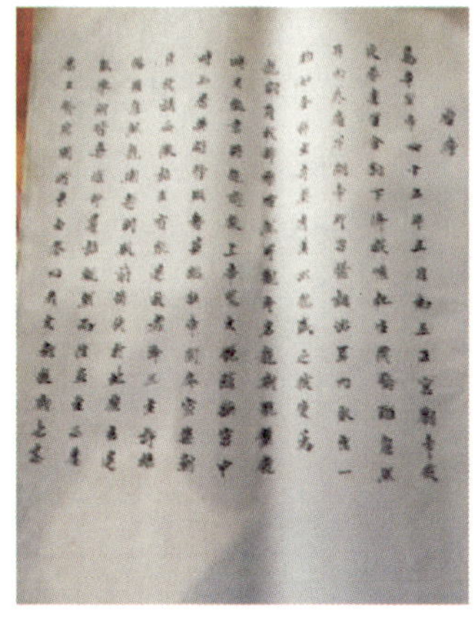

原序

⑭盘瓠传说不是民族确定的依据。我国的民族识别、确认以马克思主义民族观为指导、依据，并且 1953 年民族识别调查组的调查报告只字未提盘瓠传说。

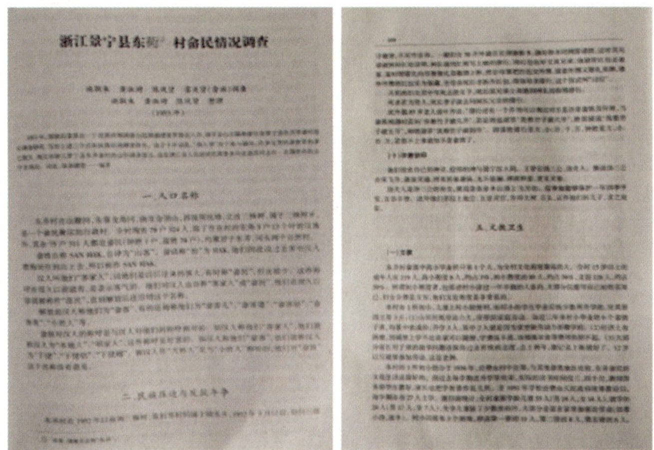

浙江景宁县东衖村畲民情况调查

一、人口名称

二、民族压迫与民族斗争

五、文教卫生

1953 年民族识别调查组的调查报告第 1、16 页

⑮内生神话也要去掉神秘外衣。如《畲族祖宗的传说》，称畲族由凤凰山的凤凰蛋进化而来，这也只是想象而已。

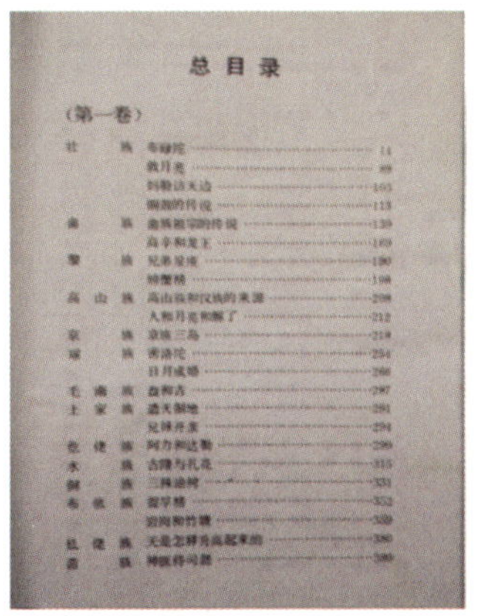

总目录

（第一卷）

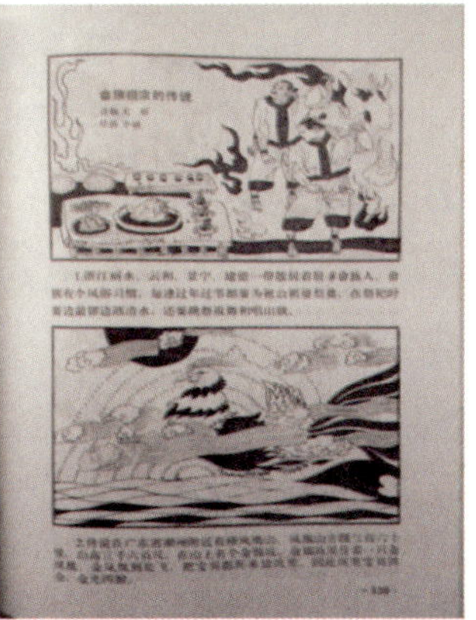

《中国神话故事大全》目录和第 139 页

虽然 1951 年 5 月 16 日政务院已发布《关于处理带有歧视或侮辱少数民族性质的称谓、地名、碑碣、匾联的指示》，但由于畲族是 1956 年才正式被认定的，许多畲乡对相关规定没有执行

或者是执行得不彻底，直到如今，有的地方还存在盘瓠传说。尤其是观念性的，很难彻底消失。因此，要深入学习贯彻党的十九大精神，“广泛开展理想信念教育，深化中国特色社会主义和中国梦宣传教育，弘扬民族精神和时代精神，加强爱国主义、集体主义、社会主义教育，引导人们树立正确的历史观、民族观、国家观、文化观”。通过系列教育，正本清源，达到增强民族凝聚力，增进民族团结、和谐，推进民族共同繁荣发展的目的。

第二节 迁徙

一、迁徙原因

畲家雷姓千年大迁徙的主要原因是历代封建统治者歧视畲家，实行民族压迫政策，迫使畲家雷姓不断迁徙。

凤凰山区漳平山羊隔《苦历歌》直接道出了畲家人被迫迁徙的原因：

到了元光入漳府，占去畲园个个诛；
宋朝又说畲啸乱，文广派兵斩光光。

五虎山下白磜坑，藏有畲族数百人；
时到明朝又遭难，府兵屯杀廿几年。

畲人逃身无立地，逃到龙江葫芦隔；
掘蕨打猎兼种粟，身居草寮苦中苦。

（一）不堪税赋

宋刘克庄的《漳州谕畲》云“畲民不悦，畲田不税，由来已久”。也就是说，畲田、畲民原是不交税赋的。唐代开始，封建统治阶级开始在凤凰山畲家聚居区推行封建政策，强迫畲民交纳贡赋。唐昭宗乾宁年间（894—897年）派官吏到凤凰山区“劝农桑，定租税”。[①]《临汀汇考·乡城》中写道：“唐武周年间，始郡县，其巢穴招集流亡，辟土殖谷，而纳贡赋。”[②] 畲家奋起反抗封建统治，失败后被迫遁入山区，以棒、刀为劳动工具，从自然界获取现成的生活资料，辛勤劳动，不能糊口，还要上缴“徭赋”，没有粮食可剥夺时，官府就向其征收蜜蜡、虎皮等土产，“贵家辟产，稍侵其疆，豪干诛货，稍笼其利，官吏又征求土物蜜蜡、虎革、猿皮之类。畲人不堪。”[③] 刀耕火种，刀是唯一的劳动资料，封建统治者规定畲民交纳山赋“论刀若干”“出赋若干”。在统治阶级的不断压迫下，畲家开始分散迁徙。

明清时期，雷姓畲民在山区垦荒，“开着地差难作食，开着地好官来争”“种山又要交山租，交了山租毛得食，财主日日来逼租”“外面官府欺侮人，三姓思量散来住”“每每彼所开垦之地，垦熟即被汉人地主所夺，不敢与较，乃他徙，故峭壁之巅，平常攀越维艰者，畲客皆开辟之，然每每刀耕火褥之所得，未成卒岁，则掘草药，种茯苓以自活”。[④]

① 司马光：《资治通鉴》卷二五九《唐纪七十五》。
② 杨澜：《临汀汇考》。
③ 刘克庄：《后村先生大全集》卷九三。
④ 胡先啸：《浙江温州处州间土民畲客述略》。

开出的田地被夺后，畲民被迫成为“佃户”。浙南一带佃租的习俗是先付“垫底”。“垫底”就是畲民向地主、山主租种土地首先要付的“押金”，畲语叫“dian dai”，数量是一年的租金。如有欠租事宜，垫底则扣抵田租，撤佃改耕。贫穷的畲民为了租得土地，拼凑“dian dai”，东借西贷，忍受着高利贷的盘剥。且逢年过节还要向地主送鸡、肉等，称“zhu tang gai”；还得服“tang zhu gong”（汉语为田租工，即劳役）。

畲民开垦的云和梯田

浙江丽水城郊的畲族佃户

佃租相当高，德国学者史图博在《浙江景宁敕木山畲民调查记》中评价道：“这样的佃租在欧洲的概念中当然还是高得难以置信”，“佃租高得吓人，税额也相当重”。地主收租用的秤和斗又比一般的大，有的畲民终年劳动尚不够交租。如遭灾，地主不肯减租，畲民辛劳一年，颗粒无收；地主不仅能收回佃田，还夺取畲民少量的产业，使其倾家荡产。浙江的遂昌、宣平、松阳，福建的浦城和江西的铅山、玉山等地的畲民，还要受到二地主——“寮主”的剥削。

清代，地主豪绅对畲民的剥削更是巧立名目，敲骨吸髓。乾隆年间，福建宁德闽坑村的豪绅地主以“看守”畲民的田园作物为借口，强迫畲民立承包约。该约规定，畲民每石稻田交谷子 7.5 公斤，每斗麦田交麦子 1 公斤，一千株番薯苗的地交钱五十文，菁靛一篓交钱一百文，姜种 50 公斤交谷子 10 公斤，牛一头交谷子 15 公斤。畲民要交的租多如牛毛，如田租、山租、牛租、房租、犁租、灰铺租、牛栏租、坟租、垃圾租等。浙江丽水县蔡弄源村雷姓畲民每年要交 27 种税，景宁有的村要交 40 多种税。故《景宁县志》载：“遇差役，县府票致之，贫不能存，则亡徙以走。”

刀耕火种这种粗放的生产技术，没有广阔的空间、丰富的自然资源就不能进行，能满足这一条件的只有没有开发的山区，因此畲民的迁徙只能是向山区扩散。闽东、浙南、赣东等地大多以丘陵山地为主，能为畲民的生产实践提供自然条件，畲家雷姓也就逐渐向这些地方不断迁徙。

（二）反抗失败

面对封建统治者的歧视与剥削，雷姓畲民除了“躲”——迁徙，就是武装反抗。封建统治者对畲民的反抗首先采取武力镇压。

史籍记载，唐高宗总章二年（669 年），“泉潮间蛮僚啸乱”，唐高宗为了“靖边方”，派陈政父子率 3600 名唐军入闽，进行镇压，屯驻于福建九龙江（旧时称“柳营江”）以东地区。凤凰山地区畲民在雷万兴等领导下，组织起来与唐军进行斗争。在两军交战过程中，起义军屡胜唐军，陈政只好上书朝廷：“群蛮来侵，自以众寡不敌，退保九龙山，奏请益兵。”唐统治者又派其兄陈敏、陈敷“领军校五十八姓来援”。其兄二人在途中死去，由其母魏氏“代领其众入闽”。但仍镇压不了“峒蛮”，“守帅不能制”“诛之难于屡诛，徙之难于屡徙”[①]，因此陈政之子陈元光上书朝廷，要求增建“一州于泉、潮间，以控岭表”。唐王朝接受陈元光建议，于唐垂拱二年（686 年）在广东与福建之间增设漳州。

云霄陈政父子塑像

唐代漳州府衙遗址（原为畲民住房）

唐中宗景龙二年（708 年），雷万兴之子等组织领导了更大规模的武装反抗斗争。在近 50 年的反抗斗争中，“蛮僚”屡屡击退唐军。绥安是陈政“出镇”之地，也被起义军占领，但畲民反抗斗争最终还是失败了。

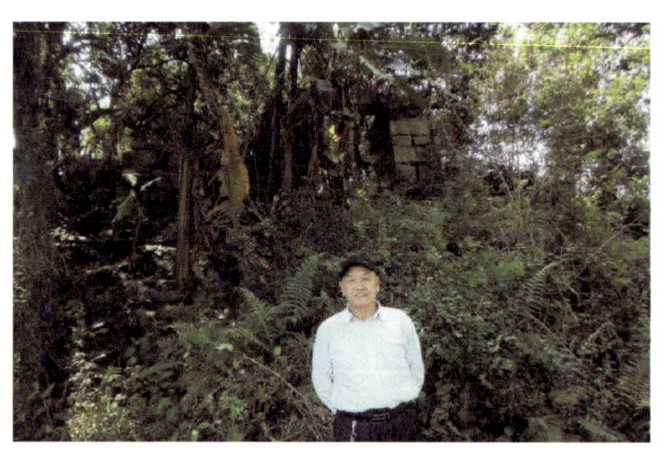

被唐军设计攻破的娘仔寨遗址

漳州设府置郡后，针对漳州北部畲民的反抗，福州长史唐循忠上书朝廷，“于潮州北、广州东、福州西光龙洞，检责得诸州避役百姓共三千户，奏置州，因汀溪为名。”唐王朝又采取唐循忠的建议，于开元二十一年（733 年）置汀州。然而，反抗斗争仍然不止，唐昭宗乾宁元年（894 年），出现宁化“黄连峒蛮二万，围汀州”。[②] 在强大的封建统治面前，畲民反抗斗争以失败告终。

唐朝统治者相继在漳州、汀州设置郡县强化封建统治，除强迫畲民缴纳“贡赋”外，还用两族通婚等手段对畲家进行强制同化。

两宋时期，尤其是南宋，政治上极端腐败，经济上对畲民的剥削更加残酷，激起畲民的不断反抗。

① 薛凝度：《云霄厅志》（民国版）卷十一《宦绩》。

② 司马光：《资治通鉴》卷二五九《唐纪七十五》。

宋高宗建炎中（1127—1130年）漳浦一带，绍兴十五年（1145年）江西虔州、广东梅州、闽南等地相继爆发了畲、汉人民大起义。

宋宁宗嘉定二年（1209年）11月，江西爆发规模较大的畲民反抗斗争，起义军“众数万，连破吉、郴诸县”，宋王室“诏遣荆、鄂、江、池四州军讨之”。畲民的反抗斗争坚持三年之久才被镇压下去。

宋理宗景定三年（1262年），漳州西畲畲民“怙众据险，剽掠省地”，漳州郡几乎要被攻陷，“距城仅二十里，郡岌岌甚矣”。统治者派遣卓侯到漳州进行军事镇压，卓侯一到漳州，见“一城红巾满野，久戍不解，智勇俱困”，感到愕然，只好四处张榜安抚，首先是千方百计招抚畲长。“西九畲酋长相继受招”“南畲三十余所酋长，各籍户口三十余家，愿为版籍民”。[①] 统治者对人多势众的畲民采用分化瓦解、各个击破的手段，削弱畲民的反抗力量，使这次起义以失败告终。随后，统治者“以畲制畲”。畲民开始分散迁徙。

宋末元初，朝代更迭。宋端宗景炎二年（1277年），畲民成为“复宋反元”的主要武装力量之一。如今潮州抗元斗争遗迹确有50多处，归湖镇砚田村对面的凤凰山南麓的陈吊王寨遗址，海拔304.6米，周围环绕着牛、狮、虎、龙、鹰、乌笼、将军搭弓诸山，寨南面临凤凰溪，寨北峰峦叠嶂直连凤凰山，站在山寨上可望见韩江。寨址东西两面各残存一条宽约二尺、长约百米的寨墙，墙外还挖有深约四尺的壕沟，还有不少宋代瓷器的碎片。

凤凰山陈吊王寨遗址

元代福建省共分八路，汀、漳、泉、邵四路有1043748人，专家粗略统计畲民有80万人，也就说，畲民占半个福建省人口的80%。广东比福建多，当时共有畲民210万人。[②] 元朝统治者对畲军进行分化瓦解和残酷的军事镇压。《元史》载：“至元十六年（1279年）五月辛亥，诏谕漳、泉、汀、邵武等处暨八十四畲官吏军民，若能举众来降，官吏例加迁赏，军民安堵如故。”[③] 至元十九年（1282年），陈吊眼兵败，山寨被焚，“斩贼魁及其党首二万级”[③]。至元二十一年（1284年），畲军“有恒产者为民，无恒产与妻子编为守城军”。至元二十四年（1287年），元统治者合四省兵力镇压畲民起义，“师之所经，寇之所及，男女老稚被执僇，资财庐舍罹荡毁者甚

① 刘克庄：《后村先生大全集》卷九三。

② 谢重光：《畲族与客家福佬关系史略》，福建人民出版社，2002，第232页。

③ 宋濂等：《元史》，中华书局，1976，中华书局点校本。

多。”成宗元贞三年（1297 年），元统治者下令将陈吊眼余部安插在漳州等地屯田。“命于南诏黎、畲各立屯田，调拨见戍军人，每屯置一千五百名，及将所招陈吊眼等余党人屯，与军人相参耕种为户。汀州屯一千五百二十五名，漳州屯一千五百一十三名。”[①] 明代，封建统治者对畲族聚居区采取了三种统治管理方式。一是设置“輋官”对畲民进行间接管理。“永乐五年（1407 年）冬十一月广东畲蛮雷纹用等来朝。……命各赐钞三十锭，彩币一……又明设土官以治之，衔曰輋官，所领又有輋，輋尝作畲，实录谓之畲蛮。”[②] 二是在畲民聚居地增设军事或行政治所加强统治。军事治所以“寨”为名，并派武官管理及军队驻军。“明万历十七年（1589 年）己丑正月十五日，逆贼曾延邦（兔洋人）、柯守岳（下溪人）、雷五（畲客）……倡惑乱民……里有典史刘茂者奏于朝，请建寨以镇之，诏以为可。”[③] 明正德年间，王守仁残酷镇压赣南畲民起义后，采取“十家牌法”，一人犯上“十家均罪”，对畲民进行严密的控制与监视。增设县治，“其初輋贼原系广东流来。先年奉巡抚都御史金泽行令安插于此……生长日蕃，羽翼渐多……始渐掳掠乡村……今幸奏闻征剿……但恐大兵撤后，未免复聚为患。合无三县适中去处，建立县治，实为久安长治之策等因。”[④] 三是通过寮主来约束畲民。畲民漂泊不定，统治者约束寮主，使其相互担保、相互监察来控制畲民。明统治阶级对畲族的重重监控、统治、镇压，让雷姓畲民难以生存，被迫迁徙，致使凤凰山区的雷姓畲民基本上销声匿迹。

畲民离开凤凰山区后，没有生产资料，只能哪里能要到饭就往哪里迁，于是也就有了参与军事行动、招募开垦等迁徙次因。

二、迁徙方式

雷姓畲民的迁徙以家庭、家族为单位，少则三五人一伙，多则二三十人一群，分散迁徙。没有目标，也没有组织。他们跣足负担，一头挑着祖宗的牌位和骨灰，一头挑着幼儿，徐徐而行，傍树为家，依山而居。

这种迁徙方式，是由其生产方式决定的。

畲民在离开闽、粤、赣交界地后，他们每迁到一地，山林、土地已早为他人占有，他们没有土地、没有山林，靠一把刀进行采薪，靠租他人的山地进行刀耕火种，来维持最低的生活标准。没有山林，就没有柴可砍，只能捡枯枝，如果捡青柴，则会受到山主的处罚。但近山低山不可能有枯枝捡的，只能到高山、深山里，且由于一人进山危险性大，必须一家人或者数人一起。

刀耕火种的农业生产方式的特点：一是集体性。刀耕火种，必须依赖集体的力量，以群体的方式进行。因深山老林中自然条件十分恶劣，“豺豹虎兕，间经其境”。山上如种一小片作物，尚不够野兽“尝鲜”，必须将几户的田地连成一片。而在当时的社会环境中，畲民只有集体行动，才能对付统治阶级的压榨。二是粗放性。刀耕火种，只要有“刀”就行，生产工具简单，技术粗放，生产活动内容单一，自生自长，广种薄收。这种粗放的生产，没有广阔的空间、丰富的自然资源就不可能进行，能满足这一条件的只有没有开发的山区。东南沿海山区，正好给这种刀耕火种的生产方式提供了条件。因此畲民的迁徙方向是向山区扩散，从而使刀耕火种的生产习俗得以延续，千年不灭。三是易迁性。刀耕火种是休耕式种植，火烧后的地，一般只能

---

① 宋濂等：《元史》，中华书局，1976，中华书局点校本。

② 吴道铭：《海阳县志》卷四十六《杂录》，清光绪二十四年刊本。

③ 周华：《兴化县志》卷一《大洋巡检司记》，明崇祯年间修。

④ 王守仁：《王文成公全书》卷十《立崇义县治疏》。

种三年，第二年产量最高，第四年再种，产量很低，因草木灰和泥土的肥力已基本消耗完毕，必须另辟一地，重新“火田”。对此，各地方志均有记载，顾炎武的《天下郡国利病书》云：“椎髻跣行，随山散处，刀耕火种，采实猎毛，食尽一山则他徙。”《福建通志》亦云：“畲民巢居崖处，射猎其业，耕山而食，率二三岁一徙。”《长汀县志》中有：“其散处也，随山迁徙，去瘠就腴，无定居。”迁徙之频繁甚至达到，畲民到一地之后，当地人尚“不知其始于何时”。而且，畲民离开故土之后，每迁居至一地，没有土地，只能向他人承包山地。当地人也正需要开发山地，于是，把山让给畲民刀耕火种，以火种后点桐、点茶还山，或者是插杉还山作为条件，使荒山变成茶山或杉木林。也有的要求畲民交一定的山租。实际上畲民起着开垦队的作用，开了一山又一山。怪不得人们称畲民为“东南山区杰出的拓荒者”，这一点儿也不过分。四是封闭性。层峦叠嶂、荆棘丛生的山区，同时产生了一种地理隔绝机制，使先进的生产方式难以进去，刀耕火种的生产习俗得以保持。

也有的依靠一技之长，从而落脚。

浙江安吉郎村畲族村，古称“郎陈庄”，坐落在浙皖两省三县交汇处，是畲族迁徙到的最北的一个村落。

该村畲民家谱记载的迁徙路线：唐癸卯年（823 年）从揭阳县迁至福建省福州府白岩山居住，清顺治三年迁至福宁县四十七都龟山后水居住，后迁至浙江省处州府云和县梅路地方，后迁龙泉际上黄矿。雷万三郎在同治三年建立宗祠堂开祖，为一世祖，宗祠建在署岗村头。

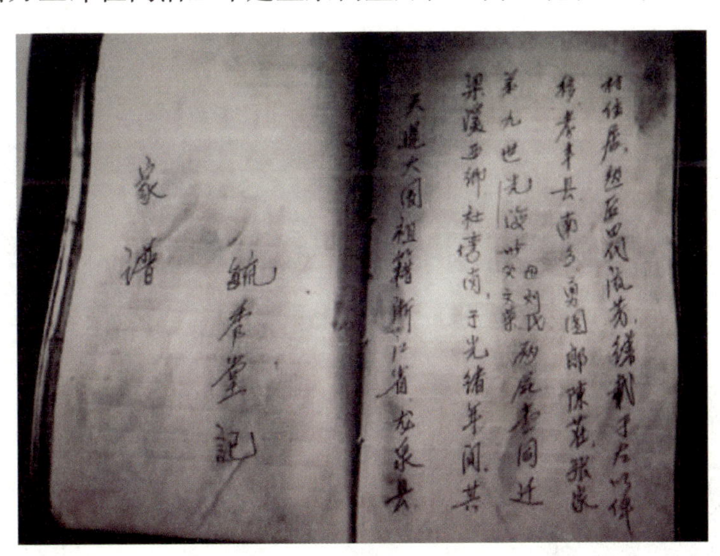

雷绍林早时摘录的家谱

畲民能在此地生根，离不开畲医畲药。

清光绪年间，雷信禄（字林生）随父亲雷光海挑着祖父雷文荣、祖母刘氏的骨灰，从龙泉出发，在杭嘉湖一带一边行医谋生，一边留意周边环境，想找方土地安顿下来。听说孝丰县（今安吉县）是个孝子之乡，当地人为人和善，且由于战争，大量土地抛荒，于是他们来到孝丰。虽说当地村民善良，但看到外来的“山哈人”，在感到很意外的同时，一种排外心理油然而生。雷信禄一家只好远离他们，来到离县城较远的后有凤凰山前有凤仪桥（因有凤凰山而得名）的郎陈庄住下，以打猎、垦荒为生，过着刀耕火种的原始生活，日子过得异常艰辛。

雷信禄出生在龙泉，幼年在长辈的教导之下了解了草药的药性、用法和生长特点，还学会了如何望、闻、问、切。长大后，阅历增加，其医术更加精湛。可是杭嘉湖一带的本地人排斥外族，他虽拥有高超的医术，却无施展的机会。

郎村的凤凰山

凤仪桥

此时，庄中有一大户人家，人称“郎员外”，家中有良田千亩、山林万顷，郎员外的千金郎夏珍突然生病，四处求医，无济于事。雷信禄听说郎小姐身患重病，无人能治，很好奇，他想：“我有一身绝活，却无用武之地，当地人又不信任，如果我把郎小姐的病治好了，不仅可以证明自己，说不定还能改变本地人对‘山哈人’的看法，这样就能更好地融入这里，扎下根来。”于是，他来到了郎员外府上，大管家得知雷信禄来此的原因之后，瞥了他一眼，说：“你这个江湖骗子，小姐有病也轮不上你看。”边说边把他往外推。雷信禄吃了闭门羹，沮丧地回去了。

雷信禄虽然吃了闭门羹，但依然决心治好郎家小姐的病。于是他一有空就来到村口，坐在凤仪桥的石栏上，每当有人从郎员外府上出来，他都迎上去好言相询，了解郎家小姐的病情。

雷信禄坐过的石栏

久而久之，雷信禄对郎小姐的病症有了一个初步的判断，他觉得这个病症很像以前老人们说起过的一种罕见疾病。由于是重症，需要结合汤药、针灸、外熏等疗法治疗方有疗效。只可惜得不到郎家信任，无法亲自把脉确定是不是该病。

时间一天一天地过去，郎小姐的病情一天比一天加重，数月后生命垂危。郎家人悲痛万分，郎员外夫妇每日以泪洗面。一日，一位章员外来庄中做客，知道了这件事以后，想到了张贴告示，征求名医的办法。于是张贴告示称如果有人能医治好郎小姐的病，赏金百两。

告示贴出的第二天，雷信禄就揭了告示直接来到郎员外府上。郎员外开口回绝，被章员外拦住：“让他看一下吧，还能有什么办法吗？”郎员外一声叹气，甩手说道：“罢了，试吧！”雷信禄便来到郎小姐床前，望、闻、问、切之后，确定如他当初所想一致。当郎员外得知女儿的病能治好时，喜极而泣。承诺如果雷信禄能救活女儿，治好她的病，就把女儿许配给雷信禄的儿子，双方结成亲家。

雷信禄采取祖传医术“一针二药三熏”的方法替小姐治疗。一用银针疏通经络，二用汤药调理阴阳，三用熏香提神益气，以达到最佳疗效。他每天早、中、晚对小姐进行治疗。数天之后，郎小姐病情开始好转，脸上也恢复血色。持续一个月之后，小姐体质恢复，可以走路了。看小姐的病快好了，雷信禄开了几服药，对郎员外说：“悉心调理，半年可恢复如初。”说完就回去了。

半年过去了，郎家小姐的病也好了，于是雷信禄请媒人去提亲。当媒人向郎员外说明来意后，郎员外竟当场悔婚。雷信禄万般无奈。

一次，雷信禄和儿子去孝丰赶集，在县城的街摊边吃饭，听到旁边桌子的几个人闲聊，说当今孝丰县太爷为人公正、廉明，是个好官。雷信禄就想找县太爷帮忙做主。于是去县衙找到了县太爷，把救郎家小姐、定亲、悔婚的事逐一说给县太爷听。县太爷听完后，若有所思，说：“你们回家等消息吧。”县太爷派人去打听了情况，辨别了真伪。认为雷信禄医术高超，如能促成这桩婚事，雷信禄家族就可在本县长期定居，医治百姓，造福一方。于是把郎员外传讯到了大堂，县太爷问：“郎员外，雷郎中告你悔婚，可是事实?”郎员外只好承认，并解释道：“雷郎中医术高明，救了小女一命，我很感激。可是他家徒四壁，故不同意这门亲事。”县太爷说：“你家有钱，可划一些良田、山林作为女儿的嫁妆，这样他家就不穷了，你女儿嫁过去也可享福。”郎员外听此，心里不痛快，说道：“大人，我们是大户人家，不能与外族通婚，望大人明鉴。”县太爷大笑道：“满汉都能通婚，你这婚事又有何难?”说罢一拍惊堂木：“双方不得悔婚，择日成亲。”说罢退堂拂袖而去。

县太爷一心要促成婚事，又派师爷督办。郎员外见县太爷态度坚决，也不敢怠慢。后来郎员外依约，划了大片良田和山林，又赠一座大宅作为女儿的嫁妆。从此雷家在庄中站稳脚跟，开枝散叶。现在该村畲族人口最多的是雷姓，还分支到千秋关村（今属安徽省云梯畲族乡）。

两家联姻后，相互走动，相互体谅，和平共处。雷郎中的医术逐渐被村民认可，周边汉民也闻名前来求诊。大家称之为“雷神医”。后来雷神医用他高超的医术造福百姓。直到现在，他的子孙还在传承他的医术，继续看病，造福一方。

后来郎村人为了纪念这段奇缘，把当年郎小姐陪嫁过来的山林命名为“阿婆山”，当年使用过的水井、水塘也得名“阿婆井”“阿婆塘”。

阿婆山

阿婆井

阿婆塘

雷信禄墓

在畲家传统生计方式和以血缘关系为连接的居住方式的影响下，畲家在进行民族大迁徙的过程中，发展出一种“不谋而居，不杂土著”的迁徙模式。这种模式有力地保存了民族的特性，最终形成如今“大分散、小聚居”于闽、粤、赣、浙、皖等省的分布形式。

三、迁徙路线

在距今一万年前，生活在凤凰山的古人类便通过“东山陆桥”步行进入台湾，在那里定居繁衍。

封建社会畲民的被迫迁徙，没有固定的目标、路线，而是四处溃逃。由于是“溃逃”——“逃难”，具体的时间与路线无法记载，迁徙路线主要从各省地方志、少数民族志和族谱中探寻。主要有三个时期：

（一）秦汉时期

秦二世元年（公元前209年），陈胜、吴广领导了大规模农民起义，畲家雷姓也与其他部落一样，起兵反秦，后又助汉伐楚，为汉统一中国做出了贡献。为此，汉高祖五年（公元前202年），刘邦重立无诸为闽越王，建都于冶（今福州），统治原闽中郡地区。闽东与浙南为东越。汉高祖十二年（公元前195年）三月，立南武侯织为南海王，班固《汉书·高帝纪》载：“诏曰，南武侯织亦粤之世也，立以为南海王。”南海国封地，从诏书上看，在今汀、潮、赣之间，即如今的凤凰山区。潮州市非物质文化遗产保护中心专家、潮州江夏文化研究会研究员黄锦树在《南海王国之族属、地域、城址考析》一文中认为，南海王其族属是如今的畲族，该文获得潮州市哲学社会科学优秀成果奖。

南海国城堡遗址

侍诏山、南武山

汉文帝初年，南海王反汉，汉淮南王刘长派楼船将军讨伐，南海王“以其军降，处之上淦”。《汉书·严助传》载，淮南王刘安上书文帝称：“前时，南海王反，陛下先臣使将军间忌将兵击之，以其军降，处之上淦。”[①] 上淦为今江西省樟树市一带。到上淦后，“南海民处庐江界中者反，淮南吏卒击之。……南海民王织，上书献璧帛皇帝。忌擅燔其书，不以闻。”[②] 削王为民的织曾上书献璧，因刘长的大臣间忌从中作梗，致其“复反”。刘长率军前往镇压。因该地气候湿热，汉军死亡过半。

建元六年（公元前135年），闽越王郢举兵犯南越，汉武帝发两路大军讨伐闽越。汉武帝征服闽越后，认为“东越狭多阻，闽越悍，数反覆，诏军吏皆将其民徙处江淮间。东越地遂虚”[③]。迁徙的主要是东越与闽越的人，也涉及少量晋江流域的畲家雷姓人。

这两次迁徙中，凤凰山区畲家雷姓人并没有都被迁走，特别是如今漳州、潮州一带的畲家雷姓人，没有被迁徙。迁徙的地区——今梅江与晋江流域，也不是所有的人都被徙走，迁走的主要是军队、官家等，其他人遁入山中。不到50年，许多进山的人又走出山区，所以汉朝只好又在福州建立县治。《后汉书·灵帝纪》称这部分人为“山越”。《资治通鉴·汉纪》胡三省注曰：“山越本亦越人，依阻山险，不纳王租，故曰山越。”《龙岩州志》曰：“武帝灭之，徙其民而虚其地，其民不从徙者复生聚。”《南海县志》曰：“岭表溪洞之民，号峒僚，古称山越。”《嘉应州志》曰：“峒僚，岭表溪洞之民，古称山越。”到隋唐以降，出现了一些新的民族称呼，《隋书·南蛮传》云：“古先所谓百越是也。”在韩江流域则有“僚”“蛮僚”“峒蛮”等称呼。《资治通鉴·唐纪（三一）》提到唐玄宗天宝元年（742年）“岭南五府经略绥靖夷、僚，统经略、清海二军”。《唐纪（七一）》提到唐中和二年（882年）“高安（属江西洪州）人钟传聚蛮僚”。《唐纪（七五）》提到昭宗乾宁元年（894年）“黄连峒蛮二万围汀州”。《广东通志》载：“潮州府畲瑶民有山峰曰径，其种有二：曰平鬃，曰崎鬃。其姓有三：曰盘、曰蓝、曰雷。依山而居，采猎而食，三姓自为婚。”《西山杂志》载：“《闽中记》述，南安郡西南有汰溪，古畲邦之域也。”《北溪纪胜》载“汰水西汇大江，以小舟入，古称桃源洞，蓝、雷所居，今号汰内”，漳州北部华安地区所住居民为畲民。《建阳县志》载：“汉武帝时，迁闽越民虚其地，有匿于深山而迁之未尽者，曰畲民，俗呼为狗头瑶。”《云霄厅志》也载，云霄地区“盘、蓝、雷氏，系陈玉钤所征蛮獠”。《临汀汇考》记载：“唐时初置汀州，徙内地民居之，而本土之苗仍杂处其间，今汀人呼曰畲客。畲字不见于史，各省诸苗，……皆元称畲者，……是闽地之蛮皆称曰畲也。”仙游县西边的度尾镇历史悠久，早在汉代就有畲家人在此地活动。《资治通鉴》记载，唐景福元年（892年），“王潮以弟彦复为都统，弟王审知为都监，将兵攻打福州，民自请输米饷军，平湖洞及滨海蛮夷皆以兵船助之。”[④] 平湖洞位于今仙游县城北的大蜚山。

分子人类学分析也证明了这一点。“官方的强迫移民是从福建移往江浙，但是这种移民的幅度是有限的，可能只是移了一些闽越的官员和军队。而大部分老百姓不会跟他们走——与其到陌生而复杂的江浙民族混杂区去，还不如逃往民族相近的广东南越国故地去。所以，如果侗水语支群体包括闽越国成分的话，他们迁徙的第一步就是从福建到广东东部。笔者在现代福建人群中做调查发现，福建几乎没有任何岭南人群特征的遗传成分，相比之下，广东和浙江的岭南

① 班固：《汉书》卷六十四上《严助传》。

② 同上。

③ 司马迁：《史记》卷一百十四《东越列传第五十四》。

④ 司马光：《资治通鉴》卷二五五《唐纪七十五》，中华书局，1956，第8457页。

仙游大蜚山

人群特征就非常高。”①

（二）唐宋时期

唐总章二年（669 年）开始，唐高宗“靖边方”，派军入闽南镇压畲家，畲家雷姓被迫迁徙，向凤凰山四周扩散，基本上还是在凤凰山区内。少量畲家雷姓迁到闽东、浙江。

这是因为，当时畲民人数、力量与唐朝统治者派驻在此地的人数相比，还是占优势。《旧唐书·韩愈传》记载，韩愈被贬至潮州当刺史时自叹曰：“处远恶，忧惶惭悸，死亡无日，单立一身，居蛮夷之地，与魑魅为群。”并且在《左迁至蓝关示侄孙湘》一诗中写下“夕贬潮阳路八千”“好收吾骨瘴江边”等诗句。从韩愈留下来的言语看，除了被派遣到畲民聚居区的官员和士兵，当时普通的中原人并没迁移到“蛮夷”之地。且在统治者侵占畲民山地之前，凤凰山区土地足够畲民进行刀耕火种，并不需要他们往外部迁徙；另外，唐朝统治者此时实行的是“安抚”政策。

李工坑村、山犁村、碗窑村、雷厝山村雷姓一直在凤鸟髻周边移动。

李工坑村

① 徐杰舜、李辉：《岭南民族源流史》，云南出版社，2014，第 259 页。

山犁村

碗窑村

雷厝山村

凤凰山地区畲族雷姓迁徙情况一览表（一）

迁出地	迁入地	迁入时间	迁入者	转迁地点
汀州宁化县招贤里	江西抚州白水障	唐德宗建中年间（780—783 年）	雷甫	
雷州府青留县四都	潮州海阳县二都	不详	雷有发	桃源县二都、汀州府宁化县八都
漳州府南靖县辛安里	潮州府揭阳县高桥黄坑	不详	雷君达五世孙	南靖县刁贤里黄脚子、泉州府小深坑、兴化府仙游县星峰里松板林、福州府罗源县梅溪里坑园近竹

唐乾元元年（758 年），有雷姓畲民自广东凤凰山迁出，经福建漳州迁入福州、罗源、连江。唐光启二年（886 年），雷等姓畲民共三百六十余口，由广东凤凰山迁出，经海路至福建福州府连江马鼻上岸，而后分迁至闽侯、连江、罗源等处。

连江马鼻

岞溪村清乾隆四年（1739 年）《雷氏祖图后记》等史料中记载，唐光启三年（887 年），雷声等率众三千，随王审知入闽，之后雷声等带领族兵散处闽中，成为闽中鼻祖。其路线是自闽南，经仙游、莆田，到闽中福州府。

路线主要有以下几条：

潮州—闽南—仙游—莆田—永泰；

潮州—泉州—莆田—连江、罗源；

潮州—漳州—连江、罗源；

潮州—连江—闽侯、罗源。

唐永泰二年（766 年），雷进裕一家由广东潮州出发，经福建罗源县十八都苏坑境南坑迁至青田鹤溪村大赤寺（今景宁畲族自治县大赤洋），后迁往叶山头。

宋代，畲民还是主要在凤凰山区内迁徙，向外扩散的是少数。

罗源苏坑境南坑

大赤洋遗址

其具体迁移路线为：

潮州—长汀—宁化—上杭—武平；

潮州—云霄—南靖—漳州—同安—安溪；

潮州—安溪—永春—龙溪；

潮州—长汀—宁化—江西贵溪、铅山。

凤凰山地区畲族雷姓迁徙一览表（二）

迁出地	迁入地	迁入时间	迁入者	转迁地点
揭阳县二十都三十岭、龙骨岭、梅花岭头	潮州海阳县	宋政和四年（1114年）	雷动春	揭阳县散湖太宝山，再迁揭阳县船阳水尾山，再迁揭阳县员当水口山，再迁揭阳县粒寅，再迁饶平县二十都锡朱山，再迁海阳县归仁里吴金山，再迁广州府增城县，再迁漳州府南靖县青宁里大琴山，再迁南靖县永丰里丁家山，再迁南靖县贵礼车山，再迁南靖县船炀余信山，再迁南靖县吴宅张家山，再迁泉州府同安县宗田水口山，再迁安溪县溪头山
连江县二十四都扬山	阳县三十六都黄冈山	宋开禧元年（1205年）		福州府罗源县，后迁景宁

宋元至明代中叶，江西东北部的畲族从潮州凤凰山迁福建汀州府宁化县居住，后迁到赣东北贵溪、铅山居住。迁入贵溪的畲族，主要居住在樟坪、大塘、天华山等乡；迁入铅山的畲族主要居住在太源。

太源畲族乡人民政府

狐狸岩村

樟平畲族村

篁碧村

具体迁徙路线为：

潮州—宁化、上杭—贵溪、铅山；

潮州—建阳—贵溪、铅山。

宋时，畲民反抗封建统治失败，中原民族由北向南进入凤凰山，部分雷姓畲民越过江西、广东交界地梅岭，路过龙川、和平、河源，跨越九连山，来到南雄、始兴、乳源等粤北地区；还有一部分则从闽汀出发，迁大埔、海阳（今潮州）、程乡（今梅州），抵河源。

具体路线，有以下几条：

江西—连州—清远—新会—增城—博罗—惠东—海丰；

福建—梅州、大浦—龙川—河源—乳源；

福建—梅州—和平—南雄；

福建上杭—蕉岭—大浦—丰顺—潮州。

（三）明清时期

明清时期，雷姓畲民大量从凤凰山迁入福州，迁入地点主要是连江、罗源，同时继续向闽东、浙南迁徙。

福建罗源是个重要的中转站。

迁入闽东的路线主要有两条：第一条是经泉州、莆田、闽侯、连江、罗源等地，进入宁德、福安、霞浦、福鼎；第二条是从福州闽侯迁往古田，再由古田县转迁屏南和宁德。迁入闽东的畲民中，部分继续向浙南方向迁徙，散布于温州和丽水各县，而后扩散到其他地方。

迁入浙江的雷姓共30支。畲歌唱道：“分掌潮州各乡村……走落福建去作田……兴化古田好田场……走落罗源与连江……搬掌景宁与云和……又搬泰顺平阳掌……丽水宣平也搬去……蓝雷钟姓分遂昌……松阳也是好田场……龙游兰溪都何掌。”即由广东出发，自南向北，先迁至福建罗源、连江、古田、福安、福鼎等地居住一段时间，然后迁入浙江，少数则经江西迁入浙江。迁入浙江的畲民大部分最先居住在泰顺、景宁和云和，而后扩散到其他地方。

主要有：

①景宁包凤雷进明支族、王畈雷虔山支族等5支的迁移路线：广东潮州揭阳县三十六都黄冈山—福建福州府连江县二十四都扬山—福建赵判县三都高山—福州府罗源县—浙江景宁县。

②景宁叶山头雷孔华支族迁移路线：东粤南渡迁居闽汀上杭雷坪山—福建古田县九都黄泥田畈水缸丘—浙江景宁县五都叶山头李树坪。

③平阳二都雷仁贵支族迁移路线：广东潮州府海阳县—雷州府青留县四都—桃源县二都—福建汀州府宁化县八都—坎州府信胡县—剑州府龙溪县（福建省）十二都—浙江平阳县二都。

④景宁殿源雷世隆支族迁移路线：广东潮州府揭阳县高桥黄坑—福建漳州府南靖县辛安里—南靖县习贤里黄脚子—福建泉州府小深坑—福建兴化府仙游县星峰里松板林—福州府罗源县梅溪里坑园近竹—梅溪里神仙垄—梅溪里黄土羊—林蝉建坑—黄重下山同—泉南风—降味—黄重下牛栏坪—浙江处州府景宁县二都仓基垟—景宁县殿源。

⑤文成西坑旁边垟雷念支族迁移路线：广东潮州海阳县二十四都黄沙坑—福建连江县安民里庵里坑—浙江处州云和县三都—平阳县莒溪十八家（今属苍南县）—福建罗源县黄庄山上陈三头—浙江景宁包凤—青田八都二源养源头井垟（今文成县西坑旁边垟）。

部分雷姓畲民继续向浙中、浙北迁徙。

清光绪五年（1879年）至十九年（1893年）间，雷姓畲民先后从浙江淳安、桐庐、兰溪和福建等地迁至安徽宁国县云梯乡的千秋关、独山头、西坑和“三十六间房”，而后向周围地区分迁。

入皖的具体迁徙路线为：

浙南—浙北—宁国；

浙南—宁国。

最早迁入杭州莪山畲族乡处

迁往闽北也有两条路线：一是从原世居地经闽西汀州、上杭等地，到闽北的延平、松溪等地；二是从原世居地迁至闽中罗源等地，再入闽东古田等地转迁闽北延平、松溪等地。

最早在皖落脚处

云梯畲族乡人民政府

元末和明洪武年间，居住在江西赣江流域及赣东、赣东北一带的部分畲民，或因奉旨征讨，或因避祸而迁徙入黔。畲民入黔时，最早定居在贵州中部偏东南，如贵定平伐一带，而后开始分迁。清代贵州畲族主要散居在贵阳、开阳、修文、长顺、贵定、清镇、龙里、都匀、福泉、荔波、麻江、凯里、施秉、镇远、石阡等10多个县（市）。现今贵州畲族也主要分布在黔东南州的麻江、凯里和黔南州的福泉、都匀等两州四县（市），其中麻江畲族人口最多。

畲族迁入贵州的具体路线为：闽西南—闽西北—赣东北—贵定平伐。

明天启四年（1624年）七月，颜思齐与郑成功之父郑芝龙在日本发动反抗封建统治的政治斗争失败，逃往琉球，将琉球更名为台湾，并从漳州、泉州招收贫民去台开拓，部分畲民迁入台湾。

清顺治十八年（1662年2月1日）（农历腊月十三），郑成功收复台湾。郑成功招徕漳州、泉州、惠州、潮州四府百姓入台，开发台湾。有雷姓畲民入台。

清代，部分迁往浙江的雷姓畲民又迁回福建。

浙江雷姓畲民回迁福建一览表

迁入时间	迁入者	迁出地	迁入地
顺治元年（1644年）	雷承春	浙江平阳三十一都昌禅岙底	福鼎滨洋小华洋
康熙四十五年（1706年）	雷熙文	浙江平阳三十一都昌禅岙底	福鼎滨洋二都果公坪
康熙五十九年（1720年）	雷应魁	浙江平阳北山	福鼎前岐山
雍正四年（1726年）	雷应贤	浙江平阳西山下	福鼎桐城浮柳
雍正四年（1726年）	雷应岩	浙江平阳西山下	福鼎桐城浮柳
雍正六年（1728年）	雷应奇	浙江平阳西山下	福鼎桐城浮柳
乾隆七年（1742年）	雷得如	浙江苍南风洋崩山	福鼎前岐山兜
乾隆二十四年（1759年）	雷得隆	浙江苍南福掌	福鼎前岐山兜
乾隆二十六年（1761年）	雷天麟	浙江平阳三十一都昌禅岙底	福鼎滨洋梅溪
乾隆三十五年（1770年）	雷启蒙	浙江平阳三十一都昌禅岙底	福鼎滨洋十八都薛澳
乾隆四十五年（1780年）	雷应陈	浙江平阳北山	福鼎前岐山兜
乾隆五十年（1785年）	雷春经	浙江平阳三十一都昌禅岙底	福鼎前岐牛食岚
嘉庆元年（1796年）	雷世凤 雷世元	浙江苍南福掌	福鼎前岐山兜
嘉庆元年（1796年）	雷元录	浙江平阳小施	福鼎桐城浮柳
光绪十一年（1885年）	雷宗师	浙江平阳小施	福鼎桐城浮柳
乾隆五年（1740年）	雷启华 雷启福 雷启率	浙江平阳	霞浦水门草岗
乾隆五年（1740年）	雷启隆 雷启彩 雷启进 雷振清	浙江泰顺	霞浦水门草岗

在两千多年封建制度的压迫下，畲家人除逃遁、迁徙外，还有许多被迫改为汉族。如今闽西有的县雷、蓝、钟姓人数过半，但其民族成分是汉族。晋江市的大姓是施、许等，族谱记载是由畲族雷、蓝姓更改而来。厦门大学人类学与民族学博导张先清、历史系博导杜树海的国家社科基金重大项目“中国南方少数民族族谱研究”（10&zd114）和中央高校基本科研业务费专项资金资助项目“南中国海周边区域的族群关系与社会文化研究”（ZK1032）成果中认为：“实际上，如果我们将八姓入闽传说放置在南方民族关系史脉络中加以考察，可以从中认识到，所谓八姓入闽传说这一带有一定虚拟性的集体记忆，其背后蕴含着族群互动的情况，实际上可以看做是历史上汉越融合及闽越人融入中原王朝体制中的一种叙事。在八姓入闽传说中提到的诸姓，其实极有可能就是当时的闽越土著居民。”①

① 张先清、杜树海：《移民、传说与族群记忆——民族史视野中的南方族群叙事文化》，《厦门大学学报（哲学社会科学版）》，2012，第14期，第30-39页。

第三节 繁衍

一、潮阳—罗源—福安 雷风顺家族

隋朝末年（约 607—617 年），雷风顺从广东潮阳进入罗川（罗源），转迁长溪（今霞浦）、大黄坪（今属福安），唐初再迁长溪灵岩（今属福安）、杉木林、柯厝下、池丘（上金斗洋），与薛贺后裔同村居住。北宋乾德年间（963—967 年），其后裔迁入下金斗洋居住。

明隆庆年间（1567—1572 年），雷承万从罗川（罗源）大坝头入迁福安金斗洋。其后裔于明万历年间（1573—1620 年）迁居霞浦小南半山区及沿海的三坑、溪南、青皎、海边等地。

明万历三十八年（1610 年），雷文从罗源塔里迁入福安金斗洋。金斗洋雷姓以雷风顺为一世祖。雷风顺四世孙雷大一（雷十七）居灵岩，十四世孙雷金祥（法广）居金斗洋。

二、潮州—罗源—景宁 雷进裕家族

唐永泰二年（766 年），雷进裕一家 5 口由潮州凤凰山出发，迁徙至福建罗源县十八都苏坑境南坑（今罗源起步镇乌坑村）。早期一支后裔迁徙至浙江处州府青田鹤溪村，住大赤寺（今景宁畲族自治县澄照乡大赤洋村），后移居景宁县叶山头（今属景宁鹤溪镇）。明崇祯元年（1628 年），一支后裔于福建罗源县迁至浙江云和白龙山脚村开基。

三、抚州—宁化 雷甫家族

唐德宗建中年间（780—783 年），雷甫因避难由江西抚州迁入福建宁化，为雷姓入宁始迁人。雷甫共生五子：敞、详、审、缵、响。雷详生八子：伯泰、伯立、伯驯、伯强、伯郡、伯御、伯邵、伯均。雷伯泰居宁化县城，其后裔分迁宁化石壁，江西南康、万安等地；雷伯立居宁化县城，其后裔分迁邵武、江西安远等地；雷伯驯居宁化招贤里，迁清流后复归宁化泉下，其后裔分迁江西安远、宜春等地；雷伯强居宁化中沙，其后裔分迁清流嵩溪等地；雷伯郡居宁化下沙，其后裔分迁武平，江西兴国、永丰、南丰、万载等地。唐咸通年间（860—873 年），雷伯御居宁化杨城，后迁清流东华乡横溪村，为清流雷氏始迁人。雷伯御长子雷可立的孙子雷存裔（一十七郎），迁清流永德图下都五家坊。其十五世孙雷久征（徵）携子雷开宪分迁上杭县胜运里（今太拔镇）曾坑，后迁崇厦村开基。雷可立第四子雷从迁居清流东华乡横溪村，其后裔分迁基头等村。基头村第三世雷福元携母分迁江西石城、宁都。雷伯御次子念一郎的后裔迁居宁化泉下和城南镇青州坑等地，民国时期有后裔移居台湾。雷伯御第五子五一郎迁徙至山西。

雷响生子季，雷季生五子：雷从、雷义、雷缙、雷绫、雷绶。唐末，五兄弟同迁居福州。

四、丰城—建瓯 雷鸾家族

唐天复二年（902 年），雷鸾避乱由江西丰城入闽，居建安璜溪（今建瓯房道村），为璜溪雷姓一世祖。二十世孙雷灿有三子：长子墉、次子政、幼子堪。雷墉、雷堪居建安（今建瓯），雷政迁居泉州西隅金权巷。雷政有三子：思颜、思斌、思文。明洪武初期（1368—1371 年），雷思颜由泉州西隅迁居南安十六都城山石门坑（今坑内村）；明成化年间（1465—1487 年），雷思斌后裔迁居南安三十五都白石乡，后又迁城山；雷思文迁居晋江内坑橘里，后裔一支由内坑迁居南安丰州庙下。成化年间（1465—1487 年），雷思颜曾孙雷徽家境尚好，雷思斌之孙雷魁携侄儿雷庆离开南安三十五都白石乡举家迁居城山，与雷徽一家合爨共居。明万历年间（1573—1620

年），南安码头坑内村后裔分迁到坂面街茶坑自然村。后裔雷朝芳迁居大境村水郭自然村，另一支开基坂面下川村刘坑自然村，部分迁居到古迹村、华园村、台溪乡象山村。

明中叶，雷徽七世孙伯起、伯萃、伯美、伯愈四兄弟迁居大田县黄口坂（今大田县文江镇）。雷伯起定居于黄口坂管辖的梅山印斗山，为印斗山雷姓一世祖。其二世孙为雷法茶；三世孙雷法旺生子法卦、法兴（即世正）；四世孙雷法卦生子法章、法昌；五世孙雷法章生子法读（有贵）、法通（有富）；四世孙雷法兴迁居三元区荆东村[illegible]竹坑，为[illegible]竹坑雷姓一世祖。五世孙雷法昌逝世后，其妻携子尔俊与续夫迁居溪新桥（今新阳镇）建新村双贵山。雷伯起后裔迁居三元县（今三明市三元、梅列）陈大碧溪村、徐碧乡后洋、洋山村、中村乡白水村等地。雷伯萃定居大田县黄口坂管辖的梅山镇坑门村南乾，为始迁人；其曾孙雷法祥，迁居梅山镇沧州村长仑；十世孙雷文照迁居沙县南坑子乡（今南霞乡）龙池村，成为该村雷氏始迁人；十二世孙雷锦春、雷锦射分居沙县高桥乡官庄村。雷伯美定居于大田县黄口坂管辖的三十九都井兜尾新堂，为始迁人；传至雷开山，迁居梅山镇沈口村，为一世祖。雷开山六世孙雷明德，迁居尤溪县；雷明道，迁居邵武拿口。雷伯美后裔福来迁居三明梅列区陈大镇碧溪村。雷伯愈定居于大田县梅山镇沧州村长仑，为沧州雷氏始迁人；十一世雷元明，迁居沙县高桥镇官庄村；雷元明孙雷万声迁居顺昌。

明中后期，陆续有城山雷姓后裔迁居永春、德化、大田、尤溪、永福、福州、漳州、福清、光泽以及江西广信府等地。清康熙年间（1662—1722 年），城山雷姓恭房卿字辈有雷酉迁居光泽县积谷岭。明末清初，城山雷氏十三世孙雷复露、雷伯辰等一批族人迁居台湾。清末，雷姓族人纷纷远涉重洋前往东南亚各国谋生，亲亲相引，出洋者日众，在越南、柬埔寨、缅甸、泰国、新加坡、马来西亚、印度尼西亚、菲律宾都有雷姓后裔分布。20 世纪 70 年代，原来聚居越南西贡数以百计的祖籍南安城山的雷姓华侨、华人成为难民，星散世界各国。今旅居世界各国以及港澳台地区的城山雷氏人口有一万多人。

五、福州—永泰　雷伯兴家族

唐景福二年（893 年），雷声率众自漳州随王审知进入福州，后有雷姓士兵被“派军”周边县域驻扎，进而定居。五代后晋开运二年（945 年），有士兵被“派军”于永福县（今永泰）嵩口地区“屯田”，其首领雷伯兴定居三峰长坂洋肇基。明永乐年间（1403—1424 年），雷伯兴后裔为兵燹所迫，逃散分迁各地：一支迁居嵩口月阙尾梨坑，一支迁居长庆尾楼，一支迁居长坂里，一支迁居土湾。迁居土湾的支系于明正德十二年（1517 年）遭官兵剿杀，多数雷姓村民下落不明，幸存者雷藤洋、雷藤养、雷藤居、雷藤照四兄弟及其父母，于明嘉靖年间（1522—1566 年）开始分迁。雷藤洋就地繁衍，雷藤养带两弟藤居、藤照肇基于富泉乡协星村；数年后雷藤居肇基于富泉乡芭蕉村，雷藤照肇基于永泰九都（今闽侯县竹岐乡天台村）。雷伯兴第 22 世孙雷福高于清康熙十年（1671 年）迁居永泰赤锡乡荷溪村。

雷伯兴后裔分迁闽侯县竹岐乡天台村、南洋村、元格村，南屿镇九都村，白沙镇大目溪村，闽清县池圆村等地。

六、广东—漳州（龙溪）—古田　雷法溪家族

宋朝，雷姓一支由广东迁徙至福建漳州府龙溪二十五都青草地（今漳州市区和龙海市西北部一带），裔孙雷法溪（雷千四十六郎）生二子：法太、法在。明末，其后裔分迁古田县三十都（今古田平湖镇达才村）溪裡坊（旧名乌坪尾，俗称鸭群石）后，将雷法溪墓从龙溪移至古田三十都后门墘鸭群石边。清初，其后裔分迁古田灵坂、三盾、岗头、马山头、焦坑，南平洋后赤岭、横坑，以及宁德八都书笼里等地。清初，九世孙雷枝宗由南平横坑分迁古田招坑（今凤都

镇新建村)，后分居五斗（今凤都镇新建村）。清乾隆二十五年（1760 年）前后，十世孙雷章卿、雷阿富由溪里坊分别迁往古田三都后门垅和四都深园顶及马山头。1997 年因造福工程，马山头举村迁移谷口湾，部分雷姓迁居黄田镇、城关乃至省内外其他各处。

七、上杭—赣州龙南 雷肇春家族

雷肇春，字季龙，元末明初，由福建上杭县崇夏里才溪村迁徙江西赣州府龙南县（今全南）大龙堡滂坑，妻朱氏、苏氏，生八子：德隆、德安、德原、德龚、德忠、德贞、德川、德财。雷肇春与苏氏年迈寿终，俱葬于龙南滂坑竹杉埂虎形。

明宣德九年（1434 年），朱氏携八子迁居广东南雄府始兴县一都（今顿岗镇七北村）乌泥塘开基，朱氏故后葬于乌泥塘大窝里金盘形，其墓坐西向东。

雷德龚后裔雷文龙、雷文凤兄弟，于清康熙年间（1662—1722 年）共登贤书。雷文龙任江南兴武帮调山东济宁卫守，雷文凤于康熙四十年（1701 年）中进士。

雷肇春后裔分迁广东的南雄、始兴、信宜安莪、重阳镇清水塘、枫湾镇、仁化县、连州龙口村、翁源周陂等，江西的章贡、全南、定南、崇义、大余、上犹等，湖南汝城，重庆南川区，贵州柯梓以及四川广安市、乐山市沐川县平乐乡新后村等地。

八、宁化—上杭 雷久征（徽）家族

明初，雷久征（徽）携子雷开宪由宁化迁居上杭县胜运里（今太拔镇）曾坑，后迁崇厦村开基，立一世。雷开宪生八子。

大一郎雷兆达后裔迁上杭溪口大洋坝。五世孙雷玉方迁居龙岩新罗东肖，后裔分迁漳州及新加坡、印度尼西亚等地。九世孙雷允龙、雷允清、雷允泰迁居浙江龙游县庙下大竹坞村。两支后裔由上杭大洋坝分迁浙江：十三世孙雷旺生兄弟 3 人迁浙江遂昌县应村乡东源村；十四世孙雷汉三和十五世孙雷永玉、雷永珍、雷永德 3 兄弟迁浙江省遂昌县北界乡北界村。

大二郎雷兆适后裔分迁广东始兴、南雄，江西崇义、大余、全南、定南、上犹、章贡，四川广安，贵州遵义和湖南汝城等地。

大三郎雷兆突后裔七世孙千三郎携儿子雷玉炼、雷玉珍、雷玉璇迁上杭苏家坡开基，其后裔分迁上杭蛟洋镇坪埔村、武平、长汀童坊葛坪、福安，四川内江、都江堰、彭州、简阳，今重庆璧山区，江西瑞金、万安、会昌、寻乌，台湾等地。

大四郎雷兆忽后裔居上杭太拔崇厦。后裔分迁福建福宁（今霞浦），江西于都、石城、赣县、兴国、上犹、万安，浙江龙泉、平阳，湖北沔阳，湖南衡阳，四川内江，今重庆璧山区等地。五世孙念八郎后裔分迁广东翁源和广西昭平。六世孙雷签二郎从崇厦分迁上杭县蛟洋镇华家村大坪自然村，其后裔二十二世孙雷玉秀、雷玉春迁移到美国。九世孙雷法龙携儿子雷案山、雷案岗、雷案泉分迁上杭县古田镇郭车村。十世孙雷积瑞分迁长汀县童坊镇葛坪村平原山开基。十一世孙雷应及其后裔仍居童坊葛坪，十一世孙雷富兴分迁长汀县涂坊镇慈坑村窄河陂开基，立后一世。后九世孙雷春鸣分迁长汀县濯田镇梅迳村东坑自然村开基，后九世孙雷振山、雷振馀兄弟于清乾隆五十七年（1792 年）分迁浙江省遂昌县垅内（现为金竹镇弄内村)。后十世孙雷雨有、雷雨得兄弟分迁四川省重庆巴县（今属重庆市)。除上杭县境内的雷姓在 1988 年恢复畲族身份外，其他分迁外地的雷姓多数仍被认定为汉族。

大五郎雷兆夜后裔迁徙广东韶州府英德乡。

大六郎雷兆夏后裔四世孙雷崇分迁上杭才溪。十二世孙雷惟士和雷应发、雷应达兄弟以及十三世孙雷声儒分迁江西兴国县。十三世孙雷声宏、雷声荣分迁浙江松阳。另有后裔分迁江西万安、瑞金、泰和、赣县、于都、安远等地。

大七郎雷兆随后裔分迁广东韶州府英德乡及江西等地。

大八郎雷兆弱后裔分迁广东韶州府英德乡，部分后裔迁往东南亚等地。

九、福州—罗源岗尾　雷大鸿家族

明洪武年间（1368—1398年），雷大鸿由侯官（今福州北岭至闽侯白沙、大湖一带）迁罗源霍口乡龟山村（今已废）肇基，后于明永乐年间（1403—1424年）经卓贤垅移居霍口岗尾村。明末清初，十二世孙雷续临（雷小二十五郎）留居岗尾，十二世孙雷续惠分迁霍口东园亭村南峰，十四世孙雷振平分迁罗源飞竹镇蛤蟆石村。雷续临后裔先是由岗尾分迁霍口乡卓贤垅村、大王里村牛栏坪，后陆续分迁福湖村、湖头村，中房镇下湖村梨坪，洪洋乡车溪村、陈家洋村，松山镇牛洋村，古田县石鼓楼（今鹤塘村），连江长龙企仑村、安凯乡镇安新村，宁德蕉城后港洞湾，霞浦下浒镇上凤门垅村，浙江景宁澄照乡佃源村、泰顺县司前镇左溪村。后裔雷曲法由岗尾分迁罗源起步镇芹蔡垅（今护国村乌石境），雷元智由湖头分迁霍口川边村，雷奇峰由大王里村牛栏坪分迁霍口湖头村。雷续惠后裔陆续分迁霍口福湖村、白塔乡七步村、洪洋乡南坝村九头良、晋安日溪乡点洋村梅坑和梓山村车马、宁德市金涵畲族乡新源村等处。该家族为罗源县人口最多的雷姓支系。

十、福建—武义　雷自德家族

明洪武十一年（1378年），雷自德由福建迁徙至浙江景宁三都包凤村，居二十余世，后裔百十一郎生雷千一郎，分迁遂昌冷水湾。清乾隆年间（1736—1795年）由遂昌迁居宣邑东北乡井岗山（今俞源乡吴宅村郑岗山）居三世，子孙又迁居武邑西南二乡蜈蚣形（今熟溪街道蜈蚣形村），后又分迁至武义钟丛、源口、车门（柳城镇）江夏村等处。

十一、罗源—青田岭根　雷景云（武）、雷景通家族

明洪武十二年（1379年），雷景云（武）、雷景通兄弟二人由福建罗源县梅溪里迁徙至浙江处州景宁岭根（今青田县英川镇岭根村）。

明崇祯年间（1628—1644年），其十世孙雷白锦由岭根迁居浙江瑞安县五十一都余山（今文成县里阳乡）。后裔分迁景宁、平阳青街李家山。清康熙年间（1662—1722年），有4支后裔由平阳县李家山分迁瑞安五十都岙底（今文成县上林乡周山垟村）、五十一都余山（今文成县上林乡周山垟村）、五十五都前山（今文成县东垟乡）；分迁瑞安余山、火炉坑、上岸吴坳、下辅等处；分迁景宁包凤村。较有影响的畲裔支族有：平阳水头镇溪边的雷君圣、雷君明兄弟支系，平阳莒溪马蹄湾的雷世清支系，苍南凤阳乡上塔的雷世申支系，岱岭斗湾的雷得凤支系，以及十四世雷进意分迁新庵田寮（今闹村乡田寮村）的田寮支系等。

十二、福州北岭—福鼎　雷肇松家族

明洪武二十八年（1395年），雷肇松由福州北岭（今晋安区北峰山区一带）迁居福鼎十四都白琳大旗坑牛埕下，生四子：桂明、启明、朝明、开明。明万历二十六年（1598年），四世孙雷廷慈由牛埕下迁居今点头镇王虔。崇祯元年（1628年），九世孙雷文贤由王虔迁居今桐城乡浮柳叶家山。崇祯四年（1631年），九世孙雷李贤由王虔迁居今点头镇湖仔村。清康熙五年（1666年），十一世孙雷国金由牛埕下迁居福鼎十二、十三都（今桐乡镇土粤里的锦云里）。雍正七年（1729年），十三世孙雷日奇由牛埕下迁居懂溪吴洋山。乾隆十六年（1751年），十三世孙雷日元由鼎邑三都大丘头转迁湖头陶腊。乾隆四十一年（1776年），雷日清由湖仔迁居管阳花亭。乾隆四十八年（1783年），雷日旺、雷日发、雷日留、雷日弟由湖仔迁居桐城浮柳叶家山，为雷李

贤支系湖仔派迁居叶家山的始迁人。乾隆五十四年（1789 年），雷启全由湖仔迁居家地仓内，雷日顺由湖仔迁居南溪之金尖。嘉庆十年（1805 年），十五世孙（名讳不详）由叶家山迁居桐山镇龙山。嘉庆十五年（1810 年），十五世孙雷明咎由湖仔迁居棠洋松洋。嘉庆二十一年（1816 年），十四世孙雷启成由叶家山迁居碰溪蒋阳及秦屿孔岚，雷启宾由湖仔迁居点头镇普照。嘉庆二十五年（1820 年），十四世孙雷启禄携弟雷启金由湖仔迁居秦屿渠洋的猫咪湾。道光三十年（1850 年），雷瑞和由牛埕下迁居桐山下龙山。同治四年（1865 年），十六世孙雷瑞宽由牛埕下迁鼎邑十二、十三都粤里外家居住。有后裔外迁至浙江省苍南、平阳等地，分立祠宇。

十三、晋安—连江—福安 雷起云家族

唐光启二年（886 年），雷姓族人（首领名讳不详）由广东潮州经海路入闽，从连江马鼻上岸后，分别向连江、侯官（今福州北岭至闽侯白沙、大湖一带）、罗源等地迁徙，后裔于明永乐年间（1403—1424 年）、崇祯年间（1628—1644 年）和清顺治年间（1644—1661 年）分迁至霞浦、福安、宁德及浙江平阳、云和等地。

明永乐年间（1403—1424 年），雷起云迁居侯官莱岭（今属晋安寿山乡），生子雷阐，雷阐生九子。明正德年间（1506—1521 年），雷阐长子雷章盛分迁连邑（连江）馆读村（今属连江透堡镇），后又迁连江边坪、杨梅岭、潘渡乡溪利村等地；二子迁居边坪后不详；三子迁居猴溪后不详；四子迁居猴溪后又迁居福宁州（今宁德福安一带）后不详；五子迁居福宁州后不详；六子迁居福宁州；七子迁居边坪；八子迁居小仓畲族乡利洋村掌濑；九子迁居连江馆读村，后不详。

雷章盛有三子：奕轩、进轩、齐轩。长子奕轩有二子：朝熙、朝所。雷朝所于明崇祯年间（1628—1644 年）迁居罗源梅洋。雷朝熙次子雷君绚于清顺治年间（1644—1661 年）迁居连江东湖镇天竹村旧厝坪。雷朝熙曾孙雷明生于清康熙年间（1662—1722 年）由边坪村（已废）迁入坑园镇红厦（洪厦）村。雷进轩迁居连江今小沧畲族乡七里（旧称萸洋）。雷齐轩迁居小仓畲族乡利洋村掌濑。

雷阐后裔今多居连江及闽东一带。

十四、龙溪—平阳二都 雷仁贵家族

雷国福（雷小七郎），住福建剑州府（今南平市）龙溪县，生三子：仁贵、仁富、仁长。长子雷仁贵于明永乐年间（1403—1424 年），由福建龙溪县十二都迁徙浙江平阳县二都。

明正统年间（1436—1449 年），雷仁贵长子雷世全，由平阳县二都迁居景宁县六都；次子雷世禄，由平阳县迁居泰顺县；三子雷世发，由平阳县迁居云和县二都荒各田；四子雷世金，由平阳县迁居丽水县二都。

明成化七年（1471 年），雷壬发（雷世全之子），由景宁县六都迁居云和县三都，传至雷元宗，生五子：云甫、云生、云龙、云举、云富。

雷盛华（雷云龙长子），于明崇祯七年（1634 年），由云和县梅垄迁居遂昌县西乡十六都叶村成华。生三子：德起、德庆、德发。后裔分迁浙江松阳 1 支、龙泉 2 支、遂昌 8 支，由遂昌回迁平阳 9 支，由云和回迁平阳 1 支，回迁福建浦城 1 支。

十五、潮州—连江—丽水 雷万九郎家族

雷大十一郎世居广东潮州海阳县二十四都黄沙坑，明景泰年间（1450—1457 年），五世孙雷万九郎由广东迁居福建连江县安民里庵里坑，六世孙雷江于明成化年间（1465—1487 年）由连江迁居浙江处州（今丽水）云和县三都，七世孙雷玉于明弘治十二年（1499 年）由云和县迁居

平阳莒溪十八家（今苍南县上村村），十世孙雷念回迁福建罗源县黄庄山后，夫妻二人于明嘉靖三十九年（1560 年），再迁浙江，经景宁包凤迁入青田县八都（今属文成县）二源养源头井垟（今西坑旁边垟），是入迁文成县最早的一支畲族。后裔分迁瑞安 3 支、平阳 3 支、泰顺 2 支、杭州 2 支、桐庐 3 支，在文成县内先后分迁辗转 50 多支。雷万九郎家族后代较有影响的支族有：文成桐油垄支系的雷念支族、苍南莒溪天井坳支系的雷永盟支族等。

十六、罗源梧桐岔—福安　雷祥家族

宋绍兴三年（1133 年），一支雷姓由广东海阳县迁居连江县狮子岩。后裔雷喜由狮子岩迁居处州云和。明洪武二年（1369 年），裔孙雷肇庆由处州云和迁居罗源梧桐岔（今属飞竹镇），生三子，长子雷礼分迁福鼎西庄，三子雷祯迁居兴化兰陵。

次子雷祥（字可和）留居梧桐岔繁衍，被后裔奉为一世祖。雷祥之子雷生发（字叶青），育有二子：丽金、丽水。五世孙雷鸣春居十五都赤垅，生三子：梦现、梦麟、梦龙。

七世孙雷孔云（字方雨，雷梦麟之子），生六子：长子雷君文，居明坑猴盾，后裔居十八都牛石坂；次子雷君章，分迁三十六都金腰带；三子雷君赐，正德二年（1507 年）分迁四都后楼；四子雷君爵，分迁五都南坑；五子雷君达（字品通），分迁二、三都明岭（今坂中乡廉岭村）；六子雷君生，分迁三十一都刘坑坪（今坂中畲族乡许洋村月斗自然村）。

上述诸处在今福安坂中畲族乡一带，其中坂中乡廉岭村后裔分迁福安和霞浦居多。主要迁居福安坂中畲族乡井口村、穆云畲族乡桦垅头村、城阳镇白坑村、溪潭镇马山村、溪柄镇长洋村、松罗乡茶洋村、溪尾镇林洋村，以及霞浦崇儒畲族乡大洋里村与神头岭村、盐田畲族乡竹栏下村与磨石坑村等地。该家族是福安雷氏中人口最多的一支。

雷君达生五子：兆福（仁房）、兆禄（义房）、兆言（礼房）、兆玉（智房）、兆满（信房）。清康熙十六年（1677 年），信房雷兆满分迁柘荣柯岭，后裔居乍洋、车积坪及霞浦长坑等地。自第九世兆字辈起，已传：启、孔、振、荣、华、仕、茂、亦、兴、登、开、聚、文、震、锦等二十四世。

雷君生于清顺治七年（1651 年）分迁十五都赤垅，生六子（二十二世），分列金、生、丽、水、玉、陆六房。清康熙五十年（1711 年），三子丽房雷凤领（岭）由刘坑坪迁居后漈（今穆云畲族乡后舍）肇基。生五子（二十三世）：光武、光銮、光藏、光启、光龙。其中二子雷光銮分迁长溪湖西坑，三子雷光藏分迁五都樟坪。

十七、漳州—古田　雷清溪家族

明弘治年间（1488—1505 年），雷清溪由龙溪二十五都青草地（今漳州市区和龙海市西北部一带）迁入古田，后裔分迁古田县凤都镇招坑、黄田镇马头山、凤埔苏墩，罗源县九埕坊，闽清一都，尤溪县湖头，南平尊教里赤岭，建瓯主元坊、余元坊等地。

十八、罗源—遂昌培坞　雷仁生家族

明正德年间（1506—1521 年），雷仁生（字启德，号长发）由福州府罗源县迁居浙江遂昌培坞，生三子：立安、立定、立志。

雷立安由遂昌培坞迁居遂昌大田，生三子：天纯、天承、天平。

雷立定由遂昌县培坞迁居遂昌大坟山。

雷天时（雷立定之子）由遂昌大坟山迁居遂昌大田。

雷天纯（雷立安长子）由遂昌大田迁居遂昌横源，生二子：应开、应泰。

有 15 支后裔在遂昌县内先后迁居辗转。主要分迁在大柘镇横源村、大坟山村、田后村、陈家塘村，石练镇山边村、项岭头村、上凹坞村、平墟村，三仁畲族乡高桥村、石板桥村，妙高街道后江村、洞康村、吴乐村、新庵村、古院村、东梅村、仓角坞村等。有 2 支分迁浙江龙泉县。

行第：仁立天应顺、学成必永昌、文明维国本、孝敬祖先光、大道树德起、安邦首齐家、箕裘贻燕翼、勤俭恭谦和。

十九、琼州—古田—云和新处垟 雷万六郎家族

明正德年间（1506—1521 年），雷凤翔由广东琼州仁济里迁至福建古田肇基，清顺治三年（1646 年），五世孙雷万六郎由古田迁至浙江云和三都新处垟。生一子雷鸣山。雷鸣山生八子：长子石崇、次子石峰、三子石岭、四子石昆、五子石仑、六子石岸、七子石严、八子石嵩。

雷石崇分迁景宁县；雷石峰、雷石岭住云和祖地；雷石昆迁居遂昌县十一都苦竹林；雷石仑迁居宣平县（今分属丽水市莲都区、武义县）；雷石岸迁居青田县；雷石严迁徙不详；雷石嵩住云和祖地，其子雷林九迁居宣平县上坦（今属武义县），生二子，长子国法、次子国聪，兄弟二人由宣平县上坦同迁丽水县十四都惠民寺，雷国法九世孙雷道美由丽水惠明寺分迁遂昌濂竹乡苏旺村。

后裔在云和县内迁居 8 支，分迁浙江松阳县 7 支、石仓马蹄湾 1 支、武义县 3 支、丽水市 12 支、义县 1 支、遂昌县 1 支、宣平县 1 支、青田县 1 支、暨阳县（今诸暨市）1 支。

二十、罗源—遂昌—龙游罗林岗 雷进生家族

明正德年间（1506—1521 年），雷进生由福建省罗源县返里麒麟山始迁，经浙江景宁、宣邑、遂昌等地。清康熙年间（1662—1722 年），六世孙雷日秀从遂昌十六都上高迁徙至龙游溪口镇罗林岗开基创业，传至十二世，后裔分迁周边县村居。

二十一、罗源—宁德 雷兼三家族

明嘉靖年间（1522—1566 年），雷兼三从罗源霍口溪前村长岗迁居罗源霍口畲族乡塘下村安潭，为安潭始祖。后裔分迁起步镇西山、坝头。四世孙雷长升由西山分迁堡岗。

由安潭迁往县外共 15 支：古田县后垄、虎头岽、鲤鱼、里林、大甲陈家山、南坪花家山、杉洋西园等 7 支；宁德蕉城区烟亭、紫坑、七都、蓝前、水缠、大湾里等 6 支；福安甘棠、三十一都下塘等 2 支。

二十二、罗源—景宁油田桥 雷尚文家族

明嘉靖八年（1529 年），雷尚文由福建罗源县井垟（今起步镇水口垟）迁居浙江处州府景宁县二都油田桥。

雷朝惠（雷尚文之孙），由景宁县二都油田桥迁居云和县一都长田岭脚。

雷其枫（雷朝惠四世孙），由云和县长田岭脚迁居遂昌县湖山，又于清康熙二十三年（1684 年）由遂昌县湖山迁居宣平县黄家弄（今属丽水市），后裔分迁上塘阪狮仔山、后处垟（今属丽水市）。

后裔由云和县一都长田岭脚分迁遂昌县 2 支，分迁龙游县 1 支；后裔由宣平县黄家弄分迁居龙游县 3 支、松阳县 1 支、武义县 2 支。

二十三、罗源—平阳西山下 雷明海（法）家族

明嘉靖八年（1529 年），雷明海由罗源县井垟（今罗源县起步镇水口洋）迁至浙江平阳县四

十八都（闹村）西山下水尾（今平阳县闹村乡李岙村，即凤岭脚），生有二子：长子雷讨、次子法临。二世孙转迁浙江平阳县纯坑，三世孙又转迁平阳县花草岗。后裔分为北山、章岚、石门、水坑等支系。

北山支系分迁：平阳县闹村北山，泰顺县横坑，处州（今云和县）八都五叶楼，青田县八都五源梅村贡埠头，平阳县三十三都凤池、东岙、大头。

章岚支系分迁：福建福鼎县麻坑底，桐山城内、柳垟坪、大丘头、王孙破庙灰山；苍南县五十四都福掌、杨府岚、凤阳崩山、桥敦单峰。

石门支系分迁：苍南县石门坑、凤阳校奇圈，石龟、赤溪街；福建福鼎县周佳山。

水坑支系分迁：清顺治年间（1644—1661 年），雷朝溪（明海四世孙）由平阳花草岗迁移至瑞安县五十三都水坑井田（今文成县周山乡），其后裔分迁浙江文成 6 支、杭州 1 支、湖州文康县 1 支、青田县 1 支。

行第：圣元宗汉赵子文开大，步瑞必振家声永其昌。

二十四、罗源—宁德　雷天群家族

明隆庆四年（1570 年），雷天群携子从庆阳府迁居入罗源县尖山大坪。七子陆续分迁各地：长子光江迁居罗源；次子光河迁居连江；三子光注迁居罗源松山镇小获村贝头里；四子光清迁居宁德猴盾村；五子光滋迁居闽清；六子光润迁居罗源霍口安潭；七子光泽迁居过洋。

明万历元年（1573 年），雷光清出游宁德九都闽坑猴盾时，见山水秀丽遂肇基此处，生子元六。元六生四子：乾一、乾三、乾四、乾五。乾三后裔分迁牛石板，乾四后裔分迁桦林，乾五后裔分迁林洋。雷乾一，讳名法春，生四子：法宝、法康、法贵、法勤。分列元、亨、利、贞四房。后裔分迁金腰带、牛山下赫等地。

明崇祯八年（1635 年），雷光润孙（名讳不详）由罗源霍口畲族乡安潭村迁居宁德金涵乡烟亭村。后裔雷三弟于清乾隆年间（1736—1795 年）迁居七都马坂陈家山村；雷维亭于清乾隆年间（1736—1795 年）外迁福安清水壑村和田前村；雷石林于嘉庆年间（1796—1820 年）外迁福安甘棠洋里村；雷德发于民国三十二年（1943 年）由福安回迁罗源洪洋乡南坝村九头良。

清顺治年间（1644—1661 年），雷光注后裔雷达贵从罗源松山镇小获村竹里迁居七都潦头岔村，后裔雷肇禧于清乾隆年间（1736—1795 年）迁居猴盾村，雷国口迁居八都溪池里庵村，雷进口迁居漳湾游家塘村。

顺治年间（1644—1661 年），雷世壁（雷光河孙）由罗源护国镇迁居漳湾下雷东村。后裔雷有连分迁城南后山村，雷学郅分迁八都半山青岗村，雷孔闰外迁霞浦台溪村，雷孔问外迁福安下白石荷屿村，雷学谷外迁福安下白石大石牛村。

行第：士廷朝国进，天志起步昌，隆厚德名显声扬。

二十五、罗源—平阳 黄家坑 雷法罡家族

明万历年间（1573—1620 年），雷法罡由福建罗源黄重里牛栏坪（今属霍口乡大王里村）经福安牛头畔（今牛石坂）、福鼎白琳镇牛埕下，转徙至浙江平阳县五十一都黄家坑，生有七子。

长子雷晓山迁居处州黄家垄（今丽水县丽新乡上塘畈村）。

次子雷有山，原住平阳县黄坑沙洋，后裔回迁福建福鼎桐城浮柳星岗头（水企头）、福鼎十二都的山头仔（今属福鼎磻溪镇磻溪村）、上垟仔（今属福鼎磻溪镇朝阳村）、秦屿瓜园村、太姥洋岭头、才堡，店头镇的上宅村、南亭村下南亭、店下溪美、碗洋，管阳镇西坑大垟头，磻溪镇湖林村犁头丘，太姥山梅花田，硖门畲族乡杨尾坪、玉京头；霞浦牙城的斗门鹧鸪岗、白水山、东街头、排洋山坪，盐田西胜行路湾，南塘溪边裹、流水溪，崇儒乡溪边大洋，三沙镇

龙头村，水门裹洋村，笼头光江加垟、天台梯岭、三沙；福安市松罗乡茶洋村。分迁瑞安县深坑，平阳县小沿口（今属苍南桥墩）、莒溪漈头（今属苍南）、平阳青街、福鼎桥亭井头、三十七都侨坑、平阳闹村，泰顺县坑门底（岭坑村）、下漈源，苍南的桥墩黄壇蕉坑，青田叶坑。五房裔孙振承之孙日青于乾隆年间（1736—1795 年）迁居瑞安县五十都青坑（今文成县上林乡）、东岩乡驮庵村。

后裔分迁温州；平阳县青街王神洞、鳌江、南雁镇苔湖坳里（岭坎）；文成县周山乡南洋，湖州德清。

三子雷元山后裔分迁平阳县岩下，后转迁泰顺县玉塔、金师垟、黄洞、东湖（今属苍南）、西坑（今属文成）、车头山、会夹溪、三罗箩、长久乡、店头、大坝、上洋仔。

四子雷庭山后裔分迁平阳县棒坑、下岸、覆掌、西庵（今属苍南）。

五子雷凤山后裔分迁平阳县蔺门、坑门岭（今属苍南），泰顺县下坑、下洋东坑。

六子雷云山后裔分迁平阳县云垟、东云、五岱、小垟、九亩埔地（今属苍南），小王铺、三坪、吴家塾、炉屯、宗佈。

七子雷霞山后裔分迁平阳县衍苔湖坳里、郑家山（今属苍南）、泥山、龙罩。

雷法罡入浙后，逐渐衍为平阳青街黄家坑雷姓家族支系。经 400 余年繁衍，今传十八世，分布于浙江平阳、苍南、泰顺、文成、瑞安、景宁、龙泉，福建福鼎、福安、霞浦、厦门和江苏宜兴等地，后裔 4700 多人。

雷法罡家族雷氏宗祠，始建于清光绪元年（1875 年），坐落于平阳青街畲族乡九岱村黄家坑自然村。

行第：仲朝维君子，盛衍大荣昌。运会诗书继，芳名道学长。

二十六、罗源—苍南郑家山　雷念二郎家族

明万历年间（1573—1620 年），雷念二郎由福建罗源县迁居浙江苍南县莒溪郑家山（今苍南县莒溪镇大山村）；生四子：法清，法春，法宝，法全。雷法全，迁居平阳县黄山头，其八世孙雷清福于乾隆年间（1736—1795 年）迁居文成县驮岭（今周山乡九条垟村）。

雷应当（法清长子）、雷应六（法清三子），移居苍南县莒溪郑家山。

雷应庆（法清次子），迁居平阳县五十三都章家山（今属苍南赤溪东家山）。

雷应旺（法清四子），迁居泰顺县坳头。

雷应弟（法春长子），迁居平阳县昌禅岙底（今属苍南县）。

雷应贵（法春次子），回迁福建，居福鼎县小华阳。

雷应德（法春三子），迁居平阳县赤溪镇流歧岙、括山社区三岗内。

雷应宇（法宝之子），后裔分迁平阳县河垟尾、黄山头，泰顺县际源、龙头坑、双岗，文成县驼岭等地。

行第：法应文启有。续：孔春清明日，大开新朝君，仁可宗得志，其中士贤孙。

二十七、罗源—景宁殿源　雷世隆家族

明万历七年（1579 年），雷世隆（雷小十六郎）三个儿子雷林富、雷林贵、雷林荣，由福建罗源县霍口牛栏坪迁徙浙江景宁县二都油田仓基垟，居之未久，忽遭洪水，转迁浙江景宁殿源。各支族分迁如下：

1. 雷林富支族

后裔分迁浙江宣平县，后有 3 支回迁景宁，居八都沙溪口（今属丽水莲都区）、六都上陈（今属丽水莲都区）、九都牛寨（今属丽水莲都区）。

2. 雷林贵支族

雷林贵（千四十六郎，字德葱，法名法用），生二子：长子元生、次子元祥。

雷元生，由景宁县殿源迁居景宁大畈垟。

雷元祥（万五十一郎，字进祥，法名法好），由景宁殿源迁居景宁泮庄。

后裔分迁丽水、云和、松阳、遂昌。迁居丽水的后裔有3支回迁景宁。

3. 雷林荣支族

雷林荣（千四十八郎，字德连，法名法长），生三子：长子元德，次子元兴，三子元盛。

雷元德，由景宁县殿源迁居景宁县鸬鹚潘庄。

雷元兴，由景宁县殿源迁居泰顺县林山。

雷元盛（万三十六郎，法名法炉），由景宁县殿源迁居景宁七都小余山。

雷兆余（念二郎，法名法宗，元盛之子），由景宁县七都小余山迁居景宁水碓垟，生二子：长子庭兴、次子庭生。

后裔分迁浙江遂昌、龙游、松阳、宣平、泰顺、丽水、寿昌等地。

附：雷世隆家族先祖由广东迁徙各地简记

雷万五郎（雷世隆先祖）：迁居广东潮州府揭阳县高桥黄坑仔。

后裔分迁福建漳州府南靖县、泉州府同安县、兴化府仙游县、福州府怀安县、福州府罗源县。

后裔分迁浙江温州府泰顺县、温州府平阳县、金华府兰溪县、衢州府龙游县。分迁浙江丽水市的有：遂昌县10支、松阳县3支、云和县2支、景宁县2支、丽水2支。

二十八、罗源—平阳桥墩黄檀口（青街章山）　雷永祥（乔）家族

雷永乔，讳永祥，明万历八年（1580年），携子仰宇、仰善、仰甫，由福建罗源龙头山沨头（今霍口畲族乡川边村坝头自然村），迁至浙江平邑卅七都桥墩黄檀口（今苍南桥墩黄檀社区柳庄、箐山、枫树湾一带）。清顺治八年（1651年），因陈仓之乱，仰宇长子明萼同众兄弟携子侄合族沿海迁居平阳青街章山（今属睦源村）。清咸丰元年（1851年），平阳县青街畲族乡睦源村章山自然村始建祠堂。后裔支系分迁情况：

雷起益（雷永祥六世孙），由平阳县北港迁居平阳县三十一都赤垟古楼下（今属苍南矾山镇古路下），后转迁詹家坑（今属苍南县），再由詹家坑复迁五十二都仓头（今属苍南县）。

雷起生、雷起旺、雷起晋（雷永祥六世孙）兄弟三人同迁居瑞安县五十三都明光（今文成县双桂多陈蚕村）。

雷国康（雷永祥十一世孙），于清光绪年间（1875—1908年）由苍南县莒溪迁居今文成县周山乡八担村。

雷国富（雷永祥十一世孙），于清光绪年间迁居文成县周山乡九条垟村驮岭。

永祥后裔分迁情况：平阳青街畲族乡九岱、南朱山、呈岩，怀溪镇畲龙、畴垟、徐垟鲁家坑，顺溪镇溪南、朱山、维新余山、白云山、石门楼（今水库移民至平阳万全镇万顺村），山门镇旺庄，南雁镇前山、堂基；苍南凤阳畲族乡章家山（今鹤峰村）、岱岭畲族乡福掌、云遮，赤溪镇北岙，莒溪镇天井洋、包坑头、柯岭头、半岭炉、南宋洋大园、观美马加洋小山后；泰顺县彭坑龙潭面（今属彭坑镇彭溪村）、七都翁地大坪下（今属仕垟镇）、筱条（今属司前镇左溪村），新浦乡龙前，彭溪镇玉塔；松阳县修简；文成县周山畲族乡石坦头大岭边，管阳镇大山村沙洋、沙洋十担、上庄八担；余杭县石赖长山、三桥埠；桐庐县。

后裔回迁福建，分迁福鼎市店下镇岭脚水碓头、三佛塔、虎汉（虎暗），嵛山镇，白琳镇五蒲，桐山街道麻坑底（今属桐城柯岭村）、岩前村茶山，秦屿镇的樟岐村打水岙、竹下村虎头

岗，太姥山镇财堡村，硖门畲族乡塘沽头、竹古内、瑞云村长岗，前岐镇桥亭村乌溪，店头镇老鸦湾林相垅、郭洋、五蒲平坑、林西桥长垅（今属磻溪镇磻溪村）；霞浦县磻溪镇双溪村，崇儒畲族乡岚下村、廿五都四坪岗，盐田畲族乡飞溪，牙城镇杨家溪大坪、孝井大湾、白米山、棋盘岭、王家山（今属斗门村），垅头墩栖，水门畲族乡斗门、妈祖坪、釜潭面、小化洋，三沙镇二坑村等地。

雷永祥家族自福建迁徙至浙江平邑卅七都桥墩黄坛口以来的440多年间，后裔繁衍8000余人，其中平阳县境内有2000多人。

行第：忠孝传家法，诗礼启后昆；永仰明凤光，起孔世可（德）文；国宗天必顺，朝正日昌新；一淑乃恒进，万盛锡其原；荣华逢瑞庆，富贵尚阳春；志大学昔孟，克守惟由仁。

二十九、罗源—福安—平阳 雷宗飏家族

明万历十年（1582年），雷宗飏由罗源迁至福安，生三子：大温、大裕、大仙。分为孟、仲、季三房。

明万历四十年（1612年），长子大温（孟房）因避乱由福安迁居温平东佳山（即平阳章家山，今属苍南县凤阳乡鹤峰村）。后大温留居东佳山，孙启贤回迁福建，居福鼎前岐镇李家山坑边。后裔迁居浙江平阳赤溪（今属苍南）、官岙（今属苍南）、闹村西山下（今属平阳闹村李岙村）、福掌（今属苍南）、泰顺高场（今属柳峰乡）、凤阳龙头山（今属苍南）。后裔另有7支回迁福建福鼎、霞浦等地。

清顺治元年（1644年），次子大裕（仲房）分迁蒲庄五十三都南里垄（今苍南马站镇兰珑村），生二子。长子振安分迁吕垟（今苍南马站镇利垟村）。清康熙四十六年（1707年），孙雷启顺回迁福建，居福鼎廿都华洋（今佳阳畲族乡双华村），衍生为雷姓福鼎双华支系，祠址在双华村西山下。后裔另有5支回迁福建福鼎、霞浦等地。

明崇祯十年（1637年），三子大仙（季房）由福安分迁浙江泰顺高场，后裔迁居泰顺下楼拱桥头、墩头大垢头（今均属柳峰乡）、柿洋（即仕阳）。后裔有10余支回迁福建福鼎、霞浦等地。

行第：宗大振启，应鸣子景，一时德志，利达建功，交行忠信，立见兴隆。

三十、福建——云和黄处 雷氏家族

明万历十七年（1589年），一支畲族雷姓由福建迁入浙江云和县黄处村，清代分迁丽水县落山虎、鲤鱼头、大元圩；青田县四姑坛。后裔分迁情况：

雷天明，于乾隆年间（1736—1795年）由云和县一都黄处迁居丽水县十四都仓坑，生三子：长子日兴、次子日福、三子日寿。

雷日兴，生于乾隆四十四年（1779年），由丽水县苍坑迁居云和县小高畲。

雷日福，由丽水县仓坑迁居云和县大毛窟。

雷日寿，由丽水县仓坑迁居云和县十三都吴山头。

雷远昌（日兴四世孙），由丽水县小高畲迁居宣平县上井（今属丽水莲都区）。

雷远明（日兴四世孙），由丽水县小高畲迁居宣平县郑草弄（今属武义县）。

雷和有（日兴五世孙），由丽水县小高咨迁居云和县八都坪地。

雷世中，生于道光十五年（1835年），由丽水县鲤鱼头迁移兰溪县青塘山。

三十一、建宁—丽水—武义坦洪乡 雷百八十郎家族

明末，雷百八十郎由福建建宁迁徙至浙江处州（今丽水市），又迁至龙游二十五都罗墩，居住数载后迁遂邑十八都。后裔于清康熙三十八年（1699年）分迁宣平九都老竹店下，雍正五年

(1727年)分居八都二丁川湾山。清乾隆年间(1736—1795年),雷自荣、雷自莱、雷自德由云和迁移至武义铺圩山、宣北大西畈、井岗山等处,后裔分迁金华等县。清光绪五年(1879年),宣邑湾山雷兆意迁居龙游庙下,后移居严州淳安县三十九都桃树坪开基耕种;宣邑江望(今武义坦洪乡)雷明女长子兆通迁至兰溪十九都黄中居住。后裔支系分为铺圩山派、大西畈派、井岗山派等。

三十二、罗源—丽水莲都利山　某雷氏家族

始迁人名讳不详,明万历三十年(1602年),由福建罗源县十八都梅溪里苏坑境高南坑迁徙至浙江处州景宁包凤。清康熙三十七年(1698年),分迁丽水县利山。后裔分迁泰顺、青田、松阳、云和牛塘、宣平堰下、松阳靏溪及景宁大陈、凉塘等地。

三十三、罗源—景宁包凤　雷进明家族

明万历三十四年(1606年),雷进明由福建罗源县十八都苏坑境南坑迁徙至浙江处州府景宁七都包凤。生五子:长子新进、次子新福、三子新录、四子新养、五子新贵。

雷新进,由景宁县包凤迁居泰顺县八都。

雷新录,由景宁县包凤迁居平阳县二十三都。

雷新养,由景宁县包凤迁居青田县二十四都阴山。

雷新贵,由景宁县包凤迁居龙游县十六都。

雷录有(雷新福之子),由景宁县包凤迁居青田县十四都。

后裔分迁平阳2支、青田3支、龙游1支、遂昌1支、松阳3支、丽水2支、云和4支、兰溪1支,回迁福建霞浦1支。

分迁云和坪垟岗村后裔,陆续分居云和的石板桥(今雾溪畲族乡雾溪村)、联合村、西坑(今石塘镇规溪村)、沈岸(今元和街道云岸村)以及丽水、松阳、龙游。

三十四、罗源—景宁王畈　雷虔山家族

明万历四十八年(1620年),雷虔山携三子德贵、德兴、德苍及全家大小46口,带纹银300两,由福建罗源县十八都苏坑境应德铺庄梅溪里,迁居浙江处州府景宁县二都油田庄王畈村(今红星街道王金垟),十月十六日动身,二十八日到达,耕业主王守宗田。

雷起壁(雷虔山之孙),由景宁县王畈迁居遂昌县十三都米筛坞,于康熙年间(1662—1722年)分迁云和县三都朱源。乾隆年间(1736—1795年),五世孙雷万二十郎由云和县朱源分迁云和县九都茶园(下坑)。

四世孙雷应习之子祈盛、祈福、祈禄、祈元、祈耀五兄弟,于清康熙年间(1662—1722年)迁往遂昌。二子祈福于清康熙十三年(1674年)分迁遂昌北界镇金钩、排铺肇基,四子祈元分迁遂昌妙高东峰村社畈肇基。后裔分迁遂昌一都南门半坪坳、十都北界金钩、十四都后江米筛坞和骆村岭脚、十六都大柘永垵(金垵)等地。

后裔在景宁县内迁居6支,分迁浙江龙游2支、遂昌8支、云和5支、丽水5支、平阳1支、宣平1支、兰溪1支。

三十五、霞浦—苍南岱岭龙凤(大岭内)　雷大法家族

明末清初,雷大法由福建霞浦县崇儒乡寻仁里迁入苍南岱岭龙凤(大岭内),后裔分迁象元

内、凤岭头、王丹口、大岭内庵后，以及苍南县外各地。

三十六、罗源—杭州钱塘九龙 雷顺星家族

明末清初，雷顺星（雷大十八郎），携长子景余、次子景富，由福建罗源县迁居杭州钱塘九龙村。

雷景余（雷小十郎），由杭州钱塘县永远村迁居处州府丽水县城边，生三子：长子春明、次子春连、三子春泰。

雷景富，由杭州钱塘县永远村迁居龙泉县。

雷春连（雷百三郎），由丽水县城边迁居云和县林畲，系云和县白龙山脚雷姓始祖。

后裔分迁浙江景宁县五都 1 支、云和 1 支、丽水 3 支、青田 1 支，由丽水回迁 3 支。

三十七、福建—云和—龙泉际上 雷赵志家族

祖上由广东凤凰山出发，经福建罗源、连江、古田、宁德、福安、福鼎等县，并分别居住一段时期后，陆续入迁浙江处州各县。清顺治三年（1646 年），雷赵志带领全家从云和梅路（梅垄）地方经遂昌石练高山迁入龙泉县西乡（竹垟乡）际山村肇基。因在际山村未建立祠堂，后裔祭祖还是以云和县梅路地方雷氏宗祠为主要活动场所。后裔分迁八都镇吴公村、八都镇署网村等地，该支系现已有雷姓畲民 1000 多人。

行第：起震方含雨泽，逢春应润乾坤。

三十八、建宁—丽水莲都 雷百八十郎家族

清初，雷百八十郎携子法亨由福建建宁迁徙至浙江龙泉二十五都罗墩，后又迁居遂昌十八都吴传村。雷法亨之子敬昌于清康熙三十八年（1699 年）迁居宣邑九都老竹店下（今丽水莲都区）。雷法亨之孙（名讳不详）于清雍正五年（1727 年）移居八都丁川湾山肇基，奉敬昌为始祖。后裔分迁丽水大吴山、黄大山及武义县黄古弄等地。

三十九、福建—景宁—安吉报福镇 雷大三郎、大四郎家族

清初，雷大三郎、大四郎由福建迁徙至景宁包风，后迁至丽水张凹杨梅岭、松阳米荠垅等地；清咸丰八年（1858 年），后裔四人由松阳迁居龙泉北乡竹坑；清光绪四年（1878 年），分迁湖州府孝丰县南乡伍图赵公坦（今属安吉县报福镇中张村），后裔雷张财回迁松阳县，系迁到浙江最北的一支畲民。

四十、古田—平阳 雷吉恒家族

明崇祯年间（1628—1644 年），雷吉恒由福建古田县迁徙至浙江温州平阳县。

雷兆华（吉恒之子），于清顺治年间（1644—1661 年）由温州平阳县迁居云和县。

雷士韵（兆华之子），于清康熙年间（1662—1722 年）由云和县迁居宣平县黄家弄（今属丽水），又于清康熙十年（1671 年），由宣平县黄家弄迁至遂昌县西乡十七都黄墩全迪源。

后裔由浙江遂昌黄墩全迪源回迁平阳山边 1 支、黄墩苦梨树 1 支、上坦下植 1 支、寿亭傀儡垵 1 支、十五都 1 支、小令岗 1 支、北门水阁 1 支；分迁龙游县庙下 5 支。

四十一、连江—云和—武义种子源 雷氏家族

明崇祯年间（1628—1644 年），雷十八郎从福建连江石安定里佛岭头迁徙至浙江处州云和县

四都叶垄，子孙分迁三都朱源、岸畔等村。清嘉庆八年（1803年）裔孙雷明亮发起创建雷氏宗祠，于清咸丰元年（1851年）九月落成，坐落新处垟岭脚（今云和县崇头镇）。后裔分迁浙江景宁、青田、遂昌、宣平种子源（今属武义县桃溪镇）等地。与该支同宗的是武义桃溪镇鲍畈雷氏，后裔分居云和、遂昌、青田、松阳、莲都、兰溪、武义等7县（市）。

四十二、琼州—连江—云和叶垄　雷隆生（雷千八郎）家族

明万历年间（1573—1620年），一支雷姓由琼州（今属海南）迁入福建。明崇祯元年（1628年），后裔雷隆升（雷千八郎）由福建福州府连江县安定里石佛岭头迁徙至浙江云和县四都叶垄（今赤石乡赤石村垟田自然村）。雷隆升之子雷章福（雷万六郎）生三子：长子雷玉山分迁云和东坑下垄；次子雷鸣（明）山分迁旱畔（崇头朱源），三子雷风山（雷大十一郎）迁遂昌。雷风山孙雷石彪回迁云和金坳、叶砻分上垟田（毛路田庄）、下垟田（荒田谷）。雷进田家存有明万历元年（1573）始祖的太公簿。

后裔分迁浙江云和县9支、遂昌县1支、松阳县1支，回迁福建福安1支。

四十三、福安—福鼎　雷世绵家族

明崇祯二年（1629年），雷世绵携子大进、大法、大造由福安迁居福鼎前岐镇凤桐村菁寮肇基。后裔陆续分迁各地。

清康熙元年（1662年），雷大进二子雷启清、三子雷启明由青寮迁居井头。

清康熙三十年（1691年），雷大进四子雷启纲之长子雷永寅由青寮迁居秦屿镇渠洋。后裔雷世元由青寮迁入溪潭镇乌石村；雷永卯由警章迁居秦屿镇魔坑；清雍正三年（1725年），雷元富分迁管阳镇后溪。

雷大法及后裔：雷大法由福安迁居平邑（今浙江苍南县）大岭内。五子雷启郎于清康熙二十年（1681年）回迁福鼎十四都企了。清康熙八年（1669年），雷水持（雷大法之孙）回迁福鼎居墩头；康熙四十四年（1705年），雷水朱（雷大法之孙）回迁福鼎二都樟岚。清末，雷大法的后裔大都回迁福鼎。

雷大造后裔：清康熙三十八年（1699年），雷永固（雷大造之孙）由青寮迁居鼎邑十六都有刘庄上埋；清康熙四十一年（1702年），雷永系（雷大造之孙）由青寮迁居鼎邑白琳山前；清康熙四十四年（1705年），雷永盛（雷大造之孙），由青寮迁居福鼎十四都岭门。清雍正十三年（1735年），雷元锡（雷大造曾孙）由平邑风岭迁鼎南溪。

四十四、罗源—武义　雷扬坦家族

明崇祯十二年（1639年），雷扬坦由福建罗源迁徙至浙江宣平陶七弄村（又名洛头山脚村，今武义县桃溪镇），后裔分迁武义赵下、内坞底、车门、堰下、荒田坪、中央铺、郑山头、青蓬山、刘秀垅口等村。

四十五、宁化—赣州　雷显朝、雷显灏家族

清顺治年间（1644—1661年），雷显朝、雷显灏兄弟俩（两人为雷焕四十七世孙、雷甫次子雷详的第五子伯郡后裔）携幼子应挺（显朝之子）由福建宁化下沙迁入赣州兴国县古龙冈镇江夏村。后裔分居在江夏村、油桐村、建设村、瑶前村。今传14代，现有人口700多人。

四十六、古田—景宁　雷石崇家族

清康熙年间（1662—1722年），雷石崇（雷万六郎之孙）由浙江处州（今丽水市）云和新处

垟转迁宜平上坦（今武义县辖），裔孙雷国法回迁丽邑惠明寺，清代武庠生雷起龙及后裔“石”字头兄弟八人裔孙，分迁浙江云和、丽水、青田、松阳、遂昌、龙游、宣平、景宁、兰溪、建德、杭州，以及福建建安（今建瓯宁化一带）等地。

四十七、福安—泰顺柳峰乡　雷应祥家族

清康熙年间（1662—1722 年），雷应祥由福建福安迁入泰顺县柳峰乡高场村，后裔雷利顺等分迁至柳峰墩头、雅阳承天兵坪等地。

行弟：应鸣子景，一时德志，利达建功，文行忠信。今已繁衍到“建”字辈。

四十八、景宁包凤—文成双坑　雷乾凤家族

清康熙元年（1662 年），雷乾凤由景宁包凤迁居文成县富岙乡双坑村苦竹岗肇基。其裔孙在文成县内分迁情况是：四世孙雷吴养于清嘉庆年间（1796—1820 年）分迁文成县汇溪乡塘垄蚕底，五世孙雷高印于清道光元年（1821 年）分迁文成县岭后乡塔会，雷陈印于清道光十二年（1823 年）分迁文成县西坑畲族镇溪后麻寮，雷开传分迁文成下牌下，雷水阿分迁文成县塔桥石柱下，雷锡龙分迁泰顺小奉垟（今汇溪上坪岩下岭，六世孙雷圣川于清道光九年（1829 年）分迁文成县西坑山后。

四十九、古田—景宁叶山头　雷孔华家族

清康熙三年（1664 年），雷孔华由福建古田县九都黄泥田水缸丘，迁徙至浙江景宁县五都叶山头。其后裔分迁：

曾孙雷陈寿、雷陈应、雷陈照、雷陈信兄弟四人，于清雍正年间（1726—1735 年）由景宁叶山头迁居景宁三都吴山岗。

后裔在景宁县内分迁：龟庄 1 支、一都 2 支、二都 5 支、三都 25 支、二十六都 1 支、二十七都 4 支、二十八都 1 支、三十六都 1 支、司坑 1 支、小李塘 1 支；分迁浙江青田县 1 支、兰溪 8 支、庆元县 2 支、淳安县 1 支、龙游县 5 支、分水县（今属桐庐县）1 支；回迁福建 2 支。

兰溪县奎塘畈清光绪八年（1892 年）《雷氏宗谱》记载：雷二满，由景宁县叶山头迁居三都吴山大吾（今属鸬鹚乡南坑下行政村）。

雷金孙，于清同治五年（1866 年），由景宁县三都大吾迁居兰溪县二十七都奎塘畈。

雷陈孙，于清光绪二年（1876 年），由景宁三都大吾迁居兰溪西乡柳塘阪。

五十、宁化—赣州　雷世琮家族

清康熙十七年（1678 年），雷世琮（雷焕第四十四世孙，雷甫次子雷详的长子伯泰后裔）由福建宁化迁入赣州兴国县古龙冈镇瑶前村，后裔分居在瑶前村、江夏村。后裔雷必祥在中华人民共和国成立初期迁居台湾，有子孙分迁美国和中国香港等地。今传 15 世，现有人口 800 多人。

五十一、宁化—铅山篁碧 雷时六家族

清雍正六年（1728 年），雷时六由福建宁化迁徙至江西铅山三十七都黄柏村（今铅山篁碧村）肇基，生三子：贵华、贵荣、贵发。被奉为篁碧始祖，立一世。

在清朝，仅篁碧村繁衍后裔就达 1460 多人，子孙中进士 2 名、举人 9 名，七品以上官吏有 40 多人。

行第：时贵声云光，启学乃身修，鸿泽庆丰隆，飞腾达所求。现繁衍至“庆”字辈。

五十二、福鼎—泰顺柳峰乡　雷盛汶家族

清乾隆年间（1736—1795 年），雷盛汶由福鼎县八斗迁入泰顺县柳峰乡牛路居住。

后裔分迁情况：雷维周分迁柳峰乡牛路，雷申章分迁仕阳镇坑源底，雷申柿分迁仕阳镇桥底村，雷申水分迁三魁镇黄沙坑村等。

行第：时盛蕉汉，敬胜维昌，家崇礼义。今已繁衍到“家”字辈，计 9 世，约 260 人。

根据2021年5月第七次全国人口普查数据，粤闽浙赣皖五省畲族雷姓人口共30.61万，其中广东1.32万，福建17.41万，浙江7.72万，江西3.45万，安徽0.71万。

第一节 广东省

一、广州市

增城区雷姓

正果镇畲族村（吓水村） 明末清初迁入，今传25世，居村83户（含“来”姓，系“雷”被误写）600多人。全村讲莲花山音畲语。1954年开始由旧居场分批迁至现址。

二、惠州市

博罗县雷姓

横河镇嶂背村（含新尾、大板田、新坛） 元末明初由湖南潭州迁入。今传25世，居村35户200余人。全村讲莲花山音畲语。

三、潮州市

（一）潮安区雷姓

凤凰镇石古坪畲族村 世居凤凰山，居村2户10人。

归湖镇山犁畲族村 世居凤凰山，与李工坑村雷姓同支系。居村90户420多人。

文祠镇李工坑村 相传由凤鸟髻下迁入，世居凤凰山。居村120余户440多人。

（二）湘桥区雷姓

意溪镇古庵村雷厝山 与李工坑村雷姓同支系。相传由凤鸟髻下迁入，世居凤凰山。居村23户110多人。

意溪镇桂坑村白石 居村3户11人。

意溪镇荆山村 居村12户53人。

四、汕尾市

海丰县雷姓

鹅埠镇红萝村 明正德年间（1506—1521年），由惠阳何树澳迁嶂背村原址，民国初年，后裔迁罗裙山半山腰，1950年迁罗裙山脚下，2000年迁罗裙山山口，现居村4户41人。全村讲潮汕音畲语。

五、茂名市

信宜市雷姓

朱砂镇安莪村、文村村 由始兴县乌泥塘迁入。今传8世，居村50户230人。现最小行第“训”字辈。

六、韶关市

韶关市畲族雷姓，大多数属于始兴县顿岗镇七北村乌泥塘雷肇春后裔。根据雷肇春家族五修谱记载，60世字派是：肇德勋猷远，传家读与耕，和丰诒美利，诗礼著清名，祖训钦承永，天伦秩序明，千秋宗谊笃，亲睦颂升平，桂兰同孝友，福寿生贤英，盛世钟灵秀，万载祝隆兴。

（一）曲江区雷姓

枫湾镇湾路下村 今传23世，居村57户280人。现最小行第“钦”字辈。

（二）武江区雷姓

重阳镇清水塘村 今传26世，居村123户780多人。现最小行第“天”字辈。

（三）始兴县雷姓（雷肇春家族世系）

澄江镇甘棠村 今传24世，居村65户430多人。现最小行第“承”字辈。

澄江镇晓村村 今传23世，居村166户670多人。现最小行第“钦”字辈。

澄江镇龙陂村 今传23世，居村24户170多人。现最小行第“钦”字辈。

澄江镇桥头围村 今传23世，居村18户100余人。现最小行第“钦”字辈。

澄江镇小陂村 今传23世，居村94户620多人。现最小行第“钦”字辈。

澄江镇澄江圩村 今传22世，居村16户60多人。现最小行第“训”字辈。

深度水瑶族乡锅洞村 今传21世，居村7户36人。现最小行第“祖”字辈。

深度水瑶族乡坝心村 今传24世，居村58户290多人。现最小行第“承”字辈。

顿岗镇七北村乌泥塘 今传23世，居村150户660多人。现最小行第“钦”字辈。

顿岗镇总村 今传22世，居村16户90多人。现最小行第“训”字辈。

马市镇涝洲水村大树坪 今传25世，居村96户460多人。现最小行第“永”字辈。

马市镇涝洲水村船头坪 今传23世，居村7户45人。现最小行第“钦”字辈。

马市镇远迳庙村背坑 今传22世，居村2户12人。现最小行第“训”字辈。

马市镇陆源水村牛坑 今传21世，居村7户40多人。现最小行第“祖”字辈。

（四）南雄市雷姓（雷肇春家族世系）

百顺镇杨梅洞村雷屋 今传22世，居村16户70多人。现最小行第“训”字辈。

邓坊镇赤石村 今传22世，居村36户190多人。现最小行第“训”字辈。

邓坊镇老墟村 今传22世，居村1户15人。现最小行第“训”字辈。

邓坊镇前坊村 今传24世，居村24户180多人。现最小行第“承”字辈。

古市镇对门岭村　今传 21 世，居村 22 户 110 多人。现最小行第“祖”字辈。
古市镇窑塘村　今传 23 世，居村 6 户 35 人。现最小行第“钦”字辈。
古市镇油槽坑村　今传 22 世，居村 12 户 90 多人。现最小行第“训”字辈。
湖口镇岗围村　今传 21 世，居村 1 户 13 人。现最小行第“祖”字辈。
黄坑镇蔡屋场村　今传 22 世，居村 2 户 10 人。现最小行第“训”字辈。
黄坑镇官塘坑村　今传 21 世，居村 5 户 20 人。现最小行第“祖”字辈。
黄坑镇小陂村　今传 24 世，居村 42 户 280 多人。现最小行第“承”字辈。
黄坑镇杨梅坑村　今传 23 世，居村 39 户 230 多人。现最小行第“钦”字辈。
江头镇江头村　今传 22 世，居村 2 户 20 多人。现最小行第“训”字辈。
帽子峰镇狮石村　今传 23 世，居村 12 户 80 多人。现最小行第“钦”字辈。
帽子峰镇新地坑村　今传 22 世，居村 8 户 45 人。现最小行第“训”字辈。
全安镇暖水塘村　今传 21 世，居村 13 户 90 多人。现最小行第“祖”字辈。
全安镇三枫村　今传 21 世，居村 39 户 200 余人。现最小行第“祖”字辈。
全安镇网岭下村　今传 21 世，居村 2 户 15 人。现最小行第“祖”字辈。
全安镇下黄岭村　今传 22 世，居村 20 户 110 人。现最小行第“训”字辈。
全安镇羊角岭村　今传 22 世，居村 5 户 40 人。现最小行第“训”字辈。
全安镇杨沥村黄塘坑　今传 21 世，居村 9 户 49 人。现最小行第“祖”字辈。
全安镇杨沥上村　今传 19 世，居村 1 户 6 人。现最小行第“清”字辈。
雄州镇光明东村　今传 21 世，居村 1 户 11 人。现最小行第“祖”字辈。
雄州镇九墩园村　今传 21 世，居村 1 户 16 人。现最小行第“祖”字辈。
雄州镇黎口里坑村　今传 21 世，居村 15 户 90 多人。现最小行第“祖”字辈。
油山镇井湾村　今传 24 世，居村 50 户 390 多人。现最小行第“承”字辈。
油山镇廖塘村　今传 20 世，居村 16 户 95 人。现最小行第“名”字辈。
珠玑镇大石岩村　今传 21 世，居村 3 户 20 多人。现最小行第“祖”字辈。
珠玑镇古巷街村　今传 21 世，居村 22 户 100 余人。现最小行第“祖”字辈。
珠玑镇里东村　今传 20 世，居村 6 户 40 多人。现最小行第“名”字辈。
主田镇城门村　今传 21 世，居村 2 户 20 多人。现最小行第“祖”字辈。
主田镇大坪头村　今传 21 世，居村 2 户 20 人。现最小行第“祖”字辈。
主田镇观音坪村　今传 22 世，居村 18 户 140 多人。现最小行第“训”字辈。
主田镇虎井坑村　今传 22 世，居村 3 户 15 人。现最小行第“训”字辈。
主田镇老围村　今传 21 世，居村 15 户 100 余人。现最小行第“祖”字辈。
主田镇梨树下村　今传 22 世，居村 9 户 60 人。现最小行第“训”字辈。
主田镇青峰山村　今传 22 世，居村 16 户 110 人。现最小行第“训”字辈。
主田镇上洞村　今传 22 世，居村 13 户 80 人。现最小行第“训”字辈。
主田镇谭塘坪村　今传 22 世，居村 2 户 15 人。现最小行第“训”字辈。
主田镇园岭村　今传 22 世，居村 7 户 29 人。现最小行第“训”字辈。
主田镇跃下村　今传 21 世，居村 3 户 45 人。现最小行第“祖”字辈。
主田镇斋塘围村　今传 23 世，居村 11 户 60 多人。现最小行第“钦”字辈。

（五）乳源县雷姓

洛阳镇半星雷屋村　居村 58 户 330 人。

（六）仁化县雷姓

周田镇周田村村　今传 22 世，居村 4 户 15 人。现最小行第“训”字辈。

（七）翁源县雷姓

周陂镇石迳陈村 居村 180 余户 910 多人。

周陂镇高一村 居村 90 余户 370 多人。

周陂镇高二村（上山甲） 居村 150 余户 730 多人。

周陂镇哈水婆子潭 居村 20 余户 90 多人。

周陂镇礤下东边村 居村 250 余户 1200 余人。

七、清远市

连州市雷姓

九陂镇龙江村 由始兴县迁入。今传 8 世，居村 17 户 90 多人。现最小行第“训”字辈。

八、河源市

东源县雷姓

叶潭镇半埔畲族村 民国时期迁入。居村 7 户 60 多人

第二节 福建省

一、福州市

（一）晋安区雷姓

日溪乡东坪村 明弘治年间（1488—1505 年），雷功清由连江小沧畲族乡东山迁入。今传 14 世，居村 30 余户 160 多人。全村讲畲语。行第：国正天星顺，官清民住安。

日溪乡东坪村瓦坪 明万历年间（1573—1620 年），雷景礼由日溪乡东坪村迁入。今传 12 世，居村 28 户 130 多人。全村讲畲语。行第：国正天星顺，官清民住安。

日溪乡东坪村金山顶 明末清初，由日溪乡东坪村迁入。今传 12 世，居村 10 余户 50 多人。全村讲畲语。行第：国正天星顺，官清民住安。

日溪乡东坪村山仔濑 清康熙年间（1662—1722 年），由日溪乡党洋村迁入。今传 12 世，居村 10 余户 60 多人。全村讲畲语。行第：国正天星顺，官清民住安。

日溪乡党洋村 明末清初，由连江小沧畲族乡大坪迁入。今传 12 世，居村 30 余户 140 多人。全村讲畲语。行第：国正天星顺，官清民住安。

日溪乡点洋村梅坑 清初，由罗源霍口畲族乡岗尾村迁入。今传 14 世，居村 25 户 110 多人。全村讲畲语。行第：孟振势文有岱崇，允尚春志梅华秀。现至“志”字辈。

日溪乡日溪村 由连江丹阳迁入。今传 12 世，居村 6 户 23 人。全村讲畲语。

日溪乡日溪村湖里 清初，由小沧樟后迁入。今传 12 世，居村 1 户、5 人。

日溪乡日溪村三队 清初，由霍口东元亭村南峰迁入。今传 12 世，居村 2 户 8 人。

日溪乡梓山村 清乾隆年间（1736—1795 年）迁入。今传 12 世，居村 9 户 30 多人。

日溪乡梓山村村下村 清初，由霍口畲族乡卓贤垅经梓山村车马迁入。今传 12 世，居村 4 户 26 人。

日溪乡梓山村店坂 清初，由霍口东元亭村大湾迁入。今传 12 世，居村 3 户 18 人。

寿山乡芙蓉村中楼 清乾隆五十九年（1794 年），有 2 支雷姓迁入：①由连江潘渡乡溪利村迁入；②由连江蓼沿乡周溪村周岭头迁入。今传 11 世，居村 50 户 210 多人。全村讲畲语。一支

行第：学志克道思，其寅启江常。

寿山乡九峰村赖婆里　清乾隆年间（1736—1795 年），雷华兴、雷华亨等三兄弟由连江丹阳迁入。今传 11 世，居村 20 户 100 多人。中老年人讲畲语。

宦溪镇黄土岗村　有 2 支雷姓迁入：①唐末由宁化或兴化迁入，今传 40 余世。现行行第：学则程朱，道生仁义，德能孝友。已繁衍至“义”字辈。后裔分迁宦溪镇南边、芹草洋，连江潘渡乡里洋村、长龙镇洪塘村鹅角仑等地。②明天顺年间（1457—1464 年），由连江蓼沿乡碗腰里（村已废）迁入，今传 24 世。居村共 45 户 180 多人。全村讲畲语。

宦溪镇峨嵋村南边　明万历年间（1573—1620 年），由宦溪镇黄土岗村迁入。今传 17 世，居村 45 户 180 多人。全村讲畲语。行第：学则程朱，道生仁义，德能孝友。

宦溪镇峨嵋村芹草洋　明万历年间（1573—1620 年），由宦溪镇黄土岗村迁入。今传 15 世，居村 17 户 100 多人。老年人讲畲语。行第：学则程朱，道生仁义，德能孝友。

（二）闽侯县雷姓

白沙镇大目溪村洋门格　清咸丰十一年（1861 年），雷钟钟由永福（今永泰县）嵩口镇三峰村长坂里迁入。今传 6 世，居村 18 户 100 多人。

白沙镇井下村青坑　清乾隆年间（1736—1795 年），由罗源县霍口畲族乡湖头村迁入，今传 8 世，居村 6 户 20 多人。行第：国、朝、和（与罗源湖头村“乃”同辈）、其（之后未续）。

南屿镇九都村　清雍正年间（1722—1735 年），雷端财、雷端明由竹岐乡天台村坵宅迁入。今传 11 世，居村 69 户 330 多人。

竹岐乡天台村（含坵宅、老头）　明嘉靖年间（1522—1566 年），雷腾照由永泰县赤锡乡荷溪村迁入。今传 15 世，居村 15 户 100 多人。行第（部分）：大（代）、振、家、新（兴）。后裔分迁南屿九都村、永泰城峰镇六角坑村。

竹岐乡元格村　清康熙三十一年（1692 年），由永泰红星石碑村迁入。今传 12 世，居村 21 户 100 多人。后裔分迁火炬村。

竹岐乡南洋村　清咸丰六年（1856 年），雷齐科由永泰红星石碑村迁入。今传 6 世，居村 35 户 160 多人。

大湖乡六锦村官山　嘉庆十三年（1808 年），雷法成由罗源霍口湖头村青坑迁入。今传 16 世，居村 40 余户 200 多人。全村讲畲语。行第：元伯满茂法，可振（长）尔启（国），家（则）凤良善士。续：进士志兴，高祖受帝德，定为开富贵。

廷坪乡塘里村南美　有 2 支雷姓迁入：①嘉庆二十年（1815 年），由罗源重下里（今属霍口）湖头村迁入，今传 8 世；②由宁德西园迁入，行第：金、文、明。居村共 2 户 10 多人。中老年人讲畲语。

（三）连江县雷姓

东湖镇天竹村　清顺治年间（1644—1661 年），雷君绚由黄坑里迁入天竹乡旧厝坪，后迁入天竹村。居村 50 余户 300 多人。全村讲畲语。行第：日步青永，帝登盛时，文香瑞宜，恒长发其祥。

丹阳镇丹阳村雷厝里　明末清初，由长龙镇外窑村迁入。今传 16 世，居村 34 户 170 多人。全村讲畲语。

小沧畲族乡七里村　明崇祯年间（1628—1644 年），雷进轩由连江透堡镇馆读村迁入。今传 19 世，居村 100 余户 480 多人。全村讲畲语。行第：崇起国贞，士举朝廷，向（宪）祖宗兴，忠孝宜立志。现至“立”字辈。

小沧畲族乡利洋村（掌濑）　明崇祯年间（1628—1644 年），雷齐轩由连江洋梅岭迁入。今传 18 世，居村 67 户 320 多人。全村讲畲语。行第：崇起国贞，士举朝廷，向（宪）祖宗兴，忠孝宜立志。

小沧畲族乡东风村上东山 居村76户370多人。全村讲畲语。行第：国正天星顺，官清民住安，妻贤夫祸少，子孝父心宽。现至“天”字辈。

小沧畲族乡东风村金洋顶 居村20余户110多人。全村讲畲语。

小沧畲族乡东风村半岭 居村20余户100多人。全村讲畲语。

小沧畲族乡东风村桥头 居村20余户100多人。全村讲畲语。

潘渡乡溪利村 明末，雷子行、雷启迁入。今传17世，居村140余户620多人。全村讲畲语。大房行第：忠孝廉节大江祥。小房行第：学志克道思，其寅启江常。

潘渡乡唐坂村里洋 清乾隆年间（1736—1795年），雷仕灯由福州晋安区宦溪镇黄土岗村迁入。今传11世，居村25户120多人。全村讲畲语。行第：学则程朱，道生仁义，德能孝友。

潘渡乡塘坂村大洪 居村60余户300多人。全村讲畲语。

潘渡乡陀市村白莲 1954年，雷木官、雷金木由潘渡乡溪利村迁入。今传4世，居村10余户50多人。全村讲畲语。

潘渡乡贵安村苎山 今传10世，居村30余户160多人。行第：铭致友谊，天德兆云，基寅长存。

潘渡乡南山村 居村37户140多人。全村讲畲语。

潘渡乡高岳村 由罗源白塔乡大项村迁入。居村35户140多人。畲民讲畲语。

马鼻镇浮晞村 清乾隆年间（1736—1795年），雷允和由潘渡溪利村迁入。今传14世，居村47户200多人。

马鼻镇东湾（东芗）村鲤溪 清乾隆年间（1736—1795年），雷文泰由东芗（今东湾）村上洋里迁居长龙镇外瑶村，后又回迁东湾（东芗）村，居鲤溪自然村。今传11世，居村9户50人。行第：文献师高书，为（科）孝友伙。

蓼沿乡蒲边村陶洋 清康熙九年（1670年），雷益隆（一龙）由晋江淮安迁入，清康熙二十九年（1690年）迁居罗源霍口山垅湾村梨坑，曾孙雷开洛、雷开院于清乾隆十五年（1750年）回迁陶洋。今传15世，居村27户140多人。全村讲畲语。行第：一朝长开，学仕盛春，位桂馥兰，馨振家声。续：道德高宏，忠孝仁义，文名宝重，克昌裕后。现繁衍至“家”字辈。

蓼沿乡林场村南岭（兰仔） 清乾隆十五年（1750年），雷开院由蓼沿乡蒲边村陶洋迁入。今传14世，居村27户120多人。全村讲畲语。后裔2支外迁。行第：一朝长开，学仕盛春，位桂馥兰，馨振家声。续：道德高宏，忠孝仁义，文名宝重，克昌裕后。现至“道”字辈。

蓼沿乡林场村山斗 清嘉庆元年（1796年），由蓼沿乡林场村南岭（兰仔）迁入。今传9世，居村17户80多人。全村讲畲语。行第：一朝长开，学仕盛春，位桂馥兰，馨振家声。续：道德高宏，忠孝仁义，文名宝重，克昌裕后。

蓼沿乡赤石村虎头山 清嘉庆三年（1798年），由连江长龙镇鹿池村迁入。今传9世，居村10余户60多人。全村讲畲语。

蓼沿乡赤石村黄竹头 清嘉庆二十四年（1819年），有2支雷姓迁入：①由连江小沧畲族乡东风村东山迁入；②由东风村东山半岭迁入。今传8世，居村25户120多人。全村讲畲语。

蓼沿乡仙屏村高坂 清嘉庆十四年（1809年），由罗源筧下村迁入。今传8世，居村有6户30多人。全村讲畲语。

蓼沿乡仙屏村五峰 清乾隆十四年（1749年），由连江晓澳上岸迁入。今传11世，居村10户50多人。全村讲畲语。

蓼沿乡王坑村尖山 清嘉庆二十四年（1819年），由长龙镇光华村迁入。今传9世，居村8户40多人。全村讲畲语。

蓼沿乡周溪村牛头山　清康熙二十八年（1689 年），由连江天竹村迁入。今传 14 世，居村 20 余户 100 多人。

蓼沿乡周溪村百里坑　清乾隆五十四年（1789 年），由长龙镇刘山村迁入。今传 10 世，居村 10 余户 70 多人。

蓼沿乡周溪村岭头　明天顺五年（1461 年），雷大亮由蓼沿乡清河里碗腰里（村已废）迁入。今传 24 世，居村 40 余户 160 多人。行第（部分）：礼、长、永、金。全村讲畲语。

长龙镇鹿池村　由小沧畲族乡东风村上东山迁入。居村 40 余户 230 多人。

长龙镇外瑶村　民国二十九年（1940 年），由马鼻东湾（东芗）上洋里回迁。今传 3 世，居村 6 户 38 人。行第：文献师高书，为（科）孝友伙。

长龙镇苏山村企仑　由罗源霍口乡岗尾村迁入。居村 20 余户 90 多人。行第：福如东海，寿比南山。

长龙镇大樟村　居村 4 户 27 人。

长龙镇洪塘村鹅角仑　清嘉庆年间（1796—1820 年），由福州晋安区宦溪镇黄土岗村迁入。今传 9 世，居村 10 余户 70 多人，全村讲畲语。行第：学则程朱，道生仁义，德能孝友。

筱埕镇蛎坞村　明永乐年间（1403—1424 年），由永福迁入。今传 24 世，居村 46 户 130 多人。

坑园镇红厦（洪厦）村　清康熙年间（1662—1722 年），雷明生（雷章盛后裔）由连江边坪村（已废）迁入。今传 14 世，居村 40 余户 120 多人。

官坂镇梅里村南峰　清乾隆三十年（1765 年），由南洋迁入。今传 11 世，居村 45 户 130 多人。全村讲畲语。

安凯乡镇安村　清光绪十一年（1885 年），雷财贵由长龙镇企仑村经坑园颜岐村迁入。今传 6 世，居村 60 余户 280 多人。

安凯乡黄家洞村　居村 36 户 120 多人。

（四）闽清县雷姓

池园镇丽星村　1929 年，雷守陶由永泰县嵩口镇三峰村长坂洋迁入。今传 4 世，居村 7 户 40 人。

（五）罗源县雷姓

霍口畲族乡岗尾村　明嘉靖年间（1522—1566 年），由侯官（今福州北岭至闽侯白沙、大湖一带）迁入。今传 20 世，居村 10 余户 60 多人。行第：大小千万念，开柒曾祖考，自续孟振势，文有岱崇允，尚春志光良。续：嘉会期亨，枝庭继世，圣道孔彰。

霍口畲族乡岗尾村西山　明末，雷振和由霍口村卓贤垅迁入。今传 15 世，居村 29 户 150 多人。全村讲畲语。行第：大小千万念，开柒曾祖考，自续孟振势，文有岱崇允，尚春志光良。续：嘉会期亨，枝庭继世，圣道孔彰。

霍口畲族乡岗尾村山朋　清乾隆年间（1736—1795 年），雷崇贤由岗尾村迁入。今传 12 世，居村 28 户 130 多人。全村讲畲语。行第：大小千万念，开柒曾祖考，自续孟振势，文有岱崇允，尚春志光良。续：嘉会期亨，枝庭继世，圣道孔彰。

霍口畲族乡霍口村卓贤垅　由霍口畲族乡岗尾村迁入。居村 45 户 180 多人。后裔有 6 支外迁。全村讲畲语。

霍口畲族乡东园亭村南峰　明末，雷续惠由岗尾村迁入。今传 16 世，村居 25 户 120 多人。后裔有 3 支外迁。全村讲畲语。行第：大小千万念，开柒曾祖考，自续孟振势，文有岱崇允，尚春志光良。续：嘉会期亨，枝庭继世，圣道孔彰。

霍口畲族乡塘下村安潭　明嘉靖年间（1522—1566 年），雷兼三由霍口畲族乡溪前村后山长岗迁入。今传21世，居村40余户170多人。后裔有20多支外迁。全村讲畲语。

霍口畲族乡大王里村牛栏坪 明初，雷乙彩由霍口安潭村迁入。今传20世，居村30余户160多人。后裔有4支外迁，其中1支迁徙浙江景宁建源村（今泰顺县司前镇）。全村讲畲语。

霍口畲族乡福湖村 清初，有2支雷姓迁入：①雷正椿由大王里村牛栏坪迁入；②另一支由东园亭村南峰村迁入。行第：大小千万念，开柒曾祖考，自续孟振势，文有岱崇允，尚春志光良。续：嘉会期亨，枝庭继世，圣道孔彰。今传11世，居村共49户（其中6户为南峰支系）230多人。全村讲畲语。

霍口畲族乡湖头村 清顺治九年（1652年），雷奇峰由大王里村牛栏坪迁入。今传14世，居村40余户190多人。后裔有5支外迁闽侯六锦村官山、闽侯井下村青坑等。全村讲畲语。

霍口畲族乡川边村 清初，雷元智由湖头村迁入。今传16世，居村20余户120多人。

霍口畲族乡山垅湾村梨坑 清康熙二十九年（1690年），雷益隆（一龙）由连江县蓼沿乡陶洋（陀洋）村迁入。今传16世，居村69户250多人。曾孙雷开洛、雷开院回迁陶洋村。全村讲畲语。

霍口畲族乡川边村坝头 明末，雷兆纲由霍口畲族乡安潭迁入。今传16世，居村30余户160多人。全村讲畲语。

霍口畲族乡大王里村堡岗 清初，雷长升由古田县三十八都迁入。今传16世，居村45户200多人。全村讲畲语。

霍口畲族乡王廷洋（上半山、下半山）村 明末，有2支雷姓迁入：①雷有德由霍口畲族乡介洋村迁入；②由霍口村卓贤垅迁入。今传17世，居村47户210多人。全村讲畲语。

霍口畲族乡西峰村 清顺治九年（1652年），雷奇峰由今闽侯县旗山旗角墘迁入。今传14世，居村20余户140多人。后裔有6支外迁。全村讲畲语。

霍口畲族乡西峰村下车 清初，雷岳田由今闽侯县旗山旗角墘迁入。今传15世，居村20余户140多人。全村讲畲语。

霍口畲族乡溪前村 清初，由闽侯县经罗源西兰乡刘坑村迁入。今传15世，居村40余户190多人。后裔有2支外迁。全村讲畲语。行第：进士志兴，高祖受帝德，定为开富贵。

飞竹镇杞坑村 清嘉庆元年（1796年），由连江县东湖镇天竹迁入。今传10世，居村65户290多人。后裔有5支外迁飞竹镇官路下村外湾等地。全村讲畲语。

飞竹镇官路下村外湾 清嘉庆年间（1796—1820年），雷圣相由飞竹镇杞坑村迁入。今传8世，居村29户120多人。

飞竹镇蛤蟆石村 清康熙四十八年（1709年），雷振平由罗源霍口畲族乡东园亭村南峰迁入。今传13世，居村40余户180多人。后裔有3支外迁。全村讲畲语。

西兰乡石壁下村 明崇祯年间（1628—1644年），由连江小沧畲族乡东风村半岭迁入。今传19世，居村89户410多人。后裔有5支外迁。全村讲畲语。

西兰乡石壁别下村刘坑 清道光年间（1821—1850年），由今闽侯县大湖乡六锦村官山迁入。今传8世，居村30余户150多人。全村讲畲语。行第：进士志兴，高祖受帝德，定为开富贵。

西兰乡许洋村陈洋 清初，由今连江县小沧畲族乡七里村迁入。今传16世，居村20余户140多人。后裔有2支外迁。全村讲畲语。

西兰乡西兰村塘里 清初，由许洋村陈洋迁入。今传16世，居村29户130多人。

白塔乡笕下村 清康熙年间（1662—1722年），雷有成由连江县潘渡乡溪利（北岸）村迁入。今传12世，居村59户280多人。后裔有3支外迁。全村讲畲语。

白塔乡旺岩村双元里 明末清初，由连江县潘渡乡溪利（南岸）村迁入。今传16世，居村

30 余户 140 多人。后裔有 1 支外迁。全村讲畲语。

白塔乡大项村　清初，由罗源起步镇高洋迁入。今传 12 世，居村 30 余户 170 多人。后裔有 2 支外迁。全村讲畲语。

松山镇八井村　明万历年间（1573—1620 年），雷安和、雷安居兄弟由今连江县长龙乡企仑村迁入，分福、禄两房拓迁繁衍。今传 20 世，居村 200 余户 730 多人。后裔有 3 支外迁。全村讲畲语。

松山镇竹里村横埭　明天启年间（1621—1627 年），由松山镇八井村迁入。今传 20 世，居村 59 户 250 多人。

松山镇竹里村下竹里　清初，由霍口畲族乡溪前村迁入。今传 16 世，居村 86 户 330 多人。全村讲畲语。

松山镇北山村　清道光年间（1821—1850 年），由飞竹镇杞坑村迁入。今传 8 世，居村 28 户 130 多人。全村讲畲语。

起步镇田中村　清初，有 3 支雷姓迁入：①雷加和十世裔孙由连江县潘渡乡溪利村（南岸支系）或罗源白塔乡双元里村（南岸支系）迁入；②雷明全九世孙由今宁德市蕉城区飞鸾镇南山村迁入；③雷荣华迁入。居村共 38 户 170 多人。全村讲畲语。

起步镇水口洋村　清初，有 4 支雷姓迁入：①雷日明、雷日光兄弟由宁德麒麟寨迁入；②雷曲法由罗源霍口畲族乡岗尾村迁入；③雷新干由罗源白塔乡上大项村迁入；④雷乐祖由今宁德市蕉城区迁入。今传 17 世，居村共 68 户 300 多人。全村讲畲语。后裔有 2 支外迁。

洪洋乡车溪村　清初，由罗源霍口畲族乡霍口村卓贤垅迁入。今传 15 世，居村 58 户 230 多人。全村讲畲语。现行行第：建、金、祖。

洪洋乡官村村萧洋　明末，由连江县潘渡乡高岳村迁入。今传 19 世，居村 30 户 100 多人。全村讲畲语。

洪洋乡官村村半乾　清初，由罗源西兰乡刘坑迁入。今传 16 世，居村 20 余户 90 多人。全村讲畲语。

洪洋乡南坝村九头艮　清乾隆年间（1736—1795 年），有 2 支雷姓迁入，其中一支由飞竹镇蛤蟆石迁入。今传 12 世，居村共 45 户 180 多人。后裔有 4 支外迁。全村讲畲语。

碧里乡西洋村角里　清初，由罗源起步镇鸭㳇坑村（筅下支系）迁入。今传 15 世，居村 20 余户 110 多人。全村讲畲语。

碧里乡廪头村　清初，有 2 支雷姓迁入：①由连江县潘渡乡溪利村（南岸支系）迁入；②由罗源松山镇八井村迁入。今传 15 世，居村共 20 余户 120 多人。全村讲畲语。

中房镇下湖村　明末清初，由罗源霍口畲族乡岗尾村迁入。今传 16 世，居村 78 户 350 多人。后裔有 2 支外迁。全村讲畲语。

鉴江镇远顶村　清初，由罗源洪洋乡肖洋村迁入。今传 16 世，居村 20 余户 100 多人。

凤山镇南门外村　明末，由连江县迁入。今传 21 世，居村 20 余户 100 多人。

（六）永泰县雷姓

嵩口镇三峰村长坂洋　五代后晋开运三年（946 年），雷伯兴带领驻军于长坂洋"屯田"，曾三次往深山迁移，乃至三峰村长坂里狮头山。1960 年村民因"造福工程"回迁长坂洋。今传 36 世，居村 37 户 130 多人。后裔有 4 支外迁。老年人会讲畲语。

嵩口镇月阙村　明永乐年间（1403—1424 年），由嵩口镇三峰村长坂里迁入。今传 26 世，居村 20 户 90 多人。

赤锡乡荷溪村　清康熙十年（1671 年），雷福高由三峰村长坂里迁入。今传 15 世，居村有 67 户 330 多人。

富泉乡协星村（古称湖濑头） 明嘉靖二十六年（1547 年），雷藤养由赤锡乡荷溪迁入。今传 16 世，居村 179 户 1000 多人。

富泉乡芭蕉村 有 2 支雷姓迁入：①明嘉靖年间（1522—1566 年），雷藤居由赤锡荷溪迁入，今传 16 世；②清初，雷有寿由富泉乡协星村迁入，今传 13 世。居村共 80 余户 470 多人。

富泉乡瑞应村 有 2 支雷姓迁入：①元末迁入，今传 28 世；②清初，雷有寿之子（名讳不详）由富泉乡芭蕉村迁入，今传 12 世。居村共 80 余户 360 多人。

富泉乡蜚英村程山 清乾隆十五年（1750 年），雷喜官由赤锡荷溪村土湾迁入。今传 11 世，居村 25 户 100 多人。

城峰镇力生村岭顶 明永乐年间（1403—1424 年），由嵩口镇三峰村长坂里迁入。今传 25 世，居村 50 余户 220 多人。

城峰镇力生村六角坑 明末，雷赐福由今闽侯竹岐天台山迁入。今传 14 世，居村 40 余户 180 多人。

城峰镇温泉村 有 2 支雷姓迁入：①清乾隆年间（1736—1795 年），由赤锡荷溪村雷子寨迁入；②清嘉庆年间（1796—1820 年），由城峰镇力生村岭顶迁入。今传 9 世，居村 17 户 80 多人。

红星乡雁门村石牌 清初，雷有福由富泉乡协星村迁入。今传 13 世，居村 75 户 390 多人。

清凉镇岭下村 清咸丰年间（1851—1861 年），雷齐其由红星乡雁门村石牌迁入。今传 7 世，居村 20 余户 100 多人。

清凉镇山田村 清嘉庆十九年（1814 年），由城峰镇力生村迁入。今传 8 世，居村 16 户 100 多人。

岭路乡凤落村 明正德年间（1506—1521 年），雷藤洋由赤锡乡荷溪村土湾迁入。今传 20 世，居村 18 户 80 多人。

同安镇新村村 清康熙三十七年（1698 年），雷朝柱由莆田县光业里真坑入迁。今传 12 世，居村 36 户 170 多人。

长庆乡岭兜村 明正德年间（1506—1521 年），雷千十二郎由嵩口镇三峰村长坂洋迁入。今传 16 世，居村 7 户 35 人。

二、漳州市

华安县雷姓

新圩镇官畲村 清康熙年间（1662—1722 年）迁入。今传 13 世，居村 36 户 140 多人。

三、泉州市

（一）洛江区雷姓

清源街道西门居委会义城村 民国初年，由今洛江区河市镇厝斗畲族村迁入。今传 5 世，居村 30 余户 200 多人。行第：子君道卿伯，候尔祚其昌，泉源绵永远，丰宝重光，秀毓灵钟，家庭瑞启，慈孝友恭。

河市镇厝斗畲族村 清初，雷光辉由惠安县东平铺产坑乡（今仙游园庄镇）迁入，今传 16 世，居村 60 余户 300 多人。后裔分居厝斗村小梧洋、新告、社头。行第：日月公天德，恭宽信敏惠，乾元兴利贞，高祝喜弘生。现至“弘”字辈。

河市镇新告村社头 居村 25 户 120 人。

河市镇新告村小溪 居村 20 户 90 人。

（二）南安市雷姓

码头镇坑内畲族村　有2支雷姓迁入：①明洪武初年（1368—1378年），雷思颜由泉州西隅迁入，今传24世；②明成化年间（1465—1487年），雷庆由南安三十五都白石乡迁入，今传21世。居村共470余户2380多人。行第：子君道卿伯，候尔祚其昌，泉源绵永远，丰宝重光，秀毓灵钟，家庭瑞启，慈孝友恭。现至“光”字辈。

码头镇丰联畲族村　明正德年间（1506—1521年），雷璹由码头镇坑内畲族村城山石门坑迁入。今传20世，居村210余户1000多人。行第：子君道卿伯，候尔祚其昌，泉源绵永远，丰宝重光，秀毓灵钟，家庭瑞启，慈孝友恭。现至“重”字辈。

码头镇丰美畲族村　明隆庆年间（1567—1572年），雷子荣由码头镇坑内畲族村城山石门坑迁入。今传19世，居村390余户2030多人。行第：子君道卿伯，候尔祚其昌，泉源绵永远，丰宝重光，秀毓灵钟，家庭瑞启，慈孝友恭。现至“光”字辈。

码头镇铺前畲族村　明隆庆年间（1567—1572年），雷迁龙由码头镇坑内畲族村城山石门坑迁入。今传18世，居村156户820多人。行第：子君道卿伯，候尔祚其昌，泉源绵永远，丰宝重光，秀毓灵钟，家庭瑞启，慈孝友恭。现至“重”字辈。

码头镇南冬村　明隆庆年间（1567—1572年），雷由龙由码头镇坑内畲族村城山石门坑迁入。今传18世，居村48户260多人。行第：子君道卿伯，候尔祚其昌，泉源绵永远，丰宝重光，秀毓灵钟，家庭瑞启，慈孝友恭。

码头镇码头村　明隆庆年间（1567—1572年），雷超龙由码头镇坑内畲族村城山石门坑迁入。今传18世，居村40余户230多人。行第：子君道卿伯，候尔祚其昌，泉源绵永远，丰宝重光，秀毓灵钟，家庭瑞启，慈孝友恭。

（三）德化雷姓

葛坑镇龙塔村　清末，由大田迁龙塔村卓立崎，1960后陆续迁龙塔村。今传4世，居村4户20多人。全村说畲语。行第：传、上、大、全。现至“全”字下一辈。

龙门滩镇大溪村（含大地、黄洋、上坪、下�）　有2支迁入：一支于明嘉靖九年（1530年），雷法件由长泰迁黄洋肇基；另一支于1960年以后陆续迁到大地。居村40余户200多人。行第：永起宗亲传后世，荣华富贵忆当时，克承祖德思孝义，高旺炽昌受天休。

（四）永春雷姓

东关镇东关村　清嘉庆年间（1796—1820年），由南安码头镇坑内村雷村迁东关镇滑濑（今村居已废）。1950年后散迁多地，其中3户分迁东关村。今传18世，居村12户60多人。

东关镇内碧村　明嘉靖九年（1530年），雷法巧由漳州分迁东关镇双过濑（族谱记载“双髻濑”，今村居已废）。1950年后迁内碧村。今传18世，居村10户45人。

四、三明市

（一）三元区雷姓

城东乡荆东村�竹坑　明末，雷法兴（雷世正）由大田县梅山镇印斗山迁入。今传17世，居村10余户50多人。中老年人讲畲语。

岩前镇白叶坑村　民国二年（1913年），雷坤隆［雷久征（徵）十八世孙］由上杭古田苏家坡迁入。今传4世，居村8户40多人。中老年人讲畲语。

徐碧街道后洋山畲族村　明末清初，有3支雷姓迁入：①由大田县梅山沈岭迁入；②由三元区中村乡白水村迁入；③由东城乡荆东村�竹坑迁入。今传18世，居村共50余户230多人。

陈大镇碧溪村　有3支雷姓迁入：①清初，由尤溪县新阳镇双贵山迁入，今传12世；②清末，雷元旺由大田县梅山镇印斗山迁入，今传5世；③清末，雷福来由大田县梅山镇沈口村迁入，今传5世。居村共20多户110多人。中老年人讲畲语。

（二）沙县区雷姓

南霞乡龙松村龙池 清同治三年（1864年），雷文照由大田县迁入。今传6世，居村18户90多人。

高桥镇官庄村 清初，雷锦春由大田县迁入。今传12世，居村20余户110多人。

高砂镇椒畔村 居村29户120多人。

富口镇白溪口村 居村18户110多人。

大洛镇官昌村 居村9户50多人。

南阳乡木科村 居村10余户50多人。

（三）永安市雷姓

洪田镇大科村半岭 清末，雷利书、雷泉水［雷久征（徵）二十二世孙］由长汀濯田东坑迁入。今传5世，居村10余户50多人。

（四）清流县雷姓

龙津镇基头（畲族）村 清乾隆年间（1736—1795年），雷应宗由归化（今明溪县）雷坊经清流南岐青山下迁入。今传11世，居村50余户200多人。

龙津镇横溪村 唐咸通年间（860—873年），雷伯御（雷甫之孙）由宁化迁入。今传46世，居村16户80多人。

龙津镇南岐村 清光绪年间（1875—1908年），雷庭富、雷庭贵兄弟［雷久征（徵）后裔］由长童坊葛坪上坪经清流县青山村迁入。今传6世，居村6户30多人。

龙津镇俞坊村 居村30余户120多人。

龙津镇城东村 居村10余户50多人。

龙津镇暖水村 居村20余户90多人。

龙津镇城南村 居村6户20人。

龙津镇拔里村 居村3户10多人。

龙津镇下窠村 居村4户10多人。

龙津镇供坊村 居村3户10多人。

龙津镇大路口村 居村3户10人。

龙津镇桥下村 居村5户17人。

龙津镇严坊村 居村2户10人。

林畲镇林畲村 居村27户90多人。

林畲镇石忠村 居村15户60多人。

嵩溪镇嵩溪畲族村 元末，雷万粮由小池（温郊）经老寨迁入。今传32世，居村100余户500多人。

（五）宁化县雷姓

水茜镇庙前畲族村 唐末，雷甫由江西抚州迁入。今传50世，居村270余户1000多人。行第：德胜仁宗正，邦昌世泽长，天朝登国士，佑启兆承先。

翠江镇城关村 唐末，雷伯泰由宁化中沙乡下沙村迁入。今传48世，居村100余户400多人。

城南镇茜坑畲族村 元末，雷有贵（号神保郎）由翠江镇城关村迁入。今传30世，居村60余户200多人。

城南镇青州坑畲族村 北宋末，雷尚（雷伯御后裔）由宁化水茜镇迁入。今传36世，居村50余户200多人。

城南镇横锁畲族村　明正统年间（1436—1449 年），由中沙乡下沙畲族村迁入。今传 25 世，居村 60 余户 200 多人。

石壁镇塘里刘村　明初，雷廷燮由翠江镇城关村迁入。今传 26 世，居村 80 余户 300 多人。

石壁镇乌石下畲族村　明正统年间（1436—1449 年）迁入。今传 25 世，居村 60 余户 200 多人。

安远镇东桥畲族村　雷伯立后裔由邵武迁入。居村 40 多户 160 多人。

中沙乡下沙畲族村　雷详由水茜镇杨城村迁入。居村 100 余户 500 多人。

方田乡泗坑畲族村　明初，雷廷亮由翠江镇城关村迁入。今传 24 世，居村 100 余户 400 多人。

泉上镇泉永畲族村　元末，雷伯御后裔（名讳不详）由中沙乡下沙畲族村迁入。今传 30 世，居村 50 多户 200 多人。

城郊镇旧墎畲族村　元至元年间（1264—1294 年），雷有贵后裔（名讳不详）由城南镇茜坑畲族村迁入。今传 34 世，居村 50 余户 200 多人。

治平畲族乡坪埔村　元末迁入，居村 97 余户 440 多人。

治平畲族乡光亮村、社福村、泥坑村、治平村、湖背角村、下坪村、高峰村、高地村　元初，雷伯均后裔（名讳不详）由中沙乡下沙畲族村迁入。今传 35 世，居村共 530 余户 2570 多人。

曹坊镇上曹村　居村 30 余户 130 多人。

湖村镇严坊畲族村　元末，雷子袭（雷伯泰后裔）由翠江镇城关村迁入。今传 30 世，居村 50 多户 200 多人。

（六）建宁县雷姓

伊家乡伊家村　清道光二年（1822 年），雷能荣（雷宪二十一世孙）由江西石城迁入，为建宁雷氏始迁人。今传 8 世，居村 20 余户 100 多人。

（七）尤溪县雷姓

新阳镇建新村双贵山　清初，雷尔俊随母由大田县梅山镇印斗山迁入。今传 12 世，居村 56 户 310 多人。后裔有 3 支外迁。全村讲畲语。

坂面镇街面村　明末，由今南安市码头镇迁入。今传 18 世，居村 12 户 50 多人。

坂面镇大墘村水郭　清初，由坂面镇街面村茶坑迁入。今传 16 世，居村 34 户 200 多人。

坂面镇下川村　清初，由坂面镇街面村茶坑迁入。今传 15 世，居村 10 户 60 多人。

坂面镇华园村　清初，由坂面镇下川村迁入。今传 16 世，居村 10 户 50 多人。

坂面镇古迹村　清初，由坂面镇下川村迁入。今传 16 世，居村 10 户 40 多人。

（八）大田县雷姓

梅山镇梅山村印斗山　明天启年间（1621—1627 年），雷伯起由文江乡黄口坂村（汶口坂）迁入，为印斗山一世祖。今传 16 世，居村 10 余户 50 多人。

梅山镇沈岭村　清乾隆五十七年（1792 年），由梅山村印斗山迁入。今传 8 世，居村 20 余户 120 多人。

五、莆田市

（一）仙游县雷姓

钟山镇朗桥村畲垅　明永乐元年（1403 年），雷高真由广东经后塘村（今城厢区华亭镇辖）迁入。今传 21 世，居村 70 余户 500 多人。后裔有 4 支外迁。

钟山镇天珠村胜垅、正坑　明末，由钟山镇朗桥村迁入。居村 50 余户 220 多人。

钟山镇湖亭村雷厝、乌亭下 明末，由钟山镇朗桥村迁入。居村 60 余户 250 多人。

游洋镇龙溪村福岭 明初迁入。居村 50 余户 190 多人。

（二）城厢区雷姓

常太镇渡里村 清乾隆年间（1736—1795 年），雷瑞山由今闽侯迁入。今传 10 世，居村 30 余户 130 多人。

（三）秀屿区雷姓

南日镇山初村大池头 清乾隆年间（1736—1795 年），雷君光（雷瑞山之子）由城厢区常太镇渡里村迁入。今传 10 世，居村 40 余户 280 多人。

六、南平市

（一）延平区雷姓

水南街道岭炳洋村 清初，有 2 支雷姓迁入：①由岭炳洋村上地洋村迁入；②由洋后镇赤岭迁入。今传 16 世，居村共 130 余户 500 多人。中老年人讲畲语。

水南街道岭炳洋村大片（洋尾） 清嘉庆七年（1802 年），雷法溪后裔（名讳不详）由古田四都马山头村迁入。今传 9 世，居村 50 余户 250 多人。

水南街道岭炳洋村北湖 清初，有 3 支雷姓迁入。其中一支由岭炳洋村大片迁入。今传 9 世，居村共 10 余户 80 多人。

洋后镇洋后村（赤岭） 清咸丰三年（1853 年），有 2 支雷姓迁入：其中一支由古田凤都镇龟洞（大栋）迁入。今传 6 世，居村共 60 余户 300 多人。后裔分迁南平、武夷山等地。畲民讲畲语。

夏道镇水井窠村 清雍正年间（1723—1735 年），由古田三都迁入。今传 12 世，居村 55 户 280 多人。

西芹镇秋竹窠（吉洋）村 清末，一蓝姓人家由福州罗源迁入，因该村已有蓝姓，为婚配需要，改蓝为雷。今传 5 世，居村 20 余户 100 多人。

西芹镇后甲村 有 2 支雷姓迁入：①清道光年间（1821—1850 年），由夏道镇小鸠村广坑迁至北湖，1952 年迁西芹镇后甲村，今传 3 世；②民国二十九年（1940 年）由夏道镇小鸠村广坑经上际洋迁入，今传 3 世。居村共 20 余户 90 多人。

（二）建阳区雷姓

莒口镇东山村 民国三十四年（1945 年），雷迪林由今福安市穆阳畲族乡南山村经邵武市拿口镇朱坊村、池下村迁入。今传 4 世，居村 12 户 50 多人。

莒口镇茶布村 居村 10 余户 40 多人。

莒口镇焦岚村 居村 6 户 20 多人。

漳墩镇陈元民族村（含陈元、独苏元、黄泥塘、铜盘、小前山仔、洋尾、方竹坑） 居村 127 户 460 多人。

漳墩镇陈元民族村前山 康熙三年（1664 年），由福安大山下迁入。今传 15 世，居村 27 户 140 多人。行第：章、万、茂、玄。

漳墩镇杭头村 居村 10 户 30 多人。

漳墩镇碓后村老鸦窠 乾隆五十年（1785 年），由漳墩镇陈元民族村前山迁入。居村 46 户 200 多人。后裔分迁上乾、苏元、杭头、外元、松元、下乾等村和政和、建瓯。中老年人讲畲语。行第：华、观、文、廷、礼、作、邦、国、家、学。

漳墩镇上墘村 居村 8 户 40 多人。

漳墩镇苏元村 居村 9 户 60 多人。

漳墩镇周历村 居村6户30人。

漳墩镇松元村小溪 居村2户15人。

漳墩镇杭下村 居村8户30多人。

漳墩镇赖屯村埂头 居村3户15人。

漳墩镇漳墩村 居村15户60多人。

漳墩镇桔坑村 居村8户40多人。

徐市镇五峰村 居村17户86人。

徐市镇南槎村 居村5户20人。

徐市镇条岭村 居村8户30多人。

书坊乡水北村坝下 1960年，雷金祥（锡祥）由福安穆云乡中袄村迁入（1999年搬迁至建阳市区）。今传3世，居村1户17人。

书坊乡饶坝村 居村10户40多人。

黄坑镇三峡村 居村10余户50人。

黄坑镇鹅峰村 居村3户20人。

黄坑镇苦竹坪村 居村5户20多人。

黄坑镇新峰村 居村7户24人。

黄坑镇桂林村 居村9户30多人。

黄坑镇大坡村 居村10余户40多人。

黄坑镇新历村 居村10余户40多人。

黄坑镇长见村 居村6户20多人。

麻沙镇毛店村 居村5户20多人。

麻沙镇江坝村南岸 居村8户30多人。

麻沙镇渡潭村 居村10户40多人。

麻沙镇溪头村 居村8户30多人。

麻沙镇扁溪村 居村6户20多人。

小湖镇秦溪村余源、下墘 居村10余户40多人。

小湖镇桂源村 居村6户20多人。

小湖镇井后村 居村3户14人。

水吉镇市头村 居村7户30人。

水吉镇民主街 居村7户30多人。

将口镇南台村 居村4户20人。

将口镇胡巷村 居村8户30多人。

童游街道溪口村 居村10余户40多人。

童游街道水尾村 居村10余户20多人。

潭城街道严墩村 居村8户53人。

（三）邵武市雷姓

水北镇二都村 清嘉庆年间（1796—1820年），雷念项由建阳嘉禾里台石村（禾坪里上坪村）迁入。今传8世，居村80余户300多人。中老年人讲畲语。

拿口镇朱坊村贺坊 居村20余户90多人。现繁衍至“俊”字辈。全村讲畲语。

拿口镇池下村 有2支雷姓迁入：①清道光十五年（1835年），雷永登（学清）由福安社口镇坑里坑村经浙江迁入；②雷兆瑶（樟明），字域池，1935年由坑口坑经浙江迁入。居村30余户100多人。现繁衍至“滕”字辈的下一代。

城郊镇高南村 由宁化迁入。居村3户10多人。

城郊镇香铺村高基坊 1918年，由宁化经城郊镇高南村迁入。居村2户20多人。行第：金必启，良朝忠，登大世。现繁衍至“朝”字辈，祖父辈会畲语。

（四）建瓯市雷姓

房道镇房道村 唐天复二年（902年），雷鸾由江西丰城迁入，生有4子，分孟、仲、季、洪四房。今传43世，居村300多户1260多人。

房道镇程坑村 由房道村雷氏仲房后裔迁入。居村60余户210多人。

房道镇岩前村 居村37户150多人。

房道镇吴大元村 唐永泰年间（765—766年），雷万兴后裔由广东梅州迁入鹰嘴岩脚下，后迁徙吴大元。居村40余户170余人。

东峰镇记源村（庵前等） 居村80余户350多人。

东峰镇记源村焰后 由凤凰山迁入。居村22户140多人。行第：祖士文兴其，进长维得富，善道家声发，达世代永昌，仁义礼智信，积金成旺良。现最小字辈为“道”。后裔分迁福州、厦门等地。全村讲畲语。

徐墩镇桂美村沶下 居村35户160多人。

顺阳乡际下村 由房道村雷氏季房后裔迁入。居村30余户110多人。

东游镇安国寺村 居村2户11人。

（五）顺昌县雷姓

双溪街道沙岭村 清乾隆四十年（1775年），雷法万由埔上乡谢坑村九龙山迁入。2010年迁下沙村半岭。今传14世，居村65户280多人。后裔有3支外迁。

双溪街道井龙村沙岭 清嘉庆年间（1796—1820年），雷法万后裔（名讳不详）由双溪街道下沙半岭迁入。今传8世，居村50余户250多人。

双溪街道井龙村马坑 清末，雷学光后裔（名讳不详）由黄坑迁入。今传5世，居村40余户200多人。

双溪街道肥追垅村 清乾隆年间（1836—1795年），有2支雷姓迁入：①由沙县迁入；②雷长顺后裔（名讳不详）由洋口镇大圳行村（今谢坊）迁入。今传10世，居村共90余户340多人。

洋口镇大圳行村（今谢坊） 清康熙二十二年（1683年），雷长顺由洋口镇白沙迁入。今传15世，居村170余户460多人。后裔有2支外迁。

洋口镇田坪村 清道光十六年（1836年），雷祖接、雷祖学由今南平市延平区迁入。今传9世，居村150余户410多人。2011年因洪灾迁洋口镇上凤慈济大爱村。

岚下乡桃源村梨坪 有2支雷姓迁入：①清道光十九年（1839年），由浙江庆元县迁入，今传8世；②清宣统三年（1911年），雷炳兴由浙江庆元大冶乡下道干村迁入，今传5世。居村共50余户150多人。

岚下乡新源村（后坑厂） 民国十七年（1928年），雷月芳、雷月佑由建阳三十一都五峰村迁入。今传5世，居村15户50多人。

大历镇秀吴村 民国二年（1913年），雷华章、雷华元由建瓯市房道镇岩前村迁入。今传5世，居村30余户90多人。

建西镇际会村路坑 清初，雷添福由建西镇洋伯洋村迁入。今传12世，居村79户210多人。

建西镇际会村黄窠 由建西镇洋伯洋村迁入。居村40余户150多人。

建西镇滂坑垅村 由建西镇洋伯洋村迁入。居村8户40多人。

元坑镇谟武村　清嘉庆十一年（1806年），有2支雷姓迁入：①雷土生携7个儿子由广东潮州迁入；②由双溪街道肥追垅村迁入。今传10世，居村共40余户180多人。

仁寿镇江墩村　有2支雷姓迁入：①由浙江迁入，今传6世；②由建瓯迁入。居村30余户80多人。

大历镇大坪村、洋口镇白沙村（油厂）、洋口镇上凤村　居村20余户70多人。

（六）浦城县雷姓

河滨街道　清末，雷冬生由江西丰城雷家山村迁入。今传5世，居村10余户30多人。

富岭镇前洋村　清乾隆年间（1736—1795年），雷士显由清流县城南迁入。今传8世，居村25户110多人。

（七）光泽县雷姓

寨里镇桥湾村白石　清康熙年间（1662—1722年），雷茂生、雷广生兄弟由建阳县崇政乡（今崇雒乡）嘉禾里迁入。今传15世，居村90余户450多人。全村讲畲语。

寨里镇桥湾村　20世纪末，由桥湾村白石山上分迁该村日坑、茅垄、黄溪口、紫竹、王家排、沙丘、桥西等处，居村共70余户460多人。行第：茂永显良汉，先兆信隆年；仁德和安胎，文章启厚贤；昌盛福禄寿，兴发世泽传；诗书礼仪强，孝悌万家祥。现繁衍至“和”字辈。全村讲畲语。

寨里镇太银村下关　居村30余户120多人。全村讲畲语。

寨里镇太银村［上关（关上）、后关］　雷文林、雷文武由陕西陇（垄）下迁入。居村10余户40多人。全村讲畲语。

寨里镇太银村枫树坳　由太银村秋竹坑迁入，与金满斗同支系。居村10余户40多人。全村讲畲语。

寨里镇官桥村［屋堂上（屋一）、杨梅石］　清顺治十七年（1660年），雷启由江西贵溪县经光泽白牛岭迁入官桥村高公山（今已废），民国后期至1953年，全村陆续分迁高桥村的屋堂上、泽头山、杨梅石等自然村。居村20余户80多人。行第：元茂显荣祖，泽积富启世，其昌易廷达，胜光永建长，松鹤诞星寿，福禄万家兴。现繁衍至“长”字辈。全村讲畲语。

寨里镇官桥村泽头山　民国时期由官桥村高公山（今已荒废）迁入。居村6户30人。行第：正学有宗兴，文章智大英，诗书礼仪祥，贻谋永发春，祖德传芳远，子孙世代真，其荣克绍昌，国朝立邦清。全村讲畲语。

寨里镇浆源畲族村（含浆源、岭下、大村）　由连城县横山背茶子垄迁入官桥村高公山，民国时期迁入浆源村。居村40余户180多人。全村讲畲语。

司前乡司前村积谷岭　清康熙年间（1662—1722年），雷若卿由南安县十六都雷厝坑迁入。今传13世，居村40余户180多人。行第：箬朝隆文士，泰兴良绍长。

司前乡碗厂村（含半岭、童家、划斜、鲍家、滕家、高斜）　居村90余户共470多人。全村讲畲语。

司前乡墩上村横排　清康熙年间（1662—1722年），雷若卿胞兄（名讳不详）由南安县十六都雷厝坑迁入。居村30余户160多人。

司前乡墩上村上山院、石井　居村30余户140多人。全村讲畲语。

司前乡墩上村双坑口　由寨里镇太银村上官迁入。居村10余户40多人。全村讲畲语。

司前乡东山村（含金满斗、上庄、汉平）　由连城县横山背茶子垄迁入，居村40余户200多人。全村讲畲语。

华桥乡大禾山村白羊　由江西迁入，居村22户65人。

（八）松溪县雷姓

溪东乡雷畲村 元泰定三年（1326年），雷桂由浙江景宁县迁入。今传29世，居村170余户750多人。

花桥乡招沙甲村 清初，雷子云由宁化县下沙迁入。今传14世，居村25户120多人。

七、龙岩市

（一）新罗区雷姓

东肖街道联邦村 明弘治年间（1488—1505年），雷玉方由上杭溪口迁入。今传23世，居村58户280多人。后裔分迁漳州和新加坡、马来西亚等地。

（二）永定区雷姓

湖雷镇雷屋村 明初，雷时霖由上杭临江迁入。今传27世，居村40余户230多人。

（三）上杭县雷姓

太拔镇崇厦村 元至元元年（1335年），雷久征（徵）由清流迁入。今传26世，居村140余户610多人。后裔分迁粤、赣、浙、川、渝、桂、黔、湘及台湾等地。

蛟洋镇华家村大坪 明初，雷千二郎由太拔镇崇厦村迁入。今传27世，居村40余户240多人。

古田镇苏家坡村 明初，雷千三郎由太拔镇崇厦村迁入。今传27世，居村120余户520多人。后裔分迁台湾等地。

古田镇上郭车村 明初，雷法龙由太拔镇崇厦村迁入。今传26世，居村6户30多人。

才溪镇溪北村 明初，雷崇由太拔镇崇厦村迁入。今传26世，居村240余户1380多人。后裔分迁江西、重庆等地。

才溪镇溪西村 居村40户210人。

下都镇吉安村 明正德年间（1506—1521年），雷千一郎由宁化迁入。今传24世，居村140余户680多人。

下都镇五丰村 雷千一郎后裔迁入。居村40余户220多人。

临江镇上下雷屋 明初，雷梓福由宁化迁入。今传27世，居村110余户410多人。

（四）武平县雷姓

东留镇新联村 明初，雷丰由宁化迁入。今传27世，居村110余户500多人。

东留镇桂坑村 清康熙六十年（1721年），雷锦贵由东留新联村迁入，今传24世。居村20余户130多人。

中山镇卦坑村 雷潭由潮州迁入，后迁至海南岛改姓邝。明洪武十四年（1381年），奉调至武所抵寇，恢复原姓。被三世孙立为一世，今传33世，居村10余户40多人。

（五）长汀县雷姓

童坊镇葛坪村 明初，雷积瑞由上杭崇厦迁入。今传25世，居村100余户560多人。

铁长乡张地村马头岌 明朝中叶，雷千九郎由宁化迁入。今传20世，居村21户100多人。

铁长乡南排村 清雍正年间（1723—1735年）雷悬泰由宁化治平乡连里坪村迁入，今传13世。居村27户149人。后裔有4支外迁。

濯田镇梅迳村东坑 明中叶，雷富兴由长汀慈坑迁入。今传20世，居村87户510多人。后裔分迁三明、浙江等地。

庵杰乡上赤村荷包丘 明初，雷以宪由宁化迁入。今传29世，居村20余户160多人。

（六）漳平市雷姓

桂林街道山羊隔村 清嘉庆年间（1796—1820年）迁入，今传10世，居村10余户50

多人。

赤水镇香寮村　明嘉靖年间（1522—1566 年），雷光保迁入。今传 20 世，居村 100 余户 600 多人。

八、宁德市

（一）蕉城区雷姓

八都镇猴盾村　明万历元年（1573 年），雷光清由罗源尖山大坪迁入。今传 19 世，居村 110 余户 490 多人。全村讲畲语。

八都镇新楼村　清顺治二年（1645 年），雷宗兴由今福安市溪潭镇桦林村回迁。今传 15 世，居村 37 户 130 多人。全村讲畲语。

八都镇南岗村　清康熙二年（1663 年），雷友清由罗源县霍口川边村泖头迁入。今传 14 世，居村 76 户 310 多人。全村讲畲语。

洋中镇溪旁村　明万历十七年（1589 年），雷克明由古田梅坪迁入。今传 17 世，居村 50 余户 190 多人。全村讲畲语。

三都镇城澳尼姑坪村　约清道光二十年（1840 年），雷仲库与父母及子女由洋中镇溪旁村迁入。今传 9 世，居村 40 余户 190 多人。

七都镇漈头村　清顺治二年（1645 年），有 2 支雷姓迁入：①雷贵达由罗源松山镇竹里村迁入；②雷有旺由福安金腰带迁入。今传 15 世，居村共 70 余户 310 多人。全村讲畲语。

七都镇河瞭村书井里　清同治五年（1866 年），雷法门由古田三十都溪里村迁入。今传 7 世，居村 50 余户 300 多人。全村讲畲语。

七都镇外洋村　清康熙六十年（1721 年），雷文显由九都镇九仙村迁入。今传 12 世，居村 70 余户 330 多人。全村讲畲语。

九都镇九仙村　居村 70 余户 300 多人。全村讲畲语。

城南镇蚶岐村　清顺治十一年（1654 年），雷月弟由罗源霍口川边村泖头迁入。今传 15 世，居村 50 余户 240 多人。全村讲畲语。

金涵畲族乡金函村　明崇祯十四年（1641 年），有 2 支雷姓迁入：①雷天致由罗源护国井村迁入；②由福安樟岭村迁入，今传 15 世。居村共 120 余户 540 多人。

飞鸾镇南山村　清乾隆九年（1744 年），雷伏寿由罗源松山半山迁入。今传 11 世，居村 52 户 290 多人。全村讲畲语。

飞鸾镇新岩村　清雍正年间（1723—1735 年），雷宏于由罗源飞竹乡杞坑村迁入。今传 13 世，居村 50 余户 160 多人。

漳湾镇雷东村下雷东　原名螺东，后改为雷东。明万历年间（1573—1619 年），雷文发（雷光河第四世孙），由罗源起步镇护国村迁入。今传 15 世，居村 120 余户 540 多人。

霍童镇东岭村半岭　清同治年间（1862—1874 年），由寿宁玛坑乡上半岭村迁入。今传 6 世，居村 3 户 25 人。

（二）福安市雷姓

上白石镇南山头村　清乾隆年间（1736—1795 年），雷良居由康厝畲族乡红坪村迁入。今传 10 世，居村 20 余户 100 多人。全村讲畲语。

潭头镇鹅山村　清乾隆六年（1741 年），雷伯开由康厝畲族乡红坪村迁入。今传 10 世，居村 59 户 260 多人。全村讲畲语。

潭头镇垅头村　清乾隆年间（1736—1795 年），雷邦肖后裔由潭头镇鹅山迁入。今传 9 世，居村 30 余户 130 多人。全村讲畲语。

潭头镇华西坑村 清乾隆年间（1736—1795 年），雷凤院后裔由穆云畲族乡科后村后舍迁入。今传 9 世，居村 20 余户 100 多人。全村讲畲语。

社口镇坑里坑村 清乾隆年间（1736—1795 年），雷邦信由社口镇坑里迁入。今传 9 世，居村 60 余户 260 多人。全村讲畲语。

社口镇上山村 清乾隆年间（1736—1795 年），雷伯五由社口镇潘洋迁入。今传 9 世，居村 20 余户 90 多人。全村讲畲语。

社口镇牛三湾村 清乾隆八年（1743 年），有 2 支雷姓迁入：①福鼎牛埕下的霞浦霞坪支系迁入，后裔去向不详；②雷日贤与雷仲恒父子由穆云畲族乡上长坑迁入。今传 13 世，居村共 70 户 380 多人。全村讲畲语。

社口镇马尾兰村 清乾隆年间（1736—1795 年），雷朝福携次子雷石禄由社口镇仙岭碓迁入。今传 9 世，居村 50 余户 240 多人。全村讲畲语。

社口镇谢岭下村 清乾隆十六年（1751 年），雷光贤由坂中畲族乡后门坪迁入。今传 11 世，居村 40 余户 190 多人。全村讲畲语。

社口镇潘洋村竹林下 清乾隆四年（1739 年），雷元幼由康厝牛石坂村迁入十六都桥头境（即今竹林下自然村）。今传 12 世，居村 53 户 300 多人。全村讲畲语。

社口镇坑里村 明正德十年（1515 年），雷法龙由坂中畲族乡壶坪丘迁入。今传 18 世，居村 80 余户 380 多人。全村讲畲语。

穆云畲族乡燕窝村 清雍正二年（1724 年），雷日光携弟日华、日寿由福安社口镇大坪迁入。今传 14 世，居村 150 余户 530 多人。全村讲畲语。

穆云畲族乡险坑村 清乾隆四年（1739 年），雷光武由康厝畲族乡半山迁入。今传 10 世，居村 50 余户 180 多人。全村讲畲语。

穆云畲族乡下长坑村 清初，雷圣元由康厝畲族乡牛石坂村迁入。今传 13 世，居村 10 余户 50 多人。全村讲畲语。

穆云畲族乡上半岭村 明嘉靖三十四年（1555 年），雷邦云由康厝乡大丘田迁入。今传 22 世，居村 67 户 290 多人。全村讲畲语。

穆云畲族乡竹洲山村 有 2 支雷姓迁入：①清乾隆年间（1736—1795 年），雷光武后裔（名讳不详），由康厝畲族乡半山村迁入，今传 10 世。②清道光年间（1821—1850 年），雷廷宝、雷良汉由穆云畲族乡南山迁入，今传 8 世。居村共 30 余户 140 多人。全村讲畲语。

穆云畲族乡梨田村湖头山 清乾隆年间（1736—1795 年），雷福生由穆云畲族乡林洋湖迁入。今传 10 世，居村 40 余户 200 多人。全村讲畲语。

穆云畲族乡南山村 明万历年间（1573—1619 年），雷林发由霞浦盐田迁入。今传 16 世，居村 140 余户 700 多人。全村讲畲语。

穆云畲族乡下南村 清乾隆年间（1736—1795 年），雷忠成由康厝畲族乡牛石坂村迁入。今传 9 世，居村 40 余户 180 多人。全村讲畲语。

穆云畲族乡王楼村 明末，由穆云畲族乡科后村后舍迁入。今传 19 世，居村 120 余户 550 多人。全村讲畲语。

穆云畲族乡林洋湖村 清乾隆八年（1743 年），雷元鹊由霞浦霞坪迁入。今传 10 世，居村 60 余户 300 多人。全村讲畲语。

穆云畲族乡溪塔村 明万历年间（1573—1619 年），由霞浦盐田畲族乡迁入。今传 16 世，居村 20 余户 100 多人。全村讲畲语。

穆云畲族乡篙尾村 清咸丰十年（1860 年），雷连桂、雷凤迷由穆云畲族乡桦垅头迁入。今传 7 世，居村 17 户 80 多人。全村讲畲语。

穆云畲族乡科后村　清雍正年间（1723—1735 年），雷尚禄由康厝畲族乡红坪村迁入。今传 11 世，居村 35 户 150 多人。全村讲畲语。

穆云畲族乡科后村后舍　清顺治七年（1650 年），雷凤岭由穆云畲族乡十五都赤墘（今属宁德蕉城）迁入。今传 14 世，居村 60 余户 260 多人。全村讲畲语。

穆云畲族乡虎头村　清道光年间（1821—1850 年），由晓阳镇谷口村迁入。今传 8 世，居村 20 余户 90 多人。全村讲畲语。

穆云畲族乡洋坪村　1950 年，雷文龙由康厝畲族乡红坪村迁入。今传 3 世，居村 45 户 220 多人。全村讲畲语。

穆云畲族乡中岙村　清初，雷连梓由康厝畲族乡牛石坂迁入。今传 13 世，居村 50 余户 210 多人。全村讲畲语。

穆云畲族乡桦垅头村　清初，有 2 支雷姓迁入：①雷永兴由康厝乡牛石坂村迁入；②雷兆玻由坂中乡月斗村迁入。今传 14 世，居村共 30 余户 120 多人。全村讲畲语。

穆云畲族乡高岭村　清道光年间（1821—1850 年），由溪潭镇瓜溪村迁入。今传 9 世，居村 35 户 140 多人。全村讲畲语。

穆云畲族乡燕科村　清道光年间（1821—1850 年），雷忠寅由康厝畲族乡牛石坂村迁入。今传 9 世，居村 56 户 240 多人。全村讲畲语。

康厝畲族乡长潭村　明末，雷喜十、雷春生、雷乾五由古田新坝坑迁入。今传 16 世，居村 130 余户 750 多人。全村讲畲语。

康厝畲族乡金斗洋村　有 3 支雷姓迁入：①北宋乾德年间（963—967 年），雷凤顺后裔由上金斗洋迁入；②北宋元丰期间（1078—1085 年），雷承万由长溪大黄坪迁入，今传 41 世；③明初，雷文由罗源大坝头迁入，今传 28 世。居村共 270 余户 1180 多人。全村讲畲语。

康厝畲族乡半山村　明末清初，有 2 支雷姓迁入：①雷林书由康厝乡牛石坂村迁入；②雷凤岭后裔由穆云畲族乡后舍村迁入，今传 15 世。居村共 48 户 210 多人。全村讲畲语。

康厝畲族乡红坪村　明万历四十八年（1620 年），雷法鸿由十五都赤墘迁入。今传 16 世，居村 145 户 620 多人。全村讲畲语。

康厝畲族乡凤洋村牛石坂　清顺治年间（1644—1661 年），雷乾三由宁德猴盾凤洋迁入。今传 16 世，居村 50 余户 230 多人。全村讲畲语。

康厝畲族乡秋岭村　明万历年间（1573—1619 年），雷朝福由社口镇马尾林迁入。今传 16 世，居村 95 户 410 多人。全村讲畲语。

康厝畲族乡施洋村里湾　居村 20 户 110 人。全村讲畲语。

康厝畲族乡周坑村　居村 56 户 300 多人。全村讲畲语。

坂中畲族乡后门坪村　后门坪村旧称洞门、腾门宅、鼓楼。清康熙二年（1663 年），雷城由福安十五都赤墘迁入。今传 14 世，居村 200 余户 900 多人。全村讲畲语。

坂中畲族乡许洋村月斗　清康熙年间（1662—1722 年），雷迷由坂中畲族乡五都赤墘迁入。今传 20 世，居村 80 余户 370 多人。全村讲畲语。

坂中畲族乡井口村　清初，雷凤迷后裔（名讳不详），由坂中畲族乡月斗村迁入。今传 12 世，居村 48 户 200 多人。全村讲畲语。

坂中畲族乡大林村　清初，雷邦望由社口镇坑里迁入。今传 12 世，居村 20 余户 100 多人。全村讲畲语。

坂中畲族乡仙岩村　清初，雷凤照由三十一都刘坑坪（今坂中乡月斗村）迁入。今传 12 世，居村 26 户 120 多人。全村讲畲语。

坂中畲族乡青源村　明嘉靖二十五年（1546 年），雷法凭、雷文先由福安城阳镇四都后楼迁入。今传 20 世，居村 80 余户 340 多人。全村讲畲语。

坂中畲族乡王必厝村 清乾隆年间（1736—1795），雷长达由宁德七都半岭迁入。今传 11 世，居村 47 户 200 多人。全村讲畲语。

坂中畲族乡廉岭村 清顺治二年（1645 年），雷君达由康厝畲族乡大丘田迁入。今传 13 世，居村 90 余户 410 多人。全村讲畲语。

坂中畲族乡和安村 清初，雷士旺由康厝畲族乡大丘田迁入。今传 14 世，居村 100 余户 470 多人。全村讲畲语。

城阳镇白坑村 清乾隆年间（1736—1795 年），雷永华、雷志惠由坂中畲族乡廉岭村迁入。今传 10 世，居村 36 户 160 多人。全村讲畲语。

城阳镇纸坪村 清乾隆年间（1736—1795 年），雷春生由康厝畲族乡长潭迁入。今传 10 世，居村 38 户 180 多人。全村讲畲语。

城阳镇荼洋村 清乾隆年间（1736—1795 年），雷廷居由坂中畲族乡后门坪迁入。今传 10 世，居村 20 余户 100 多人。全村讲畲语。

城阳镇铁湖村岩角亭 清初，雷国民由甘棠镇小岭村迁入。今传 14 世，居村 16 户 70 多人。全村讲畲语。

溪潭镇仙石村南山 清康熙年间（1662—1722 年），有 2 支雷姓迁入：①雷寿九于康熙三十二年（1693 年）由康厝畲族乡牛石坂迁入，今传 21 世；②雷廷皎由二十八都大洋半岗国云林迁入，今传 14 世。居村 60 余户 360 多人。全村讲畲语。

溪潭镇七堀村 清初，有 2 支雷姓迁入：①雷寿九由康厝畲族乡牛石坂村迁入；②雷廷皎由二十八都大洋半岗国云林迁入，今传 14 世。居村共 110 余户 490 多人。全村讲畲语。

溪潭镇岐山村 清康熙十年（1671 年），雷元通由溪潭镇磻溪村后门院迁入。今传 15 世，居村 70 余户 280 多人。全村讲畲语。

溪潭镇下庄村（桦林、八甫） 明末，雷乾四由宁德八都猴盾迁入。今传 16 世，居村 60 余户 260 多人。全村讲畲语。

溪潭镇瓜溪村 明洪武二年（1369 年），雷允德由福鼎白琳镇牛埕下村迁入。今传 25 世，居村 46 户 200 多人。全村讲畲语。

溪潭镇马山村 明末清初，雷元殷、雷元俊、雷凤布由福安坂中畲族乡廉岭村月斗迁入。今传 15 世，居村 70 余户 300 多人。全村讲畲语。

溪潭镇马山村堪下 清道光三年（1823 年），雷法好、雷法财兄弟分别迁入溪潭镇马山村的白岩下、小贝，1973 年两兄弟后裔迁入溪潭镇马山村堪下。居村 100 户 400 多人。全村讲畲语。

溪潭镇凤林村济里 清嘉庆年间（1796—1820 年），雷日海由康厝畲族乡红坪村迁入。今传 9 世，居村 10 余户 60 多人。全村讲畲语。

溪潭镇仙石村大山下 居村 30 户 141 人。全村讲畲语。

溪潭镇沙岩村仙山下 居村 17 户 80 人。全村讲畲语。

溪潭镇兰田村夫艮 居村 26 户 120 人。全村讲畲语。

溪柄镇采花桥村 清乾隆年间（1736—1795 年），雷有俊后裔（名讳不详）由溪柄镇三坪迁入。今传 10 世，居村 26 户 110 多人。全村讲畲语。

溪柄镇东坪村山坪 明嘉靖年间（1522—1566 年），雷阿三、雷蓝晋、雷法奏、雷阿忠、雷阿明五兄弟由福鼎白琳镇牛埕下经化炉洋迁入。今传 19 世，居村 29 户 200 多人。全村讲畲语。

溪柄镇东坪村东山 明嘉靖年间（1522—1566 年），雷法勤由城阳镇后楼迁入。今传 19 世，居村 39 户 210 多人。全村讲畲语。

溪柄镇长洋村葛藤坑 清道光年间（1821—1850 年），雷瑞本由城阳镇岭后村迁入。今传 10

世，居村 45 户 200 多人。全村讲畲语。

溪柄镇龙潭面村考坑　清乾隆年间（1736—1795 年），雷伯十后裔（名讳不详）由溪柄镇磨录坑村迁入。今传 11 世，居村 70 余户 330 多人。全村讲畲语。

溪柄镇茜洋村　民国十六年（1927 年），雷维嫩由溪柄镇茜洋村磨录坑迁入。今传 5 世，居村 30 余户 210 多人。

溪柄镇九龙村　清康熙五年（1666 年），雷士旺由坂中畲族乡后门坪迁入。今传 15 世，居村 40 余户 210 多人。全村讲畲语。

溪柄镇龙新村　居村 40 余户 260 多人。全村讲畲语。

下白石镇下赤村　明万历三十六年（1608 年），雷仕静由下白石镇大获后塘村迁入。今传 16 世，居村 60 余户 270 多人。全村讲畲语。

下白石镇通湾洋村　清乾隆年间（1736—1795 年），雷凤院后裔（名讳不详）由福安松罗乡茶洋村迁入。今传 10 世，居村 20 余户 100 多人。全村讲畲语。

下白石镇亨里村　清雍正六年（1728 年），有 2 支雷姓迁入：①雷起凤由下白石镇半岭村迁入；②雷善三由溪尾镇马山迁入。今传 11 世，居村共 59 户 260 多人。全村讲畲语。

下白石镇亨里村坑里垅　清初，有 2 支雷姓迁入：①由罗源霍口畲族乡川边村泂头迁入；②由罗源大安乡溪潭村西隐迁入。今传 14 世，居村共 60 余户 270 多人。全村讲畲语。

下白石镇樟岭村　清乾隆初年（1736—1740 年），雷士奇、雷廷魁由下白石镇金腰带村迁入。今传 14 世，居村 77 户 340 多人。全村讲畲语。

下白石镇王坑村　清乾隆年间（1736—1795 年），雷志承由下白石镇下赤村迁入。今传 10 世，居村 28 户 120 多人。

下白石镇金腰带村　明万历四十三年（1615 年），雷法勤由宁德八都猴盾迁入。今传 16 世，居村 60 余户 290 多人。全村讲畲语。

湾坞镇池头村　清乾隆年间（1736—1795 年），雷文奇由福安市甘棠镇春雷云村迁入。今传 12 世，居村 27 户 120 多人。全村讲畲语。

湾坞镇福岭村　清乾隆年间（1736—1795 年），由康厝畲族乡红坪村迁入。今传 10 世，居村 16 户 70 多人。全村讲畲语。

湾坞镇半岭村江竹林　清乾隆年间（1736—1795 年），由康厝畲族乡红坪村迁入。今传 10 世，居村 20 余户 90 多人。全村讲畲语。

湾坞镇岩下村　清乾隆年间（1736—1795），由坂中畲族乡后门坪村迁入。今传 11 世，居村 20 余户 110 多人。全村讲畲语。

湾坞镇梅洋村　清乾隆年间（1736—1795），由康厝畲族乡红坪村迁入。今传 10 世，居村 25 户 110 多人。全村讲畲语。

湾坞镇宝林村　清康熙年间（1662—1722），雷廷须由康厝畲族乡红坪村迁入。今传 11 世，居村 70 余户 320 多人。全村讲畲语。

湾坞镇坑源村　清康熙四十一年（1702 年），雷孔定由侯官石井乾山迁入。今传 12 世，居村 17 户 70 多人。全村讲畲语。

湾坞镇炉山村　清初迁入，今传 14 世，居村 20 余户 100 多人。全村讲畲语。

湾坞镇寒洋村　清乾隆年间（1736—1795），雷小七由宁德八都猴盾迁入。今传 10 世，居村 70 余户 340 多人。全村讲畲语。

湾坞镇半山村　清康熙年间（1662—1722），雷文秀由福安甘棠镇春雷云村迁入。今传 12 世，居村 10 余户 50 多人。全村讲畲语。

湾坞镇大垅头村　由康厝牛石坂迁入，居村 10 余户 40 多人。

湾坞镇鸡姆孵村 由穆云南山村迁入，居村 10 余户 30 多人。

赛岐镇鳌峰村 清乾隆年间（1736—1795 年）迁入。今传 10 世，居村 20 余户 90 多人。全村讲畲语。

甘棠镇山头庄村 清初迁入，今传 12 世，居村 20 余户 100 多人。全村讲畲语。

甘棠镇小岭村 清康熙年间（1662—1722 年）迁入，今传 12 世，居村 27 户 120 多人。全村讲畲语。

甘棠镇何厝村篇村 清初，雷凤院后裔由康厝畲族乡牛石坂村迁入。今传 13 世，居村 56 户 240 多人。全村讲畲语。

甘棠镇坑门里村 清乾隆年间（1736—1795 年），雷文齐由康厝畲族乡牛石坂村迁入。今传 14 世，居村 40 余户 180 多人。全村讲畲语。

甘棠镇过洋村 清初，雷雍生由宁德八都猴盾迁入。今传 12 世，居村 35 户 150 多人。全村讲畲语。

甘棠镇岭尾村 清康熙年间（1662—1722），雷瑞敬由坂中畲族乡车头岭迁入。今传 11 世，居村 30 余户 140 多人。全村讲畲语。

甘棠镇春雷云村 清乾隆元年（1736 年），雷斌由甘棠镇何厝村迁入。今传 11 世，居村 130 余户 630 多人。全村讲畲语。

松罗乡大坪里村（前洋） 清乾隆二年（1737 年），雷元秀由坂中畲族乡廉岭迁入。今传 11 世，居村 60 余户 280 多人。全村讲畲语。

松罗乡王棣村 清乾隆年间（1736—1795 年）迁入。今传 10 世，居村 28 户 120 多人。全村讲畲语。

松罗乡茶洋村 清乾隆年间（1736—1795 年），有 2 支雷姓迁入：①雷凤院后裔由穆云畲族乡溪塔迁入；②雷文祯由坂中畲族乡廉岭村迁入，今传 10 世。居村共 40 余户 170 多人。全村讲畲语。

松罗乡古厝村 居村 20 余户 100 多人。全村讲畲语。

溪尾镇林洋村里林洋 清乾隆年间（1736—1795 年），雷元旺由坂中畲族乡廉岭迁入。今传 13 世，居村 50 余户 260 多人。全村讲畲语。

溪尾镇林洋村大坪园 溪潭镇七堍村迁入。居村 11 户 60 人。全村讲畲语。

溪尾镇林洋村地同更 坂中畲族乡和安村迁入。居村 10 户 50 人。全村讲畲语。

溪尾镇坎下村 居村 15 户 80 人。

溪尾镇坎下村马山 有 3 支雷姓迁入：①清雍正元年（1723 年），雷孔定由湾坞镇坑源里迁入，今传 11 世；②清嘉庆年间（1796—1820 年），雷伯然由康厝畲族乡红坪村迁入，今传 8 世；③雷乾五后裔（名讳不详）由宁德八都猴盾经福安罗江坑门里村林洋迁入，今传 8 世。居村共 59 户 320 多人。全村讲畲语。

溪尾镇石合村 清乾隆年间（1736—1795 年），由坂中畲族乡月斗迁入。今传 9 世，居村 19 户 110 多人。全村讲畲语。

溪尾镇众坑村牛罗乾 清乾隆年间（1736—1795 年），由溪柄可坑迁入。今传 9 世，居村 10 余户 60 多人。全村讲畲语。

溪尾镇溪尾村 清乾隆年间（1736—1795 年），由社口镇牛三湾迁入。今传 9 世，居村 9 户 50 多人。全村讲畲语。

（三）福鼎市雷姓

磻溪镇朝阳村 清顺治元年（1644 年），雷明由浙江平阳县青街回迁朝阳村。今传 16 世，居村 40 余户 180 多人。全村讲畲语。

磻溪镇岭头村　明崇祯十五年（1642 年），由广东东莞经连江马鼻上岸，后迁入福鼎。居村 6 户 30 多人。全村讲畲语。

磻溪镇炉屯赤岗　居村 10 余户 30 多人。均讲畲语。

磻溪镇后岗头　居村 8 户 20 多人。均讲畲语。

前岐镇佳阳村　清咸丰九年（1859 年），雷世绵由广东东莞经霞浦赤岸迁入。今传 8 世，居村 140 余户 610 多人。全村讲畲语。

前岐镇桥亭村岭兜　明末，雷永祥由浙江温州市平阳县桥墩镇迁入。今传 18 世，居村 20 余户 120 多人。全村讲畲语。

前岐镇后处　居村 5 户 20 多人。全村讲畲语。

前岐镇西宅　居村 6 户 20 多人。

前岐镇桥亭蔡洋　居村 9 户 30 多人。全村讲畲语。

白琳镇牛埕下村　明洪武二十八年（1395 年），雷肇松由福州北岭经霞浦水门迁入。今传 26 世，居村 370 余户 1610 多人。全村讲畲语。

白琳镇康山路　居村 5 户 20 人。均讲畲语。

白琳镇郭洋　居村 10 余户 30 多人。均讲畲语。

白琳镇棠园柴山　居村 7 户 20 多人。均讲畲语。

太姥山镇财堡村　居村 20 余户 80 多人。全村讲畲语

太姥山镇财堡村水碓边　居村 10 余户 40 多人。均讲畲语。

太姥山镇财堡村内财　有 2 支雷姓迁入：①明崇祯十四年（1641 年），雷明仕三兄弟由福鼎市白琳白岩上岸迁入，今传 16 世；②清顺治二年（1645 年），雷维吴由浙江省平阳清街迁入，今传 16 世。居村共 40 余户 180 多人。全村讲畲语。

太姥山镇孔坪村虎暗　居村 8 户 30 多人。均讲畲语。

太姥山镇竹下村坑头　清乾隆二十七年（1762 年），雷元富由浙江苍南迁入。今传 11 世，居村 28 户 110 多人。全村讲畲语。

点头镇观洋村大坝洋　明崇祯十一年（1638 年），雷凤仙（大仙）由福安迁到浙江泰顺墩头八都，后携子雷振国回迁福鼎点头镇观洋村。今传 16 世，居村 100 余户 500 多人。全村讲畲语。行第：德、志、利、达、建、功、文。

点头镇上宅村湖仔　清康熙五十一年（1712 年），雷启是由泰顺柳峰迁入。居村 70 户 305 人。全村讲畲语。行第：德、志、利、达、建、功、文。

点头镇观洋村天丁脚　清光绪二十六年（1900 年），雷时道由点头镇上宅村湖仔迁入。居村 32 户 150 人。全村讲畲语。行第：志、利、达、建、功、文。后裔分迁福州等地。

点头镇观洋村南山下　居村 4 户 20 人。均讲畲语。现行行第：利、达、建。

点头镇过笕村下四罗　由福鼎牛埕下迁入。居村 33 户 150 人。全村讲畲语。

点头镇过笕村王招溪　由浙江平阳青街迁入。居村 28 户 130 人。全村讲畲语。

点头镇后井村长久吕　居村 35 户 136 人。全村讲畲语。

点头镇龙田村老鸦湾　居村 31 户 120 人。全村讲畲语。

点头镇店头村下普照　居村 8 户 30 人。均讲畲语。

点头镇店头村三官堂　由福鼎牛埕下迁入。居村 5 户 27 人。多数人讲畲语。

点头镇大峨村小峨　清康熙三十九年（1700 年），由泰顺迁入。居村 23 户 80 人。全村讲畲语。行第：士、宜、建、承、德。

点头镇大坪村洋心　居村 7 户 30 人。均讲畲语。

点头镇王蕉溪　居村 5 户 20 余人。

佳阳畲族乡石碑排 居村 10 户 40 多人。

佳阳畲族乡打石岭 居村 9 户 30 多人。

佳阳畲族乡三坵田官基 居村 9 户 30 多人。

店下镇溪尾大白露 居村 8 户 30 人。

店下镇巽城门头山 居村 8 户 20 多人。

店下镇龙安玉岐 居村 12 户 40 多人。

店下镇三佛塔丁松 居村 10 户 40 多人。

沙埕镇后港福山 居村 15 户 60 多人。

硖门畲族乡瑞云溢洋 居村 10 余户 30 多人。

硖门畲族乡瑞云葫芦墩 居村 8 户 30 人。

硖门畲族乡上利岭 居村 10 余户 40 多人。

硖门畲族乡民族街 居村 20 余户 80 多人。

硖门畲族乡竹古里 居村 5 户 20 多人。

硖门畲族乡祥福街 由虎暗迁入。居村 6 户 20 多人。

硖门畲族乡月屿水里 居村 15 户 60 多人。

硖门畲族乡巨洋 居村 20 余户 80 多人。

（四）霞浦县雷姓

松城街道洋尾厝村 清初，雷十九由福安康厝畲族乡金斗洋村迁入。今传 12 世，居村 30 余户 150 多人。全村讲畲语。

松城街道柴秤坪村 清初，雷开宝由盐田畲族乡洋边村迁入。今传 13 世，居村 40 余户 250 多人。全村讲畲语。

松城街道七里曲村 清道光年间（1821—1850 年），由盐田畲族乡二铺村磨石坑迁入。今传 8 世，居村 10 余户 110 多人。全村讲畲语。

松城街道车楼下村 清康熙年间（1662—1722 年），由盐田畲族乡二铺村磨石坑迁入。今传 12 世，居村 20 余户 100 多人。全村讲畲语。

松城街道瑶后村 清康熙年间（1662—1722 年），由福安康厝畲族乡金斗洋村迁入。今传 12 世，居村 30 余户 170 多人。

松城街道牛大王村 清康熙年间（1662—1722 年），由福安康厝畲族乡迁入。今传 12 世，居村 10 余户 120 多人。全村讲畲语。

松城街道城区 民国时期，由福安、福鼎迁入。居村 400 余户 1560 多人。

松城街道石贝墩村 清光绪年间（1875—1908 年），由福安迁入。今传 6 世，居村 10 户 80 多人。均讲畲语。

松城街道丁步头村 清乾隆年间（1736—1795 年），由福鼎佳阳迁入。今传 10 世，居村 12 户 70 多人。均讲畲语。

松城街道青福村 居村 7 户 56 人。均讲畲语。

松城街道桥头里村 清乾隆年间（1736—1795 年），由福安廉岭迁入。今传 9 世，居村 7 户 35 人。均讲畲语。

松城街道书堂里村 清光绪年间（1875—1908 年），由福安三坪迁入。居村 8 户 30 多人。均讲畲语。

松城街道王厝山村 清乾隆年间（1736—1795 年），由福安赛岐迁入。今传 9 世，居村 10 户 50 人。均讲畲语。

松城街道下池湾村 清乾隆年间（1736—1795 年），由盐田洋边迁入。今传 9 世，居村 5 户

27 人。均讲畲语。

松城街道霞山村　清光绪年间（1875—1908 年），由福鼎迁入。今传 6 世，居村 5 户 28 人。均讲畲语。

松城街道王坛村　清光绪年间（1875—1908 年），由福安金斗洋迁入。今传 6 世，居村 5 户 28 人。均讲畲语。

松城街道墓斗村　清光绪年间（1875—1908 年），由崇儒霞坪迁入。今传 6 世，居村 10 户 50 多人。均讲畲语。

松城街道浦宫村　清光绪年间（1875—1908 年），由福安牛山迁入。今传 5 世，居村 2 户 9 人。均讲畲语。

松城街道七宝洋村　清光绪年间（1875—1908 年），由福安潭头迁入。今传 6 世，居村 3 户 20 多人。

松城街道鲤鱼山村　清光绪年间（1875—1908 年），由盐田磨石坑迁入。今传 6 世，居村 5 户 35 人。均讲畲语。

松港街道大沙村　清末，雷步飞由下岐山迁入。今传 6 世，居村 80 余户 260 多人。全村讲畲语。

松港街道县下塘村　居村 37 户 140 多人。

松港街道赤岸村　居村 36 户 150 多人。

松港街道长垅岗村　有 2 支雷姓迁入：①清光绪年间（1875—1908 年），由柘荣柯岭迁入，今传 7 世；②由泰顺迁入。居村共 11 户 70 多人。均讲畲语。

松港街道六斗村　清乾隆年间（1736—1795 年），由泰顺沙丘迁入。今传 9 世，居村 9 户 49 人。均讲畲语。

松港街道兰田湾村　清光绪年间（1875—1908 年），由福安金斗洋迁入。今传 6 世，居村 15 户 70 人。

松港街道小沙村　居村 22 户 90 多人。均讲畲语。

松港街道桥头村　居村 5 户 28 人。均讲畲语。

松港街道竹下村　居村 19 户 78 人。均讲畲语。

松港街道后港村　清光绪年间（1875—1908 年），由崇儒霞坪迁入。今传 6 世，居村 4 户 42 人。均讲畲语。后裔分迁松港松山等地。

松港街道天门岭村　清光绪年间（1875—1908 年），由福安康厝迁入。今传 5 世，居村 4 户 13 人。均讲畲语。

松港街道岭头村　居村 12 户 48 人。均讲畲语。

松港街道松山村　居村 12 户 47 人。均讲畲语。

松港街道利埕村　居村 4 户 17 人。均讲畲语。

松港街道古岭下村　居村 8 户 34 人。均讲畲语。

松港街道东关社区　居村 24 户 96 人。均讲畲语。

松港街道东兴社区　居村 15 户 59 人。均讲畲语。

三沙镇三头坝头　清光绪年间（1875—1908 年），雷国锋迁入。居村 35 户 160 多人。全村讲畲语。

三沙镇罗五村　民国时期迁入。居村 2 户 8 人。均讲畲语。

三沙镇东山村　民国时期迁入。居村 11 户 50 多人。均讲畲语。

三沙镇单斗村　清光绪年间（1875—1908 年）迁入。今传 5 世，居村 8 户 40 人。均讲畲语。

三沙镇四罗村 清光绪年间（1875—1908 年）迁入。今传 6 世，居村 5 户 20 多人。均讲畲语。

三沙镇其坵村 清光绪年间（1875—1908 年）迁入。今传 6 世，居村 2 户 9 人。均讲畲语。

三沙镇红石岭村 清光绪年间（1875—1908 年）迁入。今传 6 世，居村 2 户 8 人。均讲畲语。

三沙镇三坪坑村 清光绪年间（1875—1908 年）迁入。今传 5 世，居村 1 户 4 人。均讲畲语。

三沙镇外高山村 1967 年迁入。居村 1 户 9 人。均讲畲语。

三沙镇大弯村 清光绪年间（1875—1908 年）迁入。今传 6 世，居村 7 户 30 多人。均讲畲语。

三沙镇孝井村 清光绪年间（1875—1908 年）迁入。今传 6 世，居村 7 户 30 多人。均讲畲语。

三沙镇八斗岭村 清光绪年间（1875—1908 年）迁入。今传 5 世，居村 5 户 25 人。均讲畲语。

三沙镇下三坪村 清光绪年间（1875—1908 年）迁入。今传 6 世，居村 9 户 48 人。均讲畲语。

三沙镇岔头村 清光绪年间（1875—1908 年）迁入。今传 5 世，居村 2 户 9 人。均讲畲语。

三沙镇四斗尾村 清光绪年间（1875—1908 年）迁入。今传 5 世，居村 7 户 27 人。均讲畲语。

三沙镇杨楼厝村 2001 年从水门茶岗村迁入。居村 1 户 4 人。

三沙镇花园里村 1877—1912 年迁入。居村 4 户 20 人。

三沙镇小皓村 民国时期迁入。居村 2 户 10 人。

长春镇长坑村 有 2 支雷姓迁入：①清光绪二十年（1894 年）由宁德八都猴盾迁入；②雷家秦由宁德七都经福安溪尾镇坎下村迁入。居村 53 户 310 人，均讲畲语。现已搬迁至长春镇长坑新村。

长春镇岭后里村 清光绪年间（1875—1908 年），由宁德八都迁入。今传 6 世，居村 10 户 50 多人。均讲畲语。后裔分迁五斗坑等地。

长春镇宝仑坑村 清光绪年间（1875—1908 年），由福安溪潭镇大山下村、康厝畲族乡金斗洋村迁入。居村 38 户 230 多人。均讲畲语。现已搬迁至长春镇长春村宝仑坑新村。

长春镇牛寨村 清光绪年间（1875—1908 年），由福安溪尾镇马山村迁入。居村 15 户 85 人。均讲畲语。现已搬迁至长春镇长春村。

长春镇五斗坑村 清光绪年间（1875—1908 年），由宁德八都迁入。居村 6 户，共 24 人。均讲畲语。现已搬迁至长春镇长春村。

长春镇路里村 清光绪年间（1875—1908 年），由福安迁入。今传 6 世，居村 10 户 50 人。均讲畲语。

长春镇罗汉坪村 清光绪年间（1875—1908 年），由宁德八都迁入。今传 6 世，居村 11 户 45 人。均讲畲语。

长春镇法华村摇山洞 清光绪年间（1875—1908 年），由浙江平阳迁入，居村 16 户 50 人。部分讲畲语。

长春镇法华村旗杆结 清咸丰年间（1851—1861 年），由浙江平阳迁入。今传 8 世，居村 4 户 12 人。讲畲语。

长春镇法华村毛竹湾 清光绪年间（1875—1908 年），由福安金斗洋迁入。居村 10 户 40

人。讲畲语。

长春镇下山村　清光绪年间（1875—1908 年），由宁德迁入。居村 4 户 20 多人。均讲畲语。现已搬迁至长春镇长春村。

长春镇招坑村　清光绪年间（1875—1908 年），由宁德迁入。居村 4 户 20 多人。均讲畲语。现已搬迁至长春镇长春村。

柏洋乡沃岭村　清初，雷子连由盐田畲族乡二铺村磨石坑迁入。今传 13 世，居村 40 余户 170 多人。全村讲畲语。

柏洋乡小溪村　清道光年间（1821—1850 年），雷位明由福安康厝牛石坂村迁入。今传 7 世，今居村 32 户 168 人。全村讲畲语。

柏洋乡西坑村　清光绪年间（1875—1908 年），由福安牛头坂迁入。今传 6 世，居村 26 户 89 人。全村讲畲语。

柏洋乡半坑村　清末，雷文耕从浙江泰顺沈青村迁入。今传 14 世，居村 9 户 56 人。均讲畲语。

柏洋乡柿树里村　清朝，从浙江平阳迁入。居村 5 户 16 人。会讲畲语。

柏洋乡外横江上厝　清道光年间（1821—1850 年）从浙江文成迁入。居村 13 户 45 人。

牙城镇洋边山村　明末，雷明海由浙江平阳水头迁入。今传 18 世，居村 20 余户 120 多人。全村讲畲语。

牙城镇后洋村　清末，雷元凤由浙江平阳青街迁入。今传 5 世，居村 39 户 150 多人。全村讲畲语。

牙城镇凤江村　清末，由浙江平阳青街迁入。今传 5 世，居村 20 余户 140 多人。全村讲畲语。

牙城镇一层村　清末，由浙江平阳青街迁入。今传 6 世，居村 50 余户 240 多人。全村讲畲语。

牙城镇文洋村　清光绪年间（1875—1908 年），由梨洋里迁入。今传 6 世，居村 8 户 38 人。均讲畲语。

牙城镇东街头村　清光绪年间（1875—1908 年），由黄瓜坑迁入。今传 5 世，居村 10 户 40 人。均讲畲语。后裔分迁樟柏洋等地。

牙城镇田家村　清光绪年间（1875—1908 年）迁入。今传 5 世，居村 3 户 17 人。均讲畲语。后裔分迁南垅等地。

牙城镇三里坑村　清光绪年间（1875—1908 年），由水门长湖迁入。今传 6 世，居村 11 户 45 人。均讲畲语。后裔分迁雁洋头等地。

牙城镇大坪村　清光绪年间（1875—1908 年），由福鼎磻溪迁入。今传 5 世，居村 5 户 27 人。均讲畲语。后裔分迁大坪等地。

牙城镇茶坑村　由麻园迁入。居村 6 户 20 多人。均讲畲语。后裔分迁后山等地。

牙城镇田头村　清乾隆年间（1736—1795 年），由前岐青寨迁入。今传 10 世，居村 20 户 78 人。均讲畲语。

牙城镇东澳村　由浙江平阳迁入。居村 5 户 16 人。均讲畲语。

牙城镇沙江厝村　居村 4 户 15 人。均讲畲语。

牙城镇黄家山村　由前岐青寨迁入。居村 10 户 54 人。均讲畲语。

牙城镇蔡家山村　由佳阳麻阳迁入。居村 4 户 14 人。均讲畲语。

牙城镇西岭村　由青寨迁入。居村 5 户 13 人。均讲畲语。

牙城镇东岭村　由浙江平阳迁入。居村 3 户 11 人。均讲畲语。

牙城镇雉溪半山村 由浙江平阳迁入。居村 2 户 7 人。均讲畲语。

牙城镇田古后村 由福鼎双华迁入。居村 2 户 8 人。均讲畲语。

沙江镇方厝城村 民国二年（1913 年），有 2 支雷姓迁入：①雷国茂由宁德迁入；②由福安迁入。今传 5 世，居村共 20 余户 110 多人。

沙江镇大坪村 明末，雷日众由盐田畲族乡洋边村迁入。今传 16 世，居村 58 户 230 多人。全村讲畲语。

沙江镇大墓里村 清初，雷启泰由松城街道洋尾厝迁入。今传 15 世，居村 50 余户 240 多人。全村讲畲语。

沙江镇白露村 民国元年（1912 年），由溪南镇东安里迁入。居村 28 户 110 多人。全村讲畲语。

沙江镇下岐山村 清末，由盐田畲族乡二铺村磨石坑迁入。今传 5 世，居村 19 户 90 多人。全村讲畲语。

沙江镇后仓村 清初，雷文禄由盐田畲族乡二铺村磨石坑迁入。今传 15 世，居村 58 户 270 多人。全村讲畲语。

沙江镇坝头村 清光绪年间（1875—1908 年），由福安甘棠迁入。今传 5 世，居村 6 户 30 多人。均讲畲语。后裔分迁洋垱厝等地。

水门畲族乡茶岗村 清康熙年间（1662—1722 年），雷孔二由浙江泰顺迁入。今传 12 世，居村 120 余户 610 多人。全村讲畲语。

水门畲族乡五里牌村 清道光二十一年（1841 年），从福鼎前岐青寨迁入。居村 18 户 66 人。全村讲畲语。

水门畲族乡长垅仔村 光绪二十九年（1903 年），从福鼎下山溪迁入。居村 9 户 34 人。全村讲畲语。

水门畲族乡八斗坪村 光绪二十八年（1902 年），从福鼎磻溪迁入。居村 3 户 9 人。均讲畲语。

水门畲族乡青沃村 清道光年间（1821—1850 年），有 2 支雷姓迁入：①雷景灼由福安迁入；②由福鼎迁入。今传 7 世，居村共 60 余户 260 多人。全村讲畲语。

水门畲族乡大洋村 清道光年间（1821—1850 年），雷朝祖由福鼎牛埕下迁入。今传 9 世，居村 28 户 110 多人。全村讲畲语。

水门畲族乡大坝村 清雍正年间（1723—1735 年），雷元端由福鼎前岐迁入。今传 14 世，居村 28 户 130 多人。全村讲畲语。

水门畲族乡玉山村 清光绪年间（1875—1908 年），有 2 支雷姓迁入：①雷明宽由福安迁入；②由福鼎迁入。今传 6 世，居村共 30 余户 150 多人。全村讲畲语。

水门畲族乡长坑村 清道光年间（1821—1850 年），雷荣福、雷荣禄由柘荣柯岭迁入。今传 9 世，居村 47 户 220 多人。全村讲畲语。

水门畲族乡高盘村 清光绪年间（1875—1908 年），由茶岗迁入。今传 6 世，居村 8 户 36 人。均讲畲语。

水门畲族乡七斗岔村 清道光年间（1821—1850 年），由福鼎前岐迁入。今传 6 世，居村 8 户 40 多人。均讲畲语。

水门畲族乡里洋村 清道光年间（1821—1850 年），由福鼎牛埕下迁入。今传 6 世，居村 9 户 30 多人。

水门畲族乡半岭村 清雍正年间（1723—1735 年），由罗源迁入。今传 11 世，居村 23 户 110 多人。均讲畲语。

水门畲族乡楼角新村　清道光年间（1821—1850年），由福鼎牛埕下迁入。今传9世，居村16户101人。全村讲畲语。

下浒镇四斗村　清光绪年间（1875—1908年），雷振达由盐田畲族乡洋边村迁入。今传7世，居村47户220多人。中老年人讲畲语。

下浒镇四斗村上凤门垅　清乾隆年间（1736—1795年），从罗源起步水口洋村迁入。今传8世，居村42户176人。

下浒镇文星明村牛鼻头　1962年，从浙江苍南灵溪南水头状元内村迁入。居村27户138人。畲民会讲畲语。

下浒镇文星明村李溪边　1962年，从浙江苍南灵溪南水头状元内村迁入。居村18户86人。畲民会讲畲语。

下浒镇半丈村　清乾隆年间（1736—1795年），由盐田洋边迁入。今传9世，居村22户80多人。均讲畲语。

下浒镇清家湾村　清同治年间（1862—1874年），由盐田洋边迁入。今传7世，居村5户20多人。均讲畲语。

崇儒畲族乡霞坪村　清末，由福安市溪柄镇东坪村三坪迁入。居村25户110多人。全村讲畲语。

崇儒畲族乡新村村　清乾隆年间（1736—1795年），由福安金斗洋迁入。居村30余户150多人。

崇儒畲族乡加楼村　清乾隆年间（1736—1795年），雷文明由福安确坑迁入。今传10世，居村18户110多人。全村讲畲语。

崇儒畲族乡大洋里村　清末，由福安坂中畲族乡廉岭村迁入。居村10余户90多人。全村讲畲语。

崇儒畲族乡神头岭村　清康熙年间（1662—1722年），雷志潭由福安坂中畲族乡廉岭村迁入。今传11世，居村39户260多人。全村讲畲语。

崇儒畲族乡溪坪村　清末，由盐田畲族乡洋边村迁入。居村86户320多人。全村讲畲语。

崇儒畲族乡苋下村　清乾隆年间（1736—1795年），由福安确坑迁入。今传9世，居村5户30多人。均讲畲语。

崇儒畲族乡后樟村　清光绪年间（1875—1908年），由福安东山迁入。今传5世，居村3户20人。均讲畲语。

崇儒畲族乡上水村　清光绪年间（1875—1908年），由福安迁入。居村2户19人。均讲畲语。

崇儒畲族乡下水村　由福安迁入。居村10户70多人。均讲畲语。

崇儒畲族乡大洋里村　清光绪年间（1875—1908年），由福安廉岭迁入。居村14户98人。均讲畲语。

崇儒畲族乡半路张村　清光绪年间（1875—1908年），由福安廉岭迁入。居村10户70多人。均讲畲语。后裔分迁三罗坑等地。

崇儒畲族乡清垅村　清光绪年间（1875—1908年），由神头岭迁入。居村14户80多人。均讲畲语。

溪南镇大山里村　有2支雷姓迁入：①民国时期，雷桂华由溪南镇黄郑康迁入，今传7世；②1950年，由小葛洪迁入，今传4世。居村共50余户210多人。全村讲畲语。

溪南镇硐里村　清乾隆年间（1736—1795年），雷文福由盐田畲族乡迁入。今传12世，居村40余户200多人。全村讲畲语。

溪南镇柘坪村 清初，由宁德迁入。居村 26 户 100 多人。全村讲畲语。

溪南镇半月里村 清康熙年间（1662—1722 年），雷文寿由盐田畲族乡长岗山迁入。今传 14 世，居村 58 户 300 多人。全村讲畲语。

溪南镇南门山村 清初，由盐田畲族乡洋边村迁入。居村 60 余户 330 多人。全村讲畲语。

溪南镇头罗村 清初，由福安金斗洋迁入。今传 14 世，居村 28 户 100 多人。全村讲畲语。

溪南镇后洞村 1950 年，由硐里半山迁入。今传 4 世，居村 15 户 58 人。均讲畲语。

溪南镇塔头垅村 1950 年，由福安迁入。今传 4 世，居村 5 户 35 人。均讲畲语。

溪南镇溪南村 居村 1 户 6 人。均讲畲语。

溪南镇霞塘村 居村 1 户 2 人。均讲畲语。

溪南镇八尺村 居村 2 户 13 人。均讲畲语。

溪南镇西岩村 清光绪年间（1875—1908 年）迁入。今传 6 世，居村 6 户 25 人。均讲畲语。

溪南镇王家边村 由福安后门坪迁入。今传 4 世，居村 2 户 11 人。均讲畲语。

溪南镇甘棠村 居村 2 户 9 人。均讲畲语。

溪南镇岭尾村 由宁德飞鸾迁入。居村 14 户 60 多人。均讲畲语。

溪南镇下砚村 居村 10 户 50 多人。均讲畲语。

溪南镇镇江村 由福安后门坪迁入。居村 1 户 5 人。均讲畲语。

溪南镇溪尾村 由硐里半山迁入。今传 4 世，居村 3 户 15 人。均讲畲语。

溪南镇牛胶岭村 居村 1 户 6 人。均讲畲语。

溪南镇白露坑村 清乾隆年间（1736—1795 年），由盐田洋边迁入。今传 10 世，居村 15 户 58 人。均讲畲语。

溪南镇岔头村 由盐田洋边迁入。居村 12 户 66 人。均讲畲语。

溪南镇台江村 居村 1 户 6 人。均讲畲语。

溪南镇尾罗村 居村 9 户 37 人。均讲畲语。

溪南镇墓前岗村 清末迁入。今传 5 世，居村 7 户 56 人。

盐田畲族乡竹栏下村 清乾隆年间（1736—1795 年），雷寿银由福安坂中畲族乡廉岭村迁入。今传 10 世，居村 18 户 110 多人。全村讲畲语。

盐田畲族乡南山村 清乾隆年间（1736—1795 年），雷王福由福安迁入。今传 9 世，居村 20 余户 140 多人。全村讲畲语。

盐田畲族乡洋边村 明末，雷朝基由罗源迁入。今传 17 世，居村 60 余户 220 多人。全村讲畲语。

盐田畲族乡后洋村 明末，从洋边村迁入。今传 25 世，居村 28 户 135 多人。全村讲畲语。

盐田畲族乡下青山村 清乾隆年间（1736—1795 年），雷伯达由盐田畲族乡墙围里迁入。今传 10 世，居村 30 余户 160 多人。全村讲畲语。

盐田畲族乡瓦窑头村 明末清初，雷枝武由福鼎市炉坑半山迁入。今传 16 世，居村 29 户 180 多人。全村讲畲语。

盐田畲族乡过岭村 清初，雷文禄由盐田畲族乡墙围里迁入。今传 16 世，居村 28 户 130 多人。全村讲畲语。

盐田畲族乡吴家洋村 明末清初，雷元良由盐田畲族乡墙围里迁入。今传 16 世，居村 70 余户 290 多人。全村讲畲语。

盐田畲族乡七罗洋村 清乾隆年间（1736—1795 年），雷法勤由福安东山迁入。今传 9 世，居村 30 余户 140 多人。全村讲畲语。

盐田畲族乡海边村　明末清初，雷位俊由福安金斗洋迁入。今传16世，居村110余户460多人。全村讲畲语。

盐田畲族乡磨石坑村　明末清初，雷祖发由福安廉岭迁入。今传16世，居村39户200多人。全村讲畲语。现已搬迁至盐田畲族乡二铺村。

盐田畲族乡行路弯村　清嘉庆年间（1796—1820年），由浙江王家坑迁入。今传8世，居村7户46人。均讲畲语。后裔分迁福鼎赤溪头等地。

盐田畲族乡水竹桥村　清嘉庆年间（1796—1820年），由福安廉岭迁入。今传8世，居村9户66人。均讲畲语。后裔分迁磨石坑等地。

盐田畲族乡陈洋垱村　民国时期，由盐田畲族乡旗岗皂村迁入。今传5世，居村4户16人。

盐田畲族乡贝里村　清嘉庆年间（1796—1820年），由福安廉岭迁入。今传8世，居村12户58人。均讲畲语。后裔分迁长岗山等地。

盐田畲族乡梨坪村　清嘉庆年间（1796—1820年），由福安廉岭迁入。今传8世，居村4户20多人。均讲畲语。后裔分迁磨石坑等地。

盐田畲族乡旗岗宅村　清嘉庆年间（1796—1820年），由福安廉岭迁入。今传8世，居村7户40多人。均讲畲语。后裔分迁陈洋垱等地。

盐田畲族乡岭尾村　清嘉庆年间（1796—1820年），由福安廉岭迁入。今传7世，居村1户5人。均讲畲语。后裔分迁长岗山等地。

盐田畲族乡升斗村　民国时期，由崇儒霞坪迁入。今传5世，居村5户30人。均讲畲语。后裔分迁西胜曲坑等地。

盐田畲族乡黄金洋村　清乾隆年间（1736—1795年），由福安廉岭迁入。今传10世，居村11户70多人。均讲畲语。后裔分迁崇儒畲族乡霞坪等地。

盐田畲族乡新厝村　清乾隆年间（1736—1795年），由福安金斗洋迁入。今传10世，居村20户110多人。均讲畲语。

盐田畲族乡伍罗洋村　清乾隆年间（1736—1795年），由福安廉岭迁入。今传10世，居村1户4人。均讲畲语。后裔分迁长岗山等地。

盐田畲族乡兰头村　清康熙年间（1662—1722年），由罗源迁入。今传16世，居村9户80多人。均讲畲语。后裔分迁红山等地。

盐田畲族乡墙围里村　清康熙年间（1662—1722年），由罗源迁入。今传15世，居村8户45人。均讲畲语。后裔分迁炉坑半山等地。

盐田畲族乡溪边里村　清嘉庆年间（1796—1820年），由炉坑半山迁入。今传9世，居村12户48人。均讲畲语。后裔分迁墙围里等地。

盐田畲族乡浅板村　清康熙年间（1662—1722年），由炉坑半山迁入。今传15世，居村10户40人。均讲畲语。后裔分迁墙围里等地。

盐田畲族乡凤尾洋村　清嘉庆年间（1796—1820年），由墙围里迁入。今传9世，居村2户6人。均讲畲语。后裔分迁吴家洋等地。

盐田畲族乡白鹅鼻村　清雍正年间（1723—1735年），由福安下白石迁入。今传13世，居村14户70多人。均讲畲语。

盐田畲族乡蛇头坑村　清雍正年间（1723—1735年），由炉坑半山迁入。今传13世，居村9户40多人。均讲畲语。后裔分迁墙围里等地。

盐田畲族乡牛栏岗村　清乾隆年间（1736—1795年）迁入。今传10世，居村6户29人。均讲畲语。后裔分迁溪尾马山等地。

盐田畲族乡楼基村　清光绪年间（1875—1908年），由福安金斗洋迁入。今传5世，居村7

户 38 人。后裔分迁洋边等地。

盐田畲族乡里头溪村 清雍正年间（1723—1735 年），由福安廉岭迁入。今传 12 世，居村 3 户 11 人。均讲畲语。后裔分迁长岗山等地。

盐田畲族乡头溪村 清康熙年间（1662—1722 年），由福安廉岭迁入。今传 15 世，居村 13 户 47 人。后裔分迁长岗山等地。

盐田畲族乡新村村 清康熙年间（1662—1722 年），由福安廉岭迁入。今传 15 世，居村 9 户 50 多人。均讲畲语。后裔分迁长岗山等地。

盐田畲族乡江桥下村 民国时期，由墙围里迁入。今传 4 世，居村 12 户 55 人。均讲畲语。后裔分迁吴家洋等地。

北壁乡盘前村 清初，由宁德洋中迁入。今传 16 世，居村 70 余户 280 多人。中老年人讲畲语。

北壁乡牛角湾村 清初，由宁德洋中迁入。今传 16 世，居村 60 余户 240 多人。中老年人讲畲语。

北壁乡上岐村大年田 清初，由罗源迁入。今传 16 世，居村 29 户 140 多人。中老年人讲畲语。

（五）寿宁县雷姓

斜滩镇外洋畲族村 清乾隆年间（1736—1795 年）迁入。今传 9 世，居村 20 余户 100 多人。全村讲畲语。

竹管垅乡李家洋村 清初，由福安迁入。今传 16 世，居村 38 户 180 多人。全村讲畲语。

坑底乡李家洋村林枫坑（风云坑） 清嘉庆十二年（1807 年），雷有林（雷进元八世孙）由浙江泰顺迁入。今传 8 世，18 户 70 多人。全村讲畲语。

（六）周宁县雷姓

狮城镇兴福村 清道光年间（1821—1850 年），有 3 支雷姓迁入：①雷朝全由福安穆云畲族乡桦垅头迁入；②由福安穆云畲族乡虎头村迁入；③由福安穆云畲族乡南山村迁入。今传 8 世，居村共 55 户 250 多人。

七步镇东岗村 清咸丰七年（1857 年），雷国顺由福安溪潭七定迁入（立一世）。今传 7 世，居村 50 户 200 余人。行第：国（东岗一世）、德、福、兴、龙、宗、建。1960 年，雷寿枝（“福”字辈）分迁邵武市朱坊镇加上村，今已繁衍 20 余人。

玛坑乡杉洋村南池（宫兜） 清乾隆三十年（1765 年），雷连椿由福安市康厝乡南洋大段田迁入。今传 8 世，居村 13 户 60 多人。全村讲畲语。行第：连（杉洋一世）德开成，位祖兆庆。现繁衍至“庆”字辈。

玛坑乡上、下半岭 清乾隆十四年（1749 年），雷朝鸾后裔由福安康厝畲族乡牛池坑迁入。今传 11 世，居村 40 余户 180 多人。全村讲畲语。

李墩镇际会村 清咸丰元年（1851 年），由宁德蕉城赤溪镇炉头村迁入。今传 7 世，居村 10 户 47 人。全村讲畲语。

（七）柘荣县雷姓

楮坪乡茶湾村 明万历年间（1573—1620 年），雷文春由福鼎市前岐镇凤桐青寮村迁入。今传 13 世，居村 85 户 420 多人。全村讲畲语。

乍洋乡宝鉴宅村 清康熙二十六年（1687 年），雷时荣由福鼎市点头镇湖仔村迁入。今传 11 世，居村 47 户 200 多人。全村讲畲语。

乍洋乡柯岭村 清康熙十六年（1677 年），雷兆满由福安市坂中畲族乡廉岭村迁入。今传 11 世，居村 20 余户 70 多人。全村讲畲语。

乍洋乡乍洋村　清乾隆年间（1736—1795年），雷荣珊由柯岭迁入。今传9世，居村8户30多人。全村讲畲语。

富溪镇草籽坪村　清乾隆年间（1736—1795年），雷荣玉由柘荣乍洋乡柯岭村迁入。今传10世，居村2户13人。全村讲畲语。

东源乡郑家仔村　有2支雷姓迁入：①清康熙年间（1662—1722年），雷得馀由浙江平阳凤岭脚西山下迁入，今传8世；②民国二十九年（1940年），雷宗显由浙江苍南莒溪柯岭头迁入，今传5世。居村共10余户60多人。

英山乡大路下村　清康熙二十六年（1687年），由福鼎市管阳镇沈青村迁入。今传10世，居村8户40多人。全村讲畲语。

（八）古田县雷姓

大桥镇梅坪村　明永乐年间（1403—1424年），雷震由龙海迁入古田路旧城北门，长子雷聪和四子雷达定居梅坪村。今传23世，居村150余户760多人。后裔雷国拾、雷端惠、雷丰庆、雷贤钟等于清宣统二年（1910年）、民国四年（1915年）、民国十二年（1923年）前往马来西亚。雷贤钟于1955年率子回国定居海南岛。

大桥镇溪源里村　明末，雷聪后裔由大桥镇梅坪村迁入。今传17世，居村60户270多人。

凤都镇新建村（招坑、五斗、大栋）　明末，雷枝宗由南平后洋赤岭迁入。今传13世，居村80余户310多人。

大甲镇际下村亭下山　居村31户123人。

鹤塘镇樟厅村下坪　居村10余户47人。

鹤塘镇樟厅村锄垢　居村20户66人。

城东街道双山村龙光　居村20余户88人。

城东街道后确村　居村18户65人。

城东街道岗头仔村　居村30余户135人。

第三节　浙江省

一、杭州市

（一）临安区雷姓

板桥镇灵溪村沈塘　住有盘、蓝、雷、钟四姓，被称为“畲族姓氏第一村”。清末，四姓均由福建迁入。居村盘姓2户16人，蓝姓2户11人，钟姓2户5人，雷姓1户3人。中老年人讲畲语。

太湖源镇众社村　由景宁迁入。居村40余户170多人。

於潜镇铜山村　居村40余户160多人。

於潜镇逸逸村　居村50余户170多人。

太阳镇枫树岭村　居村30余户120多人。

太阳镇浪上村　居村40余户130多人。

（二）桐庐县雷姓

莪山畲族乡新丰民族村　清光绪元年（1875年），由文成县迁入。今传6世，居村40余户180多人。

莪山畲族乡龙峰民族村尧山坞　清光绪元年（1875年），由青田县迁入。今传6世，居村50余户240多人。

二、温州市

（一）瑞安市雷姓

高楼镇东岩社区驮庵村 清道光年间（1821—1850 年），由文成县玉壶上林清坑村迁入。今传 8 世，居村 40 余户 170 人。

高楼镇东岩社区民族村 清顺治年间（1644—1661 年），由文成县双桂乡桐油垄村迁入。今传 15 世，居村 20 余户 80 多人。

（二）平阳县雷姓

青街畲族乡睦源村章山 有 2 支雷姓迁入：①青街章山支系，清顺治八年（1651 年），雷明萼众兄弟携子侄合族由平阳卅七都桥墩黄檀口（今苍南桥墩黄檀社区柳庄、箐山、枫树湾一带）迁入平阳青街章山（今属睦源村），今传 16 世，现繁衍至“新”字辈；②文成县双桂乡桐油垄支系。居村共 70 余户 360 多人。

青街畲族乡九岱村九岱 有 2 支雷姓迁入：①青街九岱黄家坑支系，明万历年间（1573—1620 年），雷法罡由福建罗源大泖头（今霍口乡大王里村）牛栏坪经福安牛头畔（今牛石坂）、福鼎白琳镇牛埕下迁入，今传 18 世；②青街章山支系，清顺治八年（1651 年），雷子明由黄檀口迁入，今传 16 世，居村共 126 余户 560 多人。

青街畲族乡九岱村深湾 属文成双桂桐油垄支系。雷宗高（雷念后裔）由青田八都二源养源头（文成西坑）经青街睦源村章山迁入。居村 7 户 30 人。

青街畲族乡九岱村大片 属苍南县昌禅支系。清初，雷法宝后裔经顺溪相公基和洋洞口迁人。今传 12 世，居村 6 户 20 多人。

青街畲族乡南朱山村 属青街章山支系。清康熙五十年（1711 年），雷起潘由九岱村迁入。今传 14 世，居村 70 户 270 多人。

青街畲族乡新三村（呈岩、白岩） 居村 20 余户 80 多人。

青街畲族乡王神洞村 由苍南莒溪迁入。今传 3 世，居村 4 户 20 余人。

顺溪镇顺溪村牛场 居村 2 户 5 人。

顺溪镇余山村（原名岭降村、高坳村） 属青街章山支系。清嘉庆年间（1796—1820 年），雷德第携长子文浸由平阳桥墩镇（今属苍南县）黄檀口迁入。今传 10 世，居村 20 余户 90 多人。

顺溪镇溪南村 有 3 支雷姓迁入：①青街章山支系，清乾隆庚午年（1750 年），雷起金由青街章山迁入沙垟（今溪南村），今传 15 世；②青街黄家坑支系，清康熙年间（1662—1722 年），雷大满由青街黄家坑迁入沙垟，今传 16 世；③文成桂山支系，清同治年间（1862—1874 年），雷士良由青街章山迁居沙垟，今传 8 世。居村共 100 余户 400 多人。

顺溪镇溪北村朱山 居村 20 户 80 多人。

顺溪镇只音村（锅潭、坳头） 居村 20 余户 100 多人。

顺溪镇维新社区朱垟村 居村 3 户 10 人。

顺溪镇维新社区杨光村庵基、坳田 居村 25 户 120 人。

顺溪镇维新社区大垄村七亩岗 居村 30 余户 140 多人。

顺溪镇进士村潘山 居村 30 余户 110 多人。

顺溪镇青石桥村（十六亩） 居村 3 户 10 多人。

顺溪镇白云山村 居村 16 户 60 人。

顺溪镇新田下东村东山下 居村 20 余户 90 多人。

顺溪镇田里村相公基 居村 30 户 100 多人。

顺溪镇河垟尾村 居村 50 余户 200 多人。

顺溪镇吴垟村坟前　居村 25 户 100 多人。

顺溪镇石柱村　居村 6 户 27 人。

万全镇万顺村　2014 年，因建顺溪水库由马鞍石门楼、处基迁入。居村 20 余户 70 多人。

闹村乡大施村东堡　居村 30 余户 120 多人。

闹村乡小施村内垟　居村 60 余户 250 多人。

闹村乡东湾村　居村 3 户 15 人。

闹村乡龙凤村（李岙、西山下）　居村 50 余户 200 多人。

闹村乡东北村北山　居村 10 余户 60 多人。

闹村乡玉联村田寮　居村 30 余户 120 多人。

水头镇朝阳社区新联村（车水头、三角田、牛栏岗）　居村共 30 余户 100 多人。

水头镇朝阳社区双峰村中岗　居村 20 余户 100 多人。

水头镇朝阳社区同盟村前园　清乾隆五年至二十五年（1740—1760 年），雷世清由平阳朝阳李家山迁入。今传 10 世，居村 20 余户 100 多人。

水头镇朝阳社区双溪村李家山　清顺治年间（1644—1661 年），雷明寿由文成里阳余山迁入。今传 14 世，居村 10 余户 50 多人。

南雁镇堂基村　有 3 支雷姓迁入：①青街章山支系，清嘉庆年间（1796—1820 年），雷文柚由平阳顺溪溪南村迁入，今传 10 世；②青街黄家坑支系，清同治十三年（1874 年），雷望生由顺溪镇溪南迁入，今传 6 世；③苍南昌禅支系。居村共 60 余户 240 多人。原散居在百步顺亭上半山腰和山脚下，1965 年至 2009 年搬迁至溪边新居，因这里有古庵堂基址，故名“堂基村”。

南雁镇前山村　属平阳青街章山支系。清乾隆十五年（1750 年），雷起希由平阳县北港章山迁入。今传 13 世，居村 40 余户 190 多人。

南雁镇双旺村岭坎（苔湖坳里）　居村 10 余户 50 人。

怀溪镇畲龙村大屋　属平阳闹村西山下支系。清康熙年间（1662—1722 年），雷应顺由平阳闹村西山下水尾迁入。今传 11 世，50 余户 230 多人。

怀溪镇畲龙村陈龙坑口　有 2 支雷姓迁入：①青街章山支系，明万历年间（1573—1620 年），雷起洪、雷起影兄弟由罗源经苍南县桥墩黄檀口迁入，今传 16 世；②苍南县昌禅支系，清嘉庆年间（1796—1820 年），雷清绍由平阳长尾坑经晓坑牛奇洋迁入，今传 8 世。居村共 30 余户 170 多人。

怀溪镇畲龙村牛石垟　属文成县双桂桐油垄支系。清道光年间（1821—1850 年），雷士检由平阳山门塘湾经怀溪畴垟村小岭迁入。今传 7 世，居村 5 户 20 多人。

怀溪镇畴垟村小岭　居村 8 户 25 人

怀溪镇徐垟村鲁家坑　居村 30 余户 150 多人。

怀溪镇西垟亭村黄山头　居村 8 户 30 人。

山门镇旺庄村　居村 30 余户 130 人。

昆阳镇水亭社区庆丰村（原斗务村搬迁下山）　居村 20 余户 100 多人。

鳌江镇梅源社区岭根村　居村 20 余户 100 多人。

（三）苍南雷姓

岱岭畲族乡云遮村包坑　属青街章山支系。清道光年间（1821—1850 年），第十世孙雷文列、雷文什、雷文协、雷文若等，由福鼎县前岐蔡洋迁入。今传 7 世，居村 6 户 20 多人。

岱岭畲族乡云遮村内厝　属青街章山支系。清康熙年间（1662—1722 年），第五世孙雷光窻由平阳县青街章山迁入；清嘉庆年间（1796—1820 年），第十世孙雷文荣由凤阳三十亩迁入。今传 13 世，居村 6 户 20 多人。

岱岭畲族乡云遮村西塔 属福鼎双华支系。清光绪年间（1875—1908年）第十一世孙雷德铖由福鼎迁入。今传5世，居村2户10人。

岱岭畲族乡坑门村桐籽湾 属福鼎青寮支系。居村1户5人。

岱岭畲族乡坑门村坑门岭（又名坑门岭脚） 平阳青街黄家坑支系。清康熙末年，第四世孙雷廷宝由平阳县青街迁入。今传12世，居村1户5人。

岱岭畲族乡福掌村 有4支雷姓迁入：①平阳青街章山支系。清康熙年间（1662—1722年），第五世孙雷光居、雷光衢兄弟由平阳县青街迁入福掌上厝。今传13世，居村25户90多人。②青街黄家坑支系。清康熙末年，第四世孙雷章贤由平阳县青街迁入。今传12世，居村6户20多人。③闹村凤岭脚支系。清雍正年间（1723—1735年），第五世孙雷应福，由平阳花草岗（今属朝阳乡）迁入。今传11世，居村1户5人。④福鼎双华支系。清咸丰年间（1851—1861年），第九世孙雷一隐由马站利洋迁入，今传6世。全村共40余户150多人。

岱岭畲族乡杨府岚 属平阳闹村凤岭脚支系。清道光年间（1821—1850年），第十世孙雷宗琴由福掌经杨府岚后山的牛溷头迁入。今传7世，居村12户50人。

岱岭畲族乡富源村龙凤岭脚 属福鼎菁寮支系。清康熙初年，第二世孙雷大法与兄弟雷大进、雷大造由福安迁入；乾隆年间（1736—1795年），第六世孙雷景贵、雷景位由大岭内村庵后迁入；清道光年间（1821—1850年），第九世孙雷仲发由富源村岙头迁入。今传14世，居村19户70多人。

岱岭畲族乡富源村斗湾岗、斗湾岭脚 属雷姓福鼎菁寮支系。明末清初，第三世孙雷启某由福安迁入；第七世孙雷鸣辉由平邑沿盘（今矾山镇坑门岭大坝头）回迁。今传13世，居村20户70多人。

岱岭畲族乡白岩头（也称岩头、斗湾大田头）上厝 属平阳闹村凤岭脚支系。清雍正年间（1623—1735年），第六世孙雷得凤由平阳县闹村迁入。今传13世，居村6户20多人。

岱岭畲族乡大厝基村小岭 有2支雷姓迁入：①平阳青街章山支系，清道光年间（1821—1850年），第十世孙雷文府由福鼎县前岐蔡洋迁入，今传7世；②福鼎双华支系，清同治年间（1862—1874年），第九世孙雷一觉由福鼎县双华迁入，今传6世。居村共9户40多人。

凤阳畲族乡顶堡村坎下厝 属平阳青街章山支系。清乾隆年间（1736—1795年），第八世孙雷世昆由赤溪中岗（今属苍南中墩乡）迁入。今传10世，居村12户40多人。

凤阳畲族乡顶堡村崩山 属平阳闹村凤岭脚支系。有2支雷姓迁入：①康熙末年，第五世孙雷应龙迁入；②清咸丰年间（1851—1861年），第九世孙雷元良由南石门岭迁入。今传12世，居村17户60多人。

凤阳畲族乡顶堡村下后坑 有2支雷姓迁入：①平阳青街章山支系，清嘉庆年间（1796—1820年），第十世孙雷文金由仓头迁入，今传7世。②平阳闹村田寮支系，清嘉庆年间（1796—1820年），第十七世孙雷世昌、雷世贤由平阳县朝阳经后坑大坪迁入，今传8世。居村共20余户80多人。

凤阳畲族乡鹤山村陈家湾 属福鼎菁寮支系。清咸丰年间（1851—1861年），第九世孙雷仲铨由福鼎县箩五迁入。今传6世，居村10户40多人。

凤阳畲族乡鹤峰村交椅环 有3支雷姓迁入：①平阳青街章山支系，清嘉庆年间（1796—1820年），第八世孙雷世钟由福鼎县前岐岭兜迁入，今传9世；②平阳闹村凤岭脚支系，清乾隆年间（1736—1795年），第六世孙雷得发由平阳县闹村迁入，今传10世；③昌禅岙底支系，民国初年，第十世孙雷汉理入赘括山三岗内后回迁，今传4世。居村共17户60多人。

凤阳畲族乡岭边村岭边 属昌禅岙底支系。清光绪年间（1875—1908年），第九世孙雷清成由昌禅长尾坑迁入。今传6世，居村2户10人。

凤阳畲族乡凤楼村三十亩（又称金龟坑三十亩）　有2支雷姓迁入：①平阳青街章山支系，明末清初，第三世孙雷明鸿由福鼎县三潮岙迁入，今传15世，是最早迁入凤阳乡的畲族支系；清嘉庆年间（1796—1820年），第十世孙雷文盛由华阳牛角湾蕉坑迁入；清光绪年间（1875—1908年），雷文愈由鹤峰村交椅环迁入。②昌禅岙底支系，清咸丰年间（1851—1861年），第八世孙雷春冬由括山社区三岗内迁入，今传7世。居村共20余户80多人。

凤阳畲族乡龙头山　属福鼎双华支系。清乾隆年间（1736—1795年），第五世孙雷应俊由东佳山迁入。今传9世，居村10余户50多人。为预防山体滑坡，现已搬迁至顶堡新村居住。

凤阳畲族乡仓头村仓头　属平阳青街章山支系。清康熙年间（1662—1722年），第五世孙雷光涵、雷光沈由平阳县青街经矾山古楼下迁入。今传13世，居村70余户270多人。

凤阳畲族乡章家山村（又名东佳山）窟内　属平阳青街章山支系。约康熙五十年（1711年），第五世孙雷光明、雷光贤、雷光进自平阳县青街迁入；清乾隆年间（1736—1795年），第十世孙雷文英自鹤顶山大坝头移居章家山。居村共10余户40多人。

凤阳畲族乡章家山村（又名东佳山）竹山　属昌禅岙底支系。清康熙年间（1662—1722年），第三世孙雷应庆由莒溪郑家山迁入；第六世孙雷启盛由福鼎双华迁入。今传14世，居村40余户150多人。

桥墩镇后隆村柳庄　属青街章山支系。清顺治八年（1651年），第三世孙雷明修等为避乱迁入平阳县青街章山，第六世孙雷光前携长子雷起旺（1701—1772年）回迁柳庄；第八世孙雷可山由柳庄迁菁山后回迁。今传11世，居村9户30多人。

桥墩镇枫树湾　属福鼎菁寮支系。清乾隆年间（1736—1795年），第四世孙雷永寿由岱岭乡大岭内迁入，今传10世，居村17户60多人。

桥墩镇隔内村黄坛蕉坑（白石下）　有2支雷姓迁入：①平阳青街黄家坑支系，清乾隆年间（1736—1795年），第五世孙雷日瑞由平阳县青街迁入，今传10世。②平阳闹村凤岭脚支系，清道光年间（1821—1850年），第七世孙雷世响（1802—1861年）由耦县八都迁入，今传8世；清同治年间（1862—1874年），第九世孙雷元添由平阳县闹村迁入，今传6世。居村共10余户40多人。

桥墩镇小沿口村万宝岭　属平阳青街黄家坑支系。清雍正年间（1723—1735年），第五世孙雷日辉由平阳县青街黄家坑迁入。今传12世，居村60余户230多人。

桥墩镇小沿内（也称小沿底）　属平阳青街黄家坑支系。清咸丰年间（1851—1861年），第九世孙雷维庆由小沿口村迁入。今传6世，居村9户30多人。

桥墩镇小沿口村九亩埔　属平阳青街黄家坑支系。清乾隆年间（1736—1795年），第五世孙雷日茶由平阳县青街迁入。今传9世，居村6户20多人。

桥墩镇湾坑头村　属平阳闹村凤岭脚支系。清乾隆年间（1736—1795年），第五世孙雷应发由平阳县花草图岗（今属朝阳乡）迁入。今传11世，居村2户10人。

桥墩镇陈树枫村照北山　属平阳青街黄家坑支系。清末，由山下的小沿口村迁入。今传5世，居村2户10人。因建同三高速，今已移居桥墩镇桥墩门社区。

桥墩镇四亩村三十亩　属平阳闹村凤岭脚支系。清乾隆年间（1736—1795年），第五世孙雷应贤由平阳县闹村迁入。今传11世，居村30余户110多人。

桥墩镇龙井村徐家宅岙底　属福鼎菁寮支系。清康熙年间（1662—1722年），第三世孙雷启洪由福鼎县菁寮迁入。今传13世，居村24户100多人。

桥墩镇高山村（含樟坑、溪边、路下）　属平阳青街黄家坑支系。第六世孙雷文明、雷文彩由岱岭畲族乡福掌经下洋转徙樟坑内。今传10世，居村40户150多人。

桥墩镇高山村大岗头　有2支雷姓迁入：①平阳青街章山支系，清道光年间（1821—1850

年），第十世孙雷文祖由莒溪迁入，今传8世；②平阳青街黄家坑支系，由山下的樟坑分衍迁入，今传5世。居村共7户30人。

桥墩镇大路顶村（又名罗木岗、打石岗） 属平阳青街章山支系。清道光年间（1821—1850年），第九世孙雷士义由平阳县青街朱山迁入。今传8世，居村13户50多人。

桥墩镇东坑村 属平阳青街黄家坑支系，清乾隆年间（1736—1795年），第四世孙雷廷宇由平阳县青街迁入。今传11世，村居17户60多人。

桥墩镇下洋村水碓岭（又名蛇仔穴、军田垅头） 有2支雷姓迁入：①平阳青街章山支系，清乾隆年间（1736—1795年），第八世孙雷世仁由后隆村柳庄迁入，今传11世；②平阳青街黄家坑支系，清乾隆年间（1736—1795年），第五世孙雷文奇由下垟村迁军田垅头，今传10世。居村共16户60多人。

桥墩镇下洋村九亩 属平阳青街黄家坑支系。清乾隆年间（1736—1795年），第六世孙雷文进、雷文邻两兄弟由下洋迁入。今传10世，居村12户50多人。

桥墩镇高山村垟尾 属平阳闹村凤岭脚支系。清嘉庆年间（1796—1820年），第九世孙雷元况由平阳县闹村迁入。今传8世，居村5户20多人。

桥墩镇苍北村（腾垟）后坑 有2支雷姓迁入：①平阳青街章山支系，清光绪年间（1875—1908年），第十一世孙雷国澍由泰顺县雅阳下门院迁入，今传6世；②闹村田寮支系，清乾隆年间（1736—1795年），第十七世孙雷世满由平阳县朝阳溪边迁入，今传10世。居村共2户10人。

桥墩镇（腾垟）东山村东湖埔 属平阳青街黄家坑支系。清乾隆年间（1736—1795年），第六世孙雷德显由平阳县青街迁入。今传11世，居村68户300多人。

桥墩镇（腾垟）传星村半天岗（又名半山岗，原属杨半岭村） 属平阳闹村田寮支系。清乾隆年间（1736—1795年），第十七世孙雷世振由平阳县晓坑迁入。今传9世，居村4户10多人。

桥墩镇五凤社区漈岸村小垟外垟 属平阳青街黄家坑支系。清乾隆年间（1736—1795年），第五世孙雷文旺由平阳县青街迁入。今传10世，居村8户30多人。

桥墩镇五凤社区黎阳村 属平阳青街章山支系。清康熙年间（1662—1722年），第六世孙雷起升由桥墩柳庄迁五岱李垟（五凤黎阳）。今传13世，居村11户40多人。

莒溪镇矴埠村大湾 属平阳闹村凤岭脚支系。清乾隆年间（1736—1795年）第七世孙雷世贵、清道光年间（1821—1850年）第九世孙雷元生，均由平阳县小施村迁入。今传9世，居村2户10人。

莒溪镇田岗村牛皮潭 属平阳青街黄家坑支系。清雍正年间（1723—1735年），第五世孙雷文隆由泰顺县玉塔迁入。今传12世，居村13户40多人。

莒溪镇垟尾村石壁头 属平阳闹村凤岭脚支系。清乾隆年间（1736—1795年），第六世孙雷得聪由桥墩四亩村三十亩迁入。今传11世，居村9户30多人。

莒溪镇桥南村下塘 属平阳青街章山支系。清道光年间（1821—1850年），第十世孙雷文星由与下塘交界的南山"八份"地方迁入。今传7世，居村22户80多人。

莒溪镇桥南村柯岭（含柯岭头、柯岭边、菁斜） 属平阳青街章山支系。清嘉庆年间（1796—1820年），第十世孙雷文官由泰顺县沙洋迁入；雷文勇、雷文沦、雷文桧、雷文革由南山"八份"迁入。今传8世，居村18户70多人。

莒溪镇桥南村老虎尾 属平阳青街章山支系。清嘉庆年间（1796—1820年），第十世孙雷文徐、雷文万、雷文株由乌岩内迁入。今传9世，居村13户40多人。

莒溪镇南山村上南山（又名下厝、柯岭脚） 属平阳青街章山支系。清康熙年间（1662—

1722年），第四世孙雷凤灵由平阳县青街九岱迁入莒溪（今南山“八份”地方）；第八世孙雷起玮居“八份”；第十世孙雷文洸、雷文紧、雷文盛居上南山下厝。今传14世，居村27户100多人。

莒溪镇乌岩内（又称乌岩底）　属平阳青街章山支系。清乾隆年间（1736—1795年），第八世孙雷其斌由相邻的南山“八份”地方迁入。今传10世，居村30余户130多人。

莒溪镇潹头村　属平阳青街黄家坑支系。清雍正年间（1723—1735年），雷姓第五世孙雷日隆（1708—1786年），由平阳县青街黄家坑迁入。今传11世，居村22户80多人。

莒溪镇王洞村　属平阳青街黄家坑支系。清康熙年间（1662—1722年），第五世孙雷文忠由平阳县青街迁入。今传13世，居村3户10多人。

莒溪镇高垄内　属平阳青街黄家坑支系。清乾隆年间（1736—1795年），第六世孙雷德瑞由平阳县青街迁入。今传11世，居村2户10人。近年转迁上村水碓头。

莒溪镇大坪村柳洋坪　属平阳闹村凤岭脚支系。清道光年间（1821—1850年），第九世孙雷元法、雷元朝由平阳县闹村迁入。今传7世，居村2户10人。

莒溪镇大山脚　属平阳青街章山支系。清嘉庆年间（1796—1820年），第九世孙雷士贵由平阳县青街朱山迁入；清咸丰年间（1851—1861年），第十世孙雷文铤迁入。今传8世，居村2户10人。

莒溪镇（中岗村）马蹄湾　属平阳闹村田寮支系。清乾隆年间（1736—1795年），第十七世孙雷世清由平阳县朝阳溪边迁入。今传10世，居村16户60多人。

莒溪镇内洋村　属平阳青街黄家坑支系。清嘉庆年间（1796—1820年），第九世孙雷维秀由郑家山顶老厝迁入。今传8世，居村5户20多人。

莒溪镇西厅村牛头浚　有2支雷姓迁入：①平阳闹村凤岭脚支系，第八世孙雷圣寅由泰顺县瓯里移居郑家山内洋牛头浚半坝，今传9世；②昌禅岙底支系，由莒溪郑家山迁入。居村共6户20多人。

莒溪镇古楼垟　属平阳青街章山支系。清道光年间（1821—1850年），第十世雷文岭、雷文音、雷文元、雷文选等迁入。今传7世，居村19户70多人。

莒溪镇大莪村大榴（又称大片）　属平阳青街章山支系。清咸丰年间（1851—1861年），第十世孙雷文珠由平阳县青街朱山迁入。今传6世，居村4户17人。

莒溪镇大峨村坑头小榴　属平阳青街黄家坑支系。清光绪年间（1875—1908年），第九世孙雷维便由平阳县青街黄家坑迁入。今传6世，居村4户16人。

莒溪镇郑家山村（顶老厝）　有2支雷姓迁入：①昌禅岙底支系。雷念二郎原籍广东，经罗源迁入，今传16世；②平阳青街黄家坑支系，清乾隆年间（1736—1795年），第五世孙雷蓝养由平阳县青街九岱迁入，今传10世。居村共80户300多人。

莒溪镇坳下村梅人贡（媒人岗）　有3支雷姓迁入：①文成桐油垄支系，清光绪年间（1875—1908年），第十世孙雷永盟由平阳县青街章山迁入，今传5世；②闹村田寮支系，清同治年间（1862—1874年），第廿一世孙雷子盘由平阳县村东堡垟迁入，今传5世；③青街章山支系，在“国”字辈时迁入梅人贡，今传4世。居村共4户10多人。

莒溪镇坳下村大杉地　属闹村凤岭脚支系。民国九年（1920年）由平阳县闹村小施迁入。今传3世，居村3户8人。

莒溪镇天井洋村枫树岭（又称天井洋内岭）　有3支雷姓迁入：①平阳青街章山支系，清道光年间（1821—1850年），第十世孙雷文剖由天井包头坑迁入，今传7世；②平阳青街黄家坑支系，清咸丰年间（1851—1861年），第九世孙雷维旺、雷维胡、雷维喜由平阳县顺溪沙洋迁入，今传6世；③文成桐油垄支系，清末，第十一世孙雷元武迁入，今传5世。居村共11户40

多人。

莒溪镇半领炉 属莒溪田寮支系。清乾隆五年至廿五年（1740—1760年），十七世孙雷世昌由平阳朝阳乡双溪村李家山迁入；乾隆十六年至咸丰三年（1751—1853年），第十九世孙雷振桑由朝阳李家山迁入。今传11世，居村20余户70多人。

莒溪镇天井村扫箕厂（畲民称“簑衣厂”） 有2支雷姓迁入：①平阳青街章山支系，清乾隆年间（1736—1795年），第七世孙雷孔悬由平阳县青街迁入天井包头坑，繁衍至第十世雷文宥，由包头坑（余坪自然村山脚处）移居扫箕厂，今传10世；②文成桐油垄支系，相传从文成迁入。居村共5户20多人。

灵溪镇后家井 属平阳青街黄家坑支系。清乾隆年间（1736—1795年），第六世孙雷宗清由桥墩黄坛蕉坑迁入。今传10世，居村3户10多人。

灵溪镇东阳村牛角湾水尾 属文成桐油垄支系。清雍正年间（1723—1735年），第五世孙雷宗显（或其父雷世祖）由瑞安五十三都三甲垟山迁入。今传12世，居村2户16人。

灵溪镇东阳村华阳蕉坑（上蕉坑） 有2支雷姓迁入：①平阳青街章山支系，清康熙年间（1662—1722年），第六世孙雷起进由桥墩柳庄迁入，今传12世；②闹村田寮支系，第廿一世孙雷子为由平阳县朝阳李家山经华阳石牛迁入，今传6世。居村共15户50多人。

南宋镇李家旺 属平阳青街章山支系。民国初年，第十三世孙雷天东由平阳县晓坑陈垅坑口迁入。今传4世，居村1户5人。

南宋镇溪光村石门岭 属平阳闹村凤岭脚支系。清雍正年间（1723—1735年），第五世孙雷应全、雷应星迁入。今传12世，居村4户10多人。

矾山镇岭家山（又称阮家山） 属平阳青街章山支系。第十三世孙雷天楼由华阳蕉坑（今属灵溪镇）迁入。今传4世，居村4户10多人。

矾山镇杨子山村坑门大坝头（曾称为“沿盘”） 属福鼎菁寮支系。清乾隆年间（1736—1795年），第五世孙雷元华由岱岭斗湾迁入。今传11世，居村3户15人。

矾山镇（昌禅乡）岙底 属昌禅岙底支系。清康熙年间（1662—1722年），第三世孙雷应弟由莒镇郑家山迁入；清乾隆年间（1736—1795年），第六世孙雷振元由福鼎县牛食岚迁入岙底坑头内。今传13世，居村18户70多人。雷姓昌禅岙底支系宗祠坐落在岙底自然村。

昌禅乡中岙村 属平阳青街章山支系。民国初年，第十三世孙雷天池由福鼎县象岸打石岭迁入中岙祠堂顶。今传4世，居村1户5人。

昌禅乡柘头隔 属昌禅岙底支系。清乾隆年间（1736—1795年），第六世孙雷振迁由昌禅岙底迁入。今传9世，居村40户150多人。

昌禅乡林家垟（柘头） 多由柘头隔分衍而来，部分由中岙村长岭迁入。居村20余户70多人。

望里镇（灵溪镇）凤岙浦口（也称坑内） 属平阳闹村凤岭脚支系。清雍正年间（1723—1735年），第五世孙雷应公迁入凤岙坑内。今传12世，居村7户20多人。

腾垟乡王湾村王湾隔 有3支雷姓迁入：①平阳闹村凤岭脚支系，清康熙年间（1662—1722年），第五世孙雷应奇由平阳县闹村迁入，今传13世；②平阳闹村田寮支系，乾隆年间（1736—1795），第十七世孙雷世元由平阳县朝阳李家山迁入，今传10世；③平阳青街章山支系，清光绪年间（1875—1908年），第十四世孙雷必兴由平阳县青街前山迁入，今传5世。居村共18户70多人。

括山社区龙山村三岗内 属昌禅岙底支系。清康熙年间（1662—1722年），第三世孙雷应德由莒溪镇郑家山移居迁入。今传13世，居村50余户230多人。

中墩乡中墩中岗（中墩东岗） 属平阳青街章山支系。清康熙年间（1662—1722年），第六世孙雷起准由凤阳迁入中岗后山山顶处的双排“加草垄”地方，再转徙中岗。今传 12 世，居村 38 户 150 多人。

赤溪镇流岐岙（含顶寮、岭脚） 有 3 支雷姓迁入：①平阳闹村凤岭脚支系，清同治年间（1862—1874 年），第九世孙雷元福由南宋石门岭迁入顶寮，今传 6 世；②昌禅岙底支系，清雍正年间（1723—1735 年），第四世雷文仕由括山杨家坑三岗内移居顶寮，今传 12 世；③平阳闹村田寮支系，清乾隆年间（1736—1795 年），第十七世孙雷世定由平阳县朝阳李家山迁入岭脚，今传 10 世。居村共 7 户 20 多人。

赤溪镇三步擂村三十亩 属文成桐油垄支系。清咸丰年间（1851—1861 年），第九世孙雷士敬由昌禅长尾坑迁入。今传 6 世，居村 3 户 10 多人。

赤溪镇三步擂大坑内 属平阳闹村凤岭脚支系。清光绪年间（1875—1908 年），第十二世孙雷赵看由莒溪垟尾石壁头迁入。居村 5 户 20 多人。

赤溪镇官岙村 属福鼎双华支系。清康熙年间（1662—1722 年），第五世孙雷应恒由凤阳东佳山（章家山）迁入官岙泗庵村后垟，后转徙大坝堤，今居拱桥头。今传 12 世，居村 5 户 20 人。

渔寮乡后曹村 属福鼎菁寮支系。1950 年后，第十三世孙雷承景由岱岭大岭内（今富源村）迁入。今传 3 世，居村 3 户 10 多人。

马站镇利垟（又称吕垟） 属福鼎双华支系。清康熙年间（1662—1722 年），第三世孙雷振安由蒲壮南里垄（今马站镇兰垅村）移居吕垟。今传 13 世，居村 12 户 40 多人。

马站镇峰门大坑内（三步擂大坑内的另一半） 有 2 支雷姓迁入：①平阳青街章山支系，清咸丰年间（1851—1861 年），第十世孙雷文金、雷文华由平阳县晓坑陈垅口迁入，今传 7 世；②平阳青街黄家坑支系，第十世孙雷君东（1874—1917 年）由平阳县顺溪沙垟（今溪南村）迁入，今传 4 世。居村共 15 户 50 多人。

（四）文成县雷姓

西坑畲族镇旁边垟村旁边垟 有 2 支雷姓迁入：①明万历三十六年（1608 年），雷奉伍携妻儿由景宁包凤迁入；②双桂垟山桐油垄五房支系，由驮岙迁入。居村共 9 户 40 人。

西坑畲族镇旁边垟村北斗垄 属双桂垟山桐油垄大房支系。由黄洞山足迁入。居村 25 户 110 多人。

西坑畲族镇西坑村麻寮 有 2 支雷姓迁入：①双桂垟山桐油垄四房支系，由百丈漈镇篁庄村岗头垟迁入；②景宁包凤支系，由黄坦镇培头村梅树岗迁入。居村共 14 户 50 多人。

西坑畲族镇西坑村马安岗 属平阳闹村新庵田寮支系。由铜铃山镇吴坳村下铺迁入。居村 10 户 46 人。

西坑畲族镇西坑村净水垟 属平阳闹村新庵田寮支系。由铜铃山镇吴坳村下铺迁入。居村 12 户 49 人。

西坑畲族镇让川村官田 属双桂垟山桐油垄五房支系。由周山畲族乡上坑村上庄半岭岗迁入。居村 6 户 30 人。

西坑畲族镇让川村半岭 属双桂垟山桐油垄五房支系。由周山畲族乡上坑村上庄半岭岗迁入。居村 13 户 90 多人。

西坑畲族镇三星村山后源岗背 属双桂垟山桐油垄大房支系。由大峃镇乌田村迁入。居村 30 户 80 多人。

西坑畲族镇双前村肖山 有 2 支雷姓迁入：①双桂垟山桐油垄大房支系，由大峃镇乌田迁入；②双桂垟山桐油垄四房支系，由黄坦镇底庄村迁入。居村共 16 户 75 人。

西坑畲族镇双前村天雷岗 有 2 支雷姓迁入：①双桂垟山桐油垄大房支系，由西坑畲族镇江山村金山岗迁入；②双桂垟山桐油垄五房支系，由黄坦镇富康村五步桥迁入。居村共 2 户 10 人。

西坑畲族镇江山村金山岗　属双桂垟山桐油垄大房支系。由平阳小岭圆岗迁入。居村 11 户 59 人。

西坑畲族镇江山村岩头垄　属双桂垟山桐油垄五房支系。由西坑畲族镇让川村半岭迁入。居村 1 户 3 人。

黄坦镇驮岙村驮岙（石亭）　属双桂垟山桐油垄五房支系。由周山畲族乡上坑村上庄半岭岗迁入。居村 20 余户 80 多人。

黄坦镇驮岙村（含驮岗、高塔、共宅）　属双桂垟山桐油垄五房支系。由黄坦镇驮岙迁入。居村 8 户 50 人。

黄坦镇济下村足山　属双桂垟山桐油垄四房支系。由黄坦镇底庄迁入。居村 7 户 30 多人。

黄坦镇严本村岗头垟　属双桂垟山桐油垄四房支系。由双桂乌石垟迁入。居村 2 户 12 人。

黄坦镇石井村黄牯袋　属双桂垟山桐油垄四房支系。由周山际下迁入。居村 9 户 48 人。

黄坦镇石井村水牛丘　属双桂垟山桐油垄四房支系。由周山际下迁入。居村 11 户 50 多人。

黄坦镇城垟村旁山　属双桂垟山桐油垄四房支系。由黄坦镇底庄迁入。居村 1 户 3 人。

黄坦镇塘底垟村塘底垟　属双桂垟山桐油垄四房支系。由黄坦镇底庄迁入。居村 5 户 25 人。

黄坦镇底庄村底庄　属双桂垟山桐油垄四房支系。由双桂乌石垟迁入。居村 67 户 300 多人。

黄坦镇底庄村坟庵　属双桂垟山桐油垄四房支系。由黄坦镇底庄迁入。居村 8 户 30 多人。

黄坦镇双坑村白岩下　属双桂垟山桐油垄大房支系。由大峃镇乌田迁入。居村 10 户 60 多人。

黄坦镇双坑村杨家宅　属双桂垟山桐油垄大房支系。由大峃镇乌田迁入。居村 4 户 17 人。

黄坦镇双坑村枯木湾　清康熙元年（1662 年），雷乾风由景宁包凤迁入。居村 3 户 16 人。

黄坦镇双坑村半山　属景宁包凤支系。由黄坦镇双坑村枯木湾迁入。居村 7 户 29 人。

黄坦镇双坑村梅树岗梅驮岙　属平阳闹村支系。由周山上坑井田迁入。居村 3 户 14 人。

黄坦镇富康村和尚湾　属双桂垟山桐油垄大房支系。由黄坦镇富康村五步桥迁入。居村 5 户 25 人。

黄坦镇富康村五步桥　属双桂垟山桐油垄五房支系。由周山畲族乡上坑村上庄半岭岗迁入。居村 13 户 50 多人。

黄坦镇上保垟村驮岗头　属双桂垟山桐油垄五房支系。由黄坦镇富康村五步桥迁入。居村 1 户 3 人。

黄坦镇培头村南山岗　属平阳闹村凤岭脚支系。由周山畲族乡上坑村水坑井田迁入。居村 7 户 20 多人。

黄坦镇周岙底村山重漈　属平阳闹村凤岭脚支系。由周山畲族乡上坑村水坑井田迁入。居村 4 户 12 人。

黄坦镇培头村培头水井窟　有 2 支雷姓迁入：①双桂垟山桐油垄五房支系，由黄坦镇塘垄村坳底迁入；②平阳闹村凤岭脚支系，由平阳县闹村北山迁入。居村共 3 户 16 人。

黄坦镇培头村呈山底　属平阳闹村凤岭脚支系。由平阳花草岗迁入。居村 2 户 8 人。

黄坦镇培头村牛塘　属双桂垟山桐油垄五房支系。由周山畲族乡上坑村上庄半岭岗迁入。居村 55 户 200 多人。

黄坦镇塘垄村塘垄　属平阳青街章山支系。由平阳县三门晓坑垟边迁入。居村 5 户 58 人。

黄坦镇塘垄村坳底　属景宁包凤支系。由黄坦镇培头村梅树岗迁入。居村 13 户 85 人。

黄坦镇塘垄村缸窑下　属平阳青街章山支系。由平阳县三门晓坑垟边迁入。居村 8 户 66 人。

黄坦镇上坪村岩下岭 属景宁包凤支系。由黄坦镇培头村梅树岗迁入，后因修建珊溪水库迁移巨屿镇方前村移民小区。居村 3 户 19 人。

黄坦镇河垟村垟坑 属双桂垟山桐油垄大房支系。由周山畲族乡徐山迁入。居村 9 户 45 人。

周山畲族乡周坑村周坑 属双桂垟山桐油垄大房支系。由平阳五十都垟心迁入。居村 12 户 50 多人。

周山畲族乡周坑村运坑（九龙井） 属双桂垟山桐油垄大房支系。由瑞安徐山迁入。居村 5 户 16 人。

周山畲族乡九条垟村徐山 有 2 支雷姓迁入：①双桂垟山桐油垄大房支系，由瑞安徐山迁入；②平阳闹村新庵田寮支系，由平阳李家山迁入。居村共 26 户 120 多人。

周山畲族乡九条垟村驮岭 有 2 支雷姓迁入：①苍南昌禅岙底支系，清乾隆年间（1736—1795 年），雷清福由平阳黄山头迁入；②平阳青街章山支系，由莒溪迁入。居村共 12 户 48 人。

周山畲族乡上庄村驮岭南山岗 属双桂垟山桐油垄大房支系。由双桂旁岸坳里迁入。居村 12 户 50 多人。

周山畲族乡养根村包宅 属双桂垟山桐油垄四房支系。由周山白岩际迁入。居村 3 户 14 人。

周山畲族乡际下村际下 有 2 支雷姓迁入：①平阳闹村凤岭脚支系，由周山水坑水井田迁入；②双桂垟山桐油垄四房支系。由大峃镇金炉岚岩迁入。居村共 50 余户 250 多人。

周山畲族乡上坑村水坑 有 2 支雷姓迁入：①平阳闹村凤岭脚支系，由平阳花草岗迁入；②双桂垟山桐油垄五房支系，由周山畲族乡上坑村半岭迁入。居村共 40 余户 150 多人。

周山畲族乡上坑村上庄 属双桂垟山桐油垄大房支系。由双桂乡旁岸坳里迁入。居村 45 户 220 多人。

周山畲族乡上坑村八担 属平阳青街章山支系。由平阳怀溪洋边迁入。居村 9 户 50 人。

周山畲族乡周岩村岩洞 属双桂垟山桐油垄四房支系。由周山畲族乡周岩村白岩漈迁入。居村 5 户 26 人。

周山畲族乡周岩村白岩漈 属双桂垟山桐油垄四房支系。由二源镇陈庄村陈庄迁入。居村 9 户 50 多人。

双桂乡宝丰村仓担 属双桂垟山桐油垄大房支系。由平阳五十都垟心迁入。居村 1 户 4 人。

双桂乡垟山村乌石垟 属双桂垟山桐油垄大房支系。由西坑畲族镇旁边垟村井垟迁入。居村 24 户 140 多人。

双桂乡陈岙村陈岙 属双桂垟山桐油垄大房支系。由双桂乡旁岸村坳里迁入。居村 1 户 12 人。

双桂乡半岭岗村大牛塘 属双桂垟山桐油垄大房支系。由周山畲族乡上坑上庄迁入。居村 4 户 20 多人。

双桂乡旁岸村坳里 属双桂垟山桐油垄大房支系。由西坑畲族镇旁边垟村井垟迁入。居村 93 户 430 多人。

双桂乡周山下村周山下 有 2 支雷姓迁入：①双桂垟山桐油垄五房支系，由上庄半岭岗迁入；②平阳闹村支系，由周山水坑井田迁入。居村共 70 户 370 多人。

双桂乡垟山村桐油垄 有 2 支雷姓迁入：①双桂垟山桐油垄大房支系，由周山畲族乡上坑村上庄迁入；②由平阳青街睦源村章山迁入，居村共 50 户 240 多人。

双桂乡垟山村沟坑 属双桂垟山桐油垄五房支系。由双桂乡垟山村桐油垄迁入。居村 28 户 130 多人。

双桂乡陈岙村倒崩 属双桂垟山桐油垄大房支系。由瑞安徐山迁入。居村 3 户 12 人。

双桂乡陈岙村明坑 清乾隆年间（1736—1795 年），雷起生、雷起旺、雷起晋三兄弟由平阳三十七都桥墩黄坛口（今苍南县）迁入。居村 13 户 70 多人。

双桂乡陈岙村寨头 属平阳闹村新庵（今玉联村）田寮支系。由平阳五十都垟心迁入。居村 4 户 25 人。

双桂乡城底村西沙湾 属双桂垟山桐油垄大房支系。由双桂乡乌石垟迁入。居村 6 户 30 多人。

玉壶镇樟坑村猪头岩 属平阳闹村新庵田寮支系。由二源镇陈庄村西木龙迁入。居村 1 户 8 人。

玉壶镇周山垟村巧亚坳底 属平阳闹村新庵田寮支系。由平阳朝阳李家山迁入。居村 30 余户 150 多人。

玉壶镇周山垟村周山垟 属平阳闹村新庵田寮支系。由瑞安迁入。居村 9 户 75 人。

玉壶镇陈垟堂村陈垟堂 属双桂垟山桐油垄四房支系。由二源镇陈庄村陈庄迁入。居村 4 户 23 人。

玉壶镇青坑村青坑 属周壤镇外南垟支系。清乾隆年间（1736—1795 年），雷日清由平阳黄家坑迁入。居村 30 余户 170 多人。

玉壶镇青坑村张山 属周壤镇外南垟支系。由平阳青街九岱黄家坑迁入。居村 10 户 60 多人。

玉壶镇中村村白蒙 属双桂垟山桐油垄五房支系。由双桂乡周山下村迁入。居村 5 户 23 人。

玉壶镇乌岩村三条岗（平岩） 属双桂垟山桐油垄大房支系。由周山畲族乡上坑村上庄迁入。居村 10 户 50 多人。

玉壶镇洪地村花地 有 2 支雷姓迁入：①景宁包凤张家村支系，由二源镇湖底桃树迁入；②双桂垟山桐油垄四房支系，由瑞安东岩徐山迁入。居村共 30 余户 170 多人。

玉壶镇金岩村外湾 属双桂垟山桐油垄四房支系。由周壤镇外南垟迁入。居村 5 户 15 人。

玉壶镇金岩村稻桶岩 属周壤镇外南垟支系。由周壤镇外南垟迁入。居村 5 户 19 人。

玉壶镇金岩村驮坪 属双桂垟山桐油垄四房支系。由玉壶镇上林徐山陈堂垟迁入。居村 2 户 7 人。

玉壶镇金岩村方岩 属平阳闹村支系。由玉壶镇石良坎迁入。居村 3 户 18 人。

玉壶镇金岩村底厂 属双桂垟山桐油垄五房支系。由周壤镇外南垟木湾岭迁入。居村 1 户 3 人。

玉壶镇金岩村长湾 属双桂垟山桐油垄四房支系。由玉壶镇周山垟半岭迁入。居村 1 户 3 人。

玉壶镇金岩村驮坪白岩头 属周壤镇外南垟支系。由周壤镇外南垟寮厂迁入。居村 10 户 50 多人。

玉壶镇光明村石良坎 属平阳闹村支系。由平阳晓坑潘山迁入。居村 20 余户 110 多人。

玉壶镇五一村项步垟、吴山 居村 2 户 9 人。

二源镇陈庄村陈庄 清雍正十年（1732 年），雷宗巩由瑞邑金垟迁入。居村 89 户 323 人。

二源镇陈庄村坑头垟 属双桂垟山桐油垄四房支系。由二源陈庄迁入。居村 13 户 90 多人。

二源镇陈庄村山后 属双桂垟山桐油垄四房支系。由二源陈庄迁入。居村 10 余户 40 多人。

二源镇钟垟村台司岭驮塆脚 属双桂垟山桐油垄四房支系。由二源陈庄迁入。居村 11 户 56 人。

二源镇钟垟村水尾寮 属双桂垟山桐油垄四房支系。由二源陈庄迁入。居村 9 户 30 多人。

二源镇东坑村坑门底（金垟） 属双桂垟山桐油垄四房支系。由双桂乌石垟迁入。居村 10 户 50 多人。

二源镇东坑村东坑　属双桂垟山桐油垄四房支系。由二源陈庄迁入。居村 1 户 6 人。

二源镇程岭村上岭头　属双桂垟山桐油垄大房支系。由双桂旁岸坳里迁入。居村 6 户 23 人。

二源镇坑底村驮山脚　属双桂垟山桐油垄四房支系。由新东陈庄迁入。居村 10 户 40 多人。

大峃镇吴岭村苔岭头　属双桂垟山桐油垄大房支系。由平阳五十都垟心迁入。居村 3 户 28 人。

大峃镇余山村下余　属双桂垟山桐油垄大房支系。由苔岭头迁入。居村 30 余户 90 多人。

大峃镇余山村萤火滩、杨梅坳　属平阳闹村新庵田寮支系。由青田岭根迁入。居村 16 户 50 人。

大峃镇余山村靛青山　属平阳闹村支系。由周山畲族乡上坑村水坑井迁入。居村 3 户 10 人。

大峃镇西山村山茶花西山岩头　属双桂垟山桐油垄五房支系。由双桂乡周山下迁入。居村 13 户 46 人。

大峃镇马岩外马村上新屋　属双桂垟山桐油垄五房支系。由大峃镇双马村双岩包头垄迁入。居村 3 户 16 人。

大峃镇双马村双岩包头垄　属双桂垟山桐油垄五房支系。由双桂乡周山下迁入。居村 8 户 30 多人。

大峃镇乌田村乌田　属双桂垟山桐油垄大房支系。由黄坦镇富岙培下迁入。居村 40 余户 240 多人。

大峃镇新垟村新垟　属双桂垟山桐油垄四房支系。由大峃镇岚岩村迁入。居村 3 户 18 人。

铜铃山镇吴坳村下铺　属平阳闹村新庵田寮支系。由大峃镇余山迁入。居村 20 余户 80 多人。

铜铃山镇吴坳村火烧基　属平阳闹村新庵田寮支系。由铜铃山镇下铺迁入。居村 3 户 9 人。

铜铃山镇吴坳村吴坳坑　属双桂垟山桐油垄大房支系。由大峃镇余山迁入。居村 5 户 35 人。

铜铃山镇吴坳村吴坳下甫　属双桂垟山桐油垄五房支系。由黄坦镇富岙村五步桥迁入。居村 3 户 15 人。

铜铃山镇三合村干田　属双桂垟山桐油垄大房支系。由黄坦镇双坑村白岩下迁入。居村 1 户 8 人。

铜铃山镇三合村（田寮、塔会、岭山后）　属景宁包凤支系。由黄坦镇双坑村枯木湾迁入。居村 16 户 80 多人。

珊溪镇下山村银珠坳　属周南外南垟支系。由平阳县青街九岱黄家坑迁入。居村 13 户 40 多人。

珊溪镇松源村富源坪（培下）　属双桂垟山桐油垄大房支系。由周山畲族乡上坑上庄迁入。居村 28 户 120 多人。

珊溪镇松源村中心寨　属双桂垟山桐油垄大房支系。由二源镇东山下迁入。居村 7 户 27 人。

百丈漈镇镇头村镇头　属双桂垟山桐油垄大房支系。由大峃镇余山萤火滩迁入。居村 20 余户 70 多人。

百丈漈镇长垄村长垄　属平阳闹村支系。由平阳怀溪镇黄山头迁入。居村 8 户 50 多人。

百丈漈镇西段南巷村移石庄、二头门　属双桂垟山桐油垄四房支系。由百丈漈镇篁庄岗头垟迁入。居村 2 户 12 人。

周壤镇外南村（驮屋基、榅村井、水井头）　属周南外南垟支系。清乾隆年间（1736—1795 年），雷日会、雷日青由平阳黄家坑迁入。居村 70 余户 410 多人。

周壤镇外南村木塆岭　属双桂垟山桐油垄五房支系。由周壤镇川盘山迁入。居村 12 户 50 多人。

桂山乡水尾村三坪 属平阳闹村新庵田寮支系。由平阳沙坑迁入。居村 5 户 16 人。

巨屿镇前山村前山 属平阳闹村新庵田寮支系。由平阳三十七都丹树峰迁入。居村 10 户 30 多人。

南田镇西垟村西陵 属平阳闹村新庵田寮支系。由西坑畲族镇马安岗迁入。居村 5 户 16 人。

公阳乡公阳村沙了 属双桂垟山桐油垄五房支系。由双桂乡垟山村桐油垄迁入。居村 6 户 25 人。

（五）泰顺县雷姓

罗阳镇察溪村 清雍正九年（1731 年），由景宁畲族自治县竹埠迁入 。今传 13 世，居村 26 户 120 多人。

罗阳镇联新村 清道光二十二年（1842 年），由竹里畲族乡竹里村迁入。今传 10 世，居村 36 户 160 多人。

罗阳镇三滩村院后 清康熙二十三年（1694 年），由福建省福鼎市西阳迁入。今传 13 世，居村 90 余户 380 多人。后裔分迁罗阳镇苏北村、筱村镇葛洋村和北坑村、司前畲族镇上地村、福建寿宁县等地。

罗阳镇三滩村岭头仔 清乾隆六十年（1795 年），由司前畲族镇左溪村迁入。今传 9 世，居村 16 户 60 多人。后裔分迁景宁县东坑镇。

罗阳镇仙居村笊篱丘 清咸丰四年（1854 年），由司前畲族镇司前村迁入。今传 6 世，居村 4 户 16 人。

罗阳镇仙居村书院 清乾隆二十四年（1759 年），由司前畲族镇左溪村迁入。今传 10 世，居村 40 余户 160 多人。

罗阳镇苏北村北山 清嘉庆十六年（1811 年），由罗阳镇三滩村迁入。今传 10 世，居村 10 余户 50 多人。

罗阳镇村尾村三角丘 清道光二十八年（1848 年），由福建省寿宁县坑底乡林凤坑村迁入。今传 6 世，居村 40 余户 190 多人。

罗阳镇碑排村张山丘 清道光十一年（1831 年），由司前畲族镇左溪村迁入。今传 10 世，居村 4 户 20 多人。

司前畲族镇左溪村（筱条、叶山辽、赤坦） 清康熙十三年（1674 年），由平阳县青街畲族乡迁入。今传 15 世，居村 110 余户 480 多人。后裔分迁罗阳镇三滩村、碑排村、仙居村。

司前畲族镇左溪村左溪 民国二十七年（1938 年），由司前畲族镇司前村迁入。今传 6 世，居村 27 户 130 多人。

司前畲族镇左溪村直舍 清康熙年间（1662—1722 年），由景宁畲族自治县东畔村迁入。今传 17 世，居村 40 户 120 多人。

司前畲族镇司前村林山、下库 清顺治十五年（1658 年），由景宁畲族自治县澄照乡迁入。今传 17 世，居村 40 余户 210 多人。后裔分迁司前畲族镇左溪村、司前畲族镇榅洋村、竹里畲族乡竹里村、罗阳镇仙居村、百丈镇建民村。

司前畲族镇新北村刘庄 清初，由司前畲族镇里光村迁入。今传 15 世，居村 20 余户 110 多人。

司前畲族镇里光村石坑源 明末清初，由景宁畲族自治县叶山头迁入。今传 16 世，居村 50 户 190 多人。后裔分迁司前畲族镇新北村、竹里畲族乡竹里村。

司前畲族镇榅洋村杨寮 清道光三十年（1850 年），由司前畲族镇司前村迁入。今传 6 世，居村 7 户 20 多人。

司前畲族镇上地村 清道光二十六年（1846 年），由罗阳镇三滩村迁入。今传 8 世，居村 7

户 20 多人。

竹里畲族乡竹里村金山垅　明崇祯二年（1629 年），由云和县东城（景宁县鹤溪镇包凤村）迁入。今传 16 世，居村 100 余户 520 多人。后裔分迁罗阳镇联新村、罗阳镇村尾村、筱村镇坡头村、福建寿宁县坑底乡、福建福鼎市桐山镇。

竹里畲族乡竹里村夏田　清雍正年间（1723—1735 年），由司前畲族镇里光村迁入。今传 16 世，居村 27 户 120 多人。

竹里畲族乡竹里村黄泥岱　清道光二十七年（1847 年），由司前畲族镇司前村迁入。今传 6 世，居村 10 余户 50 人。

百丈镇建民村　清道光二十八年（1848 年），由司前畲族镇司前村迁入。今传 6 世，居村 5 户 20 多人。

百丈镇建民村桃树湾　清康熙五十八年（1719 年），由筱村镇新楼村迁入。今传 13 世，居村 27 户 130 多人。

筱村镇葛洋村岩头岭　清光绪六年（1880 年），由罗阳镇三滩村迁入。今传 8 世，居村 10 余户 40 多人。

筱村镇章前村洋尾　清嘉庆十三年（1808 年），由西旸镇老鹰岩村下官迁入。今传 8 世，居村 30 余户 150 多人。后裔分迁杭州市。

筱村镇章前村洋头　清顺治十六年（1659 年），由西旸镇老鹰岩村上官迁入。今传 13 世，居村 20 余户 70 多人。

筱村镇新楼村朝天马　清雍正九年（1731 年），由景宁畲族自治县竹埠迁入。今传 13 世，居村 29 户 150 多人。后裔分迁百丈镇建民村。

筱村镇东洋村朝小岭　清康熙二十八年（1689 年），由筱村镇北坑村迁入。今传 13 世，居村 60 余户 340 多人。后裔分迁泗溪镇下桥村

筱村镇北坑村董家宅　有 2 支雷姓迁入：①同治十一年（1872 年），由罗阳镇三滩村迁入，今传 8 世，后裔分迁南浦溪镇周新村；②清康熙二十八年（1689 年），由雅阳镇吴家墩村迁入，今传 9 世。居村共 17 户 80 多人。

筱村镇北坑村上马档、天分田　清顺治十六年（1659 年），由景宁畲族自治县竹埠迁入。今传 13 世，居村 10 余户 50 多人。后裔分迁筱村镇东洋村、南浦溪镇孙坪村、西旸镇面前岭村、仕阳镇溪东村、龟湖镇新湖村、大安乡大洋村、杭州临安。

筱村镇坡头村水上章　清道光二十六年（1846 年），由竹里畲族乡竹里村迁入。今传 11 世，居村 20 余户 100 多人。

筱村镇坡头村天垳　清同治五年（1866 年），由雅阳镇吴家墩村迁入。今传 8 世，居村 16 户 50 人。

南浦溪镇孙坪村吴山　清康熙五十七年（1718 年），由筱村镇北坑村迁入。今传 12 世，居村 10 余户 50 多人。

南浦溪镇周新村周坑　清光绪十六年（1890 年），由筱村镇北坑村迁入。今传 8 世，居村 10 户 30 多人。

南浦溪镇南峤村阳山　清乾隆年间（1736—1795 年），由文成县富岙乡驮岙村迁入。今传 11 世，居村 30 户 90 多人。后裔分迁至包垟乡新路村。

包垟乡新路村　清光绪二十二年（1896 年），由南浦溪镇南峤村迁入。今传 8 世，居村 40 户 120 多人。

包垟乡新塘洋村石柱洋　清光绪年间（1875—1908 年），由文成县富岙乡培头村迁入。今传 5 世，居村 20 余户 60 多人。

泗溪镇下桥村坑尾 清康熙二十八年（1689年），由筱村镇东洋村迁入。今传9世，居村9户30多人。

泗溪镇建新村朝坳 1956年，由苍南县灵溪镇迁入。今传3世，居村1户9人。

东溪乡上村村前坪仔 清嘉庆年间（1796—1820年），由雅阳镇吴家墩村迁入。今传8世，居村13户30多人。

东溪乡琴桥村营盘 清光绪八年（1882年），由仕阳镇溪东村沙丘迁入。今传12世，居村5户20多人。

彭溪镇彭溪村 清雍正年间（1723—1735年），由平阳县青街畲族乡迁入。今传12世，居村20余户70多人。

彭溪镇玉塔村 有2支雷姓迁入：①清康熙七年（1668年）由平阳县青街畲族乡迁入，今传13世，后裔分迁至福鼎市桐山镇；②清乾隆十三年（1748年），由平阳县李家山迁入，今传12世。居村共120余户430多人。

彭溪镇水尾村 清乾隆五十八年（1793年），由苍南县桥墩镇迁入。今传9世，居村10余户50人。

雅阳镇灵乾村乾头仔、灵家山 清乾隆三十九年（1774年），由雅阳镇吴家墩村迁入。今传13世，居村35户150多人。后裔分迁苍南县维新乡。

雅阳镇福梅村 清康熙七年（1668年），由平阳县青街畲族乡迁入。今传13世，居村18户80人。

雅阳镇吴家墩村下坪院 清康熙五十六年（1717年），由苍南县莒溪镇迁入。今传14世，居村26户130多人。后裔分迁雅阳镇灵乾村、筱村镇里洋村、筱村镇北坑村、东溪乡上村村。

雅阳镇承天村北溪、盂墩 清雍正元年（1723年），由苍南县莒溪镇迁入。今传12世，居村16户80多人。

雅阳镇承天村岙头 清顺治十四年（1657年），由平阳县昆阳镇迁入。今传12世，居村20户80人。

柳峰乡新庄村洋头仔 清嘉庆七年（1802年），由福建省福鼎市管阳镇迁入。今传8世，居村7户30人。

柳峰乡墩头村牛路 清乾隆五十五年（1790年），由福建省福鼎市管阳镇迁入。今传9世，居村10余户80多人。

柳峰乡墩头村高场 清嘉庆五年（1800年），由福建省福鼎市佳阳畲族乡迁入。今传12世。居村20余户90多人。

雪溪乡保兴村石马下、大路边 明万历四十七年（1619年），由大安乡大洋村迁入。今传15世，居村50余户250多人。后裔分迁福建福鼎市点头镇、霞浦县水门畲族乡青岙村。

雪溪乡武岭村宫湾 清嘉庆九年（1804年），由平阳县青街畲族乡迁入。今传10世，居村16户60人。

仕阳镇溪东村坑源底 有2支雷姓迁入：①清乾隆年间（1736—1795年），由仕阳镇龟洋村迁入，今传11世，后裔分迁福建霞浦县松港乡；②清康熙年间（1662—1722年），由福建福鼎市管阳镇迁入，今传14世，后裔分迁福建霞浦县西山。居村共27户130多人。

仕阳镇溪东村石竹后 清康熙十八年（1679年），由筱村镇北坑村迁入。今传13世，居村8户40多人。

仕阳镇溪东村沙丘 明天启四年（1624年），由平阳县青街畲族乡迁入。今传13世，居村50余户190人。后裔分迁东溪乡琴桥村、仕阳镇赵洋村。

仕阳镇龟洋村月山 清康熙年间（1662—1722年），由平阳县青街畲族乡迁入。今传12世，居村 9 户 45 人。后裔分迁仕阳镇溪东村、西旸镇面前岭村、福建福鼎市。

仕阳镇龟洋村柘面　清康熙五十五年（1716 年），由大安乡大洋村迁入。今传 14 世，居村 37 户 170 多人。后裔分迁龟湖镇白银村。

仕阳镇翁地村芭蕉垅　清康熙年间（1662—1722 年），由平阳县青街畲族乡迁入。今传 13 世，居村 9 户 46 人。

仕阳镇赵洋村风门奥　清康熙年间（1662—1722 年），由仕阳镇溪东村沙丘迁入。今传 15 世，居村 15 户 78 人。

龟湖镇白银村长坝头　清乾隆十一年（1746 年），由仕阳镇溪龟洋村迁入。今传 15 世，居村 17 户 80 人。

龟湖镇新湖村北岭　清康熙二十二年（1683 年），由筱村镇北坑村迁入。今传 13 世，居村 8 户 30 多人。

三魁镇刘宅村坑尾　清康熙十八年（1679 年），由景宁畲族自治县竹埠迁入。今传 13 世，居村 17 户 90 多人。

三魁镇薛内村沙坑底　清康熙五十二年（1713 年），由云和县迁入。今传 14 世，居村 30 余户 130 多人。

西旸镇老鹰岩村下官　清康熙十一年（1672 年），由平阳县青街畲族乡迁入。今传 12 世，居村 19 户 100 人。后裔分迁筱村镇章前洋村、龙泉市住龙镇龙星村。

西旸镇老鹰岩村上官　清乾隆十一年（1746 年），由平阳县青街畲族乡迁入。今传 13 世，居村 40 户 200 人。后裔分迁筱村镇章前洋村。

西旸镇面前岭村菖蒲垮　清康熙三十二年（1693 年），由仕阳镇龟洋村迁入。今传 13 世，居村 4 户 16 人。

西旸镇面前岭村　清雍正十一年（1733 年），由苍南县桥墩镇迁入。今传 12 世，居村 13 户 90 多人。

大安乡大洋村大岗后　清康熙五十年（1711 年），由筱村镇北坑村迁入。今传 13 世，居村 7 户 20 多人。后裔分迁仕阳镇龟洋村、雪溪乡保兴村。

三、湖州市

安吉县雷姓

章村镇朗村　清光绪年间（1875—1908 年），雷信禄由龙泉良溪村社垮岗迁入蓝陈庄（朗村）。居村 50 余户 200 多人。行第：家声定丕振，兰桂绍芝裘，志德文光信，朝应士其明。现繁衍至“其”字辈。

报福镇中张村赵功坦　清咸丰八年（1858 年），雷三妹由龙泉北乡竹坑迁入。今传 7 世，居村 30 余户 150 多人。

报福镇上张村　居村 10 余户 40 多人。

四、金华市

（一）婺城区雷姓

安地镇杨垅村　由武义县宣平（柳城畲族镇）迁入。居村 15 户 48 人。

安地镇安地村横塘　1987 年，由武义县白姆乡舍垅坑村迁入。居村 5 户 19 人。

塔石乡大坑村　有 2 支雷姓迁入：①清乾隆元年（1736 年），由广东经福建迁入；②由武义县坦洪乡黄干村迁入。居村共 18 户 69 人。

苏孟乡清江桥村雷家　清同治年间（1862—1974 年），雷樟顺由武义县俞源乡钟蓬村迁入。

居村 32 户 90 人。

雅畈镇汪家村莲荷塘 属安地镇安地村横塘支系。清光绪十三年（1887 年），由武义县俞源乡钟蓬村迁入。居村 8 户 28 人。

雅畈镇汪家村大山下 清光绪五年（1879 年），雷石寿由武义县大西畈迁入。居村 7 户 29 人。

琅琊镇泉口村铁店 有 2 支雷姓迁入：①清咸丰年间（1851—1861 年），由武义县宣平车门村迁入；②由丽水云和县迁入。居村共 19 户 74 人。

（二）兰溪市雷姓

水亭畲族乡西方坞村（含西方坞、明印宋、石八塘下、石孔头、杨梅山背） 居村共 40 余户 150 多人 。

水亭畲族乡奎塘畈村（含奎塘畈、里塘畈、杨塘山头、洪塘下） 居村共 20 余户 100 多人。

水亭畲族乡柳家村 居村 6 户 20 多人。

水亭畲族乡生塘胡村（含生塘胡、塘里） 居村共 5 户 18 人。

水亭畲族乡周邵汤村（含双塘塍、卸罗） 居村共 7 户 20 多人。

水亭畲族乡下方泉村（含下方泉、上方泉、下山坞、罗塘上） 居村共 20 余户 80 多人。

水亭畲族乡上朱村（含风水塘、罗坞） 居村共 20 户 70 多人。

水亭畲族乡柳塘章村（含柳塘章、余垄、明真山脚） 居村共 30 余户 130 多人。

游埠镇范院坞村（含项彦坞、东塘坑头） 居村共 20 户 70 多人。

游埠镇高元张村（含邵家、西王） 居村共 4 户 17 人。

诸葛镇横畈村（含伍家桥、双塘下） 居村共 60 余户 250 多人。

诸葛镇厚伦方村 居村 10 余户 60 人。

永昌街道洪畈朱村 居村 1 户 5 人。

永昌街道毕家村 居村 3 户 12 人。

兰江街道清塘山村 居村 20 余户 90 人。

上华街道下吴村（含下吴、小张坑） 居村共 20 余户 80 多人，

（三）武义县雷姓

柳城畲族镇车门村 有 3 支雷姓迁入：①雷自德支系后裔由武邑西南二乡蜈蚣形（今熟溪街道蜈蚣形村）迁入；②雷扬坦支系后裔迁入；③由景宁油田桥迁入。居村共 50 余户 160 多人。

柳城畲族镇下湖源村 清乾隆元年（1736 年），由云和县迁入。居村 70 余户 240 人。

柳城畲族镇堰下村 雷扬坦支系后裔迁入。居村 20 余户 80 多人。

柳城畲族镇金山尖村 居村 20 余户 70 人。

柳城畲族镇上山百村 居村 30 余户 120 多人。

柳城畲族镇江下村 属雷自德支系。由武邑西南二乡蜈蚣形（今熟溪街道蜈蚣形村）迁入。居村 30 户 90 多人。

柳城畲族镇麻济村 居村 3 户 12 人。

柳城畲族镇郑草弄村 有 2 支雷姓迁入：①清道光十二年（1832 年）一支雷姓从云和县黄处迁入；②其他支系迁入。居村共 60 余户 210 多人。

柳城畲族镇下圩村 居村 30 余户 80 多人。

柳城畲族镇内潘村 居村 20 余户 70 人。

柳城畲族镇周处村 居村 100 余户 340 多人。

桃溪镇种子源村 有 2 支雷姓迁入：①清嘉庆年间（1796—1820 年）由遂昌迁入；②清乾隆二十九年（1764 年），雷明金（林九玄孙）由丽水惠明寺迁入。居村共 70 余户 260 多人。

桃溪镇锦源村　居村40余户160多人。

桃溪镇锦平村　居村90余户360多人。

桃溪镇锦平村荒田坪　雷扬坦后裔迁入。居村10户30多人。

桃溪镇锦平村郑山头　雷扬坦后裔迁入。居村5户20人。

桃溪镇锦平村陈弄　清嘉庆元年（1796年），雷老四由松阳县潘钵仰天坞村迁入。居村30余户120多人。

桃溪镇项湾村　居村3户10多人。

桃溪镇鲍畈村　清雍正十一年（1733年），雷德武由遂昌苦竹村迁入。居村60余户210多人。后裔分迁龙游、兰溪等地。

桃溪镇坞底村内坞底　雷扬坦后裔迁入。居村30余户110多人。

桃溪镇角头山村　居村20余户80多人。

坦洪乡大西畈村　居村30余户110多人。

坦洪乡黄干山村　清道光元年（1821年），由丽水老竹迁入。居村40余户160多人。

坦洪乡西头弄村　居村10余户30多人。

坦洪乡阳坑塘村　居村20余户70多人。

坦洪乡竹叶山村　居村2户8人。

坦洪乡三百村　居村40余户150多人。

坦洪乡章坑村　雷奇其率子大明一行由遂昌大垄头坞迁入。居村30余户120多人。

俞源乡青蓬山村　雷扬坦后裔迁入。居村4户10多人。

俞源乡钟蓬村　居村90余户340多人。后裔分迁金华县湖海塘边雷家村。

俞源乡吴宅村郑岗山　有2支雷姓迁入：①清雍正年间（1723—1735年）雷期清由云和迁入；②清乾隆年间（1736—1795年），雷自德后裔由遂昌迁入。居村共40余户140多人。

俞源乡徐弄村　居村20余户60多人。

俞源乡铁店村　居村20余户70多人。

大田乡铺余山村　居村20余户80多人。

大田乡托盘平村　清道光年间（1821—1850年），由柳城镇下湖源村迁入。居村2户6人。

新宅镇上陈村　有2支雷姓迁入：①清嘉庆十年（1805年），雷明荣由丽水老竹镇丁公东畈村迁入；②由遂昌迁入。居村共40余户130多人。

新宅镇黄泥坵村　居村2户7人。

熟溪街道蜈蚣形村　清乾隆后期，雷自德后裔由遂昌经宣邑东北乡井岗山（今俞源乡吴宅村郑岗山自然村）迁入。居村40余户160多人。后裔分迁钟丛、源口和柳城镇的车门、江下村等处。

五、衢州市

龙游县雷姓

沐尘畲族乡沐尘村　居村50余户170人。

沐尘畲族乡双溪村　居村40余户130多人。

沐尘畲族乡社里村　居村10户33人。

沐尘畲族乡康源村　居村10户36人。

沐尘畲族乡马戌口村　居村9户29人。

沐尘畲族乡庆丰村　居村2户9人。

沐尘畲族乡梧村村　居村1户4人。

沐尘畲族乡双戴村 居村 1 户 5 人。
詹家镇詹家村 居村 19 户 59 人。
詹家镇浦山村 居村 100 余户 335 人。
詹家镇金岭脚村 居村 40 余户 145 人。
詹家镇山后村 居村 3 户 10 人。
詹家镇平连村 居村 3 户 9 人。
詹家镇坑头村 居村 4 户 13 人。
詹家镇上塘村 居村 2 户 8 人。
詹家镇姜家村 居村 3 户 10 人。
詹家镇石亘村 居村 12 户 40 人。
詹家镇上夫岗村 居村 20 余户 86 人。
詹家镇西方村 居村 1 户 5 人。
詹家镇徐家村 居村 1 户 5 人。
詹家镇淳进村 居村 2 户 7 人。
詹家镇马叶村 居村 2 户 7 人。
詹家镇渡头村 居村 7 户 25 人。
詹家镇前游村 居村 5 户 16 人。
詹家镇夏金村 居村 4 户 16 人。
詹家镇十都村 居村 5 户 15 人。
溪口镇红罗村 居村 60 余户 220 多人。
溪口镇溪口村 居村 50 余户 190 多人。
溪口镇灵下村 居村 50 余户 170 多人。
溪口镇大沃口村 居村 3 户 10 人。
溪口镇石角村 居村 3 户 6 人。
溪口镇大阳家村 居村 1 户 3 人。
溪口镇扁石村 居村 30 户 95 人。
溪口镇冷水村 居村 20 余户 83 人。
溪口镇灵上村 居村 8 户 28 人。
溪口镇枫林村 居村 20 余户 74 人。
溪口镇下徐村 居村 10 户 30 人。
龙洲街道渡贤头村 居村 1 户 4 人。
龙洲街道洪呈村 居村 2 户 8 人。
龙洲街道兴龙社区 居村 20 户 66 人。
龙洲街道岑山村 居村 20 户 60 人。
龙洲街道山底村 居村 15 户 53 人。
龙洲街道红星社区 居村 15 户 50 人。
龙洲街道柳村村 居村 16 户 49 人。
龙洲街道寺下村 居村 12 户 42 人。
龙洲街道半爿月村 居村 10 户 40 人。
龙洲街道翠光社区 居村 9 户 35 人。
龙洲街道大板桥村 居村 2 户 6 人。
龙洲街道后田铺村 居村 1 户 4 人。

龙洲街道兰石村　居村 1 户 4 人。
龙洲街道曹家村　居村 1 户 3 人。
龙洲街道白坂村　居村 2 户 9 人。
龙洲街道城角坊社区　居村 10 户 33 人。
龙洲街道方门街社区　居村 8 户 29 人。
龙洲街道清廉社区　居村 7 户 26 人。
龙洲街道阳光社区　居村 8 户 29 人。
龙洲街道后厅村　居村 6 户 21 人。
龙洲街道官潭村　居村 5 户 18 人。
龙洲街道寺后村　居村 6 户 20 人。
龙洲街道驿前村　居村 1 户 5 人。
东华街道东华街社区　居村 13 户 47 人。
东华街道灵江社区　居村 2 户 7 人。
东华街道十里铺村　居村 1 户 3 人。
东华街道张王村　居村 1 户 4 人。
东华街道鸡鸣村　居村 4 户 13 人。
东华街道下杨村　居村 2 户 7 人。
东华街道方坦村　居村 2 户 6 人。
东华街道岩头村　居村 17 户 59 人。
东华街道湖底叶村　居村 1 户 5 人。
东华街道槐王村　居村 1 户 5 人。
东华街道桥下村　居村 1 户 5 人。
东华街道上杨村　居村 1 户 5 人。
东华街道新建村　居村 2 户 5 人。
东华街道官村村　居村 3 户 10 人。
东华街道项家村　居村 10 户 36 人。
东华街道横路祝村　居村 6 户 20 人。
东华街道上圩头村　居村 15 户 57 人。
湖镇镇阳湖社区　居村 4 户 13 人。
湖镇镇下童村　居村 1 户 4 人。
湖镇镇下田畈村　居村 3 户 10 人。
湖镇镇张家埠村　居村 3 户 11 人。
湖镇镇溪底杜村　居村 2 户 7 人。
湖镇镇竺溪桥村　居村 2 户 7 人。
湖镇镇上下范村　居村 1 户 6 人。
湖镇镇希唐村　居村 5 户 13 人。
湖镇镇大路村　居村 5 户 17 人。
湖镇镇洪畈村　居村 1 户 3 人。
湖镇镇塘马村　居村 1 户 4 人。
湖镇镇文林村　居村 1 户 4 人。
湖镇镇客路村　居村 1 户 4 人。
湖镇镇茆头村　居村 2 户 6 人。

湖镇镇马报桥村　居村 1 户 3 人。
湖镇镇希塘村　居村 1 户 3 人。
湖镇镇周家村　居村 2 户 9 人。
小南海镇红船头村　居村 2 户 7 人。
小南海镇龙西村　居村 1 户 3 人。
小南海镇周红坂村　居村 3 户 9 人。
小南海镇汀塘圩村　居村 2 户 6 人。
小南海镇新山水村　居村 2 户 6 人。
小南海镇翠光岩村　居村 1 户 5 人。
小南海镇傅家新村　居村 1 户 5 人。
小南海镇茶圩里村　居村 8 户 29 人。
小南海镇雅塘村　居村 16 户 55 人。
小南海镇下章村　居村 2 户 8 人。
小南海镇东塘山村　居村 1 户 3 人。
庙下乡八角殿村　居村 40 余户 160 人。
庙下乡凉丰村　居村 30 余户 120 多人。
庙下乡陈村村　居村 20 余户 86 人。
庙下乡长生桥村　居村 20 余户 80 多人。
庙下乡庙上新村　居村 20 户 75 人。
庙下乡庙下村　居村 20 户 70 多人。
庙下乡庙下居委会　居村 1 户 3 人。
庙下乡芝坑口村　居村 7 户 26 人。
庙下乡梅林村　居村 2 户 8 人。
庙下乡晓溪村　居村 4 户 13 人。
庙下乡毛连里村　居村 3 户 10 人。
模环乡新王村　居村 3 户 14 人。
模环乡蛇塘坞村　居村 3 户 12 人。
模环乡湖塘殿村　居村 2 户 8 人。
模环乡清塘村　居村 1 户 3 人。
模环乡西元村　居村 1 户 4 人。
模环乡白马村　居村 1 户 3 人。
模环乡茶场新村　居村 2 户 7 人。
模环乡虎龙村　居村 1 户 5 人。
模环乡前江新村　居村 1 户 5 人。
罗家乡荷村村　居村 1 户 5 人。
罗家乡席家村　居村 2 户 9 人。
罗家乡罗家村　居村 15 户 55 人。
罗家乡马府墩村　居村 4 户 15 人。
罗家乡廖家村　居村 4 户 17 人。
大街乡大街村　居村 9 户 29 人。
大街乡杨村村　居村 1 户 4 人。
大街乡岭脚村　居村 2 户 6 人。

大街乡横坑村 居村 1 户 5 人。
大街乡贺田村 居村 4 户 13 人。
大街乡贺康村 居村 9 户 33 人。
塔石镇下张坞村 居村 1 户 4 人。
塔石镇真武山下村 居村 1 户 4 人。
塔石镇钱家村 居村 2 户 6 人。
塔石镇塔石居委会 居村 2 户 6 人。
塔石镇华青村 居村 3 户 10 人。
横山镇上宾村 居村 1 户 3 人。
横山镇上向徐村 居村 1 户 3 人。
横山镇八石坂村 居村 1 户 3 人。
横山镇后徐村 居村 2 户 6 人。
横山镇余岗村 居村 4 户 14 人。
社阳乡连上村 居村 1 户 4 人。
社阳乡社阳村 居村 9 户 33 人。
石佛乡峰塘山村 居村 1 户 3 人。

六、丽水市

（一）莲都区雷姓

老竹畲族镇赤坑村赤坑 居村 70 户 290 人。
老竹畲族镇曳岭脚村上井 居村 1 户 5 人。
老竹畲族镇榴溪村榴畈 居村 50 户 230 人。
老竹畲族镇新陶村新屋 居村 6 户 20 人。
老竹畲族镇沙溪村沙溪 居村 16 户 49 人。
老竹畲族镇老竹村隔溪 居村 5 户 20 人。
老竹畲族镇郑丰村郑坑 居村 71 户 220 人。
老竹畲族镇老梁村徐庄 居村 14 户 54 人。
老竹畲族镇后坑村狮子山 居村 40 户 135 人。
大港头镇利山村东坑 清康熙三十七年（1698 年），由景宁南乡迁入。今传 13 世，居村 19 户 88 人。
大港头镇北埠村山迴 居村 22 户 47 人。
大港头镇均溪村后桑 居村 2 户 11 人。
大港头镇石桥头村李山头 居村 15 户 65 人。
高溪乡龙岩村白岩 居村 64 户 205 人。
高溪乡后桥村竹溪 居村 14 户 83 人。
高溪乡南坑口村朱坪地 居村 73 户 265 人。
丽新畲族乡咸宜村鲤鱼山 居村 109 户 474 人。
丽新畲族乡白岸口村银坑 居村 5 户 16 人。
丽新畲族乡南坑村南坑口 居村 21 户 119 人。
丽新畲族乡马村村山村 居村 9 户 16 人。
丽新畲族乡上塘畈村黄弄 居村 89 户 308 人。
水阁开发区山根村沙旺 居村 53 户 180 人。

水阁开发区朱田背村中堂　居村 8 户 33 人。
水阁开发区垟店村火烧畔　居村 8 户 42 人。
水阁开发区七百秧村官畈　居村 42 户 144 人。
水阁开发区陶庄村陈坳　居村 32 户 92 人。
水阁开发区叶村村叶林　居村 2 户 9 人。
水阁开发区章村村官山　居村 31 户 97 人。
水阁开发区张垵村长岗　居村 20 户 80 人。
水阁开发区下张村朱丁　居村 6 户 16 人。
水阁开发区大坑口村八角山　居村 13 户 66 人。
水阁开发区联济村尖坳　居村 41 户 125 人。
水阁开发区前垟村大栗岗　居村 8 户 31 人。
水阁开发区富岭村西弄　居村 7 户 26 人。
水阁开发区里坑村里坑口　居村 12 户 43 人。
白云街道城西村　居村 16 户 79 人。
联城街道金巷村　居村 9 户 39 人。
联城街道下岭村　居村 1 户 5 人。
联城街道路湾村　居村 9 户 27 人。
岩泉街道长岗背村　居村 31 户 158 人。
岩泉街道大茅堀村　居村 73 户 194 人。
岩泉街道凉塘村　居村 41 户 116 人。
岩泉街道殿前村　居村 3 户 11 人。
岩泉街道青林村　居村 7 户 43 人。
岩泉街道天宁寺村　居村 90 余户 190 多人。
岩泉街道丽东村　居村 1 户 5 人。

（二）青田县雷姓

海口镇南江村　居村 6 户 20 多人。

（三）遂昌县雷姓

大柘镇培坞村　明正德年间（1506—1521 年），雷仁生一家 15 口人由福建罗源县迁入。今传 25 世，居村 8 户 50 多人。全村讲畲语。后裔分迁大柘镇横源村、大坟山村、田后村、陈家塘村，石练镇山边村、项岭头村、上凹坞村、平墟村，三仁畲族乡高桥村、石板桥村，妙高街道后江村、洞康村、吴乐村、新庵村、古院村、东梅村、仓角坞村以及浙江龙泉等地。

大柘镇横源村　有 2 支雷姓迁入：①雷仁生孙由大柘镇培坞村迁入；②由湖山乡奕山村下蓬自然村迁入。居村 60 余户 200 人。全村讲畲语。

大柘镇大坟山村　属雷仁生支系，由大柘镇培坞村迁入。居村 19 户 40 多人。全村讲畲语。

大柘镇田后村　属雷仁生支系，由大柘镇培坞村迁入。居村 20 余户 50 多人。全村讲畲语。

大柘镇陈家塘村　属雷仁生支系，由大柘镇培坞村迁入。居村 11 户 40 多人。全村讲畲语。

大柘镇后垄村　有 3 支雷姓迁入：①雷仁生后裔迁入；②明末清初，由龙泉迁入；③由景宁迁入。居村共 50 余户 140 多人。全村讲畲语。

大柘镇枫树垄村　居村 13 户 40 人。全村讲畲语。

大柘镇高山村　清康熙元年（1662 年），由云和石塘迁入。居村 20 余户 70 多人。全村讲畲语。

大柘镇永安村乌玄（石玄）　有 2 支雷姓迁入：①明嘉靖年间（1522—1566 年）迁入；

②北界金钩雷氏后裔迁入。居村共 70 余户 240 多人。全村讲畲语。

大柘镇北山村　雷氏散居北山村徐坞头等多个自然村。居村共 8 户 20 多人。老年人讲畲语。

石练镇石练村（上、中、下街）　由遂昌湖山奕山村下蓬迁入。居村 10 余户 60 人。老年人讲畲语。

石练镇山边村　有 2 支雷姓迁入：①雷仁生后裔迁入；②清康熙十年（1671 年），由福建古田经平阳、云和、宣坪县黄瓜垄迁入。居村共 40 多户 120 多人。全村讲畲语。后裔分迁妙高街道水阁、苦梨垵，新路湾乡夹路畈，三仁畲族乡三墩桥以及龙游县庙下等。

石练镇项岭头村　多为雷仁生后裔，由大柘培坞迁入。居村 48 户 220 多人。畲民大部分讲畲语。

石练镇下角村　属雷仁生支系，由大柘镇培坞村迁入。居村 7 户 20 多人。老年人讲畲语。

石练镇上凹坞村　属雷仁生支系，由大柘镇培坞村迁入。居村 30 户 70 多人。全村讲畲语。后裔在 1951 年分迁柳村。

石练镇平墟村　有 2 支雷姓迁入：①大柘培坞雷仁生后裔迁入；②另一支雷姓迁入。居村 17 户 50 多人。

石练镇黄皮村　清康熙三十五年（1696 年），雷意宗由遂昌十三都苦竹坑迁入。居村 47 户 140 多人。全村讲畲语。后裔分迁大柘镇后垄和永安、仁梓乡里和坑口、云峰镇寅头、北界等地。

石练镇章师村章师、黄庄　清初，雷云龙次子后裔由遂昌西乡十六都成河迁入。居村 20 余户 60 多人。全村讲畲语。黄庄和章师雷氏同支系。

该支雷姓由福建罗源县迁居浙江云和县三都梅弄。第三世雷云龙生七子。明崇祯七年（1634 年），长子、次子、三子、四子分迁遂昌西乡十六都成河。

石练镇坞窑村　居村 47 户 140 人。

石练镇金苏村　居村 7 户 27 人。全村讲畲语。

湖山乡下蓬村　明末清初，雷石昆由云和迁入。居村 15 户 45 人。清乾隆年间（1736—1795 年），后裔陆续分迁石练镇上街、淤头，大柘镇横源，三仁畲族乡高碧村、钱村和龙游县庙下等地。

三仁畲族乡排前村钱村　由湖山乡奕山下蓬村迁入。居村 80 余户 270 多人。

三仁畲族乡排前村八萝、晃内、城岸　居村共 20 余户 70 多人。

三仁畲族乡沙口村高垟　居村 6 户 28 人。

三仁畲族乡好川村高垵头、梓里　清康熙三十五年（1696 年），由遂昌苦竹坑迁入。居村 60 余户 100 多人。全村讲畲语。

三仁畲族乡高桥村　属雷仁生支系，由大柘镇培坞村迁入。居村 35 户 140 人。全村讲畲语。

三仁畲族乡石板桥村　雷仁生支系，由大柘镇培坞村迁入。居村 8 户 40 人。全村讲畲语。

三仁畲族乡坑口村杉树垵、上高　有多支雷姓迁入：①由妙高街道井东村苦竹坑迁入；②多支雷姓迁入，居住分散。居村共 40 余户 180 人。全村讲畲语。

妙高街道后江村（后江、米筛坞、李家山）　有 3 支雷姓迁入：①雷仁生后裔，由大柘培坞迁入后江自然村；②一支雷姓由妙高东峰村前寮迁入米筛坞自然村；③一支雷姓迁入李家山。居村共 110 余户 360 多人。全村讲畲语。

妙高街道古院村（古院、新庵）　有 2 支雷姓迁入：①清初，雷仁生后裔由大柘培坞迁入；②清康熙十三年（1674 年），雷姓五兄弟由景宁二都油田畈迁入。居村共 150 余户 420 多人。全村讲畲语。

妙高街道东峰村（社畈、前寮）　有 3 支雷姓迁入：①明末清初，雷天发后裔由景宁七都包凤迁入；②清顺治七年（1650 年），雷世全由福建罗源黄重下牛栏坪迁入遂昌东峰坛宙，后裔移居前寮；③清康熙十三年（1674 年），雷虔山五世孙雷祈元由景宁县二都油田畈迁入东峰村社畈。居村共 99 户 250 多人。全村讲畲语。

妙高街道井东村苦竹坑（原属东梅村） 有 3 支雷姓迁入：①明天启四年（1624 年）由妙高东峰村前寮迁入；②明末清初，雷仁生后裔由大柘镇培坞村迁入。③清康熙年间（1662—1722 年），雷石昆（雷万六郎孙）迁入。居村共 80 余户 180 人。全村讲畲语。

妙高街道北门村（原属东门等村） 有 2 支雷姓迁入：①清乾隆年间（1736—1795 年）由遂昌西乡十七都庄前迁入北门蔡村关庄；②由石练镇石练村山边迁居县城北门。居村共 70 余户 180 多人。全村讲畲语。

妙高街道洞康村 属雷仁生支系，由大柘镇培坞村迁入。居村 15 户 60 人。全村讲畲语。

妙高街道石角源村 居村 10 余户 40 人。全村讲畲语。

妙高街道源口村岭脚（原属骆村村） 清康熙十三年（1674 年），由景宁二都油田畈迁入，与北界镇金钩村、妙高街道东峰村社畈雷姓同支系。居村 10 余户 40 多人。全村讲畲语。

妙高街道半坪坳村 清康熙十三年（1674 年），由景宁二都油田畈迁入，与北界镇金钩村、妙高街道东峰村社畈雷姓同支系。居村 30 余户 120 多人。全村讲畲语。

妙高街道大毛头村 居村 10 户 30 多人。全村讲畲语。

妙高街道龙潭村下杭、池莲 居村 8 户 30 多人。全村讲畲语。

妙高街道东横村 有 3 支雷姓迁入：①由濂竹乡苏旺村迁入；②由云峰街道寅头村迁入；③其他雷姓支系迁入。居村共 30 余户 88 人。全村讲畲语。

妙高街道下杭村 由景宁迁入。居村 30 余户 78 人。全村讲畲语。

妙高街道下坑口村 居村 9 户 40 多人。全村讲畲语。

妙高街道螺蛳垵村 由大柘镇高山村迁入。居村 7 户 26 人。全村讲畲语。

妙高街道仓角坞村 有 2 支雷姓迁入：①雷仁生后裔由大柘镇培坞村入；②其他雷姓支系迁入。居村共 15 户 45 人。全村讲畲语。

云峰街道毛田村章州、燕塘 居村 30 余户 110 多人。全村讲畲语。

云峰街道寅头村 属石练镇黄皮村支系。清嘉庆十九年（1814 年），十四世孙雷世龙由黄皮举家迁入。居村 30 余户 120 多人。全村讲畲语。

云峰街道西山下村 居村 19 户 47 人。全村讲畲语。

云峰街道古亭村 居村 9 户 27 人。全村讲畲语。

云峰街道木岱村木岱岗 有 2 支雷姓迁入：①由濂竹乡苏旺村迁入；②由大柘镇后垄村迁入。居村共 10 户 40 多人。全村讲畲语。

云峰街道山前村 居村 28 户 80 人。全村讲畲语。

云峰街道社栏村 居村 5 户 20 多人。全村讲畲语。

云峰街道白沙村 由应村乡南塘村迁入。居村 7 户 40 人。全村讲畲语。

新路湾镇夹路畈村 明末清初，雷天法后裔由今妙高街道东峰村迁入。居村 70 余户 150 多人。全村讲畲语。后裔分迁官溪村下平水口、斋公堰等地。

新路湾镇官溪村斋公堰 清乾隆五十年（1785 年），雷天法后裔由新路湾镇夹路畈村迁入。居村 20 余户 60 多人。全村讲畲语。

新路湾镇山岸源村 居村 2 户 6 人。讲畲语。

濂竹乡苏旺村 有 3 支雷姓迁入：①清乾隆年间（1736—1795 年），由遂昌廿四都奕山下蓬村迁入；②雷仁生后裔由大柘镇培坞村迁入；③雷道美（雷凤翔九世孙）由丽水惠明寺迁入。居村共 17 户 50 多人。全村讲畲语。

应村乡南塘村 清初，雷盛荣（雷云龙长子）后裔，由遂昌西乡十六都上旦叶村陈河迁入。居村 40 余户 140 多人。全村讲畲语。

北界镇北界村金钩、排铺 清康熙十三年（1674 年），雷祈福（雷虔山五世孙）迁入。居村 60 余户 230 多人。全村讲畲语。后裔分迁至龙游沐尘大畈、大街沙坑、牛角湾等地。

王村口镇吴处村小坞石 属雷仁生支系，由大柘镇培坞村迁入。现已举村搬迁至石练镇政府所在地。居村 20 余户 70 多人。全村讲畲语。

（四）松阳县雷姓

象溪镇象溪二村石马源 有 2 支雷姓迁入：①明万历年间（1573—1620 年），雷世隆后裔由景宁殿源迁入；②雷庭元由景宁迁入。居村共 65 户 270 人。全村讲畲语。

象溪镇象溪二村高岭 有 2 支雷姓迁入：①明万历年间（1573—1620 年），雷世隆后裔由景宁殿源迁入；②由丽水郑坑迁入。居村共 45 户 146 人。全村讲畲语。

象溪镇象溪二村毛弄 雷孔华后裔迁入。居村 30 户 93 人。全村讲畲语。

象溪镇象溪二村西坑口 雷孔华后裔迁入。居村 15 户 45 人。全村讲畲语。

象溪镇象溪二村金钟 居村 59 户 200 人。全村讲畲语。

象溪镇象溪二村东源 居村 10 户 45 人。全村讲畲语。

象溪镇吴村村田边 居村 16 户 48 人。全村讲畲语。

板桥畲族乡大毛科坑上源 属云和梅源支系。清康熙初年迁入。居村 20 户 85 人。全村讲畲语。

板桥畲族乡板桥村屋下坑 属景宁殿源支系。明万历年间（1573—1620 年），由福建南靖辛安里迁入。居村 21 户 82 人。全村讲畲语。

板桥畲族乡板桥村后塘 雷德龙（雷明山次子雷石金四世孙）携子李福由宣平上坦金交椅迁入。居村 120 余户 360 多人。全村讲畲语。

板桥畲族乡板桥村大纺车 属云和梅源支系。清康熙初年由福建古田县迁入。居村 9 户 50 人。中老年人讲畲语。

板桥畲族乡板桥村沙岸坑 属云和梅源支系。清康熙初年由福建古田县迁入。居村 10 户 46 人。中老年人讲畲语。

板桥畲族乡板桥村潘八岭 属云和梅源支系。清康熙初年由福建古田县迁入。居村 15 户 61 人。中老年人讲畲语。

板桥畲族乡板桥村高垵 属云和梅源支系。清康熙初年由福建古田县迁入。居村 6 户 20 人。中老年人讲畲语。

板桥畲族乡板桥村潘家弄 属云和梅源支系。清康熙初年由福建古田县迁入。居村 7 户 22 人。中老年人讲畲语。

板桥畲族乡东坑村东坑 属云和梅源支系。清康熙初年由福建古田县迁入。居村 5 户 17 人。中老年人讲畲语。

裕溪乡内陈村内陈 属景宁殿源支系。明万历年间（1573—1620 年），由福建南靖辛安里迁入。居村 85 户 255 人。中老年人讲畲语。

裕溪乡裕溪源村叶西后 属景宁殿源支系。明万历年间（1573—1620 年），由福建南靖辛安里迁入。居村 48 户 187 人。全村讲畲语。

裕溪乡裕溪源楼山岭脚 属景宁包凤支系。清康熙二十七年（1688 年），由福建罗源十八都苏坑迁入。居村 13 户 51 人。全村讲畲语。

裕溪乡裕溪源仰天湖 属景宁包凤支系。清康熙二十七年（1688 年），由福建罗源十八都苏坑迁入。居村 12 户 48 人。全村讲畲语。

裕溪乡潘裕溪源山水口 属云和梅源支系。清康熙初年，由福建古田县迁入。居村 14 户 56 人。全村讲畲语。

裕溪乡霭溪村新渡坑 属云和梅源支系。清康熙初年，由福建古田县迁入。居村 36 户 130 人。全村讲畲语。

大东坝镇灯塔村马蹄湾 属云和梅源支系。清康熙初年，由福建古田县迁入。居村 47 户 189 人。全村讲畲语。

赤寿乡上坞源村上坞源 属景宁殿源支系。明万历年间（1573—1620 年）由福建南靖辛安里迁入。居村 51 户 160 人。全村讲畲语。

松阳县城散居 共 30 户 53 人。全部讲畲语。

（五）云和县雷姓

安溪畲族乡黄处村 明万历十七年（1589 年），雷朝凤由福建罗源县迁至云和温溪乡（今安溪畲族乡）黄处。居村 40 余户 200 余人。后裔分迁云和严山村、沈村村。

安溪畲族乡安溪村上村西山 雷大崇由福建罗源坟坪迁到景宁县澄照金丘，于清咸丰十年（1860 年）分迁云和温溪乡山寮（今安溪畲族乡下武村）开荒，因山场狭窄又迁杨梅圩，最后迁至西山。居村 16 户 75 人。

安溪畲族乡下武村严山 明万历三十七年（1609 年），雷进昌（雷朝凤三世孙）由黄处村分迁黄家地古老砻，明泰昌元年（1620 年）迁移到“壬山”，因畲语“壬”与“严”同音，遂改为严山。居村 12 户 65 人。

雾溪畲族乡坪垟岗 明万历三十四年（1606 年），雷日永（雷进明三世孙）由景宁县七都包凤迁入。居村 22 户 89 人。全村讲畲语。后裔分迁丽水、松阳、龙游、石塘联合大麦垅、石塘规溪西坑。

雾溪畲族乡雾溪村石板桥 清光绪三十四年（1908 年），雷世魁（雷进明六世孙）由坪垟岗分迁大仓（今被雾溪水库淹没），后靠边迁至石板桥（今雾溪畲族乡雾溪村）。居村 17 户 78 人。全村讲畲语。

元和街道云岸村沈岸 有 2 支雷姓迁入：①清光绪五年（1879 年），雷日法（雷进明三世孙）由景宁县七都包凤分迁至云和沈岸过路郎；②由严山迁入沈岸大路下。居村共 16 户 56 人。全村讲畲语。

元和街道霞晓桥村 清咸丰十年（1860 年），雷日德由石塘黄庄大源坑头迁入柿树坳开荒落户。近年下山搬迁至霞晓桥新村。居村 6 户 20 人。全村讲畲语。

元和街道陈前村李山前铁炉塆 清顺治元年（1644 年），雷鸣（明）山（雷隆升三世孙）由云和叶砻（今赤石乡赤石村垟田自然村）迁至云和朱源，清光绪元年（1875 年），后裔雷宗竹分迁铁炉塆。居村 5 户 21 人。全村讲畲语。

元和街道山脚村底庵 雷日法（雷虔山三世孙）由景宁二都王畈分迁云和底庵。居村 15 户 66 人。全村讲畲语。

元和街道沈村对门山 明泰昌元年（1620 年），雷庭法（雷朝凤三世孙）由黄处入迁严山，清雍正元年（1723 年），六世孙雷堂福由严山分迁沈村对门山，后又分户迁至沈村底塆。居村 17 户 67 人。全村讲畲语。

元和街道山脚村 有 2 支雷姓迁入：①雷进裕后裔于明崇祯元年（1628 年）由福建罗源县入迁云和白龙山脚村开基；②清顺治元年（1644 年），雷法顺（雷万六郎）由福建连江县石佛岭脚迁入云和山脚东堂。居村共 59 户 220 多人。全村讲畲语。

白龙山街道程宅村芝畈 民国二十七年（1938 年），雷阿照由景宁县郑坑上寮逃难到云和仙坑（原名六都深坑，今白龙山街道程宅村）搭寮种山。中华人民共和国成立后并入芝畈。居村 3

户 14 人。畲民讲畲语。

白龙山街道大坪　雷德顺（雷虔山后裔）迁入梅垄后，其后裔分迁大坪。居村 1 户 9 人。

白龙山街道三门村（西山、东山）　有 2 支雷姓迁入：①明万历年间（1573—1620 年）雷明财（雷小十郎四世孙）由福建古田迁至云和三门西山；②明崇祯十二年（1639 年），雷小十三郎携子由福建连江县安定里石佛岭脚迁至云和三门东山。居村共 24 户 84 人。全村讲畲语。

凤凰山街道梅垄村梅垄　明崇祯十三年（1640 年），雷德顺（雷虔山后裔）由云和西山迁入。居村 21 户 82 人。全村讲畲语。

凤凰山街道梅垄村柘园　明崇祯年间（1628—1644 年），雷小十二郎由云和朱源迁入三门西山，后分迁至柘园。1996—2009 年，陆续搬迁至凤凰山街道贵溪柘园新村。居村 60 余户 210 多人。全村讲畲语。

凤凰山街道新岭村新岭　清光绪七年（1881 年），雷世旺（雷进明后裔）携子由景宁县包凤迁至云和坊一附阁张车畈（又称半源杉坑岭）。居村 13 户 53 人。全村讲畲语。

凤凰山街道贵溪村大垄　雷开第［清光绪十一年（1885 年）出生于云和西弄］八岁时被贵溪大垄雷兰德领养，后迁居贵溪大垄。居村 8 户 31 人。全村讲畲语。

凤凰山街道后山村木路　雷三田由景宁县叶坑迁入［其祖父雷光南于清宣统二年（1910 年）由福建古田迁入景宁］。居村 9 户 33 人。全村讲畲语。

崇头镇崇头村朱源旱畔　清顺治元年（1644 年），雷鸣（明）山（雷隆升之孙）由云和叶砻（今赤石乡赤石村垟田自然村）迁入。居村 59 户 180 人。全村讲畲语。

崇头镇叶垟村武树　清顺治七年（1650 年），雷国进［（雷隆升之孙雷鸣（明）山后裔］由朱源迁入。居村 27 户 138 人。全村讲畲语。

崇头镇梅源村上吴坪　雷世进（雷隆升后裔德禄房第九世万行道字辈雷道元之子）由武树迁入。居村 16 户 71 人。全村讲畲语。

崇头镇下垟村　雷石一［雷隆升之子雷章福（雷万六郎）长子雷玉山之子］由东坑迁入。居村 48 户 167 人。全村讲畲语。

崇头镇岩下村金坳　清顺治四年（1647 年），雷石彪［雷隆升之子雷章福（雷万六郎）三子雷凤山（雷大十一郎）之长子］由遂昌十三都苦竹坑迁入。后搬迁至崇头镇三垟村垟背农民新村。居村 7 户 29 人。讲畲语。

石塘镇规溪村西坑　雷育根（雷进明十四世孙）由云和牛塘迁入。居村 38 户 150 人。全村讲畲语。

石塘镇叶高坪村高垠　雷明跃（雷法顺后裔）由元和街道山脚村迁入。居村 14 户 57 人。全村讲畲语。

石塘镇叶高坪村坪地　雷廷根（雷朝凤后裔）由云和安溪黄处经八都牛塘迁入。居村 12 户 54 人。全村讲畲语。

石塘镇叶高坪村坪地西坪　清乾隆三十五年（1770 年），雷千六郎由云和箬溪上街经八都牛塘迁入。居村 8 户 24 人。全村讲畲语。

石塘镇规溪村下坑　清乾隆十二年（1747 年），雷玉余由景宁县包凤迁入云和石塘茶园（今石塘规溪下坑）。居村 7 户 22 人。全村讲畲语。

石塘镇联合村大麦垅　雷马福（雷虔山五世孙）由丽水利山分迁云和牛塘，经苦枝垅迁入。今传 11 世，居村 26 户 96 人。全村讲畲语。

石塘镇长汀村黄庄底坑　清咸丰元年（1851 年），雷开章由云和三都内下垟村迁石塘长汀村大源坑头（黄庄底坑）搭寮开基。今传 8 世，居村 10 户 33 人。全村讲畲语。

石塘镇长汀村黄庄长坑　雷忠宝由松阳小茶迁入石板砻（黄庄长坑）。居村 9 户 37 人。全村讲畲语。

石塘镇长汀村黄庄雷家半岭 清咸丰十年（1860年），雷日福由云和叶砻（今赤石乡赤石村垟田自然村）迁入。居村5户19人。全村讲畲语。

赤石乡赤石村垟田 明崇祯元年（1628年），雷隆升（雷仟八郎）由福建连江县安定里石佛岭头迁入云和叶砻（今赤石乡赤石村垟田）。居村13户42人。全村讲畲语。

赤石乡双源村鱼仙坑 雷土根（福建古田始迁）后裔由景宁大均乡大坑境村（又名中铺）迁入云和库北鱼仙坑（今赤石乡双源村）搭寮。居村14户44人。全村讲畲语。

赤石乡滨湖村碗窑 雷隆升三世孙雷鸣（明）山后裔由叶砻迁至旱畔（崇头朱源），后回迁赤石碗窑立业。居村23户45人。全村讲畲语。部分搬迁至碗窑岭脚新村，后裔分迁凤凰山街道河坑村莒岱。

（六）景宁畲族自治县雷姓

红星街道王金垟村（含王畈、金岱垟、黄泥岭） 有多支雷姓迁入。明万历三十六年（1608年），雷虔山由福建罗源十八都迁入浙江景宁二都油田庄王畈。今传21世，居村共80余户289人。后裔分迁云和、丽水、遂昌、宣平、龙游、平阳等地。

红星街道岗石村 居村20余户73人。

红星街道小金洲村 居村3户10人。

红星街道岭北村 居村70户241人。

红星街道城北村 居村40余户159人。

鹤溪街道敕木山村 居村110余户416人。

鹤溪街道张村 居村100余户349人。

鹤溪街道包凤村（潘山岭、包凤新村） 居村100余户377人。

鹤溪街道三枝树村 居村4户13人。

鹤溪街道鹤木岭村 居村70户242人。

鹤溪街道浮丘村 居村50余户202人。

鹤溪街道东弄村 居村20余户73人。

渤海镇安亭村 居村100余户367人。

大均乡李宝村（李婆坑） 居村90户312人。

大均乡伏叶村（伏坑） 居村70余户260人。

大均乡泉坑村 居村50余户202人。

澄照乡三石村杨山 清乾隆年间（1736—1795年），由景宁叶山头迁入。今传11世，居村40余户170多人。

澄照乡东升村 居村30余户122人。

澄照乡漈头村 居村140余户507人。

澄照乡张后山村后山 清末，由漈头迁入。居村40余户156多人。

澄照乡金丘村 居村15户56人。

东坑镇北溪村（含张坑、吴山头、汤北、方徐） 有多支雷姓迁入：①明万历年间（1573—1620年），由罗源十七都牛栏坪迁入；②清末，由汤坑迁入，居村共90余户320多人；③其他支雷姓迁入。

东坑镇新和村 居村140余户470多人。

东坑镇心田村 居村40余户140多人。

东坑镇深垟村黄山头 居村30余户120多人。

东坑镇桃源村 居村30户90多人。

郑坑乡吴布村　居村 110 余户 401 人。

郑坑乡柳山村　居村 40 余户 155 人。

郑坑乡郑坑村　居村 60 余户 218 人。

梧桐乡凤凰村　居村 30 户 96 人。

梧桐乡金林村　居村 30 余户 122 人。

沙湾镇张庄村　居村 35 户 127 人。

鸬鹚乡驮戥村　居村 13 户 45 人。

（七）龙泉市雷姓

竹垟畲族乡罗墩村　清顺治年间（1644—1661 年），由福建南平市松溪县迁入。居村 150 余户 480 人。

竹垟畲族乡际上村　明崇祯十一年（1638 年），雷赵志携家人由云和梅（谋）路迁入。居村 130 余户 450 人。有一支后裔分迁至溪口镇冷水村。

竹垟畲族乡红坞村　居村 10 户 30 多人。

竹垟畲族乡金田村　居村 80 余户 270 人。

竹垟畲族乡良溪村社塆岗　清咸丰年间（1851—1861 年），雷万三郎由云和县梅（谋）路迁入。今传 7 世，居村 100 余户 390 多人。行第：朝应仕明政，志德文光信，兰桂绍琪裘，家盛定品振，青松荣建昌，元福永富长。

上垟镇供建村　由八都署网迁入。居村 10 户 37 人。

上垟镇五都垟村　有 2 支雷姓迁入：①由上垟镇供建村迁入；②由花桥大段迁入。居村共 8 户 30 人。

上垟镇花桥村　居村 60 余户 200 多人。

兰巨乡豫樟村　清末，由云和石塘迁入。居村 20 余户 70 多人。

兰巨乡石坑口村　清末，由福建南平市松溪县迁入。居村 2 户 8 人。

住龙镇住溪村河边　居村 2 户 7 人。

住龙镇碧龙村　1988 年，由遂昌北界迁入。居村 1 户 3 人。

龙渊街道石玄步村　居村 40 余户 165 人。

道太乡供村村尖后、岙下　清乾隆中期（1760 年前后），雷义孙由云和赤石乡垟田村迁入。今传 12 世，居村 40 余户 140 多人。

剑池街道宏山村天堂山　中华人民共和国成立初期由龙泉八都镇迁入。居村 3 户 12 人。

第四节　江西省

一、南昌市

（一）东湖区雷姓

滕王阁街道滕王阁社区　属凤凰坡支系。雷叔武（雷焕四十七世孙）由南昌县泰浦迁入。居村 15 户 50 多人。

董家窑街道豆芽巷社区　属豆芽巷支系。居村 20 余户 80 人。

（二）西湖区雷姓

仁寿里小区　属兴汇支系。雷兴汇由河南迁入。居村 60 户 200 人。

（三）湾里管理区雷姓

招贤镇竹山村 属余牟支系。雷云浯（雷焕三十六世孙）由新建枧里迁入。居村 330 余户 1200 人。

（四）新建区雷姓

流湖乡淑溪村 属淑溪支系。雷必觉（雷焕三十七世孙）由宜丰党田迁入。居村 30 余户 102 人。

流湖乡莲塘村 属墙冈支系。雷必达（雷焕三十七世孙）由宜丰党田迁入。居村 100 余户 366 人。

流湖乡柏树村 属皂塘支系。雷必贵（雷焕三十七世孙）由宜丰党田迁入。居村 110 余户 380 人。

流湖乡宋珑村 属宋珑支系。雷文晖（雷焕四十一世孙）由新建郡塘迁入。居村 35 户 120 人。

生米镇郡塘村 属郡塘支系。雷秉文（雷焕三十七世孙）由安义石鼻迁入。居村 20 余户 80 人。

生米镇郡塘村 属龙冈支系。雷震世（雷焕四十一世孙）由安义石鼻迁入。居村 40 余户 150 人。

联圩镇大圩村 属大汉支系。雷允茂（雷焕三十六世孙）由安义石鼻迁入。居村 90 余户 320 人。

联圩镇下堡村 属大汉新基支系。雷先仰（雷焕四十九世孙）由安义石鼻迁入。居村 30 余户 110 人。

石岗镇茶园村 属茶园支系。雷应寿（雷焕四十二世孙）由新建松湖迁入。居村 90 余户 300 人。

石岗镇上坪村 属鹁鸠岗支系。雷琮越（雷焕四十四世孙）由南昌北埂迁入。居村 60 余户 228 人。

铁河乡东阳村 属塘北支系。雷秉初（雷焕三十七世孙）由安义枣树园迁入。居村 130 余户 460 人。

厚田乡桐岗村 属桐岗支系。雷信乡（雷焕三十九世孙）由双垣八房迁入。居村 10 余户 40 人。

望城镇三联村 属赤塘支系。雷海伯（雷焕四十世孙）由安义枣树园迁入。居村 200 户 690 人。

樵舍镇环湖村 属赵场支系。雷震宽（雷焕四十一世孙）由新建郡塘迁入。居村 20 余户 80 人。

金桥乡三和村 属查珑支系。雷源伯（雷焕四十世孙）由安义枣树园迁入。居村 80 户 269 人。

象山镇大喜村 属大喜支系。雷震洪（雷焕四十一世孙）由安义枣树园迁入。居村 15 户 49 人。

松湖镇双垣村 属双垣支系。雷应禄（雷焕四十二世孙）迁入。居村 150 户 520 人。

乐化镇江桥村 属厚舍支系。雷应谟（雷焕三十六世孙）由安义石鼻迁入。居村 140 余户 510 人。

（五）红谷滩区雷姓

卫东街道卫东村 属沙井支系。雷叁（雷焕三十一世孙）由新建乌山迁入。居村 50 户 160 多人。

（六）经济技术开发区雷姓

蛟桥镇卫国村　属珠桥前族支系。雷仕输（雷焕三十七世孙）由新建乌山迁入。居村300余户1100人。

蛟桥镇卫国村　属珠桥上团支系。雷仕昂（雷焕三十七世孙）由新建乌山迁入。居村140余户510人。

（七）高新区雷姓

昌东镇　属岗头支系。雷继起（雷焕五十二世孙）由省城东大巷迁入。居村40余户160人。

（八）南昌县雷姓

冈上镇蚕石村　属茶园支系。雷体谦由丰城雷坊村迁入。居村600余户2110多人。

冈上镇兴农村　属嵩山支系。雷本序由茶园迁入。居村80余户280多人。

冈上镇冈上村　有3支雷姓迁入：①西堡支系，雷世新（雷焕二十九世孙）由丰城城陂迁入，居村210余户760多人；②冈上支系，雷德衡（雷焕三十五世孙）由丰城城陂迁入，居村230余户810多人；③北埂支系，雷则善（雷焕三十六世孙）由丰城城陂迁入，居村70余户250多人。

冈上镇东坛村　属长兴支系。雷志贤（雷焕三十九世孙）由冈上迁入。居村45户160多人。

泾口乡泰浦村　属泰浦北雷支系。雷乐安（雷焕三十七世孙）由进贤河湖迁入。居村180余户650多人。

泾口乡水阁村　属泰浦南雷支系。雷乐安（雷焕三十七世孙）由进贤河湖迁入。居村60余户210多人。

向塘镇荆山村　属尚谌店支系。由南昌泰浦北雷迁入。居村20余户72人。

向塘镇南店村　属南店支系。由泰浦南雷迁入。居村6户19人。

向塘镇丁坊村　属丁坊支系。由南昌茶园迁入。居村6户20人。

蒋巷镇洲头村　属稽惠州支系。雷克璋（雷焕五十四世孙）由省城凤凰坡迁入。居村80余户290人。

蒋巷镇高悟村　属高悟支系。雷国忠迁入。居村5户18人。

黄马乡西埠村　属西埠支系。雷应璘（雷焕三十九世孙）由市汊迁入。居村100余户360多人。

三江镇竹山村　有2支雷姓迁入：①竹山支系，雷起曙（雷焕四十四世孙）由丰城河珑迁入，居村30余户110人；②寺山支系，雷廷谟（雷焕四十五世孙）由丰城岑下迁入，居村38户133人。

武阳镇南坊村　属姚坊支系。雷维经（雷焕四十七世孙）由进贤雷溪迁入。居村70余户240人。

八一乡板联村　属程滦雷支系。雷方庭、雷方明（雷焕五十二世孙）由茶园迁入。居村30余户106人。

（九）进贤县雷姓

钟陵乡蔡坊村　有2支雷姓迁入：①北河支系，雷宗明（雷焕四十世孙）由正本公迁入，居村60户200人；②季彭支系，雷季彰（雷焕四十一世孙）由进贤北河迁入，居村80余户300人。

钟陵乡茶园村　属神塘支系。雷琦（雷焕三十六世孙）由东乡冶塘迁入。居村57户200人。

钟陵乡巷里村　属向溪支系。雷彦通（雷焕三十八世孙）由进贤神塘迁入。居村100余户360人。

钟陵乡枫树塘　属枫树塘支系。雷彦方（雷焕三十八世孙）由东乡冶塘迁入。居村50户

170人。

三里乡雷家村 有2支雷姓迁入：①庄溪支系，雷位（雷焕三十一世孙）由河湖迁入，居村830余户3000人；②店下支系，雷乐义（雷焕三十七世孙）由庄溪迁入，居村30户100人。

三里乡富强村 属白崖山支系。雷名德（雷焕四十二世孙）由庄溪迁入。居村170余户620人。

南台乡雷万村 属南玩支系。雷区昌（雷焕五十六世孙）由古楼岗迁入。居村15户52人。

南台乡石坑村 属古楼岗支系。雷伯政（雷焕四十一世孙）由东乡冶塘迁入。居村30余户103人。

前坊镇高坊村 有3支雷姓迁入：①上房支系，雷汝阳（雷焕四十五世孙）由南昌泰浦迁入，居村30户100人；②下房支系，雷汝宪（雷焕四十五世孙）由南昌泰浦迁入，居村140余户500人；③三房支系，雷士发（雷焕四十九世孙）由进贤上房迁入，居村60余户210人。

文港镇长塘村 属平湖老雷支系。雷昌佑（雷焕四十世孙）由进贤雷家垣迁入。居村130余户459人。

文港镇湖潭村 属平湖新雷支系。雷时清（雷焕四十八世孙）由进贤平湖迁入。居村170余户616人。

衙前乡瓦子陂村 属玛溪支系。雷公澄（雷焕三十七世孙）由东乡铁山迁入。居村7户25人。

泉岭乡南岸村 属东埠支系。雷应琪（雷焕三十九世孙）由南昌市迁入。居村130余户460人。

池溪乡观花岭林场生活区 属东河支系。雷天昇（雷焕四十世孙）由进贤北河老支迁入。居村110余户400人。

池溪乡欧溪村 属莲州支系。雷梦麟（雷焕四十七世孙）由进贤东河迁入。居村58户200人。

（十）安义县雷姓

石鼻镇罗田村 属观溪支系。雷尧弼（雷焕二十五世孙）由宜丰党田迁入。居村110余户400人。

石鼻镇石鼻村 属石鼻支系。雷曰驯（雷焕三十世孙）由党田迁入。居村720余户2600人。

石鼻镇枣园村 属枣园支系。雷允恭（雷焕三十六世孙）由安义石鼻迁入。居村30余户120多人。

石鼻镇联合村 属中洲支系。雷秉义（雷焕三十五世孙）由宜丰党田迁入。居村70余户260人。

石鼻镇罗田村 属坛口支系。雷极东（雷焕四十五世孙）由新建珠桥迁入。居村27户90人。

万埠镇南楼村 有3支雷姓迁入：①樟树支系，雷以道（雷焕三十一世孙）由安义南车迁入，居村65户230人；②南楼老支系，雷以道（雷焕三十一世孙）由安义南车迁入，居村60余户230人；③车溪新支系，雷方宴（雷焕五十二世孙）由南楼老支迁入，居村46户160人。

万埠镇桃一村 属醴源支系。雷云濡（雷焕三十六世孙）由宜丰党田迁入。居村90余户320人。

长埠镇车田村 属石窝支系。雷以通（雷焕三十一世孙）由安义南车迁入。居村70余户260人。

长埠镇义基村 属南车支系。雷翻（雷焕二十五世孙）由宜丰党田迁入。居村140余户520人。

东阳镇塘口村 属义兴支系。居村50余户180人。

乔乐乡前泽村 属马溪支系。雷庆凤（雷焕三十五世孙）由安义石鼻迁入。居村60户200人。

二、上饶市

铅山县雷姓

篁碧畲族乡篁碧畲族村（原黄柏村）雷家牌坊 清雍正六年（1728年），雷时六由福建宁化迁入。今传13世，居村360余户1460多人。行第：时贵声云光，启学乃身修，鸿泽庆丰隆，飞腾达所求。现繁衍至“庆”字辈。

太源畲族乡西坑村大西坑（原名石井坑） 清宣统年间（1909—1911年），雷法宏由福建汀州经光泽迁徙石井坑。今传5世，居村12余户50多人。全村讲畲语。行第（二修）：连宗惟，启新旺，高金兴。续（三修）：恒寿康，家声远，世泽长，恢先绪，后裔昌。现最小行第“旺”字辈。

太源畲族乡西坑村楂家岭 居村8户40多人。全村讲畲语。

太源畲族乡苗民村 居村80余户260多人。全村讲畲语。

三、鹰潭市

贵溪市雷姓

樟坪畲族乡樟坪村 居村40余户190多人

樟坪畲族乡太源村 清康熙年间（1662—1722年），由福建汀州府迁入。居村30余户120多人。

四、赣州市

（一）章贡区雷姓

沙石镇龙埠村、甘林村、沙石村 属沙石支系。雷德龚迁入。居村共40余户170多人。

沙石镇龙岗村、新建村 属庵子前支系。雷惟海由山茶里迁入。居村共40户139人。

沙石镇火燃村 属茶山里支系。居村6户20多人。

（二）南康区雷姓

十八塘乡欧田村 属大角塘支系。由上犹县沙角迁入。居村10余户50多人。

南康区街上村 雷大旅、雷大祺由南昌茶园迁入。居村5户20多人。

南康区唐江镇 雷庆春、雷良璜迁入。居村4户20人。

（三）赣县区雷姓

王母渡镇横溪村 属半坑支系。雷惟江由山茶里迁入。居村20余户80多人。

湖江镇街坪村 属街坪支系。雷即林后裔由于都罗江迁入。居村20余户100多人。

长洛乡中坑村 属小嶂支系。雷看迁入。居村20户60多人。

（四）大余县雷姓

大余县雷氏支系是广东省始兴县乌泥塘雷肇春后裔，根据始兴县乌泥塘雷肇春家族五修谱记载，大余县60世字派是：肇德勋猷远；传家读与耕；和丰诒美利；诗礼著清名；祖训钦承永；天伦秩序明；千秋宗谊笃；亲睦颂升平；桂兰同孝友；福寿生贤英；盛世钟灵秀；万载祝隆兴。

青龙镇平岗村 属长塘支系。雷汝胜由南雄主田老园里迁入。今传11世，居村40余户180多人。现最小行第“祖”字辈。

青龙镇联合村 属堆子前支系，广东始兴雷肇春第三房雷德原后裔。清康熙十三年至十九年（1674—1680年），雷传通（字正通）由南雄保昌石陂迁人。今传13世，居村30余户130多人。

青龙镇九龙村 属牛轭垅支系。清康熙年间（1662—1722年），雷传祯由始兴迁人。今传13世，居村26户100余人。现最小行第“钦”字辈。

青龙镇赤江村 有4支雷姓迁人：①虎眼山支系，清康熙年间（1662—1722年），雷崇章由始兴迁人，今传14世，现最小行第“钦”字辈；②乌鸦垅支系，雷云梯由始兴乌泥塘迁人，今传6世，现最小行第“训”字辈；③官坪里支系，雷云辉由始兴乌泥塘迁人，今传6世，现最小行第“训”字辈；④光谷窝支系，清末，雷会和由南雄小陂头迁人，今传5世。居村共79户310多人。

青龙镇大湖村 今传6世，居村11户50多人。现最小行第“训”字辈。

樟斗镇下横村 属鲤鱼岭支系。清乾隆年间（1736—1795年），雷达建由始兴迁人。今传11世，居村35户160多人。现最小行第“钦”字辈。

新城镇窑下村 属塘泥坑支系。雷日定由南雄黄坑迁人。今传12世，居村30余户130多人。现最小行第“祖”字辈。

南安镇花园村 属寿桃山支系，广东始兴雷肇春第三房雷德原后裔。清康熙中后期（1711—1716），雷受祯（字德周）由保昌鸭子湖（今属南雄市）迁人。今传13世，居村18户80多人。现最小行第“承”字辈。

南安镇新余村 今传8世，居村6户40多人。现最小行第“承”字辈。

南安镇茶壶背 今传10世，居村9户40多人。现最小行第“伦”字辈。

黄龙镇石塘村 属石塘支系。清康熙年间（1662－1722），雷宗富由南雄迁人。今传11世，居村8户40多人。现最小行第“祖”字辈。

河洞乡乱石坝 今传6世，居村11户50多人。现最小行第“训”字辈。

（五）上犹县雷姓

东山镇清湖村 属清湖支系。居村20余户80多人。

营前镇珠岭村 属珠岭支系。居村10余户50人。

紫阳乡下佑村 属茂兴支系。由东山镇清湖村迁人。居村16户60人。

（六）崇义县雷姓

横水镇萝卜巷村 属萝卜巷塔下支系。雷延珂由始兴乌泥塘迁人。居村90余户410多人。现最小行第“天”字辈。

横水镇塔下村 由始兴乌泥塘迁人。居村30余户150多人。现最小行第“天”字辈

关田镇镜尾村 属镜尾支系。雷春儒由始兴乌泥塘迁人。居村10余户50人。

关田镇田心村 今传7世，居村7户30多人。现最小行第“钦”字辈。

关田镇沙背居村 居村4户20多人。

关田镇淮岭村 属排上支系。由始兴乌泥塘迁人。居村7户40多人。

关田镇沙溪村 属沙溪支系。由福建上杭迁人。居村30余户120多人。

铅厂镇狗脚岭村 雷达汉迁人。居村2户11人。现最小行第“训”字辈。

铅厂镇义安村 今传6世，居村4户19人。现最小行第“永”字辈。

聂都乡小岭村 居村8户30多人。现最小行第“祖”字辈。

丰州乡九岭村 由始兴迁人。居村10余户50多人。

（七）定南县雷姓

岿美山镇三亨村 属金鸡雷支系。由广东始兴迁人。居村30余户110多人。

（八）全南县雷姓

金龙镇来龙村 属中潭支系。雷子财由始兴县澄江迁入。居村30户160多人。现最小行第“天”字辈。

金龙镇木金村 属木金支系。雷子文由始兴县澄江迁入。居村30余户170多人。现最小行第“天”字辈。

金龙镇正河村 属陂头高车支系。雷德忠由始兴县澄江迁入。居村30户100多人。

陂头镇高车村 今传7世，居村11户58人。现最小行第“训”字辈。

（九）安远县雷姓

高云山乡濂丰村 属濂丰支系。雷德球由福建上杭崇厦迁入。居村110余户430多人。

天心镇水头村南坑 属水头南坑支系。由高云山乡濂丰村迁入。居村30户90多人。

（十）宁都县雷姓

固村镇下河村杨梅树下 明崇祯十六年（1643年），雷廷望（雷宪惠三十七世孙、雷详六子雷伯御二十九世孙）由福建省宁化县水西镇庙前村迁入。今传14世，居村100余户390多人。行第：金玉万廷显，德胜仁宗正，邦昌世泽良，天朝登国仕。自“天”字辈开始启用1993年重修行第：祖德流芳远。

固村镇格口村 属石壁下系。雷天白迁入。居村30余户140多人。

对坊乡上蕉村 属葛藤支系。雷显荣由福建武平迁入。居村90余户350人。

固厚乡楂源村 属楂源支系。雷兆衍由福建桃源山迁入。居村40余户170多人。

田埠乡龙下村 属龙下支系。雷世祯由福建宁化迁入。居村155户737人。

黄陂镇高田村 属龟庄支系。雷常福由龙下迁入。居村50余户230多人。

（十一）于都县雷姓

靖石乡靖石村 属湖口塘支系。雷大盛由安远上濂迁入。居村70余户300多人。

小溪乡左坑村 属小溪支系。雷子全由福建上杭迁入。居村50余户220多人。

罗江乡笙竹村 属老爷坪支系。雷即春由福建上杭崇厦迁入。居村40余户160多人。

罗江乡西岗村 属西岗支系。雷即林由福建上杭迁入。居村40户150人。

罗江乡新屋村 属圳坑支系。由福建上杭迁入。居村10余户50多人。

沙心乡高屋村 属高屋支系。雷鸣泰由福建上杭迁入。居村30余户130多人。

贡江镇罗坪村 属高排子支系。雷一声由福建上杭迁入。居村30余户110多人。

会同乡南坑村 属王沙支系。雷通郎房后裔。居村10余户30多人。

（十二）兴国县雷姓

古龙冈镇瑶前村 属瑶前支系。清康熙十七年（1678年），雷世琮由福建宁化下沙迁入。今传16世，居村200余户800多人。

古龙冈镇江夏村 属江夏支系。清顺治年间（1644—1661年），雷显朝、雷显灏由福建宁化下沙迁入。今传15世，居村180余户690多人。

古龙冈镇营前村 属营前支系。清末，雷昌荣由福建宁化迁入。今传5世，居村10余户40多人。

古龙冈镇建设村 属江夏支系，雷显潮、雷显灏后裔。今传15世，40余户300多人。

古龙冈镇油桐村 属江夏支系。清朝末年，雷行先由古龙冈建设村石壁下迁入。今传10世，居村10户30多人。

均村乡高溪村 属高溪支系。雷嘉震由福建上杭苏家坡迁入。居村40余户160多人。

均村乡长教村 属长教支系。雷声儒由福建上杭才溪迁入。今传13世，居村280余户1110人。

均村乡长竹村 属长竹支系。雷声亮由上杭才溪迁入。今传14世，居村100余户400多人。

均村乡中坊村 属梨渣支系。雷昌钟由上杭崇厦迁入。今传12世，居村30余户120多人。

均村乡茂堠村 属大窝利支系。雷嘉隆由上杭崇厦迁入。居村70余户300多人。

均村乡横柏村 属横柏支系。雷嘉隆由上杭崇厦迁入。居村80余户320多人。

城岗镇余溪村 属城岗余溪支系。雷显感由兴国五门洞迁入。今传7世，居村16户60多人。

隆坪乡高园村 属青案支系。雷云善由兴国均村长教迁入。居村50余户220多人。

茶园乡义渡村 属义渡支系。雷大汉由福建上杭才溪迁入。今传12世，居村40余户150多人。

高兴镇文溪村 属文溪支系。雷启斌由福建武平迁入。今传11世，居村30余户110多人。

崇贤乡贺堂村 属源头支系。雷世香由福建长汀迁入。居村30余户120多人。

崇贤乡龙潭村 属龙潭支系。雷仁纸迁入。今传10世，居村20余户80多人。

崇贤乡齐分村 属寨子背支系。雷世旺由上杭崇厦迁入。今传11世，居村30户100多人。

（十三）会昌县雷姓

筠门岭镇上增村 属上增支系。雷成灿由寻乌县堆禾石迁入。居村100余户400多人。

（十四）石城县雷姓

大由乡王沙村 属大岭下支。由福建宁化迁入。居村60余户300多人。

大由乡高背村 属蛇头嘴支。雷龙福由瑞金下坊迁入。居村20余户100人。

横江镇小姑村 属秋树下支。居村30余户140多人。

屏山镇屏山村 属街上支系。居村20余户100多人。

丰山乡下坑村 属下坑支系。居村20余户100多人。

龙岗乡下逕村 属河背支系。雷万年迁入。居村20余户100人。

（十五）寻乌县雷姓

三标乡堆禾石村 有2支雷姓迁入：①堆禾石支系，雷德响由福建上杭崇厦迁入；②上排村支系，雷龙灿由福建上杭崇厦迁入。居村共120余户480多人。

（十六）瑞金市雷姓

日东乡沿岗村 属下坊支系。明正德年间（1506—1521年），雷廷发（高）迁入。今传21世，居村40余户180人。

壬田镇横坑村 有2支雷姓迁入：①红星支系，雷瑞超后裔由云石山乡禾安迁入；②山塘下支系，雷瑞超后裔由云石山乡禾安迁入。居村共110余户460多人。

壬田镇大垅村 属坝子下支系。雷瑞超后裔由云石山乡禾安迁入。居村30余户120多人。

云石山乡禾安村 属禾安支系。雷瑞超后裔迁入。居村15户58人。

武阳镇龙角村 属龙角支系。雷瑞超后裔由云石山乡禾安迁入。居村20户78人。

大柏地乡院溪村 属院溪支系。由沙洲坝镇七保迁入。居村10户39人。

沙洲坝镇七保村 属七保支系。雷子响由寻乌县堆禾石迁入。居村10余户50多人。

五、吉安市

（一）青原区雷姓

东固畲族乡雪竹坑村 属雪竹坑支系。雷献剑（雷宪三十四世孙）由福建清流迁入。居村20多户100多人。

东固畲族乡蔡家龙村 属蔡家龙支系。雷常伦（雷焕四十六世孙）由福建连城迁入。居村50余户200多人。

东固畲族乡六渡村　属六渡支系。雷光林（雷焕五十三世孙）由兴国贺堂迁入。居村 6 户 20 多人。

东固畲族乡寨背村　属寨背支系。雷鸣震（雷焕四十七世孙）由福建连城迁入。居村 16 户 60 多人。

东固畲族乡淘金坑村　属淘金坑支系。雷起巧（雷焕四十八世孙）由兴国太平乡迁入。居村 8 户 30 多人。

东固畲族乡山坑村　属山坑支系。雷承园、雷先骞（雷焕四十九、五十世孙）由兴国崇贤里迁入。居村 10 户 40 多人。

东固畲族乡流坑村　属流坑支系。雷德明（雷焕四十世孙）由福建永安迁入。居村 5 户 18 人。

东固畲族乡神木坪村　属神木坪支系。雷尚新（雷焕四十一世孙）由福建永安迁入。居村 20 余户 90 多人。

东固畲族乡社公背村　属社公背支系。雷明福（雷焕四十世孙）由吉安虎寨脑迁入。居村 40 余户 150 多人。

东固畲族乡龙家塘　属龙家塘坳上支系。雷登添（雷焕四十世孙）由福建上杭迁入。居村 20 余户 100 多人。

东固畲族乡大山下村　属大山下支系。雷德逢（雷焕四十九世孙）由吉安虎脑寨迁入。居村 2 户 10 人。

东固畲族乡燕山龙村　属燕山龙支系。雷忠闹（雷焕三十九世孙）由汀州连城迁入。居村 30 户 100 多人。

东固畲族乡三彩村　属三彩支系。雷亦通（雷焕四十八世孙）由福建建阳迁入。居村 2 户 7 人。

东固畲族乡白沙嵊　属白沙嵊支系。雷贵先（雷焕四十二世孙）由吉安虎寨脑迁入。居村 5 户 20 多人。

东固畲族乡张家背　属铁索坑支系。雷文俊（雷焕四十三世孙）由吉安铁索坑迁入。居村 3 户 10 多人。

东固畲族乡九里迳　属九里迳支系。雷均德（雷焕三十七世孙）由汀州连城迁入。居村 6 户 20 多人。

河东街道　属河东雷家支系。雷清和由湖北迁入。居村 100 余户 500 多人。

富田镇北坑村　属长境支系。雷礼柜、雷礼迎（雷焕五十三世孙）由永兴迁入。居村 20 余户 100 多人。

（二）井冈山市雷姓

鹅岭乡荷田村　属荷田支系。雷道宝（雷焕三十八世孙）由丰城雷坊迁入。居村 100 余户 480 多人。

鹅岭乡蕉陂村　属黄山支系。雷学奇（雷焕五十七世孙）由永新东乡迁入。居村 10 户 30 多人。

拿山乡茶坪村　属茶坪支系。雷常识（雷焕四十九世孙）由吉安东固迁入。居村 7 户 30 多人。

拿山乡长路村　属清家塘支系。雷元吉（雷宪四十五世孙）由安远濂丰迁入。居村 10 余户 50 多人。

茅坪镇茅坪村　属茅坪支系。居村 20 余户 100 多人。

（三）泰和县雷姓

老营盘镇七头高石排 属国锦支系。雷兆达（雷宪二十八世孙）由兴国县太平乡迁入。居村10户50多人。

老营盘镇墨斗坑村 属雷国后支系。雷显和（雷宪三十六世孙）由兴国县宝城乡迁入。居村7户20多人。

水槎乡水槎村 属胜春支系。雷胜春（雷宪三十六世孙）由兴国县均村迁入。居村30余户120多人。

水槎乡浪川中村 属国连支系。雷国连（雷宪三十七世孙）由兴国太平乡迁入。居村20余户80多人。

水槎乡坑西石门村 属国庶支系。雷国甚、雷国庶（雷宪三十七世孙）由兴国县太平乡迁入。居村9户40人。

上洞乡东坑村 属德用德久支系。雷德用、雷德久（雷焕五十一世孙）由吉安淘金坑迁入。居村7户20多人。

上圯乡沔坑村九组 属沔坑支系。雷祖礼后裔由兴国茶园迁入。居村10余户59人。

上模乡油州村 属良德公支系。雷良德（雷焕五十九世孙）由吉安下西坑迁入。居村30余户140多人。

碧溪乡牛牧村 属德信公支系。雷德信（雷焕五十一世孙）由湖南大院牛石坪迁入。居村15户60多人。

碧溪乡南岭村 属南岭支系。雷家富由遂川新江乡斗湾坑迁入。居村10余户40多人。

苏溪镇模山村南芜 属长带支系。雷长带（雷焕四十八世孙）由遂川县龙泉茶坑迁入。居村8户30多人。

苏溪镇苏溪村陂下背 属陂下背支系。雷明心由兴国迁入。居村6户28人。

苏溪镇三居村富子坪 属世告支系。雷世告（雷宪三十六世孙）由福建永安迁入。居村20余户100多人。

冠朝镇九城市村罗家 属美瑞支系。雷祖礼（雷焕四十世孙）由水槎乡迁入。居村5户20多人。

（四）万安县雷姓

枧头镇小溪村 属新义支系。雷新义（雷焕四十四世孙）由兴国均村迁入。居村20余户90多人。

芦源乡尼山坳村 属国伯支系。雷国佃（雷宪三十七世孙）由兴国太平乡迁入。居村10余户60人。

涧田乡里仁村 属兴旺支系。雷兴旺（雷宪四十世孙）由上杭祟夏迁入。居村160余户660多人。

涧田乡小东村 属兴化支系。雷兴化（雷宪四十世孙）由上杭祟夏迁入。居村20余户90多人。

宝山乡安长村 属新府新坳支系。雷新府、雷新坳（雷焕四十四世孙）由兴国均村迁入。居村30余户110多人。

（五）遂川县雷姓

新江乡五斗山村 属德勋德明支系。雷德勋、雷德明（雷焕五十一世孙）由庐陵县福龙岗迁入。居村7户30多人。

新江乡小湖村 属仁通支系。雷仁通（雷宪三十八世孙）由于都迁入。居村20余户90多人。

（六）永新县雷姓

曲白乡浆坑村　属土坪支系。雷承盈（雷焕五十世孙）由庐陵大汾迁入。居村 50 余户 220 多人。

（七）永丰县雷姓

上固乡石溪村　属石溪支系。雷丙郎（雷宪二十七世孙）迁入。居村 10 余户 50 多人。

上固乡大排村（高岭塘）　属传积传奏支系。雷传积、雷传奏（雷宪三十七世孙）由福建延平迁入。居村 30 户 120 多人。

上溪乡礼坊村　有 2 支雷姓迁入：①礼坊支系，雷子敬（雷宪二十八世孙）由福建宁化迁入，居村 20 余户 80 多人；②富润支系，雷富润（应洲）（雷宪三十五世孙）由宁都迁入，居村 30 余户 110 多人。

上溪乡双岭村　有 3 支雷姓迁入：①义传支系。雷义传、雷义贵、雷兴国（雷焕五十四世孙）由泰和迁入，居村 10 户 40 多人；②显卿支系，雷显卿（雷宪三十六世孙）由兴国太平乡迁入，居村 20 户 60 多人；③献园支系，雷献园（雷宪三十四世孙）由福建连城迁入，居村 40 余户 150 多人。

龙冈畲族乡麦湖村　属下樟支系。雷应矩（雷宪三十一世孙）由上溪礼坊迁入。居村 20 余户 80 多人。

龙冈畲族乡旱禾田村　属厚敬支系。雷受铭由吉安淳化迁入。居村 5 户 20 多人。

潭头乡卧龙村　属勾刀湾支系。雷长争迁入。居村 6 户 20 多人。

潭头乡北坑村　属歇龙支系。雷德卿（雷焕四十二世孙）由乐安金竹迁入。居村 15 户 60 多人。

潭头乡虎形村　属文宝支系。雷文宝（雷焕四十三世孙）由乐安金竹迁入。居村 15 户 60 多人。

潭头乡官田村　有 2 支雷姓迁入：①万昊支系，雷普知迁入，居村 30 余户 110 多人；②万昊支系，雷受铭迁入，居村 4 户 15 人。

君埠乡下洋标村　属下洋石示支系。雷宗君（雷焕五十一世孙）由法头卧龙村迁入。居村 8 户 30 多人。

明德乡虎形村　属虎形支系。雷文剑（雷焕四十三世孙）由吉安淳化乡迁入。居村 20 余户 70 多人。

北坑歇龙村　属文唐支系。雷文唐（雷焕四十三世孙）由乐安金竹迁入。居村 16 户 60 多人。

沙溪镇左坑村　属文魁支系。雷文魁（雷焕四十三世孙）由吉安淳化迁入。居村 5 户 20 多人。

沙溪镇白石镇　属白石岭支系。雷儒任（兆达）（雷宪二十八世孙）由沙溪其坑迁入。居村 10 余户 60 多人。

沙溪镇移民新村　属起望支系。雷奕和由水浆下溪迁入。居村 10 余户 49 人。

古县镇塔桥　属雷国孙（雷宪三十七世孙）由水浆下溪迁入。居村 6 户 20 多人。

（八）吉水县雷姓

水南镇（原文昌乡）石窝村　属东陂支系。雷义森（雷焕五十四世孙）由兴国下堡坊迁入。居村 7 户 30 多人。

螺田乡龙溪村　属上山坡支系。雷兴明（雷宪四十世孙）由吉水县螺田乡老山迁入。居村 6 户 20 人。

第五节 安徽省

宁国市雷姓

云梯畲族乡千秋村铜岭关 清光绪十三年（1887年），由浙江桐庐迁入。今传6世，居村12户50多人。

云梯畲族乡千秋村仰天湖 居村5户20多人。

云梯畲族乡千秋村千秋关 居村8户40多人。

云梯畲族乡白鹿村落花坞 清光绪年间（1875—1908年），由福建浦城迁入。今传6世，居村15户60多人。

云梯畲族乡白鹿村白沙坞 居村3户15人。

云梯畲族乡白鹿村大庙 居村2户9人。

云梯畲族乡白鹿村西坑 居村6户30人。

云梯畲族乡云梯村中岭洞 居村3户14人。

云梯畲族乡云梯村坞烟山 居村4户20多人。

云梯畲族乡云梯街 居村1户5人。

云梯畲族乡毛坦村 居村1户4人。

第三章 风情

习近平在《巩固民族大团结的基础——关于促进少数民族共同繁荣富裕问题的思考》一文中指出：“任何民族都有其区别于他民族的文化传统。民族文化传统是一个民族世世代代积累而成的精神财富，是一个民族发展的动力和源泉。各个民族的传统文化都有自己的特点，这些特点的综合丰富了人类的文明。……畲族人民在漫长的历史岁月中，创造了光辉灿烂的文化，这不仅是畲族人民自己的瑰宝，也是我们国家的一份宝贵的财富。畲族文化为畲族的延续和发展起到了积极作用，在实现社会主义现代化过程中一定要让畲族文化更加发扬光大。首先，要继承和发扬畲族文化传统中优秀的部分。畲族语言、畲歌、畲族服饰，这些都是最基本的文化，都应当很好地继承。我在几个畲村了解到，有些小姑娘不会梳畲族发型，有的连畲语也不会说。可见，继承民族传统文化对年青人来说，尤其必要。其次，要抓紧挖掘整理畲族文化遗产，如畲歌、民俗、民谚、民乐、舞蹈、故事等，要组织力量进行深入探讨，取其精华，古为今用。我觉得畲族歌舞就很有特色，很有风采，还有畲族的传统歌会完全可以加工升华一下。”

的确，在弘扬畲族优秀传统文化进程中，抓紧挖掘整理畲族文化遗产是十分必要的。如今不仅年轻人不了解畲族文化遗产，甚至有的畲族专家也不懂，如近年，有的地方畲族活动出现了热闹的婚事活动被加进丧事内容的情况，把“丧俗”误认为是婚俗，引发了矛盾。

第一节　生产

畲族最早生活在今广东、福建、江西三省交界的凤凰山一带，最初是采集野果、捕鱼、狩猎，后来是刀耕火种。封建统治者残酷压迫和剥削畲民，畲民反抗失败，被迫外迁。迁入浙江、安徽后，畲民租佃他人土地，实行牛耕。中华人民共和国成立后，雷姓畲民分得土地，从而安居乐业，生产方式逐渐与当地其他民族相同。

一、刀耕火种

刀耕火种，就是每年年初，家家户户，男女老少，一起上山，以户为单位，连片地劈倒草木。小户十几亩，大户几十亩。山坡上“嘣嘣”的伐木声，清脆的山歌声，连成一片，响彻云霄。在成片被砍的草木周围，还要砍出丈余不堆草木的“火路”，防止烧山时把边上的山也烧着。一月之余，草木干枯。挑一个不刮风不下雨的日子，全村人一起去“烧山”。“烧山”时，不是从山脚点火，而是从山顶点火，畲语叫“落山火”“坐火”。让火慢慢地往下燃，一是便于控制火势，防止蔓延至其他地方；二是慢慢地燃烧，不但可以把木头烧掉，还可以烧熟泥土，烧死草根，既能防止杂草生长，又能增加土地肥力。一村人同一天“烧山”，几座山坡，甚至方圆数里之范围，烟火滚滚。待火灭土凉，撒种入灰。灰厚盖籽，不耘而获。灰较薄者，用木锄翻灰土，使籽入土，且不伤种子。坡度较陡之处，惯用“包罗杖”，也就是把种子倒入一支与抵棒长短相近而中空的竹筒内，底端留一竹节，穿一玉米种子大小的孔，竹筒下端削尖，无论岩缝或石堆，杖往上一戳，种子便入土。这一播种办法，未耕地表，利于水土保持。

“火田”多属缺水的旱地，故所种大多为耐旱作物，如莳、薯、姜、苎、芋、茄、菜等”。《临汀江考》载：“此外又畲米，畲客开山种树，掘烧乱草，乖木黄种之，分粘不粘二种，四月种，九月收。”[①]《长汀县志》道：“畲民所树艺曰畲禾，实大且长，味甘香，粪以火土，草木黄落，烈山泽，雨瀑灰，浏田遂肥饶，播种布谷，不耘籽而获。”[②] 番薯，是明万历年间传入福建的，畲民普遍种植。1594年福建发生饥荒，巡抚金学下令各地种植番薯，雷姓畲民在近山之地，辄种薯芋，名曰开畲。畲民种植的番薯产量高，亩产可达十余石，可济半年粮。

雷姓畲民除种植农作物“自耕自食”外，“并有种青靛者”[③]。大菁，高二尺，性好阴，栽于背阳之处，可作染料。所以当时又称畲民为“菁客”“菁民”，畲民的住房被称为“菁寮”。汀州菁民“每年数百为群，赤手至各邑，依寮主为活，而受其庸值，或春去冬来，或留过冬为长催春者也”[④]。他们培育的菁质量好，享有盛名，“福建菁”当时闻名全国，品质极佳，染色为“天下之最”，有“福建西南，蓝甲天下”之说。

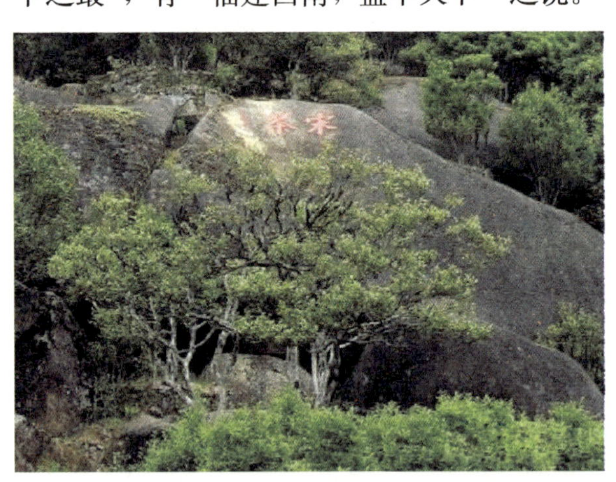

凤凰山采茶

畲民还种茶，凤凰山、闽东、浙南的地方志都记载“畲民无园不种茶”。

畲民刀耕火种的情景，历代诗人进行过生动的描述。明万历二十年（1452年）进士谢肇淛游福建太姥山过湖坪时，目睹“畲人纵火焚山，西风急甚，竹木并爆如霹雳，……回望十里为灰矣”，写下了“畲人烧草过春分”的诗句。

各种著述对畲民刀耕火种的生产方式也有记载。《云霄厅志》记唐代“蛮僚”“可耕乃火田之余”。宋时刘克庄《漳州谕畲》云，畲民从事的是刀耕火种的农业耕作，“西畲隶龙溪，犹是龙溪人也。南畲隶漳浦，……二畲皆刀耕火耘，崖栖谷汲”。浙江《处州府志》载，畲民“僻时畲刀耕，举烧畲火种”。《景宁县志》记载，“然刀耕火种之所得，未能卒岁，则掘茯苓自活，十九务农”。

有的地不肥，畲民还将青石燔成灰（因灰有火气）制成肥料，称之为“石粪”，施于田中，

---

① 杨澜：《临汀汇考》卷四《物产考》。

② 清康熙《长行县志》卷三《风俗》。

③ 民国《古田县志》卷二十一《礼俗志·畲民附》。

④ 熊人霖：《南荣集》卷二十一《防菁民下》。

“田得其暖，阳气乃生”。如《畲民诗》云：“畲客石为田，田肥宜石粪。英州石太多，燔石无人问。”“火烧土膏暖，阳气发畲田。尽斩阴阳木，斜禾种绝巅。”[①]

“畲”字的来历及含义在畲族族谱中也有记载。福建省宁德市霞浦县水门畲族乡茶岗村等处的《冯翊郡雷氏宗谱》有《释明畲字义》之专文：“十七年，又蒙查明‘畲’字义。广东、江西、广西、江南未有‘畲民’二字，惟浙江、福建固有‘畲民’之称，‘畲客’之号，不知何谓也。而字书不载‘畲’字，惟字典内有‘畲：奢’二音，释为‘三岁治田’曰：‘畲，奢’复曰‘火种’也。其义近农民。命督抚部院查核，督抚部院召向老叟雷有金云：‘开山为田，以供赋税，高地无水之处，栽种山苗。’山苗，我们所谓‘畲禾’，该地邻人因我们业种奢禾，遂称我们曰‘奢客（一作畲客）’。如今人之采茶人俱称曰‘茶客’一类。世人不认其义，且不知来历，以猜疑我们往古之日大抵从番而入，挪造入番二字合，即读‘畲’字。以是云耳。”崇儒上水等处所存《汝南郡蓝氏宗谱》也有《释明畲字义》，与上文相同，还记叙东汉时，因四姓种畲禾济饥有功，山米助田米，就合人田禾成一字，曰“畲”，四姓子孙也因此被封为“畲家人民”。溪南白露坑等地的《福建福宁府颍川钟氏宗谱》之谱序载：“多山居力农，只与蓝、雷二姓联姻，而人遂称‘畲民’。考《说文解字》：烧榛种田为畲，音余。本一字二音，并无畲字。今福宁土民俗书为畲，即官府案牍也从俗为畲。然考其字，并无恶劣之称，不过山居农民而已。”在畲语中，“稻”与“禾”同音，都念作“wo”；“畲”与“地”同音，都念为“xia”。直到如今，浙江丽水、福建罗源及宁德等地，畲民还保留这一古老的叫法，“种地”畲语为“种 xia”。畲民在无水之处种的山稻，被称为“xia wo”；水田之稻，被称为“wo”。

畲民在无水之处种畲禾[②]

二、狩猎活动

过去，畲民以木弩捕猎为生，捕野禽射豕肉，纳家之用，世代相承。广东潮阳、福建永春、江西贵溪等地畲民“采实猎毛为生”或“射猎为业”，[③] 浙江畲民“食任游山村捕野禽射豕肉给家用”[④]。《景宁县志》云：“景宁畲民散居在岩谷，常持鸟枪以角禽兽。”[⑤] 明代长汀的杨溍有“……夜半风风呼野菜，强弓毒矢竟相邀”的描写。杨澜在《临汀汇考·畲民附》中赞畲民不惧猛兽，精于射猎，“豺豹虎兕间经其境，群极喜谓野菜，操弩矢往，不逾时，手拽以归”[⑥]。畲民

① 屈大均：《广东新语》卷五《石语》。

② 图片来源：http://dara.gd.gov.cn/snnvxxlbl/content/post 3516964.html

③ 《福建通志·风俗志》卷一《永春州》。

④ 浙江松阳、丽水《兰氏宗谱》。

⑤ 《景宁县志》卷六《战备、兵制》。

⑥ 杨澜：《临汀汇考》卷三《畲民附》。

“善射猎，以毒药敷弩矢，中兽立毙”。清代巫宜耀的《三瑶曲》中有“生平射猎善神奇，饱寝雄狐大兕皮，夜半酸寒闻角处，声声卷地北风吹”的描写。《罗源县志》称畲民“虽幼小，能关弓药矢，不惧猛兽，盖其性也”[①]。明万历年间，福建罗源、浙江丽水等地群虎伤人，畲民因用毒矢除虎有功，得到政府的嘉奖。狩猎一直延续到20世纪50年代初。

从粤东发现的新石器时代遗物看，早期用于狩猎的工具是石矛、石戈、石镞、石弹丸等，而到明清时期，狩猎工具和方式有了很大的发展。

弩矢敷毒药射兽。畲山有一种植物叫“草乌”，用其汁敷箭射兽，兽立毙。

竹枪杀兽。畲民将毛竹劈成长短不一的竹片，把两头削尖，投入油锅里煎炸。等竹尖颜色发黄时，捞起冷却，使其锋利坚硬，造成竹枪，畲语叫“竹冲”。竹枪插在番薯地或花生园里，野兽来糟蹋番薯或花生时，会被竹枪刺死。

竹吊栓兽。在野兽经常来往的路口，挖个30～40厘米见方的小洞，洞口放一活动圈，圈沿置一活动针。而后，将洞边的毛竹弯下一株，在毛竹尾吊上一根绳子，绳子的另一端系在活动针上。当野兽路过这个地方踏进活动圈，活动针即刻弹起，野兽的腿或身躯就会被绳子拴住，继而整个被弯倒的毛竹吊在空中，无法逃脱，俗称“长足吊”。

囚笼框兽。主要用来捕捉虎、豹等大型动物，用五六厘米粗的硬木做成木笼，木笼分前后两间，中间安一块活动板，后间缚一头小家畜做诱饵。当野兽入笼捕食家畜时，一碰到活动板，木笼的门就自动关闭，野兽就被活捉。

薄刀刮削器

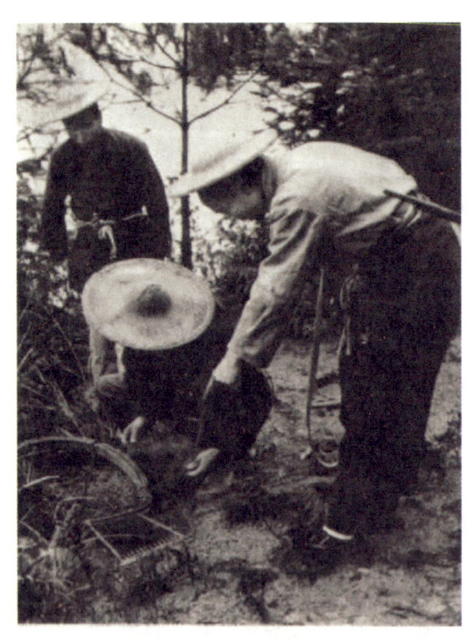

囚笼框兽

陷阱塌兽。在野兽出没之处，设陷阱。陷阱口宽50厘米或60厘米、长两三米，深2米，上面用树枝、树叶、杂草覆盖，并放上野兽喜欢吃的香饵引诱野兽踏上去。野兽一踏上即落入陷阱，再也出不来了。

石磕压兽。畲语称“拗”，大的叫“大拗”，小的叫“小拗”。在野兽经常路过的地方立一石板，石板（大的一二百千克，小的几十千克）一端着地，另一端搭在扁担上，扁担下置一根树杈，树杈上拴一根活动的机关小横柴，拴上饵。野兽吃引饵时石板即落下压住野兽。

① 清道光《罗源县志》卷三《杂识》。

累刀刮兽。在木头上设刀，放在野猪等大型野兽经常出没的路上，野猪奔跑时会撞在刀刃上。畲民发现野猪群时，会将它们哄撵到放累刀的地方，野猪争先恐后地奔逃时，一个个被累刀划伤。

累刀刮兽

土铳打兽。畲民一般自制土铳，到山上挖一株10年左右的柏树，根留20厘米长，做成一个钩，作为手把。请铁匠打一根前小后大的1米多长的铁管，后头封闭，边留一小孔，为引火用。铁管捆绑在手把上，就成了土铳。一般每名男子都有一支土铳。火药也是自制的，畲民发现山洞或居住多年的“寮”中有白的“硝牙”，就把地泥挖起来，装入木桶，用水把“硝”过滤出来，制成“硝水”，将“硝水”倒入锅中慢慢煎，得白色粉末，就是“白硝”，加上木炭粉，混匀，晒干就是土铳的火药。将火药与铁砂装进土铳铁管，就是“子弹上膛了”。射击时，右手把铳钩，左手托铳身，手扣扳机，三点一线，一声枪响，野兽立毙。

上述这些狩猎方式，说明畲民狩猎充分地利用了山区的资源，就地取材，制作工具，并依据兽类的不同，采用不同的狩猎方式。

畲民狩猎有单独狩猎和集体围猎两种，以后者为主。

集体围猎，猎物分配方法是：第一枪击中野兽之猎手，得兽头及兽皮；如果第一枪虽打中，但野兽还在飞跑，要补第二枪才死，打中第二枪者，得兽颈，剩余部分其他人平分。没有参加狩猎的过路人，在猎物四肢没捆好之前到场，也可分得一份。参加狩猎的猎狗也分得一份。鳏寡孤独即使未参加，也照例分得一份猎物。如果猎到的是小猎物，就拿到一人家中煮好，有酒的拿来酒，大家一起聚食，其他人同样可以去尝鲜。这种分配形式，世代延续。

狩猎活动一直延续至20世纪40年代初。

20世纪80年代开始，保护野生动物，畲民不再狩猎。

三、采薪鬻市

畲民采薪除供自己烧用外，大部分作为产品售卖。许多畲民“负薪鬻于市”“鬻薪入市廛”，遍及福建、浙江各地区。明代福建太姥山一带畲民，有的还以“樵苏为生”。《皇清职贡图》记载罗源等地畲民“力作采薪捕鱼，以供食用”。但一担柴换不到1千克米，辛劳一天，只能糊口，浙江遂昌畲族山歌云：“挑柴挑到北隅街，财主看见来买柴，一担只卖三落米，黑心财主米落小。”①

---

① 浙江省丽水地区《畲族志》编纂委员会等：《丽水地区畲族志》，电子工业出版社，1992，第57-58页。

从事采薪活动的，多数是畲族妇女，经常有妇女采薪鬻市，“三五市负薪，鬻市两脚赤”“衣冠斑履苴芦，薪担压户走风砂”。男子狩猎时，女子采薪；男女共同狩猎时，女子还带一挑柴回家。《景宁县志》云：“其出而作，男女必偕，皆负米负薪于青障缘野间。”畲族妇女极耐劳苦，有了小孩，如果家中没有人带，就背着小孩上山砍柴。砍柴前，先喂饱小孩，然后把小孩放在草上，或者用“水巾”（背小孩用的布带，约 0.3 米宽、2 米长）把小孩捆在树脚下。等到砍好柴，整好柴担，再用“水巾”背起小孩，唱着山歌把柴挑回家。采薪都要到深山老林中去，路途较远，一般要带饭。清代朱同汉“缘蒲畲家饭，红叶女郎樵”的诗句，就是对畲族妇女艰苦采薪的写照。

平时，人们只用看柴担，不用见人，就知道是畲族人还是汉族人挑的柴。畲族柴担是其他人捆不来的，因此，人们特称之为“畲客担”。捆这种柴担，是畲民从小就学的本领，不会捆这种柴担，就会被人讥笑，捆得不好的柴担被称为“汉老公担”。畲族柴担的特点是，柴捆成长方体，二头齐且白。所谓“齐”，就是所有柴一样长；所谓“白”，就是柴两头全是刀痕，没有柴叶。每捆又分 2 小捆，每小捆都是底面为正方形的长方体，一挑分为 4 捆。

整柴时，先找几根藤条，把其从头到尾拧一遍，以防捆柴时藤条断裂，条小的一端多拧几遍，变成一个圈。再把一些分散的枯柴拉到一起，每根柴去掉叶子，都取一般长。藤条放在较平坦之地，小头有圈的一端朝人。放柴时，先把直且粗的 4 根柴放在藤条上，边上的两根柴要更粗，藤条在柴的一半之处，然后把其他的柴往上放，粗的和直的一定要放在两边，细的和弯的放在中间。数量多少，根据个人能担多重的柴定，一捆柴是一挑柴的四分之一重。放完柴，把藤条的大小头拉到柴上，用一只脚踩在柴上把柴压实，拉紧藤条大头穿过小头的圆圈，再拧几圈，往下倒插进柴里，再用藤条把柴捆底部也捆一下，柴捆就牢固了。第二捆要反一个方向，最后两根柴要粗一些、直一点，捆好后，找一根稍粗点的藤条，放在地上，先把第一捆放藤条上，再把第二捆叠上，捆起来，就成了一个长方体的柴捆。用同样办法捆好另一大捆，这一大捆比前一大捆要略重 5 千克。捆柴时，小捆与小捆、大捆与大捆必须方向相反，否则柴担就竖不起来，或者竖起来不直，这时必须把全部的柴解开来重新整，俗称“翻重功”。

柴捆好后，要选一根合适的柴把两头削尖作枪担，这根柴一人长，不能太粗，也不能太细，还不能太松脆，要能负柴担的质量，有点弯，但又不会断。畲族节目“打枪担”反映的就是加工枪担的过程。

薪于青障缘野间（史图博 1929 年摄于景宁）

打枪担

再找一根齐肩长的柴，做成“担柱”，放在后一大捆柴上。先枪第一大捆，枪担与柴呈120°，一般枪到下一小捆的中间为止。把枪担的另一头靠地，人托起柴捆，枪尖入土，这头柴捆就被担起来了。再把柴担到另一大捆前，同样与柴呈120°枪入，然后抓住藤把柴担起来，用脚把枪柱钩起，往枪担上一拉，一担柴就被挑起来了。整个柴担呈“A”形，挑起来一高一低。采薪队伍跋涉在弯弯曲曲的山道上，成为一道非常亮丽的风景线。

畲民采薪鬻市的历史直至20世纪50年代初，而采薪活动延续到80年代。

四、佃耕水田

畲民在深山刀耕火种之时，凡山谷坡地“皆治为垄亩”，有水源的地方开为梯田，仰赖天雨的山地辟为旱地。周应枚所作《畲民诗》“负耒氓自远方来，相传旧姓有蓝雷。茅居偏面垄头结，佃种无辞荒处开”，宋云会诗“夫妇并耕邑，荒田多赖开垦”，描述了畲民垦山筑田的情景。经过成年累月的辛勤开发，山区的可耕地面积迅速扩大。荒山野岭变为良田、茶园之后，山主即收回土地或要畲民交租。许多畲民直接向地主租种田地，成为佃农。各地方志都有记载，《景宁县志》云，畲民“佃耕之以活，邑之垄亩，其治者半”；《云和县志》（清同治年间）有“佃田都是盘瓠种，雨过夫妻尽把犁”的记载。遂昌县称：“吾乡佃作黎，强半属畲客。”《处州府志》曰：“问之畲客者，十县皆有之，盖佃田都是盘瓠种。”福建建阳畲民“所耕田皆汉人田”。[①]

丽水城郊道士畈村（1934年）

佃租，一般是先付“垫底”，租又分“定租”与“分租”。

“垫底”，就是畲民向地主租种土地，首先要付“押金”。“垫底”的多少，视土地的好坏和租额的多少而定，有十来元的，也有多至数十元的，大约是一年租额的代金，好田还要更多。如有欠租，即将“垫底扣抵田租，撤佃改耕”。

“定租”又叫“硬租”。租土地时，先确定租额，租额是固定的。据民国二十六年（1937年）《霞浦县人口农业调查》，每亩上等田租谷152.7千克，中等田租谷110.8千克，三等田租谷109.6千克，租额占总收获量的六成左右。“分租”又称“做分”，即收成后主佃按收获量分配，水田多实行“四六分”（佃四主六），或主佃“对分”，旱地都是“倒四六分”。不论何种形式，畲民辛勤一年的收获都将所剩无几。对此德国学者史图博在《浙江景宁敕木山畲民调查记》中评价道：“这样的佃租在欧洲的概念中当然还是高得难以置信”“佃租高的（得）吓人，税额也相当重”。

---

① 浙江省丽水地区《畲族志》编纂委员会等：《丽水地区畲族志》，电子工业出版社，1992，第57-58页。

第二节 饮食

畲民一年四季以杂粮为主食，许多以糠菜作半年粮，还采集百合、苦益菜、竹米、土茯苓、山蕨、贯众等充饥。

1924年沈作乾到丽水碧湖调查畲民情况，其载于《东方杂志》第21卷第7号的调查报告记述了当时畲民的饮食：畲民的饮食，以番薯为正粮，玉蜀黍次之，食米的很少。通常用番薯切丝，掺米炊食，叫作“番薯丝饭”，或用玉蜀黍磨成细粉，加少许食盐，和米炊食，叫作“包罗糊”。纯粹的米饭，非到宴客时，是难得见面的。菜类除自种的蔬菜外，喜食虾皮、海带、豆腐等，烹时加很多食盐，以备久藏。平时不大食肉，也许是因经济关系，不得不如此。1929年德国学者史图博在景宁敕木山看到畲民的饮食是：吃得非常简单。只有富裕的人才吃得起大米饭，而普通农民的主食是甘薯，且多是每天吃两餐，很少吃三餐。

一、熟食、热食

到畲家，不论是寒冷的冬天，还是炎热的夏天，看见他们吃的总是热气腾腾的饭菜。熟食、热食是畲民饮食的最大特点，并作为传统一直传承下来。

畲民以番薯为主粮，吃熟食、热食，一般很少吃冷食、生食。畲民认为冷食有一股味道，会“作酸”，伤肠胃。番薯收获后，一般是用“甘薯推”“甘薯刨”制成丝，放在竹蒂上晒干，储备起来以便常年食用。食用时或煮为稀饭，或蒸为干饭。蒸饭时，先把番薯丝放在开水锅中煮至半熟，捞起沥干，再放入“饭甑”（一种蒸饭的木桶，底部有缝）隔水蒸，等饭甑冒大气时，饭就熟了，都是趁热吃。

畲族过年过节办喜事及招待客人，都有制糍习俗。他们常在丰收之年、喜悦之年说：“今年有糍做啰!”糍是时（糍）来运到、生活年年（黏黏）甜的象征，同汉族蒸年糕祈望高升的心愿一样。因此，糍团就成了畲族人民庆贺新春佳节、婚嫁诞辰的常用礼品。在亲来戚往的日子里，也常常砻谷、舂米、蒸饭制糍，同欢共庆。甚至，在男女盘歌，一方得胜之时，深夜里也制糍做点心。桌上有糍粑，说明你是贵宾，畲家就是以最高的礼节招待你了。因为山区用来招待客人的最好的米就是糯米，将糯米做成圆圆的糍粑，蘸上糖和芝麻，象征着团团圆圆、甜甜蜜蜜、蒸蒸日上、吉祥如意。

打糍粑

畲民种的菜蔬种类同汉族种的差不多，喜欢热吃。畲民家家户户备有小风炉，一般为泥炉，也有少数是铁炉。风炉置于桌中间，生炭火，架上小铁锅或小铜锅，水开后，青菜等现煮现吃。大锅炒好的菜，也要再放到小锅上煮。请客、摆酒席等，一道道的菜上桌，一道道再倒进小锅里煮。请人吃饭，或稍多几个人吃饭时，还会磨豆做菜。把黄豆放到水里浸涨，用小石磨磨碎，煮熟就成了“豆腐娘”，也叫“豆腐心”，而不是豆浆。调上姜、辣椒、葱、蒜，再放到火锅中，边煮边吃，味道好。山区全年有三分之二的时间使用火锅，有老人的家庭一年四季使用火锅。

喝红酒也是加热到烫口时再饮用。秋冬季节，畲民吃的是番薯、玉米饼，大多畲民在煮番薯或做玉米饼时，锅中间放一壶米酒，等番薯熟或饼好时，酒也烫好了。热气腾腾的番薯、玉米饼，配上烫口的米酒，别有一番风味。

如果是数量有限的食品，或者是好的食物，如点心、面条之类，鸡肉，就在热锅边进行平分。平分食物的活总是由年长的女性进行，多就多分，少就少分，“有事大家做，有食大家尝”，老幼、主客无别，人均一份，小儿的一份由母亲代吃。

熟食、平分食物，在酒筵上也有表现。沈作乾《畲民调查》中“宴会”一节写道：“最可笑的，凡正式的宴食，必有猪肉一大盘，切成方块，如鸡卵大小，半熟而干，每人数方，席散后，置于衣袋中携归。”这基本上是事实，肉块畲族人是不在酒筵上吃的，主人当桌发给每位客人一张荷叶，让客人包肉回家。为什么是熟肉？为什么要带回家？因为这熟肉相当于主人的回礼，回礼不能回生，于是用半熟之肉，便于携带。平分食物，一人赴宴，只是一人尝，而肉带回家之后，可以全家尝。这并不可笑，而是畲汉习俗的不同而已。

二、饮三道茶

茶，是世界三大饮料之一，畲民对茶独具钟情，把其视为“神汤”。畲民认为茶不但能解渴，而且能提神、清目、祛病、健身。喝茶成为饮食习俗。春节要喝“春节茶”，正月出行要喝“出行茶”，清明要喝“清明茶”，十二月要喝“送神茶”，订婚要用“茶礼”，婚礼时新人要给母舅敬“九节茶”、要“食蛋茶”，丧礼上“祭动身”“宣娘家”要用茶，礼俗中有“擂麻茶”“打油茶”。畲民离不开茶，“无茶不讲话”，养成了“日不离茶”的常年喝茶的习惯，而且喝茶就要喝三道。“饮三道茶”是畲族最具有独特风情的饮茶方式。

在招待客人时，“饮三道茶”。凡客人到，或左邻右舍来串门，畲族妇女就含笑相迎，热情招呼客人到厅堂落座，“人客落寮就泡茶”，生火，用泥壶烧山泉水。主人一边烧水一边清洁茶碗，放入自种自制的“细茶”，有几个客人就准备几碗，不多也不少。水沸，主人把壶提起，轻轻朝外吹掉壶盖上的火灰，将水高高地冲入茶碗，茶叶在碗中团团打转，茶香四溢。第一次冲水，水不能太满，只能四五分，片刻，茶叶就沉入碗底。畲民认为，不开或是“停汤”（水开后过一会的水）的水是不能泡茶的。等茶叶沉底，茶水能进口时，主人就双手端碗，一一向来客敬茶，说声“人客，食（喝）茶”。凡到畲山，喝过茶的，无不赞“好茶，好茶”。第一道饮毕，主人又用沸水冲第二道茶，水至八分。第二道茶主人不再敬，由客人自己端。客人须认好自己的茶碗，不能错端他人的茶，如有错端，不但失礼，且被认为没有修养。主人也会提醒客人，不要端错自己的碗。喝完第二道后冲第三道。主人在冲第一或第二道时，如果发现有没有喝的茶，会询问谁不喝茶。不喝主人泡的茶，主人会认为你是看不起他，是对他的不尊重，自然很不高兴。所以当来人走时，主人就会把茶水往未喝茶者脚后跟泼去。到畲家做客时千万要注意。你如没有饮茶的习惯，也没关系，只要提前说一声，主人自然不会强求，泡茶时就少泡一碗。当然，三道茶不等于三碗茶，一道，就是一次，一次喝多少，那是主随客便了。第三道茶，一般是要喝，有的地方也不一定要喝，主人已冲过了，喝不喝，也是由客人自定。因“一碗苦，二碗补，三碗洗洗肚”。如果客人口渴，或是作客时间较长，喝了三碗之后还要喝，则不管茶味浓淡，主人一概倒掉，重新放茶叶再泡，泡好后由客人自端。

饮三道茶

“饮三道茶”，在婚礼上是“喝宝塔茶”。男方迎亲队伍进女方家门后，男方的代表，即“亲家伯”，要像耍杂技一样喝茶。当亲家嫂用红漆樟木八角盘端出五碗热茶时，有意上下各放一碗，中间三碗，叠成宝塔形，且唱道：

迎亲花轿到娘家，大男细女笑哈哈。
树头橄榄果未黄，先敬一盆宝塔茶。

唱罢，即给亲家伯敬茶，亲家伯不能马上用手接第一碗茶，而要先唱一首：

端凳郎坐就算是，又来端茶真细是。
清水泡茶甜如蜜，宝塔浓茶长情意。

唱后，亲家伯用牙咬住“宝塔”顶上的一碗茶，用双手夹中间的三碗茶，把二三层的四碗分别递给四位“行郎”，而后，一口饮掉咬着的一碗热茶，如此才算了事。如果把茶水滴到外面，就会受亲家嫂们的一顿奚落和羞笑，叫亲家伯“无地自容”。

三、喝大碗酒

畲民的生活离不开酒，不但节庆之日喝酒，农忙之时喝酒，当你到畲家时，主人也会双手捧上一大碗热气腾腾、清香扑鼻的“米酒”，看着你一饮而尽。

畲民酿酒，分两步进行，先是制曲，再用曲酿酒。制曲，畲语为“做酒米曲”，有用花草发酵的，也有用“酒脚”的，也就是用酒缸底不清的部分与米粉一起发酵，制成“曲娘”。将早米浸泡一天，捞出蒸熟，倒在地上摊开，待不烫手时，用曲娘拌米，拌到米不结团，每颗米沾上曲娘为止。然后，把曲米堆成一堆，用布袋等将曲米盖好。约一昼夜后，曲米发烫。千万不能等到曲米冒烟，如果冒烟，就没用了；但也不能太早，如果没有发热，说明发酵得不够，也不能做成酒曲。曲米发酵到烫手时，立即把曲米装入筐内，放到淡石灰水中浸泡一下，沥干后倒在地上，待曲米发热时，把曲米慢慢地摊开，第二天再浸泡石灰水，反复三天，曲米变白，七天后变红，酒曲就制成了。这是红曲的制法，黑曲与绿曲的制法与之相同，只是曲娘的颜色不同。

酿米酒时，将自产的糯米浸胀后用饭甑蒸熟，称“糯米酒饭”，倒入缸中，拌以自制的酒曲，加水发酵。米与曲的比例是“加二”或“加三”。“加二”，就是一斗米掺二升曲，酒的浓度较低；“加三”，就是一斗米掺三升曲，酒的浓度较高。米与水的比例，小缸是一比一，大缸是一比一点五，米为一。如果要早点出酒，那么要用开水，因开水制出来的酒已是“熟酒”，不用烧开，只要热一下就可以喝；要么水和糯米酒饭的温度要高一点，以40～50摄氏度为宜，这样三五天就出酒了，当然，只有急用时才如此，酒的质量也差一点，是不得已而为之。一般用生水，水与糯米酒饭的温度在30摄氏度左右，水比酒饭高出20厘米左右，24小时左右，饭涨不见水，进行“开缸”，也就是用木棍把酒饭搅拌一下。搅拌酒饭的时间很关键，搅早了，难以发酵，做不出酒；搅晚了，酒饭面出现大裂缝，那么，做出来的酒就是酸的。

酿米酒

畲民最喜欢酿的酒是“十月缸”，就是在十月份酿酒，因为这时有了新糯米，天气又暖和，可以做好酒。一般一家做一大缸，然后分成几个小罈，最好的“缸面清”放到第二年春耕大忙请人帮工时用，余下的春节享用。第二次再加水酿成的叫“二老爷”，味较淡，留着平时自己饮。

用酒当水，再酿酒，就是“加饭酒”。用草药煎水酿酒，酿出的是“药酒”。用早米酿的酒称为“早米酒”，用麦子酿的为“麦酒”，用番薯酿的叫“薯酒”，多数畲民酿“番薯酒”。

酿酒后的下脚料是“酒糟”，加入煎糖拌在一起，闭于罈中，月余，再蒸出蒸馏水，就是“白酒”。

过去，要是真正的“体个人（自己人）”，畲民才会请喝大碗酒。于是就有了隐语，是用来查问的。要是答对了，说明是“体个人”，否则，你讲自己是畲民，也无济于事，不承认你，就不会以礼相待，更不会请你喝酒了。也有不少是在酒席上，一边喝大碗酒，一边查问，或作进一步了解，以便增进感情、增添乐趣。较通俗的隐语有：

问：一行毛竹打几来（一支毛竹破几片）？

姓蓝，即答“六来”，姓雷、姓钟则答“五来”。于是同“来”的干一碗，“五来”敬“六来”一碗。

问：什么字头（姓氏）？

姓蓝的答“钉角”，姓雷的答“盖耳”，姓钟的答“千字头”。同字头的同干一碗，不同字头的互敬一碗。

问：成未成人？

已经传师学师的，答“已成人”；未学师的，答“未成人”。同样，“已成人”的同喝上一碗，“未成人”的也同喝一碗，“成人”与“未成人”的互敬一碗。

问：毛竹开桠没有？

有子女的，答“已开桠”；没有的，答“未开桠”。

问：门前有几个踏步？

按家中有几代人回答。

问：牛崽牵过栏没有？

已结婚的，答“已牵过栏”；未结婚的，答“没过栏”。

问：家中有几个碗？

按家中有几个人回答。

问：一个橘分几瓣？

按家中有几个兄弟回答。

同前面一样，回答相同的，来一碗；不同的互敬一碗。每敬一碗酒，都增进一分感情，增添一分乐趣。

第三节　语言

语言在劳动中形成。畲族有本民族的语言。虽然各地畲语因受当地汉方言影响而略有不同，但全国畲语基本相通。

民族语言、文化发展的规律是，与其他民族接触越多，时间越长，融合得越多，自身特点丧失得就越多。雷楠等对凤凰山畲语进行了记录。浙江丽水、浙中、浙北畲民迁入时间相对较晚，与当地汉族交流少，因而原生态成分相对较多。雷陈明对部分地区的畲语进行了记录、整理。

一、语音

（一）声母

声母，潮州 16 个，丰顺 21 个，丽水 18 个。

畲语声母表

<table>
<tr><th colspan="2" rowspan="2"></th><th colspan="2">塞音(清音)</th><th colspan="2">塞擦音(清音)</th><th>擦音</th><th>鼻音</th><th>边音</th><th rowspan="2">备注</th></tr>
<tr><th>不送气</th><th>送气</th><th>不送气</th><th>送气</th><th>清音</th><th>浊音</th><th>浊音</th></tr>
<tr><td rowspan="2">唇音</td><td>双唇音</td><td>p(b)</td><td>p′(p)</td><td></td><td></td><td></td><td>m(m)</td><td></td><td rowspan="6">括号内是汉语拼音之声母(ng现已不用)</td></tr>
<tr><td>唇齿音</td><td></td><td></td><td></td><td></td><td>f(f)</td><td></td><td></td></tr>
<tr><td>舌尖中音</td><td rowspan="4"></td><td>t(d)</td><td>t′(t)</td><td></td><td></td><td></td><td>n(n)</td><td>l(l)</td></tr>
<tr><td>舌根音</td><td>k(g)</td><td>k′(k)</td><td></td><td></td><td>x(h)</td><td>N(ng)</td><td></td></tr>
<tr><td>舌面音</td><td></td><td></td><td>t? (i)</td><td>t?′(g)</td><td>?′(x)</td><td></td><td></td></tr>
<tr><td>舌尖前音</td><td></td><td></td><td>ts(z)</td><td>ts′(c)</td><td>s(s)</td><td></td><td></td></tr>
</table>

畲语没有汉语普通话的翘舌音 zh（ts）、ch（ts′）、sh（s）、r（B）四声母，因而没有翘舌音，凡汉语中的翘话音都读成舌面音或舌尖前音。如“主（Zhu&.）”读“t? y[35]”、“抽（Cho＃u）”读“t?′iu[53]”、“诗（Shi＃）”读“si[22]”、“热（re MYM）”读“niE[31]”。另外，它仍保留古汉语中的鼻音声母 N（疑母）。如“牛（niu @）”读“NAu[22]”、“咬（ya&o）”读“Nai[33]”、“不（buMYM）”读“N[22]”。

（二）韵母

韵母，潮州 16 个，丰顺 21 个，丽水 60 个，加上含有入声韵的 ia、io、iZ、iAi、iou、iAu、iau、ioi、lau、iou 及 uo、y，计有 76 个，比现行《汉语拼音方案》列出的多 41 个。

由 A、i 发展而来的韵母很发达，开合元音、齐齿元音多，入声韵也较多。

畲语韵母表（部分）

韵母	开口呼	齐齿呼	合口呼	撮口呼
单韵母	A[－i]（“资”韵） （A [a]） ❷（鸦） o[o]（哦） Q（哎）	i[i]（衣） iA [ia]（“壁”韵） i❷（呀） io[io]（唷） iE[ie]（也）	u[u]（乌） （uA[ua]） u❷（话） uo[uo]（禾）	y[u_] yE[u_ej_]
复韵母	ai[ai]（挨） ❷i（“个”韵） au [au]（呕） au（坳） « u（豪） oi[oi]（爱） ou[ou]（“抖”韵）	iai[iai]（“鸡”韵） iau [iau]（“小”韵） iau（“枭”韵） i « u（腰） ioi[ioi]（“税”韵） iou[iou]（优）	u❷i（歪） uoi[oi]（煨）	uei[uei]（威）
鼻韵母	an [an]（恩） Am（馅） ❷n（安） ❷m（“担”韵） « n[en]（“分”韵） on（“邦”韵） Qn（应） oN[ang]（“冷”韵） uN[ong]（瓮）	iEn [ian]（厌） iAm（还） in [in]（英） i❷m（“穰”韵） i « n（印） ion（痒） ioN[iang]（底） yN[iong]（菜）	u❷n（弯） u « n（云） uEn（瘟） uoN[iang]（汪）	yEn [u_an]（冤） yn[u_n]（匀）
入声韵母	A[a]（轭） at（“八”韵） ot（“钵”韵） et（“跌”韵）	it（益）	uA[ua]（划） ut（“骨”韵）	yE[u_e]（越）

（三）声调

声调有 8 个，比苗语多 2 个，比汉语拼音多 4 个。

畲语声调表

调号	1	2	3	4	5	6	7	8
调称	高平	中平	低平	高升	中升	中降	高降	低降
调值	55	33	22	35	23	31	53	21
古声	去声	上平	下平	上声	上声	去声	入声	入声
畲语例子	t′u^{55} 兔 ku^{55} 姑 tau^{55} 鸟	t′Am^{33} 天 kAu^{33} 沟 t′ai^{33} 剃	ts′Ai^{22} 柴 D′iu^{22} 浮 yn^{22} 匀	tAu^{35} 倒 tsAu^{22} 走 wEn^{22} 碗	niAu^{23} 猫 m❷i^{23} 麻 yoN^{23} 羊	t′y^{31} 箸 tsAn^{31} 玩 kau^{31} 勾	t′At^{53} 铁 kio^{53} 脚 sat^{53} 熬	nAt^{21} 捺 t′o^{21} 摘 mat^{21} 篾
说明	第一至第六声调是舒声调，第七、第八声调是促声调，发音短促；第一声调（高平）类去声，第六声调（中降）类上声							

变调现象较普遍，主要有以下几种情况：

（1）在第四声调（高升）字后加其他词组合时，变读成高平调，如“倒水”读“tau^{55} ty^{35}”、“走堂”读“tsau^{55} ton^{22}”、“碗盏”读“wEn^{55} tsam^{35}”。但在它前面加词组合时读音不变，如“洗碗”读“sai^{55} wEn^{35}”。

（2）叠词变读。如“高（kan^{33}）”重叠则读“kau^{55} kau^{23}′”，“慢（m❷n^{31}）”重叠读“m❷n^{35}”，“常（tp′ion^{22}）”重叠时读“tp′ion^{22} tp′ion^{23}”。

（3）口语与歌谣念读的变音。如“郎”平时读“ion^{22}”，念歌时如“生好郎”的“郎”即读“ion^{23}”，“娘”平时读“nion^{22}”，念“贤惠娘”时即读“nion^{23}”。

（4）地名尾音的变读。如“圹（t′on^{22}）”，“牛圹（村）”中则读“t′on^{23}”；“垟（yon^{22}）”，“上垟（村）”中则读“yon^{23}”；“山（sam^{33}）”，“徐山（村）”中则读“sam^{23}”。

（四）音节

畲语音节有 635 个，比汉语拼音多 200 多个，三分之二的音节是汉语所有的，与汉语普通话音节相同的只有 200 个。它的声韵配合能拼度甚高，其中尤以 p（35 个）、p′（34 个）、t（39 个）、t′（32 个）、n（38 个）、l（46 个）、k（53 个）、k′（49 个）为甚，只有 f 的能拼度最低（11 个），足见其发音的清晰、响亮。

畲语音节表

能否拼合			声母			
			开口呼	齐齿呼	合口呼	撮口呼
韵母	双唇音	p p′ m	能	能	能（限于 u 等）	否
	唇齿音	f	能	能	能	否
	舌尖中音	t t′	能	能	能	否
		n l	能	能	能	能
	舌根音	k k′ x	能	能	能	能
		N	能	否	能	否
	舌面音	tp tp′ p	否	能	否	能
	舌尖中音	t ts′ s	能	能（限于 i）	能	否
	零	·	能	能	能	能

另如 ts、ts′、s 三个声母，与“i”相拼不仅有“ts?^{35}（止）”“ts?′^{33}（雌）”“s?^{33}（试）”，还有“tsi”，如“籽”“纪（苎线）”“栖（鸡房）”“支”；“ts′i”，如“字”“牛字”“铲字”；“si”，如“四”“死”“诗”“荠”“丝”“鼓”“匙”“飕”“龇”等。

有些词的用法即使与汉语相同，读音也有别。例如：

畲汉语读音区别例表（一）

例字	舔	笑	玩	筛	尿
普通话	t′iEn^{214}	i « u^{31}	wAn^{214}	Ai^{55}	niAu^{51}
丽水方言	t′iE^{55}e	tp′i « u^{51}	kAu^{55}	s′^{35}	ty^{35}
畲语	tiAi^{33}	sAu^{33}	tsAn^{31}	t′u❷i^{33}	nAu^{31}

又如“讨（t′Au^{214}）”，畲语读“lo^{33}”；“更（k « N^{214}）”，畲语读“k′Au^{35}”；“织（tsl^{55}）”，畲语读“kAN^{33}”；“挖（wA^{55}）”，畲语读“liu^{35}”。

同义多音现象较普遍，如形容很黑，就有“乌冷冷（lAN^{23}）”“乌臭臭（tp′iu^{33}）”“乌林林（li « n^{35}）”“乌墨墨（mQ^{53}）”“乌脚脚（kio^{31}）”“乌降降（k❷m^{31}）”“乌捋捋（let^{53}）”“乌洞洞（tuN^{31}）”等。许多动词也是这样，例如：

畲汉语读音区别例表（二）

例字	盖	刨	蹲	喝（斥）	丢
畲语	kuAi^{33} ki « n^{22} k′❷m^{35}	pau^{31} kiAit^{53} ket^{53}	kiu^{22} kio^{31} ki❷m^{31} tuan^{33}	xQ^{35} xAt^{53} tpi❷^{31}	yAN^{31} tit^{53} tpiAm^{31} pAi^{31}

多音多义现象也较普遍，例如：

畲汉语读音区别例表（三）

例字	公	婆	断
畲语	kuN^{33}（“私”之反义） kuN^{23}（祖父） kuN^{31}（雄性） kuN^{55}（“帝公”，即外公）	p′uo^{22}（“公婆”的“婆”） p′uo^{55}（“姑婆”的“婆”） p′uo^{35}（“外婆”的“婆”） p′uo^{31}（“帝婆”，即岳母） puo^{22}（指女性）	t❷n^{33}（“断定”的“断”） t′❷n^{33}（“割断”的“断”） tuEn^{31}（交割清楚） k′ut^{21}（用尽而无来源）

二、词汇

（一）构词

词汇可分为实词、虚词两类，共十一种，实词尤为丰富。

1. 名词

昆虫类：

黄〔粘〕(won^{22}nQ^{31})——蜻蜓　　蛇蜒(tiA^{22}yEn^{35})——蚯蚓

灶蛤(tsAn^{33}kQ^{23})——蟋蟀　　狗虱(kAu^{55}set^{53})——跳蚤

水产类：

河〔溜〕(xu^{22}liu^{33})——泥鳅　　〔它〕(t′❷^{23})——海蜇

牛轭钉(NAu^{22} A^{53} tQn^{23})——钉鳗

脯鱼鲐(n❷m^{22} ny^{31} toi^{31})——鳗鱼

〔蛙〕(kiAi^{35})——青蛙

飞禽类：

〔赤〕牛(tp'iA^{55} N « u^{22})——鹅

田〔担〕(t'Am^{22} t❷m^{23})——鳅鸽

刁鱼鹳(tAu^{33} ny^{31} kuEn^{23})——翠鸟

寮公青(l « u^{22} kuN^{33} tp'in^{55})——白眉鸟

走兽类：

猪豚(tpy^{33} t'« n^{22})——獾

龙甲(lyN^{22} kau^{53})——穿山甲

老鼠〔紧〕(lAu^{55} ty^{55} ki « n^{35})——松鼠

〔末英〕(mi « n^{35})——刺猬

作物类：

〔愁〕(sau^{31})——高粱

〔椿〕(kyn^{23})——柏子

日头旧(niE^{21} tau^{22} k'iu^{31})——向日葵

〔生〕(sQn^{23})——小种型茶子果

瓜果类：

苞(p'Au^{35})——草莓

〔气〕(k'i^{23})——柿

〔莩〕(p'iu^{31})——瓠瓜

囊子(nAm^{22} ts'i^{31})——丝瓜

〔拔里〕(pet^{53} li^{55})——山楂

花草类：

石莲花(tiA^{21} lAn^{22} fu❷^{23})——杜鹃花

接叶〔莱〕(tsau^{33} yau^{21} l « i^{33})——芭蕉

〔牛纸刺〕(NAu^{22} tpi^{33} nQ^{53})——野红花

厚耳锣(k? u^{31} ni^{55} lo^{23})——马齿苋

醋〔蛙〕(kiAi^{55} tu❷^{23})——紫苏

新米花(sAn^{33} mAi^{55} fu❷^{23})——紫荆

衣着类：

冻安(tuN^{55} ❷m^{23})——兜肚

罗帕(lo^{22} p'❷^{23})——绉纱

冬褂(tuN^{55} ❷m^{22})——衣袋

衫〔骑〕(sAm^{33} k'i^{22})——前襟

拦冠(lon^{22} ku❷n^{33})——花边

〔屐〕(k'iA^{21})——木屐

器具类：

烹〔沕〕(p'AN^{33} k'it^{53})——大酒壶

刀〔拜〕(tAu^{33} pA^{33} i)——菜刀

南〔榉〕(n❷m^{33} ky^{33})——织布机

绞棍(kAu^{55} ku « n^{23})——连枷

栋杆(tuN^{33} k❷n^{33})——扁担

肚杖(tu^{55} tp'on^{31})——拄棒

首饰类：

耳〔念〕(ni^{55} niAm^{31})——耳环

手缠(tiu^{55} k'iEn^{31})——手镯

银颈〔眷〕(nien^{21} kiAN^{55} kyEn^{23})——项圈

〔笄〕 (kQ^{31})——头冠

器官类：

颈河(kiAN^{55} xo^{22})——喉管

嘴胝(tpioi^{33} ti^{31})——下巴

大〔批〕(t'❷i^{31} pi^{35})——大腿

〔歇〕刀(tiEt^{53} tAu^{33})——翅膀

手公(tiu^{55} kuN^{31})——拇指

屎窟(tiu^{55} fut^{53})——肛门

呼噜管(xu^{31} lu^{31} kuEn^{35})——喉咙

称谓类：

〔伽〕(tpiA^{55})——祖母

孙〔浮〕(suen^{33} p'iu^{33})——媳妇

娘姆(niA^{55} mo^{35})——妗母

〔戴〕公(t « i^{33} kuN^{31})——岳父

细姆(sAi^{33} mo^{55})——婶娘

〔拔尼〕崽(put^{53} ny^{55} tsoi^{55})——小姑娘

建筑类：

树〔屯〕(ty^{31}t « n^{35})——屋柱　　寮(lau^{22})——房屋
门眼(mam^{22}niam^{35})——窗　　门垫(man^{22}tan^{31})——门槛
寮阁子(lau^{22}ko^{53}tsoi^{35})——椽

时间类：

仰头(niam^{55}t′« u^{22})——早晨　　晏哺(❷m^{33}pu^{31})——晚上
正下(tpiAN^{33}x❷^{23})——刚才　　天头(t′Am^{35}t′« u^{22})——明天
〔杭〕哺(x❷m^{31}pu^{23})——后天　　个下(kc^{31}xc^{23})——现在

方位类：

〔问〕头(m❷n^{33} t′« u^{31})——上面　　当央(ton^{33}on^{23})——中间
〔起〕头(ti^{55}t′« u^{31})——后边　　卡下(k′❷^{33}x❷^{35})——下边
卡边(k′❷^{55}pam^{33})——外边　　沿头(kiEn^{22}t′« u^{22})——旁边

自然气象类：

甲龙(kau^{53}lyN^{22})——虹　　龙〔爆〕(lyN^{22}p′oi^{21})——冰雹
米落雪(mai^{55}lo^{21}sot^{23})——霰　　落水(lo^{21}ty^{35})——下雨
寮公影(lau^{33}kuN^{33}yaN^{35})——闪电

自然地理类：

陔(kai^{33})——岗民　　岩(N❷m^{33})——[illegible]JSON
畲(eiA^{33})——地　　坑(xAN^{33})——溪
漈(ts❷i^{33})——瀑布　　〔山湾〕(x❷m^{31})——垅
〔抗〕(k′❷m^{31})——棺材洞　　石额(eiA^{21}NA^{53})——悬崖

2. 动词

淋(li « n^{22})——烧　　〔浮〕(p′iu^{31})——孵
〔留〕(liu^{35})——挖　　拽(yai^{31})——撒
〔奈〕(not^{53})——灸　　〔藤〕(t′Qn^{22})——随
爱(oi^{33})——要　　〔失〕(tit^{53})——丢
〔吨〕(tan^{33})——嗽　　〔特〕(tA^{53})——压
〔积累〕(k′ot^{53})——积　　〔何〕(xo^{33})——有
睇(t′ai^{35})——看　　〔满〕(m❷n^{35})——拔
拖(tui^{35})——拉　　扎(tsot^{53})——吮
〔太〕(t′u❷i^{33})——筛　　〔迎〕(kiA^{22})——挂住

3. 形容词

〔逡〕(k′yEn^{33})——近　　〔越〕(yoi^{33})——荒芜
〔俏〕(saE^{1})——贤惠　　〔洗〕(tiam^{33})——稀薄
〔抓〕(x❷i^{22})——瘙痒　　〔炼〕(liEn^{31})——厉害

4. 量词

桁(xaN^{22})——条根　　〔岁〕(soi^{22})——排
〔撮〕(tpiau^{53})——撮　　〔纽〕(n « u^{35})——朵
〔峒〕(t′uN^{31})——村　　〔爿〕(pam^{33})——只
〔杞〕(ki^{22})——枝　　〔撤〕(k′❷n^{31})——串
蔸(t « u^{33})——株

5. 代词

我(Nuai^{33})

你阿人(ni^{22} A^{22} ni « n^{22})——你们

那地(nA^{55} ti^{35})——哪里

尾地(ni^{35} ti^{55})——那里

其(ki^{33})——他、她

个地(k❷i^{35} ti^{55})——这里

大〔利〕(t❷i^{31} li^{31})——大家

奚奈(ti^{22} n?^{53})——什么

6. 副词

老老(lau^{55} lau^{35})——常常

吾(N^{22})——不

正(tpiaN^{33})——才、刚刚

毛该(mau^{22} kai^{55})——非常

每的几多(moi^{55} tit^{51} ki^{55} to^{33})——十分

横直(xu❷n^{22} tp′i^{21})——反正(简直)

〔靠〕(k′au^{33})——更

7. 介词

〔依〕(nuN^{35})——同、和、与

落(lo^{21})——往

〔蒙〕(muN^{31})——往

〔抵〕(ti^{55})——对

分(p « n^{33})——被、给

拿(naN^{33})——按照

8. 连词

若是(nai « i^{33})——如果

也着(yAt «′io^{55})——如果

〔总爱〕(tsuNoi^{33})——只要

爱就(oit « iu^{31})——要么

(二)词汇的特点

1. 单音节词多

间(kiam^{31})——房间

物(n?^{53})——东西

开(k′oi^{33})——清理

苎(t «′y^{3i})——苎麻

蚁(ni^{35})——蚂蚁

冒(mau22)——没有

秆(k❷n^{35})——稻草

箩(lo^{31})——箩筐

麻(m❷i^{23})——油麻

2. 保留了相当多的古语词汇

奚(« i^{22})——什么

斫(tpio^{53})——砍

走(tsau^{35})——跑

豪(x « u^{31})——亮

啮(ni « i^{21})——咬

赤(tp′iA^{53})——红

莫(mo^{21})——不要

崎(k′i^{33})——陡

食(ti^{21})——吃

禾(wo^{24})——稻

遁(t « n^{31})——逃

箪(t❷n^{31})——筐

3. 变义用法

畲语变义用法例表

畲语例词	汉语原义	畲语含义	例句	用法
喔(wo^{35})	鸣叫声	叫喊	喔人开会	象声词用如动词
呸(p′u « i^{35})	象声词	唾吐	牙血呸出来	(同上)
噭(ki « u^{33})	哭声	啼哭	快的(赶紧)莫噭	(同上)
戥(tpn^{35})	小秤	用秤称	戥肉	名词用如动词
淖(n « u^{31})	泥沼	不稳定、会动	烂洪(wuN^{33})会淖	(同上)
魁伟(k′ui^{33} wei^{22})	形容高大	身型体格	其魁伟真好(大)	形容词名物化

4. 由词义活用发展为词义的转借和引申，有些词义变为畲语的专义

畲语专义例表

畲语例词	畲语含义	例句
摸态(mo^{22} t′Q^{33})	脾性	其人鬲(的)摸态人(们)清楚
稽查(tpi^{33} tsc^{33})	踪影	其一去就无稽查掉啦
资格(ts?^{55} kA^{53})	主见、立场	那人有(无)资格
讲究(kon^{55} kiu^{33})	原因	个(这)件事故有讲究
干戈(k❷n^{33} ku^{33})	牵连、相干、有关	其与(nuN^{55})你有(无)干戈(不相干)
出处(tp′it^{53} tp′y^{33})	结果、好结局	其要有(无)出处
切(tp′at^{53})	想念	切娘峒里好(一)树花
度(t′u^{31})	娶	郎要度娘来管家
乃(n« i^{31})	只	乃听少娘一个名

5. 存在偏义复词

畲语偏义复词例表

例词	词面含义	畲语偏指义
饭箸	饭和筷	筷子
酒水	酒和水	酒
雾露	雾和露水	雾
坑沟	坑和沟	坑(小溪)

6. 构词带有古语素的痕迹

猪囚(tp′iu^{22})——猪圈

鸡栖(tsi^{33})——鸡窝

酒瓯(au^{31})——酒杯

牙痕(x?　h^{22})——牙印

悭基圻(k′am^{33})——齐啬鬼

颈燥涸(xot^{53})——口很渴

7. 构词带有明显的会意色彩

弯虬虬(tp′iu^{33})——很弯

崎蹬蹬(tAN^{33})——很陡

〔乙〕溜溜(liu^{22})——很滑

果累(果实丰硕状)——梨

满散其(散布广)——到处

盲清谢(盲目性大)——瞎帮忙

水渍渍(tpit^{53})——很温

火云(因火而出云状物)——火烟

害沉沉(tt′an^{22})——很暗

茅勤鸟(生活在茅草、灌木间，不能高翔)——麻雀

狗耳饼(此饼狗耳状)——明果

烘燎燎(l« u^{22})——火旺

8. 一词多义，有些因引申和比喻而形成

例如“蒂(nQ^{33})”，本是“花蒂”的“蒂”，因花生果，果结在蒂上，故畲语把蜂做巢叫“蜂蒂”，把人怀孕比喻成“作蒂”，“蒂”的词义就扩大了。如：

世界——样子(无世界)、事业(作世界)、地方(满世界)。

头对——对象(好头对)、夫妻(结头对)、会面(头对头)。

定当——确定(讲定当)、完毕(做定当)、糟糕(真定当)。

正经——的确(正经是)、不轻薄(正经些)、正是(正经的)。

转——旋动(转东西)、返回(转寮)、反青(禾转蔸)、情绪改变(转面)、挽回(教唔转)、改变方位(扳转来)、改变身份(转户口)、承接(转手)、改变(转变)。

起——建造(起寮)、扒出(起牛屎)、起始(起头)、发生(起意)、膨大(油黴会起)。

分——分开(分家)、给(分我)、被(分人打)、享有(有分)、辨别(分清)、成数(三分三)、量度(分寸),其中有些用法读音不同。

凑——增加(食的凑)、延长(睇下凑)、碰着(凑着)、恰巧(真凑)、帮忙(凑下)。

9. 把修饰、限制的偏词放在主词之后

鸡公(ki«i^{33}knN^{31})——公鸡　　鸡娘(ki«i^{33}nio^{31})——母鸡

人客(ni«n^{22}xA^{53})——客人　　猪牯(tty^{33}ku^{35})——雄猪

10. 词尾带有固定的腔调

①用“头”表示时间、处所及大约数。如:

晏晡头——晚上　　拢沿头——檐口下　　十头(寮)——十来户

②用“子”“崽”“儿”作缀词,表示小,或含鄙视,或归一类物。如:

伞子(tsoi^{55})——伞(“子”是无义缀词)

凳崽(tsoi^{55})——小矮凳(示小)

贼子(tsoi^{35})——盗贼(含鄙视)

柴子(tsoi^{35})——野生果实(归类)

嫩菜儿(ni^{55})——小菜苗(示小)

狐狸子(tsoi^{35})——狐狸

③用“non^{35}〔侬〕”表示有柄铁器工具的背部(或头部),如“刀〔侬〕(刀背)”“斧头〔侬〕(斧头头部)”。

④用“卵(l❷n^{55})”“皮(p′i^{55})”表示事物的形态与性状。如:

光头卵——圆而光滑　　茶子卵——圆或守整未破

石鼓皮——指表皮或喻薄状　　苦皮——植物的薄表膜

⑤用“li«n^{55}〔伶〕”表示尖状物。如:

田角〔伶〕(li«n^{55})——尖形田角　　茶壶〔伶〕(li? n^{35})——茶壶嘴

栋杆〔伶〕(li«n^{35})——担枪的尖端　　石鼓〔伶〕(li«n^{55})——圆而尖的长形石

⑥用“公”“牯”“哥”表示雄性,用“娜”“字”“娘”表示雌性。如:

鸡公(knN^{31})——雄鸡　　狗牯(ku^{35})——雄狗

猪哥(ko^{33})——雄猪　　××娜(n❷^{31})——女子

牛字(ts′i^{31})——雌牛　　猪娘(nion^{22})——母猪

⑦用“睇”(t′ai^{55})”表示试一下看或短时间的祈求。如:

望下睇——请看一下　　读下睇——试读一下

忖下睇——请想一想　　帮下睇——请帮一下

⑧用“甚(iEn^{35})”“死(si^{35})”表示程度或态度。如:

刁甚——很聪明　　道地甚——很漂亮

做死——太辛苦(表示不满或哀叹)　　真笑死——很好笑(表称羡)

凑死——好容易碰到(表称幸)　　差死——十分坏

⑨用“相(tion^{33})”“样(yon^{31})”表示样子或像什么样子。如:

贼相——贼头贼脑的样子

死人相——无精打采的样子

打你狗样——像打狗一样打你

骂其兔样——像骂无反应的兔一样骂他

10. 地名有与通行称呼不同的专称

畲语地名不同称呼例表

县属	汉族称谓	畲族称谓	县属	汉族称谓	畲族称谓
丽水	道士畔	洋肚	景宁	金仙寺	老鸦尖
	尖弯	鲤鱼山		上寮	北山
	田岗背	大陔		大张坑	兰考
	后坑	前陶	松阳	岗丘	掌牛山头
云和	杉坑岭	半源		下了儿	上乌(寮)
	茂端	坟顶		叶西后	裕溪源(内)
	山寮	青石岩	遂昌	乌根	荒坞
	小子坑	七尖		陆坞	摇坞子
	张源头	东岩		钱村	唐下

（三）借词

畲语也向汉语借词，尤其以通行的新名词为多，但大多数借词与汉语原读音有别，如：

“正经”读 tiaN^{33} kin^{33}　　“状元”读 tso^{31} N❷n^{22}

“还原”读 yam^{22} N❷n^{31}　　“共产党”读 kuN^{31} ts′am^{55} ton^{35}

“结果”读 kiEt^{53} kuA^{31}　　“社会”读 tiA^{31} foi^{31}

“北京”读 pQ^{53} kiaN^{33}　　“电视”读 t? n^{31} sa^{31}

四、语法

畲语语法结构不同于汉语，是以特定的语序、虚词和语感来表情达意的。

（一）常用反问句式表示肯定或否定

①我讲阿唔喔？（我说的没有错。）

②难怪唔？（难怪，果然是这样。）

③我讲是阿唔喔，哈？（我说的是对的。）

④睇还有人劝你阿唔？（看，再没有人来劝你啦。）

⑤就是其顶好啦？（不一定就是他最好。）

（二）词序与现代汉语不同

1. 谓语前置

①烂手爪啦啊！（手烂起来了。）

②做认真的。（认真点做。）

③你行走。（你先走。）

2. 宾语前置

①饭食了就来。（吃了饭就来。）

②你寮人客来啦。（你家来了客人。）

③茶泡好。（泡好茶。）

3. 定语、状语后置

①其寮牛买来了，壮壮咯(kQ^{31})。〔他家买来(一头)肥壮壮的牛。〕

②楼下老鼠绝个都死掉啦。（楼下所有老鼠都死掉啦。）

③你寮田禾见丘都有水。（你家每丘稻田都有水。）

④分（被）烫烫齿（毛辣虫）烫去真疼，火烧火辣的。（被毛辣虫蜇去火辣辣地疼。）

4. 补语前置

我寮猪要好食甚。（我家的猪要吃得很好。）

（三）省略句子成分

①（我）见日凑着你。（省主语）

②（他）正真去掉啦？（省主语）

③我讲的（不会错）！（省谓语）

④你也真是（太客气了）。（省谓语）

⑤奚个鬼捻着（你）啦！（省宾语）

⑥（请你）落个边来坐。（省介宾）

⑦无（一）日好。（省数词）

⑧把我（的）书拿来。（省助词）

⑨打（得）其半死烂活。（省助词）

⑩（把）牛赶去得啦。（省介词）

⑪管其（就像）管（自己的）子女（一样）。（多种成分省略）

（四）使动、意动和被动用法

①个（这）真气人。〔这（件事）真使人气恼。〕——使动

②听听都难过人。（听听都使人觉得不舒服。）——使动

③莫吃亏其。（不要使他吃亏。）——使动

④拿我讲是个些。（拿我看来，是这样。）——意动

⑤懒意人。〔（我）觉得（身体）不舒服。〕——意动

⑥莫打水。〔不要被雨打（湿）。〕——被动

（五）借助语气词加强陈述、感叹或反问的语气，常用复音重语气词

①我真唔去罗呢（lo^{55} o^{33}）！（我真的不去啦！）

②真倒霉哩晦（lQ^{55} xQ^{22}）！（真倒霉啊！）

③体面甚啦啊（l?^{55} ?^{33}）？（很体面啦？）

④我就去的格（ti^{33} kQ^{53}）？（我就是不去！）

⑤硬的倒是莫爬来啊吓（?^{55} x?^{31}）！（就硬得住不起床了！）

⑥就泄我嘴过啊唔喔（?^{55} N^{22} o^{33}）！〔就是逃不出我说的（那样结局）啊！〕

第四节　节庆

畲族是个农耕民族，在农耕文化的影响下，其传统节庆大部分与当地汉族相同，只不过文化内涵有所区别。除了与汉族相同的节庆外，畲族也保留了一些具有民族特色的节庆。

一、煨大年猪

过春节，畲语也称“过年”“过大年”。春节是畲族喜庆丰收、祭祀祖先、除旧迎新、贺喜纳福、合家团聚，是集节日、喜庆、祭祀、服饰、饮食、社交、游艺、竞技习俗之大成的百俗纷呈的综合性大节。随着经济、社会发展，以及在汉文化的影响下，畲族过年习俗不断变迁，

但仍保留了一些本民族传统：除夕晚上要捞蒸一甑米饭，叫“煮隔年饭”，意为年年有余；初一凌晨公鸡叫，新年到，要放鞭炮“接年”；初一到初四不许倒垃圾，初五一早扫完地后，把所有垃圾送到村外，曰“开年驾”，俗称“送年”；初一至初五，男人下厨房，因为妇女做了一年的饭，这五天是男人干活。最具有特色的是“煨大年猪”。

“煨大年猪”，畲语又称“养大猪”“留隔年火种”。“卅晚”（大年三十）一家人早早吃完团圆饭，搞好卫生后，就抬一个又大又干燥的树根到“火炉塘”（灶前）。这根树根是年前准备好的，一般是挖树根劈成柴时劈不开的树根，或者是精心选取的树根，非常大。在“火炉塘”，树根头架上小干柴烧，而树根不起大明火，只燃不烧，如果树根烧得很猛，烧得很快，就用“炉灰”盖住树根，使其烧得慢一点，故称为“煨”。这个树根最快不能在天亮前燃完，有的畲家一直“煨”到过完年。畲家的灶前特别宽，可以坐许多人。一家人，还有前来串门的邻居，围在灶前，相互祝福，讲故事，教唱山歌，谈笑风生，回顾过去，展望未来，一直到天亮。半夜“开猪头”，这只猪头是真猪头。把猪头剖开，做下酒菜。谁家的猪头大，表明谁家养了一头大猪，明年能养更大的猪。

20 世纪 80 年代以来，电视机进入畲乡，畲民除夕晚上也坐在电视机前，看中央电视台的春节联欢晚会节目，但“火炉塘”仍然“煨大年猪”。

二、龙分雨水

分龙节，畲语亦称“封龙节”，节在夏至后的第一个“辰日”，俗话说“夏至后遇辰便封龙”，它是畲民的传统节日。旧俗，分龙那天，村中要张贴安民告示，家家户户备酒菜祭天祭土地神等。妇女不得在阳光下洗晒；所有人禁用铁器下地，以免误伤龙体；禁挑粪桶，不做秽事，以免冲渎神龙。龙分不到，当年就要干旱。许多地方在这天举行歌会，祈求分到龙，迎接龙的到来。

如今，畲民也认识到时节的转换，不再行旧俗，而是依据时节，合理安排农事。分龙日前抓紧时间把番薯等插下去，过了分龙日，机会就不多了；分龙日把水稻田的水灌满，防止天旱；把锄草等农活安排在节后。畲民认为，分龙日如果下雨，那么这一年雨水就会较多，可多种双季稻等；如果没下雨，那么这一年雨水会较少，可能会干旱，连种多种耐旱作物。分龙节变成大干之日，具有了全新内涵。

三、尝食新米

每年的夏季，在稻浪飘香、谷米成熟、早稻开镰前后，畲族人民都要选择一个吉日，隆重庆祝丰收，进行“尝新”，畲语为“吃新米”，或“吃新米酒”，这一天是“新米节”。因每年稻谷成熟之时与吉日有差异，所以有时在稻谷收割之后尝新，这时心灵手巧的畲族妇女把黄澄澄的谷子舂成新米，煮成香喷喷的米饭；有时吉日时，稻子还没有收割，那么，煮饭还是用旧米，只是要到稻田中采上几棵稻穗，洗干净后，插在米饭上，就意味着是新米饭了。这一天，较富裕的人家，杀猪宰羊或杀鸡宰鹅，制作豆腐，制作米酒；生活较困难的家庭，起码也要磨“豆腐娘”。各家把亲戚朋友，还有帮助收割的族人都请来，共享丰收之乐——大家一道尝新，人越多越好，因为“多一人尝就多一人粮”，吃的人越多，粮食就会越丰收。

尝食新米，首先割几棵稻谷或稻秆送给牛吃，有的地方还把米汤拿来喂牛，意为牛耕田辛苦，先让牛尝新。待香喷喷的新米饭做好后，首先盛一大碗，摆到厅堂桌上，祭祀祖宗，让祖宗先尝新，然后让本家或亲房年纪最长者吃一口新米饭。上辈吃过一口新米饭后，随即用筷子把碗里的米饭挑一点出来放在桌上，称“剩仓”，表示有吃有余、年年有余。接着，来客和全家老少围坐一席，共同尝新，喜庆丰收。

第五节　婚嫁

畲族雷氏婚姻制度保留着氏族外婚制的传统；在婚姻地位上保留了“女高于男”的特点；在婚配形式上保留了“男嫁女”“做两头家”的方式；在婚礼的时间安排上，保留了“婚姻”的本义，即晚上才举行婚礼；不论是不是娶招的他族人，只要学会畲语，均可改姓，成为畲家雷氏的一员。

早时，婚姻比较自由，婚礼也相当简朴。邝露《赤雅》说：“十月祭多（一作都）贝大王，男女联袂而舞，谓之蹋瑶。相悦，则男腾跃跳踊，负女而去。”[①] 说明没有什么礼仪要求。畲族男女的婚恋方式，多数是男女青年在劳动、婚嫁喜事等社交场合自行相识，通过对歌自由恋爱。随着畲民经济条件的好转，特别是受到封建婚姻文化的影响，婚礼亦日益繁杂，有相亲、订婚、报日、送酒、迎亲等礼俗，同时又保留畲族传统婚礼的特色。

1. 相亲

男青年去女方家相亲，一般由媒人陪同，畲语称“肽（看）婆娘”，或“肽布妮崽”。在相亲时，女方烧点心招待男方表示同意，不烧点心则表示不同意；男方同意就吃点心，不同意就不吃。女青年去男方家相亲，一般由母亲或姑嫂陪同，畲语称“肽人家”。男方给予热情接待，临行前送给女方见面礼物，称“相见礼”，女方如同意婚配即收下，不同意就拒收。也有的地区在相亲之后，男方买一包麻饼由媒人送给女方，称“问嘴饼”，如女方三日内未退此饼，即表示女方已同意。

2. 定亲

举行定亲礼，也就是“订婚”，亦称“落定”。

3. 送糯米

娶方择定娶亲日期后，要择吉日举行送米酒宴，称“担米酒”，或“送日期酒”“定场饭”。这天上午，新郎把议定给嫁方酿酒用的糯米和红曲送给嫁方，还送猪肉、面干等礼品，媒人陪同把择定结婚日期单交给嫁方。新郎要亲自交给新娘见面礼包，新娘回新郎一条自织彩带。送米酒宴嫁方在中午举行，娶方在晚间举行，双方均请婚礼举办时的服务人员参加，还请各自的母舅、姨妈、姑母等嫡亲参加。吃过酒宴的嫡亲，要请即将出嫁的甥（侄）女往其家做客，称“请泼女崽”。

4. 做表姊

“做表姊”习俗在福建霞浦一带流行。将要出嫁的姑娘，由其生母或婶母陪同，到母舅村探亲、学唱歌，会唱歌的检查自己的水平如何，时间长达一两个月。去做表姊时，姑娘按婚礼的要求盛装打扮，穿着漂亮的传统凤凰装、绣花围裙，佩戴手镯、耳环，有的腰上还系结婚所用的长绸带。到母舅家做客，母舅村的年轻小伙子会不约而同地来与姑娘对歌。

对歌往往通宵达旦，而且有严格的程序：开头唱《路经》之类的邀请歌，然后才是对唱，对唱内容多是正统的小说歌，亦穿插一些杂歌，结束时还得唱《送神歌》。能歌的姑娘，可以一连唱几夜。如果姑娘善唱，而母舅村又没有好对手，则由母舅介绍到有亲戚在的另一个村对唱，或者是请其他村的小伙子来村对唱。畲族以能唱为荣，姑娘尤须善歌，善唱的姑娘人人夸奖。“做表姊”，实际是敦促姑娘在出嫁前学歌、对歌，以便婚后有更多机会参加各种赛歌社交活动。

---

① 邝露：《赤雅》。

5. 赖床

闽东一带，姑娘在出嫁前两三天都要“赖床”。所谓“赖床”，就是很少吃喝，并以歌代言，哭诉与爹娘等亲人分开的不舍，以示对娘家的留恋，为娘家讨吉利。

6. 难媒人

福建等地还要难为媒人。畲族姑娘出嫁的当天，必须办一桌“出门酒”，宴请亲戚朋友。这时受款待的主要是媒人。

酒席开始时，新娘和众女伴先围住媒人唱《骂媒歌》，媒人戏谑地和歌。随后，由“保定公”，即掌酒壶者，岔开话题道：“媒人公，你今天是骑云来呀还是骑马来?”他要是答骑云来，那么腾云致雨，雨即是酒，就要连喝三杯罚酒。他要是答骑马来，那么保定公就问：“马在哪里?”主人忙答：“马在这里。”遂拿出 3 个骰子和 1 只碗来。保定公就说：“六亲专心开路。”席上诸位就把自用的酒杯、筷子、汤瓢、碟子移到桌塍内（旧时八仙桌的桌枋与桌面会合线以内）。接着大家共同饮酒、吃菜。之后，谁要是把餐具露出线外谁就是无心修路，要食罚酒 1 杯。席间，保定公频频斟酒，媒人也频频问道：“这是什么酒?”保定公答：“是众人开路酒。”接着就是“修路酒”“京报酒”“火牌酒”，名目繁多。当饮到“跑马酒”时，保定公托着贮骰子的碗，沿桌沿“跑”起来并唱歌。

唱罢，碗在媒人面前停下来，媒人右手连抓几下骰子，握在手心，高高扬起放入碗中唤道：“哎——鹿来也，鹿！鹿！鹿!”（“鹿”是“禄”和“六”的谐音。）这时，骰子只要能转出一个六点，就可把“马”（骰子和碗）交给下一个座位的人。要是抓不到“鹿”，就要食罚酒 1 杯，直到抓出“鹿”为止。

席上众人“跑马”抓“鹿”完后，保定公又给媒人斟 2 杯酒，说道：“你今天‘跑马’来说亲，很辛苦，应该食双杯。”懂规矩的媒人立刻从座位上站起来，端起双杯酒倒入壶中，答道：“财归库，谷归仓，感谢亲家了。”大家就不再逼他喝酒。

7. 难亲家伯

婚礼时，娶方要选一位代表去嫁方，称“亲家伯”，伯，把持也，也就是娶方的全权代表，有的地区称“大客”，此人一般由娶方亲友或长者担任。亲家伯的任务是代表娶方家长，去嫁方送礼物，接待嫁方来客，原议应送礼物不足的补足，催亲，告别等。

亲家伯到嫁方时，要站在嫁方厅堂右边，先向嫁方的祖宗、长辈、厨师等施礼，并向嫁方亲属、厨师、账房交付所送礼物、礼包，如不足，亲家要负责补足。嫁方要求增加的，也要想方设法补足。

酒宴后开始唱嫁女歌，亲家要陪听，下半夜要放鞭炮催亲。新娘动身时，亲家伯要向近亲及厨师作揖告别。

闽东有的地方，亲家伯要在婚礼的前两天与媒人一起送礼到嫁方。当晚的酒席上，还要“抓石�”，以前是真抓，现时是象征性地抓，即由女性围住亲家伯嬉闹，然后整夜对歌。

8. 关门迎亲

娶亲队伍到嫁方村口时，燃放鞭炮，意在告诉嫁方娶亲队伍到了。嫁方住地女青年会在村口过水、过桥处，或必经的路口用荆棘、松枝拦住通道，不让娶亲人员通过，娶亲人员不能绕道，得由赤郎与拦路女青年对几首歌，亲家给拦路者红包才可通过，一般要拦三次，故称“三拦路”。娶亲人员经过三拦路，边走边放鞭炮，嫁方得知娶方已到，即关紧大门。嫁方人员在门内，娶方队伍在门外。互放鞭炮约 10 分钟后，亲家伯把开门红包从门缝递进，嫁方才给开门。塞红包进去表示鞭炮放完，不塞红包说明未放完。娶方鞭炮未放完而嫁方开了门，娶方会在走时放鞭炮，取笑嫁方。

关门迎亲

9. 捡田螺

娶亲队伍进门后，嫁方见亲家伯来，开大门鸣炮接人。浙江等地是由在嫁方帮忙的男性接担，然后，同亲家伯一行向祖宗行礼。帮忙的男性，拉娶方人员站在左边，而娶方人员拼命往右边站，如果站错了位置，就会被轰。福建是亲家嫂把板凳放在厅堂左首让亲家伯入座，亲家伯要晓得谦让，把板凳挪到右边就座。接着亲家嫂请他抽烟，亲家伯得先拿出烟来敬她们，连小孩也要敬。否则会被认为没有礼貌，嫁方人便点着鞭炮扔到他的脚下，轰他，烧他的衣衫，取笑他。接着，亲家嫂拿猪肉、禽蛋过秤。亲家伯一语双关地问道：“亲家嫂，有称（有亲）无?”亲家嫂连声应道：“有称（有亲）！有称（有亲）!”

“有亲”

闽东畲村还有“喝宝塔茶”的习俗，即亲家嫂用红漆樟木八角茶盘捧出五碗热茶，上下层各一碗，中间三碗，叠成宝塔形，边唱边双手举盘向亲家伯敬茶。亲家伯接盘后，咬住“宝塔”顶上的1碗茶水，双手挟下中间一层的3碗茶水，把中下层的4碗茶水分别递给4位“行郎”，自己则一口饮干咬着的1碗热茶。要是卸不下宝塔茶或者把茶水弄洒了，不仅大伙无茶喝，而且要遭到女方的奚落。

各地娶亲方都要专备一份礼物祭谢嫁方祖宗，称“请祖公”。祭谢时，娶方“亲家”要陪嫁方聘的“请祖公”的人站立。祭谢后，嫁方主妇（新娘母亲）把“请祖公”的饼干分给在场客人，称“分祖公饼”。

10. 脱草鞋

饮茶后吃点心，俗称“脱草鞋”。娶亲人员穿草鞋翻山越岭，往返辛苦，吃过点心，脱去草鞋洗过脚，穿上鞋袜，便于出席酒宴。点心吃完后就开始盘歌，看看亲家伯有没有“肚才”。有时还要一对一地“考”，连盘两个晚上，忌讳唱淫秽歌或“问斩”的小说歌。一般头一夜唱《上东来望》《路经歌》《十条起》，第二夜唱《嫁女歌》《字歌》《柴名花名歌》等冷门歌。每段歌都由亲家伯起头，对方要是答不上，就换一首，再不会，再换，连换几首还对不上，那就算对方输了。先给对方一个下马威，使对方不敢为难，一切以礼相待，让亲家伯顺利地把新娘接回去。否则，亲家嫂要刁难他，率女伴把他围起来，用锅底烟涂成花脸，连夜轰出门去。

11. 难为赤郎

一是借镬。赤郎借锅办酒席。娶方要选两个既是歌手、又能做厨师的人随同亲家媒人去嫁方，一个称“当门赤郎”，一个称“赤郎子”。这二人进入嫁方厨房时，要行借镬礼。嫁方年轻女子把厨房一切用具收起来，先由当门赤郎念借镬口白。当门赤郎念过借镬口白后，即唱所需用具歌，赤郎唱一首，女子对一首，拿一件用具给对方。

赤郎唱一首，借一件，要把40余件需要的用具全唱到。围观者都认真听：一是听歌词编得像不像，二是看“借”齐了没有。如认为没有借齐，赤郎要从头再唱一遍。也有的地方是阿姨、嫂子们先把能藏起来的用具都藏起来，赤郎唱一首才拿出一件，没有唱到的就暂不拿出来，要赤郎重唱一遍。这既是戏弄赤郎，又是考赤郎“肚才”的妙法。

二是生火、刷镬。用具齐全了，开始生火、刷镬。但新娘的姐妹和女客们，决不会让赤郎轻易生火、刷镬，她们常用湿柴或用水泼湿灶内来戏弄赤郎。在赤郎刷净镬但还未添水放菜时，她们会把砻糠撒进锅里，赤郎要重新洗刷，反复多次，直到肉进锅为止。

三是杀鸡。地上摆上碗，赤郎执菜刀杀鸡。这时围观的女眷们会故意来碰撞，使鸡血滴在碗外。如果有血滴到地上，赤郎就要被罚，洒一滴血罚喝一碗酒。几位姑娘，一人拿碗，一人提壶，斟满碗酒让赤郎喝，如果不喝，姑娘们就会动手灌酒。有经验的赤郎会突然割下鸡颈，滴两滴血到碗中，然后迅速把鸡头夹进翅膀提走或用拦腰裙裹起，以免受罚。

杀鸡

12. 唱新娘轿

畲民传统婚礼中，新郎须在婚礼前三天去新娘家迎接新娘。新娘穿草鞋行嫁，穿的草鞋须由新娘父母聘请父母双全的男子代织，草鞋四耳各缚一个古铜钱，古铜钱在路上随它丢失，最好不带到夫家。清代，畲民分迁各地与汉民杂居，受汉文化影响，由行嫁改坐轿，为保留民族特色，轿的构造、装扮与他族不同，并有一套坐轿的礼节和对歌唱词。多数新娘轿的轿架、坐垫、轿棚、轿扛全用畲乡盛产的毛竹制造，称“靠椅轿”。装扮新娘轿时，要在轿背后悬挂竹制米筛，米筛上装一面镜、三枚箭、一把剪刀、一杆尺，意在防止妖魔鬼怪随轿伤害人。轿棚盖一条蓝夹被单，轿门挂两盏红灯笼，还挂一块红布和一块约二尺长的畲民特有的围裙。轿抬到新娘家，要停在大门外嫁方准备的脚盆上，待嫁方晚间举行嫁女酒宴后才取去脚盆。

新娘轿

13. 戏唠行郎

婚礼当天中午是女方举行简单酒宴，主要是招待抬嫁妆的“行郎”。酒宴上女方歌手同行郎对歌。对歌时间根据女方家到男方家的路程来定，路近对久一些，路远少对，以天黑之前行郎能把嫁妆抬到男方家为准。

对完歌后，行郎开始整扮嫁妆，可是轿杠不知去向，捆扎嫁妆的背巾也不翼而飞了。原来是被姑娘们藏起来了，任凭行郎到处寻觅，人人不露声色。必经长辈婉言讲和，行郎拿出一个红包才能赎回一件，少一个红包就少赎一件，谓“揪轿杠”。

行郎整扮好嫁妆，女方长辈拿大秤把嫁妆逐件称过。行郎右手提秤钩钩住背巾，把嫁妆举得高高的，左手捺秤砣故意让秤尾向下溜，大声喊道：“毛重，毛重!”畲语“毛重”与“无冲”谐音，意为无冲无破，吉祥如意。

与此同时，一群姑娘（也有妇女在内）依依不舍地把嫁妆抬起来，送到大门外。她们欲留新娘再作伴一阵子，有的抬起嫁妆向东走，有的往西行，弄得行郎束手无策，只得紧紧跟随在后头好言求情。经过一番逗闹之后，行郎掏出早已备好的红包，递给姑娘，表示谢意。姑娘也以红包回敬，预祝一路平安。这样互相赠送红包谓“牛古对牛娘”。可是，调皮的姑娘牵过“牛古”，却不调给“牛娘”，这么一来，当然又有一番逗趣。她们或拿走嫁妆背上的“点心饼”（给行郎在途中当点心的饼干），或是往行郎脸上抹黑灰。行郎尽力躲避。抬到村外后，女方相帮的人员再提来热水给他们洗脸。若是不搽上乌脸，女方即说他们回去会吹牛夸口，认为女方无本事。好不容易嫁妆归齐，行郎接过嫁妆，快步如飞。“感谢酒，感谢茶，感谢六亲和东家，感谢姐妹来送行，郎今度亲转回家……”的山歌声在山间久久回荡。

浙江等地整扮嫁妆，由女方的帮厨来做。抬嫁妆到村口路窄处，有意让姑娘们给行郎抹黑灰。

戏行郎

14. 举盘劝酒

婚礼当天晚上由嫁方举行酒宴，但由亲家伯主位。亲家伯请女方的舅舅入首席，再招呼其他客人入席。这时女方的歌手，俗称“赤娘”，与新娘一起，端来“桶盘”（方形的木盘），内点一对红烛并放有酒杯、手镯，陪同的姑娘提酒壶，首先放在新娘舅、姨妈、姑母等嫡亲坐的上横头桌，由陪同新娘的女歌手唱《劝酒歌》。

举盘劝酒

15. 撬蚧

女歌手中途还要向娶方做厨师的赤郎劝酒，并讨酒包，称“撬蚧”。《撬蚧歌》，以蛙设喻，男方唱青蛙如何逃入田堰、山坑、深圹、高崖，女方唱如何穷追不舍，设法逮住青蛙。如逮不住即以赤郎为胜，女方要向男方赤郎交“子孙包”（象征女系供给）。这实际上是一连斗智歌。

16. 长夜对歌

撬蚧结束后，嫁方女歌手继续与赤郎对唱，称“嘮赤郎”，唱到新娘动身。有的地方还分出一批女歌手同亲家伯对歌。上半夜要唱与嫁女方有关的歌，如《红轿亲歌》《姻缘歌》《嫁女歌》《银器歌》《种苎歌》等喜歌。半夜，主人招待吃点心，俗称“办回盘”。后半夜要唱吸引力较强的杂歌、故事歌。

凌晨，亲家伯、媒人等放鞭炮，催新娘动身。这时赤郎要唱《催亲歌》，此歌的最后一首是：

五更鸡啼催天光，劝你主家扮新娘。
子时出门把路赶，卯时夫妻好拜堂。

17. 分镬

新娘梳妆时，大家要解开她头上环妆的红绒线发圈（姑娘发式），把她的头发梳成凤凰头

（已婚妇女发式）。但是，新娘却不想轻易结束姑娘身份去做人妻，就拼命挣脱梳妆。这时就要由母舅来主宰，让两人抱着她，一人专管梳头。头发梳成后，由母舅帮她穿袄着裙，戴上银凤冠。

梳新娘妆

福建畲乡，新娘梳妆完毕，由母舅半推半拉地扶进厅堂与胞弟“分酸”或“分散”，也就是进行分灶仪式。胞弟手捧红漆樟木八角茶盘，盘里放着 2 碗带骨猪肉线面。新娘站在竹制的米筛里哭唱道：

我爹做事能上层，做事一层又一层。
那会做事米筛中，不会做事米筛沿。

接着，手握筷子又哭唱道：

兄弟分散分厅堂，姐妹分散分嫁妆。
嫁妆分来藏衫衣，兄弟一半我一半。

唱着把甲碗的肉面分一半到乙碗，又从乙碗分一半到甲碗，连分三次，以示姐弟情深，日后两家常来常往。

分好肉面，新娘又从放着钥匙、稻谷、大米的茶盘里抓起一把把米谷边撒边唱道：

一把米谷撒厅堂，爹家藏粮几万仓。
春头播下一粒谷，冬来多收一担粮。

三把米谷撒厅上，爹家藏粮几万知。
爹娘长命多富贵，福如东海寿南山。

三把米谷撒出去，爹家买牛又卖猪。
鸡鸭成群六畜旺，年年食穿都有余。

18. 对盏

浙江等地，新娘上轿前要行对盏礼。大厅合拢几张大桌，摆上酒和各种菜肴，由新郎父母邀请新娘的父母、外公外婆、娘舅、姨妈、姑母、兄弟和厨师、账房、歌手，娶方全部人员陪同合席吃对盏酒，新郎父母代表娶方向在席的新娘亲人作揖告别，此时，行郎与女歌手唱《对盏歌》。

19. 留箸

对盏后，新娘由胞兄弟抱至祖宗香案前，站在椅子上，面朝祖宗，双手拿竹筷两束，交叉递给站在身后的兄弟。兄弟接筷后，从新娘腋下把筷子收回桌上，这样连续 3 次，称“留箸”。留过箸，含 3 口桌上的红糖拌白饭然后吐出包在手帕里，由兄弟放在新娘衣袋里带去夫家，称“衔千斤饭”。意为要离开娘家，将箸留在家给姐妹使用，并含白饭 3 口带去夫家养大猪。

20. 踏路牛

新娘和迎亲队伍要在天亮前赶到夫家。出门后，不准回头看。如果两个新娘同一天出嫁，要同走一条路，或同走其中一段路，先协商好，让远路的先行，以免发生争抢。或后走的新娘用一头角系红布、插着红花的黄牛在前面踏路，称“踏路牛”。

踏路牛

21. 拜堂

行嫁时，新娘进门后，由父母双全的姑娘接过伞；小舅子的伞由新郎接。后来改成坐轿，新娘归门后，新郎手拿秤杆（不带秤锤），向祖宗及新娘轿作揖后挑开拦轿门的围裙，意为“称心如意”。伴娘献过糖茶，牵新娘下轿。也有的地方在新娘进门时燃放爆竹，爆竹声声，喜烛、斗灯齐明，乐队奏起乐曲。看热闹的人，里三重外三重。只见两位“子弟官”提着两盏上书“百子千孙”和“长发其祥”的风雨灯（马盏），三进内堂请新郎。最后一次才见新郎头戴清朝官帽（或红缨帽），身着蓝色长衫，肩披缚腰大红彩带，脚踏双鼻布鞋，从后厅出来，站到新娘的左侧。这时，畲歌唱道：

一条红线两头牵，新郎新娘心相连。
吉日良辰拜天地，结发夫妻同百年。

在一片喜歌声中，新郎先向天地，继向祖宗牌位行三跪九叩礼。新娘则手执花绢，由伴娘挽着，不拜。女不拜，是母系社会、唐代习俗的延续。

畲族新郎新娘，不拜父母，夫妻也不对拜，比汉族少了两拜。

拜堂

22. 传代

拜堂以后，两个年龄较大的妇女，一人拿草席，一人拿蓝色布袋放地上，新娘先踏席上，再走向布袋，随后草席、布袋调换放置，新娘踏着走进新房，称为“传代”，意为“传祖接代”。

也有的不传代，由司仪捧喜烛，新娘捧斗灯，取“日进斗金”和“添丁（灯）”之意。在斗灯内放一面镜子，供新娘照妖驱邪、破暗宜家和“照孕（影）”之用，因“影”与“孕”谐音，取生男养女之意，在一片喧闹声中新娘被拥进洞房。

23. 讨亲酒

拜完堂第二天早上，男方开始摆酒宴，母舅坐大位（八仙桌左右侧的中央一个席位）。因畲族男女婚事，先要征得母舅的同意，所以婚嫁请酒，母舅必定坐大位。母舅要是未入席，任何人都不得“开筷”。酒过三巡，新娘必须先向母舅敬茶。

24. 佳期酒

浙江等地畲族完婚请“大酒”过后，要办一桌酒专门宴请送新娘来的兄弟，称“请舅酒”“请亲家舅”，舅子走时由新郎送到村口，给一个红包，称“草鞋钱”。还要办一桌酒酬谢媒人，俗称“请媒人”。另办一桌“散桌酒”，感谢所有帮忙的人。节约一点的主家，是三桌酒一起办。

福建多数人家都要办“佳期酒”。喝佳期酒的都是同村父母健在甚至三代同堂者，含“子弟官”，共8人，俗称“八仙”，在择定完婚日辰时，就已物色好，并发请柬约定。

酒席开始时，新郎开大门，放爆竹，“八仙”身着长衫，头戴红缨帽入寮。

先行迎客礼。新郎站在厅堂右首，两手五指并拢，两个手掌的手指部分连接相叠，打个圆形舞姿——从左下方开始，经左向上，再经右向下，举至上方时，头部略向前倾俯。“八仙”进门时，也要边走边做这样的动作还礼。

再跳敬舞。主人（可请人代理，俗称“伴衬”）手捧红漆樟木八角茶盘（内放10盅糖茶）从后厅出来，跳半跪式舞至厅堂，先敬天地，然后转身敬祖公牌，而后左右穿梭式舞蹈，向“八仙”依次敬茶。良久，又按原样左右穿梭式地舞到每个人的跟前，将茶盅一一收入茶盘，跳向后厅。

再演示“洗擦”餐具。主人舞到厅堂桌前，左手拿酒杯、汤瓢、筷子，右手拿四方帕子对着酒杯等餐具上下前后左右做有节奏的摆动，身体和脚步亦有节奏地扭摆，模仿洗擦餐具的动作，成为诙谐有趣的舞姿。舞后，再把酒杯等放到原位摆好。把桌上的餐具都一一“洗擦”干净后，再一手提起凳子的一端（要使凳子悬空），一手拿四方帕，模仿拂擦凳子灰尘之状，使身体摇摆。舞毕，将凳子放到原位。接着，由立在两旁的“八仙”以歌请新郎入席。

“八仙头”提壶斟酒一巡，“子弟官”们问道：“老公公，这叫什么酒？”“八仙头”说：“这是状元出世酒，六亲们食了都记得。”众人应声：“记得！”齐举杯饮酒。饮罢，“八仙头”又斟酒。众人又问：“这是什么酒？”“八仙头”答道：“这是状元三旦酒。”接着，他们就如此依次问答“状元满月酒”“状元拜师酒”“状元读书酒”“状元考试酒”“状元中举酒”“京报酒”“火牌酒”“开路酒”“修路酒”“跑马酒”“游街酒”“交印酒”“上任酒”“放笔酒”等。说罢酒名，“八仙头”拿出三枚骰子高高扬起，掷入空碗中并唱酒辞，预祝新婚夫妇早生贵子，发家致富。

“八仙”酒饮半酣，开始闹洞房。头一个节目为看新娘、讨果子。由“八仙”推举两个人为首，唱着山歌进洞房。洞房里送嫁嫂听到歌声，立刻把从新娘家带来的果子和农作物良种藏起来，唱起歌谜让他们猜。猜中了，开门送果子和良种。猜不中，“八仙”连门都不能进。

靠近寿宁县一带的畲村，却是把果子拿到“八仙”桌上，让“八仙”猜歌迷。猜中了，给果子；猜不中，罚酒。

大凡畲族姑娘出嫁，都要在陪嫁的被窝里放两个染红的熟鸡蛋，当作“凤凰蛋”。蛋的上面还要放一朵红纸剪花。“八仙”闹洞房的另一项内容，便是讨“凤凰蛋”，边讨边说道：“把被子翻过去，新妇生子好读书。把被子翻过来，新妇生子中秀才。”翻来覆去直至讨到“凤凰蛋”为止。

闹洞房还有一项内容是“八仙头”手捧半碗喜酒，立在新娘床前，每喷一口酒，就唱一首歌，相当于其他民族的撒帐。一般《喷床歌》有十首。

“佳期酒”将近尾声时，“八仙”分别命名“柚花”（由“八仙头”扮演）、“松花”“竹花”（由两位“子弟官”扮演）、“梅花”“茶花”“莲花”“萍花”“烛花”。各花还各有绰号，如“柚花”为“皮厚厚”和“腹肚生虾米”，“松花”为“叶针针”和“半天生蛋（指松果）”，“竹花”为“地下掏笔”和“赶羊去福州（指竹枝鞭子）”，“梅花”为“斗雪开”和“雪里香”，“茶花”为“早知春”和“待人客（指茶叶）”，“莲花”为“撑洋伞”和“带金盘”，“萍花”为“一夜生九子”和“水面漂漂”，“烛花”为“面红红”和“屁股坐针（指烛台）”。各花还有别名，大家还可以即兴再取。

传花时，厅前一人击小鼓，“柚花”手把纸剪红花从自己席位上频频向下移，口里唱道：“门前击鼓响咚咚，花到手，花到×花手，×花要食酒。”（靠近寿宁县一带，畲村的唱词却是“门前鼓子声咚咚，一里桃花二里仙桃，花了寻，花了寻，花了×花寻”——“寻”畲语为“寝”，诵畲语相当顺口）想要谁食酒，就把花放到谁的席位上，例如唱花到“松花”手或者“竹花”手等。这时，被唱到的花（人）就要立刻接过纸花并接唱道：“门前击鼓响咚咚，花到手，花到×花手，×花要食酒。”如此一人传一人，把纸花传遍全桌。传到谁，谁要是迟迟不接，就要食酒1杯。

传花过后，便进行“博花”（或称为“驳花”“换花”）。“博花”开始时，“柚花”唱道：“卖花！卖花！”

众人和道：“卖什么花?”“柚花”答道：“卖状元爷头上金花。”（状元由新郎扮演）众人和道：“状元爷头上金花已戴，何人饮酒（得偿之意）?”“柚花”即随意作答，如说：“半天生蛋的人食一杯。”“松花”接道：“‘松花’不食酒。”众人和道：“何人饮酒?”“松花”亦可随意作答，如说：“‘雪里香’人食一杯。”“梅花”立即答道：“‘梅花’不食酒。”众人和道：“何人饮酒?”“梅花”也可随意传谁喝酒。如此连传，周而复始。传到谁，谁要是不注意接声，则饮罚酒1杯。尔后，又由饮罚酒者开唱：“卖花！卖花！”如此连传不断，直到席上人人酩酊大醉。

畲族婚礼上喝的全是自己家酿的米酒，味醇且甘，易醉易醒；唱的也是自编自创的歌谣，韵调和谐，易学易记。整个婚宴是从酒里泡出来的，是从歌里浸出来的。

“佳期酒”从午夜进行到黎明。黎明前，“八仙”即送新郎回洞房休息，送时，边走边摆手，唱《送房令》。唱罢鸣炮休宴。

良久，送嫁嫂陪伴新娘下厨房“捞饭”。客人吃罢“新妇饭”，新娘即为客人端汤水洗脸漱口。凡洗脸者，都要给新娘红包再次表示祝贺。

25. 转回门

婚后的第三或第七天，新郎新娘双双回门，快到村时燃放鞭炮，大舅子出来接担，与新郎在中堂面对面作揖三下，表示欢迎。新郎并送给岳家亲房每家一份礼物。

也有的地方是新娘与婆婆一起回门。

26. 做新女婿

婚后的第一个春节，新婚夫妇回新娘娘家拜年，称“做新客”“做新女婿”。新女婿送给岳家亲房每家一份礼物，每户请新郎新娘一桌酒，称“请新女婿”；送给一个红包，称为“割韭菜”；还回一团大黄果，叫“捉猪仔”。

村里的姑娘要找新郎对歌，一般是一夜，多的是几天几夜。新郎如果不会对歌，就会被姑娘们抹上黑锅灰。

新郎做完新女婿后，整个婚礼才告结束。

当然，如今的“抢”不是“真抢”，“拦”也不是“真拦”，而是演示性的，是对“抢婚”习俗的传承。婚礼中男方抢亲、女方抗争，目的在于增添热闹、欢乐的气氛，使整个婚礼热闹、吉祥、妙趣横生。

进入 21 世纪，新娘由坐轿改为坐车，原来的许多习俗在农村被保留下来，但不断简化，只“起个头剎个尾”。

第六节 丧葬[①]

畲家人早期实行火葬。《闽峤輶轩录》记载：“人死刳木纳尸，其中少长，辟相击节，主丧者盘旋四舞，乃焚木拾骨，置诸罐，浮葬林麓间，将徙则取以去。”[②] 顾炎武在《天下郡国利病书》中说广东潮州畲民“有病没，则并焚其家庐而徙居焉，俗有类于夷狄”[③]。福建的一些地方志有同样的记载。浙江丽水的畲村现在还有火葬遗址“亡人台”，人死叠柴燃烧，骨灰分装 7 个陶罐，即“分之魂魄”，秘埋七处，迁徙时带走，并流传“烧了的人后世出来很漂亮”的说法。清同治《景宁县志》卷十二《文艺篇》也记载当时畲民盛行火葬。

畲民定居下来后，向汉族人学习，实行土葬，正如郑一松在《永春州志》卷七《风土》中记，畲民“定又与土民联婚，并改其焚尸浮葬之习，亦足见一道日风之化云”。此时的汉族土葬，已形成了一套礼仪。畲族的丧俗深受汉族土葬影响，也形成了一套繁杂的仪式。

1. 度身包与更缘包。

学过师的男子，五十大寿就要为自己的后事准备度身包。包内有 4 件东西：一是赤衫可乌兰；二是头冠，也就是一顶如诸侯帽一样的帽子；三是“度身二十四牒书”；四是八尺红布，死后缚于死者头上，两端垂到小腿。

做过“西王母”的妇女，五十大寿也要为自己的后事准备更缘包。包内是做“西王母”时的衣服、二十四牒书。

父母五十大寿时，子女送父母的礼品，除了食物外，还有寿衣、寿鞋、寿帽等。

2. 祭动身

据说把死者身体擦洗干净，打开其生前为自己准备的度身包或更缘包，为其戴上头冠、穿上寿服，这时死者就“上路去了”。

未学师或做过“西王母”者，不祭动身。

3. 报丧

老人去世，称“老了”“过山掉”“转去”。死者子女称“孝男、孝女”。死者子女、儿媳妇、孙子、孙女等下辈，上衣反穿，并要腰缚用左手反搓的稻草绳表示悲哀，称“缚金丝带”。

死父，叔伯为大；死母，死者娘家为大。死父，孝子须即向房族叔伯报丧；死母，须即向死者娘家报丧。报丧时，孝子须向叔伯或死者娘家亲人下跪，先用哭音叫声“啊，我爷（或我娘）嗳嗨！”表示悲哀，然后禀报死情，恳请叔伯来商议治丧事宜，或邀请死者娘家亲人参加丧

---

① 本节参考雷弯山《畲族风情》，福建人民出版社，2002，第 193-212 页；《丽水地区畲族志》《浙江省少数民族志》《闽东畲族志》。

② 《闽峤輶轩录》卷一《霞浦县》。

③ 顾炎武：《天下郡国利病书》原第二十九册《广东下》。

仪。不论死父还是死母，请他人帮忙时，孝子须向被请者下跪，并叫声“我爷（娘）嗳嗨”。被请者是请者下辈，要还半跪礼扶起请者；是同辈或上辈，只需扶起请者即可。只要请者下跪，被请者再忙亦得应邀相帮，只有礼节不周，被请者才会推托或刁难。同房、同姓、同族、同村，每户至少1人，多者全家，主动上门帮忙，有的上山砍柴，有的挑水、做豆腐、帮助报丧、采购物品等。每户还向死者家中送一挑柴、一桌豆腐（或一袋黄豆）、一小袋米等。

4. 买水洗浴

死者入棺前要“买水洗浴”。死者子女、儿媳妇、孙子孙女等下辈身披孝衣，腰缚“金丝带”，敲着大锣，女子拿半撑的雨伞，边走边唱《买水洗浴哀歌》，到本村河边买水。

5. 穿寿衣

给死者洗浴后，孝子给死者穿入棺寿衣。寿衣要穿单数，上身多，下身少，只穿棉、麻织品，丝织品和化纤品不得入棺。

6. 入棺

棺木称“寿材”“老寿”。死者入棺后，子女要把数只灰粽（炉灰包的）以及毛巾、头梳（女死者）、烟管（吸烟者）等放在死者手边，然后由抬棺者盖棺，但不盖严，一端留10厘米左右的缝隙，等将客人送来的寿被全放进去，才全封棺。

7. 接娘家

女死者娘家接到报丧，即备祭礼来祭奠。一般组成“做娘家”队伍，到村时放鞭炮，报告队伍到。孝子得知死者娘家来，即领死者下辈人手持一香在村口跪接娘家，娘家带队人一一收香，第二人接着扶跪者，起来后作揖，称“吊水碓头”。如有在死者生前对其不孝者，就不扶。

娘家人进入厅堂后，先拜死者。棺材打开后，孝子跪在棺材边，娘家人到棺材边瞻仰遗容。如果遗容不整，或者不周全等，就要重整。子孙如有不孝，娘家人要有意为难。因此，往往有“死父容易，死母难”的感叹。

8. 宣娘家

晚上，偏间摆起三连桌，设宴招待死者娘家人，称“宣娘家”。孝男孝女跪在地上唱：

一双酒盏花了花，捧上孝桌宣娘家。
劝你娘家吃双酒，分娘大位是娘家。

娘家代表起立，念十进词，接着唱：

当初出朝在广东，广东朝山十八重。
广东寮场风水好，又有蓝雷又姓钟。
…………

9. 围棺唱哭歌

棺材放厅堂中间，然后孝男孝女，同族、同村人及来宾围棺唱哭歌。畲族丧俗最大的特点，就是丧事过程中都是“以歌代哭”，而且各种仪式都编有不同的歌。这些“哭灵歌”的内容大都是缅怀祖宗、悼念死者及歌颂死者生前的为人，祈祷死者安息，也有忏悔自己对死者的不足之处同时他人反驳的对唱，还有的歌是骂不孝儿女的。总之凡是要对死者说的话，都用畲歌唱出来。如“守孝歌”“大离别”“小离别”“苦伶歌”“二十四更歌”等，歌词悲怆，催人泪下。

唱哭歌，从入棺结束开始，一直到棺材入土为止。有的长达几天几夜。

10. 布置功德场

入好棺后，就开始布置功德场。功德场分两部分，一部分称“师爷间”，设在死者原住房间或靠厅堂之闲房，是安置祖师爷香龛处；另一部分是“灵堂”，设在安放历代祖先香炉的厅堂，死者棺木安放正中，棺尾竖一竹帘或一座纸糊寨房，上贴书写有死者及上4代祖宗名字的白纸，代表死者及上辈的祖先灵位。

11. 做功德

做功德俗称“做阴”，是对一生辛勤劳动的死者的悼念。分几个环节，都在灵堂进行。

请神安祖，是做功德的第一个环节，意为“安营造寨”，请祖师爷和“五方神兵”为死者超度。

烧牒，功德师请过师爷，孝子手捧香炉站在凳上，功德师边舞边念已写好的文牒——报病牒、申死牒、冲天界牒。念过文牒，由房照、夜郎、引师、同引4个功德师带领童子3人鸣锣击鼓，边唱边舞，从师爷间至灵堂，途中不得拦路，孝子跪地。功德师边念经文，边烧文牒，然后以同样动作“回兵”至师爷间。

出白朝祖，是死者子女嫡亲举行披麻戴孝仪式。

破壁，俗称“赶煞”。

洗灵台，功德师执龙角铃刀在灵堂供桌前唱舞，供孝男、孝女、孝亲祭奠死者。

炊孝饭，俗称“炊饭待客”，表示死者子女等下辈对上辈和众亲的尊敬。炊饭时，死者子女等下辈要披戴孝服，各持孝篾一束站立甑边，以篾击甑，各呼对死者的称谓，要“平平过，平平上”，意为祈求死者对下辈要平等对待，并唱炊饭哀歌。

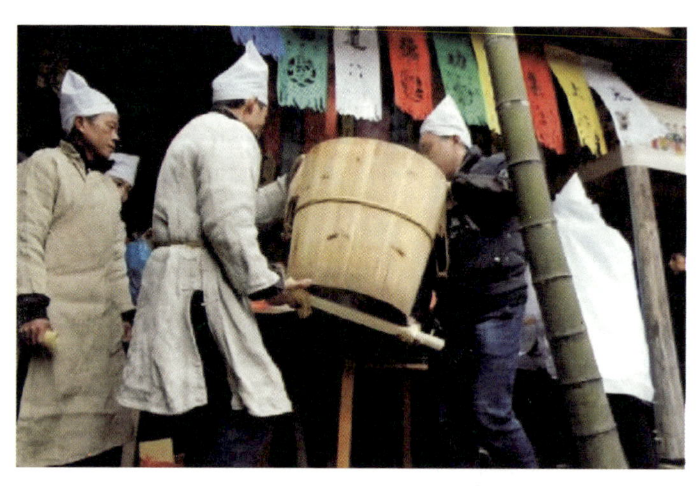

炊孝饭

娘家礼，夜晚做功德时，要在屋外开阔地举行接娘家礼。凡死者下辈，由孝子领先按辈分男左女右排列，手持燃香唱接娘家哀歌跪接娘家，娘家代表要高诵保佑词：“孝男孝女跪在金地啼啼哭哭，侧耳听明。”

拜七，亦称“烧七”。众亲送鸡、肉、豆、香烛等祭品，称“七礼”。凡送七礼者，都要在灵台供桌前祝拜，烧纸钱，称“拜七”。祝拜时，孝子要跪接男客，孝子媳妇要跪接女客，称“接七”，被接者要扶起接七者，并互相作揖。

拜祭，畲语为“奠酒”。死者嫡亲祭奠死者的祭品，称“祭礼”。孝子办的称“孝子祭”，外甥办的称“外甥祭”，女婿办的称“女婿祭”，女死者娘家办的称“娘家祭”。祭品除与七礼相同外，还必须有猪头一只。凡拜祭者要给功德师一个礼包，表示对功德师的谢意。

拜七、拜祭时，功德师要边击鼓、摇铃钟（有的地区配有胡琴、箫等乐器），边诵念《劝亡魂》《五更叹别》《谢恩父母十二拜》等经文。

行文烧香，是做功德时针对已学师的死者的仪式，整个过程功德师都很严肃，大约需5个小时。

唱功德歌，由族内青年 4 人绕灵堂边唱边舞，持铜刀、铜饼等，击起鼓、唱起歌以驱散群兽。唱功德歌是对上辈英勇寻找祖先的纪念。

押毕七，俗称“倒山头”，畲语为“结尾”之意，是做功德的最后一个环节，要拆除灵台做功德饰品、死者灵位、桐木刀、桐木块等。分四个小节进行。第一小节称“唱丙歌”，也叫“行孝”“打饼儿”。6 个人围棺材跳舞。第一人手持大刀，第二人拿笠帽代盾，两人对舞。后 4 人各执两块木块，合拍敲击，每前进三步，背对背击拍。舞者还同围观的姑娘们戏耍。第二小节是“捞鹤”，也就是捉白鹤。3 个男青年，第一人背竹篓，右手抓一把白米，后两人抬布袋，左转右跳，网住飞鹤。第三小节是“闹灶房”。法师执刀，另两人敲鼓、击木块，绕灵堂三圈后，到灶房停下。接着进行“孝子祭”，亲朋好友的祭品都摆上进行祭祀，再由孝子进行“出门祭”。第四小节是“背老者”。由一个功德师执魂幡同孝子在死者床上遗物焚烧处（亦有至死者坟前的）燃香。另一个功德师把祭礼摆在死者家门前，并置洗浴盘给死者洗浴，烧五色纸衣给死者。

功德师在师爷间跳唱团兵舞，拆除营寨，整个丧仪结束。

拔伤。对于因跌伤、刀枪伤、水淹、火烧、毒蛇猛兽咬、上吊、服毒等非正常死亡者，在丧仪前要拔伤，意为拔去死者身上各伤。由本族法师带领孝子至死者伤处祝告，孝子在回家路上要钻过用竹篾搭的 36 座剑门，每过一座剑门，法师要唱舞一次，过了剑门，两个持刀者就劈断搭剑门用的竹篾。过完剑门，孝子在三界楼前念奏状、诉状、文牒、赦书等。此时，女子要唱拔伤哀歌。

做功德的整个过程，功德师唱舞并举，情节复杂，祭奠者唱的哀歌不断，主要表达后辈对祖先的崇拜、对上辈的尊敬。

12. 上马祭

棺木抬去安葬时，要在村边路口举行上马祭，亦称“拦路祭”。祭时，棺木停放在抬往墓地的路口，棺木大头摆设祭礼，子女等下辈跪拜奠酒，边奠酒边唱哀歌表示最后告别。还有功德师二人击鼓、摇铃钟、念奠酒辞表示敬意。

13. 行棺

行棺，俗称“出山”，由孝子提死者香炉引路，嫡亲随棺后行，众亲友邻居等祭奠者亦前往送行。凡送行者，男子给白布帽一顶，女子给长方形白布巾（称“头巾”）一条。女儿、儿媳妇等下辈女子送行时手撑半开的伞，边走边唱《哀歌》：

你坐大轿红又红，四人红轿万人送。
万人送你山林内，永世不见日头红。

大轿扛你出路边，六亲都送你上山。
送你山头住好地，年年不见转来行。

大轿扛你出门堂，男女孙媳泪茫茫。
作田新米你未食，你去阴府心唔凉。

你今掌在凤凰山，凤凰山上是清闲。
三年风水就荫转，荫出子孙好名声。
…………

“出山”

14. 落土

棺木抬进事先挖好的长方形土坑进行安葬，俗称“落土”。棺木落土时，孝子要在墓地附近跪着拣选九颗圆形石子放在铜锣上，称“子孙石”；放一个礼包，称“子孙包”。由抬棺者在墓穴中心挖一深、宽各约 5 厘米的小洞，把子孙石用纸包好放入小洞再用土盖好，然后把棺木放进墓穴。

15. 送火种

埋葬后，从埋葬之日起，孝子要连续 3 天傍晚，在死者墓前点燃香烛，用一束稻草或杂柴在墓前烧火，称“送火种”。路远者则按坟墓朝向将火种送到路口。

16. 转山

埋葬死者后的第七天，下辈穿孝服备祭礼到墓前祭谢，孝子用响竹（一头破开、一头未破的竹竿，1.5 米长）在死者坟墓四周边走边敲，倒走 3 圈，顺走 3 趟，表示告诉死者其墓地范围。转山后即在墓前脱下孝服，表示已尽孝敬义务。

有的地方是在安葬后的当天傍晚就转山。

17. 戴孝

凡老人死后，子女都要戴孝，服孝期为一年，男子在所穿衣服后背心、鞋子前端、帽顶钉一块约 3 厘米长的方块白布；女子头发扎白色纱线，戴垂笄的妇女，笄披、笄须由红色改为绿色。现时，男女均改戴黑纱布或白纱布。服孝之家春节写对联，须用绿色或蓝色纸。服孝期内不得养蚕，不得举行男女对歌。

18. 吃豆腐

办丧事叫“吃豆腐”，也必须吃豆腐。亲朋好友到死者家悼念死者、帮忙，都称“去吃豆腐”。死者家每餐全用豆腐招待大家，桌上的小锅里是一块块又白又嫩的豆腐。

19. 拾骨重葬

棺材埋入土中三五年后，就要拾骨重葬。

整个传统丧礼仪式纷繁复杂，往往使得死者的子女们无所适从，所以通常请族长或村中的一两个有经验的老人主事，孝男孝女们则忙于操作，常常精疲力竭，而且经济支出大。

20 世纪末，政府推行火葬，不但节省开支，而且方便省事，也是对畲族早期葬俗的回归。畲民积极响应、执行，但保留了上述部分环节。

第七节 教育

封建统治者歧视畲民，剥夺畲民求学权利，直到民国末年，浙江丽水碧湖平原还有“三不准”，即不准畲民上学堂念书、不准考试、不准在台前看戏。畲民只好“传师学师”，秘密传授自己的文化与历史。

传师学师，福建畲民称之为“做醮名”或“奏名传法”，浙江畲民俗称“做阳”“做聚头”，汉族学者们称之为“祭祖”。其实“祭祖”与“传师学师”是两码事，传师学师是东道主边歌边舞向弟子“传法”，内容是进行畲族历史、传统文化教育，严格地说，应叫“传师学史”“奏名传法”，如德国学者史图博所说，是把活着的人的名字告诉祖先，把祖先的法则传给后代。传师学师是畲家特有的民族教育形式。

旧时，凡年满16岁的畲民都要进行“传师学师”，规定要代代相传，没有传给儿子的叫“断头师”，学过师的人称“红身”，没有学过师的人称“白身”。学过师未传代者死后穿红色寿服，其儿子不能当孝子治丧，要请一位学过师的人代替。学过师已传代者死后穿青色寿服，未学过师的人只能穿蓝色寿服。学师以传代为荣。有族谱记载，明末清初90%以上的畲民进行过传师学师。

传师学师一般在农闲之时，择一黄道吉日进行，可以16岁以上的数人集体进行，也可以单独进行。最简单的仪式也要举行三天三夜。

传师学师

举行传师学师时，学师者先把“祠堂”——“游祖”挑回家。“游祖”即两个扁桶或竹箱，内置祖图、祖杖、香炉、龙角、龙刀、铃钟等。“学师”至少由12人主办，分别是东道主（主持师公）、证坛师、引坛师、度法师、监坛师、净坛师、保举师（有几个人同时学师就有几个保举师，相当于介绍人）、哈老师、西皇母（保举师的妻子）、相伴（陪西皇母的姑娘）、东王公。学师传师在学师者家中进行。天井两边挂金鸡（日神）、玉兔（月神），大门挂左右门神。长联挂走廊或大门外。龙头祖杖竖中堂香案旁。

传师学师仪式全过程唱舞并举。有的在室内学师大厅，有的在野外开阔地，边唱边舞。有单人唱舞，双人唱舞，四人唱舞，全体祭师齐唱共舞。使用的道具有龙角、铃刀、交杯（线钱）、锣、手鼓、铃钟等。法师身着赤长衫，头戴莲花帽，手持龙角、执铃刀，在鼓角声中，边歌边舞。歌的内容为用汉字注的畲语文6本，有15段头（章）、106节，12位传师人轮流念歌三天三夜。舞有18套动作，大致可分3个阶段。

第一阶段称“安公祖”，主要环节有请师爷、桩座、造水洗法坛、造五营寨、接神、拜茶、砌老君殿、走身丢鬼、团兵、话安祖酒等。8位“传师人”手提“高背”平行列队，站在香案前，念149位真名实姓的已故人物，其中男士130人，女士19人（包括王母娘），还提到与《山海经》一书中类似“神兽”4只。按其品位分为十二品：一品东皇公、王母娘2人；二品师爷30人（神本师爷10人，祖本师爷20人）；三品玉帝1人（又名三清）、皇帝1人、岂尤人1人，共3人；四品元帅5人；五品将军3人；六品老君1人（又称李老君）；七品天尊2人（名曰张贵子、李贵平）；八品郎军54人；九品曹官6人（又称十二六曹）；十品符直、破秽、神仙等6人（其中有张道陵、八表真人，五伤七伤等是后来加上的）；十一品侍从用人27人（称童子、玉女）；十二品“神兽”4只（独角长眉、双角短眉、三眼兽、四眼兽）。

这149个人中，大部分只提名字，没有说明身世，小部分提到名字，也说明了身世。例如西王母是个聪明伶俐的女子，15岁从军，20岁领导三十六营兵（5000人左右），活到100岁，传说她死扼成了一位女神仙，称她为“王母娘”。另一位是“三清”，也就是“玉帝”，不是神，是个有血有肉的具体的人，养了4只“神兽”。李老君也不是神，是个有血有肉的具体的人，先出山，后回山请三清下山，三清第一次不同意，第二次也不同意，因为山上高岩下出一泉水名叫“甘露圣水”，用这种泉水沐浴可以治百病，饮这种泉水可以健康长寿。第三次去请，三清勉强同意下山。他下山时把4只“神兽”同饲养“神兽”的青年“八表”一同带下山。途中被一群歹徒拦阻行劫，全靠4只“神兽”战胜了歹徒。

道教有“三清、四御”的说法。所谓“三清”，就是“玉清”“上清”“太清”的合称。说是在天地尚未开辟之时，由混沌太无元的青气化生为天宝君，又称“元始天尊”，居清微天之玉清境，故称“玉清”；由赤混太无元玄上黄之气化生灵宝君，又称“灵宝天尊”，居禹余天之上清境，故称“上清”；由冥寂玄通元白之气化生神宝君，又称“道德天尊”，即老君，居大赤天之太清境，故称“太清”。三清是三洞的尊神，统率各天神。所谓“四御”就是仅次于三清的4位天帝。据说，一是玉皇大帝，全称为天金阙无上至尊自然妙有弥罗至真玉皇上帝，传为总执天道之神；二是中央紫微北极大帝，执掌天经地纬、日月星辰、四时气候；三是勾陈上宫天皇上帝，执掌南北极与天地人三才以及人间兵革事；四是后土皇地祇，执掌阴阳生育万物之事。可见，畲族的三清（玉帝），与道教的所谓“三清”有别。

第二阶段称“引朝”，主要环节有：本师公接神、子弟拜天地、子弟拜师爷、子弟拜本师公、投入文疏、为子弟取法名、开牒、关王童、子弟落秣变身、做微尘、把盏入门、开桃源洞、唱灵罗歌、炊酒、六曹拜师爷、话下马酒、本师公当茶、人客当茶、招兵入门、排衙泼花、造狱、入门、禁门、子弟接神、变锣鼓、保罡头、敕头冠衫衣、行灵道罡、告神占酒、告神宣鬼牒、请神捉鬼、锁狱门、告神分更、招兵排兵、置界坛、罗岳山、告神参牒、四哥兄做师、本师公度符本交杯、本师公交铃刀鼓角、本师公交头冠衫衣、本师公交鸣锣战鼓、东道主请角、六曹度决教决、东道主偿酒做令、话上马酒、团圆唱兵歌等。

第三阶段称“度水”，除部分环节与引朝阶段相同外，还有关兵出门斗五营、辕门等接、偿兵粮、偿酒水、置红楼、置龙坛、过九重山、踏街、拜街、造桥引桥、本师公（传师者）度香汽水、豆兵、米兵、坐龙坛、泼香花、引坛打杖、五岳山老虎抢猪头、送鬼送神、折寨送船等。

传师学师仪式过程中，最重要的环节是度水阶段所进行的本师公度香汽水和豆兵、米兵。开始，学师者坐在法师专设的学师龙坛上，接着，本师公把一碗经法师祝告过的“神水”用一支约10厘米长、1厘米粗的竹管吸入嘴里，吐入学师者口里让其吞下（俗称“吃口水”），还要把一碗炒熟的黄豆和大米给学师者，让其坐在龙坛上慢慢吃下。凡是学过师者，都要把法名和学师的时间写在红布条上，一起扎在一根木棍上。下一批人的布条也要继续扎上去，为防止布条脱落，要选择一根有节、有弯度、形似拐杖的小木棍。受汉文化的影响，后来有的就在木棍头上刻一个龙头。

传师学师仪式中的有些环节，反映了畲族先祖学师的惊险、艰苦历程。如学师过九重山一节，要在野外开阔地插上九支茂盛竹枝，象征九重高山，由引坛师带领学师者肩背包袱，脚穿

祖杖的演变

草鞋在竹枝行间穿插行走，边走、边唱、边扣，真似攀登九重峻岭。五岳山老虎抢猪头一节，用猪头祭谢五狱山神时，猛虎（人装扮成猛虎）突来衔跑猪头，场面紧张而惊险。学师回归一节，祭师穿着破烂衣衫，头戴破旧箬笠，展现长期外出学师、耗尽盘缠、讨饭行乞回家、与家人互不相识的情景。

闽东畲民的“奏名传法”，与浙江的略有不同。奏名的对象不分男女，要凑齐100人后举行，这样一是可以节省开支，二是规模大、气势磅礴。奏名时，13张八仙桌叠成“洪楼”，本师公、法师顺势登攀而上，到第13张桌最高层。然后，一边歌唱，一边从上到下一张一张桌地往下翻。也有3张桌相叠的，称为“三司案”，是“三界”的象征。奏名传法时，念的经书有10余卷，具有代表性的是《证龙坛》，由本师公和引坛师相互对唱。每个奏名者要填写一式二份的诰牒，十份相连，盖上骑缝章，阴牒当时焚化，阳牒等奏名者去世后再焚化。

过九重山

起“洪楼”

传师学师，就是用民族的历史与文化，教育后人要敬仰祖先，要继承和发扬祖上的精神。学师者通过“学师”“学真法”，提高自身的本领。正如“学师”中所唱的那样：“盘蓝雷钟要学师，师奈不学受人欺。”这对于一个人由孩童转变为成人，显得尤其重要。因为，成人与小孩不同，小孩并不独立，依靠父母，有父母的庇护，而成人就不同了，是一个独立的社会角色，要独立处理问题。成人会遇到各种难以想象的艰难险阻，因此需要培养战胜困难的毅力、意志。怎么培养？就是采取举行成人礼的方式。通过举行这个仪式，一方面，学师者经受了一次磨炼，学到了战胜困难的本领；另一方面，告诉学师者，从今以后，你就是成人了，社会就要以成人的标准来要求你了，自己要意识到自己角色的转变，要时时把握好自己扮演的角色。这就是畲语所说的“成大人”。故有的学者认为，传师学师是畲族的成人礼。

20世纪上半叶，只有景宁、青田等地的部分雷姓畲村尚保留有传师学师习俗。50年代后，丽水尚有4户畲民举行过传师学师仪式。1985年3月，浙江省畲族民族民间文艺学会对丽水龙江乡（现属水阁镇）山根行政村犁头尖村举行的三天三夜传师学师仪式主要环节进行了现场录像。多数的畲村没有再进行这一活动了。

为什么这一教育方式逐渐消失？一是财力承受不了。昔祭必三年，后改三月，又改半月，终以财力不胜，今改三昼夜非一般人财力所能胜。不但举行这一仪式时花费大，后事开支同样大，因为生前做过阳的，死后必做阴的，又是一笔巨大支出。浙江省丽水市畲族文化研究会1998年为抢救、研究传师学师这一即将消失的教育方式，准备趁尚有学过师的人健在，能担当法师，组织一次传师学师的活动，但计算了一下，仪式本身要花2万元，给学师的人后事补偿也得上万元，研究会经费困难，最终没有进行。二是中华人民共和国成立后民族平等，畲族小孩都能上学念书。三是观念的改变。随着畲乡的不断开放，科学技术的普及，畲民认识到，人不是通过这么一个过程就可以成年，而是要通过读书学习，在实践的过程中不断成长，因而重视长期教育，不再局限于这一次的教育、磨炼。四是后来人们把“成家立业”作为成人的标志，于是越来越重视婚礼，淡化成人礼，把成人礼与婚礼合二为一，归到婚礼中去了。

第八节　禁忌

禁忌涉及生产与生活的方方面面，多数没有科学依据，如今基本淡化。

一、生产禁忌

自家种子未落土，忌把种子送他人。
潮汐时分忌播稻种。
秧田忌从出水口处先拔，拔了要腰酸背痛。
正月初一、初五、初九忌挑粪。
正月二十忌作田事，“正月二十做田工，不够补天穿”。
三月初三忌下田，下田会断水路。
“分龙日”忌执铁器。
四月初八忌水牛下地犁田。
“立秋日”忌巡田，“人歇昼，禾歇秋”，“立秋”巡田要减收。
忌前门栽桃、后门种柳，怕“有头无尾”。
山上砍柴忌敲枪担。
忌跨扁担。

二、生活禁忌

正月初五、初九忌在露天旷地上晒衣服。
正月初七忌出门做客，初八忌回家，“七不出，八不归”。
忌坐别人坐过的热板凳。
忌以手帕赠人。
忌拾路遗毛巾
赠送礼物忌单数。
忌单手捧茶迎宾。
做客忌把点心全碗吃光，应有剩余。
探望病人、喜事送礼都得上午去。
忌用筷子打猫。
忌夜间修剪指甲。
忌反穿衣服。

忌做客把雨伞放在主人家大厅中堂桌上。

忌盖棺时伸头看。

丧桌上吃完饭，忌把菜盘重叠起来，会犯重丧。

忌用筷子敲打碗瓢盆。

忌随地抛撒和脚踩饭粒。

除夕前必须把屋内外打扫干净，擦洗好家具。

大年初一不能扫地做家务，妇女不开锅灶，不去别家点火种，不能打破碗碟餐具，更不准说不吉利的话。

正月十五前不能向人讨债。

“初五、十四、二十三，岭背有钱莫去贪。”

送红包既不能送五十二、三十六、二十五，又不能送整数，必须有零头。

东西用完了得说“用到了”；剃头得说“赏发”；筷子称“高子”；死了人称“老了人”；把东西翻过来得说“顺过来”；对不认识的人不可说“认不得”，应该说“认不起”。

三、婚姻禁忌

同姓同一堂发族的男女不得婚配。

忌六月结婚，“六月出半年，婚姻不圆满”。

同一座房屋内有人去世，当年忌举行婚事。

同一座房屋、同一年内，婚嫁忌在同一条道路上同日通过 2 个新娘。

婚礼拜堂时，忌孕妇和穿孝服者围观，忌说不吉利的话。

新娘首次回娘家住的天数忌奇数。

四、生养禁忌

孕妇忌触摸棺材、看死人和看殡葬。

孕妇卧房忌钉钉子或乱翻动，担心动了胎气。

孕妇忌坐门槛、布袋，忌摘水果。

产妇衣裤忌晾于高处。

产妇忌看血地。

妇女分娩后不准去邻家串门。

忌给产妇送鸭、鸭蛋，“七月半鸭，不知死期”。

未满月的婴儿忌见生人。

小孩麻疹后数十天，忌吃芥菜。

小孩出麻疹时，忌刮锅底，担心麻根被刮断，麻疹出不透。

忌用筷子打小孩。

小孩忌在“红纱”“白虎”日出门做客。

小孩忌坐屋檐下玩。

五、祭祀禁忌

忌在神宫庙观、石母、树王面前便溺。

非初一、十五和神佛节日不点香，“香不乱点，神不乱请”。

忌以鸭子当供品。

吹鼓手、戏子不准进祠堂拜祖，不准坐上席。

第四章 谱牒

1. 福建建瓯市房道镇《璜溪雷氏宗谱》

宋淳祐八年（1248年）始修，雷监镇主修；宋咸淳九年（1273年）璜溪十八世孙雷少监二修；明弘治九年（1496年）璜溪二十三世孙雷介直仿欧苏两家谱系三修；清康熙五十五年（1716年）四修；清乾隆元年（1736年）五修；清嘉庆二年（1797年）六修，雷有章主修；清嘉庆二十年（1815年）七修；清光绪三十四年（1908年）至清宣统二年（1910年）八修；1989年九修。谱载：雷鸾，字景瑞，唐天复二年（902年）因避乱由江西丰城入闽，居建郡（建瓯）之璜溪（今房道）肇基立业，后裔子孙繁衍生息。按丰城《镡舍谱》凡例，明永乐二年（1404年）国子博士傅清贵、明正统二年（1437年）赐进士第光禄大夫柱国少傅兼尚书大学士杨荣作赞修谱序，诸名宦作序颇受关注。谱本系宣纸四开本，十二卷珍本。谱存建瓯市房道镇房道村部。

2. 浙江龙游县庙下乡《大竹坞雷氏宗谱》

宋咸淳三年（1267年）始修，历经十次续修。民国八年（1919年）十一修，龙游雷廷科主修，1册，4卷。谱卷由家宝、奉天敕命、谱序、谱论辑要、凡例、条规、族规、诸公像图、墓图、世系图、行传等内容组成。谱载：雷氏两大支族，一是五十世孙雷存裔迁徙至福建宁化肇基创业，立为一世，传至二十一世孙繁衍生息；二是五十世孙雷久征（徵）迁徙至福建上杭开基创业，立为一世，第十世孙雷旺春于清雍正三年（1725年）从上杭迁徙浙江龙游县大竹坞开基创业。十一修谱本系龙游李长仑刻本。草纸线装，楷体墨书。页面35cm×25cm，版框29cm×21cm，四周单栏，9行23字。白口，有口题、鱼尾、卷数、页码、堂名。保存完好。谱存龙游县庙下乡长生桥村雷姓村民处。

3. 浙江衢州市七里乡《上门雷氏宗谱》

元（后）至元三年（1337年）始修，主修人不详；二修谱传世情况不明；清光绪四年（1878年）续修，衢州雷德盛等主修，1册，不分卷，187页。谱卷由目录、谱序、源流序、祠记、谱例、排行字辈、像图、祠产、太公赞、世系、行传等组成。谱载：由福建宁化、清流、上杭于清乾隆十四年（1749年）迁至浙江衢州西安（今柯城）玉泉乡兴贤里社上门村开基创业，传至三十四世“世”字辈，该支雷氏先民与汉族客家有一定的关系。续修谱本绵纸线装，楷体墨书。页面 36cm×26cm，版框 28.5cm×20.5 cm，四周双栏，9 行 14 字。白口，有鱼尾、口题、卷数、页码及续修年份。略有残损。谱存衢州市柯城区七里乡上门村雷姓村民处。

4. 福建上杭县太拔镇《崇厦雷氏族谱》

明初始修，雷开宪主修；明弘治年间（1488—1505 年）二修，雷兆达、雷兆忽主修；明崇祯二年（1629 年）三修，雷升主修。谱卷由谱序、修谱弁言、凡例、名讳行序、世系图、世祖事迹等内容组成。谱载：雷存裔由宁化迁至清流永德图下都五家坊开基，被奉为清流一世祖；十四世孙雷万三十七郎生三子，长子雷久徵迁至上杭崇厦，为崇厦一世祖。谱本本色草纸，楷体墨书。谱存上杭县太拔镇崇厦村雷姓村民处。

5. 福建上杭县蛟洋镇《大坪雷氏族谱》

明初始修，雷开宪主修；明崇祯二年（1629 年）二修，雷升主修；清乾隆五年（1740 年）三修，雷在南主修；清道光十三年（1833 年）四修，雷如金主修；1998 年五修，雷进高主修。谱载：从太始祖雷宪开始，至七世孙雷甫迁入宁化，至十二世孙雷存裔迁至清流（奉一世祖）。十五世孙雷久征（徵）（雷八十郎）分迁至上杭县胜运里（今太拔镇）曾坑，后分迁到崇厦开基。其六世孙雷签二郎分迁至上杭县蛟洋镇大坪村，为大坪村一世祖。谱本记录十世前与《崇厦雷氏族谱》同，历代有连续记录。1985 年前后雷石麟（泉声）、雷隆声、雷进生分别修录记载自家一系的家谱。五修时把全村人都纳入谱中，部分没有家谱的，按历代墓碑记录补齐。四修本系宣纸线装，手写墨书，已有缺损，存蛟洋镇大坪雷椿荣家中。五修本 16 开，存电子文档，纸质谱卷存上杭县蛟洋镇大坪村部。

6. 福建上杭县才溪镇《溪北雷氏族谱》

明初始修，雷开宪主修；明弘治年间（1488—1505 年）二修，雷兆达、雷兆忽主修；明崇祯二年（1629 年）三修，雷升主修；1987 年四修，雷义声主修；2011 年五修，雷胜主修。谱卷由谱序、谱论、凡例、名讳行序、世系图等内容组成。谱载：才溪历史上第一个举人雷史修，创办了才溪乡时雨学校（现才溪中心小学）并修建了古建筑雷氏宗祠。谱卷本色草纸，四开本，楷体手书。谱存上杭县才溪镇溪北村部。

7. 福建宁化县城南镇《茜坑村雷氏宗谱》

明成化十六年（1480 年）始修；明万历年间（1573—1620 年）二修；清顺治年间（1644—1661 年）三修；清康熙年间（1762—1722 年）四修；清乾隆年间（1936—1795 年）五修；清嘉庆年间（1796—1820 年）六修；清光绪年间（1875—1908 年）七修；民国三年（1914 年）八修，雷用章主修，雷捷飞等核校，1 册，8 卷。八修谱卷由序文、凡例、族规、源流及领谱字号等内容组成。谱卷一至卷五为世系表；卷六为祠图、屋图、行状录及各房传序；卷七记载宁化雷氏祖及本支各房祀产；卷八为坟图、墓志铭、墓表、跋等，记述宁化畲族雷氏的迁徙过程，其中有雷鋐的撰文及传记。谱本系民国三年芳钦堂刻本，本色竹纸，线装，楷体墨书。页面 31cm×21cm，版框 24.5cm×17cm，四周双栏，9 行 22 字。白口，有黑鱼尾及书名、卷数、标题、页码、书铺名号。谱本保存基本完整。谱存宁化县城南镇茜坑村雷姓宗祠。

8. 福建上杭县临江镇《雷氏梓福公家谱》

明弘治八年（1495 年）始修；明万历二十四年（1596 年）二修；清康熙四十四年（1705 年）三修；民国元年（1912 年）四修，上杭雷熙春、雷国瑞主修，1 册，7 卷。四修谱本卷一有沪军都督陈其美、上杭知事徐秉衡等人撰写的新旧序文 11 篇，以及凡例、家训；卷二为艺文；卷三为人物志；卷四至卷六为世系表；卷七为补遗和跋。谱载：雷梓福于元初（又称宋末）入闽，奉为入闽第一世祖，初就宁化，再迁上杭，至民国元年传至二十三世子孙繁衍生息。四修谱本系李洲记刻本，张茂棠印刷。本色竹纸线装，楷体墨书。页面 28.5cm×20.5cm，版框 25cm×17cm，四周双栏，16 行 19 字。白口，有黑鱼尾及书名、卷数、标题、页码。保存完好。

谱存上杭县临江镇雷姓村民处。

9. 福建光泽县华桥乡《大禾山雷氏宗谱（石城雷氏重修族谱）》

明嘉靖十七年（1538年）始修，江西赣州石城雷氏后裔雷圣池主修；清乾隆二年（1737年）二修；清乾隆四十三年（1778年）三修；清道光二十九年（1849年）四修；清光绪二十九年（1903年）五修。二修本1册，不分卷。谱卷由源流、凡例、宗规、家训、字派以及人物传记等内容组成，主体部分为该支系的世系、世传，卷末有跋。当时官员作序受人关注，卷首序文5篇，有明嘉靖十七年石城知县李一龙作序、明嘉靖三十九年（1560年）宁化知县潘时宜作序以及清雍正十一年（1733年）进士陈倓榜、翰林院编修雷鋐作序。谱载：唐末，雷氏由江西南昌迁至福建宁化。先祖雷详生八子，长子雷伯泰的后裔雷昺郎于南宋绍兴年间（1131—1162年）回迁江西居赣州石城，该谱奉其为一世祖。第十六世孙雷茂琳，于清康熙四十四年（1705年）偕其子再迁福建，为光泽雷氏始迁人。现存清乾隆二年刻本，本色草纸线装，楷体。页面38.5cm×27cm，版框30cm×21cm，四周单栏，11行24字。白口，有黑鱼尾及书名、卷数、标题、页码。保存基本完好。另有清光绪二十九年谱卷，均由光泽县华侨乡大禾山村碗窑村民小组一雷姓村民珍藏。

10. 福建宁化县水茜镇《庙前雷氏族谱（石城上坑五修谱）》

明嘉靖二十九年（1550年）始修；清康熙五十七年（1718年）二修；清乾隆二年（1737年）三修；清乾隆四十三年（1778年）四修；清道光二十九年（1849年）五修；1989年六修。谱卷由谱论、凡例、谱志弁言、行第名序、世系图、世祖事迹等组成。谱载：奉雷宪为一世祖；七世孙雷甫为宁化始祖；十四世孙雷昺郎为江西石城雷氏始祖；二十一世孙雷能荣于清道光年间（1821—1850年）由江西石城迁至福建建宁南乡都上堡崇德坊（今建宁伊家乡伊家村），为建宁雷氏始祖。谱本系四开线装本，楷体墨书，保存基本完好，存宁化县水茜镇庙前村雷德胜处。

11. 浙江景宁畲族自治县东坑镇《吴山头雷氏族谱》

明万历十二年（1584年）始修；二至六修谱卷传世情况不详；清宣统元年（1909年）七修，景宁雷月兴、雷加文主修，1册，不分卷，110页。谱卷由新旧序、凡例、开山公据、祠序、始祖像图、坟图、世系图、行传等内容组成。谱载：修谱的宗义与规范、历代帝皇纪、历代先祖迁徙路线等；老序叙述太祖从广东海阳徙居福建罗源等地的情况；新序载明万历四十年（1612年）雷德颂、雷德连等从福建罗源迁至浙江景宁二都油田仑基洋，清顺治十六年（1659年）雷兆云等分迁至吴山头开基创业。谱本系景宁雷秉镕抄本，本色草纸，布面线装，楷体墨书。页面25.5cm×18cm，版框22cm×12cm，四周单栏，9行18字。白口，有口题、页码。保存完好。谱存景宁畲族自治县东坑镇吴山头村雷姓村民处。

12. 浙江桐庐县百江镇《金塘坞雷氏宗谱》

明万历十四年（1586年）始修，后有九次续修。清光绪二十六年（1900年）十修，景宁包凤雷玉麟主修，1册，不分卷，247页。谱卷由谱序、凡例、九次修谱的时间及编撰者姓名、后续五服图、目录、新谱序、迁徙序等内容组成。谱载：以世系图为主体，自清代起名讳旁均记有生卒时间；景邑包凤村图、祖像及潮州府海洋县会稽山七贤洞祖坟图等；雷氏自广东潮州迁至福建福州罗源，雷进明于明万历三十四年（1606年）由罗源迁至浙江景宁包凤，后裔分迁至平阳、遂昌、丽水等地的繁衍过程。谱本为景宁王畈雷秉镛抄本。绵纸线装，楷体墨书。页面25cm×15cm，版框23.5cm×14cm，四周单栏，8行20字。白口，有鱼尾（手绘）、口题、篇目等。保存完好。谱存桐庐县百江镇金塘坞村雷姓村民处。

13. 浙江景宁畲族自治县鹤溪镇《包凤雷氏宗谱》

明万历十四年（1586年）始修，后有九次续修；清光绪二十六年（1900年）十修，景宁雷玉麟、雷振明主修，1册，不分卷，256页。谱卷由谱序、开山公据、凡例、迁徙序、世祖像图、坟图、世系图、行传等内容组成。谱载：先祖于唐代从辛虞县普城山始迁，经江西道州，湖南茶陵，广东揭阳，福建连江、罗源等地，八次迁徙；明万历十四年雷进明从罗源迁至浙江景宁包凤开基创业，裔孙分迁至泰顺、平阳、青田、龙游、遂昌等地繁衍生息。谱本为景宁雷秉荣抄本。绵纸线装，楷体墨书。页面29.5cm×19.5cm，版框23cm×16cm，四周双栏，8行17字。白口，有口题、页码。保存完好。谱存景宁畲族自治县鹤溪镇包凤村雷姓村民处。

14. 福建宁化县中沙乡《下沙雷氏支谱》

明万历三十八年（1610年）始修，主修人不详；二至七修本传世情况不详；民国二十九年（1940年）八修，雷信芹、雷启寰主修，宁化雷兴谐等核校，1册，3卷。八修谱卷一完整保留八修宗谱的新旧序文以及雷氏源流、族规、人物传记、寿序、祠图、祀产、碑记等。卷二、卷三为雷氏远祖世系传及本支系世系表，记述宁化畲族雷氏先祖雷焕支系从晋武帝时期到宋淳化年间（990—994年）的迁徙路线。谱本系民国二十九年佚名刻本。本色竹纸，普通线装，楷体墨书。页面40cm×27.5cm，版框34.5cm×20.3cm，四周双栏，16行31字。白口，有黑鱼尾及书名、卷数、标题、页码。保存尚好，部分页面有残损。谱存宁化县中沙乡下沙村雷氏家庙。

15. 浙江丽水市莲都区岩泉街道《利山雷氏宗谱》

明崇祯八年（1635年）始修；清光绪三十一年（1905年）续修，雷骑焕主修，1册，不分卷，105页。谱卷由旧序、新序、行传、谱赞、凡例、明朝岁君纪、五服图、祖公像图、祭田清单、焕公传赞、内外纪、排项字母位数、发谱单等内容组成。谱载：雷氏先祖原住福建罗源，明万历三十年（1602年）迁至浙江景宁，清康熙三十七年（1698年）冬迁至丽水利山，后裔分迁至泰顺、青田、松阳、云和等地繁衍生息。续修本系景宁雷秉镛抄写本。白纸线装，楷体墨书。页面27cm×20cm，版框23cm×15cm，四周单栏，8行23字。白口，有花鱼尾（手绘）、口题、目录等。保存完好。谱存丽水市莲都区岩泉街道后甫村雷姓村民处。

16. 浙江景宁畲族自治县东坑镇《黄山头雷氏家谱》

清康熙十六年（1677年）始修，潘兰怀主修；清康熙五十四年（1715年）二修，徐庭元主修；清乾隆三十八年（1773年）三修，吴正玉主修；民国八年（1919年）四修，蓝光朝主修，1册，不分卷，116页。谱卷由谱序、历代帝皇纪、敕封胜牒、地舆图、世系等内容组成。谱载：该支始祖雷元丰原住福建连江，于明正德年间（1506—1521年）迁徙至浙江景宁五都三石洋开基。其子于明万历二年（1574年）迁居景宁五都叶头山，玄孙于清康熙十三年（1674年）迁居景宁黄山头李村外后峰繁衍生息。谱本系蓝光朝抄本。白色绵纸，布面线装，楷体墨书。页面26.5cm×25cm，版框25cm×24cm，无边栏，11行13字。保存基本完好。谱存景宁畲族自治县东坑镇黄山头村雷姓村民处。

17. 浙江龙游县沐尘畲族乡《金岭脚雷氏宗谱》

清康熙十七年（1678年）始修，主修人不详；清光绪四年（1878年）续修，龙游雷元发、雷盛贵等主修，1册，3卷。谱卷由目录、重建盘祠旧序、雷氏始祖谱序、世像图、墓图、太公坟图、雷氏地基记、领谱字号、世系图、行传等组成。谱载：先祖寿公派下迁至广东潮州吉杨高桥横坑居住数十代，小十九公于清顺治年间（1644—1661年）从浙江遂昌迁徙至龙游南乡金岭脚开基创业，该谱奉其为一世祖，裔孙传至第九代“启”字辈期间繁衍生息。谱本为清光绪四年龙游卢美通刻本。草纸线装，楷体。页面33cm×25cm，版框27cm×21cm，四周单栏，11行19字。白口，有黑鱼尾、口题、卷数、页码、堂名。谱卷缺损。谱存龙游县沐尘畲族乡金岭脚村雷姓村民处。

18. 福建古田县黄田镇《马头山雷氏宗谱》

清康熙二十五年（1686 年）始修，主修人不详；清乾隆三十三年（1768 年）二修；清咸丰八年（1858 年）三修。谱载：雷法溪的儿子雷法太、雷法在，于明末由福建漳州龙溪二十五都青草地迁居至古田县三十都溪裡坊（又名乌坪尾、鸭群石）。后裔分迁至古田五斗、招坑、大栋，南平后洋镇赤岭、水南街道罗源村、横坑等地。族人首排行第为“大百千万念”，周而复始，未曾派明字讳。二修时通族祭奠祖先，族人雷永德、雷响明、雷子迈、雷陈生、雷从孔、雷廷相等商议于上轮，新修字讳相兼，行第名讳为“士行能世天志远”，字序为“绍道调学彝德安”，要求字讳行第各房一二依凭，以明昭穆。三修记述：“惟古邑四都马头村，至法溪公始祖十二世孙和众族等修排行第也。”续讳：承祖继建达荣遗存孝泰。续字：接久长春开茂盛兴利旺。谱本系本色草纸，普通线装，楷体墨书，保存基本完好。谱存古田县黄田镇马山头村雷姓宗祠。

19. 福建宁化县泉上镇《泉永雷氏支谱》

清康熙四十年（1701 年）始修；清乾隆二十八（1763 年）二修；清嘉庆十六年（1811 年）三修；清道光二十年（1840 年）四修；清光绪元年（1875 年）五修，邑庠生杨元勋主修，宁化雷华武等核校，共 6 卷。五修谱今存卷一、卷六。卷一由新旧序文、凡例、族规、碑记、乡图、祠图和八大祖分房世系表组成，谱载宁化雷氏八大祖之六祖雷伯御的次子雷彦益迁居泉永（旧名温泉），该支系人称“西雷”，雷彦益即为西雷始祖。卷六详尽记载历代坟图及坟山、祀产等情况。谱本系江右南昌进色胡吉星堂刻本。本色竹纸线装，楷体。页面 32.7cm×19.3cm，版框 29.5cm×15cm，四周双栏，9 行 22 字。白口，有黑鱼尾、书名、卷数、标题、页码。部分页面有残损。谱存宁化县泉上镇泉永村雷姓村民处。

20. 福建寿宁县坑底乡李家洋村《风云坑（林枫坑）雷氏支谱》

清康熙五十年（1711 年）始修；清嘉庆十八年（1813 年）二修；清咸丰九年（1859 年）三修，清光绪三十一年（1905 年）四修，寿宁雷国盛、雷飞龙主修，不分卷，1 册，87 页。谱卷由先祖图像、宗祠图像、坟茔图像、先祖神话传说、雷氏源流简介、世系的世传字头、族规、后记等内容组成。谱卷以风云坑雷氏支系的世系表为主体，记述一世祖雷进元于明代从福建福州黄家山迁徙至浙江温州、丽水等地繁衍的情况，以及八世祖雷有林于清嘉庆十二年（1807 年）回迁福建，居寿宁风云坑的情况。谱本系浙江泰顺鳌岭蓝骥丽手写本。本色草纸，普通线装，行体墨书。页面 31cm×21.5cm，9 行 16 字。保存完好。谱存寿宁县坑底乡李家洋村林枫坑雷姓村民处。

21. 福建福安市社口镇《坑里坑雷氏宗谱》

清道光二十四年（1844 年）始修，已散失，主修人不详；清同治六年（1867 年）续修，福宁府儒学生员王蕙芬主修。谱卷由谱序、谱论、行第、世系图等组成。主体部分为坑里坑雷氏世系支图，系福安穆云畲族乡后舍雷氏支系。谱载：明正德十年（1515 年），雷法龙由福安穆阳函竹坪经壶坪丘迁入，为坑里坑雷姓始祖。其子分天、地、人三房，地房雷邦信子孙的繁衍情况。至于雷法龙之前，“远而难稽，是以阙其不知”。谱卷为王蕙芬手写本，本色草纸线装，楷体墨书。保存完好。谱存福安市社口镇坑里坑雷氏祠堂。

22. 福建连江县坑园镇《洪江（红厦）雷氏谱图》

清乾隆九年（1744 年）始修，利甲、利发主修；清光绪二十三年（1897 年）重修，主修人不详。谱卷由谱序、谱论、名歌序、世祖事迹等内容组成。世系图记录了明永乐年间（1403—1424 年）至明崇祯年间（1628—1644 年），雷起云家族从广东到福建连江马鼻上岸，在闽侯菜岭（今属福州晋安区寿山乡）居住近百年，后裔迁徙至连江、罗源、福鼎等闽东一带繁衍生息的基本情况。谱本宣纸普通线装，楷体墨书，16 开。谱存连江县坑园镇红厦村雷姓村民处。

23. 福建连江县小沧畲族乡《七里雷氏族谱》

清乾隆九年（1744年）始修，主修人不详。谱卷系清道光三十年（1850年）续修，雷自盛主修，1册，不分卷，124页。清同治十三年（1874年）重修，余修银主修。抄本主体部分为世系图。谱载：三十六世孙雷进轩于明崇祯年间（1628—1644年）由尖山迁居小沧畲族乡七里村，后裔回迁尖山。该谱奉三十九世孙雷崇久、雷崇兴为七里村开基祖，是时已繁衍至第四十六世“廷”字辈，后人在原谱世系图中补记至清光绪年间（1875—1908年）。谱卷本色草纸线装，楷体墨书，为32开手抄本。谱存连江县小沧畲族乡七里村部。

24. 福建福安市社口镇《牛三湾雷氏宗谱》

清乾隆九年（1744年）始修，戴必主修；清道光二十四年（1844年）二修，杨开元主修；清光绪四年（1878年）三修；民国九年（1920年）四修，郭汾钟主修。谱卷由新旧谱序、修谱赞、雷氏源流总图、牛三湾雷氏世系图等组成。谱载：奉雷大八为第一世祖，其于明代居福宁，始迁福安九都南山。二世祖雷孟云兄弟迁至长坑、上坪。四世祖雷日光兄弟七人散居周边村落，其中雷日贤携次子雷仲恒于清雍正二年（1724年）迁至燕窝，清乾隆八年（1743年）再迁牛三湾，为当地开基祖，是时已传至第十一世。二修谱1册，不分卷，40页。谱本为手写本，本色草纸线装，楷体墨书。页面48cm×38cm，20行20字。保存基本完好。谱存福安市社口镇牛三湾村头宫。

25. 江西吉安市青原区东固畲族乡《蔡背雷氏六修族谱》

清乾隆十三年（1748年）始修，主修人不详；二至五修本传世不详；清光绪二十九年（1903年）六修，刘其原主修，1册，6卷，600余页。谱卷由新旧序言、仕宦录、凡例、新传、祖坟图、墓志铭、修谱告文、修谱执事名目、源流总图等内容组成。卷二、卷三、卷四、卷五、卷六为世系表，后为谱跋。谱载：世系表中以雷亦和为第一世祖，居福建漳州漳平居里仁。十一世孙雷鸣旺于明万历元年（1573年）从福建上杭迁入江西庐陵纯化乡八十都方石岭，而后子孙繁衍至第二十四世。谱本本色草纸线装，楷书。页面44cm×29cm，版框35cm×25cm。保存完好。谱存吉安市青原区东固畲族乡三彩东黄寨雷姓村民处。

26. 浙江龙游县溪口镇《眠犬形雷氏宗谱》

清乾隆四十八年（1783年）始修，经多次重修。民国二十九年（1940年）续修，雷大鸣主修，1册，3卷。续修谱卷由谱序、凡例、家训、太公遗像图、赞词、墓图、祠产、内纪支图、行传等内容组成。谱记述一百三十七代裔孙娶葬、迁徙等情况。先祖从广东海阳迁至福建罗源，再迁徙至浙江景宁，历经云和、遂昌，再迁宣平黄家弄开基创业，直至清光绪年间（1875—1908年）迁至眠犬形居住。谱本系民国二十九年佚名刻本。草纸线装，楷体墨书。页面24.5cm×20.5cm，版框23.5cm×17cm，四周单栏，11行22字。白口，有鱼尾、口题、卷数、页码及重修年份。谱本有残缺。谱存龙游县溪口镇眠犬形村雷姓村民处。

27. 福建泉州市洛江区河市镇《厝斗村雷氏族谱（惠安〈丰山雷氏族谱〉）》

清乾隆二十八年（1763年）首修，陈雪观主修，雷信国、雷殿邦核校。谱卷由谱序7篇、雷氏谱论、百世行第字号目录、丰山雷氏世系图等内容组成。谱载：明万历年间（1573—1620年），雷日升自漳州徙居泉州惠安产坑乡（今仙游县园庄镇）开基，为一世祖；三世祖雷光显开基惠安岭北酒运；三世祖雷光辉和四世祖雷天诚开基晋江四十四都白洋社新寮（今新辽）；四世祖雷天遴开基晋江四十六都雀目桥；四世祖雷天赐约于清康熙三十九年（1700年）至清康熙五十九年（1720年）开基晋江四十四都白洋社厝斗；四世祖雷天统开基晋江四十四都坂头社小溪西；六世祖雷恭援开基晋江四十四都白洋社头。谱排列行第一百世，记述至九世子孙繁衍生息的基本情况。谱卷为手写本，本色草纸线装，楷体墨书。卷首卷尾缺页。谱存泉州市洛江区河市镇厝斗村小梧洋祖宅。

28. 广东南雄市邓坊镇《雷氏四修族谱》

清乾隆二十八年（1763 年）始修，主修人不详；二、三修传世情况不详；清光绪二十三年（1897 年）四修，南雄雷云台、雷会通主修；民国二十五年（1936 年）五修；1998 年六修；2019 年七修。四修谱 1 册，5 卷。谱卷由目录、谱序、行状、寿赞、新派、领谱字号等内容组成。谱载："雷氏族谱源流序"中，义公为鼻祖，忠公定宅于汀州上杭东门外瓦子街；元末明初，雷肇春由福建上杭迁至吴之龙南滂坑，娶朱氏与苏氏，生子八，八公复迁居始兴，又复分支演流派，故族谱止就隆原贞川四公子孙之在吴粤者；家训定制族规 21 条；"像图"有雷义、雷万春、雷肇春及朱氏孺人等 4 幅画像；"服制图"有丧服总图、本宗九族五服正服之图、妻为夫族服图等 6 幅；"诰封"有 10 幅等。谱本绵纸线装，楷体墨书。页面 45.5cm×39cm，四周双栏，11 行 17 字。白口，有墨鱼尾、口题、目录、卷数。谱存南雄市邓坊镇赤石村。

29. 湖南郴州市汝城县热水镇《星火雷氏族谱》

始修本至四修本传世情况不详；清乾隆二十八年（1763 年）五修，达天、继贤、熏沐主修，汝城雷氏族人核校，2 册，2 卷，1108 页。五修谱卷由源流序、隆原贞川四房合修序、三修族谱源流序、三四五修族谱序、谱跋、传赞、敕书、宦录、族规、先世图像、排行、派序、支图、行第等内容组成。谱载：雷姓祖先从福建汀州上杭崇厦才溪村迁至江西龙南，生八子，分居广东南雄、始兴，后裔又从广东南雄迁居湖南汝城热水定居。谱本系南雄汉兴印务局汇源书报馆刻本。木色绵纸，普通线装，楷体墨书。页面 29cm×42.5cm，版框 23cm×34cm，四周双栏，8 行 19 字。白口，有花鱼尾、口题、卷数、页码和重修年份。封面残损。谱存郴州市汝城县热水镇星火村冬青树下组雷姓村民处。另有旧刻本同存，主修人不详，10 行 18 字。

30. 广东始兴县马市镇《涝洲水雷氏五修族谱》

该谱与南雄市邓坊镇《雷氏四修族谱》始修及续修时间同步。五修谱修于民国二十五年（1936 年），始兴雷诗雅主修，1 册，6 卷。谱卷由源流序、谱序、规条、敕书、肇春公始祖十八代源流图、像图、历代奉天诰命、长坑口山场批示、族谱首事芳名录等内容组成。族谱记述雷万春、雷肇春等始祖开基创业，至十八世孙繁衍生息的基本情况。谱本系民国二十五年佚名刻本。草纸线装，楷体墨书。页面 43cm×24cm，四周单栏。白口，有墨鱼尾、口题、目录、卷数。第一卷内边四周有"双喜"字样及雕花花纹。保存完好。谱存始兴县马市镇涝洲水村雷姓村民处。

31. 浙江龙游县沐尘畲族乡《上夫岗雷氏宗谱》

清乾隆三十三年（1768 年）始修，传世情况不详；清光绪五年（1879 年）续修，龙游雷顺益主修，1 册，3 卷。谱卷由谱序、世系图、行传等组成。谱载：序文言及远祖神话传说，太祖从广东海阳始迁，经福建罗源，浙江平阳、遂昌等地游居；世系及行传，雷世魁由遂昌十七都高山龟山脚迁徙至衢州龙游县三十四都上夫岗开基创业，至十二世裔孙。续修本为龙游雷启盛刻本，草纸线装，楷体墨书。页面 32.5cm×24.5cm，版框 29.5cm×20cm，四周双栏，8 行 24 字。白口，有黑鱼尾、口题、卷数、页码。谱存龙游县沐尘畲族乡上夫岗村雷宗生处。

32. 浙江武义县柳城镇《下湖源雷氏宗谱》

清乾隆四十八年（1783 年）始修，二修、三修传世本不详。民国二十一年（1932 年）四修，雷明云主修，1 册，3 卷。谱卷由序文、藏谱名次、祠图并祠纪、造祠捐款、春冬二祭捐款、源流序、清嘉庆八年（1803 年）考试给札并布告、凡例、家规、行状、行略、传赞、图像、坟图、祀产、取名字目、系图、行第等内容组成。谱载：始祖出自广东海阳，后经福建迁至浙江景宁、云和；至雷朝惠后裔雷日振，于清乾隆元年（1736 年）自云和乔迁至宣平下湖源（今属武义县）居住。谱卷记有宣平县令吴楚椿的《畲民考》。谱本系民国二十一年刻本。白色绵纸，布面线装，楷体墨书。页面 35cm×25cm，版框 29.5cm×20cm，四周双栏，11 行 23 字。白口，有花鱼尾、口题、卷号、目录及重修年份。保存完好。谱存武义县柳城镇郑草弄村雷姓村民处。

33. 浙江丽水市莲都区老竹畲族镇《赤坑雷氏宗谱》

清乾隆四十八年（1783 年）始修，主修人不详；民国二十一年（1932 年）重修，雷明云主修，1 册，3 卷。谱卷由谱序、祠图并祠纪、源流序、清嘉庆八年（1803 年）考试给札并布告、凡例、家规、行状、行略、传赞、像图、坟图、祀产、取名字目、世系图、行传等内容组成。谱载：世祖于明洪武年间（1368—1398 年）自广东海阳经福建迁至浙江景宁居住，后裔于明万历四十年（1612 年）由景宁迁至云和、遂昌，后分迁至龙游县及平阳县；清顺治十三年（1656 年）迁至宣平县；清乾隆元年（1736 年）迁至宣平县下湖源发族。谱本系宣邑庠生潘定干活字印刷本。白色草纸，布面线装，楷体墨书。页面 36cm×24cm，版框 29cm×20.5cm，四周单栏，11 行 23 字。白口，有花鱼尾、卷数、页码与重修年份。谱存丽水市莲都区老竹畲族镇赤坑村雷姓村民处。

34. 浙江文成县黄坦镇《底庄雷氏宗谱》

清乾隆五十二年（1787 年）始修，主修人不详；清光绪二十年（1894 年）二修，文成雷永鹄主修，1 册，不分卷，85 页；民国三十四年（1935 年）三修，主修人不详。二修谱卷由目录、原序、雷君永鹄倡辑宗谱序、粤东祠据、谱例十则、附列本宗谱历代名人、重勒平邑署前碑示、雷氏宗谱行次、世系图等内容组成。谱载：该支族属文成县旁边垟支系，于清初自平阳桥墩莒溪十八家（今苍南县莒溪镇上村）迁入后，子孙繁衍生息。谱本系文成赵世琴刻本。草纸线装，楷体墨书。页面 30cm×20cm，版框 24cm×15cm，四周双栏，10 行 22 字。白口，有口题、重修年份。残损较严重。谱存文成县黄坦镇底庄村雷姓村民处。

35. 福建光泽县司前乡《积谷岭雷氏族谱》

清乾隆六十年（1795 年）始修，积谷岭家族后裔雷先敬主修；清同治元年（1862 年）续修，1 册，不分卷。谱载：元代福建建瓯有雷氏望族，雷机、雷杭兄弟人称“雷门易”，元末雷机及其子雷灿相继宦居泉州，子孙遂分居当地。至明末清初兵荒马乱，后裔雷雪卿携眷徙居光泽积谷岭。谱奉雷机为泉州始祖，奉雷雪卿为光泽雷氏开基祖。始修谱仅存世系图、先祖实录和跋，续谱基本补上始修谱的残缺。续谱卷本色草纸线装，楷体。页面 30.5cm×21cm，版框 27cm×19cm，四周单栏，11 行 24 字。白口，有黑鱼尾及书名、标题、页码。谱存光泽县司前乡司前村积谷岭雷姓村民处。

36. 福建福安市穆云畲族乡《后舍雷氏宗谱》

清嘉庆元年（1796 年）始修，雷朝金、雷朝灼、雷朝言主修；清道光五年（1825 年）二修；清光绪十年（1884 年）三修，雷树祥、雷树延、雷树榛、雷肇洧主修；民国五年（1916 年）四修，雷肇浦、雷肇渚、雷肇洛主修；1955 年五修，雷为唐、雷邦广、雷邦枝、雷长通主修；1986 年六修。二修谱卷 1 册，不分卷，108 页。谱卷由谱序、清乾隆三十九年（1774 年）《福宁府霞浦县石碑文》和《福宁府福鼎县石碑文》、历朝名宦录、先儒重谱论、族规、家范十则、世系（支谱引、坑里坑开基始祖世系总图）等内容组成。谱载：雷凤岭于清康熙年间（1662—1722 年）由福安十五都赤垅（今属宁德蕉城，一说是福安坂中畲族乡许洋村月斗）迁入后舍，为本支派的开基祖。谱本本色草纸普通线装，楷体墨书。页面 33cm×43cm，11 行 24 字。保存完好，现存二至六修谱卷 9 部。谱存福安市穆云畲族乡科后村后舍雷氏祠堂。

37. 福建福安市康厝畲族乡《红坪村（南坪）雷氏宗谱》

清嘉庆五年（1800 年）始修，主修人不详；清道光十八年（1838 年）二修，冯祚球主修；清同治九年（1870 年）三修，福安雷士绿等主持修纂，寿宁漈水生员夏廷钧主修；民国三十六年（1947 年）四修，钟良知主修。三修本 1 册，78 页。谱卷由重修谱序、地势赞、祠引、世系图和讳字行第等组成。谱载明正德十年（1515 年），雷得魁由福安穆阳函竹坪、壶坪丘始迁南坪、大岚兴居立业，为当地启基之祖，并分述其子分智、仁、勇三房后裔繁衍情况。三修本系夏廷钧手写本。本色草纸线装，楷体墨书。页面 39.5cm×34.5cm，11 行 20 字。保存完好。谱存福安市康厝畲族乡红坪村雷氏祠堂。

38. 浙江龙游县占家镇《浦山雷氏宗谱》

清嘉庆五年（1800 年）始修，传世情况不详；民国十年（1921 年）续修，主修人不详，1 册，不分卷，59 页。谱卷由谱序、太古遗风、本宗世系图、命名字头等组成。谱载：八世祖迁徙至福安二十一都开基，后移居福安仙石、大林、岭门、坑篼九筒、金斗洋等地。九世祖雷钦恒由福安金斗洋迁徙至龙游五都二图占家浦山定居，传至十三世“祥”字辈。谱本系福安钟肇基抄本。草纸线装，楷体墨书。页面 31cm×24cm，版框 26.5cm×19.5cm，四周双栏，8 行 19 字。白口，有鱼尾。有残缺。谱存龙游县占家镇浦山村雷姓村民处。

39. 福建松溪县溪东乡《雷畲村雷氏宗谱》

清嘉庆十五年（1810 年）始修，雷云樑主修；1992 年由十八世孙重修，雷宠昌主修。谱卷由谱序、谱论、名歌字歌序、世系图、世祖事迹等内容组成。谱载：元泰定三年（1326 年），雷桂由浙江景宁迁至雷畲村肇基立业，子孙后裔二十余世繁衍生息。始修本系宣纸普通线装，楷体墨书。谱存松溪县溪东乡雷畲村雷姓祖宅。

40. 福建霞浦县崇儒畲族乡《霞坪雷氏宗谱》

清嘉庆十六年（1811 年）首修，清同治十二年（1873 年）续修。谱载清嘉庆十六年末岁次端月湾阳孔康敬录长溪林向渠石亭氏撰《雷氏族谱序》、明清纪年、宗规、宗乘例言、叙明从前排行序、地界、条训规则、先儒谱论、颁排行序、世系支图等。谱卷宣纸普通线装。谱存霞浦县崇儒畲族乡霞坪村祖宅。

41. 福建福安市坂中畲族乡《月斗雷氏宗谱》

清道光五年（1825 年）始修，林凤桂主修；民国二十六年（1937 年）续修，雷一声主修；2015 年重修。续修谱卷由新旧序文、源流、族规、人物传记、寿序、祠图、碑记等内容组成。谱载：清康熙年间（1662—1722 年），雷迷由福安十五都赤墈（今属宁德蕉城区）迁入。续修谱本系本色宣纸普通线装，16 开，楷体墨书。保存基本完好。谱存福安市坂中畲族乡许洋村月斗宗祠。

42. 福建福安市坂中畲族乡《后门坪雷氏宗谱》

清道光五年（1825 年）始修，林峰桂主修；清咸丰二年（1852 年）二修，吴天恩主修；清光绪二十三年（1897 年）三修，郑仁凤主修；民国二十四年（1935 年）五修，浙江泰顺钟英、林凤翰主修，1 册，不分卷，147 页。四修谱卷由目录、例言、规训、雷氏源流序以及新旧谱序 4 篇、世系图等内容组成。谱载：世系图奉雷光清为第一世，宦居广东韶州。至二十一世孙雷城，字君生，清顺治八年（1651 年）由福安十五都赤墈迁入刘坑坪（即后门坪），为当地开基祖，“福安各处皆公派也”。雷城生五子，分为金、生、丽、水、玉五房。谱本系民国二十四年泰顺钟英、林凤翰手写本。本色草纸，布面线装，楷体墨书。页面 58cm×42.5cm，16 行 28 字。保存基本完好。谱存福安市坂中畲族乡后门坪村雷氏祠堂。

43. 浙江丽水市莲都区老竹畲族镇《赤坑村（湾山）雷氏宗谱》

清道光八年（1828 年）始修；清同治十二年（1873 年）二修；民国三十二年（1943 年）三修，主修人不详，1 册，不分卷，272 页。三修谱卷由源流序、谱图序、封诰、祠图、旧序、凡例、家规、传赞、像图、坟图、祀产、系图、行第、谱跋等内容组成。谱载：始祖于唐中和二年（882 年）由广东潮州经福建建宁迁至浙江龙泉，后又迁遂昌。后裔雷敬昌再迁宣邑九都老竹店下（今丽水市莲都区辖）。雷敬昌子孙迁居八都丁川湾山开基兴业，奉雷敬昌为鼻祖。谱本系民国三十二年北乡梓人吴方达活字印刷本。绵纸线装，楷体墨书。页面 36cm×24cm，版框 29cm×20cm，四周单栏，11 行 23 字。白口，有花鱼尾、页码、重修年份。缺封面，页码有数处无序。谱存丽水市莲都区老竹畲族镇赤坑村雷姓村民处。

44. 福建罗源县松山镇《苍岩（八井）雷氏宗谱》

清道光十二年（1832 年）始修，黄学翼主修。谱卷由序、族规、凡例、世系图、世祖事迹等内容组成。编修严江黄学翼撰序，有“汉置闽中……今人见其妇女异妆，音响殊俗，而以为盘瓠之遗类者也，乃谬乎”之语，直接将盘瓠传言斥为谬论，在古代有如此鲜明的唯物史观，实属难能可贵。谱载：明成化年间（1465—1487 年），雷安和由兴化迁入罗源小沃肇基，后迁居福州连江县赤岭，再迁至罗源县牛洋。清顺治年间（1644—1661 年），先后在罗源吕洞、沕溪、白塔尖山等处暂居。清康熙元年（1662 年）后裔回迁牛洋，分为福、禄两房。世系图奉福房雷安和为一世祖，记述至世系十一世之后子孙繁衍生息情况。谱本 16 开本，宣纸线装，楷体墨书。保存基本完好。谱存罗源县松山镇八井村雷氏宗祠。

45. 福建福安市穆云畲族乡《燕窝雷氏宗谱》

清道光二十四年（1844 年）始修，杨开源主修，雷玉明、岁贡生林枝一核校；清光绪十六年（1890 年）续修，江汝舟主修；民国八年（1919 年）三修，1 册，114 页，不分卷。谱由谱序、凡例、家训、雷氏总图、讳字行第等构成。主体部分为燕窝雷氏世系图，卷末有家族出场界址。世系图中奉雷大八为第一世，先世于明代居福宁（今霞浦县），始迁福安九都南山，“大八公以前远而难稽，略焉，不得不略也”。至四世祖雷日光兄弟七人散居周边村落。第九世孙雷日华、雷日寿于清雍正二年（1724 年）迁居燕窝，为当地开基祖。始修卷本色草纸线装，手写楷体墨书。页面 41.5cm×30.5cm，10 行 16 字。保存完好。谱存福安市穆云畲族乡燕窝村雷氏宗祠。

46. 浙江龙游县溪口镇《罗林岗雷氏宗谱》

清道光二十四年（1844 年）始修，始修本传世情况不详；清光绪六年（1880 年）续修，龙游雷德富、雷明泰主修，1 册，3 卷。续修谱一卷由原序、重修谱序、凡例、家训、太公像图、墓图、罗林岗志、阳基图等内容组成，二、三卷记世系图、行第等。谱载：雷进生从福建省罗源县返里麒麟山始迁，为一世祖，曾在浙江景宁、宣邑、遂昌等地居住。清康熙年间（1662—1722 年），六世祖雷日秀从遂昌十六都上高迁居龙游罗林岗开基创业。续修本系宣平吴攀柱刻本。草纸线装，楷体墨书。页面 36cm×26cm，版框 30.5 cm×21cm，四周双栏，9 行18 字。白口，有黑鱼尾、口题、卷数、页码。保存完好。谱存龙游县溪口镇罗林岗村雷姓村民处。

47. 浙江杭州市淳安县千岛湖镇《富泽雷氏宗谱》

清道光二十四年（1844 年）始修，主修人不详；清光绪十三年（1887 年）重修，雷腾息主修，1 册，不分卷，156 页。谱卷由新修谱序、道光谱序、家训、五服图、凡例、历代帝王统纪、赐封姓氏祖图公据、历朝封赠、讳字行第、历朝仕宦、雷氏总图纲、燕窝雷氏世系、日光公派下世系再提等内容组成。谱载：先祖从广东潮州迁至福建福宁、福安、龙溪等地，清光绪四年（1878 年）后，续迁至浙江龙游占家村、严州寿昌县西门大同村，最后至淳安县双村九亩丘。谱本系清光绪十六年（1890 年）杭州千岛湖富泽村江某手抄本。绵纸线装，楷体墨书。页面 33.5×32cm，版框 25.5cm×25cm，四周双栏，11 行 16 字。白口，有花鱼尾、口题、郡名等。保存基本完好。谱存杭州市淳安县千岛湖镇富泽村雷姓村民处。

48. 浙江苍南县灵溪镇《马蹄岎村雷氏宗谱》

清道光二十五年（1845 年）始修，平阳县北港雷振样、雷起山主修，3 册，首册 77 页，不分卷。谱载修谱名录、授官记、谱序、源流、世系支图、插图等。谱卷系平阳北港南湖林孔试刻本。草纸线装，楷体墨书。页面 29.5cm×18cm，版框 23cm×16cm，四周单栏，10 行 19 字。花口，有口题、修谱年份。保存完好。谱存苍南县灵溪镇马蹄埯村雷姓村民处。

49. 福建柘荣县乍洋乡《宝鉴宅雷氏宗谱》

清道光二十六年（1846 年）始修；清光绪十七年（1891 年）二修，潘树楠主修；民国十九年（1930 年）三修，钟周鼎（钟英）主修；1979 年四修，李先柏主修。谱载："唐光启二年盘蓝雷钟李三百六十余丁口……连江马鼻道登岸……"这里加上"李"姓等，其他族谱并不多见。序载：明末，雷法招由宁德志山迁入福鼎十七都沈青岩岭庵（今福鼎店头镇湖仔村）肇基，为一世祖。二世祖雷千十一郎、雷千廿二郎迁居浙江泰顺，雷千廿四郎因避乱迁泰顺一都彩山暂居，三世祖雷万廿五郎返回沈青岩岭庵繁衍。谱述：清康熙二十六年（1687 年），八世孙雷张（时）荣迁居柘荣县乍洋三十二都宝鉴宅村，为该村雷姓始祖，繁衍至今。行第：时盛燕汉，敬胜维昌，家崇礼义，世守忠良，国恩承永，调宜安常。后裔分迁至福鼎、霞浦、泰顺等地。三修谱本楷体墨书。页面 29cm×20cm，版框 23cm×16cm，四周双栏，10 行20 字。有口题。三修谱本保存完好。谱存柘荣县乍洋乡宝鉴宅雷姓祖屋。

50. 浙江遂昌县三仁畲族乡《高桥雷氏宗谱》

清道光二十九年（1849 年）始修，主修人不详；清光绪二十四年（1898 年）二修；民国三十六年（1947 年）三修，雷国土、雷明晨主修，1 册，6 卷。三修谱卷由谱序、源流序、凡例、家规、重建祠纪、传赞、宗祠大事记、像图、坟图、世系图、行第等内容组成。谱载：明正德年间（1506—1521 年），雷姓先祖从福建罗源迁至浙江遂邑配坞开基创业，为一世祖；雷学好迁至十五都高桥居住；重建宗祠的详细情况，以及祠产、买田契约等事项。谱本系遂昌王佩剑刻本。草纸线装，楷体墨书。页面 30cm×19.5cm，版框 24cm×15.3cm，四周双栏，8 行 20 字。白口，有鱼尾、口题、卷数、页码。保存完好。谱存遂昌县三仁畲族乡高桥村雷姓村民处。

51. 福建闽侯县大湖乡《六锦村关山雷氏族谱》

清道光二十九年（1849 年）始修，鸿翁主修。谱卷由谱序、修谱弁言、名讳行序、世系图等内容组成，全 1 册，不分卷。序载：祖上雷法成"分派罗源霍口青坑，迁居侯邑关山""今十世矣"。讳与字分列，讳：进士志，兴高祖，受帝德，定为开富贵；字：学圣道，行仁义、守忠孝，积庆大光华。世系图奉雷元德为一世祖，特注明第一至第四世均住罗源霍口青坑，记述五世祖雷法成迁居关山肇基后，裔孙十代繁衍迁徙的基本信息。至修谱年间，世系图中实际繁衍字辈为：元、伯、满、茂（以上四代居青坑）、法（始迁关山）、可、振（长）、尔、君（国）、家（则）、凤、良、善、士等。谱本宣纸线装，楷体墨书。页面 29.5cm×20.5cm，版框 25.5cm×17.5 cm，四周单栏，16 行 15 字。白口，有口题、页码。边口略有残损。谱存闽侯县大湖乡六锦村关山自然村雷姓村民家中。

52. 福建连江县小沧畲族乡《利洋村掌濑雷氏族谱》

始修年份、始修人不详。清道光三十年（1850 年）续修，主修人不详，不分卷，1 册，106 页。卷首有序文，主体部分为世系图。族谱记述三十五世孙雷章盛，原居福州侯官县菜岭（今属福州晋安寿山乡），"因风水破坏"，兄弟九人于明正德年间（1506—1521 年）迁居连江透堡镇馆读村，后又迁至洋梅岭。后裔分迁至周边和福宁一带。明崇祯年间（1628—1644 年），雷八之子雷齐轩迁居掌濑，为开基祖。清道光三十年佚名手写本，卷首部分缺页。本色草纸线装，楷体墨书。页面 57.3cm×24.1cm，12 行 17 字。谱存连江县小沧畲族乡利洋村掌濑祠堂。

53. 浙江景宁畲族自治县鹤溪镇《惠明寺雷氏宗谱》

清咸丰二年（1852 年）始修，雷鸣发主修，二卷本；民国八年（1919 年）重修，雷永长主修，1 册，不分卷，40 页。谱卷由重修谱序、创谱序、源流序、凡例、家训、仕宦录、谕札应试章程、祠图、墓图、祠堂规、行第列号等内容组成。谱载：该支畲民由广东迁至福建古田。

清顺治年间（1644—1661年），雷石祟从古田迁徙至浙江处州云和新处洋，转徙至宜平年上坦（今武义县辖），随后裔孙雷国法回迁丽邑惠明寺，清代武庠生雷起龙即其后。“石”字头兄弟八人，后裔遍布浙江云和、青田、松阳、遂昌、龙游、宣平、景宁、兰溪、杭州及福建建安（今建瓯宁化一带）等地。谱本系张铭活字印刷本。白纸线装，楷体墨书。页面29cm×18cm，版框24cm×15.5cm，四周双栏，10行22字。白口，有鱼尾、目录和重修年份。谱存景宁畲族自治县鹤溪镇惠明寺村雷姓村民处。

54. 福建罗源县霍口畲族乡《岗尾雷氏三房支谱》

清咸丰元年（1851年）始修，雷尚品、雷春国、雷春回主修；1991年续修，张家铿主修。谱卷由谱序、雷氏志谱序、祖先失记引、盘蓝雷三姓源流、谱系、世系图引、谱例、列字歌志（名歌字歌）、宗图志，以及长、次、三房世系图等内容组成。谱载：该支族奉雷大鸿为入闽始祖，历经漳州、泉州、侯官（今福州北岭至闽侯中部的白沙、大湖一带）、连江等地，明洪武年间（1368—1398年）迁徙至罗源霍口龟山村（今已废），后移居霍口岗尾村；十二世孙雷续临（雷小二十五郎）留居岗尾村后至二十九世“亨”字辈裔孙分迁、繁衍生息等基本情况。始修谱本系宣纸半开开本，刻本线装，边缘缺损较严重；续修谱本系16开，宣纸线装，手写墨书。谱存罗源县霍口畲族乡岗尾村雷氏祖宅。

55. 浙江遂昌县濂竹乡《苏旺雷氏宗谱》

清咸丰二年（1852年）始修；民国八年（1919年）二修，雷永长、雷世有主修，1册，3卷。谱卷由谱序、谱例，家训、祠规、仕宦、源流序、谕札应试章程、诸公传赞、像图、坟图、世系图、行第等内容组成。宗谱以详考名义，推断雷氏系出黄帝雷公子之后，以国为氏，封冯翊郡。记述先祖从广东迁至福建古田，浙江丽水，定居遂昌苏旺，传至“仁”字辈繁衍生息的基本情况。二修谱本系张铭刻本。草纸线装，楷体墨书。页面36cm×24cm，版框27cm×18.5cm，四周双栏，10行22字。白口，有鱼尾、口题、卷数、页码及重修年份。保存完好。谱存遂昌县濂竹乡苏旺村雷姓村民处。

56. 浙江遂昌县石练镇《宏岗雷氏宗谱》

清咸丰二年（1852年）始修，主修人不详；民国三十年（1941年）二修，雷振瑶、雷振胜主修，1册，2卷。谱卷由谱序、源流序、世系图、行第等内容组成。谱载：雷姓先祖自广东迁徙至福建，于明崇祯年间（1628—1644年）迁居温州平阳，雷兆华迁至云和，雷士韵迁至宣平，子孙分迁至遂昌十七都黄墩全迪源居住。后裔分迁至山边（即宏岗）、十五都、二都小岭岗、十一都夹路畈金鸡坳居住繁衍。谱本系雷振胜抄本。草纸线装，楷体墨书。页面28cm×19cm，版框23.5cm×16cm，四周双栏，8行12字。白口，有鱼尾、口题、卷数。保存完好。谱存遂昌县石练镇宏岗村雷姓村民处。

57. 福建宁德市蕉城区八都镇《南岗雷氏宗谱》

清咸丰八年（1858年）始修；民国四年（1915年）二修，宁德童山缪书亨主修，雷道京等核校，1册，不分卷，85页。谱卷由新旧谱序、敕书、龙首师杖志、雷氏得姓源流总图、历朝封赠、正名前缀、宗规、谱例、村图等内容组成。卷末有家族祖产及有关契约抄录。宗谱奉雷法易为徙居罗源始祖；记述雷有发于清康熙二年（1663年）肇居后岗山，为本地开基祖；载明子孙传至第九世的繁衍生息情况。谱本为宁德庠生缪培琛手写本。本色草纸，普通线装，楷体墨书。页面60cm×40cm，10行17字。保存基本完好。谱存宁德市蕉城区八都镇南岗村雷姓村民处。

58. 江西铅山县篁碧畲族乡《雷家牌坊雷氏宗谱》（鹅湖宝善堂家藏）

清咸丰九年（1859年）始修，雷云露主修；二修情况不详；民国十三年（1924年）三修，雷启槐主修，4册，不分卷，399页；2002年四修，雷杨身、雷尚身、雷修辉、雷修鱼、雷修峰等撰修。四修谱共五卷，第一卷由序、凡例、族规、传铭记组成；第二卷由墓葬地名和世系吊线谱组成；第三、四卷系迁铅始祖至第六世世系传；第五卷为“龙章宠锡”专集，有诰封文书十九轴。谱卷含目录、新旧序、谱例、族规、迁铅纪、家传、先祖传、鼎建福建宁化下沙岗祖祠碑记、节妇古风、墓志铭、祖祠屋宇图、墓葬图及世系图等内容。谱载：“我族方雷肇姓，冯翊蜚声，阎公迁豫，甫公入宁，至八宗繁衍子姓，散居各乡邑，营祠分祀，唯居宁化者居多。”四修谱本系 2002 年印本，楷体墨书，四周深红龙案，牛皮纸封面，吊线装帧。谱存铅山县篁碧畲族乡篁碧村雷姓祖屋。

59. 福建罗源县霍口畲族乡《牛栏坪雷氏族谱》

清同治三年（1864 年）始修，雷仁实主修；清光绪三十四年（1908 年）二修，雷裕元、雷志雪主修。二修谱 2 册，不分卷，114 页，由谱序、开山公据、祖训、谱系、凡例、祖上事迹、世业、名序、信录等组成。谱载雷法吉为远祖，雷乙彩为一世祖，于清初肇居罗源牛栏坪，后分福、禄、寿、喜四房，分列世系表。卷末“信录”，简介族内要人事迹，如称始祖雷乙彩“立志高远”，长于地理风水，相中牛栏坪，“置立田宅”“垂裕后人”；族长雷奕盛“半耕半贾”“颇有余货”；族长雷志雪“广置财产”“尽孝于先”等。二修谱本为罗源邑庠生雷裕元手写本。本色草纸线装，楷体墨书。页面 28cm×33cm，8 行 12 字。保存基本完好。谱存罗源县霍口畲族乡大王里村牛栏坪雷姓村民处。

60. 福建福鼎市前岐镇《岭兜雷氏宗谱》

清同治五年（1866 年）浙江平阳贡生雷云等主持撰修，莒溪陈启拔主修，不分卷，1 册，134 页。谱卷首有历代雷姓名人录、谱序、祠序、凡例、传记、祀田、坟图等。谱载：明万历八年（1580 年），雷永祥由福建罗源迁徙至浙江平阳，清顺治年间（1644—1661 年）有后裔移居泰顺、福鼎。该谱奉雷永祥为鼻祖，记述了名闻闽东、浙南的畲族考生“被妒诬”事件始末：清道光二十四年（1844 年）雷云以童生参加府试，“临场之际竟被妒诬抑阻”，嗣后会同其父亲雷文和、堂叔雷文芳“往府造省涉水陟山，日夜奔驰”“缠讼三载”，至清道光二十七年（1847 年）十月，浙江温州府终于颁发告示“平阳县畲氏雷云应准与考”，并声称“该县各童阻挠显违定例，自应严行查禁”。此谱收录有当时官府的相关文告，附于卷首。谱卷本色竹纸线装，楷体。页面 31cm×22cm，版框 23cm×14cm，四周双栏，9 行 24 字。白口，有黑鱼尾及书名、纂修年代。缺正文首页。谱存福鼎市前岐镇桥亭村岭兜雷姓村民处。

61. 浙江平阳县青街畲族乡《章山雷氏宗谱》

清同治五年（1866 年）始修，平阳贡生雷云等主修，1 册，不分卷，137 页。谱由修谱名录、新旧谱序、名人题赠、族规、谱例、广东祠记、章山祠纪、释“畲”字义、示谕、严禁告示、字行名讳、始祖墓图、世系支图等组成。宗谱记述明万历八年（1580 年），雷永祥从福建罗源迁入浙江平阳，被奉为雷氏章山家族鼻祖。世系图载列雷永祥生三子，记述了雷氏章山支派一世祖及后裔繁衍分布情况。示谕、严禁告示中记述清朝平阳、瑞安两县畲民抵抗地堡恶棍借端科派丁甲差徭、采买项等扰害畲民事件。谱卷系清同治五年南港萃菁斋木活字印刷本。宣纸线装，楷体。页面 33.5cm×21cm，版框26m×17cm，四周双栏，10 行 22 字。白口，有口题、鱼尾、纂修年份。保存完好。谱存平阳县青街畲族乡章山村雷姓村民处。

62. 浙江苍南县灵溪镇《凤阳雷氏宗谱》

清同治五年（1866 年）始修，平阳贡生雷云等主修，10 册，不分卷，152 页。谱卷由修谱名录、授官记、谱序、源流、凡例、释明“畲”字义、雷氏名人小传及世系支图等组成。谱载：清康熙三十六年（1697 年）闽浙总督部批特授浙江温州府平阳正堂大宪勒若永禁示谕；清嘉庆八年（1803 年）浙江学政文宁巡抚阮元呈奏礼部“咨准畲民一体考试”事；清道光二十七年（1847 年）特授浙江温州府正堂加六级，徐为十二次遵批核温州府颁发《禁阻考告示》。谱本草纸线装，楷体墨书。页面 34cm×22cm，版框 25cm×18cm，四周双栏，9 行 18 字。白口，有鱼尾、口题、修谱年份。保存完好。谱存苍南县灵溪镇凤阳村雷姓村民处。

63. 福建福鼎市白琳镇《牛埕下雷氏宗谱》

清同治六年（1867 年）始修，夏发恒、儒学士徐学继主修；清光绪二十五年（1899 年）续修。谱卷由祖祠图、谱序、寿序、凡例、世系图、世祖事迹等内容组成。谱载：明洪武二十八年（1395 年），雷肇松由福州北岭迁居霞浦水门，三世祖雷乾华携子由霞浦迁入福鼎十四都大旗坑牛埕下开基立业，后裔分迁至周边繁衍二十多世。谱本宣纸线装，8 开本。保存基本完好。谱存福鼎市白琳镇牛埕下村雷氏宗祠。

64. 江西贵溪市樟坪畲族乡《姜山村祖上老本（雷氏宗谱）》

清同治九年（1870 年）始修，樟坪畲民雷法箭主修，又名《汀州府老祖本》，不分卷，1 册。谱载明清以来雷姓 77 名畲民从福建汀州迁入江西贵溪东南山区者的姓名、排行（按畲族雷姓大、小、千、万、念五字排行）、配偶（妻）姓氏，以及在贵溪山区的详细住地。另有记述雷姓畲民迁入铅山县者的姓名、排行、住地。谱本本色麻纸线装，楷体墨书。页面 20cm×29cm。保存完好。谱存贵溪市樟坪畲族乡姜山村雷姓村民处。

65. 福建福安市潭头镇《鹅山雷氏宗谱》

清同治九年（1870 年）始修，谱本遗失，内容不详；清道光十八年（1838 年）二修，冯祚球主修；清光绪三十四年（1908 年）三修，雷成馨、雷成文、雷成木主修，十一世孙雷兆福、雷兆思、雷兆文、雷兆光、雷兆纶核校。谱卷由谱序、凡例、修谱弁言、世系图、前人事迹等内容组成。谱载清乾隆六年（1741 年），雷伯开由福安康厝畲族乡红坪村迁入，后裔繁衍十世的基本情况。谱本宣纸线装，楷体墨书，传世共 5 卷。谱存福安市潭头镇鹅山村部。

66. 福建福安市社口镇《潘洋（竹林下）雷氏宗谱》

清同治十年（1871 年）始修，香山李德馨主修，福安雷进锠等主持校核；清光绪三十二年（1906 年）二修，郭兆禄主修；民国三十八年（1949 年）五月三修，雷其隐主修。始修本 1 册，不分卷，45 页。谱由谱序、家范、讳字行第、敕封姓氏书、雷氏得姓源流总图、子孙历朝封赠等组成。谱载：明万历年间（1573—1620 年），雷清溪由宁德猴盾徙居福安凤翔村，被奉为一世祖，至雷元幼兄弟，于清乾隆四年（1739 年）移居潘洋，后裔分居周边各地。始修谱卷为李德馨手写本。本色草纸线装，楷体墨书。页面 49cm×33.5cm，11 行17 字。保存完好。谱存福安市社口镇潘洋村雷氏祠堂。

67. 福建福安市坂中畲族乡《青源雷氏宗谱》

清同治十二年（1873 年）始修，济川庠生江汝楫主修，雷陈士等核校；清宣统元年（1909 年）二修，陈兆琮主修；1984 年三修，陈志喜主修；2001 年四修，汤佩书主修。始修本 1 册，不分卷，23 页。谱由谱序、凡例、行第、世系图等组成。主体部分为“壶坪丘开基祖世系图”。谱载：雷氏先祖早年居浙江温州大坪里，至雷君赐，于明正德二年（1507 年）迁入福安四都后楼。后裔雷法凭于明嘉靖二十五年（1546 年）肇居坂中畲族乡十都壶坪丘，被奉为一世祖。始修谱卷为江汝楫手写本。本色草纸线装，楷体墨书。页面 41cm×33cm，7 行 16 字。保存完整。谱存坂中畲族乡清源村雷氏祠堂。

68. 浙江苍南县昌禅社区《昌禅岙底雷氏宗谱》

清同治十二年（1873 年）始修，苍南昌禅岙底雷消喜主修，不分卷，3 册，首册 125 页。谱卷由修谱名录、凡例、授官记、释明“畲”字义、广东祠纪、修谱谱序、行第及世系支图等部分组成。宗谱记述明万历年间（1573—1620 年），雷念二郎由罗源迁居苍南莒溪郑家山，后裔分迁至赤溪东家山、昌禅岙底、莒溪漈头、赤溪流岐岙和括山三岗内等地繁衍的情况。谱本为平阳莒水夏增荣刻本。草纸线装，楷体。页面 29cm×21cm，版框 25cm×18cm，四周双栏，10 行

20 字。花口，有鱼尾、口题、修谱年份。保存完好。谱存浙江省苍南县矾山镇昌禅社区岙底雷姓村民处。

69. 福建福安市甘棠镇《何厝雷氏宗谱》

清同治十二年（1873 年）始修，因缺页，主修人不详；民国三年（1914 年）二修，主修人不详，雷维纪等核校。谱卷由“簪缨世系”以及家范十条、治家四则、训少年三则、妇职三则、劝孝文、历代名讳子行等内容组成。谱载：唐末雷正礼“随审知入闽，为闽工乡导，加封元帅，乃迁福州府侯官县，遂为通闽之祖”。至雷斌，徙居罗源，再迁至福安穆云牛石坂，至明正德八年（1513 年）雷起凤肇居坑下楼，后裔散居周边各地。二修本为佚名手写本，本色草纸线装，楷体墨书。页面 48cm×38.5cm，12 行 24 字。保存完整。谱存福安市甘棠镇何厝村雷姓宗祠。

70. 浙江苍南县灵溪镇《赤溪雷氏宗谱》

清同治十三年（1874 年）始修，主修人不详；民国三十七年（1948 年）重修，平阳闹村雷子旺主修，5 册，不分卷，首册 125 页。重修谱卷由修谱名录、凡例、家训、广东铭志、授官记、修谱谱序、行第及世系支图等内容组成。谱载：明万历年间（1573—1620 年），雷明海由福建罗源迁居浙江平阳四十八都，后裔分迁至凤池东岙、岱岭福掌、凤阳崩山、桥墩枫树峰、赤溪三步擂等地繁衍生息。谱本系苍南南港象源内李德埔、李菘刻本。草纸线装，楷体墨书。页面 34cm×22cm，版框 26cm×16cm，四周双栏，10 行 21 字。白口，有鱼尾、口题、修谱年份、插图。保存完好。谱存苍南县灵溪镇赤溪雷姓村民处。

71. 福建福安市溪尾镇《坎下村马山雷氏宗谱》

清同治十三年（1874 年）始修，江汝楫主修；2015 年重修，汤西华主修。谱卷由旧谱抄录、凡例、姓氏五音论、家训十则等内容组成。谱载清雍正元年（1723 年）雷孔定由垮坞镇坑源里迁入，至民国九年（1920 年）裔孙繁衍生息的基本情况。谱本系 16 开本，宣纸油印，普通线装。保存完好。谱存福安市溪尾镇坎下村马山雷姓村民处。

72. 福建福安市甘棠镇《田螺园（春雷云）雷氏族谱》

清光绪元年（1875 年）始修，宋绍源主修，雷家译等核校；清光绪三十二年（1906 年）二修；民国三十一年（1942 年）三修。谱卷由谱序、福宁府石碑文、族规、家范、谱例、讳字排行、人物传、世系表、家族山场园坪产业记述和后记组成。族谱主体部分为世系图，记述雷正礼为王审知向导官，迁居福州罗源大泂头。世系表中以雷斌为一世祖，由罗源转迁至福安穆阳牛石坂，至十五世孙雷起凤于清康熙年间（1662—1722 年）迁坑下楼，至十八世孙雷德贤于清乾隆年间（1736—1795 年）肇居国泽田螺王村（后改名春雷云），涉及繁衍至第二十八世内容。始修卷系福安宋绍源手写本。本色草纸线装，楷体墨书。页面58.5cm×41cm，14 行 23 字。保存完整。谱存福安市甘棠镇田螺园村宗祠。

73. 浙江武义县桃溪镇《鲍畈雷氏宗谱》

清光绪二年（1876 年）始修；民国元年（1912 年）重修，村庠生雷荐芳主修，雷永善等核校，1 册，3 卷。重修谱卷由重修新序、创谱序、敕书、源流、家训、遗像、传略、排行字母、取名字母、支图、行第等内容组成。序记述：“我祖石昆公由云和迁居遂昌苦竹林（坑），孙雷德武由遂昌迁居宜平二都一鲍畈，客游此地，山明水秀，地厚土肥，遂卜宅居焉。”谱本系民国元年石印本。白色绵纸，布面线装，楷体墨书。页面 36cm×25.5cm，版框 29cm×20cm，四周双栏，11 行23 字。白口，有花鱼尾、口题、卷号、目录及重修年份。保存完好。谱存武义县桃溪镇鲍畈村雷姓村民处。

74. 福建宁德市蕉城区八都镇《猴盾雷氏宗谱》

清光绪二年（1876 年）始修；清光绪二十三年（1897 年）二修；民国十六年（1927 年）三修，缪培琛主修，雷起杰核校，1 册，不分卷，83 页。三修谱卷由新旧谱序、家范、凡例、雷氏得姓源流总图、历朝封赠、宗祠志、寿序以及名字行第等内容组成，卷末有家族祖产及相关契约抄录。谱载：先祖原居庆阳府，奉雷恒四（即雷天群，又名雷天辟）为一世祖。明万历元年（1573年），雷光清由罗源尖山大坪迁居猴盾开基立业，为猴盾一世祖。谱牒主要记述雷光清后裔分迁繁衍生息情况。三修谱本，本色草纸普通线装，楷体墨书。页面55cm×40cm，12行23字。保存基本完好。谱存宁德市蕉城区八都镇猴盾村雷氏宗祠。

75. 浙江武义县桃溪镇《种子源雷氏宗谱》

清光绪二年（1876年）始修；民国元年（1912年）二修；民国三十年（1941年）三修，雷世杰主修，1册，3卷。谱载：明崇祯年间（1628—1644年），雷大十八郎从福建迁至浙江云和四都叶垄，子孙分迁至三都朱源、岸畔等村，后裔分迁至景宁、青田、遂昌、宣平等地繁衍。此支与鲍畈雷氏同宗，后裔分迁至云和、遂昌、青田、松阳、莲都、武义、兰溪。谱本系民国三十年石印本。白色绵纸，布面线装，楷体墨书。页面36cm×24cm，版框29cm×20.5cm，四周双栏，11行23字。白口，有花鱼尾、口题、谱名、目录、页码及重修年份。保存完好。谱存武义县桃溪镇种子源村雷姓村民处。

76. 福建福安市溪潭镇《岐山村雷氏宗谱》

清光绪三年（1877年）始修，江汝楫主修；清光绪三十二年（1906年）二修，黄绳祖主修；民国二十七年（1938年）三修，黄一声主修；1982年四修，陈绍珠主修。谱卷由谱序、凡例、世系图、行第等内容组成。谱载清康熙十年（1671年）雷元通由溪潭镇磻溪村后门院迁入，其子孙后裔至十三世繁衍生息的基本情况。四修谱本宣纸线装，8开本。保存完好。谱存福安市溪潭镇岐山村祖宅。

77. 浙江苍南县桥墩镇《小沿雷氏宗谱》

始修、二修本传世情况不详；清光绪五年（1879年）三修，平阳雷维铨、雷维槐主修，3册，不分卷，191页。三修谱卷由目录、谱序、历次修谱名录、雷氏历代名宦、源流序、凡例、祠纪、释明“畲”字义、家训十则、论雷氏五音属相、祭祠轮流记、世系支图等组成。谱载一世祖雷法罡于明末由福建福鼎迁居浙江平阳，后裔分居苍南桥墩小沿村、莒溪漈头、腾垟东湖[illegible]、蒲门坑门岭、五岱小垟等地的情况。谱本为平阳夏增荣刻本。草纸线装，楷体墨书。页面32.5cm×18cm，版框25.5cm×16.5cm，四周双栏，10行21字。白口，有鱼尾、口题、修谱年份。保存完好。谱存苍南县桥墩镇小沿村雷姓村民处。

78. 浙江平阳县青街畲族乡《黄家坑雷氏宗谱》

清光绪五年（1879年）始修，1册，不分卷，187页。谱卷由名人题赠、族规、谱例、释畲字义、示谕、严禁告示、字行名讳、始祖墓图、世系支图等组成。平阳莒水夏增荣“谱匠”编修并作序。夏增荣虽用42字描述黄家坑雷氏支族源流，但把盘瓠神话加入其中。清光绪三十四年（1908年）增修时，请平邑黄家坑雷姓女婿象南李联章作序。序言概述黄家坑雷氏源流并去掉了盘瓠神话。民国二十二年（1933年）冬月，第二次增修，请李联章的两个儿子即黄家坑雷氏外甥李德甫和李崧作主修。昆仲作增修族谱序概述支族源流：“始祖法罡公原籍罗源大[illegible]头，而迁福安牛头畔，转迁鼎邑牛埕下居焉，后或仍居故里，或转迁乐郊，其肇迁黄家坑之始祖与章山同其支叶焉。”宗谱宣纸线装，楷体。页面33.5cm×21cm，版框26m×17cm，四周双栏，10行22字。白口，有口题、鱼尾、纂修年份。保存完好。谱存平阳县青街畲族乡黄家坑村。

79. 浙江龙游县大街乡《沙坑雷氏宗谱》

清光绪六年（1880年）续修，龙游雷新茂主修，1册，3卷。谱卷由目录、源流序、可周公祀产、宗谱字派、领谱字号、像图、阳基图、总世系、龙游德贵公派下世系、行第等内容组成。谱中“源流序”载：原住广东海阳，明嘉靖元年（1522年）移居福建漳州、龙岩，嗣后经连江转迁至罗源居住。明万历四十一年（1613年），太祖雷虔山由罗源迁至浙江景宁居住。清康熙年间（1662—1722年），后裔分迁至遂昌。清乾隆年间（1736—1795年），七世祖雷可周由遂昌迁至龙游县大街沙坑开基创业。谱本系钟陵、吴攀活字印刷本。绵纸线装，楷体墨书。页面35cm×24cm，版框28.5cm×19.5cm，四周双栏，8行23字。白口，有鱼尾、口题、目录、卷数与页码。首页有残损。谱存龙游县大街乡沙坑村雷姓村民处。

80. 福建福安市坂中畲族乡《廉岭雷氏宗谱》

始修及二、三、四修资料不详；清光绪八年（1882年）五修，江汝楫主修；清宣统元年（1909年）六修，陈兆琮主修；民国三十六年（1947年）七修，钟良知、黄鸣镛主修；1984年八修，李志喜主修；2001年九修，汤佩书主修；2019年十修，汤佩书主修。谱卷由谱序、谱论、凡例、行第歌序、世系图、世祖事迹等组成。谱载，该支族奉雷祥（雷肇庆次子）为一世祖，繁衍至七世祖雷孔云，生六子（第八世）：长君文分居明坑猴盾、次君章分居金飘带（即金腰带）、三君赐分居四都后楼、四君爵分居五都南坑、五君达分居廉岭、六君生分居三十一都刘坑坪（今坂中畲族乡许洋村月斗）。君达生五子（第九世），兆福、兆禄、兆言、兆玉、兆满，分为仁、义、礼、智、信五房。信房雷兆满分迁至柘荣柯岭。十修谱本本色宣纸，普通线装，楷体墨书。保存完好。谱存福安市坂中畲族乡廉岭雷氏宗祠。

81. 浙江遂昌县应村乡《南塘雷氏宗谱》

清光绪六年（1880年）始修；民国十九年（1930年）续修，雷延瑞主修，1册，3卷。谱卷由旧序、敕赐开山公据、行程纪、凡例、领谱字号、像图、墓图、庄图、世系图、行传、朝纪等内容组成。谱载：太祖裔孙从广东海阳分迁至四川、河南、广西、江西、福建等地；福建支系自罗源迁入浙江；清康熙四十三年（1704年），七世祖从遂昌五都社坞再迁至应村乡南塘村开基创业，至十六世“达”字辈；民国八年（1919年），雷兆林从南塘迁至龙游金岭脚居住。谱本系遂昌雷樟茂活字印刷本。白色绵纸，布面线装，楷体墨书。页面30cm×21.5cm，版框26 cm×18cm，四周双栏，9行18字。白口，有鱼尾、口题、卷数、页码和堂名。保存完好。谱存龙游县沐尘畲族乡金岭脚雷姓村民处、遂昌县应村乡南塘村雷姓村民处。

82. 福建柘荣县乍洋乡《柯岭雷氏宗谱》

该谱与福安市坂中畲族乡《廉岭雷氏宗谱》始修及续修时间同步。信房宗谱一式二卷，一卷保存于福安廉岭雷氏宗祠，一卷保存于柘荣柯岭雷氏祖屋。谱载信房之祖雷兆满于清康熙十六年（1677年）由福安廉岭迁入柘荣柯岭肇基，至二十四世繁衍情况。后裔分迁至乍洋乡乍洋村、富溪镇草籽坪村和霞浦县水门乡长坑村等地。谱存柘荣县乍洋乡柯岭村雷姓祖屋。

83. 福建福安市康厝畲族乡《磨刀坑雷氏族谱》

清光绪十一年（1885年）创修，寿宁县平溪廪生朱英主修，福安磨刀坑雷氏宗祠首事雷茂池、雷池顺等主持核校，1册，不分卷，58页。谱卷由谱序、修谱首事名录、凡例、祖图谱式、世系图、祖辈事迹和缘由考据等内容组成。谱奉雷恒四（雷天群）为始祖，记述明洪武年间（1368—1398年）其从浙江青田入闽，移居罗源、宁德猴盾等地。至雷小五肇居福安十六都牛石坂，其弟雷小七随后又迁往闽南晋江兴居，至第十七世的繁衍生息过程。谱本系清光绪十一年（1785年）佚名刻本。本色草纸线装，楷体墨书。页面52cm×43cm，版框43cm×39cm，四周单栏，11行20字。白口，有黑龟尾及书名。保存完好。谱存福安市康厝畲族乡磨刀坑村雷氏祠堂。

84. 福建建瓯市东峰镇《记源村潭西雷氏族谱》

清光绪十二年（1886年）始修；民国十八年（1929年）重修，建瓯雷德祥主修，1册，不分卷，72页。谱卷由新旧谱序4篇、远祖历史神话传说、领谱字号、祖训、凡例、公祭春秋定规序、遗训和先祖图像、坟图等内容组成。谱载：明代，雷法星兄弟4人由广东迁至福建后，世居漳州、龙岩，至四世祖雷万九十六郎（雷法溪）由漳州迁至建阳嘉禾里。谱本系建瓯佚名刻本。本色草纸线装，楷体墨书。页面 38cm×25cm，版框 24cm×20cm，四周双栏，8 行16 字。白口，有黑鱼尾、卷数、标题、页码。保存基本完好。谱存建瓯市东峰镇记源村雷姓村民处。

85. 福建古田县杉洋镇《西园雷氏宗谱》

清光绪十六年（1890 年）创修，古田雷作香主修，1 册，不分卷，55 页。谱卷由谱序、谱系、祖训、凡例、弁言、男范、世业条例、历代事迹和世系等组成。谱载："据故老传闻"，先祖由广东潮州入闽，经漳州、泉州、兴化而至连江，但"俱无可稽"。明末，先祖居住罗源重下里，至雷兼三徙居林洋瑞安潭，其长子雷兆纲分居古田西园，即奉雷兼三为一世祖。世系记述至第十二世子孙繁衍基本过程。谱本系罗川邑庠生雷裕元手写本。本色草纸，普通线装，楷体墨书。页面 34cm×34cm，13 行 8 字。保存基本完好。谱存古田县杉洋镇东双村（西园）雷姓村民处。

86. 浙江景宁畲族自治县外舍乡《王金洋村（油田源）雷氏宗谱》

清光绪十七年（1891 年）创修，景宁雷元会主修 1 册，不分卷，90 页。谱卷由雷氏祖宗纪、太祖坟图、世系行传综合图、排行字辈等内容组成。宗谱以世系行传综合图为载体，记述三世祖雷虔山至十四代的生卒、娶葬、迁徙等情况，以及繁衍至十七代"月"字辈的基本情况。谱本草纸线装，楷体墨书。页面 26cm×20cm，版框 22cm×16cm，四周单栏，8 行 25 字。白口，有口题、页码。保存完好。谱存景宁畲族自治县外舍乡王金洋村雷姓村民处。

87. 浙江武义县柳城族镇《源口雷氏宗谱》

始修本传世情况不详；清光绪十八年（1892 年）续修；民国二十九年（1940 年）三修，雷兰水主修，1 册，3 卷。谱卷一由新序、源流序、旧序、奉天敕命、敕书、凤凰山祖祠图并志、礼部奏请奉谕、凡例、家规、丧服总图、祖像图、排行字母、取名字母、历朝仕宦等内容组成；卷二为外纪统系、内纪世系图；卷三是行第。重修谱新序记述该雷姓支族源自广东仁济里，后迁居福建古田、兴化、连江等地，于清初迁至浙江武义源口繁衍生息。谱本系民国二十九年石印本。白色绵纸，布面线装，楷体。页面 36cm×24.5cm，版框 29.5cm×20cm，四周双栏，11 行 23 字。白口，有鱼尾、口题、谱名、卷号及重修年份。保存完好。谱存武义县柳城畲族镇源口村雷姓村民处。

88. 福建周宁县玛坑乡《灵凤山半岭村雷氏宗谱》

清光绪十九年（1893 年）始修，谱卷遗失，主修人不详；民国三十三年（1944 年）二修；1985 年三修。谱卷由谱序、凡例、名序字序、世系等内容组成。宗谱记述雷姓明代由福州甘蔗迁至福安，再由福安迁入周宁县玛坑乡灵凤山半岭村的过程。现存开基祖传说手抄本 1 卷，谱牒 3 卷。谱本宣纸线装，楷体墨书。保存基本完好。谱存周宁县玛坑乡灵凤山半岭村村部。

89. 浙江泰顺县新浦乡《吴山雷氏宗谱》

清光绪二十年（1894 年）创修，蓝辅宸主修，1 册，不分卷，45 页。谱卷由修谱名录、族谱凡例、家训、重建祠序、远祖神话、"畲"字义、墓图、万代名臣、行第纪图等内容组成。宗谱记述了清康熙三十六年（1697 年）平阳瑞安畲民雷文显、蓝文贵等因当地地棍勒索、扰乱而上书官府，官府批复告示，禁止地棍等勒索、扰乱畲民，否则"严惩不怠"的事件。谱本系泰顺仕阳社稔紫云山汝南氏国斋辅宸刻本。草纸线装，楷体墨书。页面 30.7cm×20.2cm，版框 24.5cm×16cm，四周双栏，10 行 21 字。白口，有花鱼尾、口题、卷数、重修年份等。保存基本完好。谱存泰顺县新浦乡吴山村雷姓村民处。

90. 福建古田县大桥镇《梅坪雷氏宗谱》

清光绪十九年（1893 年）始修，谱卷不全，主修人不详。谱载：先祖雷震于明永乐年间

(1403—1424 年) 由江西八角井迁入福建古田县旧城北门外雷家村，分聪、明、显、达四房。明末，明房迁居宁德市蕉城区洋中镇雷厨；聪、达两房迁居中村及雷家墩，后定居大桥镇梅坪村和溪源里村；显房迁居南平下道。谱卷本色草纸，普通线装，楷体墨书。谱存古田县大桥镇梅坪村宗祠。

91. 浙江丽水市莲都区碧湖镇《上衍雷氏宗谱》

清光绪二十三年 (1897 年) 始修，主修人不详，1 册，不分卷，75 页。谱卷由谱序、历朝君纪、楚平王出敕、五服图、祖坟图、迁徙序、奉送官书与世系等内容组成。谱载：先祖原住广东海阳，明正德年间 (1506—1521 年) 迁徙至福建；雷进明、蓝敬员、钟世贵等 15 位畲民，于明万历三十四年 (1606 年) 十月自福建罗源迁浙江丽水石塘，后在云和云坛岔路口以抓阄形式分成两路，蓝姓迁云和，雷姓迁景宁；雷姓始祖于清康熙二十七年 (1688 年) 迁丽邑十六都箬溪上衍。谱本为蓝宝成、景邑雷秉镛抄本。白色绵纸，布面线装，楷体墨书。页面 29.5cm×20cm，版框 26cm×16 cm，四周单栏，8 行 19 字。白口，有花鱼尾、口题与目录。谱存丽水市莲都区碧湖中溪上衍村雷姓村民处。

92. 浙江景宁畲族自治县《暮洋湖雷氏宗谱》

清光绪三十年 (1904 年) 景宁雷土旺主修，1 册，不分卷，100 页。谱卷由雷氏房谱序、开山公据、祖坟图、排行字辈、世系图、行第等内容组成。谱载：三世祖雷虔山于明万历四十一年 (1613 年) 从福建罗源十八都应得铺梅溪里迁至景宁二都油田王畈开基创业。清乾隆三十六年 (1771 年)，后裔雷士贵由王畈迁居暮洋湖，至“成”字辈，六代裔孙繁衍生息。谱本系景宁雷元泰抄本。草纸线装，楷体墨书。页面 20.5cm×11.5cm，版框 18cm×10cm，四周单栏，6 行 12 字。白口。保存完好。谱存景宁畲族自治县暮洋湖村雷姓村民处。

93. 浙江武义县坦洪乡《黄干山雷氏宗谱》

清光绪三十年 (1904 年) 始修，雷兆盛等主修；民国二十九年 (1940 年) 续修，雷金土等主修。始修本由目录、谱序、凡例、行第、世系图等内容组成。谱载：先祖自原籍广东迁往福建建宁，唐中和二年 (882 年) 黄巢起义，始祖雷百八十郎迁至浙江丽水，又至龙游，居住数载后迁至遂邑。后裔于清康熙三十八年 (1699 年) 移居宣平九都老竹店下，清雍正五年 (1727 年) 移居八都二丁川湾山等。续修谱记述清乾隆年间 (1736—1795 年)，雷自荣、雷自莱、雷自德从云和迁移至武义铺圩山、宣北大西畈、井岗山等处，后裔分迁至金华等地。支系分为铺圩山派、大西畈派、井岗山派等。始修本前半部有残页。续修本白色绵纸，布面线装，楷体墨书。页面 36cm×24cm，版框 29cm×20cm，四周双栏，11 行 23 字。白口，有花鱼尾、口题、谱名及重修年份。保存完好。谱存武义县坦洪乡黄干山村雷姓村民处。

94. 福建福安市溪潭镇《瓜溪村雷氏宗谱》

始修、二修年份及主修人不详。清光绪三十二年 (1906 年) 三修，吴仲攀主修。谱卷由谱序、凡例、姓氏五音论、世系图、世祖事迹等内容组成。谱载雷允德于明洪武二年 (1369 年) 由福鼎白琳镇牛埕下村迁入开基立业至二十世的世系繁衍基本情况。谱本系 16 开本，宣纸油印，普通线装。保存完好。谱存福安市溪潭镇瓜溪村祖宅。

95. 浙江景宁畲族自治县梧桐乡《马兰礓雷氏宗谱》

清光绪三十三年 (1907 年) 创修，景宁雷光朝主修，1 册，不分卷，89 页。谱卷由谱序、凡例、行传、世系图等内容组成。谱序记述始祖从广东始迁，至福建罗源，浙江钱塘、丽水等地居住繁衍，十一世孙雷春明迁至景宁澄照乡东畔开创基业，十七世孙雷应城分迁至梧桐乡马兰礓；行传记述十一世至二十三世裔孙生卒、娶葬等基本情况。谱本系雷光朝抄本。草纸线装，楷体墨书。页面 23cm×18cm，版框 20cm×15cm，四周单栏，11 行 14 字。白口。保存完好。谱存景宁畲族自治县梧桐乡马兰礓村雷姓村民处。

96. 福建罗源县起步镇《洄头雷氏族谱》

清光绪三十三年（1907 年）始修，雷作院主修，雷裕元核校；1983 年续修，张家铿主修，雷经森等核校。始修谱卷由新旧谱序、谱论、凡例、世系图、世祖事迹等内容组成。谱载：该族雷氏先祖自广东海阳入闽，先居漳州、泉州数世，后迁至兴化，经怀安（今福州仓山区建新镇怀安村一带）、闽侯、连江，于明末迁至重下里长岗。清康熙年间（1662—1722 年），后裔雷兼三迁居罗源县起步镇黄家湾村洄头肇基，被奉为一世祖。谱本本色草纸线装，楷体墨书。保存基本完好。谱存罗源县起步镇黄家湾村洄头雷姓村民处。

97. 浙江景宁畲族自治县鹤溪镇《浮丘村（雷公岩）雷氏宗谱》

清宣统三年（1911 年）始修，雷明凉、雷明顺主修，1 册，不分卷，63 页。谱载：福建太祖雷元丰娶二妻，生十三子，其中九房、十三房于明正德五年（1510 年）从福建连江县堂安底迁至浙江遂昌，十房迁至云和贵山，十二房雷孔华迁至景宁五都叶山头开基创业。明隆庆年间（1567—1572 年），雷陈聪移居英川马岱；清康熙十年（1671 年），十世孙雷可富从英川回迁七都雷公岩居住。谱本系景宁雷月具抄本。草纸线装，楷体墨书。页面 25cm×15.5cm，版框 22cm×14cm，7 行 19 字。保存完好。谱存景宁畲族自治县鹤溪镇浮丘村雷姓村民处。

98. 福建福安市康厝畲族乡《长潭雷氏宗谱》

民国三年（1914 年）始修，雷一声主修；2012 年续修，雷柘荣主修。谱卷由谱序、谱论、凡例、行第歌序、世系图、世祖事迹等内容组成。谱载明末，雷喜十、雷春生、雷乾五由古田新坝坑迁入，其后裔繁衍十六世等基本情况。始修谱本，本色宣纸，普通线装，16 开本，楷体墨书。保存完好。谱存福安市康厝畲族乡长潭村雷氏宗祠。

99. 福建福安市下白石镇《樟岭雷氏宗谱》

民国五年（1916 年）创修，宁德童山缪培琛主修，雷长圣等核校，1 册，不分卷，47 页。谱卷由谱序、行第、雁行串字、山场世业以及上古源流世系、先世发祥图等内容组成。谱载：雷天群于明隆庆四年（1570 年）徙居宁德尖山大坪。三世祖雷光清于明万历元年（1573 年）肇居闽坑，为猴盾村开基祖，福安樟岭雷氏为其支派。雷光清另有兄弟六人，分迁至罗源、闽清、连江、福鼎等地。谱本系宁德缪培琛手写本。本色草纸，普通线装，楷体墨书。页面 40cm×35cm，8 行 21 字。保存完好。谱存福安市下白石镇樟岭村雷姓宗祠。

100. 浙江龙游县占家镇《浦山占家雷氏宗谱》

民国六年（1917 年）创修，龙游雷起魁主修。宗谱记述清同治五年（1866 年），九世祖雷成籥携妻儿一家六口，从福建福安县穆云乡南山村迁徙至浙江龙游西门，暂住数年后，迁至五都大合稼（浦山）定居，至十二世“作”字辈裔孙繁衍生息的基本情况。记载内容系江西生员誊写。宗谱白布材质，楷体墨书。布幅 286cm×184cm。属少有的布质宗谱。保存完好。谱存龙游县占家镇浦山村雷姓村民处。

101. 浙江兰溪市上华街道《下吴村流川雷氏宗谱》

民国八年（1919 年）重修，雷士鹤、雷文亮主修，1 册，8 卷。传闻宋代首修，续修本传世情况不详。谱卷由序文、协庆堂春秋祭规、仕宦考、家藏先世像图辨、里居图、八景诗、宗祠义、告庙文、果育斋记、先人像赞、历代世系图、世系考、先祖传文、先祖寿文（序）、先祖行略、坟图考引、牌坊图、墓志、修谱捐资、给谱号数、旧跋、新跋等内容组成。谱本系石印本。白色绵纸，普通线装，楷体墨书。页面 29.8cm×19.2cm，版框 25.5cm×15.5cm，四周双栏，9 行 23 字。白口，有花鱼尾、口题、目录及堂号。保存完好。谱存兰溪市上华街道下吴村雷姓村民处。

102. 福建宁德市蕉城区漳湾镇《雷东雷氏宗谱》

民国九年（1920 年）重修，缪培琛主修，宁德雷学策等校核，1 册，不分卷，65 页。谱卷由敕书、谱序、雷氏得姓源流总图、历朝封赠、雁行字样等内容组成。世系图以雷光河为一世祖。谱记述先世由连江下广迁徙至罗源护国，至四世祖雷文发于明万历年间（1573—1620 年）迁居雷东村立业，至第十五世繁衍生息的基本情况。重修本系宁德缪培琛手写本。本色草纸，普通线装，楷体墨书。页面 60cm×45cm，10 行16 字。保存基本完好。谱存宁德市蕉城区漳湾镇雷东村下雷东雷姓村民处。

103. 浙江龙游县溪口镇《大安源雷氏宗谱》

民国十年（1921 年）创修，龙游雷景荣主修，1 册，不分卷，100 页。谱卷由谱序、迁徙序、命名字头、世系图、坟图等内容组成。谱载：一世祖雷振兴于明万历八年（1580 年）从广东潮州经福建罗源徙居浙江景宁二都油田、殿源、小余山村，云和县金坞，遂昌县番石、后垅、郑家堂等地。清咸丰十一年（1861 年），雷如隆从遂昌郑家堂迁徙至龙南十四都大安源村塘坞岭开基创业，后世繁衍生息至十四世“祖”字辈裔孙。谱本系景宁蓝永吉抄本。绵纸线装，楷体墨书。页面 32.5cm×24.5cm，版框 26cm×20cm，四周单栏，10 行 15 字。白口，有郡名、口题、页码。保存完好。谱存龙游县溪口镇大安源村雷姓村民处。

104. 福建福安市溪柄镇《九龙村雷姓宗谱》

民国十三年（1924 年）始修，主修人不详；1988 年重修，陈松钤主修。谱卷由谱序、谱论、世系图、世祖事迹等内容组成。谱载：清康熙五年（1666 年），雷士旺由福安二十四都迁入九龙村肇基，被奉为一世祖，其子孙后裔繁衍至十二世。重修谱本 3 卷，宣纸线装，楷体墨书。保存完好。谱存福安市溪柄镇九龙村祖宅。

105. 浙江松阳县板桥畲族乡《后塘雷氏宗谱》

始修、续修情况不详；民国二十年（1931 年）重修，雷奇顺等主修，1 册，不分卷，238 页。谱卷由新旧序、源流序、谱例、家训、祠规、仕宦录、谕札应试章程、五服图、祠堂契据、祠堂图、敕命、像图、外纪吊、支附内纪、内纪行第等内容组成。谱记述雷凤翔由广东迁至福建古田，至雷万六郎迁至浙江丽水云和，后裔分迁至遂昌、宣平、松阳、青田等地繁衍生息的基本情况。谱本系丽邑保定张铭刻本。白色绵纸，布面线装，楷体墨书。页面35cm×24cm，版框 29cm×20.5cm，四周双栏，10 行 21 字。白口，有花鱼尾、口题、目录及重修年份。保存完好。谱存松阳县板桥畲族乡后塘村雷姓村民处。

106. 浙江丽水市莲都区老竹畲族镇《郑坑雷氏宗谱》

民国二十年（1931 年）重修，雷如载根据景宁殿源草簿主修，1 册，2 卷。谱卷由目录、源流序、历代敕封、五服图、凡例、家训、十二景诗、祠志、传赞、广东祠图、郑坑祠图、像图、山图、行第、附藏谱列号名单等内容组成。谱载：该支雷氏先祖自广东揭阳迁徙至福建居住，于明万历七年（1579 年）迁至浙江景宁殿源，后裔分迁至松阳、遂昌、泰顺、龙游、寿昌（今建德市辖）等地居住；八世祖雷明贡携子迁至宣平郑坑（今丽水莲都区辖），为开基祖，后裔分迁至宣平沙溪、上井、牛寨、汤庵、凉塘等地。谱本系宣平邓国钧活字印刷本。白色绵纸，布面线装，楷体墨书。页面 32cm×21cm，版框 26cm×18cm，四周双栏，10 行 22 字。白口，有鱼尾、口题、卷别、目录及重修年份。保存完好。谱存丽水市莲都区老竹畲族镇郑坑村雷姓村民处。

107. 浙江临海市《台临雷氏宗谱》

民国二十二年（1933 年）重修，雷子鸿主修，1 册，2 卷。谱卷由谱序、源流总论、谱论、弁言、凡例、像图、世德、卓行、世系、墓志、行第等内容组成。谱载：该支族始祖雷宪为避战乱，经江西南昌迁至福建汀州宁化等地后再迁徙至浙江临海；雷霄于清乾隆年间（1736—1795 年）“缘商入台”，为迁台始祖；雷宪第二十三世孙雷家政在继承先祖营纸业的基础上创办印刷厂（该厂为临海最早的一家印刷厂，《临海市志》有记载）。谱本系民国二十二年刻本。草纸线装，楷体墨书。页面 30cm×23.5cm，版框 30cm×16.5cm，四周单栏，10 行 25 字。白口，有花鱼尾、口题、卷数、目录、修谱年份及堂号。重新装订后部分页码序号混乱。谱存浙江省临海市国华珠算博物馆和雷姓畲民处。

108. 浙江安吉县报福镇《中张赵公坦雷氏宗谱》

民国二十二年（1933 年）重修，主修人不详，1 册，不分卷，73 页。谱载序言及迁徙路线，记述始祖雷大三郎、雷大四郎一支先迁徙至景宁包凤，后迁张凹杨梅岭、松阳米荠垅等地；清咸丰八年（1858 年）后裔 4 族人迁居龙泉北乡竹坑，清光绪四年（1878 年）迁居湖州孝丰县南乡伍图赵公坦，后裔雷张财回迁松阳县。谱本系民国二十二年林钟月抄本。草纸线装，行体墨书。页面 27cm×15cm，黑框 25cm×14.5cm，无边栏，6 行 16 字。谱存安吉县报福镇中张赵公坦村雷姓村民处。

109. 浙江龙游县庙下乡《屋基塘雷氏宗谱》

民国二十三年（1934 年）重修，龙游雷孔游主修，1 册，不分卷，112 页。传闻该谱始修于唐乾元年间（758—760 年），传世情况不详。谱载屋基塘雷氏源流纪、该支族排行字句、世系图、续修谱牒捐款名纪等；十一世太祖世居浙江遂邑夹路畈；十三世祖雷余庆由遂邑夹路畈迁徙至龙游南乡屋基塘开基创业，繁衍生息至第二十四世“振”字辈裔孙。谱本系龙游雷启发手抄本。草纸线装，楷体墨书。页面 22.55cm×18cm，8 行 20 字。有残缺。谱存龙游县庙下乡八角殿村雷姓村民处。

110. 浙江武义县俞源乡《钟蓬雷氏宗谱》

民国二十九年（1940 年）重修，雷水旺主修，1 册，3 卷。谱卷由谱序、敕书、族据、凤凰山祖祠图并志、礼部奏请谕、凡例、家规、服制图、像图、墓图、行略、字母、历朝仕官等内容组成。卷二、卷三分别记世系图和行第。谱记述该支族于清乾隆年间（1736—1795 年）从云和三都迁入宣平，与鲍畈雷氏同宗。重修本系民国二十九年石印本。白色绵纸，布面线装，楷体墨书。页面 36cm×24cm，版框 29.5cm×20cm，四周双栏，11 行 23 字。白口，有龟尾、口题、卷别及重修年份。保存完好。谱存武义县俞源乡钟蓬村雷姓村民处。

111. 浙江武义县坦洪乡《大西畈村雷氏宗谱》

民国三十年（1941 年）重修，主修人不详，1 册，3 卷。该谱卷无目录，由雷氏宗谱新序、雷氏源流序、礼部谨奏奉、谱例宗祠规、家训十则、历代官职录、支系及行第等内容组成。从谱中能辨认的文字记录看，雷石峰派下雷百五郎居云和沈村，其子孙迁居丽水莲都区，至雷四满迁居碧湖四姑坛，雷友明迁居宣平箬铺弄、陈村岭（今柳城镇）等地繁衍生息。谱本系民国三十年石印本。白色绵纸，普通线装，楷体墨书。页面 35cm×24cm，版框 29cm×21cm，四周双栏，11 行 23 字。白口，有花鱼尾、口题及重修年份。每页粘边，页面残缺，虫蚀较为严重。谱存武义县坦洪乡大西畈村雷姓村民处。

112. 福建福安市康厝畲族乡《牛石坂雷氏宗谱》

1983 年始修，雷大甫、黄芙蓉、雷开源、雷大演主修，雷奶顺、雷绍旗、雷金标同校。谱卷由谱序、牛石坂雷族世系纲目、名歌字歌、世系支图等组成。谱载清顺治年间（1644—1661 年），雷乾三由宁德猴盾凤洋迁入，后裔繁衍至第十六世的基本情况。谱本本色宣纸，普通线装，16 开本，楷体墨书。谱存福安市康厝畲族乡牛石坂村部。

113. 福建连江县东湖镇《天竹雷氏族谱》

始修谱传世情况不详；2004 年重修，余养峰主修。谱卷由目录、新旧谱序、名歌序、世祖事迹、世系图等内容组成。谱载雷奕轩长子雷君绚于清顺治年间（1644—1661 年）由东湖镇黄坑里迁入天竹乡旧厝坪肇基，再迁入天竹村后，子孙繁衍生息的基本情况。谱本本色宣纸，普通线装，楷体墨书。谱存连江县东湖镇天竹村雷氏宗祠。

114. 福建永泰县《永泰雷氏谱志》

2015—2017 年修纂，雷天煊主修，雷广烺、雷广震、雷立滔、雷广桃、雷国存等编修。谱卷由凡例、谱序、源流与聚居、谱牒、古厝古建筑、宗祠庙宇、人才录、后记等内容组成。谱载：闽王延政天德三年（945 年），随王审知入闽的一部士兵被“派军”至永福县（今永泰县）嵩口地区“屯田”，其首领雷伯兴定居三峰长坂洋，成为该村雷姓始迁人，至今繁衍三十六世，分布于永泰、闽侯、闽清等地。谱本 568 页，65 万字，为 16 开精装本，共印刷 750 本。谱存永泰县各畲族村老人馆。

第一节　著述与艺文

（元）雷　机　元延祐五年（1318年）进士，建安（今福建建瓯）人。著有《龙津》《龙山》《鄞川》《环中》《黄鹤矶》《梅易斋》《碧玉环》等7稿。

（明）雷　燮（1466—1544）　字宜相，号南谷，又称南谷翁，荔浦翁，建安人。著有《奇见异闻笔坡丛脞》[刊刻于明弘治十七年（1504年）]、《南毂诗话》三卷。

（清）雷　丰（1883—1888）　别名雷少逸，福建浦城人。著有《时病论》《雷少逸医案》《脉诀入门》《病机药论》《药引常需》《药赋新论》《本草诗三百首》等。

（现代）雷静波（1918—2000）　原名雷动春，福建宁化人。著有《雷静波画集》《秋水集》。

（现代）雷子金（1936—2002）　笔名紫荆，福建宁化人。译著朝鲜电影文学剧本《斗争的序曲》《红色花朵》《红色宣传员》，长诗《破晓》《晨星传》，诗集《长白拾萃》，专著《人与美》《天生我才》《朝鲜文学论稿》，长篇小说《特别监狱》（三册）、《尹东柱诗文集》等。

（现代）雷芗生（1937—）　福建宁化人。撰有《体育百科大全》《新世纪体育论》等专著，发表论文80多篇。

（现代）雷土成（1937—）　福建南安市人。著有《1987年8月2日寻乌地震的破裂方式》《1994年9月16日台湾海峡南部7.3级地震的构造环境和震前地震活动图象》《台湾海峡及其邻近地区的地震海啸与海溢》。

（现代）雷德森（1938—）　福建宁化人。著有《自动化与社会发展》《高技术产业化道路探索》等书籍11部，发表论文百余篇。

（现代）雷阵鸣（1941—2010）　浙江松阳人。主编《松阳县畲族志》，主（合）编《畲族叙事歌集萃》等。

（现代）雷瑞洵（1941—）　福建宁化人。2009年出版对联作品专著《小泉斋联稿》。

（现代）雷碎卿（1943—）　浙江瑞安人。著有《畲族文化研究》《论盘瓠之诞》《清代畲民报考之路》《赶考人》等。

（现代）雷风行（1944—2014）　福建宁化人。著有《郭沫若的少年时代》《群星从这里升起》等书籍 30 多部。

（现代）雷　楠（1944—）　广东潮州人。著有《广东凤凰山畲族语言》《凤凰山畲族文化》，与他人合著《畲族祖地文化新探》，参与编写《中国少数民族古籍总目提要·畲族卷》。

（现代）雷必贵（1946—）　浙江苍南人。著有《苍南畲族的源流与分布》《苍南畲族习俗》等。

（现代）雷先根（1947—）　浙江云和人。主编《景宁畲族自治县畲族志》，著有《杜鹃声》《畲族风俗》《自豪疗自身　挺胸脚生风》等。

（现代）雷云钊（1948—）　福建连江人。著有《泉乡韵》。在《福州晚报》《福州日报》《福建日报》等报刊发表散文、通讯，有作品入选《新时期中国少数民族文学作品选集》。

（现代）雷弯山（1950—）　浙江丽水人。著有《思维之光》《畲族风情》《畲族源流研究》《领导者的胆略》《丽水地区畲族志》等书籍 10 余部，参与编写《浙江省少数民族志》，发表论文 110 篇。

（现代）雷德和（1957—）　福建古田人。发表中短篇小说、故事、报告文学 170 篇，短篇小说《公道人》等 6 部被日本《中国边境文学·中国少数民族作家作品》一书翻译介绍。短篇小说《永远吃香的人》荣获首届全国少数民族文学创作骏马奖。

（现代）雷森根（1959—）　浙江景宁人。第一届全国少数民族文艺会演中，领衔主演舞蹈《新女婿》，创作表演舞蹈《选种歌》《畲山夏夜》，参加演出歌舞剧《畲山风》及创作广场舞蹈《木拍灵刀舞》等，参与导演畲族风情歌舞《诗画·畲山》《千年山哈》，编导舞蹈《山哈布妮崽》。参编《中国民族民间舞蹈集成·浙江卷》，其中《做功德》入选省卷、《拔伤》入选地区卷。多篇畲族舞蹈论文获省级奖项。

（现代）雷后兴（1961—）　浙江云和人。主编的《中国畲族医药学》《中国畲药学》，分别获首届中国民族医药学会学术著作一等奖、浙江省自然科学学术奖二等奖。在国内外医药杂志上发表科研论文 100 多篇。

（现代）雷国强（1963—）　浙江武义人。编著《婺州窑韵》《琢瓷作鼎：古代龙泉青瓷香炉制作工艺研究与鉴赏》《千年古村山下鲍》，参编《金华畲族》。

（现代）雷建光（1969—）　浙江景宁人。2019 年合编《中国畲药图谱》，2022 年合编《实用畲族药膳学》。

第二节　族规家训

一、福建罗源县霍口雷氏家训

孝悌者，人之天性；礼义者，俗之纲维；不此之，不惟上负。圣朝之德化，亦且贻咎祖宗于在天，凡我族属，务以爱亲敬长，循规蹈矩为兢兢。

凡遇丧祭，子孙务以尊祖敬宗、报本追远为孝。故身当其事者，须必躬必亲、必诚必信，断不容以苟且怠慢，致干罪戾。

族中之事，不可无统，当推族内有年有德者主其议，又另择子孙之贤能有果断者二三人，相与参酌筹划，而后行之，庶不至一人偏私之见，以败乃事。

耕读乃立身之本，游惰即破坏之源。况僻处山陬，尤以书田为实业，而工贾次之。倘不惟本是图而游手好闲、不事生业。将置身何地乎？凡我宗盟，各宜勉旃。

和气致祥，乖争贻咎，固然之理，决无可易，况宗族中，虽远近亲疏有间。溯所自来，均属同胞同气之伦。而忧乐与同，好恶与共，诟谇嚣凌之不作，斯家室之寖昌，蒸蒸日上矣，叔兄弟侄，尚其勖勉诸。

钱粮乃国课攸关，毫厘亦惟正之。供征收届期，各宜急公奉上，踊跃输将，方不失为盛世良民。

——《罗源县霍口畲族乡岗尾雷氏宗谱》[清咸丰元年（1851 年）始修]

二、福建福安市甘棠镇春雷云村雷氏族规

为人以孝悌忠信为本，不可作忤逆事。倘有人面兽心、灭伦乱行者，谱内削名。

祖坟山上下左右原系诸房阴山，不许挖掘附葬，其阴木亦不许盗砍私卖，以伤祖坟，违者革逐治罪。

礼田园课务须早完，若值祭抗欠，辱及祖宗，合族攻之。

祖宗遗田园地基祀产，不得私行批札，其祭祀公业须依次轮流，不许越分背典。

子孙虽贫，须自食力。倘有失志，降为奴仆、皂隶、倡优、轿役，不许入祠。

族内无嗣，例当亲派继之。若应继无人，方许别承。若应继不继，其嗣父嗣母即择别承，亦合受绍一律。向后应继者若有争业，房族鸣官究治。但受绍亦当由亲及疏，不可偏任私受，致干条例。

异姓养子既为吾后，凡遇丧祭本宗无服，倘有乱吾家法，族共攻之。

子孙不许犯奸为盗，开赃聚赌及恃众逞凶，害及宗族，违者鸣官究治。

子孙原婚娶为承先启后，如妻室无犯七出，不许忌丑离婚，辱及祖宗，违者攻之。

族中绅衿，上重朝廷，下耀闾里，不许刀笔唆讼，恃势凌人。

族中无论支派亲疏，若有家贫而罹患死丧者，须体祖宗之心，共相资助。

族中虽有亲疏，而以祖宗视之，均同一体。纵有忌嫌，应听族中理处，不许恃强逞凶而伤讼，违者攻之。

族中子孙若有前程及受恩荣耆老，逢年节祭祀当进前助祭，以显祖宗。

后世修谱须遵旧制，不得曲笔徇私。至有擅改私增，转抄副本卖与异裔，以伪乱真，合族攻之。

藏谱之家不许通同舞弊，违者治罪。或收藏不谨，以致霉烂损坏等患者，公议重罚。

——福安甘棠镇《田螺园（春雷云）雷氏宗谱》[清光绪元年（1875 年）始修]

三、福建霞浦县溪南镇半月里村雷氏家训

（畲歌传唱词）

写出元朝朱文公，造出家训世上伦。
贤郎写出挂厅上，流传教子又教孙。
五更起早莫贪眠，扫地移步转连连。
前后清洁人家好，自然福禄会相连。

日里奴妹齐去做，连暗双叫转回家。
大小门户亲手锁，夜里预防小人多。
件件清水煮白糜，当年辛苦做出来。
劝人勤力做家富，长短芝麻人亦要。
人家子孙出坟林，年年祭坟要诚心。
子孙小时书要读，世上一字值千金。
为人本分教子孙，明谋暗骗会唔通。
宴中随量敬人酒，不义钱财你莫想。
劝人小事莫见真，莫学忘恩背义人。
为人要想出头地，莫去漂浪做野人。
嘴讲有情便近前，背后笑人唔是漫。
做刁作恶讲不尽，善恶原来两样生。
暗箭害人苦会癫，害人艰苦叫连天。
非违不切讨乃食，以后子孙总会见。
读书不用问先生，伶俐不用行近前。
姻缘都是天注定，顺从家训快乐仙。

——霞浦半月里村“畲族传统文化建设长廊”

四、福建霞浦县溪南镇半月里村雷氏家规

（畲歌传唱词）

命内有财总是有，命内没财莫强索；
千年田园八百主，十年凶败人几多。
邻里一世要好心，乡村安逸事好做；
欺良霸市天不放，善人自然好当家。
荣华富贵俭生成，衣食住行都不差；
尊老爱幼盛行日，家庭和睦福增加。

——霞浦半月里村“畲族传统文化建设长廊”

五、江西永修县样式雷家训十则

（一）个人篇

1. 敦孝悌以厚人伦

为人之本不外孝悌两端，古来大贤大杰都从这里做来，为子弟者在父兄前毋侮毋傲，尽孝尽悌，即或父兄惩责，亦必下气怡声，不可反唇抵触，则父乐有其子，兄乐有其弟，斯一室太和诚为可庆。

2. 正心术毋习刀笔

心者，万物之本。心术正则人品端。古云，但存方寸地，留与子孙耕，旨哉此言也。近见好讼之徒，专工刀笔，遇事生风，妄聚雪桥，欲图微利，早丧心田，凡我子孙为永鉴戒。

（二）家庭篇

1. 崇祭祀以绥先灵

万物本乎天，人本乎祖。春秋享祀是报本也，废祭吞公是灭祖也。自后各支房长，值每年

清明务宜备物致祭，率领儿孙瞻拜墓下，俾各知某山某祖、某山某妣，庶几享祀不绝先灵允慰。

2. 隆师傅以教子孙

古者家有塾党有庠，正所以作养人材，以应国家之用，然必隆师重道，庶学问方有进益。吾族子弟岂无俊秀，为父兄者当择师教训，切勿计较锱铢。即为子弟者亦不宜暴弃致堕书香。

3. 严内外以别嫌疑

礼云：男女不杂坐、不通问、不亲授，所以避嫌以端风化，是亦吾人齐家第一节事，凡为家长者务要内外严肃，工人奴仆严加约束，姑姊弟妹恪守家规，庶闺帏既正，家道自兴。

4. 禁侵伐以培祖茔

吾族各支有祖山，繁衍皆是祖宗福荫，但恐不（肖）子孙强伐树木、剥削衣冠，或于风水侵□弃塞，致令宅兆不安，幽泉怨恫，若此者以不孝论。

（三）社会篇

1. 循礼让以睦乡党

朝廷序爵，乡党序齿，桑梓之地务必恂匕自处，以敦亲睦近。见人家子弟举止轻狂，全无半点逊让，或倚父兄之势，或使血气之勇，凡我子孙，允为炯戒。

2. 戒浪游以勤职业

士、农、工、商，各有一业，天地间成事业者，大要皆从勤苦中得来，因见人家子弟不士、不农、不工、不商，呼朋引伴，酗酒呼众，败坏田产，荒废职业，凡我后嗣，俱宜猛省。

（四）国家篇

1. 完国课以免追呼

圣明之世鸡犬不惊，虽哺饔啜藜，自有余乐，然必完官乃得自如，否则夏税秋粮，寅拖卯欠，官府日迫于上，公差日逼于下，坐不安席，寝不安枕，有何益哉。

2. 通货财以相同济

朋友有通财之义，君子有成人之美，一本之亲务须忧乐相关、有无相济，才是睦族的道理。窃叹世间人，钱财积而不散，不思景公豪富身后无称，范氏义田传为美事。凡我族属各宜勉旃。

——录自《中国政协》2018 年第 24 期

六、浙江苍南县矾山镇昌禅雷氏祖训十则

（一）孝父母

人子之身，本乎父母。未离怀抱，三年劳苦。恩斯勤斯，惟恃惟怙。孝道有亏，百行难补。乌鸟反哺，牛羊跪乳。

（二）睦兄弟

孔怀兄弟，一本所生。手足所谊，羽翼情深。兄当友弟，弟宜恭兄。埙篪叶奏，和乐有声。姜家大被，田氏荣荆。

（三）别夫妇

男女居室，人之大伦。附远厚别，礼经所申。夫妻守义，父子相亲。无别无义，禽兽为邻。举案齐眉，相敬如宾。

（四）序长幼

乡党聚处，义在和平。年长以倍，父事非轻。十年以长，兄事有情。饮食相让，言语必诚。坐立居下，步履徐行。

（五）睦宗族

譬诸水木，宗族宜敦。千枝万派，一本同源。何远何近，谁卑谁尊。相亲相睦，推德推恩。公艺百忍，江州义门。

（六）严内外

凡为家室，内外必辨。男不内入，女不外践。深宫闺门，肃严非浅。授受不亲，乞假胥免。敬姜守义，践阈色鲜。

（七）训子孙

子率不谨，父教不先。放辟邪侈，起于英年。严禁非为，子孙乃贤。讨书礼义，孝悌力田。少成若性，习久自然。

（八）勤职业

天生四民，业各有常。士谋道义，农望收藏。作为在工，贸易惟商。安心固守，勤力精详。立多有本，处世亦良。

（九）明义利

天地之间，物各有主。非吾所有，一毫莫取。见得思义，圣贤训语。盗迹贪污，伯夷清苦。豪富一时，廉名千古。

（十）慎官守

幸登仕籍，须警官箴。清慎兴勤，二三思省。严谨和缓，四言虑深。致君在身，泽民惟心。孟尝还珠，杨震却金。

——苍南县矾山镇《昌禅岙底雷氏宗谱》［清同治十二年（1873 年）始修］

七、浙江丽水市莲都区雷氏家规

（一）敬父母

父母是生育至亲，服务奉养必周，好的在祭期优贤，违者轻者为众教育，重者族内削名。

（二）和兄弟

兄弟应情同手足，财产酒食安相让，语言不计较，兄弟强弱安抚互助。

（三）慎交友

要先择而后交，不依酒内听信为本友者有福同堂，患难与共，不得挟诈相欺。

（四）勤节俭

惰者是破家之始，勤劳生财，节俭是生财之道，不得游手好闲，食衣他人。

（五）戒谣恶

淫者败坏门风，致他人夫妻反目，妯娌成仇，不顾本分，必致杀身，自取灭亡。

（六）禁赌博

赌者坏人心事，短人志气，输者卖田卖房卖子女，走败家之路。

（七）忌争讼

族中非关宗亲，父母不共戴天者，就劝告和息，不得以强欺弱，逞智唆愚，不得供公报私，大者殒命，心者感激。

（八）守安分

为官受禄，须懂恭本职，不得贪财，居家肄业者，功劳生财，早纳国税。

（九）睦乡邻

乡邻安相亲相睦，不得喜事好斗，要视天下同是一家人，财物不得独占便宜，不得因小忿易起争，要尽力规劝，不可挑唆。

（十）重丧祭

父母祖宗音容是日查，不得不祭奠，要尽力而为，说明冬至务祭墓。

——莲都区《利山雷氏宗谱》［明崇祯八年（1635年）始修］

八、江西铅山县篁碧畲族乡篁碧村“近光堂义庄条规”（族规）

1. 每年储谷十担，以供宗祠及时六（始迁祖雷时六）公妣两墓春秋祭仪。

2. 勤俭持身至老孤贫无依者计口给米每日一升，冬衣每口足制钱一千文，如生平不事恒行及充当差役者，不得支取。

3. 自幼孤贫无伯叔兄弟，或有亦皆无嗣，独能勤苦立足中年婚娶者，支足制钱三十千文。其无关祖宗血食者不与。

4. 目瞽、手挛不能习艺，咳喘、劳疾不能佣工，贫无生计者，无论老少，日支米一升，冬衣足制钱一千文。

5. 族内有丧夫矢节笃志守贞苦无生计者，无论老少，日支米一升，冬衣足制钱一千文。

6. 贫苦不能营葬者，二十岁至五十岁支足制钱七千文，五十岁以上支足制钱十四千文。

7. 子弟质美家贫不能教读者，十四岁以下，每名岁支足制钱二千八百文，十五岁以上，岁支足制钱七千文，未入塾从师，不准支取。

8. 应试生童不拘贫富，县考每次每名支足制钱二千文，府考、院考每次每名支足制钱三千文，乡试每次每名支足制钱八千文，廷试部试每名支足制钱三十五千文，其托故不进场及中途而返者掌管人会同合族理断缴回。

9. 乡会试榜中式，不拘贫富，每名支足制钱五十千文。鼎甲三百千文，庶常二百千文，主事及中书等职一百五十千文，以助报禄之费。

10. 入泮每名支足制钱十千文，以助院费，恩拔副岁优贡，每名支足制钱二十千文，以助部费。以上两项，文武同之。

11. 管理庄田、账目、契书合族公议，智、仁、勇三房中每房择一二老成端正者执账目、契书，公平殷实者，司其出入，每年于清明后一日凭族核算，会计多少，以备支用。

以上系觉轩（即雷宣）手定，以下六项系觉轩公殁后合族公商酌取，前贤旧规不敢妄参私臆，附列于后，以垂久远。

1. 族人不得租佃义庄田，亦不得诈立他姓名字。

2. 掌管人置给钱米簿一本，应给者必于其人本房房长验明方准支取，给米之期每月初一日。掌管人会同房长给发，不得预支次月之米，其米均系上熟，亦不得以糙米给发。冬衣钱每年十月初一日支取，其余各项，随时支取。

3. 掌管人及各房子弟不得假贷义庄钱谷实物，远者，合族于觉轩公位前理断缴回。

4. 近光堂内族人不得占居、聚会、宴饮，如子弟欲于此读书者听之。

5. 读书人包揽词讼有案者，义庄应给之项不准支取。

6. 义庄事惟听掌管循规处置，其族人虽系尊长不得侵扰干预，掌管人如有侵欺听合族于觉轩公位前理断，别择贤能者掌管。

以上规条，总理之人务须公平、正直、照规施行，强梁者毋得额外滥取柔懦者，亦不得于中刻扣，义均利薄授受无私，庶几足以绵祖宗遗泽而替云。

注：雷宣，号江浦，又号觉轩，原谱为雷朝衢，二修族谱改为雷云衢。

——篁碧畲族乡《雷家牌坊雷氏宗谱（鹅湖宝善堂家藏）》[清咸丰九年（1859 年）始修]

九、浙江雷氏祠堂规

凡宗祠内产业，本族子孙不得租种，恐虑变侵，估之产业不论多寡即交外姓人札种，如有族内乱规强种者，以为侵占论经公议罚送究。

祖宗所贻田地山场，每年各有租息等项积置贻与子孙费用，上完国课，下与祠内修整补漏，春秋祭祀亦所从出。侵之占之，则欺宗祖不孝之罪莫大于此，自今以后倘有不肖之孙，依律送官究治。如有再不服者，将本身一人革出祠堂，永不许入祠。

祠宇祖宗神灵所居，各子孙不得祠内堆叠杂物。污秽祖先者，查知某名经族长公酌或议罚或重责。

凡子孙不孝不悌犯上违命者，鸣祠堂鼓昭告祖宗大书革条，某人为某事革其本身，革出永不许入祠。

凡子孙盗贼偷犯奸，不分尊卑昭穆者，核查其情真事，罪无可逃，族内详考其诚伪，切不可挟仇捏诬混指，以坏族光。

——录自平阳县雷氏祠堂规

第三节 宗祠

畲族雷氏宗祠是宗亲祭祀支族肇基始祖、历代祖先和存放先人牌位的重要场所，也是团结族人的场所。

畲族总祠 畲族，是中国东南地区世居族群，是南方原住民，族群源于今粤、闽、赣三省交界的凤凰山。浙江畲族蓝、雷、钟姓宗谱记载，先祖在广东潮州凤凰山建有盘、蓝、雷、钟姓总祠，并绘有总祠图像。总祠直二十四丈，横一十八丈，坐西向东，前至雷家坊，后至观星顶，左至会稽山，右至七贤洞。此外浙江省平阳县青街黄家坑雷法罡支族后裔历次续修宗谱都转载广东总祠重建概况，浙江苍南县《凤阳雷氏宗谱》（清同治本）也有记载凤凰山总祠规模情况：门庭树以石柱，四围绕以墉坦，盘基巩固，结构绵深。丑山未向，计直二十四丈，横一十八丈等。

中华人民共和国成立以后，史学界先后有数批专家、学者翻山越岭到凤凰山地区勘查畲族总祠的遗迹。凤凰山畲族干部、群众也多次寻找，但都没有发现有关畲族总祠的“门庭石柱”及“墉坦”遗迹，故凤凰山“盘、蓝、雷、钟姓总祠”疑为清时“造谱”所为。[①]

1. 福建半月里村雷氏宗祠

坐落在宁德市霞浦县溪南镇半月里村。清雍正八年（1730 年）始建，“文化大革命”期间遭到破坏，2002 年重修，占地面积 136 平方米，坐西朝东，背靠状元顶，前为笔架山，为硬山顶砖木结构，大门为牌楼式。祠梁架错彩描金，廊扇木刻记载了雷氏先人勤奋、勇敢开拓的历史。

① 浙江青街黄家坑雷法罡宗谱《畲建广东祠序》；苍南县《凤阳雷氏宗谱》（清同治本）。

祠内尚存清道光二十八年（1848 年）秋雷世儒为宗祠亲书的“凤山衍庆”匾额，匾中“凤山”指畲族祖居地凤凰山地区。大堂供奉着开基祖雷文寿、雷志茂以及对半月里的发展有重大影响的张良弼。

福建半月里村雷氏宗祠

2. 福建雷畲村雷氏宗祠

坐落在南平市松溪县雷畲村，清乾隆年间始建。宗祠边立有清同治八年（1869 年）“合族公议”碑，内容是有关醮田、祠堂使用、山林竹木不得乱砍伐、庵堂和五显殿等的规定。1991 年，从台湾回乡探亲的雷氏十八世孙雷宠其捐资进行修缮。2016 年以十九世孙雷泽风长女雷清月为主共捐资 100 万元，在原址重建宗祠。新祠坐北朝南，占地面积约 400 平方米，建筑面积约 210 平方米，砖木结构。堂内设历代祖宗牌位和一至二十一代世系图。宗祠门口有占地面积约 200 平方米的空坪，新建一座木结构亭子。雷畲村雷氏宗祠被松溪县列为涉台文物保护单位。

福建雷畲村雷氏宗祠

3. 浙江大柘大田村雷氏宗祠

坐落在丽水市遂昌县大田村。该支族始祖雷仁生于明正德年间（1506—1521 年）从福建省罗源县移居浙江省遂昌县西乡培坞，至今繁衍二十一世，2000 余人。

清道光年间（1821—1850 年），雷氏后裔在培坞建雷氏宗祠。清咸丰年间（1851—1861 年），宗祠毁于战火。民国元年（1912 年），宗亲在大田村择地另建宗祠，至民国八年（1919 年）11 月落成，先后经历了八个寒暑。此后，分别于民国三十六年（1947 年）和 1993 年，对宗祠进行修葺。宗祠坐北朝南，有 44 根直径 25～40 厘米的圆柱，圆柱顶部全部采用浮雕斗拱，建成五间正房，左右两廊，前门回廊，占地面积 600 多平方米，建筑面积 363 平方米。大门楹联：祠称衍庆显祖德宗功馨香常垂万代，族聚汤溪头孙贤子孝昭穆并列一堂。大田村雷氏宗祠于 1994 年被列为遂昌县级文物保护单位。

浙江大柘大田村雷氏宗祠

4. 广东龙陂村雷氏宗祠（四房总祠）

坐落在韶关市始兴县澄江镇接龙冈村（现在的龙陂村）。清乾隆六年（1741 年）由德龚公后裔按丁集资购田地置换宅基，清乾隆十八年（1753 年）在接龙冈建成。祖祠为三进，坐北朝南，建筑面积 550 多平方米。祠堂两侧分别有 3 个小门，大门用红麻石制作而成，两边门梁用麻石雕刻精美生动的吉祥图案，整座祠堂有八卦形柱、圆形麻石柱共 28 根。祠基为石砌，土坯砖加青砖墙，砖木结构。第三进祖堂设有神龛、香案，以及始兴雷氏始祖和始祖母的绘像，吊顶是木制八卦造型，神龛阁上写着“雷氏宗祠”4 个大字。20 世纪 80 年代、90 年代和 2016 年 3 次维修。龙陂村雷氏宗祠是澄江镇各村雷氏的主祠。2011 年 11 月 25 日，被始兴县人民政府评为“始兴县不可移动文物”，牌匾挂在祠堂大门口。

广东龙陂村雷氏宗祠

广东古巷雷氏宗祠

5. 广东古巷雷氏宗祠

坐落在韶关南雄市珠玑古巷北段西侧。始建于清代，1995年和2003年两次重修。祠堂坐西北向东南，硬山顶，盖灰瓦，青砖墙。二进，中间有天井相隔，面阔5.7米，进深29.93米。后堂设神龛。2012年被评为南雄市不可移动文物。

6. 福建宁化下沙村雷氏宗祠

福建宁化下沙村雷氏宗祠

坐落在宁化县中沙乡下沙村。宁化畲族雷氏，名人辈出，代表人物有：始祖雷甫，后唐进士，江西洪洲刺史；雷祥，后唐进士，开封府刺史；北宋有雷宣、雷尧、雷协三进士；南宋雷三益父子四人为抗元义士；清朝雷鋐，雍正时期进士，理学名家；民国时期雷焕猷，国会参议员；雷寿彭，福建省参议会副议长；当代中国工程院院士雷霁霖、福州大学软科学研究所所长雷德森等。

宁化下沙村雷氏宗祠，为雷氏先祖雷宪后裔之八大祖总祠。清雍正十三年（1735年）动工兴建，清乾隆四年（1739年）续建，至清乾隆九年（1744年）落成竣工。仿古宫殿建筑，规模宏伟。殿中悬挂乾隆手书“福”字金匾，尤为珍贵。“文革”期间，宗祠遭毁。2014年4月6日，举行了隆重的新祠落成和祭祖典礼，来自青岛、福州、龙岩、石城、上饶、上杭、兴国等地以及宁化县各乡镇的雷氏后裔460余人前来参加。中国工程院院士雷霁霖撰联、题写匾额。

7. 福建建瓯曹山雷氏宗祠

福建建瓯曹山雷氏宗祠

坐落在南平建瓯市房道镇房道村埂尾垅头山麓。房道镇雷氏宗族，由始祖雷景瑞于唐朝从今江西省丰城市迁居入闽，在璜溪（今房道镇）定居繁衍而成。雷氏宗族于昌盛时期在房道境内建造了三座宗祠，即蓝峰祠、曹山祠和大照祠，尤其以曹山祠最为知名。曹山祠位于埂尾村旁曹山垅头（又名广福寺），为雷氏六世祖雷友敬（时任剑州刺史，封大中大夫豫章郡君）之长子雷仁琬为纪念雷友敬之功德，于北宋开宝五年（972年）主持兴建。建筑面积3000多平方米。明正德十二年（1517年），雷氏十九世祖雷世槽（时任浙江右参政，封大中大夫）和弟雷乐（时任广州儒学训导）召集族人献资重建曹山祠大堂，大堂正中为豫章公和杨氏夫人巨大塑像，东西两侧安放唐、宋、元、明四代祖宗神位。堂内建有孟、仲、季、洪四房各一厅堂。正堂左右两柱书：“璜溪流千派，曹山第一丛。”每年正月二十和十月二十，族内已获功名的子孙齐聚祠内，供斋祭祖，议族大事。每年二月十五全族子孙到祠堂祭祖，传承至今。

8. 福建雷三益父子祠

坐落在三明市清流县。福建《清流县志》记载，南宋末年，清流县城关有一位畲族壮士雷三益身材魁伟，臂力过人，智勇双全。宋景炎元年（1276年），文天祥进入福建汀州招募抗元义兵，雷三益带领雷丙、雷戊、雷庚3个儿子应召入伍。随后，雷三益父子跟随文天祥开展抗元斗争。宋景炎三年（1278年）十二月，文天祥的部队在今广东汕头市潮阳区境内的五坡岭与元军相遇，雷三益父子四人在这次战斗中全部牺牲。清流县百姓为纪念雷三益，为他修建专祠，春秋两季祀奉。“文革”期间宗祠被拆，现原址上建了市场。

9. 福建金斗洋雷氏宗祠

坐落在宁德福安市康厝畲族乡金斗洋村右侧。元至顺年间（1330—1333年）始建，明天启年间（1621—1627年）、清同治五年（1866年）、民国初年、1996年多次重修。2015—2016年扩建，分上下两座，有戏台，高9.6米，进深58米，面阔18米，建筑面积1044平方米。门联云：翊都故郡二千纪，金梁雷宗第一祠。

福建金斗洋雷氏宗祠

10. 始兴县顿岗镇乌泥塘雷氏宗祠

有三处，坐落在乌泥塘村，总建筑面积437平方米。第一处大约建于580年前，建筑面积约207平方米，土砖结构；第二处建筑面积84平方米，青砖结构；第三处在乌泥塘村东边，建筑面积146平方米，土砖结构。第一、二处祠堂都是两进，中间一个天井相隔，第三处祠堂为三进。每处祠堂都设有神龛、香案，以及始兴雷氏始祖和始祖母的绘像。历史上第一、二处祠堂大门口有28对旗杆石，如今只剩4对旗杆石和1对旗杆石基脚。

始兴县顿岗镇乌泥塘雷氏宗祠

11. 广东潮安山犁村雷氏宗祠

坐落在潮州市潮安区归湖镇山犁村中心处。宗祠占地面积约330平方米，建于明代中叶，清光绪二十七年（1901年）重修。宗祠坐西偏北向东南（戌辰兼乾巽），建筑为斗拱屋架“下山虎”格局，门庭有石雕、楹梁构件。宗祠中央原坐落一公龛，左侧供奉一尊油黑漆色的观音菩萨像，在菩萨的左肩下有一尊三奶娘像。公龛案床正中供奉历代先祖的神主牌位。案床面上摆放着七个香炉，为“兵马炉”，代表着“东西南北中和左营右营”等七路天兵天将，供“招兵节”时用。

广东潮安山犁村雷氏宗祠

12. 福建崇厦雷氏宗祠

坐落在龙岩市上杭县太拔镇崇厦畲族村。建于明朝中期，多次重修，最后一次重修是1998年。宗祠占地面积500平方米，坐南朝北，砖木结构，并建有大三郎和大四郎两个支祠，现只保留雷氏宗祠供闽、粤、赣、浙、川、渝等地后裔祭祖。

福建崇厦雷氏宗祠

13. 福建大坪雷氏宗祠

坐落在龙岩市上杭县蛟洋镇大坪村。建于明朝中期，多次重修，最后一次重修是2002年。宗祠占地面积300平方米，坐南朝北，砖木结构，有贞一公祠、电生公祠、霆生公祠和文清公祠等四个支祠。现只保留雷氏宗祠。

福建大坪雷氏宗祠

14. 福建苏家坡雷氏宗祠

坐落在龙岩市上杭县古田镇苏家坡畲族村。宗祠建于明朝中期，多次重修，最后一次重修是2008年，占地面积350平方米，坐南朝北，砖木结构。

福建苏家坡雷氏宗祠

福建城山雷氏宗祠

广东李工坑雷氏宗祠

广东南雄百顺镇杨梅村雷氏祠堂

广东南雄市雄州街道荆岗里坑雷氏祠堂

浙江玉联田寮雷氏宗祠

福建七都漈头雷氏祠堂

15. 福建城山雷氏宗祠

坐落在泉州南安市城山坑内村磨内寨。始建于明朝中叶，从清朝到民国曾几度修缮，“文革”遭毁。1989年，依原样式重建，宗祠筑有寨墙围护，以前的寨墙系夯土面筑，今改为砖砌。宗祠依山傍水、气势宏伟，为二进，中间一天井格局，红墙黄瓦，庄严肃穆，金碧辉煌。右侧建有三层楼的城山文化宫，与宗祠连成一片。宗祠坐东南向西北，占地面积632平方米，主体建筑面积216平方米，附属建筑面积320平方米，宗祠大门两侧一对石鼓，门楣匾额书“雷氏宗祠”，厅堂正上方悬挂一方“理学名宦”匾额。

16. 广东李工坑雷氏宗祠

坐落在潮州市潮安县李工坑村。该村多数村民是从凤鸟髻下迁来。宗祠为木结构，只一间平房，建筑面积20平方米。建造时间不详。民国二十一年（1932年），中国共产党在粤东开展革命活动，苏维埃政府办公场所就设在李工坑雷氏宗祠。

17. 广东南雄百顺镇杨梅村雷氏祠堂

坐落于百顺镇杨梅村。建于明朝晚期，建筑面积约60平方米，祠堂为二进，中间一天井格局，红砖结构，堂内设有神龛、香案。2019年维修，2020年完工。

18. 广东南雄市雄州街道荆岗里坑雷氏祠堂

坐落在南雄市雄州街道荆岗管理区里坑雷屋自然村。雷德隆长子雷文瑛的第九世后裔从始兴顿岗乌泥塘迁入涝洲水，明万历年间（1573—1620年），第九世后裔又从涝洲水迁入今雄州街道荆岗里坑雷屋始建宗祠，建筑面积约86平方米。祠堂坐东南朝西北，为二进，中间一天井格局，红青砖墙结构。祠堂内设有神龛、香案。

19. 浙江玉联田寮雷氏宗祠

坐落在温州市平阳县闹村乡玉联村田寮。始建于清顺治年间（1644—1661年），原建在平阳凤池溪边大厝基（属朝阳乡）。民国三十七年（1948年），迁至平阳闹村乡田寮。1998年重修，2012年续建，2019年扩建，占地面积652平方米，建筑面积332平方米。宗祠坐东偏北向西南，五开间，两廊，加前廊，仿古宫殿式，钢筋水泥混砖木结构。前门楹联：宗支毓秀光先祖，祠宇钟灵昌后贤。大门楹联：堂势尊严昭奕代祖功宗德，孙枝善衍承万年春祀秋尝。

20. 福建梅山沈岭雷氏祖祠

坐落在三明市大田县梅山镇沈岭村。清康熙年间（1662—1722年）始建。占地面积500平方米，建筑面积350平方米。杉木结构。

21. 福建七都漈头雷氏祠堂

坐落在宁德市蕉城区七都村。始建于清康熙三年（1664年），清道光五年（1825年）重建。土木结构，占地面积300

平方米，高8米，进深15米，面阔15米，建筑面积225平方米。2015年再重建，坐西向东。

22. 广东塘源村小陂头村雷氏祠堂

坐落在韶关南雄市黄坑镇塘源村小陂头村。始建于清康熙十五年（1676年），1996年重修，占地面积220平方米，青砖灰瓦，堂内设神龛，为二进，中间一天井格局。

广东塘源村小陂头村雷氏祠堂

23. 江西宁都下河村杨梅雷氏宗祠

坐落于江西宁都县固村镇下河村杨梅树下。始建于清康熙后期。宗祠坐北朝南，旧祠为土木结构，三进二井，占地面积120多平方米。2015年5月被洪水冲毁。2015年8月，全村雷姓村民筹集110多万元在原址上重建宗祠，占地面积360多平方米，仍为三进二井格局的砖混结构建筑。祠堂前空坪占地面积近1000平方米。

江西宁都下河村杨梅雷氏宗祠

24. 福建茶岗雷氏宗祠

坐落在宁德市霞浦县水门畲族乡茶岗村。宗祠坐西向东，东向为公路，南北靠民宅，以檐口滴水为界，西靠山坡。始建于清初，民国二十三年（1934年）重建，后被国民党民团烧毁，民国三十三年（1944年）又重建，后又被毁。2004年复在旧址上重建，为悬山顶，砖木结构，建筑面积70平方米，比原有建筑面积略小。进入大门后，依次可见小天井、神厅、神龛。神龛安放列祖列宗神牌，整座为抬梁式木结构。附属文物有木制礼盆、锡酒瓶等祭祖用具。2011年茶岗雷氏宗祠理事会主持重建宗祠，新祠由原址向后移，依山坡而立，砖混结构。每年三月初三和七月初七，雷氏后人在此祭祖。

福建茶岗雷氏宗祠

25. 广东赤子岗雷氏宗祠

坐落在韶关市始兴县澄江镇赤子岗下屋村。16世纪末17世纪初（明朝后期至清朝前期）雷肇春第七世孙雷震携四个儿子由甘棠迁至赤子岗开基立业，三子雷一淳、四子雷一春建屋数栋，中心屋为祠堂。20世纪50年代土地改革，下屋村所属田地宅基岭岗划给澄江大队祠堂下生产队管理，祠堂被破坏，原祠堂门口的麻条石被用来架桥，现还可见到。

江西葛藤村上蕉雷氏宗祠

26. 江西葛藤村上蕉雷氏宗祠

坐落于宁都县对坊乡葛藤村上蕉小组，明末清初始建。宗祠紧临民居，坐北朝南，三间结构，前廊宽阔，古砖垒砌墙体，古木柱梁屋架，正面中间大门，左右间配置小门，木质门槛，磨损明显。占地面积280平方米，建筑面积130平方米。

27. 福建八井雷氏宗祠

坐落在罗源县松山镇八井村。清康熙三十四年（1695年）始建，清光绪三年（1877年）修建。最近重建时间为

福建八井雷氏宗祠

2013 年。坐西偏南向东北。占地面积 1414 平方米，建筑面积 980 平方米。歇山式单檐。正座三进透，三开间，前座二进透。

广东深渡水坝心村雷氏祠堂

28. 广东深渡水坝心村雷氏祠堂

坐落在韶关市始兴县深渡水坝心村。始建于 300 多年前［约清康熙六十年（1721 年）前］。祠堂坐东向西，面阔 8.4 米，进深 28 米，三进二天井，第三进祖堂设神龛、香案以及始兴雷氏始祖和始祖母的绘像。祠基为石砌，土坯砖加红砖墙，砖木结构，2015 年维修。祠堂大门处有 5 对旗杆石，现存 4 对。

南雄市柴岭村对门岭雷氏祠堂

29. 南雄市柴岭村对门岭雷氏祠堂

坐落在古市镇柴岭村对门岭村。祠堂由上祖雷德川房的雷廷宣五子雷本江派尚辅、尚化的第十世和十二世后裔，在清康熙、乾隆年间从始兴顿岗乌泥塘迁入南雄保昌坪坑（现在的柴岭村对门岭）后修建，建筑面积大约 86 平方米。祠堂坐南朝北，为二进，中间一天井格局，祠基为土砖墙结构。祠堂内设有神龛、香案。

江西龟庄村雷氏宗祠

30. 江西龟庄村雷氏宗祠

坐落于江西宁都县黄陂镇龟庄村河背，清康熙年间（1662—1722 年）始建，1958 年重修，2016 年在原址重建。宗祠坐北朝南，占地面积 390 平方米，建筑面积 110 平方米。正面四柱高立，旁柱略低，中间双开大门，两侧有高于屋面的墙体，可挡风雨侵蚀。大门口七级台阶连接路面。

广东涝洲水村雷氏宗祠

31. 广东涝洲水村雷氏宗祠

坐落在韶关市始兴县马市镇涝洲水大树坪村，始建时间不详。现有雷氏祠堂是 280 多年以前（清乾隆初年）修建的祠堂，为二进，中间一天井格局，土砖木梁结构。祖堂设有神龛、香案以及始兴雷氏始祖和始祖母的绘像。建筑面积 90 多平方米，厨房面积 35 平方米，闲房面积约 70 平方米，露天走廊面积约 30 平方米，1946 年、1990 年、2013 年三次维修。大厅——竹林别墅，建于清同治元年（1862 年）冬月，建筑面积 460 平方米，上下厅二进，左右厢房共 16 间，石木结构。祠堂门楣上挂着“拔元”牌匾，内容为“钦命光绪乙酉拔贡生雷会通为，壬辰十二月十五日”，2013 年 1 月仿制。

浙江惠民寺雷氏宗祠遗址

32. 浙江惠民寺雷氏宗祠遗址

原址位于丽水市景宁畲族自治县惠民寺村。宗祠建于清乾隆年间（1736—1795 年），三间，木结构，于 1967 年破“四旧”运动中被毁。宗祠原址如今已被开辟为茶园。

33. 福建双贵山雷氏祖祠

坐落在三明尤溪县新阳镇建新村双贵山 。清乾隆年间（1736—1795 年）始建，2016 年重修。占地面积 350 平方米，建筑面积 300 平方米，坐西北向东南，木结构。

福建双贵山雷氏祖祠

34. 福建溪旁雷氏宗祠

坐落在宁德市蕉城区洋中镇洋中村溪旁自然村。清乾隆十年（1745 年）始建，1962 年重建，土木结构，青瓦屋面，进深 18 米，面阔 12 米，建筑面积 216 平方米。

福建溪旁雷氏宗祠

35. 福建和安下村雷氏宗祠

坐落在福安市坂中畲族乡和安下村。清乾隆二十九年（1764 年）始建，2002 年重建，上下两座，进深 17 米，面阔 14 米，建筑面积 238 平方米。

福建和安下村雷氏宗祠

36. 江西江夏村雷氏宗祠（泰郡堂）

坐落于兴国县古龙冈镇江夏村沙光组。清乾隆后期（1770 年前后）由雷伯泰、雷伯郡后裔合建，称泰郡堂。1986 年重修，建有门厅、门廊，琉璃瓦屋面，两侧墙体高立，可挡风避雨。宗祠坐北向南（癸丁兼子午），占地面积 300 平方米，建筑面积 150 平方米。

江西江夏村雷氏宗祠（泰郡堂）

37. 浙江东畔雷氏宗祠遗址

原址位于丽水市景宁畲族自治县东畔村。《东畔雷氏宗谱》记载，宗祠建于清乾隆年间（1736—1795 年），木结构，由三间祭祀大厅、天井、门台组成，建筑面积约 90 平方米。清光绪三十年（1904 年）重修，在 1967 年破“四旧”运动中被毁，宗祠地基被村民开辟为菜园，2015 年被当地政府征用开发建房。

浙江东畔雷氏宗祠遗址

38. 浙江新处垟雷氏宗祠遗址

原宗祠坐落在云和县新处垟，建于清乾隆年间（1736—1795 年），由崇头镇朱源村雷氏支族四世祖雷国朝首倡建造。宗祠占地面积 1400 多平方米，其中包括祠堂中的 1 亩多田地，建筑面积 400 多平方米，中置天井，由三间祭祀大厅、四间议事前厅、左右两廊组成，全部采用圆柱斗拱支撑大梁结构。该宗祠成为朱源雷氏畲民及分衍各地的宗亲祭祖的重要场所。中华人民共和国成立后，雷氏宗祠曾被作为小学校舍、养猪场、孵鸡坊，后因一场大火而化为灰烬，粮食局在宗祠废墟上建粮仓，电业局又拆除粮仓建变电所。

浙江新处垟雷氏宗祠遗址

39. 广东新厅下雷氏祠堂

坐落在韶关市始兴县澄江镇甘棠新厅下，建于清朝前期，有三进。祠基为石砌，青砖墙，砖木结构。祠堂内设有神龛、香案。2018 年重修。

40. 浙江黄山头雷氏宗祠遗址

宗祠原址位于丽水市景宁畲族自治县东坑镇黄山头

广东新厅下雷氏祠堂

浙江黄山头雷氏宗祠遗址

广东窑塘禾场头村雷氏祠堂

江西篁碧雷氏宗祠

福建大基头雷氏宗祠

广东澄江镇小陂村
（原名宝陂村）雷氏宗祠

村，建于清嘉庆年间（1796—1820年），三间，木结构，建筑面积约50平方米。祠址在黄山头村对面竹林山脚。宗祠在1967年破“四旧”运动中被毁。

41. 广东窑塘禾场头村雷氏祠堂

坐落在韶关南雄市古市镇窑塘禾场头村。建筑面积约200平方米，修建时间大约为200年前。

42. 江西篁碧雷氏宗祠

坐落在铅山县篁碧村。该支族雷氏上祖于清雍正六年（1728年），从福建宁化县迁居篁碧繁衍生息。清嘉庆六年（1801年），举全族之力，历经三年，建成雷氏宗祠。清光绪二十四年（1898年）、民国三年（1914年）和民国十六年（1927年）三次大修，祠宇逐渐扩大，占地面积1300平方米。整座建筑为三进三楼，内分三殿八室九楼，呈九宫八卦布局。雕梁画栋，隔间屏风，精雕细刻，或为花鸟虫鱼，或为历史传说人物，栩栩如生，气势不凡，享誉鄂、豫、皖，故有“江北第一祠”之称。

43. 福建大基头雷氏宗祠

坐落在三明市清流县龙津镇大基头村，建于清嘉庆十一年（1806年）之春，原祠已无存。1996年重建。

44. 广东澄江镇小陂村（原名宝陂村）雷氏宗祠

坐落在小陂寨风形山下。十四世祖雷祥翱携二子风烈、风行于清道光十一年（1831年）在小陂寨风形山下建造房屋四栋，屋中心大厅为祠堂，有三进，面阔近11米，进深为31米。坐东向西，祠基为石砌，土坯砖加青砖墙，砖木结构，堂内设有神龛、香案。雷氏祠堂建好后，雷氏畲民于清道光十二年（1832年）由澄江墟后街迁入小陂村。1998年重修。

45. 浙江平阳章山雷氏宗祠

坐落在温州平阳县青街畲族乡睦源村章山自然村。清道光二十三年（1843年）始建，“因岁值饥歉”“木工虽告竣但土工未兴”，历经8年至清咸丰元年（1851年）续修竣工。2003年重建。宗祠高7.5米，进深约10米，面阔约17米，占地面积459平方米，建筑面积170多平方米，古典式木结构。宗祠坐西北朝东南，大门前竖有一对旗杆石，这是清咸丰十年（1860年）雷云考取例授贡元时所立，此前曾遭毁坏，近年按原样重修。

宗祠有两大特色：一是当地宗亲每家户主每月初一、十五都到宗祠焚香祭拜始祖雷永祥和历代祖先；二是宗祠设立教育基金奖励优秀考生，开展“一日一元”助学公益活动，从2018年7月至2019年10月共收到捐款10万余元，助力26名优秀学生圆了大学梦。

46. 浙江桐油垄雷氏宗祠

坐落在温州市文成县桐油垄自然村。清道光二十三年（1843 年）始建，经过多次修缮。2003 年在原址重建，占地面积 506 平方米，建筑面积 240 平方米，由牌坊、门台、祭祀大厅三部分组成。宗祠坐东北向西南，祠址距始祖迁入地 30 多千米。

浙江平阳章山雷氏宗祠

47. 浙江雷国章支族宗祠

坐落在丽水龙泉市竹垟畲族乡罗墩村，建于清道光二十四年（1844 年），坐西北朝东南，建筑面积 130 平方米，经过多次修缮，最近一次重修是在 2003 年。

浙江桐油垄雷氏宗祠

48. 福建八都猴盾雷氏宗祠

坐落在宁德市蕉城区八都猴盾畲族村。始建于清道光年间（1821—1850 年）。民国时期重修。1981 年再建，砖木结构，青瓦屋面，进深 21 米，面阔 13.6 米，建筑面积 285.6 平方米。2013 年扩建，仿明清建筑样式，有四扇、插廊、前后两座，进深 26 米，面阔 16 米，坐北朝南，门前飞檐斗拱，青砖马头墙。

浙江雷国章支族宗祠

49. 福建春雷云雷氏宗祠

坐落在宁德福安市甘棠镇春雷云（田螺园）村。清道光三十年（1850 年）始建，2000 年重建，2002 年落成。祠堂进深 30 米，面阔 16 米，分上下座，有戏台，砖混结构，建筑面积 480 平方米。祠前有祠堂坪，占地面积 500 平方米。

50. 福建红坪雷氏宗祠

坐落在宁德福安市康厝畲族乡红坪村右侧。清道光三十年（1850 年）始建，1983 年八月十五子时重建上座正殿，2005 年重建下座，有戏台。坐东朝西，砖木结构，青瓦（悬山顶）屋面。进深 28 米，建筑面积 500 平方米。目前系福安市装修较为完整和较大的雷氏宗祠之一。

福建八都猴盾雷氏宗祠

51. 福建后舍雷氏宗祠

坐落在宁德福安市穆云畲族乡科后行政村后舍自然村。清道光年间（1821—1850 年）始建，清光绪二年（1876 年）重建，民国十九年（1930 年）倾圮，1991 年再建。占地面积 350 平方米，高 7.8 米，进深 26.5 米，面阔 13.2 米，建筑面积 349.8 平方米。2014—2015 年西移新建，宗祠坐向

福建春雷云雷氏宗祠

福建红坪雷氏宗祠

福建后舍雷氏宗祠

广东澄江镇暖田村晓村组一处老围雷氏祠堂

广东澄江镇暖田村晓村组二处雷氏祠堂

福建后门坪雷氏宗祠

浙江莲都区尖山丘雷氏宗祠遗址

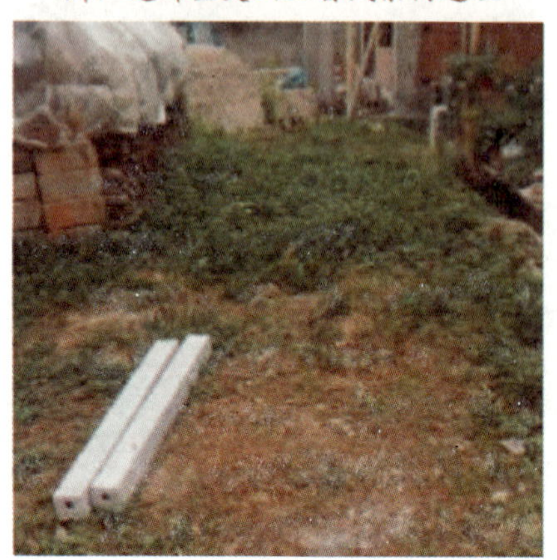
浙江省奎塘畈雷氏宗祠遗址

由坐东北向西南改为坐北偏东向西南，占地面积 656 平方米，祠内面阔 18.8 米，进深 31.6 米。

52. 广东澄江镇暖田村晓村组一处老围雷氏祠堂

坐落在始兴县澄江镇暖田村晓村组老围。祠堂坐南朝北，为上下二进。祠基为石砌，土砖结构。祠堂内设有神龛、香案。

53. 广东澄江镇暖田村晓村组二处雷氏祠堂

坐落在始兴县澄江镇暖田村晓村组，建于清道光年间（1821—1850 年），建筑面积 268 平方米，祠堂坐南朝北，大门为坐西向东。祠堂为上中下三进。祠基为石砌，土砖墙结构。祠堂内设有神龛、香案。

54. 福建后门坪雷氏宗祠

坐落在宁德福安市坂中畲族乡后门坪村。清咸丰十年（1860 年）始建，1992 年重修，2020 年 3 月拆除重建，2020 年八月初三午时（2020 年 9 月 19 日 11:00—13:00）上梁，2022 年九月十五子时（2022 年 10 月 10 日 23:00 至次日 1:00）晋主封谱庆典。宗祠建筑面积 768 平方米，坐西南向东北，砖木结构，前后两座，面阔 18.8 米，进深 40.8 米。宗祠分三进，由门亭、太子亭、戏台及正殿组成，中座为戏台，后座为正殿，设神龛列神主，奉祀历代先祖。

55. 浙江莲都区尖山丘雷氏宗祠遗址

宗祠原址在丽水市莲都区尖山丘村。据村中雷氏老者回忆，后裔宗亲于清末曾在该村坳内建成一座小祠堂，置立祖宗牌位，方便宗亲祭祖，是丽水县畲族雷氏第二座祠堂。祠堂隔墙左侧还建有一座小庙，供奉观音菩萨、土地公等五尊塑像。1967 年破“四旧”运动中尖山丘雷氏祠堂被毁，祠址现已被开辟为茶园。

56. 浙江省奎塘畈雷氏宗祠遗址

宗祠原址位于金华兰溪市水亭畲族乡奎塘畈村。宗祠建于清光绪年间（1875—1908 年），在该村中心地段，占地面积约 500 平方米，建筑面积 200 多平方米。宗祠坐西朝东，正屋五间，配左右二轩，圆柱斗拱，门楼高耸，蔚为壮观。中华人民共和国成立初期，土改工作队将雷氏宗祠大部分作为公产，分给 3 户无房的贫雇农居住，剩余部分作为村小学校舍，20 世纪 60 年代在破“四旧”运动中全部被拆毁。

57. 浙江丁家坳雷氏宗祠遗址

宗祠原址位于金华兰溪市水亭畲族乡柳塘章村丁家坳（又名明真山脚）。清光绪年间（1875—1908 年），丁家坳雷氏开基祖明祥与奎塘畈雷氏开基祖金孙为建宗祠选址产生分歧，因赌气而决定各村自建宗祠，两个村的雷氏宗祠同时落成，大小格式亦相近。中华人民共和国成立后，丁家坳雷氏祠堂被土改工作队没收，作为公产分给无房的贫雇农居住，住户先后将祠堂拆除建新房。

浙江丁家坳雷氏宗祠遗址

58. 福建盘前雷氏宗祠

坐落在宁德市霞浦县北壁乡盘前村，始建于清代，原为木结构。1995 年重建，石结构，占地面积 20 平方米。

福建盘前雷氏宗祠

59. 浙江黄家坑雷氏宗祠

坐落在温州市平阳县青街畲族乡九岱村黄家坑自然村。建于清光绪元年（1875 年），五间，土木结构，四周砌围墙，占地面积 90 平方米。2005 年拆旧祠重建，宗祠占地面积扩大至 550 平方米，建筑面积 200 平方米，高 15.8 米，一幢二台式五开间。2020 年春扩建，增加了前进、两廊、大戏台，宗祠占地面积增至 2500 平方米，建筑面积达 680 平方米。仿古式水泥钢筋、土木砖混结构。古青石圆柱，雕梁画栋，青龙腾飞，屋顶覆盖金黄琉璃瓦，中脊两端塑腾龙重檐。大门前建有六根盘龙石雕石柱，摆设大小两对石狮，壁上雕刻有各样人物和龙凤等吉祥图案。内外水彩图画弘扬正气，宗祠庄严肃穆，气势宏伟。

浙江黄家坑雷氏宗祠

60. 浙江下湖源雷氏宗祠

坐落在金华市武义县柳城下湖源村。建于清光绪二十一年（1895 年），坐西朝东，砖木结构，两厅三楹格局。宗祠建成后，在祠堂内立石建功德碑一座，碑高 180 厘米，宽 76 厘米，顶端由左至右刻“雷氏宗祠”四字，碑文为宗祠捐献钱物者名单。100 多年来，宗祠经过多次重修。最近一次大修时间是 2015 年，改宗祠内天井，顶部覆盖琉璃瓦，面阔 18 米，进深 13 米，建筑面积由原来的 150 平方米增加到 234 平方米，面貌焕然一新。

浙江下湖源雷氏宗祠

61. 浙江殿源雷氏宗祠

坐落在丽水市景宁畲族自治县殿源。建于清光绪二十二年（1896 年），建筑面积约 60 平方米，三间，砖木结构。民国二十五年（1936 年）、2006 年两次重修。

62. 浙江省丽水市郑坑雷氏宗祠

坐落在丽水市郑坑。始建于清光绪二十七年（1901 年），历经 21 个春秋，于民国十一年（1922 年）竣工。宗祠坐北朝南，建筑面积约 120 平方米，砖木结构，三间两廊式，中间为祭祀大厅，神龛只置一鼎香炉，正中墙壁书“历代祖宗之位”六字。大门楹联：传承慈孝文化，弘扬中华美德。

浙江殿源雷氏宗祠

63. 浙江省王畈雷氏宗祠

坐落在丽水市景宁畲族自治县。清光绪二十年（1894 年）始建，1967 年在破“四旧”运动中被毁。2009 年宗亲集资择地重建。宗祠坐西朝东，建筑面积 60 平方米，三间，木结构，外砌水泥砖混护墙，上盖琉璃瓦，大门楹联：弘扬先辈功德仙泉，祭拜祖宗神灵圣地。

浙江省丽水市郑坑雷氏宗祠

64. 浙江昌禅岙底雷氏宗祠

坐落在温州市苍南县昌禅乡岙底。1903 年在苍南昌禅乡中岙建祠，1942 年迁昌禅岙底。2004 年拆旧祠重建，2017 年竣工。宗祠坐东偏南向西北，建筑面积 665 平方米，由五间祭祀大厅、左右两轩廊、前大门叠檐组成，正堂高 11.18 米，总宽 22.10 米，长 12.90 米，前檐滴水 5.10 米。钢筋水泥混砖木结构。建筑分前后二进，前进三间为出入通道，后进为祭祀大厅。宗祠前进、后进和两廊全部采用仿古宫殿重檐建筑风格，铺盖棕色琉璃瓦，庄严肃穆，规模宏伟。

浙江省王畈雷氏宗祠

65. 浙江陈庄雷氏宗祠遗址

《双桂桐油垄雷氏宗谱》记载，宗祠建于清光绪三十一年（1905 年），祠址在陈庄坑头洋天堂大路下。坐北偏东向西南，东至坑，西至田垄，南至农田，北至大路为界。该宗祠年久失修，于 20 世纪 50 年代末，因遭受台风袭击倒塌。

浙江昌禅岙底雷氏宗祠

66. 浙江吴山头雷氏宗祠

坐落在丽水市景宁畲族自治县吴山头。建于清光绪三十一年（1905 年），2019 年重修。三间，木结构，水泥砖混外墙，建筑面积 60 平方米。大门楹联：乃圣乃神监有赫，维宗维祖启无疆。

67. 浙江暮垟湖雷氏宗祠

坐落在丽水市景宁畲族自治县暮垟湖鹤溪街道周湖村。建于清光绪年间（1875—1908 年），2017 年重修。砖木结构，传统三间，建筑面积 60 平方米。

浙江陈庄雷氏宗祠遗址

68. 浙江包凤雷氏宗祠遗址

原址位于丽水市景宁畲族自治县包凤村。清光绪二十六年（1900 年）家谱抄本复印本记载，宗祠建于清末，三间，木结构，圆柱抬梁式，建筑面积 100 多平方米。宗祠在 1967 年破“四旧”运动中被毁。

69. 浙江李婆坑雷氏宗祠

坐落在丽水市景宁畲族自治县大均乡李宝村（又名李

浙江吴山头雷氏宗祠

浙江暮垟湖雷氏宗祠

浙江包凤雷氏宗祠遗址

婆坑）。始建于清末，民国二十二年（1936 年）重修，2011 年大修。宗祠建筑面积 150 平方米，坐北朝南，木结构，传统的三间两廊中置小天井叠檐格局，外砌水泥混砖护墙。

浙江李婆坑雷氏宗祠

70. 浙江张后山雷氏宗祠遗址

宗祠原址在丽水市景宁畲族自治县张后山，建于清末，建筑面积约 60 平方米，三间，圆柱斗拱结构，1967 年在破“四旧”运动中被毁。

浙江张后山雷氏宗祠遗址

71. 福建廉岭雷氏宗祠

坐落在宁德福安市坂中畲族乡廉岭村。清宣统元年（1909 年）始建，1947 年、1984 年、1998 年三次重修，2017 年在原址重建。前至田，后至路，左右至挡土墙外，占地面积合计 5680 多平方米。建筑面积 996 平方米，坐南向北，两进六扇，仿古式砖木结构，中有天井，上下两座由左右两侧过廊连接，上座设神龛，立祖牌，为祭祀大厅，下座设戏台。前廊立雕龙石柱，大门两旁题联“梧桐衍入廉山远，凤凰衔来玉印长”，屋面铺设金色琉璃瓦，屋顶呈龙聚凤，雕梁画栋，金碧辉煌，宗祠庄严肃穆，气势宏伟。宗祠前广场南北长 43 米，东西宽 90 米，面积 3870 平方米，公路通达祠前广场。宗祠右前方建有独立膳食用房 1 座，建筑面积 190 多平方米。

该祠始祖系雷祥后裔第八世孙达公从罗源梧桐岔迁至十八都大丘田再迁至廉岭，至今 400 多年，祠下人口近五千，分居闽东各地，其中，霞浦盐田磨石坑、福安溪柄柯坑独立建祠立谱。

福建廉岭雷氏宗祠

72. 福建坑里雷氏宗祠

坐落在宁德福安市社口镇坑里村。建于清末，土木结构，建筑面积 350 平方米。

福建坑里雷氏宗祠

73. 福建东山雷氏宗祠

坐落在宁德福安市溪柄镇东坪村东山自然村。建于清末，土木结构，建筑面积 40 平方米，2014 年扩建为 203 平方米，砖木结构，坐东向西。

74. 江西兴国县建设村应挺翁祠

坐落于江西省兴国县古龙冈镇建设畲族村，清朝后期始建。祠坐东南朝西北（辰戌兼乙辛），2010 年在原址重建，砖木结构，屋面铺设琉璃瓦，左右两侧砖墙高立，高于屋顶。前廊宽阔，中间大门，大门上方嵌“应挺翁祠”4 个字，左右配置小门，前埕小门前各立两根 1 米多高的方形石柱。建筑面积 120 平方米。

福建东山雷氏宗祠

75. 福建古田县大桥镇梅坪村雷氏大厝祠堂

坐落在梅坪村雷氏大厝，建于清末，至今约 300 年，坐东向西，建筑面积 700 平方米。

江西兴国县建设村应挺翁祠

福建古田县大桥镇梅坪村雷氏大厝祠堂

广东始兴县澄江镇暖田桥头围雷氏祠堂

浙江大张坑雷氏宗祠遗址

福建柯岭雷蓝钟祠

广东澄江镇小陂村新屋雷氏祠堂

福建下赤雷氏宗祠

76. 广东始兴县澄江镇暖田桥头围雷氏祠堂

坐落在澄江镇暖田村桥头围组。建于清宣统三年(1911 年),建筑面积 258 平方米。祠堂坐东向西,为中置天井格局。祠基为石砌,土砖墙结构。祠堂内设有神龛、香案。

77. 浙江大张坑雷氏宗祠遗址

原址位于丽水市景宁畲族自治县大张坑村，建于民国初年，由三间祭祀大厅、天井、门楼组成，木结构，建筑面积约 120 平方米。2016 年 8 月因山体滑坡，宗祠被毁。

78. 福建柯岭雷蓝钟祠

坐落在宁德市柘荣县柯岭村水尾。柯岭雷姓九世祖雷兆满于清康熙十六年(1677 年)从福安市坂中畲族乡廉岭村迁入,至今已 340 多年。后裔子孙已传二十四世共 480 多人。民国时期,与同村蓝、钟两姓共建祠宇,坐西偏南向东北。上至坟,下至田,左至岩,右至田。建筑面积约 380 平方米,分门楼、主楼,以天井隔开。2006 年重建,并举行了庆典。

79. 广东澄江镇小陂村新屋雷氏祠堂

坐落在小陂村的弯坧塅。民国九年（1920 年）雷风烈第三世孙雷会福、雷会东、雷会海在弯坧塅建屋三栋，坐东向西。祠堂依照老屋结构和尺寸而建，有三栋，每栋以天井相隔。祠基为石砌，青砖墙，砖木结构，祠堂内设神龛、香案。民国十五年（1926 年）祠堂由老屋迁入新屋。

80. 福建下赤雷氏宗祠

坐落在宁德福安市下白石镇下赤村，建于民国时期，土木结构，建筑面积 150 平方米。

81. 福建牛埕下雷氏宗祠

坐落于宁德福鼎白琳镇牛埕下村富顶岗。牛埕下始祖雷肇松于明洪武二十八年(1395 年)从福州北岭迁居福鼎牛埕下,祠下分迁至闽东、浙南,繁丁近万。宗祠始建于民国十九年(1930)八月,地址在牛埕下水尾厝。2016 年 8 月改迁至现址——牛埕下富顶岗,2018 年 9 月竣工,占地面积 5328 平方米,建筑面积 800 平方米,混凝土结构,一进五间,单层,坐西北向东南。宗祠楹联：牛埕开福地，耀宇祖祠百世；雷祠展宏图，裕子孙贵万年。

82. 福建宝鉴宅雷氏宗祠

坐落在宁德市柘荣县乍洋乡宝鉴宅村。始建于民国十九年(1930年)十月，2003年10月重建，占地面积240平方米，建筑面积160平方米，高6.5米，进深16米，面阔10米。

83. 浙江外南雷氏宗祠

坐落在温州市文成县周壤镇外南垟旁山。外南雷氏支族始祖雷日生、雷日会和文成玉壶镇清坑雷氏支族始祖雷日清宗亲于民国二十一年（1932年）在外南垟旁山合建一座宗祠，坐东北朝西南，三间，土木结构，建筑面积70平方米。每年正月十五为支族宗亲祭祖日。1989年重修。

84. 浙江平阳西山下雷氏宗祠

坐落在温州市平阳县闹村西山下。该支族始祖雷明海于明嘉靖三十九年（1560年）从福建罗源迁入浙江平阳县闹村西山下。宗亲于民国二十五年（1936年）在该村建宗祠。2015年在原址重建，宗祠坐西朝东，占地面积1316平方米，建筑面积616平方米，高14.3米，仿古宫殿样式，钢筋混木结构。宗祠分门楼和祭祀大厅两部分，门楼一层两边各建青石台阶，连接二层正中大门，直达祭祀大厅。

85. 江西石城县王沙村雷氏天象公祠

坐落于石城县大由乡王沙村中心处，约建于民国后期，1982年重建，1998年重修，单门上方嵌“天象公祠”4个金色大字，门两旁嵌对联：“群山环抱千仞奇峰来整齐，祥迎北斗九天瑞霭归蓬庐”，前廊及正面墙体均由褐色瓷砖贴面。宗祠坐南朝北，建筑面积89平方米。

86. 福建福安潘洋竹林下村雷氏宗祠

坐落在宁德福安市社口镇潘洋村。始建于1964年，2019年重建，坐西向东，进深33.8米，面阔16米，建筑面积540.8平方米。砖木结构，分上下两座，建有门亭戏台。2020年8月15日晋主安位。

87. 广东澄江镇小陂村大塘俚雷氏祠堂

坐落在大塘俚小陂埛脚下，现国道G535线（原省道S343线）东侧。1965年由雷风烈第四世孙建房屋2栋，

福建牛埕下雷氏宗祠

福建宝鉴宅雷氏宗祠

浙江外南雷氏宗祠

浙江平阳西山下雷氏宗祠

江西石城县王沙村雷氏天象公祠

福建福安潘洋竹林下村雷氏宗祠

广东澄江镇小陂村大塘俚雷氏祠堂

福建七定雷氏宗祠

福建南山雷氏宗祠

广东甘棠孔坑雷氏祠堂

福建马山坎下（堪下洋）雷氏宗祠

福建双华雷氏宗祠

福建菁寮雷氏宗祠

坐南向北，中心屋为祠堂。1970年由老屋迁入大塘俚后扩建至4栋房屋。祠基为石砌，土砖结构，祠堂内设有神龛、香案。

88. 福建七定雷氏宗祠

坐落在福安市溪潭西北向东南镇兰田行政村七定自然村，1980年始建宗祠，2020年重建。面阔15米，进深30米，占地面积600多平方米。仿古砖木结构，悬山顶，青瓦屋面，雕梁画栋，中有天井，上下两座，两侧由过廊连接。上座设神龛立祖牌，祭祀大厅，设有宗祠展板。下座设戏台。上座，上厅和戏台顶部圆形大斗拱，雕刻精美，气势恢宏，宗祠庄严肃穆。祠前有广场，占地面积4000多平方米，是村举行宗族大型活动和举办畲歌演唱会的主要场所，有公路直通广场。宗祠右边建有一座两层的钢混结构膳食休息用房，建筑面积约180平方米。

本祠始祖系雷恒四后裔第三世孙雷乾三从宁德七都猴盾村迁至康厝牛石坂，至第五世孙雷寿九再迁七定村，七定村古时称兰崵村，至今300多年，现有祠下后裔1000多人，分迁至闽东周宁东岗、霞浦、宁德赤溪、寿宁李家洋、浙江龙游二都等地。

89. 福建南山雷氏宗祠

坐落在宁德福安市穆云畲族乡南山村。建于1980年，建筑面积400平方米。1980年9月晋主安位。

90. 广东甘棠孔坑雷氏祠堂

坐落在韶关市始兴县澄江镇甘棠孔坑村，建于20世纪80年代。祠堂为三进，上厅为9.5米×4.5米，中厅为9.2米×5.2米，下厅为5.6米×4.2米。祠基为石砌，土砖结构。祠堂内设有神龛、香案。

91. 福建马山坎下（堪下洋）雷氏宗祠

坐落在宁德福安市溪潭镇马山村堪下洋自然村 。建于1989年，建筑面积540平方米，为砖木结构，坐东南向西北，宗祠面阔18米，进深30米。

92. 福建双华雷氏宗祠

坐落在宁德福鼎市佳阳畲族乡双华村，建于1994年。2018年扩建，占地面积600余平方米，建筑面积210平方米。宗祠坐西朝东，水泥混砖木结构，仿古宫殿样式，大厅和门楼屋脊各塑双龙抢珠石雕，格外醒目。

93. 福建菁寮雷氏宗祠

坐落在宁德福鼎市前岐镇凤桐山菁寮自然村，建于1998年。2019年9月扩建。宗祠坐东北朝西南，建筑面积120平方米。

94. 福建洋边雷氏宗祠

福建洋边雷氏宗祠

坐落在宁德市霞浦县盐田畲族乡洋边村。1998 年动工，2003 年落成，占地面积 2660 平方米，建筑面积 446.25 平方米，面宽 17.5 米，进深 25.5 米，坐西南向东北，砖木结构，红色琉璃瓦屋面，由门亭、天井和总厅三部分组成。洋边雷氏始祖于明万历年间［约明万历二十八年（1600 年）］从罗源大坝头迁居到此一带繁衍至今，是雷氏较早迁入霞浦的一支。

95. 福建月斗雷氏宗祠

福建月斗雷氏宗祠

坐落在宁德福安市许洋村月斗自然村。2001 年动工兴建，2014 年完成整体建筑，占地面积 473 平方米，进深 21.6 米，面阔 18.6 米。2015 年 10 月晋主安位。

96. 福建章岭村雷氏宗祠

福建章岭村雷氏宗祠

坐落在宁德福安市下白石镇章岭村半岭自然村。建于 2005 年，二进，砖木结构，坐西南朝东北，面阔 18 米，进深 33 米，建筑面积 594 平方米。

97. 福建岭坑村半岭雷氏宗祠

福建岭坑村半岭雷氏宗祠

坐落在宁德福安市穆云畲族乡岭坑村半岭。建于 2006 年，坐西向东，二进，砖木结构，面阔 13.6 米，进深 32 米。建筑面积 435.2 平方米。

98. 广东井湾村雷氏祠堂

坐落在韶关南雄市油山镇井湾村，始建年代不详。2004 年重建，建筑面积约 300 平方米，红砖木梁结构，祠堂有三进，中置天井。堂内设神龛。

99. 福建三坪雷氏支祠

坐落在宁德福安市溪柄镇东坪村三坪自然村，该支雷氏系福鼎牛埕下迁入。2011 年 9 月开工建设，2014 年 9 月 12 日晋主。该祠坐东北向西南，面阔 14 米，进深 33 米，建筑面积 462 平方米。

100. 福建王楼村林洋湖雷氏宗祠

坐落在宁德福安市穆云畲族乡王楼村林洋湖。建于 2011 年，砖木结构，坐西向东，建筑面积 300 平方米。

广东井湾村雷氏祠堂

福建三坪雷氏支祠

福建王楼村林洋湖雷氏宗祠

浙江小岭雷氏宗祠

101. 浙江小岭雷氏宗祠

坐落在温州市泰顺县筱村小岭。建于2012年，宗祠坐西朝东，建筑面积150平方米。

福建牛石坂雷氏宗祠

102. 福建牛石坂雷氏宗祠

坐落在宁德福安市康厝畲族乡凤洋村牛石坂自然村。2012年新建，建筑面积378平方米。宗祠面阔14米，进深27米，宗祠门前坪深4米。

福建桦林雷氏宗祠

103. 福建桦林雷氏宗祠

坐落在宁德福安市溪潭镇下庄村桦林与八甫自然村之间。2013年10月23日落成，建筑面积496.4平方米，进深34米，面阔14.6米。

福建如会雷氏宗祠

104. 福建如会雷氏宗祠

坐落在宁德福安市坂中畲族乡后门坪如会自然村。2013年新建，建筑面积约409.8平方米。坐东北向西南，祠内面阔13.66米，进深30米。2014年4月晋主。

福建沂盘洋雷氏宗祠

105. 福建沂盘洋雷氏宗祠

坐落在宁德福安市溪柄镇龙潭面下可坑自然村沂盘洋。2013年开工建设，2014年7月29日晋主，建筑面积303.6平方米，坐西朝东，砖木结构，祠宽13.8米，进深22米。

106. 福建九龙雷氏宗祠

坐落在宁德福安市溪柄镇立峰村九龙自然村。宗祠占地面积202平方米，坐南朝北，砖木结构，祠内宽35.5米。2014年2月动工新建，2015年10月30日晋主。

107. 福建岐山雷氏宗祠

坐落在宁德福安市溪潭镇岐山村。宗祠占地面积252平方米。坐北偏西向东南，砖木结构，宗祠面阔16.5米，进深14.5米，2014年2月开工新建，2015年11月23日上梁。建筑面积239.25平方米。

108. 福建康厝秋岭村牛地坑雷氏宗祠

坐落在宁德福安市康厝畲族乡秋岭村牛地坑。2015年开工建设，2020年落成。坐西向东，建筑面积621平方米。

福建九龙雷氏宗祠

福建岐山雷氏宗祠

福建康厝秋岭村牛地坑雷氏宗祠

109. 福建燕坑村燕窝雷氏宗祠

坐落在宁德福安市穆云畲族乡燕窝里。坐东朝西。建于 2016 年，砖木结构，占地面积 720 平方米，建筑面积 520 平方米。

110. 福建茜洋村麻录坑雷氏宗祠

坐落在宁德福安市溪柄镇茜洋村麻录坑。建于 2016 年，坐东北向西南，占地面积 160 平方米，建筑面积 130 平方米。

111. 福建燕坑村燕窝洋中雷氏宗祠

坐落在宁德福安市穆云畲族乡燕窝村洋中，坐西朝东，始建于 2016 年 5 月，占地面积 296 平方米，建筑面积 250 平方米。

112. 福建长潭周坑雷氏宗祠

坐落在宁德福安市康厝畲族乡长潭周坑村 ，建于 2017 年，坐西向东，建筑面积 598 平方米。

113. 福建点头大坝洋雷氏宗祠

坐落在宁德福鼎市点头镇大坝洋。建于 2017 年，建筑面积 500 平方米，混凝土砖木结构，坐南朝北。大厅石柱对联：背靠龟山望卧凤一桥二祥龙，承继祖训览华经九子十翰林。

114. 福建招坑雷氏宗祠

坐落在宁德市古田县凤都镇新建村招坑。原址为雷家祖厝。2018 年修建，占地面积 1200 平方米，建筑面积 210 平方米，坐西南向东北，砖木结构，斗拱设计，青瓦屋面。

115. 福建燕坑村险坑雷氏宗祠

坐落在宁德福安市穆云畲族乡险坑村坑巷边。宗祠朝东，始建于 2018 年 5 月，占地面积 560 平方米，建筑面积 450 平方米。

116. 福建牛山湾雷氏宗祠

坐落在宁德福安市社口镇牛山湾村。建于 2019 年，坐西朝东，砖木结构，上下两座，建有戏台。高 10.6 米，面阔 15.5 米，进深 31 米，建筑面积 480.5 平方米。

117. 福建金腰带村雷氏宗祠

坐落在宁德福安市下白石镇金腰带村。建于 2019 年，坐北朝南，砖木结构，建筑面积 350 平方米。

福建燕坑村燕窝雷氏宗祠

福建茜洋村麻录坑雷氏宗祠

福建燕坑村燕窝洋中雷氏宗祠

福建长潭周坑雷氏宗祠

福建点头大坝洋雷氏宗祠

福建招坑雷氏宗祠

福建燕坑村险坑雷氏宗祠

福建牛山湾雷氏宗祠

福建金腰带村雷氏宗祠

福建四斗雷氏宗祠

118. 福建四斗雷氏宗祠

坐落在宁德市霞浦县下浒镇四斗村。为该村雷氏祖厝改用，原为四扇，因年久失修，建筑面积仅余 10 平方米，内供雷氏先祖神位牌。

119. 广东顿岗总村雷氏祠堂

坐落在韶关市始兴县顿岗总村雷屋。始建年代不详，建筑面积 109 平方米，分前后二进。祠基为石砌，砖木结构，堂内设有神龛、香案。

广东顿岗总村雷氏祠堂

120. 广东南雄油山古城廖塘雷氏祠堂

坐落在油山古城廖塘。祖厅始建时间不详，上厅和中厅于 1992 年维修，土砖木结构，祠堂建筑面积约 180 平方米。堂内设神龛，两进，中间以天井相隔。

广东南雄油山古城廖塘雷氏祠堂

121. 广东南雄市黄坑镇小陂头村杨梅坑雷氏祠堂

坐落在小陂头村杨梅坑。始建时间不详，建筑面积约 86 平方米，祠堂为上下两进，中设天井，祠基为土砖墙结构，祠堂内设有神龛、香案。

122. 广东南雄邓坊镇前坊村祠堂

坐落在邓坊镇前坊村，为雷麦两姓祠堂，麦姓村民是后来者。老祠堂始建时间不详，2019 年在老祠堂原址上重建，建筑面积 160 平方米。门楣上刻有“瑞气临门”四字，大门有对联“两姓共铸千秋伟业，兄弟齐成万载辉煌”。

广东南雄市黄坑镇小陂头村杨梅坑雷氏祠堂

123. 福建仙石村大山下雷氏宗祠

坐落在宁德福安市溪潭镇仙石村大山下。建于 2019 年，坐东南向西北，砖木结构，占地面积 356 平方米，建筑面积 185 平方米。

124. 福建孔门自然村雷氏宗祠

坐落在宁德福安市下白石镇孔门自然村。2019 年由雷氏第三房建造，坐北朝南，三面环山。面阔 13.5 米，进深 29 米，建筑面积 391.5 平方米。

125. 福建康厝半山村雷氏宗祠

坐落在国道 G353 下浦线宁德福安市康厝畲族乡半山村。建于 2020 年，坐西南向东北，二进，砖木结构，建筑面积 502 平方米。

广东南雄邓坊镇前坊村祠堂

福建仙石村大山下雷氏宗祠

福建孔门自然村雷氏宗祠

福建康厝半山村雷氏宗祠

126. 福建社口山里村马尾兰宗祠

坐落在宁德福安市社口镇山里村马尾兰村前，2015年始建，2017年落成，并举办晋主圆谱庆典，南北向（坐午向子），面阔16米，进深32米，建筑面积512平方米。

127. 福建坂中彭家洋村清源雷氏宗祠

位于宁德福安市坂中畲族乡彭家洋清源对面村。2017年开工建设，2018年落成，二进，砖木结构，坐东向西，面阔16米，进深32米。

128. 福建康厝长潭雷氏宗祠

坐落在宁德福安市康厝畲族乡长潭上村。2018年始建，2020年落成晋主。二进，砖木结构，坐西北向东南，占地面积658平方米。

129. 福建金腰带孔门厝边雷氏宗祠

坐落在宁德福安市下白石镇金腰带村孔门厝边。建于2019年，坐北朝南，砖木结构，建筑面积350平方米。

福建社口山里村马尾兰宗祠

福建坂中彭家洋村清源雷氏宗祠

福建康厝长潭雷氏宗祠

福建金腰带孔门厝边雷氏宗祠

第四节 陵墓

凤凰山“畲人墓” 从凤凰镇的凤北村步行到山腰的官头輋自然村，往凤凰山主峰（即凤凰大髻）方向登山 1.5 小时到达金湖山口，再穿行 40 分钟到达石墩山（海拔 1290 米），在石墩山的“山羊石”靠近山顶处，有一座墓穴。

凤凰山“畲人墓”

该墓穴坐东朝西略偏北（坐乙向辛兼卯酉），穴前可以眺望滚滚而来的韩江旋涡。墓园系土石结构，属明中后期“座椅式”造型（另一说是宋代的卷书坟风格）。墓碑及墓埕左右扶手一、二、三进标志，均采用花岗岩石材。碑底石条为基础，略高于埕面。碑高 62 厘米，宽 34 厘米，无文字刻痕。墓碑左右以石条侧立。碑顶用弧形石压盖，中点厚 13 厘米。墓的右首紧挨石碑竖着四块山石，依次降低高度并呈弧形向外展；墓的左首竖三块山石。大埕外沿用山石砌成围墙，高 1.5 米左右。墓左侧靠后离墓碑约 3 米处（约在一、二进交界缝的延长线上），置有一块等腰三角形石块，坐南朝北（坐丁向癸兼午子），人称“土地爷”。

明朝畲民开始造谱以后，在族谱和图腾中多记载有始祖墓葬在凤凰山的情形。1986 年之前，凤凰山的畲民多次自发组织“地毯式”搜索亦只发现此墓。之后粤浙闽雷楠、雷必贵、雷弯山等专家学者分四个批次到现场调研，根据墓园和墓碑风化程度推测，如是“畲人墓”，其应有六七百年乃至近千年历史，不可能是传说中畲族始祖龙麒之墓。因为在隋唐之前乃至晋时已有畲族在凤凰山聚居，其始祖应有两千年以上的历史，而龙麒的传说更是 4500 年前的事了。况且，现存畲族《祖图》《族谱》中，所记载的龙麒墓葬就有南京、龙虎山、凤凰山等三处，所言环境条件与现实差距甚远。所以，此墓只不过是明代的一位畲族头领的墓穴。

1. 南安雷海青墓

位于福建南安市罗东镇坑口村小溪旁，唐肃宗时期（756—761 年）始建。明万历二十八年（1600 年）重修，占地面积 300 平方米。雷海青遇害后，被唐肃宗加封为“太常寺卿”，南安畲民将其遗骸从长安移回家乡安葬，碑刻“相公墓”，并在一侧建“坑口宫”祭祀。祭祀宫现存殿宇西阁，三间，进深一间，大门匾书“坑口宫”。殿内靠山墙上筑有一个三屉神龛，中间神帐横眉标“田都元帅府”。1998 年被列入南安市文物保护单位。

2. 建瓯雷窎墓祠

位于福建建瓯市房道镇房道村蓝峰山麓，离村中心 7 千米。五代后周显德年间（954—959 年）

南安雷海青墓

建瓯雷窎墓祠

修建。在陵墓的前面近距离建祠，作为祭祀场所，是唐代建墓穴的一种构式，故称墓祠。明万历三十年（1602年）重建祠。该墓祠坐西朝东，墓园山土覆面，穴前立一青石墓碑，高约1.5米，宽0.6米，碑竖刻“唐始大祖，考 景瑞雷公、妣 邹氏孺人之墓”。墓祠前方视野开阔，墓祠占地面积600平方米，周边有40亩竹林山地，均为族产。

3. 清流雷详墓

位于福建三明市清流县龙津镇大路口村连柳坪，墓主为宁化始迁人雷甫次子。北宋天圣八年（1030年）始建。清康熙四十四年（1705年）重修，清乾隆二十四年（1759年）复修，2003年阖族四修，2017年秋阖族五修。占地面积120平方米。坐西北向东南。墓葬呈登台拜将形，与元配冯氏合穴。

清流雷详墓

4. 南安雷政墓

位于福建南安市官桥镇成竹村（旧为三十五都白石乡雷厝埔），系城山雷氏三世祖墓。明洪武三年（1370年）修建。墓园占地面积150平方米。墓旁一纱帽石镌刻“有明名宦指挥使雷讳政公泊配恭人真隐”等字。

南安雷政墓

5. 始兴雷肇春夫人朱氏墓

位于广东韶关市始兴县顿岗镇七北村乌泥塘大窝里金盆形。明成化年间（1465—1487年）修建。穴坐西朝东，占地面积150多平方米。1998年重修，2020年三修。三修扩展规模，立青石碑牌，三进前埕花岗岩铺面，穴三面草坪绿化。三修时，捡金人（分拣遗骇之人）及在场后裔在墓内发现两个“金瓶”，缘由待考。

始兴雷肇春夫人朱氏墓

6. 上杭雷久征（徵）墓

位于福建龙岩市上杭县太拔镇崇厦村银子凹（古名上杭县胜运里四图白石凹），明成化十二年（1476年）修建，后经多次重修。墓园占地面积100平方米，穴坐西北向东南。由满堂石、石狮子、石龙及雕刻有花卉图案的石板等构成。雷久征（徵），号八十郎，字绍基，为上杭雷姓开基祖，享寿九十五岁。

上杭雷久征（徵）墓

7. 仙游雷氏墓

位于福建莆田市仙游县钟山镇天珠村正坑自然村，明嘉靖十六年（1537年）修建。墓园占地面积约50平方米。墓碑正中大字为“漈坑雷家墓”，边上小字为“明嘉靖十六年冬吉日”。该墓系天珠村正坑雷氏祖墓。

仙游雷氏墓

8. 遂昌雷立志墓

位于浙江丽水市遂昌县三仁畲族乡高桥村屋后红豆杉大树下，明末修建。墓园占地面积30平方米。穴坐西北向东南，以山土堆面，主构件为青石，单面打磨，因长期遭受山体泥石挤压，墓冢、墓石变形，墓碑前倾缺损。

遂昌雷立志墓

景宁雷虔山墓

平阳雷永祥墓

闽侯雷赐福墓

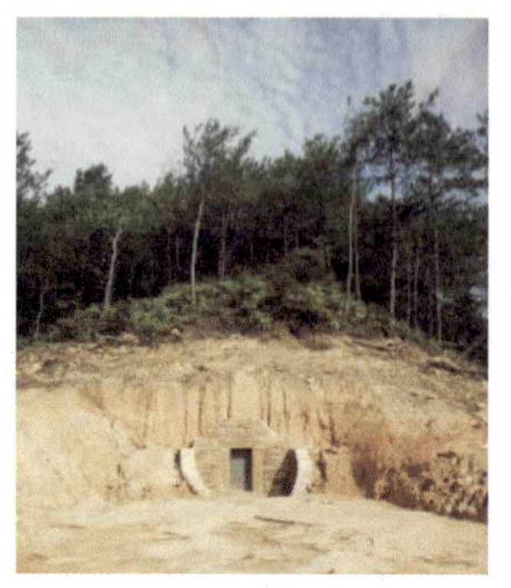
宁都雷世祯墓

9. 景宁雷虔山墓

位于浙江景宁畲族自治县红星街道王畈张金坞山脚。雷虔山于明万历九年（1611年）因事返福建，后卒于始迁地罗源。明万历四十四年（1616年），雷德贵等将其父骸骨装入陶罐背回景宁“二次葬”。并立花岗岩墓碑，碑高80厘米，宽50厘米。穴坐西南向东北。墓碑刻“福建雷百十四郎神公墓”，左刻“本山坐庚向甲、（孝）男德贵、德兴、德誉仝立”，右刻“万历丙辰岁秋季月日吉立、起振、起隆、起壁、起林、起祯、起祥（六孝孙名）”。此墓是畲族雷氏入迁景宁后较早修建的古墓。

“二次葬”习俗从明代延续至清末，在闽东和浙南的畲族雷氏中时常可见，分为主动与被动两种。主动的，在逝者入殓后，先请法师做功德仪式，再把灵柩抬到野外停放三五年后，在冬至或清明节，请仵作劈棺焚烧，将骸骨从脚至头，一一拾起置于陶罐［俗称“金瓶”（ 金瓮）］，然后入土安葬。被动的，是首葬后受风水地理等原因需起坟，尸体未完全腐朽的需焚烧，然后“捡骨”置“金瓶”内，择地再葬。如果墓主家庭经济条件许可，“二次葬”也有打造坟面立墓碑，达到“首葬”规模的。

10. 平阳雷永祥墓

位于浙江温州市苍南桥墩镇黄坛口村，系该村雷氏始祖墓，明天启年间（1621—1627年）修建。墓园占地面积30平方米。2002年重修，墓碑、石板、侧壁、立柱为青石材质，打磨精细，图案工艺体现当代墓园特征。

11. 闽侯雷赐福墓

位于福建福州市闽侯县竹岐乡天台村的天台山间，明崇祯六年（1633年）修建。墓园占地面积75平方米，穴坐西北向东南。墓园由古砖垒砌而成。雷赐福系永泰开基祖雷伯兴的二十二世孙、天台村雷氏二世祖。

12. 宁都雷世祯墓

位于江西赣州市宁都县田埠乡龙下村后山山麓，明崇祯十四年（1641年）修建，系夫妇合葬墓。清康熙五十四年（1715年）二修，2017年4月因公路拓宽涉及三修，穴往后移动，扩展墓园，新嵌青石墓碑，碑上方左右以黄晶花岗岩石条立框。穴坐西北向东南（乾巽兼戌辰），视野开阔，墓园山土覆面，占地面积1300平方米。

13. 古田雷再等合葬墓

位于福建宁德市古田县大桥镇梅坪村。原墓建于清初，1958年古田县建设水电站水库用来蓄水，后期因水面至墓脚，于1991年在古田县翠屏湖畔寻得梅坪村雷氏祖先墓后迁移合葬。墓园占地面积90平方米，穴坐东朝西。系梅坪村雷氏立基一世祖雷再及配室盘氏、陆氏，三世祖雷勇及配室郑氏，四世祖雷震及配室陈氏，五世祖雷聪及配室郑氏的合葬墓。雷聪为古田县大桥镇梅坪村雷氏始迁人。

古田雷再等合葬墓

14. 平阳雷法罡墓

位于浙江温州市平阳县黄家坑雷氏宗祠左侧小山岗山脚，系黄家坑雷氏始祖墓，清顺治十一年（1654 年）修建。穴坐西北朝东南，筑在 2 米高的山坎下方，墓园占地面积 30 平方米，穴前立一块小石碑，上无文字。当地老者称，穴内安放的是法罡的“金瓶”(陶罐)，系“二次葬”。

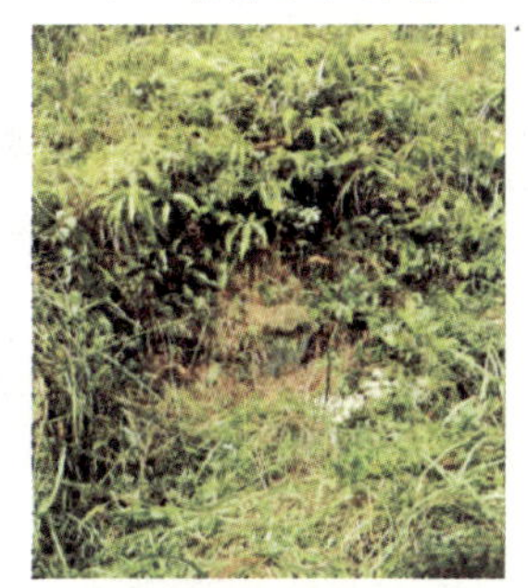

平阳雷法罡墓

15. 泰顺雷世贵墓

位于浙江温州市泰顺县彭溪镇玉塔村莲花堂上长湾东山下，清康熙五十四年（1715 年）始建。墓园占地面积 40 平方米，坐东北向西南，呈“座椅式”，系土石结构。未立墓碑，穴正面及周围“三进”多以形态自然的普通岩石连接立面。

泰顺雷世贵墓

16. 仙游雷如载墓

位于福建莆田市仙游县钟山镇天珠村胜垅自然村大石顶山的虎头顶，清雍正年间（1723—1735 年）始建。穴坐东朝西，占地面积 80 平方米。清朝“座椅式”墓园，山石为主构件，墓冢左右及上方均为较规则山石垒砌，拱形青石墓碑，套进拱形组合石门。碑刻楷书，首行“清”大字居中，第二行“冯翊”间隔分开，中间三竖列，“诏赐脯帛”居中，“如载雷公”居左，“淑配杨氏”居右，底行“佳域”间隔分开。墓主是清朝布政使官员，故赐有“诏帛”。

仙游雷如载墓

17. 云和雷隆升祖孙三代墓

原墓位于浙江丽水市云和县赤石上垟田蛤蟆下，系雷隆生与其子、孙同葬，清雍正年间（1723—1735 年）修建。墓园占地面积 50 平方米。2013 年，因当地政府旅游开发，将墓迁移至云和县崇头镇朱源村内郑家漈电站边凉亭后，重立墓碑，属“二次葬”。

云和雷隆升祖孙三代墓

18. 晋安雷鸣春墓

位于福建福州市晋安区日溪乡点洋村梅坑自然村大厝后山，清雍正七年（1729 年）修建。墓园占地面积 60 平方米，穴坐西南向东北。花岗岩墓碑，墓园由三合土槌筑而成。

晋安雷鸣春墓

19. 宁化八位冢

位于福建三明市宁化县永丰里（今中沙乡）下沙村，为入宁始祖雷甫次子雷详八子（雷伯泰、雷伯立、雷伯驯、雷伯强、雷伯郡、雷伯御、雷伯邵、雷伯均）墓。后裔根据八兄弟生前相约逝后列葬同一山脉的意愿而安排墓园，总占地面积 500 多平方米。清雍正十年（1732 年）冬，内阁学士兼礼部侍郎方苞作《宁化雷氏八祖合葬墓

宁化八位冢

表》，称“冢以次平列，墓碑岿然，子孙世承祀”。大学士张廷玉题额曰“八宗永世”。清乾隆十九年（1754 年）重修。1989 年重建“望碑”于墓旁。总体上八位冢坐东南朝西北，依次排列，2018 年 8 月复修，立青石碑，水泥罩面。

20. 宁化雷甫墓

宁化雷甫墓

位于福建三明市宁化县中沙乡下沙村。原葬于招得里（今水茜镇）阳城大高山冈，清雍正十三年（1735 年）改葬，安坟于下沙祠堂背来龙嵊。穴坐东北朝西南，墓园占地面积 70 平方米。2018 年 8 月重修，立青石碑牌，水泥罩面。系宁化雷氏始祖墓。

21. 晋安雷君长墓

晋安雷君长墓

位于福建福州市晋安区宦溪镇峨嵋村竹林坑寺遗址南侧。清乾隆元年（1736 年）修建，清乾隆三十七年（1772 年）重修，属“金瓮”葬规模。穴坐西南向东北，占地面积约 30 平方米。墓园一周及墓呈三进，均以青石板、柱、条等主要构件为界。石碑上下方刻有“坐庚向甲、佳域”，前后刻有修建时间“乾隆丙辰秋造、乾隆壬辰春重修”；穴主为“考雷君长公，偕配蓝孺人，继妣蓝孺人”。

22. 柘荣雷兆满墓

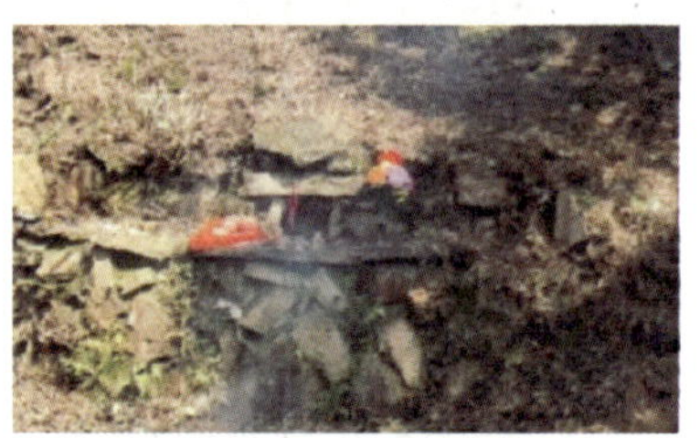
柘荣雷兆满墓

位于福建宁德市柘荣县城郊乡坑里村南峰头，清乾隆年间（1736—1795 年）修建。穴坐北向南。墓园山土覆面，墓前山石垒砌，墓埕、墓龛由小石板搭成。墓园上至岗顶分水为界，下至水田，左右至外湾。

23. 莲都雷明兴墓

莲都雷明兴墓

位于浙江丽水莲都区道岭村头山田后坎，系雷氏始祖墓，清乾隆年间（1736—1795 年）修建。穴坐东南朝西北，墓园占地面积 20 多平方米，以山土堆面为主，未立墓碑，墓志概要由族谱记载，冢前小山石堆砌立边，中间残损。

24. 武义雷公墓

武义雷公墓

位于浙江金华市武义县柳城镇白马下村后山，系下湖源雷氏始祖墓，清乾隆年间（1736—1795 年）修建。墓园占地面积 25 平方米，穴坐西朝东，墓碑系浅灰色花岗岩，高 75 厘米，宽 35 厘米，上端有太极云纹图案浮雕，因风雨侵蚀，碑面风化，碑文难辨。

25. 丽水市雷百廿一郎墓

位于浙江丽水市碧湖镇白岩村落山虎自然村张坑毛竹林山脚，系该村雷氏始祖墓，清乾隆年间（1736—1795 年）修建。墓园占地面积 45 平方米，穴坐西北朝东南，后裔于 2005 年对该墓进行重修立碑。

26. 连江雷春和墓

位于福建福州市连江县丹阳镇丹阳村春和坪，清乾隆五年（1740 年）修建。墓园占地面积 70 平方米，穴坐东北向西南，由三合土槌筑铺面，墓碑及两侧由花岗岩石板构成。碑文显示雷春和与元配陈氏合葬于穴。

27. 连江雷益隆墓

位于福建福州市连江县蓼沿乡樟后村东北半山腰中，系连江蓼沿乡蒲边村陶洋自然村雷氏始迁人墓，清乾隆十三年(1748 年)修建。墓园占地面积 160 平方米，穴坐东北向西南，由三合土筑成，竖有青石墓碑。碑文显示雷益隆和孺人蓝氏，以及其子雷朝魁合葬，由阳男长孙雷长福、雷长达，曾孙雷开容、雷开洛、雷开院、雷开书、雷开裔仝立。

28. 罗源雷有成墓

位于福建福州市罗源县白塔乡旺岩村光化山下笕下岗，清乾隆十四年（1749 年）修建。墓园占地面积 210 平方米，穴坐西北向东南，由三合土槌筑而成。系罗源县白塔乡旺岩村笕下雷氏始迁人与原配蓝氏合葬墓。

29. 云和雷国朝墓

位于浙江丽水市云和县朱源村青草垟田畈，清乾隆三十二年（1767 年）修建。墓园由平地垒石填土起坟，占地面积 20 平方米，花岗岩石碑，碑高 106 厘米，宽 51 厘米。碑刻：清故冯翊郡先考讳国朝雷公处士之墓；右刻：乾隆三十二年十月三十吉旦；左刻：奉祀男德联、德胜、德大、德佩、德全，孙大友、大庚、大茂、大口仝立。

30. 泰顺雷克珍墓

位于浙江温州市泰顺县罗阳镇三滩村院后水井坟，清乾隆四十三年（1778 年）修建，2016 年三修。墓园占地面积 120 平方米，穴坐东北向西南。墓碑及主体构件均由青石材质组成，墓埕水泥罩面。

31. 丽水市雷氏墓

位于浙江丽水市碧湖镇山回村板基厂半山，清乾隆四十五年（1780 年）修建。墓园占地面积 45 平方米，花岗岩墓碑，高 70 厘米，宽 45 厘米。碑顶呈半圆形，中刻太极图，左右刻对称云纹。碑刻“雷公之墓、乾隆四十五年吉日”，其他字刻难辨。穴左右各竖一根石柱，封口石板长 180 厘米，高 85 厘米，大字刻“雷公之墓”四字。属于浙南初期“椅子坟”样式，在丽水地区畲族雷氏墓葬中较少见。

32. 柘荣雷启明墓

位于福建宁德市柘荣县城郊乡徐庄村小积林（今呼际头林），清乾隆五十八年（1793 年）二月二十卯时安葬。穴坐南向北（丙壬兼午子）。山土覆面，后山至山顶分水处，下方至田边，左右侧至山岗外湾山谷。

丽水市雷百廿一郎墓

连江雷春和墓

连江雷益隆墓

罗源雷有成墓

云和雷国朝墓

泰顺雷克珍墓

丽水市雷氏墓

柘荣雷启明墓

潮安雷茂和墓·雷母蓝氏墓

33. 潮安雷茂和墓·雷母蓝氏墓

位于广东省潮州市潮安区山犁村中心处山坡。始修年份不详，清乾隆五十九年（1794 年）重修。1970 年三修时墓冢保留山土覆面，由花岗岩构成相距 50 厘米的内外半圆圈。内圈由不规则块石立基，窄石条铺面；外圈由规则方石砌基，宽石条压面。墓园占地面积约 50 平方米，穴坐西向东。穴前立一长一短两块花岗岩石碑。长碑刻：清茂和雷公之墓；短碑刻：清妣雷母蓝氏墓。两块碑并列缘由未见族谱记载，传雷茂和墓更早，现雷氏后人每年均一同祭祀。

文成雷日青墓

34. 文成雷日青（雷法罡五世孙）墓

位于浙江温州市文成县外南村姐妹田，清嘉庆年间（1796—1820 年）修建。墓园占地面积 40 平方米，穴坐西北朝东南，系棺木葬。2008 年重修，加注混凝土坟面，周围以青石垒砌临界，占地面积有所扩大。

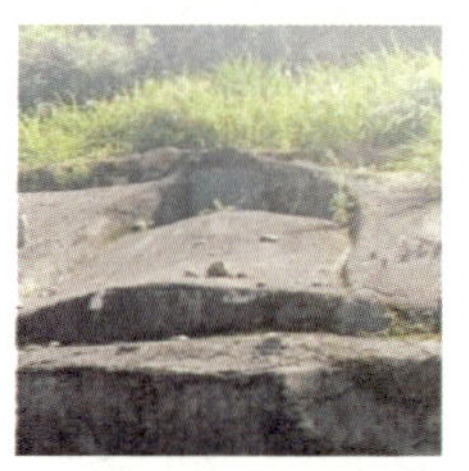
文成县雷仲孙墓

35. 文成县雷仲孙墓

位于浙江温州市文成县上林清坑屋后，清嘉庆年间（1796—1820 年）修建。墓园占地面积 45 平方米，穴坐东南朝西北，系拾骨重葬墓，2005 年后裔对坟面浇灌混凝土，立墓碑。

丽水市雷朝贵墓

36. 丽水市雷朝贵墓

位于浙江丽水市碧湖镇山村田湾后坎，清嘉庆年间（1796—1820 年）修建。墓园占地面积 50 平方米，系夫妻合葬墓。2018 年后裔重修立青石墓碑，穴前水泥立面，墓埕前面山石垒砌，水泥罩面。

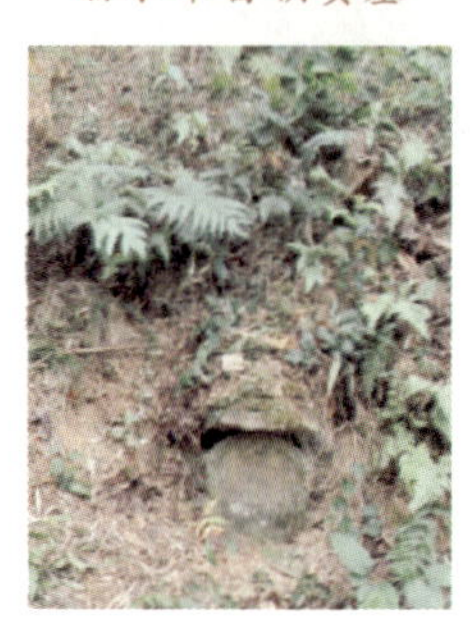
遂昌雷仕三（有华）墓

37. 遂昌雷仕三（有华）墓

位于浙江丽水市遂昌县三仁畲族乡排前村城岸山，系雷氏始祖墓，清嘉庆七年（1802 年）修建。墓园占地面积约 30 平方米，穴坐西朝东，祀子雷奇发等立花岗岩墓碑。碑高 54 厘米，宽 31 厘米，四周雕边框，顶部半圆形，正中刻太极图，边框内从左至右刻“冯翊郡”，竖刻“大清嘉庆”等。

38. 晋安雷有裕（灯?）墓

位于福建福州市晋安区寿山乡九峰村公路上方，墓主系赖婆里自然村人氏。清嘉庆八年（1803 年）始建。墓园处于山谷中央，山土覆面，清朝“座椅式”构式。穴前安嵌花岗岩墓碑，碑四周古青砖垒砌。碑刻竖排 5 列，显示墓主父子名讳、父的配室及侧室孺人姓氏、子的配室姓氏，上方大字“清□九峰”，开头刻“嘉庆癸亥年”，末尾署入葬季节。

晋安雷有裕（灯?）墓

39. 泰顺雷荣旺墓

位于福建福鼎市蒅阳乡古林村古道旁，清嘉庆十一年（1806 年）修建，2022 年重修。墓园占地面积 200 多平方米，穴坐西向东略偏北（坐庚向甲兼酉卯），“座椅式”，进结构，案台、立柱、墓埕及穴界侧立面均为花岗岩大理石材质，墓埕及周界由混凝土浇筑，青石墓碑，碑面隶书刻：冯翊郡；显祖荣旺，显妣蓝氏；显考永求、永禄、永祥，暨蓝氏、钟氏、蓝氏，雷公之墓。落款为五位孙及六位曾孙仝祀。系父母偕三子媳两代共八圹同穴墓。

泰顺雷荣旺墓

40. 南平雷法禹墓

位于福建南平市延平区水南街道岭炳洋村上地洋登山中部，清嘉庆十九年（1814 年）修建。墓园占地面积约 60 平方米，穴坐东向西。墓主雷法禹系清嘉庆十年至十九年（1805—1814 年）延平府通判。碑文为“皇清待赠庠彦显考法禹雷公三府君之墓”。

南平雷法禹墓

41. 福安雷国楚墓

位于福建福安市溪潭镇濑尾壑，清嘉庆十九年（1814 年）修建。墓园占地面积 80 平方米，穴坐东南向西北，由三合土槌筑而成，碑刻“皇清恩荣正八品冠带显故雷敬二公”。雷国楚昭穆为雷大三十二公，与配室钟氏合葬。

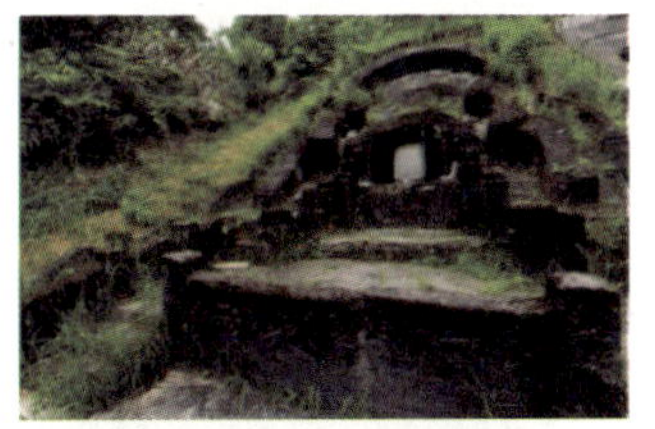
福安雷国楚墓

42. 遂昌雷盛荣墓

位于浙江丽水市遂昌县北界镇金钩村马戊口电站后竹园山脚，清嘉庆二十二年（1817 年）修建。墓园占地面积 50 平方米，穴坐西南向东北，青石墓碑，碑高 72 厘米，宽 33 厘米。碑额弧形上方刻有半日形，有“庚山甲”3 个字，碑额两端连接有 5 厘米×16 厘米的长方形额角，额角上有 4 条圆形线圈。碑刻“冯翊郡清故考雷公盛荣，妣配氏安人灵之墓位”，右刻“嘉庆二十二年九月二十吉旦”，左刻“祀男新禛、新麟、新元、新远、新华、新嵩、新文，孙甲寿、壬寿、丁口立”。柱刻楹联：胜地山环德，佳岁水曲归。

遂昌雷盛荣墓

43. 泰顺雷光显墓

位于浙江温州市泰顺县仕阳镇溪东村沙丘龟山，清嘉庆二十三年（1818 年）始建。墓园占地面积 50 平方米，穴坐西北向东南，2021 年复修，呈“座椅式”结构，墓碑及穴前“椅手”周围均以青石板材质构件连接立面，墓埕水泥罩面。

泰顺雷光显墓

44. 晋安雷常瑶墓

位于福建福州市晋安区宦溪镇峨嵋村南边自然村后山，清道光九年（1829 年）修建。墓园占地面积 80 平方米，穴坐北朝南，主构件为青石材质，墓碑刻：清常瑶雷公偕，元配蔡孺人，继室蓝孺人。

晋安雷常瑶墓

45. 莲都雷明贡墓

位于浙江丽水莲都区老竹畲族镇郑坑村木岭头山脚，清光绪十四年（1888 年）修建。墓园占地面积约 35 平方米，穴坐东北向西南。由平地垒石起坟，花岗岩石碑，碑高 85 厘米，宽 55 厘米，竖刻三行字，碑文经风雨侵蚀，字迹模糊，唯左边第一行“光绪十四年十一月”和中行下端“雷小二郎之墓”十几个字依稀可辨。

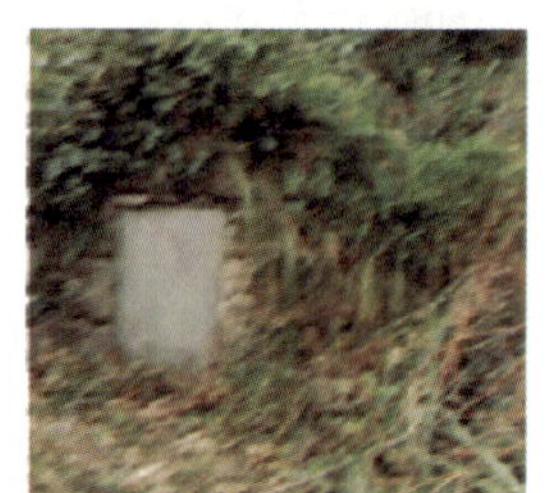
莲都雷明贡墓

46. 龙游雷奇盛墓

位于浙江衢州市龙游县溪口镇眠犬形村屋后山，为该村雷氏开基祖墓，清道光二十一年（1841 年）修建。墓园依山挖洞筑穴，占地面积 35 平方米。穴坐西南向东北，封口立青石碑，碑高 100 厘米，宽 52 厘米，碑刻：清故先考雷万三公、元配蓝氏孺人仝墓之位；左刻：坐庚山甲向兼卯分金；右刻：道光辛丑年十一月，祀男文院、文开、文友、文良、文思、文立仝立。

龙游雷奇盛墓

47. 柘荣雷盛宗墓

位于福建宁德市柘荣县乍洋乡宝鉴宅村后门山，清道光二十八年（1848 年）修建。墓园占地面积 50 平方米，穴坐西北向东南。墓园由山土覆面，穴前上下层为花岗岩石碑石条，墓碑中间竖刻“祖雷盛宗公 妣钟氏孺人”等宋体字。墓埕三进，以山地石标界。

48. 晋安雷常霖墓

位于福建福州市晋安区宦溪镇峨嵋村南边自然村，清道光三十年（1850 年）修建。墓园占地面积 100 平方米，穴坐东朝西，以青石材质为主构件，墓碑面刻：清常霖雷公偕，德配蓝孺人；长男雷永保，德配钟孺人。

柘荣雷盛宗墓

49. 连江雷友鹤墓

位于福建福州市连江县潘渡乡贵安村苎山，清道光二十九年（1849 年）修建。墓园占地面积 90 平方米，由三合土和条石构筑而成，穴坐西南向东北。穴前和两侧青石板上雕刻着“寿”字和龙、虎、狮、豹等图案。

50. 文成外南雷氏先民“金瓶（金瓮）”墓

位于浙江温州市文成县外南山崖下，清同治年间（1862—1874 年）修建，占地面积约 10 平方米，属于“二次葬”。

晋安雷常霖墓

51. 莲都雷大六郎（名三?，法名法有）墓

位于浙江丽水市莲都区富岭街道尖山丘村后山毛竹林中，清同治四年（1865 年）修建。墓园占地面积 40 平方米，穴坐东北向西南，青石墓碑，碑高 52 厘米，宽 38 厘米。墓碑面刻：先考新故冯翊郡上雷大六郎雷门蓝氏雷公之墓，山明水秀，大清同治四年季春，孝子林财、林贵、林寿、林福仝拜等字。

连江雷友鹤墓

52. 连江雷桂朝墓

位于福建福州市连江县蓼沿乡周溪村岭头旧厝坪平尖山腰，清同治十一年（1872 年）修建。墓园占地面积约 100 平方米，穴坐西南向东北，属清朝代表结构，地面由三合土槌筑，墓埕前沿由杂石垒砌矮式围墙。墓碑、案台、立柱、侧壁等均为青石材质构

文成外南雷氏先民“金瓶（金瓮）”墓

莲都雷大六郎墓

连江雷桂朝墓

件。墓碑上方石板压面，左右侧石板阴刻大字：福、寿、康、宁。墓碑面刻：清，桂朝雷公偕，配亦氏孺人，继室亦孺人，家男建忠，家媳蓝氏；寿域，本山坐申向寅；同治壬申年造。墓园结构完好。

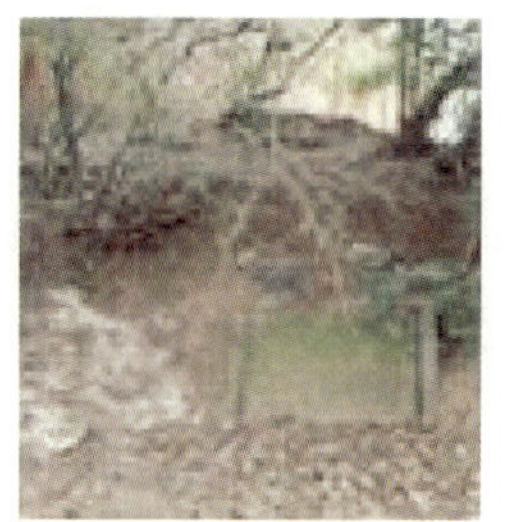
兰溪雷明祥墓

53. 兰溪雷明祥墓

位于浙江兰溪市水亭畲族乡柳塘章村丁家坳大路边，系雷氏开基祖墓，清光绪年间（1875—1908年）修建。墓园占地面积30平方米，穴坐西北向东南。系山土堆面冢，青石墓碑，碑套青石板边。

54. 龙泉市雷声恒墓

龙泉市雷声恒墓

位于浙江龙泉市竹垟畲族乡罗墩村文化礼堂左侧，建于清光绪二十六年（1900年）。墓园占地面积60平方米，穴坐西北朝东南。赐德、赐绣、赐元等立碑，碑高93厘米，宽46厘米。系罗墩雷氏一世祖墓。

55. 安吉县雷信禄墓

位于浙江湖州市安吉县章村镇郎村白虎凸路下，清光绪末年（1908年）修建。墓园占地面积35平方米，穴坐西南向东北，土石结构，未立墓碑，前沿由小方石与鹅卵石砌成。

安吉县雷信禄墓

56. 连江雷民杰墓

位于福建福州市连江县潘渡乡贵安苧山村圪头山，清光绪三十三年（1907年）修建。墓园占地面积160多平方米，穴坐西南向东北。系雷民杰祖孙三代夫妇6圹共穴。

57. 丽水陈岙雷四晚墓

位于浙江丽水市莲都区陈岙村后山，清宣统年间（1909—1911年）修建。墓园占地面积30平方米。2001年后裔重修坟面，置墓碑，碑高80厘米，宽55厘米。墓碑面横刻“冯翊郡”，下刻“始祖公世字雷千四郎章有之墓”，左边竖刻墓主生卒时间，右边竖刻墓主四子一女及媳、婿、孙、曾孙20余人名字。

连江雷民杰墓

58. 晋安雷则书墓

位于福建福州市晋安区宦溪镇黄土岗村亭下右岗半山，民国二年（1913年）修建。墓园占地面积70平方米，由三合土槌筑墓埕，穴坐东朝西，主要构件为青石材质，墓碑面刻：则书雷公偕，配室亦孺人，长男程汉公，配媳蓝孺人。碑下方台及两旁由配以雕刻的青石板构成。

丽水陈岙雷四晚墓

晋安雷则书墓

连江雷元椿墓

景宁雷大相墓

连江雷为科墓

文成雷朝祥、雷维虎父子合葬墓

瑞安雷君树、雷君基、雷君木、雷君睦（雷法罡十世孙）墓

59. 连江雷元椿墓

位于福建福州市连江县丹阳镇丹阳村祠堂里山，民国七年（1918年）修建。墓园占地面积100平方米，穴坐东南向西北，由三合土槌筑铺面，墓碑及两侧由青石板构成。碑文显示雷元椿与配妣任氏孺人、儿子雷光镛与媳许氏及继媳张氏同穴合葬。

60. 景宁雷大相墓

位于浙江景宁畲族自治县东坑村黄山田湾头，民国十三年（1924年）修建。墓园占地面积80平方米。花岗岩墓碑，高70厘米，宽150厘米，墓穴前置坟坦二埕，左右各立石柱两根，墓碑中除“民国十三年”几个字可辨外，其他难辨。该穴为夫妻合葬。

61. 连江雷为科墓

位于福建福州市连江县马鼻镇东湾（东芗）上洋里上四斗山，民国十八年（1929年）修建。墓园占地面积90平方米，穴坐东北向西南，由三合土槌筑铺面，青石板墓碑。碑刻：考雷为科公，妣雷氏孺人，民国己巳立碑。

62. 文成雷朝祥、雷维虎父子合葬墓

位于浙江温州市文成县周壤镇外南村，民国十八年（1929年）建。墓园占地面积90平方米。在第一道坟内圈正中立小石碑屋一处，内置青石碑，碑高65厘米，宽45厘米，阴刻90多个汉字。碑面的顶部正中刻太极图，左右分别刻“福”“荫”二字，碑面正文左边刻该坟的地名、坐向，中间刻坟主显祖朝祥夫妇、先考维虎夫妇，及奉祀男四代17人名字，右刻立碑时间。碑两侧石条刻对联：公惟馨明德，后必有达人。

63. 瑞安雷君树、雷君基、雷君木、雷君睦墓

位于浙江瑞安市高楼镇驮庵村屋后，系四胞兄，先后卒于民国年间，民国二十五年（1936年）修建。墓园占地面积75平方米，穴坐西南向东北。该坟墓做工比较考究，先以蛎灰砌成八个坟穴，然后用块石铺设坟面，大坟圈套两个小坟圈，双墓碑（碑文已难以辨认），系名副其实的“椅子坟”。

64. 遂昌雷振彩墓

位于浙江丽水市遂昌县妙高街道水阁村内山坑，民国二十五年（1936年）修建。墓园占地面积约50平方米。青石墓碑，碑高

80 厘米，宽 85 厘米，碑由主碑、副碑组成，主碑刻“冯翊郡先考讳振彩府君之墓”，右刻“中华民国二十五年十一月吉旦”，左刻“祀男雷新连、雷新宝，孙盛康、盛明、盛烈、盛庆、盛昌、盛馀、盛荣、盛利仝百拜”。主碑两侧有碑柱，刻楹联：“岭上梅花香十里，墓兰明月照三迪。”边柱两侧是副碑，左右分别刻“竹鹿”“梅鹤”图案。图案的边侧刻有“凝芝呈祥”“钟灵毓秀”八个字。紧靠两侧是一对石柱，石柱联“窀穸永口祥，云初常符庆”。石柱两侧又是单边栏石板，阳刻丝带捆扎书卷与云的图案。石板顶背上有两块石板，左刻“钱库”，右刻“后土”。另一块是三角形阴刻云图。

遂昌雷振彩墓

晋安雷朱弼墓

福安雷一声墓

65. 晋安雷朱弼墓

位于福建福州市晋安区宦溪镇黄土岗村水尾岭。1956 年修建，2004 年重修。穴坐东向西略偏南（坐甲向庚），占地面积 120 平方米。墓碑及墓园主体为青石材质构件，碑前设石板祭台，祭台左右两侧石柱、石板立面雕刻图案，两侧为三进水泥台立面，后配设小花圃。墓园均由水泥罩面，墓埕前沿由山石垒砌弧形围墙。系父子两代夫妇合穴。

66. 福安雷一声墓

位于福建福安市坂中畲族乡许洋村月斗山。1958 年修建，占地面积约 70 平方米。坐西向东。碑刻“清待显祖兆芳千麟五公”。

第五节　古建筑、古树

1. 霞浦半岭村观音亭寨

霞浦半岭村观音亭寨

亦称官路亭、半岭亭，坐落在霞浦县水门畲族乡半岭村东，明洪武二年（1369 年）始建。寨堡依山势，沿东北方向筑寨墙，用条石和乱毛石砌筑，为半岭村古代雷姓畲民御敌寨堡。尚存残墙长 118 米，高 5.4 米。只设东寨门，门楣石刻楷书“观音亭寨”4 字，每字 2 尺见方。亭门外竖有 16 块碑刻。1986 年，被霞浦县人民政府列为县级文物保护单位。1992 年，半岭村观音亭寨被福建省文物管理委员会列为全省唯一畲族文物名胜点，2001 年被列为福建省文物保护单位，2013 年 5 月被列为国家重点文物保护单位。

2. 云霄五通庙

坐落在云霄县火田镇西林村南，建于汉朝。元至元八年（1271 年）漳州路总同知、宣武将军陈君用重修，西林城增祀中国南方神道“五显大帝”，悬匾“五通庙”。明弘治四年（1491 年）山洪暴发，庙毁，后扩建。清康熙年间（1662—1722 年）重修，清同治三年（1864 年）毁于太平天国战火，后历经多次修缮，1984 年集资重修。庙占地面积 1200 平方米，坐西南朝东北，面临漳江。庙分前殿后厅，前为神殿，后厅共祀佛像。前殿面阔五间，进深四间，抬梁式木构架，单檐歇山顶。庙前殿存梭形石柱为始建原物。《平和县志》《云霄厅志》记载：“查此庙石柱镌盘、蓝、

云霄五通庙

雷氏捐拾字样。”2010 年 9 月与台北昭灵宫结为友好宫庙，互相赠送“护国佑民”牌匾及“财神爷”石神座，开展联谊活动。2013 年被列为福建省文物保护单位。

上杭树槐堂

3. 上杭树槐堂

坐落在上杭县古田镇苏家坡村。明末由雷进坤始建，占地面积 1100 平方米，建筑面积 672 平方米，坐西朝东。堂系悬山顶屋面，穿斗式木架构，三合土地板，砖木结构，一正两横布局。民国十八年(1929 年)10 月中旬到民国十九年(1930 年)3 月，中共闽西特委机关进驻。毛泽东在此创办了平民小学和早期党校——闽粤赣三省干部培训班。2005 年 5 月被列为福建省文物保护单位。

景宁敕木山畲族民居村落

景宁敕木山村古民居

4. 景宁敕木山畲族民居村落

位于景宁畲族自治县鹤溪镇敕木山村。雷、蓝两姓畲民长期居住村中。民房依自然山势而建，多为清代中期建成，点状分布在半山腰的山坳坡地上，整体上向阳、避风、近水，屋前及周围多为梯田。村内道路沿山坡起伏，路面石阶以大块自然形成山石紧密排列铺就，盘旋折回拾级而上，石阶虽历经数百年风雨，却依然牢固坚实。

房屋用料就地取材，土木石结构、三面土墙是一大特色。修筑土墙时，先用小石块砌成墙基，露出地面 50～100 厘米。上方通过专用的筑墙板以山土加瓦砾捶筑，层层加高，外墙再用以稻田烂泥加入稻草充分搅拌后的泥浆，涂抹 3 厘米厚的保护层。这样的墙体能长期保存完好，且具有冬暖夏凉的宜居功能。内部柱梁、屋架、椽子、楼板等均为木料，悬山屋顶，屋面铺盖小青瓦。配套的厨房、禽畜圈舍墙体和路基等，均采用不规则山石垒砌。该村现存四座大户古民居，建于清代及民国早期，均为二层楼房。一种为单体建筑，呈一字排开，多架面宽，前檐设廊，梁面浮雕龙须纹，檐柱施雕花牛腿；另一种为合院式，正屋带两厢，内设天井，围以回廊，格扇门窗，梁面、牛腿有雕花。

总体上看，形式与当地同期传统山地民居基本相同，只是结构相对简单粗犷。村落每家每户的房子外墙上均有畲族凤凰图腾。2011 年 1 月，村落民房被浙江省列为第六批省级文物保护单位。

霞浦半月里村龙溪宫

5. 霞浦半月里村龙溪宫

坐落在霞浦县溪南镇半月里村，清雍正九年（1731 年）始建。建筑面积 508 平方米。硬山顶抬梁，穿斗木结构，由斗、升、翘、昂、拱组合。自南向北依次为大门、戏台、众厅、神厅、神龛等。戏台藻井以五层方斗逐级装嵌，形成远观四方、近视八角的藻井。工艺烦琐细致，形成一斗三出跳，独具畲族建筑特色。宫中尊奉平水明王和雷万春元帅。2005 年被列为福建省文物保护单位。

6. 永修样式雷祖屋

样式雷，是世人对雷氏发达家族自清康熙年间（1662—1722 年）开始到清光绪三十四年（1908 年）的 200 多年间，七代人连续主持皇家建筑设计（宫殿、皇陵、御苑等）的誉称。样式雷祖屋位于江西永修县梅棠镇新庄村（旧称南康府建昌县新城乡北山社上社堡）。清乾隆五十六年（1791 年）修建，坐北朝南，属明代砖木结构房。由“样式雷”第四代雷家玮、雷家玺、雷家瑞兄弟设计。整栋屋面阔 13 米，进深 24.3 米，高 7.5 米，占地面积 310 多平方米，建筑面积 315.9 平方米。屋内有前后两个天井，硬山顶，屋脊四角均为呈“品”字形的马头墙。内由门厅、正厅及两侧厢房组成，门厅为一开间硬山平屋，厢房为二开间楼房；正厅由青石、麻石砌地，分前、后、左、右四门，均由回廊连接；门厅、正厅隔扇多门窗，众多的石、木雕刻，技法细腻，流畅逼真。青砖外墙，刻有兴建时间。墙体坚固，四壁无窗户，冬暖夏凉，具有防匪防盗功能。2007 年 7 月，被列为永修县第二批县级文物保护单位。2018 年 3 月，被列为江西省第六批文物保护单位。

永修样式雷祖屋

7. 霞浦半月里村雷世儒大厝

位于霞浦县溪南镇半月里村。清嘉庆二十五年（1820 年）始建，占地面积 1300 平方米，建筑面积 830 平方米。大厝有大小房间 38 间，柱子 126 根，古宅雕梁画栋，多为文物构件。2005 年被列为福建省文物保护单位。

霞浦半月里村雷世儒大厝

8. 霞浦福宁山民会馆

又称“福宁三明会馆”，坐落在霞浦县松城街道旗下街 6 号。清光绪二十五年（1899 年）会馆设于西郊教场头，民国四年（1919 年）八月，建新会馆于现址，占地面积 683 平方米。会馆由山门、前座、后座等组成，硬山顶穿斗式砖木结构，是闽东雷姓活动的主要场所，同时也是闽浙赣畲族民众联合修建的社会公益性组织场所，属于全国唯一跨省、跨地区的畲族公益团体会馆。民国九年（1920 年）春节期间，闽浙赣畲民 100 多人，在这里举行了持续 10 多天的第一次畲民祭祖活动。2005 年被列为霞浦县文物保护单位，2009 年被列为福建省文物保护单位。

霞浦福宁山民会馆

9. 铅山篁碧村雷家大院

坐落在铅山县篁碧乡篁碧畲族村北，清道光二十八年（1897 年）始建，建筑总面积为 1740 平方米。由该村雷姓后裔清正三品官员雷姓九大房之一的寿房雷维翰营资建造，系徽派建筑风格，典型的北京四合院格局。清光绪二十三年（1897 年）更名为“资政第”，现保存基本完好。1986 年被列为铅山县级文物保护单位，2005 年被列为上饶市文物保护单位。

铅山篁碧村雷家大院

10. 铅山篁碧村词臣牌坊

位于铅山县篁碧畲族村北，雷家水尾，进村入口处之一。清道光二十八年（1848 年）始建，坐南朝北、东西走向，三间四柱五层冲天式格局，整体高 7 米，宽 6.8 米，明间（中间）高 3.4 米，宽 2.6 米，两次间分别高 3 米，宽 1.5 米。第二层正面和背面均横阴刻“清道光庚子科翰林雷维翰立”十二字，第三层中间嵌一块长方体青石板，正反横阴刻“词臣”二字，第四层中间也嵌有一块较小一点的青石板，正反直阴刻“敕建”二字。整座牌坊建筑结构匀称，工艺精细。牌坊系清道光皇帝为表彰三品官陕西道监察御史、巡视东城雷维翰（篁碧村人），在朝廷主持撰写《一统制全书》告成而封其为词臣，并敕建“词臣”牌坊。1986 年被列为铅山县级文物保护单位。2005 年被列为上饶市文物保护单位。

铅山篁碧村词臣牌坊

连江七里村雷氏祖厝

11. 连江七里村雷氏祖厝

坐落在连江县小沧畲族乡七里村，由雷土焕于清同治八年（1869年）始建。占地面积1320平方米，建筑面积1100平方米。主座面阔七间，进深二间，穿斗式木构架，歇山顶。套房设置3直间，1横弄；周设回廊，通道灵活。左右建有2排厢房与主屋相通。室内庭式布局，规模宽旷，装饰简朴，富有畲村建筑特色。2000年10月被列为连江县文物保护单位。

景宁漈头村雷潘两姓行宫

12. 景宁漈头村雷潘两姓行宫

位于景宁畲族自治县澄照乡漈头村。正堂建于清光绪十七年（1891年），由畲汉两族人民出资出力共建而成，是古代雷潘两姓族人迎神祭祀、搭台唱戏的好场所，同时也是古代官道行人歇脚和躲避风雨的处所。因太神像迎神经过该村时要放台上供大家朝拜，故而取名“行宫”，是畲汉一家团结合作、和睦相处的历史见证。2013年，由澄照乡政府牵头，漈头、张后山两村共同完成了修缮，使行宫得以完整地保存下来。2014年2月，被列入景宁县级文物保护单位。

晋安南边境

13. 晋安南边境

坐落于福州市晋安区宦溪镇峨嵋村南边自然村村口。清乾隆二十九年（1764年）建主殿，清同治五年（1866年）扩建后形成前殿。1997年三修并重塑神像。境坐东南向西北（己亥兼丙壬）。经前殿过小天井登三个台阶可达主殿。主殿有汉代闽越王驺郢第三子驺寅“白马王”塑像，左侧是“娘娘”塑像，右侧是“土地公”塑像。春节期间，村民自主祭祀，正月十六主祭“白马王”诞辰。土木结构，四周土墙由碎瓦拌山土捶筑而成，墙基由山石垒砌，高出地面1米，正面右角石基6米以上，硬山顶屋脊，屋面铺传统青瓦，白灰胶缝，四面梯形屋架利于排水。前殿栋梁左书“清同治五年岁次丙寅”，右书“荔月合社公（排）谷旦立”，次横梁下方面板白底墨字董事会名单6人，捐舍（栋梁、银两）名单9人。前殿主道两侧恢复戏台，可由主殿两边沿台阶而上。总占地面积1500多平方米，建筑面积920多平方米。2019年被列为宦溪镇文物保护单位

福安周坑村石板桥

14. 福安周坑村石板桥

位于福安市康厝畲族乡周坑村穆水溪畔的水尾鲤鱼坂处，清乾隆五十一年（1786年）修建。石板桥面由七块花岗岩石板条分三段构成，全长10.6米。中间两块长3.9米，首尾两端石板条长度分别为3.3米、3.4米。桥面宽90厘米，单块一端宽50厘米。石板条厚30厘米。桥中间设两处桥墩，分别由3块石板条“一横两竖”构成一个梯形，高2米。此石板桥是古代福安连接政和县、周宁县并通往赛岐港口的主干道。2016年被列为康厝畲族乡文物保护单位。

景宁惠明寺

15. 景宁惠明寺

位于景宁县敕木山亚峰惠明泉山上，唐咸通二年（861年）

始建，因惠明和尚而得名。清嘉庆十九年（1814年）重建正殿，清同治四年（1865年）造后堂及左右轩，民国时期仅存天井、山门、石道及两侧残墙，原正殿木门残破。1982年后重建。

永泰三峰长坂里雷氏祖厝

16. 永泰三峰长坂里雷氏祖厝

坐落于永泰三峰长坂里狮头山，明永乐二年（1404年）始建，占地面积300多平方米，鼎盛时期拓展到五落两横厝并有书院三间，成为雷姓大家族祖厝。祖厝坐西向东，视野开阔，远眺无阻，晴天日出时分，形成"狮子抢球"景观。因坐落于偏僻高山，交通等十分不便，1961年全村陆续迁居平原长坂洋，祖厝后因失修而倒塌。祖厝主体于2015年在原址重建。

铅山篁碧村雷家边坵桥

17. 铅山篁碧村雷家边坵桥

位于铅山县篁碧畲族乡篁碧村村南，梁家、翁家的北出口（水口）处，篁碧西河中段。明正统元年（1436年）始建，桥长11米，宽4.5米，高4.6米，为一孔石拱桥，现保存完好。雷家边坵桥为梁氏、翁氏、华氏与畲族村诸氏族人筹资合建。

晋安黄土岗境

18. 晋安黄土岗境

坐落于福州市晋安区宦溪镇黄土岗村中心处，清乾隆初年（约1740年前后）修建。坐东北向西南，分前后殿。进前殿后登三个台阶达后殿，早期前殿设有戏台，后殿主供汉代闽越王驺郢第三子驺寅"白马王"，春节期间，村民自主祭祀。黄土岗境以杉木为主构件，硬山顶，屋面铺传统青瓦，瓦压三层白灰接缝，四面梯形屋架利于排水，由四角副脊梁连接主脊梁两端，四周铺以砖墙。清咸丰年间（1851—1861年）二修，2008年三修。前后殿地面铺设防滑瓷砖，大门正面前埕以60厘米×60厘米大理石砖铺面，拱形大门，两侧各有小门，南侧配有膳房，总占地面积900多平方米，建筑面积330多平方米。

罗源岗尾雷氏祖厝

19. 罗源岗尾雷氏祖厝

坐落在罗源县霍口畲族乡岗尾村半山旧址，明代中期始建。主房占地面积130平方米，坐北朝南，视野开阔。鼎盛时期住户有20余户。清末，边房、横排渐毁，主房经3次重修加固。从该祖厝分迁外地的雷姓多为迁入地始祖。每年七月均有大批雷氏后裔回乡祭祖。

晋安黄土岗上大楼祖厝

20. 晋安黄土岗上大楼祖厝

坐落于福州市晋安区宦溪镇黄土岗村上大楼，明万历年间（1573—1620年）修建。祖厝坐西向东，纯杉木结构，单层六扇五直，天井左右两侧配置书院（"书院"是结构名称，实为民居住户），明朝硬山顶屋架，柱子未设石珠，地面直立"算盘石"，中央大厅为5米×7米，一周共八根柱子，屋面青瓦阴阳槽铺面，青砖压瓦。鼎盛时期该祖厝住有十多户居民。廊沿青石板条压面，长2.35～2.41米，宽0.37米。廊沿至天井五级台阶落差，由1.68米×0.34米青石板条构成。天井为7.9米×6.8米，由山石紧密铺就，中央路面略高，宽1.73米，经开放石门直通外路面。石门高1.7米，两边有石墙，石墙宽0.46米。祖厝总占地面积720平方米，建筑面积360平方米。

21. 洛江厝斗小梧洋祖厝

洛江厝斗小梧洋祖厝

坐落在泉州市洛江区河市镇厝斗村小梧洋内。明崇祯年间（1628—1644年）始建。始祖雷天赐由厝斗村新辽迁入小梧洋。祖厝初为繁衍始地，后成为祭祖圣地。奉有雷氏远祖、小梧洋始祖等塑像。“文化大革命”期间，附属构件被毁。21世纪初修建，2018年重建。占地面积700平方米，建筑面积256平方米，坐西北朝东南。祖厝砖混石结构，皇宫式样，升高3.5米，进深10米。每年清明、春节开展祭祖活动。泉州西门、清流、福清、厦门和新加坡等地宗亲，不时前来寻根谒祖。

22. 晋安瓦坪祖厝

晋安瓦坪祖厝

坐落在福州市晋安区日溪乡东坪村瓦坪自然村中心处，由该村始祖雷景礼夫妇于明万历年间后期修建。祖厝坐西向东（坐酉向卯兼辛乙），单层纯杉木构件，柱子底部未设“柱珠”，直立“算盘石”，青瓦屋面，由主座六扇五直，大厅及左右两直推进3米，加立木柱，天井两边偏舍相对，形成马蹄形院落，属明清常见建筑风格，天井正前方山石垒围墙，高1.3米，宽0.6米，长20米，至今保存完好。占地面积520平方米，建筑面积380平方米。

23. 永泰县协星村雷则达古宅

永泰县协星村雷则达古宅

位于永泰县富泉乡协星村尾厝。清康熙年间（1662—1722年）由雷伯兴二十六世孙雷则达修建，随后成为祖宅。该宅坐东朝西（坐卯向酉），主宅为六扇传统木屋结构，古瓦“人”形屋面，天井紧邻主宅左右两侧，为单层开放式亭廊，占地面积2100平方米，建筑面积2000平方米。2020年，为保护古屋，后裔雷大亮等组建重修祖宅理事会，在相关部门的支持下，于当年11月重修竣工并对外开放。

24. 莲都上塘畈村余庆堂

坐落在丽水市莲都区丽新乡上塘畈村，清康熙年间（1662—1722年）始建。余庆堂坐北朝南，长方形平面，占地面积230平方米。由门厅、正厅和厢房组成，三合土捶筑地面，硬山顶，屋面小青瓦阴阳槽铺就。门厅为内单披屋檐，一开间，进深二柱二檩。正厅面阔三开间，通面宽14.6米，进深八柱檩，前带下檐柱，梁架为抬梁穿斗混合式。明间下檐柱上设有茄形斜撑。厢房设于正厅前天井的两侧，均为两层一开间。大门两侧马头墙均嵌两个小型太极图案。正厅后有一水井，用鹅卵石垒砌井沿，水质清澈。

25. 南安铺前村土楼

南安铺前村土楼

坐落在南安市码头镇铺前村。清雍正年间（1723—1735年）始建。占地面积900平方米，为两层中间一天井方形土楼。底层墙体用花岗岩条石砌筑，二层墙体用三合土夯筑，楼内有水井，大门横楣石雕匾额书“石门诒燕”4字，寓意铺前村雷氏系由石门村（今坑内村）插迁而来。侧门字匾各书“马环”“诗绕”，寓意土楼依马山而临诗溪。

26. 莲都利山村雷建民古宅

坐落在丽水市莲都区大港头镇利山村，清雍正年间（1723—1735年）始建。古宅坐东北朝西南，占地面积300平方米。四合院式，三合土捶筑地面，由前厅、厢房、正厅组成。前厅面阔三开间，进深五柱五檩，梁架为抬梁穿斗混合式，厢房设前厅与正厅，一开间。正厅面阔三开间，进深七柱七檩，梁架为抬梁穿斗混合式。整体建筑完好，硬山顶，小青瓦阴阳槽铺就，牛腿雕刻精细。

27. 福安金斗洋水尾宫

坐落在福安市康厝畲族乡金斗洋村口，正面下方临小溪。清乾隆初年（约1736年）始建，1978年重修。建筑面积600平方米。祭神像宫坐西北朝东南，宽19米，深32米；戏台深7.6米，宽6米。供五显大帝、雷大三十二公（即雷国楚，金斗洋村人）、忠平侯王、千里眼、顺风耳、平水大王、平水小王、缪仙公、田公元帅等9位神灵。

福安金斗洋水尾宫

28. 罗源官村村萧洋雷家大厝

坐落在罗源县洪洋乡官村村萧洋。清乾隆年间（1736—1795年）始建。占地面积1200平方米，建筑面积1085平方米。大厝坐东北朝西南，六扇两撇三进透、两书院、一前照、两横厝，硬山顶，二层土木结构，共95间。

罗源官村村萧洋雷家大厝

29. 福安岐山水尾宫

坐落在福安市溪潭镇岐山村。清乾隆十五年（1750年）始建，2005年重修。占地面积460平方米，建筑面积364平方米，戏台建筑面积80平方米。供奉主神为五显帝、林公大王、奶娘、田公元帅、雷师公等。主神雷德盛师公，是清乾隆年间（1736—1795年）法师，后被尊为神。每年两次致祭。

福安岐山水尾宫

30. 青田县南江村雷日南古宅

坐落在丽水市青田县海口镇南江村旁岸，清代中期始建。古宅坐东朝西，占地面积1032平方米。宅院为三合院式木结构，西侧设有门台，三柱三檩，门台前立旗杆一对。主楼面阔五间，梁架为五柱九檩，前后下檐带柱。两侧厢房原面阔三间，倒塌后改建。三合土捶筑地面，悬山顶，屋面小青瓦铺就，窗格雕刻精细，具有浙西南山区建筑风格。

31. 松阳县南坑源村雷细贤古宅

坐落在丽水市松阳县象溪镇南坑源村西坑口，清代中期始建。古宅坐西朝东，占地面积496平方米。土木结构，硬山顶，屋顶青瓦铺就。古宅为四合院式，二进五间、二厢带四弄重檐楼房。一进门厅穿斗式构架，四柱六檩后单步。二进正屋穿斗式构架，六柱八檩前后单步。厢房面阔一间，天井鹅卵石铺设，面阔8.8米，进深4.1米。古宅木构雕刻工艺较精细，有竹节纹、葡萄纹、蝙蝠、元宝、玉兔、凤凰、飞禽、福寿纹、花卉纹等图案。

32. 霞浦半月里古寨门

坐落在霞浦县溪南镇半月里村，清乾隆四十五年（1780年）始建。为抵御盗匪入侵，加强防范，雷志茂在民居群外围筑此城墙与寨门。寨门依势而筑，通高4.1米，内高2.15米，宽1.65米，厚3.1米，下镶青石门坝。平时大门敞开，往来自如，如有紧急情况，迅速关上大门，阻止外人闯入。原城墙上方筑有城厝，日夜皆有哨兵值守。还在左右城墙上种植龙骨刺和城曲竹，起第一道防卫作用。此外，在房屋建筑上，设四方空斗墙体，中间装满鹅卵石，一旦被盗挖，鹅卵石顺势倾泻流滚而出并发出连

霞浦半月里古寨门

续声响，畲民根据响声立即持械赶至，令盗贼惊恐落荒而逃，尤其是在夜间更具报警防盗作用。在清代，人口不足百人的小畲村，能建有如此高的城墙，在八闽大地难以得见，反映了当时畲民高度戒备、严于防范的自我保护意识。

罗源笕下雷氏大厝

33. 罗源笕下雷氏大厝

坐落在罗源县白塔乡笕下村，清嘉庆元年至四年（1796—1799年）始建。占地面积1130平方米，建筑面积1005平方米。大厝六扇两撇三进透、两书院、两横厝，二层土木结构，共89间，前厅回廊压条由3块整石板材铺就。

34. 莲都区高丰村下牛寨寮

坐落在丽水市莲都区老竹镇高丰村下牛寨自然村，清嘉庆年间（1796—1820年）始建。寮坐北朝南，占地面积150平方米，由门廊、厨房和住房组成。屋顶由“青蛙草”铺就，内层以圆木为横杠、竹条为椽子，打成“井”字状构成屋顶骨架，支撑外层茅草。门廊一开间，由不规则山石垒砌而成。厨房一间，现存土灶两个。住房两间，分上下两层，中间用木、竹材料等隔挡而成，畲民晚上就直接睡在木板上。“寮”是畲族特有的一种早期建筑，就地取材，比较简陋，但因地制宜，实用性强。

福安金斗洋雷国楚故居

35. 福安金斗洋雷国楚故居

坐落在福安市康厝畲族乡金斗洋村48号。清嘉庆年间（1796—1820年）始建，为木结构建筑，占地面积约95平方米。正房为四扇屋架，南侧山面外出一间抱厦。正房穿斗式梁架，屋面为悬山顶，面阔三间，进深七柱。厅堂梁架之上饰重檐屋面，两侧厅堂间窗户保持一码五箭直棱窗花。前檐饰轩顶，檐柱上施三跳插拱挑檀出檐支撑前檐屋顶。雷国楚，名雷朝宝，即供奉于福安金斗洋水尾宫的9位神灵之一的“雷大三十二公”。

36. 景宁伏坑村雷晓堂祖宅

坐落在丽水市景宁畲族自治县大均乡伏叶行政村伏坑自然村东侧，清中晚期始建。该宅为四合院式，坐东北朝西南，占地面积约270平方米。由一正屋、两偏房、二天井及门楼组成。二进三间，三回廊，悬山顶，二层均为木结构，五柱九檫，地面为三合土铺设。正堂前有牛腿4个，上雕花草木鸟等图案，牛腿表面于破“四旧”期间毁坏。天井为毛石规整铺设。二楼设护栏，单侧楼梯。宅东侧围墙已被拆除，部分木板已腐蚀。

37. 铅山篁碧村五桂坝

位于铅山县篁碧畲族乡篁碧畲族村东，清道光三十年（1850年）始建，坝长300米，坝面首尾各宽3米，中间宽10米，高4米，形似纺锤。由陕西道监察御史翰林院编修雷维翰（篁碧村人）和翰林院主事江苏布政使华日新筹资构筑，因任、梁、祝、雷、华五姓投资投劳最多，且坝后有一棵古桂花树，则命名为“五桂坝”。经百年山洪侵蚀、风吹日晒，石头逐渐变成乌黑，形似乌龟，又称“乌龟坝”。清光绪十二年（1886年）秋，发生特大洪涝，篁碧村山体滑坡，桥梁被毁，墙垣倾塌，五桂坝却完好无损。今坝前已拓宽40米。

福安牛山湾村雷腾锋故居

38. 福安牛山湾村雷腾锋故居

坐落在福安市社口镇牛山湾村内，清咸丰年间（1851—1861年）始建，“三雕”四合院，土木结构，传统青瓦屋面，至今保存完好。占地面积1400平方米，建筑面积700多平方米。雷腾锋，当时“监生”，乐善好施，在乡里颇有名气。

39. 宁德猴盾村雷志波故居与震昌号茶庄

坐落在宁德市蕉城区八都镇猴盾村内。清同治年间（1862—1874年）始建。四扇插廊，前后廊房，左右撇舍，前后天井，大门门亭，三合土围墙，占地面积470平方米，屋面壳灰包栋，两边撬角。雷志波，是当时带领猴盾村全村人致富的茶商富贾。

宁德猴盾村雷志波故居与震昌号茶庄

40. 宁德猴盾雷成元故居

坐落在宁德市蕉城区八都镇猴盾村内。清光绪早期（1875—1880年）始建，占地面积653平方米。两座联建计八扇，前后有廊房，墙体为土墙，三合土地面。雷成元，为人诚实，是当时的富裕人家。

宁德猴盾雷成元故居

41. 福安月斗村雷一声故居

坐落在福安市坂中畲族乡月斗村内，清光绪末期始建，占地面积736平方米。属于福安农村殷实人家较为典型的“六扇坪”式土木结构住房。门楣上榜书“云汉为章”4个大字。雷一声，秀才出身，擅五行，能裁缝，私塾先生，民国时期进步人士。

福安月斗村雷一声故居

42. 霞浦文武秀才大厝

坐落在福安市盐田畲族乡瓦窑头村。清光绪年间（1875—1908年）始建，分为前后两座。前座为武秀才雷景扬大厝，建筑面积680平方米，屋檐为二式悬山顶砖木结构，六大扇，通高8.9米；后座为文秀才雷景桥大厝，建筑面积730平方米，平面呈方形，俗称“六扇厝”，也为二式悬山顶砖木结构，整座大厝36间共114根柱子。前后两座，建筑精细，装饰精巧，雕梁画栋，现多属文物。

霞浦文武秀才大厝

43. 晋安党洋境

坐落于福州市晋安区日溪乡党洋村，清光绪七年（1881年）落成晋主。坐东北向西南（坐寅向申），2012年修缮扩建，砖木结构，硬山顶琉璃瓦屋面，屋脊嵌立一对巨龙抢珠模型，正面墙体上方墙檐三级布局，中间居高连接正堂屋面，左右依次两级层落，大门由大理石条构框，框刻对联“宫貌巍峨保民安国泰，神功浩荡臻福寿康宁”，两旁均配设小门。进大门，经五级石阶达正堂，堂中央供奉“白马王”神像，除夕到正月十五，村民自行祭拜。现总占地面积1300多平方米，建筑面积590多平方米。

晋安党洋境

44. 遂昌县南塘雷明荣古宅

坐落在丽水市遂昌县应村乡南塘村南塘自然村，清末始建。古宅为木结构，坐东南朝西北，占地面积150平方米。一进三开间，两厢式楼房。面阔11.6米，进深10米。木框大门。正屋三开间，明间五架穿斗用五柱，次间用三柱。两侧边厢一开间，三架穿斗三柱。檐柱饰牛腿，在脊梁上刻花，天井间上下槽，由条石构成阶沿，天井内小卵石排铺，门两边设二柱四檩。土墙由瓦砾山土夯筑，屋顶青瓦铺就。

45. 景宁后山村雷其龙古宅

坐落在丽水市景宁畲族自治县澄照乡张后山行政村后山自然村，清末始建。宅坐东南朝西

景宁后山村雷其龙古宅

北，占地面积520平方米。主体为二层土木混合结构，六柱十一檩，前后有挑檐，穿斗式梁架，悬山顶。正屋一进七间，进深一间，两侧设有楼梯间。檐口牛腿雕刻简单，正屋梁上雕刻有如意花卉、双狮戏球等寓意吉祥的图案。二楼设有祭台，每逢初一、十五及过年过节畲民在此祭拜祖先。正屋二楼梁上及门楼上悬有五谷袋（谷子、黄豆、高粱、玉米、小麦）。明间两侧栋梁下为方形柱础，据说柱础下埋有钱币，预示财源滚滚。

46. 遂昌县金苏雷陈松民宅

坐落在丽水市遂昌县石练镇金苏村下村，清末始建。宅坐东北朝西南，与石练五雷街相接，占地面积300平方米。一进三开间前后天井，两厢式楼屋，通面阔14.9米，进深16.3米，建筑面积240多平方米。青水砖大门，两侧边厢二开间，五架抬梁用二柱；正屋三开间九架穿斗用五柱，两墙边设楼梯弄。明间后设香火堂，两侧小天井、边厢、香火堂。屋面单披五架，边厢三架抬梁用二柱。檐柱饰牛腿，正屋前部设走廊，次间檐柱间饰半腰板壁，次间和厢房饰花格窗。条石阶沿，天井鹅卵石拼花，鼓形础，青砖墁地，土墙由瓦砾山土夯筑，屋顶青瓦铺就。

47. 景宁大张坑村雷木高古宅

坐落在丽水市景宁畲族自治县东坑镇大张坑村西北侧的半山腰上，清末民初始建。古宅坐东北朝西南，占地面积约450平方米。含正屋及五个禽畜圈栏。其正屋七开间，进深一间，二层木结构，四周围廊，两侧土墙由瓦砾山土夯筑。悬山顶穿斗式梁架，五柱十一檩，三合土地面。天井底层均为家禽家畜圈栏。牛圈有两层，下层养牛，上层可堆放杂物等，有鲜明的建筑风格。古宅保存完好。

景宁大张坑村雷献真古宅

48. 景宁大张坑村雷献真古宅

坐落在丽水市景宁畲族自治县东坑镇大张坑村西北侧的半山腰上，民国初年始建。古宅为木结构，坐西北朝东南，占地面积365平方米。二层木结构，五开间，进深一间，四周围廊。20世纪80年代期间，东北侧增加二次间，减一回廊。明间檐梁粗大，有花草雕刻，檐口处牛腿有简单花纹。小天井内有三牲畜栏，两层走廊外侧为木栅栏。悬山顶，青瓦屋面。西北侧有后披檐，搭在块石墙体上。屋前有池塘，四周为民房。

景宁杨山村雷让玺古宅

49. 景宁杨山村雷让玺古宅

坐落在丽水市景宁畲族自治县澄照乡三石村杨山自然村南侧半山腰。民国初年始建。古宅坐南朝北，占地面积430平方米。主屋一进二层，面阔五间，进深二间，四周围廊。东西两侧各有楼梯，五柱九檩。耳房搭建于主屋后，另在楼梯间建有两层耳房，中央耳房搭建于主屋之梁上，东西侧楼梯间耳房为土木混合结构，三柱九檩，后厢房在次间与走廊后面，两层三柱六檩，底层为厨房，天井两侧设有畜禽圈。

50. 松阳县西山村雷石金古宅

坐落在丽水市松阳县大东坝镇西山行政村上包自然村，民国初年始建。古宅坐东朝西，占地面积195平方米。1942年日本人侵略时被烧毁，1943年在原址重建，建筑平面布局和梁架结构保持原貌。古宅为土木结构，大门由石门枕、石门槛、木门框组成，二柱四檩，楼屋重檐，三间二厢房，五柱七檩，牛腿浮雕有曲带、插花、仙桃等纹案。土墙由瓦砾山土夯筑，硬山顶，马头墙，屋面青瓦铺就。天井鹅卵石拼花，阶沿条石火烧后呈碎裂缝。

51. 始兴乌泥塘“聊固吾圉”围

始兴乌泥塘“聊固吾圉”围

围，指土木筑成的防守设施。该围坐落在始兴县顿岗镇七北村乌泥塘，系围楼。民国九年（1920年）修建，长方体，4层，高11米，面阔15.8米，进深15.9米，占地面积250平方米。坐东北向西南，墙体四周顶面属庑殿顶构建，叠链纹重檐，垂脊高仰。围楼顶四角各建角楼（炮楼），为方形，大门由红砂岩石条垒筑，外拱内方，厚1米，中间设三横安全栓，青砖砌牌坊式楣，大门入口上方镶红砂岩匾，匾阳刻“聊固吾圉”四个大字，上款“中华民国九年”，下款“文周氏题”。四周墙体由大小不等的鹅卵石砌至墙顶，围楼四角、顶层角楼均由青砖衔砌。每侧墙体均有12个以上的小窗口，具有瞭望、袭敌功能，二楼竖长方形，三楼菱形、锤形，四楼正方形，角楼十字形等，每个窗口四周墙体均由大块青砖叠砌。内部泥砖砌就，大部分已损毁。天井中央有一口水井，可供300多人日常用水。该围民国时期在抵御贼匪、日寇袭扰等方面，为保护村民起到重要作用。

52. 福安牛山湾“红旗渠”

福安牛山湾“红旗渠”

位于福安市社口镇牛山湾村东北方。1961—1966年，雷姓村民凿鹰窝山悬崖峭壁开渠，将白岩溪水引入牛湾山村，全长3.5千米，灌溉农田480亩，供600多人生活用水，同时建小水电站，年发电量150万千瓦，被誉为福安“红旗渠”，2013年2月被列为福安市第五批文物保护单位。

53. 仙游桂花古树

仙游桂花古树

位于莆田市仙游县钟山镇天珠村胜垅自然村中心处。该桂花树为雷姓始祖迁徙至此建村时，于明正德年间（1506—1521年）种植，距今有500多年历史。树干宽阔处周长3.29米，树径达1.05米以上，树冠高12米，枝叶遮阴范围16平方米。树干3米处以上分为三个主叉，树干底部腐蚀空心，空径30厘米。

54. 晋安风水林古树群

晋安风水林古树：白楠

晋安风水林古树群：枫树群

位于福州市晋安区宦溪镇黄土岗村村口两旁。该片树林系先祖建村时因防风需要，于宋庆历年间（1041—1048年）种植，距今有900多年历史。村入口处到村庄南侧总长140多米的路段，路边及路周围一片约1500平方米的山坡，均为村庄风水林区域。中华人民共和国成立初期有40多棵高大的古树，村民能说上树名的有桂花树、马尾松、枫树、白楠、酸枣树、柯木、朴树、杨梅、坡树、螺目树等，还有20多种叫不上名字的古树。早期的镇村古树为两棵高大的马尾松和一棵酸枣树。稍大的一棵松树，要四个成年人牵手合围才能抱拢，树冠高30米以上，中华人民共和国成立初期被砍伐。居村中心的酸枣树直径达2.1米，与另一棵松树于20世纪70年代遭遇强台风而倾覆。现存古树有18棵，其中入村口一段路边有一棵醒目的白楠古树，高20余米，树径89厘米，底部一周已砌40厘米高的砖体圆圈护栏，以防车轮剐蹭。另有4棵枫树在村的另一端，树径均在90厘米以上，最大的一棵树径达160厘米，树冠高26米，属该村古树之首。

第六节　民间信俗

田都元帅信俗　田都元帅，原名雷海青，泉州人，唐玄宗时期著名宫廷乐师。田都元帅是泉州普遍供奉的戏神、挡境神、“相公爷”，莆田及闽东、闽北一带则称“田公元帅”。相传唐将郭子仪率军反攻长安时，雷海青显灵助战，天空出现“雷”字帅旗，但上半部被云雾所遮，仅见“田”字。“安史之乱”平定后，唐肃宗加封雷海青为“太常寺卿”“田都元帅”。福建各地民间剧团和木偶戏班，都奉祀田都元帅。莆仙戏班凡排演新剧，均须来瑞云祖庙戏台“开棚”献演，以示敬仰，也祈求田都元帅保佑其演戏生涯一帆风顺。此例相沿成俗，数百年来延续不衰。每年正月十六、八月十六是田都元帅的春秋诞庆。各地所奉的田都元帅，有文身、武身之别：文身为坐式，金面金身，头戴“金圣冠”；武身为立式，红脸红袍，头顶打两条辫子，嘴上画一只螃蟹，两旁有风、火二童，一佩弓，一执鹰。旧时福州的新戏班成立，都要供祀戏神田都元帅的小神龛，新开张前都要备上厚礼，带上小神龛到元帅庙“过炉”分香。到元帅庙演戏时，头场戏免收戏金，作为给田都元帅的献礼。福州著名的穿头戏（掌中木偶戏）戏班“大吉金班”就以元帅庙为根据地，主要演出都在元帅庙举行。音乐吹打班、评话的曲艺班等常在这里演出。以田都元帅为戏神的剧种主要有：福建的莆仙戏、闽剧（福州戏）、闽西汉剧、梨园戏、高甲戏、布袋戏、泉州木偶戏（傀儡戏）等，潮汕的潮剧、白字戏、正音戏、西秦戏、潮汕铁枝木偶戏、陆丰皮影戏、广东汉剧等，台湾的南管、歌仔戏、宋江阵、布袋戏、皮影戏等。

龙岩东肖白土铁山庙庙会　又称“东肖阎罗天子庙过关”“铁山天子庙过关”“铁山宫过关”习俗。福建省龙岩市新罗区民俗，龙岩市市级非物质文化遗产之一。东肖白土铁山庙庙会历史悠久，若从铁山天子庙初建成的明成化二十一年（1485 年）算起，距今已有 500 多年了。每年正月十二当天，东肖镇集市上，人头攒动，商贾云集，摊贩沿街叫卖各种风味小吃、小玩意。镇广场上还有民间艺术队、专业剧团编排的戏剧、采茶灯、龙岩山歌等具有特色的民俗表演，而“过关”活动则是庙会的重头戏。2010 年 12 月 5 日，“龙岩东肖白土铁山庙庙会”被列入龙岩市第四批市级非物质文化遗产代表性项目名录。

东肖镇历史上由白姓先民最早迁入定居，所以一度被称为白土。东肖镇群众（含雷姓畲民）普遍信奉阎罗天子，所以在明成化二十一年，由白土的八甲村人合力建成“铁山阎罗天子庙”。到清嘉庆十七年（1812 年），乡人王申等捐资，对“铁山阎罗天子庙”进行了改建。

福鼎马仙行游　马仙信俗是闽东与浙江接壤一带畲民热情参与的传统民间习俗。马仙，又称马孝仙等。因其出嫁不久夫亡，与婆婆相依为命数十年，殷勤奉姑至终老。其孝心感人至深，殁后被祀为神。唐肃宗时敕封为“马氏护国夫人”，与妈祖、陈靖姑并称为闽浙三大女神。马仙孝德也被上层社会推崇，著名历史人物李阳冰、刘伯温、冯梦龙等均撰文赞颂。马仙信俗于宋元间传入柘荣、福鼎一带后，成为包括畲民在内的民众的道德信仰，同时是民众祈求祛病化厄、禳灾御患的精神寄托。

福鼎佳阳畲族乡罗唇梅溪马仙娘娘宫，由袍脚村雷姓、大垵头村钟姓、海尾村蓝姓及李姓、竹岚头村董姓祀奉。明洪武元年（1368 年）从潭头村迁往海尾村重建，通称“安乐境”。

马仙信俗活动主要表现形式是每年七月初一起举行游神盛会。主要有以下几个环节：一是筹备。七月初一是马仙娘娘的诞生日，每年会举行“迎仙”仪式。主要环节有：（1）营灯。由福首头人联络各乡、各镇、各村，于六月二十九或三十晚，进行大规模营灯，用竹篾做成各种模型灯具，组成一条长龙队伍，祈求太平丰年。（2）备祭祀品。以村居为代表，杀猪宰羊，备办高山茗香、清茶美酒、良田米粿等。二是祭祀祈福醮事。于七月初一一大早在梅溪马仙宫，以民间信俗流程进行祈福醮事，随后举行祈福参拜仪式，道法科仪为民众禳灾祈福，谒神祭拜，祈恩降福。三是游神迎仙。马仙神像游至几个乡村，每到一处鞭炮齐鸣迎接，路过农户门口时，人们便在家门口燃鞭炮迎送，祈求国泰民安。2021 年 6 月，佳阳梅溪畲族马仙信俗被福建福鼎市（县级）列入第二批县级非物质文化遗产名录。

第七节　非物质文化遗产

非物质文化遗产是畲族人民世代相承、与群众生活密切相关的各种传统文化表现形式，是畲族群体历史发展的见证，是中华民族智慧与文明结晶的重要组成部分，是连接民族情感的纽带和维系民族团结的基础。

一、世界文化遗产

“样式雷”图档　“样式雷”是世人对清代 200 多年间主持皇家建筑设计的雷姓世家的誉称。雷姓世家的祖籍是江西南康府建昌县新城乡北山社上社堡，今江西永修县梅棠镇新庄畲族村。清康熙二十二年（1683 年），雷发达被招募参加宫禁营建，因技术过硬，很快就被提升并承担设计工作。从雷发达起一家八代直到清末，都负责设计皇室建筑。“样式雷”的作品非常多，主要有故宫、北海、中海、南海、圆明园、万春园、颐和园、景山、天坛、清东陵、清西陵等。这其中有宫殿、园林、坛庙、陵寝，也有京城大量的衙署、王府、私宅以及御道、河堤，彩画、瓷砖、珐琅、景泰蓝等。此外，还有承德避暑山庄、杭州的行宫等著名皇家建筑。2007 年 11 月，中国《清代样式雷建筑档案》入选《世界文化遗产名录》。

“样式雷”世家及图谱

编写人员考察样式雷故里新庄畲族村

二、国家级非物质文化遗产

（一）福建省

双音传人雷美凤（右）参加中央电视台春节晚会

宁德畲族民歌　畲族民歌，被福建畲民称为“歌言”。“连罗调”崇尚假声，最有特色的是“双音”，男女歌手都必须用“假声”，后一声部与前一声部相差两或三个字时开始接唱，先唱者在结束处加长音，让后一声部跟前一声部一起结束。2006 年 5 月，畲族民歌被列入第一批国家级非物质文化遗产名录，代表性传承人为雷美凤、雷石凤、雷仙梅、雷远姐。

传承人雷国胜、钟昌尧在交流小说歌

畲族小说歌 畲族小说歌发源于福建霞浦县溪南镇白露坑村。小说歌滥觞于清代，最初是由一些能识字的畲族歌手将汉族章回小说和评话唱本改编为本民族山歌口头唱本和手抄唱本，如《白蛇传》。后来逐渐在本民族流传的英雄人物事迹的基础上结合本民族生活、语言特点创作了一些作品。如《历期歌》《钟良弼》《十贤歌》《钟景祺》《蓝佃玉》等。现存手抄本和口头小说歌有 130 部。2006 年 5 月，畲族小说歌被列入第一批国家级非物质文化遗产名录，省级代表性传承人为雷国胜、雷翰琳。

畲族医药传承人雷知文在制药

畲族医药（六神经络骨通药制作工艺） 罗源县八井村雷氏始迁人雷安居、雷安和兄弟于明成化年间（1465—1487 年）迁入吾洋，传承畲族祖上对人体生命现象的认识——“六神论”，认为身体由心、肝、肺、脾、肾、胆六脏的“六神”主理，并把武术（拳术）和“六神”结合，用青草药治疗骨科病、蛇咬虫叮、小儿疾病和其他各种疑难杂症。2008 年6 月，畲族医药（六神经络骨通药制作工艺）被列入第二批国家级非物质文化遗产名录，代表性传承人为雷桃俤、雷知文。

罗源畲族服饰 畲族服饰是“凤凰装”。1975 年罗源县畲族女性服饰被国家民族事务委员会定为全国畲族代表装，由 7 个部分组成：上衣、裙子、水巾、手巾、围身裙、脚绑、鞋 ；饰品有 6 样：凤凰冠、耳仰（耳坠）、扁扣、手镯、脚镯、戒指；少女、订婚或准备订婚姑娘、已婚的妇女的发式有所区别。妇女制作服装程序以专业裁缝匠和置衣者相互配合进行。首先置衣者应在缝纫前按统一标准把领花、围兜花绣好供裁缝匠备用，成衣后由置衣者刺绣上衣胸花、臂花和襟花、裙子图案等。剪花、绣花、刺绣等作为本民族的传统工艺传承至今，每位雷姓畲族姑娘从小就学习这些传统工艺，出嫁时都要着“凤凰装”上轿 ，同时还要随带 3～5 套畲族服饰做嫁妆。2008 年 6 月，畲族服饰被列入第二批国家级非物质文化遗产名录。

畲族服饰

畲族鞋

瑞云“四月八”歌会 福鼎硖门畲族乡瑞云村的畲族，从 600 多年前至今仍保持着本民族独有的习俗。四月初八称为歌王节。唱畲歌是“四月八”的主要内容。瑞云畲歌调属于“福鼎调”，内容丰富，形式多样，包括劳动歌、时政歌、情歌、生活歌、小说歌、仪式歌等，每个大类型中还分为若干小类型。

“四月八”有“火头旺”。畲族人对火充满着敬畏和崇拜。“四月八”的晚上，经过一天忙碌的畲族人燃起一堆篝火，青年男女围在火堆旁尽情地欢唱，谈论着关于火的故事，互相祝福，互相祈愿，祝愿年年兴旺，直到深夜。

瑞云“四月八”歌会

“四月八”还有为自己的耕牛过节的内容，也称“爱牛节”“牛歇节”。“四月八”这天，畲族人把自己的耕牛洗干净，牛角上佩红布，以显得喜庆。主人把最好的饲料喂给耕牛吃，把最好的酒拿出给耕牛喝，以犒赏它一年来的辛劳。

福鼎硖门瑞云“四月八”的“爱牛节”“火头旺”等传统节俗活动，曾被华东六省一市十余家电视台制作成电视节目播放。2011 年 5 月，瑞云“四月八”歌会被列入第三批国家级非物质文化遗产名录。

霞浦畲族婚俗　霞浦雷姓畲族婚俗有成套的仪式，包括议婚、订婚、“做表姐”“新郎酒”等。“新郎酒”又称“暖房酒”“佳期酒”“八仙酒”，由“暖房头”和“暖房脚”8 人陪伴新郎入席。席间每个程序都要唱诵歌令，且边吃边轮番与洞房内的新娘及其陪伴者盘对喜歌。水门畲族乡茶岗等处的“会八仙”，入席者有“驸马”（新郎）、“八仙”“阿乐歌”等 10 人。席间有舞蹈表演，有的再加 10 男 10 女相伴盘歌陪唱。新郎酒至“下四盘”即暂停转入“闹房”。“闹房”从“叫门”起，每个程序都要唱诵歌令，最后到“凤凰山”寻取“凤凰蛋”，找到“凤凰蛋”之后大家合唱《喜庆歌》结束“闹房”，继续上酒菜吃“下四盘”，宴罢送新郎入洞房（称“麒麟送子”），整个婚宴结束。2014 年11 月，福建畲族婚俗（霞浦）被列入第四批国家级非物质文化遗产名录，省级代表性传承人为雷其松。

畲族婚俗省级传承人雷其松

（二）浙江省

景宁畲族民歌　唱山歌是畲族人传授历史、文化、生产、生活等知识和进行文化娱乐活动的重要方式。浙江畲族民歌主要分布在浙南一带与闽东毗邻的洞宫山北麓。畲族民歌曲调按其分布和流行地域可分为丽水调、景宁调、龙泉调、文成调、平阳调、泰顺调。

景宁畲族民歌

畲族民歌的演唱有“高声”（假声）和“低声”（真声）之分，演唱形式包括独唱、对唱和重唱等。畲族民歌有叙事歌（包含神话传说歌和小说歌）、杂歌（包含爱情、劳动生活、传授知识、伦理道德、娱乐生活等内容）、仪式歌（包含婚仪歌、祭祖歌和功德歌等内容）等。2005 年 5 月，浙江景宁畲族民歌被列入浙江省第一批非物质文化遗产代表作名录。2008 年 6 月，浙江景宁畲族民歌被列入第二批国家级非物质文化遗产名录，省级传承人为雷石连。

景宁畲族“三月三”　浙江景宁是全国唯一的畲族自治县，每年“三月三”，畲族男女老少都穿上民族盛装，家家户户宰杀牲口，蒸乌米饭祭祀唐代畲族起义军首领雷万兴。夜幕降临以

景宁“三月三”歌会

后，举办山歌对唱、舞会、祭祀，集体对歌。同时举办篝火歌会，表演传统歌舞及龙灯舞、狮子舞、鱼灯舞等，并举行传统的畲族体育竞技活动。自2001年开始，景宁畲族“三月三”节庆活动逐步走上常规化。2007年6月，浙江景宁畲族“三月三”被列入第二批省级非物质文化遗产名录。2008年6月，畲族“三月三”被列入第二批国家级非物质文化遗产项目名录。2019年11月，畲族“三月三”被列入国家级非物质文化遗产代表性项目保护单位名单，传承人为雷砍仁。

国家级非物质文化遗产牌匾

丽水畲族医药（痧症疗法） 浙江畲族医药主要分布在浙江省丽水市景宁畲族自治县、莲都区等七个县（市、区）的畲族乡（镇），辐射到泰顺县、文成县。

畲医痧症疗法是畲族医药中最具特色的治疗方法之一。痧症的种类有的说有36种，还有的说有108种，多数认为有72种。痧症的治疗方法就是发痧疗法，对于病情较轻者，常采用刮痧、撮痧和搓痧等治疗方法。对于病情急重者，则采用针刺、放血、挑痧或配合畲药治疗的方法，其治疗以单味、验方或辨证组方为主，最常用的药物有山苍子、破铜钱、过路蜈蚣、三叶鬼针草、叶下白等10多种。2008年6月，浙江丽水畲族医药（痧症疗法）被列入第二批国家级非物质文化遗产名录。

泰顺畲族民歌比赛现场

泰顺畲族民歌 泰顺畲族民歌可分为传统民歌、革命山歌和新民歌三类，采用“泰顺调”演唱，在音域、音调等方面表现出其独特的个性。传统民歌具有原真性，较好传承，有长篇叙事歌、小说歌和杂歌。歌曲题材多式多样，见物唱物，见人唱人，即兴编唱。泰顺畲族民歌随畲语代代相传，在当地涌现出雷子新、雷君土、雷声泰等优秀歌手。2011年5月，浙江泰顺畲族民歌被列入第三批国家级非物质文化遗产名录。

景宁畲族迎亲

景宁畲族婚俗 畲族婚姻实行一夫一妻族内婚。旧时婚嫁方式有女嫁男、男嫁女、做两头家等形式。嫁妆是犁、耙、锄、棕衣等劳动工具和精制的竹木制品、日用家具等。畲族婚俗有多道程序：盘歌定亲，送彩礼“考赤郎”，迎亲“拦门”，刁难亲家伯。婚礼当天“新郎唱席”，新娘吃“千斤饭”。婚礼仪式有拦路（门）、举礼、喝宝塔茶、脱草鞋、借镬、杀鸡、撬蛙、对歌、对盏、留箸、留风水、行嫁、拜堂、传代、回门等环节。2007年6月，浙江景宁畲族婚俗被列入第二批省级非物质文化遗产名录。2014年11月，浙江景宁畲族婚俗被列入第四批国家级非物质文化遗产代表性项目名录扩展项目名录。

景宁畲族彩带编织技艺 畲族彩带是畲族传统的手工艺品。彩带用途广泛，称为“护身带”“定亲带”“如意带”，亦称“山哈带”，又称“花带”“字带”。彩带分线织和丝织两种，多以丝线编织为主，也用棉纱或苎麻编织。

畲族彩带，其花纹有几何形、动植物形、文字形等，主要纹样有“十三行”“水击花”“五字带”“铜钱帮”“万字花”“十二生肖”“蝴蝶花”“蜻蜓纹”“蝙蝠”“梅花”“田”“井”“日”等。畲族彩带的两边不织花纹，多以红、绿、黄、紫等色线与白线相间，根数随宽窄而定，有三双、五双、十三根、十六根、二十二根、三十二根、五十五根和双随（即双排图案）等，一般以五双和十三根较普遍。经线多则宽，经线少则窄，宽的有两寸多，窄的不足半寸。纬线基本采用白线。不论带子的宽窄，穿梭编织花纹图案皆在正中的七根线上，其余的编织平面花边。2021 年 5 月，景宁畲族彩带编织技艺被列入第五批国家级非物质文化遗产代表性项目名录。

景宁畲族妇女在织彩带

三、省级非物质文化遗产

（一）广东省

畲族招兵节仪式　广东省潮州市畲族招兵节是一个以祭祀、祈祷为主要形式的图腾崇拜和祖先崇拜相结合的民俗活动，它是畲族自古信仰基础的传承，属于氏族的宗教活动，归于道教中的“闾山”门派，是当地畲族人民世代相承的最隆重的传统节日。招兵节集凤凰山畲族文化之大成，涵盖了畲族的宗教信仰、宗谱、神话传说、语言、音乐、舞蹈、武术、服饰、饮食等诸多内容。历史上，招兵节由各畲村自主组织，有法师的村落每年举行一次，时间为除夕夜至正月初四，需请外村法师的村落，则每三至五年举行一次，于冬至前后三天请法师择日举办。整个活动历时三天，共有三十个仪式，也称道场，分为请神、奏文书、开路引、招兵、赏兵粮、坐楼台、谢神七个段落。整个过程都贯穿着畲族人民对祖先神灵庇护、驱邪除恶、消灾纳福、子孙昌盛、五谷丰登、六畜平安的美好祈求，至今，法师仍保存着完好的线装手抄本经书 24 册、文表 9 册。2007 年 6 月，潮州畲族招兵节被列入广东省第二批省级非物质文化遗产名录。

招兵节仪式

（二）福建省

宁德畲族“三月三”节俗　“三月三”民俗节又称“乌饭节”和“对歌节”。“三月三”吃乌饭是为了纪念唐代畲族英雄雷万兴，每年的“三月三”畲民都要采回乌稔叶捣烂之后熬成汤汁，用它浸泡糯米后将糯米蒸成“乌饭”食用。“三月三”畲村都要吃乌饭、办歌会、对山歌，通宵达旦。2005 年 10 月，“三月三”民俗节被列入福建省第一批省级非物质文化遗产名录。

畲族“三月三”对歌

宁德畲族奶娘催罡巫舞　奶娘催罡巫舞一直流传于闽东民间，最早可以追溯到清代。福安市穆阳镇雷太生家谱记载：自康熙五十一年（1712 年）始经八代相传，叔侄共十四人习艺，历时二百余载。奶娘催罡由“罡头”“罡尾”和 11 个罡步组成，分别是八步罡、锁链罡、失亥罡、养身罡、梳头罡、扣缠罡、洗面罡、照镜罡、礬米罡、筛米罡、钓鱼罡。2005 年10 月，宁德畲族奶娘催罡巫舞被列入福建省第一批省级非物质文化遗产名录，传承人为雷廷木。

奶娘催罡巫舞

双华畲族“二月二”歌会

福鼎双华畲族“二月二”歌会 双华畲族“二月二”歌会，又称“会亲节”，原是从福鼎佳阳畲族乡双华村分炉至浙南、闽东各地的畲族于每年二月初二回祖地相聚，举行会亲活动，后发展成包括游灯、对歌、打尺寸、“火头旺”等项目的畲族传统民俗综合文化活动。福鼎双华畲族“二月二”歌会从清初至今已延续300多年。2005年10月，福鼎双华“二月二”歌会被列入福建省第一批省级非物质文化遗产名录。

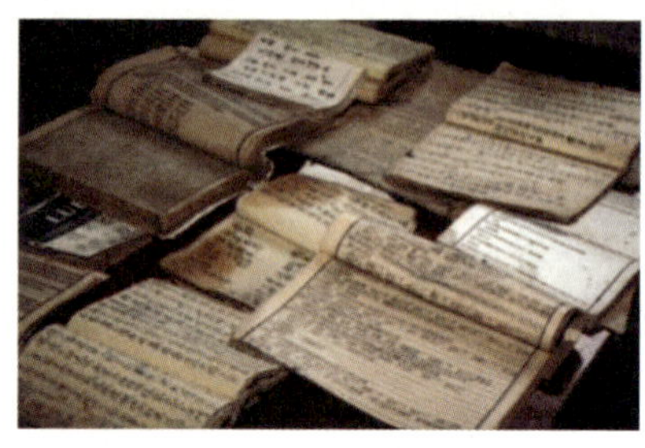
药书

南平岭炳洋畲歌 南平市延平区水南街道岭炳洋畲族山歌，歌唱时基本不使用“假声”，在高山坡上声音洪亮者唱出的歌声三五里外都能听见。山歌歌唱的形式除独唱、对唱、齐唱外，还有二声部重唱“双条落”。2005年10月，南平岭炳洋畲歌被列为福建省第一批省级非物质文化遗产名录扩展项目，代表性传承人为雷茂发。

畲族医药（福安） 畲族医药历史悠久。畲医认为，人的生命由心、肝、肺、脾、肾、胆六脏的神来主宰，通常简称为“六神”。畲医把疾病分为寒、风、气、血和杂症五大类，每类又根据症状分为72种，治疗绝大多数采用青草药，资料记载的青草药就有1000多种，应用时大都是随用随采。畲医擅长单方、验方和秘方来治疗各种疾病，如儿科风症、妇科不孕症、喉科顽疾、青草接骨等。

福建省福安市畲族医药研发中心成立合影

2010年，《福安畲医畲药》一书出版，书中收入畲族青草药334种，2000多帖单方、验方、秘方，还收集了畲医传人、畲族古书、药具等照片60多张。福安畲族医药采用单方、验方、秘方等，对以儿科、妇科、喉科、骨科为主的疾病进行治疗。2011年12月，“畲族医药（福安）”被列入福建省第四批省级非物质文化遗产名录，省级“非遗”雷姓传承人有妇科第五代传人雷伏梅等和骨科第四代传人雷寿德，福安市县级骨科第五代传人雷金全，福安市县级伤寒科第五代传人雷木仔。

罗源畲族苎布织染缝纫技艺 罗源县畲族苎布织染缝纫技艺，成品主要是苎麻布、腰带（蚕丝彩带）、彩线和花边等其他饰物。织腰带等则以自种苎麻抽成丝线做“经”，购买各种颜色的棉纱线做“纬”。畲族种植苎麻历史悠久，宋朝以来畲村几乎“家家种苎，户户织苎布”，苎麻布具有抑菌、透气、凉爽、防腐、防霉等功能。人工纺织出的苎麻布是畲族人裁缝凤凰装的主材料，苎麻收割后经过浸麻、剥麻、刮皮、漂洗、晒麻、梳麻、绩麻、绞团、成线、纺织、染布等诸多环节才能织成苎麻布。2007 年，罗源畲族苎布织染缝纫技艺被列入福建省第二批省级非物质文化遗产名录，代表性传承人为雷妹金。

畲族妇女织苎麻布

罗源八井畲家拳　罗源县松山镇八井畲家拳有龙庄、虎庄、猴庄、鹤庄、龙虎庄、七步流星、十八罗汉等十几种套路。基本动作多模仿飞禽走兽，并与畲医畲药融为一体，对跌打损伤、血脉堵阻有很好的疗效。2007 年，罗源八井畲家拳被列入福建省第二批省级非物质文化遗产名录，代表性传承人为八井村村民雷明德。

罗源八井畲家拳

畲族山歌　畲族山歌有独唱、对唱、齐唱等形式，无伴奏。主要场面是畲民男女对唱，主唱方一般为主人，客人为应唱方。在词曲结构方面，歌调有宫、商、角、徵、羽 5 种调式，其中商调式分布最广。讲究畲语押韵，即兴编唱，有的歌手对唱一夜而不重复。唱时用夹有“哩、罗、啊、依、勒”等音的“假声”，平时学歌时不夹假音唱叫“平唱”。逢年过节、探亲访友时，畲族雷、蓝、钟诸姓之间或同姓两地之间的男女比赛式对唱。2007 年，畲族山歌被列入福建省第二批省级非物质文化遗产名录。

畲族山歌对唱

畲族武术盘柴槌　畲族武术源于潮州凤凰山。盘柴槌又叫盘柴糙，为先人雷乌龙首创，后经各代武术宗师的传承、发扬，并与其他武术门派相互研习、交流，经过创新等形成盘柴槌。柴槌分为长棍和短棍，长棍又叫丈八棍，长一丈二尺，由单人耍弄，共有 10 个招式，棍头一端加有铁制的棱尖用于对付野兽。进入农业时代后长棍长度仍保留，而且在长棍套路中仍然保留有对付猎物的冲刺动作。短棍又叫梅花棍、齐眉棍，长六尺，两人对打，也可以一人单打，招式多样。盘柴槌棍术动作有双头挺、三步跳、四步半、七步、九步、猴子翻身等。2009 年5 月，畲族武术盘柴槌被列入福建省第三批省级非物质文化遗产名录。

畲族武术盘柴槌

闽东畲族乌饭制作技艺（蕉城、霞浦）　闽东畲族人民制作乌饭是为了纪念畲族英雄雷万兴。每年“三月三”做乌饭过节成俗，已有 1300 多年历史。制作乌饭时，将采到的乌稔树叶放到石臼中捣碎，放在水里浸泡。之后去渣留汁，将糯米倒入汁液里浸泡数小时后沥干，放进蒸笼蒸熟。乌饭黑、亮、晶、香，具有补肾、益气、乌发养颜、健脾开胃、清热去火、解毒、消除疲劳等功效。2011 年 12 月，闽东畲族乌饭制作技艺（蕉城、霞浦）被列入福建省第四批省级非物质文化遗产名录，雷元梅为传承人之一。

乌饭制作第一道工序——采乌稔叶

畲族武术（福安金斗洋畲族拳）　金斗洋畲族武术发源于清朝，至今已有三百多年的历史。在祖传武功的基础上，融合了南少林武术的精华，形成了集长拳短打和棍术于一体

金斗洋畲族拳

的独具风格的畲族拳。福安金斗洋畲族拳，步稳势烈，发力短猛，手法多变，防守严密。指法、拳法为主要进攻方式，形威、力猛、手狠、马实为攻守布局，练功要求一疾、二硬、三力，被誉为“三绝”，既可以防身自卫、强身健体、竞技比赛，又能修身养性、陶冶情操。2016 年 8 月，金斗洋畲族拳参加第五届全国少数民族文艺会演开幕式。2009 年 5 月，福安金斗洋畲族拳被列入第三批省级非物质文化遗产扩展项目，2017 年 1 月，畲族武术（福安金斗洋畲族拳）被列入福建省第二批省级非物质文化遗产代表性项目名录扩展项目名录，宁德市级传承人为雷盛荣、雷康莲等，福安市级传承人为雷梅娇、雷卫平、雷友平。

（三）浙江省

景宁祭祀

景宁畲族祭祀仪式 景宁县畲族民众创造和继承了一系列传统祭祀仪式，如做功德、传师学师等活动。做功德是畲族成年人死后，家属为“超度亡灵”而举行的传统祭祀仪式。传师学师又称做阳、做聚头、寿禄、祭祖等，由法师主持仪式，通常要持续三昼夜，表达了畲族人民崇敬祖先、祈福消灾的愿望。畲族祭祀仪式——畲族传师学师与做功德在浙江景宁畲族聚居区代代相传，并渐渐形成相对独有的文化品格和人生礼俗形式。2005 年 5 月，景宁畲族祭祀仪式被列入第一批省级非物质文化遗产名录，传承人为雷梁庆。

景宁问凳

景宁问凳 问凳是早期浙江畲族民间流传的宗教祭祀活动，后逐渐演变为畲族民间体育活动。远古时代常以“问凳”方式祈求神灵保佑，以期消灾保安宁。问凳是在一个高 1.2 米的三脚架上，横套一根长 4 米许，直径为 10cm 的钢管，钢管两头分别焊着高 30cm、40cm 的铁板（30cm 为靠背，40cm 为握手），中间焊接一块宽约 20cm 的铁板做座位，是一种形似跷跷板的体育用具，两端各坐一人，上下翘动，同时左右旋转，边问边答，告知除病消灾的方法。1987 年开始，将“问凳”改名为“稳凳”，稳凳活动形式是由 2～4 人在转翘的器械上做各种身体练习、竞赛或表演。主要动作包括抓、摆、蹬、摇、翻、挺、屈、仰、投、抛等，成为流传于浙江一带畲族民间的一项传统体育项目。竞赛或表演的形式主要有两种：一是“稳凳”套圈，二是“稳凳”插旗。

浙江省曾以稳凳项目作为代表项目参加第四、五、六、七届全国少数民族传统体育运动会和全国第三届农民运动会，均获表演赛金奖。2006 年，浙江景宁问凳（稳凳）被丽水市列入第一批市级非物质文化遗产名录，2007 年 6 月，景宁问凳被列入浙江省第二批省级非物质文化遗产名录。

丽水畲族医药 畲医药是畲民为生存繁衍、生产生活而在与特殊的地理环境作斗争中发展起来的一门医学。畲医有三大理论：一是痧积理论，畲医认为人体的许多疾病都是由于痧积而成。痧积病分为风积、寒积、痧积、食积、木积、土积、水积、火积、金积、气积、血积、痰积等。临床中的诸如冠心病、脑梗死、三高症、脂肪肝、肿瘤等都因痧积而成。二是“六神”学说，“六神”由心神、肝神、肺神、脾神、肾神、胆神组成。三是痧症理论，畲医认为痧症的病因主要为“痧气”，并形成“痧气”致病学说。痧症病种涵盖内、外、妇、儿、五官、皮肤、骨伤等科。

畲医对疾病有独特的名称。浙江省丽水市畲族医药研究院院长雷后兴长期研究畲医药，主持完成省市重大和重点科研课题研究 13 项，科研成果获省（部）级科学技术奖 5 项，地（厅）级科学技术奖 12 项。获国家发明类专利 2 项。主编《中国畲族医药学》和《中国畲药学》等 4 部，副主编《整合畲药学研究》等 5 部。该院研究团队对 2001 年至 2006 年间调查收集到的 776 种原始病名进行分析，最后归并为 450 个病名。2006 年，浙江丽水畲族医药被丽水市列入第一批市级非物质文化遗产名录；2007 年 6 月，丽水畲族医药被列入浙江省第二批省级非物质文化遗产名录，传承人为雷建光。

畲族医药“非遗”证书

浙江省中医药研究院畲医药研究所成立挂牌仪式

松阳畲族叙事歌　畲族民歌是畲族人民的口头文学，按内容可分为叙事歌、小说歌、传统山歌和现代山歌四种类型。畲族歌唱形式有独唱、对唱、齐唱等，大部分是即兴演唱。浙江松阳畲族叙事歌主要流传于松阳县板桥畲族乡、象溪镇、裕溪乡与赤寿的上坞源、古市镇的新安寮、大东坝镇的马蹄湾等地。2007 年 6 月，松阳畲族叙事歌被列入浙江省第二批省级非物质文化遗产名录。

建德畲族民歌　畲民善对山歌，以歌代言，以歌传情，以歌会友，以歌为媒，以歌相贺。畲歌在调式上具有鲜明的个性特征。其曲调可用以演唱不同的内容，按表现的题材和演唱的场合分为小说歌、叙事杂歌、习俗歌、劳动歌、山歌小调、儿歌、字歌、谜歌、小令、散条等。2007 年 6 月，建德畲族民歌被列入浙江省第二批省级非物质文化遗产名录，传承人为雷炳虎。

武义畲族“三月三”　武义畲族于明崇祯十二年（1639 年）迁入，分布于武义县 18 个乡镇街道。居住在武义的畲族人每年三月三会聚集在一起，以独特的形式集会对歌庆祝“三月三”。2007 年 6 月，武义畲族“三月三”被列入浙江省第二批省级非物质文化遗产名录。

景宁畲语　畲族只有语言没有文字，畲语在全国各地畲族地区通用。畲语语音声母单纯，韵母发达，声调复杂，变调现象较普遍，音节多。其词汇分虚、实两大类共 11 种，实词尤为丰富。构词特点：多单音词，多转借和引申词，多偏正倒置词，保留不少古汉语词汇和词素。其语法特点是以特定的语序、虚词和语感来表情达意，具有民族性、稳固性和一致性。畲语中有一些带有传统性和稳固性的隐语，起助趣、避讳、盘问作用。2008 年，浙江景宁畲语被丽水市列入第二批市级非物质文化遗产名录。2009 年 6 月，景宁畲语被列入浙江省第三批省级非物质文化遗产名录，省级传承人为雷石才。

景宁赶野猪　赶野猪是景宁县畲族人在长期的劳动实践和与生存环境作斗争的过程中创造并流传下来的一项少数民族的传统体育竞技项目。

畲族先民绝大部分生活在大山中，大山里的野猪对农作物破坏力最大，为保护劳动果实，畲族人组织驱赶野猪成了一项重要活动。为了提高成效，畲族人平时就会训练赶野猪的方法与

赶野猪

技巧，以竹子编成圆球当野猪，用木棍当土铳，分为两队，争相追打“野猪”，经过发展，逐步演变成了畲族传统的体育竞技项目。通过竞技来有效提高速度、耐力、灵敏程度和增强团结互助的协作精神。2009年6月，景宁畲族赶野猪被列入浙江省第三批省级非物质文化遗产名录。

成年组操石磉

景宁操石磉 操石磉是景宁畲族传统体育竞技项目之一。操石磉即用脚踩石块（石磉）进行竞赛，所用石块大多扁圆、底面光滑，大的可达数百斤，小的则几斤、几十斤不等，依人力大小而定，一般在村、街的石道上进行。少年组多为两人一组，由一人在另一人背后挽其背、胸，让其双脚稳踩石磉，斜挺腰杆，然后合力推动石磉前进；青壮年组为三四人一组，其中一人“健杆”，另两或三人抬杠子平胯，让“健杆”仰面斜挺，双脚踩石，伸腿挺腰，把稳方向，将百斤或数百斤重的石磉快速向前推进。快速向前的叫“炒豆”，慢慢悠的叫“熬油”。两组相向而动、让石磉猛烈碰撞的叫“对磉”，“对磉”时如果被挤至街道一边就为输。1996年9月，操石磉被推荐为全国第三届少数民族运动会表演项目。2006年，景宁操石磉被丽水市列入第一批市级非物质文化遗产名录。2009年6月，景宁畲族操石磉被列入浙江省第三批省级非物质文化遗产名录。

景宁畲族服饰 景宁畲族服饰主要有头饰、花边衫、彩带、花鞋四种。

景宁畲族男女装

头饰：畲族妇女后脑盘发髻，头顶置银缩包的竹筒，再包以红布，筒前饰银片，前额顶挂三块银牌，称“髻须”，头顶披有一块约一寸宽的红色绒布，还盘绕三串白色珍珠，再插一根银簪，簪以外顶部挂红色丝绒五至七束，平时劳动中包头以代替凤冠。

花边衫：男子服饰大都是一种大襟无领的麻布短衣，结婚时男子头戴红顶黑缎宫帽，通体黑色，宽沿外敞，冠顶突起，饰有红缨，尖顶有一铜珠，身穿青色长衫，有的衣襟边有五个铜扣，裾长过膝。妇女的上衣为右衽在襟式，尚青、蓝两色，襟角为斜角，前后裾等长，领上有一布扣或银扣，襟角下有系带，衣衫袖口及两侧衣衩内缘绲边为蓝色，系带也是蓝色，图案花纹有几道红色平行线或有花卉及其他纹饰，纹饰主要有牡丹、梅花、莲花、菊花和凤鸟、喜鹊以及龙、鹿、兔等，颜色以深红为主。

彩带：畲族妇女系在围裙做腰带或做斗笠带子的编织的花腰带，两边不织花纹。经线以红、绿、黄、蓝、黑等色与白色纬线相间，若中间织花纹部分，则以经线提棕挑压织出文字花鸟。中间经线一般有五双或十三根，宽者有23根、33根、55根，双随（即双排纹样）等。用作拦腰围裙的彩带常用七根经线，捆扎衣物或做包袱的彩带常用十三根，青年男女定情、定亲用的彩带也多用十三根，经线多则宽，经线少则窄。最窄的彩带宽度不到1.5厘米，一般的彩带宽度为2.5～6厘米。彩带按纹样区分有图案带、符号带、字带等三类。

花鞋：一般是结婚时穿，鞋底为布底、藏青色布，其前端有二撮彩色璎珞，有平头、尖头两种，鞋面绣各种花纹图案。2006年，浙江景宁畲族服饰被丽水市列入第一批市级非物质文化遗产名录，2009 年 6 月，景宁畲族服饰被列为第三批省级非物质文化遗产保护项目。

抢猪节热闹非凡

景宁抢猪节　抢猪节是浙江省景宁县大漈乡畲族特有的传统节目。抢猪节在每年秋收后举行，由迎神与抢猪两部分构成。主要内容包括迎神、演戏、杀猪、庆丰收等系列活动，整个抢猪节持续七日。2008 年，景宁县抢猪节被丽水市列入第二批市级非物质文化遗产名录。2009 年 6 月，景宁抢猪节被列入浙江省第三批省级非物质文化遗产名录。

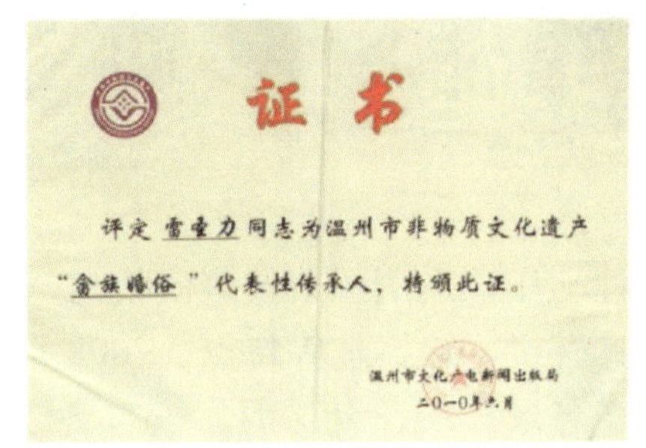
证书

评定 雷圣力 同志为温州市非物质文化遗产“畲族婚俗”代表性传承人，特颁此证。

温州市文化广电新闻出版局
二〇一〇年六月

泰顺畲族婚俗传承人证书

泰顺畲族婚俗　泰顺传统畲族婚俗实行一夫一妻制，同姓不婚。传统畲民婚姻或以歌为媒，对歌择偶，或由“父母之命，媒妁之言”。婚前以歌定情、以歌会亲、以歌完婚。传统畲族婚俗，除嫁女形式外，还有男嫁女方的婚俗，入赘到未婚女子家的叫“招女婿”，入赘到寡妇家的叫“上门”。2008 年，浙江泰顺畲族婚俗被温州市列入第二批市级非物质文化遗产名录，2009 年 6 月，泰顺畲族婚俗被列入浙江省第三批省级非物质文化遗产名录，省级传承人为雷圣利。

龙游畲族婚俗　畲族实行一夫一妻制，同姓不婚。婚前以歌定情，娶亲时，男方由媒人带领迎亲队伍，于婚礼开始两天前去女方家迎娶，饮女方家举办的出嫁酒。就餐时需唱席，餐桌上不陈一物，由新郎以歌指名，司厨以歌相和，所唱之物应声而出，席毕新郎还需把餐桌上的物件以歌唱回。双方歌手对歌互唱互答，次日，女方家要向祖宗报告婚事，请求祖宗保佑。第三天是正式婚礼，新娘要在天亮前赶到夫家。传统畲族婚俗，还有男嫁女方的婚俗。叫“做两头家”。2009 年 6 月，龙游畲族婚俗被列入浙江省第三批省级非物质文化遗产名录。

云和畲族民歌　云和畲族民歌题材涵盖历史人文、时政世态、生产生活、婚恋情思、祭祀敬神、伦理道德等领域，形成叙事歌、民间知识歌、风俗歌（生活类、生产类、仪式类）、时政歌四大类。代表作《长毛歌》记录太平天国攻克云和的历史事件，是以民族语言创作的文学作品，又是以山歌为基石的民族音乐作品。现手抄文本收藏于浙江省博物馆，为国家一级文物。据统计，散布在云和民间的民歌手抄本有数百册，各类民歌 3000 多首。1964 年畲族姑娘雷凤珠将民歌《幸福路》唱到了北京人民大会堂。云和畲族民歌曲调分上路音（角调式）、下路音（商调式）。民歌歌词创作保留了传统民歌词曲结构短小规整、节奏明快、注重押韵等特点，同时采用直叙、倒叙及夸张、比喻等修辞方法。2009 年 6 月，云和畲族民歌被列入浙江省第三批省级非物质文化遗产名录。

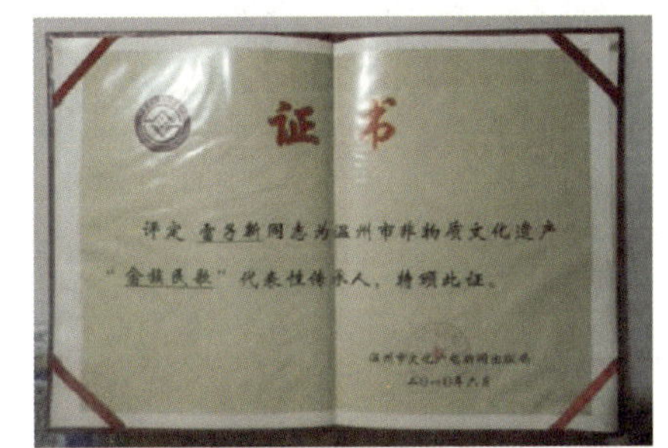
证书

评定 雷子新同志为温州市非物质文化遗产“畲族民歌”代表性传承人，特颁此证。

二〇一〇年六月

泰顺畲族民歌传承人证书

泰顺畲族民歌　畲族民歌自明万历三年（1575 年）起就在泰顺落地生根。一般以四言、七言体韵文为一条，四句为一首，也有少数歌词第一句为三个字或五个字，讲究押韵，第三句末字须仄声。形式有独唱、对唱、齐唱，种类有叙事歌、风俗歌、劳动歌、时令歌、小说歌、革命歌、儿歌、杂歌等。畲族民歌按首数多少可分为短歌和长连歌，独立一首为短歌，平时多唱短歌；几首、几十首甚至上百首为一个整体内容的民歌称长连歌。2009 年 6 月，泰顺畲族民歌被列入浙江省第三批省级非物质文化遗产名录，代表性省级传承人为雷子新。

平阳畲族民歌　平阳畲族民歌主要有生活歌、劳动歌、革命歌、礼仪歌等。生活歌有《苦情歌》《劝娘歌》《戒赌歌》《劝世歌》等。劳动歌有《种田歌》《种棉歌》《砍柴歌》《采茶歌》等。革命歌有《十送郎》《红军歌》等。在成亲、闹洞房、劝酒、拜公婆、祭酒、送神、建房、留客、敬茶时，有许多反映生活习俗的礼仪歌，还有谜语歌等。2012 年 6 月，平阳畲族民歌被列入浙江省第四批省级非物质文化遗产名录。

安吉畲族貔貅舞

安吉畲族貔貅舞 畲族貔貅舞是流传在安吉报福镇中张畲族村一带的传统舞蹈。貔貅是古代五大瑞兽之一，享有“招财神兽”之美称。畲民模仿其形状制作皮具，并按貔貅生活习性编舞，祈求驱邪纳福。在每年的正月初一至十五，“貔貅”都会作为一种吉祥物到家家户户拜年。

貔貅舞的表演动作粗犷奔放，采用锣鼓击乐现场伴奏。分为开四门、汉钗、隔钗、抛钗、插花、滚钗等多种套路。有出场、扑食、翻滚、搔痒、过山、过桥、上小山丘等各种动作，运用了杂技表演技巧，通过人体相叠、高空舞耍，集轻、柔、缓、急、强、劲于一体，具有奇、险、趣等特点。2008 年 11 月，安吉畲族貔貅舞被湖州市列入第二批市级非物质文化遗产名录。2012 年 6 月，安吉畲族貔貅舞被列入浙江省第四批省级非物质文化遗产名录。

桐庐畲乡红曲酒酿制技艺 浙江省桐庐莪山畲族乡每年春节来临前家家户户酿制红曲酒。红曲酒的制作原料是糯米和酒曲，酿制过程就是将糯米蒸熟之后用特殊的酒曲搅拌、发酵的过程。畲族红曲酒已有 2000 多年历史。畲族人将一种长在小竹上的野生菌加到酒曲中，产生胭脂般的喜庆颜色，这一习俗传承至今，凡逢喜事节庆，畲族家家户户都要酿上几缸红曲酒。莪山畲族把十月二十称为酒的生日，每家都会在这天酿红曲酒。2012 年 6 月，桐庐莪山畲族乡红曲酒酿制技艺被列入浙江省第四批省级非物质文化遗产名录。

泰顺畲族“三月三” 史料记载，明清时期有 43 支畲族人迁入泰顺，繁衍至今已有 380 年。这里的畲族“三月三”用最原生态的方式演唱红歌、叙事歌、情歌等；体验民族体育项目摇锅、赶野猪、龙接凤、采柿子、高脚竞速；举办乌饭宴；开展畲族婚嫁习俗表演、展示民俗特色；展销畲族手工艺品、畲族服饰、畲乡美食；展示畲家舞龙、编织彩带、打棕衣、编草鞋、打糍粑等“非遗”项目；举办篝火晚会，跳竹竿舞、打枪担等。2010 年，浙江泰顺畲族“三月三”被温州市列入第四批市级非物质文化遗产名录；2012 年 6 月，泰顺畲族“三月三”被列入浙江省第四批省级非物质文化遗产名录。

苍南畲族服饰（畲族刺绣） 畲族刺绣内容丰富，多用于帐额、枕套、围腰、领、袖口、裙边、鞋面、童帽、肚兜、围涎等衣着用品。结构有单独纹样、连续纹样、角隅纹样等。品种有自然纹、植物纹和几何纹等种种变化的图案花纹。在色彩方面，用色多红、黄、绿、蓝、黑等属原色类和二次色类。畲族花带有“七根”花、“十三根”花。长短不一，宽窄不一，彩色也不一，可织多种花纹图案。浙江苍南畲族刺绣被列入苍南县第一批和温州市第一批非物质文化遗产名录扩展项目名录，2012 年 6 月，苍南畲族服饰（畲族刺绣）被列入浙江省第四批省级非物质文化遗产名录。

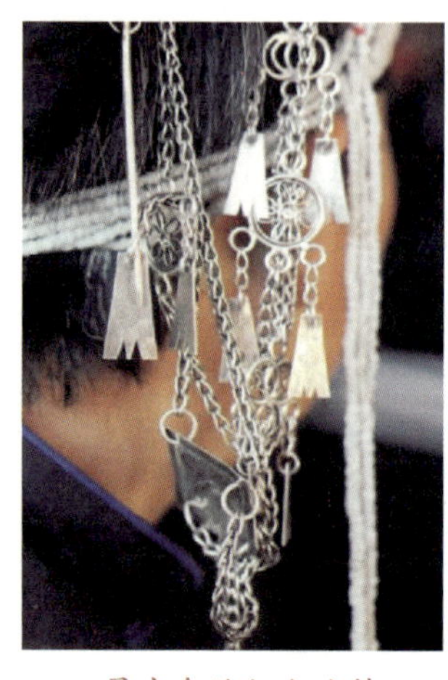
景宁畲族妇女头饰

景宁畲族银饰制作技艺 畲族银器主要是银茶杯、银茶盘、银茶匙、银筷、银壶等实用器皿与饰品。饰品主要用于妇女的装饰，分为头饰、面饰、颈饰、胸饰、脚饰、手饰等。畲族银饰制作过程有 30 多道工序，全部由手工完成，主要包括操、凿、起、解、披 5 大技法和平雕、浮雕、圆雕、镂空雕 4 种工艺。2016 年 12 月，景宁畲族银饰制作技艺被列入浙江省第五批省级非物质文化遗产代表性项目名录。

（四）江西省

铅山畲族民歌 江西铅山畲族于明清时期从福建迁来。畲族民歌按题材内容大致可分为叙事歌、杂歌、仪式歌。叙事歌有史诗。杂歌有《娇恋》《崇安歌》《锁歌》《灯歌·采茶》《小调》。仪式歌有婚仪歌、功德歌、丧歌、宗教歌等8个歌种21首传统民歌。有借用汉字记畲语音法手抄歌本，传统的民歌主要保存在老人的记忆中。江西省铅山畲族传统民歌被列入江西省上饶市第三批市级非物质文化遗产名录；2010年6月，铅山畲族民歌被列入江西省第三批省级非物质文化遗产名录。

崇义竹洞畲族山歌 崇义县聂都乡竹洞畲族山歌基本是四句七字体，第一、二句押韵，第三、四句相对随意。形式以独唱或对唱、内容以表现劳动与爱情生活为主。传统曲调口口相传，音调高扬，声音绵长响亮，唱时即兴发挥，脱口而出，唱腔丰富多彩，节奏自由。2010年6月，赣州崇义竹洞畲族山歌被列入江西省第三批省级非物质文化遗产名录。

马灯舞

贵溪畲族马灯舞 贵溪畲族马灯舞是畲族群众谢祖祭祖、新春闹春、庆贺丰年、喜迎贵客时表演的一种民间舞蹈，亦称灯舞，自元末传至今日。马灯舞以杉木、毛竹、彩纸制成的马灯为主要道具。一个马灯队二十多人，由表演、伴奏、勤杂三部分人员组成。表演时用锣、鼓、钹等器乐打击作开场白，然后伴唱，表演者十四至十七人：分四至八匹马，蝴蝶一只（为领头灯），鲤鱼、鸬鹚灯各两个，排灯三个，花钵（也称花旦）两名，花鼓公（男青年）一名，在音乐的伴奏下各种彩灯以跳为主。跳舞时，马灯、蝴蝶灯、鸬鹚灯、鲤鱼灯不唱专跳。花钵、花鼓公穿插其中，以唱为主。马灯舞表演动作始终保持小摇小摆式，舞蹈动作悠荡，手臂和双脚兼顾。舞步分成三种，即“便步”“碎步”“跑步”，简称“穿灯花”。整个舞蹈先后有五种“阵式”，跳马灯有二十四字要诀，即“圈子要圆、脚步要尖、眼睛要活、方位要准、步步逼近，脱节则乱”，歌乐声配合着灵活多变的跳灯动作，把马灯舞推向高潮；马灯舞表演时间为30分钟左右，具体的由在室内还是室外而定。2010年6月，贵溪畲族马灯舞被列入江西省第三批省级非物质文化遗产名录。

资溪畲族祭祀仪式 每年三月初三为资溪畲族最隆重的祭祀日。祭礼由族长或本族名望最高的法师主持。祭祀活动有9个步骤：请神、调兵、练兵、造城墙、起火、开雪门、破火坑、踩火、送神。2010年6月，资溪畲族祭祀仪式被列入江西省第三批省级非物质文化遗产名录。

资溪畲族山歌 资溪畲族山歌，歌种有叙事歌、风俗歌、劳动歌、情歌、生活歌、杂歌等，形式有独唱、对唱和齐唱。山歌的基本格律一般和汉族七言绝句一样，以四行（句）、七言体式韵文为一条，四句为一首。也有变格第一句为“三字头”“五字头”或将两个三字短句合成为“六字头”。有几十句歌词内容连贯在一起，陈述同一主题的叫作“连”，百句以上连接成的称“长连”歌。歌词押韵有严格要求，其规律为一、二、四句尾声字同韵，而且定要押畲语的平声，第三句末字要用仄声。2013年8月，资溪畲族山歌被列入江西省第四批省级非物质文化遗产名录。

永丰畲族山歌 永丰畲族山歌形式多样，有摘木梓山歌、采茶山歌、砍柴山歌、莳禾山歌、耘禾山歌、割禾山歌等。演唱形式有独唱、对唱、合唱，有时还有帮唱、和唱。其音调高亢嘹亮，音域宽广，节奏自由而富有变化，旋律跳动较大。歌词来源于人民生活中的口头语言，便于口头传唱。2013年8月，永丰畲族山歌被列入江西省第四批省级非物质文化遗产名录。

贵溪畲族上刀山 贵溪畲族上刀山是畲族古老的地方舞种，起源于明正德年间（1506—1521年），至今有几百年的表演历史。以边表演边舞蹈的形式上刀山、下刀山和拔刀。上刀山舞技授规森严，概不外传。上刀山之前有请神祈福表演，是畲族人祈求驱邪纳福、保一方平安的一种祭祖仪式。2013 年 8 月，贵溪畲族上刀山被列入江西省第四批省级非物质文化遗产名录。

摆字龙

会昌畲族摆字龙 畲族摆字龙是一种传统舞蹈，通过游、盘、翻、腾、穿、缠、戏等舞龙技巧动作，摆弄变化出“天下太平”“人财两盛”“添丁添财”等十多种字样。会昌畲族“摆字龙灯”由 7 节或 13 节龙身（又称龙节）组成，配以龙珠、龙头、龙尾等，由红色花绸缎包裹。每节龙身长 1.0 米，直径约 0.5 米，在每节龙身的中间固定有一个把手，龙身外罩绘有龙鳞和龙爪的龙衣，颜色以红、黄为主，每节龙用红色花绸缎连接起来，形成一条鲜活的彩龙。2017 年11 月，赣州会昌畲族摆字龙被列入江西省第五批省级非物质文化遗产名录。

（五）安徽省

传承人雷金花

云梯畲族民歌 云梯畲族民歌有独唱、对唱、齐唱等。歌曲内容主要有历史歌、故事歌、劳动歌、婚俗歌、情歌、生活歌、解放歌等。节奏应歌词内容和所处的演唱氛围而定，云梯畲族民歌旋律起伏较大，一般六度、五度大跳，畲族原生态民歌发声方法多用“假音”。2010 年 7 月，云梯畲族民歌被列入安徽省第三批省级非物质文化遗产保护名录。

宁国畲族婚嫁习俗 宁国畲族只与族内蓝、雷、钟三姓婚，同姓不婚。婚嫁主要程序有定亲、择喜日、迎亲等。婚俗仪式有拦赤郎（杉刺拦路）。伴娘和伴郎被称作“赤娘”和“赤郎”。婚期前日，“对门赤郎”一人、“赤郎”若干人、媒人等，总人数要为双数，组成迎亲队伍，挑着礼担去迎亲。2010 年 7 月，云梯畲族婚嫁习俗被列入安徽省第三批省级非物质文化遗产名录，传承人为雷金花。

四、市级非物质文化遗产

证 书

认定雷 楠为潮州市市级非物质文化遗产代表性项目潮州畲歌的代表性传承人。

潮州畲族民歌传承人证书

潮州畲族民歌 据史书记载，潮州本多畲民，所有歌词流传后世甚多，潮州的音乐文化均已融合了畲歌的内容、格律、音韵、形式，数千年来，在粤东一带，畲歌家喻户晓。现有收集整理的数百首（四句一首）原生态畲歌，按体裁可归纳为五大类：历史传说歌、劝世歌、情歌、劳动歌、杂歌。若照其词意，可分为历史传说、神话传说、生产劳动、情歌、对歌、劝世、神曲、礼俗、诉苦、常识、儿歌、拆字、咏物、谜歌、杂歌等 15 个条目。

潮州畲族民歌，是原汁原味的原生态畲歌。其歌唱场合以室内或既定歌场为主。方式是以异性之个别对唱为主，故称“逗畲歌”。其唱法以平讲式为主，俗称“哼”，清唱，无伴乐，故称“谣”，畲语读 [kō]，潮州话读 [guā]，其声音轻柔、委婉、平和、甜美，多级进，没有固定的格式曲调，随意性强。其歌词结构与古《乐记》《诗经》关联。畲族民歌有 5 个形态：天然性形态，宣叙性形态，平讲性形态，三声性形态，古朴性形态。潮州畲族民歌 2016 年被列入潮安区第三批非物质文化遗产项目，2017 年 5 月，广东省潮州畲族民歌被潮州市列为第七批市级非物质文化遗产代表性项目。

永安青水“打黑狮” 永安青水“打黑狮”已有千年历史，又称武狮、武戏，民间称“征狮”和“降狮”。打黑狮队伍一般由20～50人组成，有大狮、小狮、单狮、双狮和多狮表演。每头黑狮由三人装扮而成，参加“打黑狮”的每个人都有明显的标志：一是头巾上装饰避邪镜；二是头饰有火球，胸前有火焰装饰，表示英勇威武；三是头顶上有三角形红底金色装饰；四是手持乾坤圈金镯和宝绣球。“打黑狮”以村庄为单位进行表演，有十八套路。“打黑狮”作为畲族特有的传统民族文化体育项目，集畲族音乐、舞蹈、武术、艺术于一体，是畲族传统文化的代表性作品。2007年，永安青水“打黑狮”被列入三明市第一批市级非物质文化遗产名录。

永安青水“打黑狮”

畲族登十三云楼 畲族“登十三云楼”又称“起十三洪楼”。“云楼”即高楼，故又称“十三洪楼”。主要分布于宁德市蕉城区、福安市、霞浦县畲族聚居地。它起源于上古宗教及巫术，是原始宗教简陋祭俗的遗存，保存并传承了闾山派民间道教斋醮仪式。“登十三云楼”立坛方式，属“除地为坛”，采用了以桌案相重叠的坛仪，突出了“以桌为坛”的因地制宜的特点。畲族“登十三云楼”在宁德传于金涵雷氏一支。《雷氏宗谱》记载，明代大学士雷叶之孙雷法传，居蕉城八都猴盾，号称“闾山法师”，其三十一世法调，生于清嘉庆年间（1796—1820年），居下赤，精通堪舆、选择之术，擅“上刀山、下火海”“登十三云楼”诸术。三十四世法淇，生于清光绪四年（1878年），多次主持宁德、福安、霞浦、罗源诸县祈雨仪式及大型宫观斋醮科仪。法淇传子法涨，法涨传侄法验（雷官银，即今传承人），法验传子法鹫（雷彭斌），先后约500年，共26代。2011年1月，畲族登十三云楼被列入宁德市第三批市级非物质文化遗产名录，代表性传承人为雷官银、雷彭斌。

畲族登十三云楼

蕉城畲族下申厝拳术与棍术 宁德市蕉城区畲族拳术与棍术在金涵畲族乡传承至今已经有160多年。下申厝拳术以龙拳、虎拳为主，结合猴拳，还融合了小部分鹤形拳的招式。总体内容可分为拳术的个体套路及对练的技术内容，10多个动作，整套动作是手、眼、身、法、步、精、神、气、力、功全面协调的运动，由单式组合成连式动作，形成整式套路。徒手对打时有6种拳法技术：压技、撬技、转技、缠技、脱技、顺技。拳术主要动作名称：拳、挑、开、擒、拿、鞭、笃、点、盖、压、扣、架、剪、劈、插、挡、撩等。手型：拳、掌、爪、钩、指。步型：平马步、三七马步、四平马步、战马步、弓箭马步、虚步、牵马步、独立步、歇步、假跌步等。活动动作：跳、跃、腾、挪、摔、跌等。腿功：踢、踹、扫、钩、拨、剪等。下申厝拳术必须掌握一震、二弹、三扫、四背、五脱、六拨、七剪、八防、九攻。以上九大基本要素动作多合成不同结构的技术套路，变化无穷，灵活多样。畲族武术中的棍术属南派棍法，是少林南棍的分支。器械分棍与枪担、狼筅（xiǎn）、扁担、长凳等多种。所用的棍棒为双头棍，为了更具杀伤力，两头用金属包裹，两头都可用，以增强击打能力，以此有别于单头棍。畲族棍术里的七尺齐眉杖，主要动作有翻转、劈、盖、戳、拨、挂、跳、架等。畲族的掌棍术在族中仍属秘传。2013年1月，蕉城畲族下申厝拳术与棍术被列入宁德市市级非物质文化遗产代表性项目名录扩展项目名录，代表性传承人为雷勇昌。

蕉城畲族下申厝棍术

畲医治病的青草药

蕉城、霞浦畲族医药 宁德市蕉城区、霞浦县畲医药以“六神”学说痧证理论、疳积理论、伤证论治以及独特的疾病分类方法为特色，擅长外治、痧症、正骨、食物、心理等疗法。畲医治病多用青草药，因此又称“青草医”。据资料记载，常用畲药有300多种，多数是随用随采的原生药。畲族医药多系祖传技艺，自成体系，多数是凭记忆口传心授，根据实践经验传艺。畲医分科按各自擅长可分为内（伤寒）、外（包括疔疖痈、瘰疬、痔疮和蛇、蝎、蜈蚣咬伤等）、妇、儿、喉、眼、骨伤、针灸、按摩、气功等科。畲医医疗器械极为简单，有的仅为一根银针（三棱针），又如喉科排脓手术吹药使用的特制铜管、刮背用的牛肋骨或竹刮刀、治疝气用的特别护疝袋、治骨折用的特制竹夹条等。2013年1月，福建畲族医药（蕉城、霞浦）被宁德市政府列入市级非物质文化遗产名录扩展项目名录，代表性传承人为雷华荣等。

霞浦畲族白鹤拳 霞浦畲族白鹤拳，始于畲族青年雷师公。清咸丰年间（1851—1861年），下浒四斗、半月里畲族村村民开始习武，为畲族白鹤拳的发展奠定了基础。霞浦县畲族白鹤拳经过数百年的传承、研习、提炼，已成为一门独特的民间武术。畲族白鹤拳以北门外玄坛宫白鹤拳为基础，在形式上有所改变。原有一套拳谱有十个招式，现保存七个招式：第一招白鹤起步，第二招白鹤找食，第三招白鹤出洞，第四招白鹤起腿，第五招白鹤展翅，第六招白鹤饮水，第七招白鹤回巢。畲族白鹤拳讲究气沉丹田，练丹田功，以气补劲。技击时要求内外合一，借助明暗二劲，在身法上要求头顶、项稳、松肩、松腰、松胯、提裆吊肚。手法上要求五行变化，讲究相生相克，步法要求稳固，五点金落地，落地生根。收手软如棉，出手弓送矢，进实退虚，借力借势，挺劲化力。在畲族白鹤拳中，步法还有双头挺、三步跳、四步半、七步、九步、白鹤翻身等动作，每个动作都有攻有防，攻防结合，步法灵活快捷。2013年1月，霞浦畲族白鹤拳被宁德市政府列入市级非物质文化遗产名录扩展项目名录。

福安畲族宝塔茶礼俗

福安畲族宝塔茶礼俗 畲族种茶、喝茶、品茶有悠久的历史。敬“宝塔茶”是福安畲族一种独具特色的婚嫁习俗。“宝塔茶”共3层5碗，上下层各1碗，中间3碗，叠架在茶盘上，形似宝塔。畲山无处不种茶，畲民无时不喝茶，婚嫁无不敬“宝塔茶”，宝塔茶礼俗源远流长。2016年，福安畲族宝塔茶礼俗被列入宁德市第五批市级非物质文化遗产名录，代表性传承人为雷石寿等。

畲族佳期酒

畲族佳期酒礼俗 福安畲族从唐代至今流传着喝“佳期酒”的婚礼习俗。畲族佳期酒与糯米酒制作工艺基本相同，至今已有1500多年的历史。佳期酒选用优质糯米，以自制酒曲为发酵剂，配以地道药材，以酒代水，重制重酿，形成独特的色、香、味。结婚当天“喜宴”结束后，新郎家则接着开办“佳期酒”。喝佳期酒的人选是父母健在、兄弟多或有子女的年轻人，有8人一桌的，俗称“八仙”，也有含新郎官在内10人一桌的。分别要进行请位、行酒令、洞房猜果、讨凤凰蛋、喷床、传花、送房等一系列的仪式。2016年，福安畲族佳期酒礼俗被列入宁德市第五批市级非物质文化遗产名录，代表性传承人为雷石寿、雷长菊、雷菊红。

畲族手剪

畲族手剪　畲族不是用剪刀剪纸，而是用手，手剪使用的纸张为红色，手剪的图案和方法多种多样。畲族手剪的作品包括三个部分：一是喜庆日子里使用的代表喜庆的字样，如福、禄、寿、喜、八卦等，寓意美好的祝福；二是丧礼中使用的特殊的图案，如七字币、八字币等，作用相当于冥币；三是古代传说、人物传记等，如小人国、穿心国、婚嫁抬轿等，寄寓百姓们的生活娱乐和追求幸福的向往。2016 年，手剪（霞浦）被列入宁德市第五批市级非物质文化遗产名录，代表性传承人为雷仁华。

牛家拳传承人雷华香

霞浦牛家拳　霞浦半月里畲族村的牛家拳，起源于半月里的雷氏先祖。雷氏先祖在见到两牛相斗的情景后，模拟牛的姿态领悟并自创了牛家拳。牛家拳按照拳术内容和特点，共分为 5 个套路，分别为牛家拳、虎家拳、猴家拳、缩家拳、闪家拳，其中最具有代表性的是模拟牛的姿态而创的牛家拳。五步拳：第一招双基掌；第二招牛角拳；第三招猫子洗脸；第四招相应炮；第五招弹山拳，转身收拳。这一套五步拳以守为主，攻为辅，动作状似牛角抵物，步法稳健，短促有力，具有很强的实用性。牛家拳气息上讲究气沉丹田、以气补劲，技击上要求内外合一、巧用明暗二劲，身法上要求攻守相防、进退自如，手法上要求五行变化、相生相克，步法上要求沉稳刚猛、进实退虚。2016 年，牛家拳被列入宁德市第五批市级非物质文化遗产名录，代表性传承人为雷华香。

霞浦畲族婚礼舞　畲族婚礼舞以福建霞浦的畲族结婚仪式为素材而创作，流传于宁德市霞浦畲村。主要由“节仪舞”“拦轿舞”“新娘下轿三舞进厅”“会八仙”“贺房舞”等几部分组成。

“节仪舞”主要由“捉石碱”“哭骂梳头阿婆”“父母对女儿赠物”“哭嫁妆”这四个环节组成。

“拦轿舞”，由姐妹、哥嫂拦轿，充分体现了手足情深，不忍与亲人分离的情景，都是边哭边唱，以情感人，情景交融。

“新娘下轿三舞进厅”：首先由四男四女从左右“碎步”绕至床前做“请安”“撩手”“压腕”“侧身碎步”等动作，然后各自从相反的方向复回。接着，另四男四女上前向新娘请安，最后是选一童女与八仙头同舞，形式多为边舞边唱。而后燃放鞭炮，鼓乐鸣奏，新娘被引至厅堂，与新郎同行“拜堂”大礼。

“会八仙”别具一格，入席者有“驸马（新郎）”“八仙”“阿乐哥”等十名，席中有舞蹈表演，有的再加十男十女相伴盘歌陪唱，场面十分热闹。

“贺房舞”主要是男十人、女十人进房为新郎新娘起舞，最后大家合唱《喜庆歌》送新郎新娘入洞房。

1963 年 6 月 30 日，中国人民邮政发行《中国民间舞蹈（第三组）》特种邮票 1 套 6 枚，第 1 枚表现的就是畲族婚礼舞。2016 年 1 月，霞浦畲族婚礼舞被列入宁德市第五批市级非物质文化遗产名录。

福安畲族“二月二”会亲节　福安后门坪畲族“二月二”会亲节是畲族群众感恩魏公侯的节日。各地畲族在此盘歌聚会，延续至今已有 500 多年的历史。节日当天，全村畲族群众都穿着畲族服装前往公侯庙舂米做糍，备上馒斋，放起神铳，舞起铃刀，吹响龙角，驱逐鸟兽，跳起畲族奶娘催罡巫舞，公演神戏三昼夜，供奉馒斋，祈求新的一年国泰民安、风调雨顺、五谷丰登。2019 年 12 月，福安畲族“二月二”会亲节被列入宁德市第六批非物质文化遗产代表性项目名录，传承人为雷振兴、雷廷平。

蕉城雷氏畲医布打功 源自宁德市金涵乡雷氏畲医祖传，至今已有200多年的历史。雷氏畲药“消瘀灵”布打功疗法于清乾隆三十年（1765年）由下白石孔门村的雷氏一百二十一世祖雷朝光创立。雷氏畲药“消瘀灵”布打功疗法在治疗各类新旧跌打损伤、软组织损伤、骨关节炎、颈椎病、肩周炎、腰椎间盘突出、骨质增生、偏头痛、三叉神经痛等病种上具有显著疗效，治疗方法简单便捷，安全无毒无副作用。2019年12月，蕉城雷氏畲医布打功被列入宁德市第六批市级非物质文化遗产名录，传承人为雷勇辉、雷勇斌。

福安闽东畲族传统服饰制作技艺 畲族服饰文化历史悠久，是体现民族个性的重要标志。畲服制作是纯手工活，集绘画、设计、刺绣等多种技能于一体。从布料到成品，需经过量体、备料、裁剪、烫衬、绣制、缝扣、整烫等一系列复杂的流程。福安畲族上衣的特别之处在于右腰侧有一块绣花的角隅花纹。2019年12月，福安闽东畲族传统服饰制作技艺被列入宁德市第六批市级非物质文化遗产代表性项目名录。

顺昌畲家竹筒饭制作技艺 竹筒饭，就是用竹筒代锅煮成的米饭。畲家竹筒饭主料是糯米，配料有腊肉、胡萝卜、玉米、豌豆、香菇丁。制作分5步：糯米泡好后在开水锅中煮到三成熟，然后捞出晾凉；在所有辅料和晾凉的米中放入适当的盐后拌匀；将准备好的材料放入清理好的竹筒中，轻轻压实；用粽叶把竹筒开口处包好，用绳子绑紧；将竹筒放入蒸锅中，大火将水烧开，中火蒸一个小时，具体时间视竹筒大小而定。2018年9月，顺昌畲家竹筒饭制作技艺被列入南平市第八批市级非物质文化遗产项目名录。

华安畲族民歌 华安自古就是畲族聚居地。现在华安境内仅有坪水和官畲两个民族村仍保留着自己的民族语言、风俗习惯、文化传统，现已挖掘的畲族民歌有108首7000多条，借景咏物，以景抒情，大多是对爱情、婚姻、家庭，以及为人处世的表达。2008年12月，华安畲族民歌被列入漳州市第三批市级非物质文化遗产名录。

顺昌畲家乌饭节 畲族先民明末清初迁至顺昌，靠刀耕火种、狩猎为生。畲民每年三月初三制作乌饭纪念民族英雄雷万兴，用以供祭祖先、馈赠亲友，并将这天定为乌饭节。乌米饭是畲族人用山上的一种叫乌稔树的野生植物制成的，先取叶煮汤，然后将糯米泡在汤里数小时后捞起，放在木甑里蒸熟而成。这种乌米饭色泽蓝绿乌黑，并带油光，吃到嘴里香软可口。乌饭节这天畲族群众还聚在一起盘歌、跳舞，纪念这一节日。2018年9月，顺昌畲家乌饭节被列入南平市第八批市级非物质遗产名录。

湖州章村镇郎村畲族木鼓舞

湖州章村镇郎村畲族木鼓舞 畲族人依山而居，在远古的时候，经常聚集在一起敲击木鼓来吓退野兽。逢年过节畲族村寨用木鼓音响作为信号语言，用以传达战争来临或发生火灾等信息，畲族的木鼓和木鼓舞由此延续了下来。

畲族的木鼓是成对的，稍大的是母木鼓，发音较低而沉重，略小的是公木鼓，发音较高而响亮。20世纪80年代以来，郎村畲族人将木鼓加以改造，制成了长125厘米、粗端直径35厘米的小型木鼓。木鼓常置于两根交叉的木头上，使其离开地面，有利于振动发音。演奏时，使用两根特制的木制鼓槌，短的40厘米，长的45厘米，两头粗、中间细，与运动器械哑铃大致相似。敲击时，演奏者两手各执鼓槌中部，一边跳舞，一边向鼓身两侧杵击，发出“咚咚咚”之声，其音响可传数里之外。

郎村木鼓舞是畲民以敲击木鼓来祭祀的民间舞蹈，是族群全体成员参与的大型祭祀活动中的一部分，也是自娱性舞蹈形式。逢年过节或庆典时，男女老少都会穿戴一新，围着木鼓起舞。他们以屈膝、弓腰表示对木鼓的敬仰，不分男女老少按逆时针方向围圈缓慢转动，动作以甩手走步和跺脚为主。郎村木鼓舞以敲打木鼓者的领唱与众人踏节而歌为伴奏。歌词多述说民族历史、祭祀和劳动生产等方面内容。2019 年 1 月，章村镇郎村畲族木鼓舞被列入湖州市第七批市级非物质文化遗产代表作名录。

泰顺、文成畲族谚语　畲族谚语短小精悍，鞭辟入里，比较通俗、简洁，语意鲜明、准确，构造单纯、多变，风格朴素、自然，似警钟，似箴言，有易懂、易记、易传的特点。

畲族谚语内容广泛，大至国事，小至家事，从道德修养到生活琐事，无所不含。常见的有时政、修养、社交、生活、自然、经济等类别。2009 年，泰顺畲族谚语被列入温州市第三批市级非物质文化遗产名录，2011 年，文成畲族谚语被列入温州市第一批非物质文化遗产名录扩展项目名录。

浙江文成畲族“打王”舞　畲族“打王”舞主要描述了畲族法师雷法有的事迹，是畲族崇拜祖先的祭祀舞蹈。“打王”舞演员一般头戴蓝头巾、腰扎红神裙、足登腾云鞋，舞时伴以小扁鼓、铜鼓龙角、手铃等乐器。“打王”舞有王头舞，化身妆，排兵结界，安营扎寨，白鹤上山，竖天柱，炼红砖，过火坑，擒石磨等。“打王”舞为男子表演，唱词以七字句作韵律为多，也有三字句和五字句的，间接段落，以奏吹龙角手摇铃刀舞王花为界。2008 年，浙江文成畲族“打王”舞被列入温州市第二批市级非物质文化遗产名录。

湖州畲族“九月九”　九月九是闽、浙畲族民间传统节日，九月初九举行。浙江畲族相传九月九是民间猎神九帅爷生日。届时，人们必备三牲（鱼、肉、鸡）、纸钱、香烛，请巫师到九帅庙做“清醮”，祈求田园茂盛、五谷丰收。同时举行盛大歌会，青年男女着畲族服装，纵情盘歌。盘歌有整套内容，从路遇、初会、赞美、试探、求情、苦情、交情、定情、成双，一直唱到送别，尽兴而散。2010 年，湖州畲族“九月九”被列入湖州市第四批市级非物质文化遗产代表作名录。

泰顺畲族钉鞋舞　传统的钉鞋舞主要流行于浙江省泰顺县，在每年的“三月三”和“中元节”时跳钉鞋舞，形式简单，边唱边舞，表现生活、劳动和迎客等习俗。舞蹈的基本动作有“请茶”“蝴蝶”“拔界”“照亮”等。舞蹈者要穿着山里畲民下雨时穿的特制钉鞋，鞋面为布质，鞋底为长方形木屐，约 5 厘米厚，木屐底部还钉有大头泡钉。踩着特定的节奏，客人来时，畲家主妇在木板上跳舞迎客，钉鞋击打木板发出节奏欢快的声音，无其他伴奏乐器。2008 年，泰顺畲族钉鞋舞被列入温州市第二批市级非物质文化遗产名录。

景宁畲族手工布鞋技艺　景宁畲族手工布鞋由传统的纯手工技艺制作而成。具体制作工序一共有九道，可分为剪裁底样、工沿边、剪裁鞋帮、缝制鞋帮、绘制底花样、绱鞋、排鞋、修整、检验。在整个制作过程中，所用材料均为绿色材料。2016 年，景宁畲族手工布鞋制作技艺被丽水市政府列入丽水市第六批市级非物质文化遗产名录。

云和、景宁畲族操杠　畲族操杠源自畲族祖先为解决山垄田（梯田）灌溉顺序矛盾，在田埂上用柱棍或扁担等进行操杠竞赛决出胜负进而排出先后浇灌顺序而产生，后来慢慢地发展为畲民喜爱的一项健身运动。如今的操杠形式有腹操杠、蹬腿步操杠、自由式操杠、金鸡独立操杠争花、拉杠争花等。

操杠竞技以青年男子为主，由两名男青年在田埂上或一条长凳上（类似于平衡木），各手持一根木棍的两端，蹲下身子，双脚同时跳跃，轮换下蹲，通过对顶、对拉、对推、对拧，把对方拉倒或推下田埂来一决胜负。在畲族“三月三”等传统节日或农闲时都会举行此竞技比赛。2009 年，云和畲族操杠被列入丽水市第三批市级非物质文化遗产名录，2010 年，景宁畲族操杠被列入丽水市第三批非物质文化遗产扩展名录。

景宁畲族头饰制作技艺　景宁畲族头饰称为“雄冠式”头饰。整体造型呈三角形，展现出一副凤凰吟啭的形态，造型精美、色彩斑斓。一个完整的“雄冠式”可分为风箍、抓头、笄、发簪、裹红布、黑色缠头纱六个部分。主体用银打制，辅以木、布、瓷珠等装饰材料。“椎髻高钗”正是凤头造型；缀在凤冠银链上的银片，形如翎羽，银片上刻画有钩爪纹；“垂璎”即盘垂于两侧的瓷珠，叮咚作响，宛如凤鸣。

景宁畲族妇女头饰

景宁“雄冠式”头冠的主体是一个前高后低的三角形木块，以黑色棉布包裹，前端和脊背部分都用银片包裹，银片之下以红布衬底。头冠的正面是一个三角形区域，上面有两块呈贝壳形的银片，下方为一块梯形银片，下面有 8 串瓷珠，挂有银牌。头冠的主体部分，整个头饰以竹制筒状撑顶，起固定作用的装置是一块马蹄形的笄，插在整个头冠的后面，前端用红色布条固定于头冠前方。在系着马蹄形笄的红绳上，中间穿过两串长瓷珠，各边一半；而另一个锤形笄，笄尖的一端，插入头冠背脊的中间。脑后发髻处，插有一枚银笄，其主体是一个长方形的笄，中间系着一条间杂红色、绿色、黑色、白色的瓷珠，笄头系着一条长链，中间是一块刻画了凤凰图案的银制“方牌”，另一端则坠挂着耳挖与牙签，中间银链的交接点，做成双铜钱和古文钱的图案，并缀有银片。2008 年，景宁畲族头饰制作技艺被列入丽水市第二批市级非物质文化遗产名录。

泰顺畲族“尝新米节”习俗 浙江泰顺、景宁一带都有尝新米节的习俗，是畲民庆祝丰收、祈福感恩的特色民俗活动。尝新米节由“尝新”与“谢祖”两部分组成。每年新稻谷收成前，要举行隆重的“尝新”仪式，采已熟之谷，碾米煮饭，先祭大地，后祭祖宗，再祭五谷神、土地。祭品一般为一只熟鸡、一刀熟肉、一盅黄酒、一碗米饭，饭上面插三个煮过的稻穗。祭供之后要先割几棵嫩稻穗给牛吃，然后家人方可尝新，吃时要让长者先用筷子挑几粒饭散在桌上，象征有吃又有余，然后大家才吃新米饭。尝新米节谢祖仪式主要程序有序起、起礼、迎幼、启智、尝新、礼成。尝新仪式后，村中老少齐聚一堂，共品新米饭，共祝幸福安康。2014 年，泰顺畲族“尝新米节”习俗被列入温州市第八批市级非物质文化遗产名录。

畲族山歌 畲族山歌（畲语称为“go”）主要分为历史歌、故事歌（含小说歌）、时令歌（含劳动歌）、时政歌（含解放歌，又称新歌）、情歌、杂歌（含谜语歌、咏物歌、叙事歌）等六大类，涉及政治、经济、历史、宗教、教育、文化、艺术和伦理、道德、哲理等领域。畲族山歌，多用假声。2006 年，浙江松阳畲族山歌系列被列入丽水市第一批市级非物质文化遗产名录；2007 年，福建罗源畲族山歌被列入宁德市第一批市级非物质文化遗产名录，代表性传承人为雷建银；2018 年 7 月，福建漳平畲族山歌被列入龙岩市第六批市级非物质文化遗产代表性项目名录；2021 年，浙江武义畲族山歌被列入金华市第八批市级非物质文化遗产名录。

山歌对唱

泰顺畲族民歌传承人雷子新

畲族民歌 畲族民歌内容丰富，具有地方色彩及民族特色。以歌记事传说历史，以歌代言沟通感情，以歌寓理惩恶扬善，以歌传知教化后人，形成上山劳动、接待来客、婚丧喜事都唱山歌的习俗，每个时代每个畲村都有代表性的歌曲。歌种有叙事歌、风俗歌、劳动歌、解放歌、生活歌、礼仪歌、情歌、杂歌等。歌唱形式有独唱、对唱和齐唱，多数歌手可以信手拈来即兴演唱，随时随地随编随唱，便捷灵活。2006 年，浙江景宁畲族民歌被列入丽水市第一批市级非物质文化遗产名录；2008 年，浙江平阳、苍南、文成、泰顺畲族民歌被列入温州市第二批市级非物质文化遗产名录；2009 年，浙江兰溪畲族对歌被列入金华市第三批市级非物质文化遗产名录；2010 年，福建寿宁畲族民歌被宁德市政府列入第一批市级非物质文化遗产名录扩展项目名录；2010 年 7 月，福建顺昌畲族民歌被列入南平市第三批市级非物质文化遗产代表作名录。

畲族“上刀山、下火海”仪式　畲族“上刀山、下火海”仪式主要分布在宁德市蕉城区、福安市、霞浦县畲村，它传承了闾山派民间道教斋醮仪式，通过雷氏家族传承的方式，至今已传至第 26 代，约有 500 年历史。畲族“上刀山、下火海”仪式是民间杂技与道教科仪较为完整的结合体，“上刀山”包括“架刀”“立刀柱”“吹龙角护刀山”“赤脚登刀山”“刀山表演”等环节；“下火海”主要包括“布火海”“护火海”“过火海”等环节。

上刀山

下火海

2010 年，畲族“上刀山、下火海”仪式被列入宁德市第三批市级非物质文化遗产名录，代表性传承人为雷彭斌、雷官银等。

畲族妇女包菅粽

畲族菅粽制作技艺　畲族菅粽又称“菅叶粽”，常见的“菅叶粽”有两种形状，一种是用菅叶将糯米包成三角或牛角状，再用龙草捆扎；另一种是用菅叶将糯米包成管状，再用龙草捆扎五节。畲族菅粽使用糯米、米豆、花生等食材。制作技艺大多靠口传和手把手地教授，糯米要浸得透、龙草要绑得紧、早期灶火要烧得旺是制作要领。2005 年，福建蕉城畲族菅粽制作技艺被列入宁德市第五批市级非物质文化遗产名录，代表性传承人为雷贵珠。

畲族传统民间舞蹈　龙头舞、铃刀舞、猎捕舞是畲族民间原生态舞蹈。“龙头舞”发现于八都镇猴盾村，畲族民间称之为“龙杖舞”；猎捕舞初次发现于漳湾镇雷东村，原名“踏步舞”，有据可查的历史达 400 多年。龙头舞属于祭祖性舞蹈，猎捕舞相传是为纪念先辈狩猎名人与英雄。这些传统民间舞蹈经过发掘、整理，保留了畲族民间舞蹈的踏、进、退、蹲及抖肩和旋转等基本动作。这些传统民间舞蹈多以古老祭祀舞的形式，在畲族民间保留传承，只在族内举行隆重的迎祖、祭祖、庆丰收活动时才排入仪式。舞蹈技艺绘制在畲族图谱上、民族服饰上。2013 年，福建宁德畲族传统民间舞蹈（龙头舞、铃刀舞、猎捕舞）被列入宁德市第四批市级非物质文化遗产名录，代表性传承人为雷

龙头舞

铃刀舞

明详、雷新平；2016 年 1 月，福建霞浦畲族舞蹈（挑水舞、白鹤舞、凤凰舞）被列入宁德市第五批市级非物质文化遗产名录，市级传承人为雷秀莲；2021 年，浙江武义畲族舞蹈被列入金华市第八批市级非物质文化遗产名录。

畲族传统体育项目蹴球 畲族蹴球，原称踢石球，是古代蹴鞠运动的一种形式，方法是脚跟着地，脚掌触球，用力蹴球。畲族蹴球比赛在一块 10 米见方的平坦地面上进行，分两队，每队可有一或两名运动员，每队两个球，分蓝红二色。蹴球可进行单人、双人、团体赛几种形式，比赛分为男子单蹴、女子单蹴、男子双蹴、女子双蹴、混合双蹴五种形式。1999 年第六届全国少数民族传统体育运动会上，蹴球被正式列为比赛项目。2010 年，浙江苍南畲族蹴球被列入温州市第四批市级非物质文化遗产名录；2016 年，福建福鼎畲族传统体育蹴球被列入宁德市第五批市级非物质文化遗产名录，代表性传承人为雷小眉。

畲族乌米饭烧制技艺 每年三月三，畲族村民都要制作乌米饭，过乌饭节，以纪念唐代畲族英雄雷万兴。乌饭的制作技艺：在三月三前一周，到向阳的山坡上采摘乌稔树新叶，清洗沥干，用厨刀将乌稔叶切碎后放到石臼里捣碎，将捣碎的乌稔叶渣放于铁锅里，根据质量按比例加清水，同时用保持在 30℃左右的微火加温，在锅中反复捞洗 3～4 分钟之后滤渣，分离干净沉淀 1 小时左右，按 1∶3 质量比例将糯米放入汁液浸泡 24 小时，将浸泡好的糯米捞起放到饭甑里，在铁锅中蒸 20～30 分钟，蒸熟的糯米饭乌黑光亮、香气扑鼻。2014 年，浙江平阳、泰顺畲族乌米饭烧制技艺被列入温州市第八批市级非物质文化遗产名录。

方家山“三月三”歌会

秦屿方家山畲族“三月三”歌会 福鼎市太姥山镇方家山畲族村每年都举办“三月三”歌会。方家山畲歌调属于“福鼎调”，包括劳动歌、时政歌、情歌、历史传说歌、生活歌、杂歌等 6 大类型，每个大类型中还分为若干小类型，其中情歌分为初识歌、试探歌、速恋歌、相思歌、送郎歌、逃婚歌等。2012 年 7 月，福建秦屿方家山畲族“三月三”歌会被列入福鼎市（县级）第二批市级非物质文化遗产名录；2013 年，福建秦屿方家山畲族“三月三”歌会被列入宁德市市级非物质文化遗产名录扩展项目名录。

畲族传统服饰制作技艺 畲族传统服饰“凤凰装”，是畲族区别于其他民族的重要服饰特征。闽东畲族传统服饰制作历史悠久，畲族服饰制作除了纺线、织布、织带由女性技师完成外，量体裁衣、绣花镶边都由男性技师完成。福安市康厝畲族乡凤洋村民国时期曾出现“制衣五杰”，霞浦县崇儒乡上水村畲族传统服饰制作第七代传人技师雷加回制作的畲族服饰负有盛名。畲族女装款式按凤凰款式分为凤凰头款、凤凰身款、凤凰尾款，三款整合在一起是一只完整的美丽凤凰。衣服用料的常用基本色有黑、青、蓝、绿、红、白等。其主色系冷色，因此常在衣领、袖口等处镶以大红花边，显得艳丽而不浮华、素雅而不呆板。2010 年，浙江畲族服饰（泰顺、苍南）被列入温州市第四批市级非物质文化遗产名录；2013 年 1 月，福建闽东（蕉城、福安、霞浦）畲族传统服饰制作技艺被列入宁德市第四批市级非物质文化遗产名录，代表性传承人为雷加回等。2014 年，浙江文成畲族服饰被列入温州市第七批市级非物质文化遗产名录。

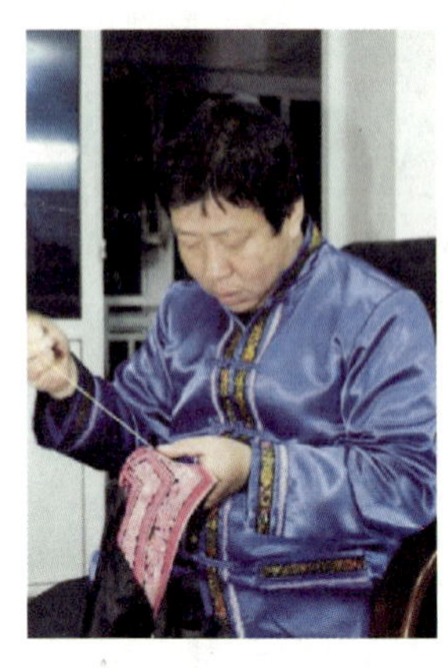
女装男绣

雷氏青草药制作技艺 自清乾隆年间开始，雷氏先祖使用自采的青草药，形成了一种独特的医疗方法。雷氏先祖根据临床医疗的经验和数据，自创和保留了数十种青草药制作技艺，世代相传至今已有两百多年的历史，形成了独特的雷氏青草药制作技艺。

雷氏青草药原材料多是自然界原生态青草，最具代表性并且被广泛使用的青草药有三种：润喉茶、驱寒散、湿毒清。

润喉茶制作技艺：制作润喉茶需要采摘生长在黄土地上的黄花龙舌草，取全草入药，切细晒干；采摘野生未开放的金银花，在蒸笼内蒸至“圆汽”，15 分钟后取出自然晒干；采摘开花之后的六角草，洗净切细晒干。最后将所有草药混合碾成 30 目粉末。

驱寒散制作技艺：制作驱寒散需要采摘开花之前的土牛膝，取根部，切片晒干；选择生长在山谷岩石上、溪边的石菖蒲，取叶子，阴干入药；紫苏取梗，切细晒干入药；选择在端午节采摘的辣干，等全株微微阴干后再切细、晒干。最后将所有草药混合碾成 30 目粉末。

传承人雷顺荣（中）在采青草药原材料

湿毒清制作技艺：制作湿毒清需要取千里光的茎和叶，晒干入药；选择秋季采摘根部呈黄色的穿山龙叶，将 1 斤米醋与 10 斤的水混合搅拌均匀，倒入穿山龙叶，浸泡 20 分钟后取出自然晒干。据畲族先辈们口述穿山龙分“铜”的、“铁”的，制作湿毒清则一定要取“铜”的（黄）；采摘开花前的花麦叶，晒干入药；采摘霜打后的盐肤木叶入药；拦路虎在秋季采摘，取叶子和适量盐放入铁锅，文火炒半小时后取出，用竹编焙笼焙干。最后将所有草药混合碾成 30 目粉末。

雷氏青草药广受患者的认可。2016 年 1 月，雷氏青草药制作技艺被宁德市政府列入宁德市非物质文化遗产名录，代表性传承人为雷顺荣。

“三月三”节俗 三月三是畲族人民的传统节日。每年三月三，畲族人家家户户宰杀牲口，祭祀祖先，做乌饭纪念畲族英雄雷万兴。做乌饭、吃乌饭是“三月三”的一项重要的活动。夜幕降临以后，畲村还要举办篝火歌会，会上互相对歌，表演传统歌舞并举行传统的畲族体育竞技活动。2011 年，浙江文成畲族“三月三”被列入温州市第四批市级非物质文化遗产名录扩展项目名录；2012 年，浙江苍南畲族“三月三”被列入温州市第六批市级非物质文化遗产名录；2014 年，浙江平阳畲族“三月三”被列入温州市第八批市级非物质文化遗产名录。

畲族剪纸刺绣 畲族剪纸主要是用在鞋、帽、烟袋、包袱等日常生活用品上图案花纹的刺绣纸样，题材大多数为民间常见的人物、花鸟、走兽、吉祥图案等。畲族剪纸的图案纹样大多采用象征比拟手法，经常以梅花、牡丹花、菊花、兰花、喜鹊、凤凰作为表现内容。畲族崇拜凤凰，凤凰成为畲族服装、畲族刺绣中独有的造型。2008 年，浙江文成畲族剪纸被列入温州市第二批市级非物质文化遗产名录；2008 年，浙江平阳、文成、泰顺畲族刺绣被列入温州市第二批市级非物质文化遗产名录。

畲族祭祀仪式 长期以来，畲族群众继承并创造着一系列传统祭祀仪式，诸如“祭祖”“做功德”“传师学师”等民俗活动，这些活动在畲族聚居村广泛传承。祭祖在宗祠举行，人们演唱祭祀歌，纪念畲族始祖。“做功德”是畲族成年人死后，家属为“超度亡灵”而举行的传统祭祀仪式。“传师学师”又称“做阳”“做聚头”“寿禄”等，由法师主持仪式，通常要持续三昼夜，表达畲族崇敬祖先的感情和紧密团结、祈福消灾的愿望，是畲族民众人生仪礼的重要组成部分。2008 年，浙江武义畲族祭祀舞被列入金华市第二批市级非物质文化遗产名录；2008 年，浙江文成畲族祭祖被列入温州市第二批市级非物质文化遗产名录。

畲族婚俗 畲族婚俗主要分布在广东、福建、浙江、江西、安徽五省的畲族聚居区。畲族婚俗的议程包括托媒、相亲、聘定、送日子、做表姐、迎娶、做亲家伯、拜堂、闹新房、回门、请新女婿等 。婚礼仪式包括戏赤郎、借镬礼、劝酒礼、对歌、撬蚧、对盏礼、传袋。2009 年，浙江平阳、苍南畲族婚俗被列入温州市第一批、第二批市级非物质文化遗产名录扩展项目名录；2010 年，福建顺昌畲族婚俗被列入南平市第三批市级非物质文化遗产代表作名录；2011 年，浙

罗源畲族婚礼男跪女不跪

罗源畲医药锤板疗法

江文成畲族婚俗被列入温州市第四批非物质文化遗产名录扩展项目名录；2018 年，浙江兰溪畲族婚俗被列入金华市第七批市级非物质文化遗产名录；2019 年，浙江安吉畲族婚俗被列入湖州市第七批市级非物质文化遗产代表作名录；2019 年，江西资溪畲族婚俗被列入抚州市第五批市级非物质文化遗产代表性项目名录；2020 年，福建华安畲族婚俗被列入漳州市第八批市级非物质文化遗产代表性项目名录。

畲族医药　畲族先祖从广东潮州凤凰山一路迁徙，落脚之处皆是蛮荒之地。畲民为求生存与繁衍，在实践中学会了防治疾病的技能，积累了丰富的医学经验，形成了独特的畲族医药理论，如痧症、正骨疗法、蛇伤疗法、拍打疗法等。2008 年，浙江文成（文成云芝堂儿妇科）、泰顺畲族医药被列入温州市第二批市级非物质文化遗产名录；2009 年，浙江苍南、文成畲族医药（蛇伤疗法）被列入温州市第一批、第二批非物质文化遗产名录扩展项目名录；2010 年，浙江景宁畲医正骨疗法被列入丽水市第四批市级非物质文化遗产名录；2015 年，浙江郎村畲族医药被列入湖州市第六批市级非物质文化遗产代表作名录；2018 年，浙江武义传统畲族医药文化被列入金华市第七批市级非物质文化遗产名录；2018 年，浙江衢州雷氏医学被列入衢州市第七批市级非物质文化遗产代表性项目名录。

畲族酿酒技艺　畲民代代相传古老的酿酒工艺。酿制红酒要经过 8 道工序，第一道：备料，要准备足量的当年产的糯米和酒曲，尤以黄金糯最好；第二道：将糯米洗干净并用水泡透；第三道：将泡过的糯米沥干水；第四道：将糯米倒进木甑桶，将木甑桶放入铁锅加水开大火蒸煮；第五道：将蒸煮熟的糯米与酒曲按比例混合搅拌；第六道：将搅拌好的糯米放入酒缸内；第七道：发酵，酿红酒按 1∶1 或 1∶1.5 的比例放入水；第八道：等待发酵完成酒成熟。经过八道工艺，可酿造出风味独特的红曲酒，味道特别醇香。2015 年 8 月，浙江畲族山哈酒制作技艺被列入湖州市第四批市级非物质文化遗产代表作名录；2016 年，浙江景宁畲族自治县山哈酒酿造技艺被列入丽水市第六批市级非物质文化遗产名录。

畲族刺绣彩带编织　畲族刺绣多用于帐额、枕套、围腰、领口、袖口、裙边、鞋面、童帽、肚兜、围涎等生活衣着用品。畲族的编织多是妇女彩带编织，彩带作围身裙裙带、姑娘定亲和捆衣物、包袱所用。

在纹样结构上，有图案上的单独纹样、连续纹样、角隅纹样等。在形体上有自然纹和几何纹等种种变化的图案花纹。植物纹饰：牡丹、梅花、莲花、菊花、桃花、兰花、竹花和其他花卉蔓草。动物花饰：八仙、凤鸟、喜鹊、鳌鱼、龙蛇、虎豹、麒麟、狮子、竹鹿、月兔等。几何纹饰：八卦、万字、锁同、云头、云钩、山头、大耳、书、浮龙纹、马牙纹（虎牙纹）、枯叶、柳条纹等。在色彩方面，多选用比较鲜明与醒目的色彩。2008 年，浙江泰顺畲族彩带编织技艺被列入温州市第二批市级非物质文化遗产名录；2010 年，浙江云和畲族彩带编织技艺被列入丽水市第一批非物质文化遗产名录扩展项目名录；2011 年，浙江文成畲族彩带编织技艺被列入温州市非物质文化遗产名录扩展项目名录；2015 年，浙江兰溪畲族织带被列入金华市第六批市级非物质文化遗产名录；2016 年，遂昌畲族字带编织被列入丽水市第六批市级非物质文化遗产名录；2016 年，浙江莲都畲族彩带编织技艺被列入丽水市第六批非物质文化遗产名录扩展项目名录。

建阳漳墩龙角舞　建阳区漳墩镇是南平市畲族聚居地之一，至今流传着一种畲族传统舞蹈“龙角舞”，又名“鸣角舞”。龙角舞源于唐代的图腾崇拜舞蹈和巫术仪式舞蹈，属于祭祀舞蹈，畲民通过龙角舞祈求风调雨顺、五谷丰登、子孙兴旺。2016 年福建建阳漳墩龙角舞被列入南平市第七批市级非物质文化遗产项目。

五、县级非物质文化遗产

广东韶关始兴畲族彩带　畲族彩带又称“花带”“字带”，是畲族传统手工工艺，世代相传。广东韶关始兴畲族彩带有裤带、腰带、围裙裙带、刀鞘带、头巾带、背小孩带、抬嫁妆用的杠带等。彩带中的图案主要可以分为图形纹饰和符号纹饰，民国后期才出现文字纹饰。彩带一般长 2 米，宽 3～5 厘米，民国前期也有宽为 1.5～6 厘米的。彩带的长短根据需要而定。彩带大多用蚕丝制作，也有用棉纱、苎麻编织的。彩带的两边不编织花纹，常用绿、红、黄、紫等色线与白线相间，线的根数随彩带宽窄而定。中间织花纹的部分，常用红、白、黑三种经线织出文字和图案。畲族彩带图案复杂精美，编织前需要精心设计，编织过程多则要几个月，少则也要数天。大部分彩带上都织有吉祥的文字，如“风调雨顺　国泰民安”“百年好合　五世其昌”等。初学者先织没有花纹的带子，叫作“哑带”或者“柳条带”。彩带的编织程序有“理经”—“理综”—“织带”三个过程。所用工具有一张八仙桌或八仙凳、一根竹片梭、一根竹竿和一条腰带。2019 年 12 月，广东韶关始兴畲族彩带被列入始兴县第六批县级非物质文化遗产名录，代表性传承人为雷珺婷。

始兴畲族妇女织彩带

畲族彩带纹样图案意义简表

序号	畲族彩带纹样	纹样解释	序号	畲族彩带纹样	纹样解释
1	[纹样]	父	2	[纹样]	动物
3	[纹样]	男性	4	[纹样]	丘陵、山地
5	[纹样]	云彩	6	[纹样]	连山
7	[纹样]	树果	8	[纹样]	邻舍

广东韶关始兴畲族刺绣　韶关始兴畲族刺绣俗称“绣花”或“做花”。传统畲族刺绣是用各种彩线在纻、麻布和棉质黑、蓝、深蓝色布面和婚嫁用的红色布面上刺绣各种花鸟和几何纹样，甚至有人物，形成一种美丽的图案花纹。

刺绣应用在领口、袖口、衣襟边、围裙、蚊帐、枕头、被子、扇面、肚兜、童帽、儿童围脖、鞋子和烟袋等日常用品中。图案花纹以植物为主，人与动物次之，主要有植物纹饰、几何纹饰、器物仿饰、人物纹饰。

代表性传承人雷珺婷绣花

刺绣色彩丰富，用原色类和第二次色类鲜明对比。大

人物形象的绣衣

糍粑制作技艺

多以大红色、桃红色为基调，配以黄色、绿色（翠绿、草绿）、白色、蓝色，有的用金线镶嵌。

图案上有单独纹样、连续纹样、角隅纹样等。在形体上有自然纹和几何纹等多种变化的图案花纹。

刺绣工艺讲究平、匀、齐、和、光。常运用平针、错针、扭针、锁针、套针、掺合抡针、打籽针和盘金绣等不同针法。

主要包括设计、剪纸/构稿、上绷、勾稿、配线、刺绣、落绷、装裱。2019 年 12 月，广东始兴畲族刺绣被列入始兴县第六批县级非物质文化遗产名录，代表性传承人为雷珺婷。

畲族糍粑制作技艺　畲族糍粑的主要原料是富含蛋白质、脂肪、糖类、钙、磷、铁、维生素 B 族及淀粉等成分的糯米。做糍粑有以下几道工序：选上好的新糯米若干，炒熟的花生或黄豆磨成粉；取山泉浸泡糯米若干小时；滤干水，放到木甑里蒸熟；倒入石臼，用木柄石锤往石臼里轮番舂击；舂到糯米看不到饭粒，像胶一样黏成一团；找一个竹制簸箕，在簸箕里撒上磨好的豆粉，捏出小块碗面宽的饼状糍粑，放到通风处晾干，需要食用时加热烤软即可。2020 年，福建福安畲族糍粑制作技艺被列入福安市（县级）第三批市级非物质文化遗产代表性项目名录，福安市级传承人为雷奶全。

福鼎畲族提线木偶戏　福鼎畲族提线木偶表演及制作技艺于清嘉庆十八年（1813 年）由福建省漳州府漳浦县石椅蓝谢年传入，至今 200 余年。1979 年组建“福鼎县少数民族木偶剧团”，演出的传统曲牌有历史剧《锦香亭》《钟景棋》《雷万兴蓝奉高》《钟良弼》《戏状元雷海清》等。2013 年成立福鼎市畲族提线木偶剧团，剧团成立之后以畲族传统文化为题材，创作出福鼎有代表性的畲族木偶茶艺表演节目《畲妹子茶艺》《畲家纺织乐》和《畲家磨坊》等高难度的木偶表演作品，木偶可在舞台上表演临时变换服装、变脸、变身、舞狮、顶葫芦、倒酒、倒茶、推磨、纺纱、抛绣球等技艺，特别是在畲乡演出时，可用畲歌进行演出。2018 年 10 月，福鼎畲族提线木偶戏被列入福鼎市（县级）第一批市级畲族非物质文化遗产代表性项目名录，传承人为雷金玉。

福鼎佳阳畲族竹舞　畲族竹舞主要由“竹竿舞”和“枪担舞”组成。竹竿舞按动作分为“击”和“跳”两组人员，每组 3～5 人。基本节奏为“合合、开开、合合、开开”，以此循环。枪担舞则为“唱”和“跳”相结合，表演队伍 16～24 人，基本舞步为双手叉腰，“缩缩、点点、缩缩、点点”伴随左右脚交替跳跃。章节内容分为“青山脆竹”“刀鞘声声”“刀花翻舞”“竹响山际”等。舞蹈技艺性强，将竹、刀、鞘、棍等用具的使用方法和农忙时分的劳作技艺展示出来。2021 年 8 月，福鼎佳阳畲族竹舞被列入福鼎市（县级）第二批市级畲族非物质文化遗产代表性项目名录。

叠石竹阳畲族七月七“红歌”节俗　叠石竹阳畲族七月七“红歌”节俗基本内容包括：畲族民众传唱畲歌、对歌活动，“炒三豆”，全族做福，畲族种茶、制茶习俗。自 2017 年起，竹阳村开始举办竹阳畲族七月七歌会，大力挖掘竹阳村畲族传统文化，培养畲歌传唱人。代表作品有畲族民歌歌本《畲族歌言荟萃散条》等，有传承人雷爱媚、雷达松等。2021 年 8 月，叠石竹阳畲族七月七“红歌”节俗被列入福鼎市（县级）第二批市级畲族非物质文化遗产代表性项目名录。

福鼎蓝氏畲医小儿疳积症诊疗技术　小儿疳积诊疗技术始于清光绪十二年（1886 年）泰顺仕阳雷氏，至今已传四代。畲医小儿疳积症诊疗技术根据小儿的生理特点，运用相关疳积理论和“六神”理论，采用特有的诊病和辨证方法治疗相关疾病。应用“疳积理论”对患儿“望”“闻”“问”“察”，了解患儿病情，并运用畲家青草药和传统特殊方法对儿科疾病进行辨证治疗。福鼎蓝氏畲医治疗儿科疾病的畲药主要有饭碳粉、乳积散、疳积散等，在小儿疳积、腹泻、惊风及诸多杂症上有显著疗效。治疗上常“培植脾土，扶助胃气”，使机体运营正常，从而达到标本兼治之功效。2021 年，福鼎蓝氏畲医小儿疳积症诊疗技术被列入福鼎市（县级）第二批市级畲族非物质文化遗产代表性项目名录。

福安畲族苎麻手工织布技艺　苎麻是中国特有的一种荨麻科草本植物，颜色洁白，纤维细长轻盈，不易受霉菌腐蚀和虫蛀。

畲族妇女收割苎麻

畲族苎麻手工织布技艺是畲族群众世代相传的纯手工制作工艺，至今已有 400 多年历史。畲族苎麻手工织布一是可满足家庭制作服饰的需求，二是用来准备织锦嫁妆，其中包括被面、褥面、床单、帐子、衣料、手巾、包袱带等。畲族婚礼、节日等喜庆活动，需要织红布袋、新衣服，用料多为自织的苎布。苎布有粗、细两种，粗的通常用于缝制“苎布衫”，供劳动时穿；较细密的用于缝制便服、客服、蚊帐、布袋等生活必需品。

福安畲族妇女织苎麻布

苎布生产工艺流程复杂，收割下来的苎麻要剥皮、晾晒、捻线、织布。织染苎麻布从拧线、圈线、纺线、游线到织布、染布、游布共七道工序。苎布织染工艺流程：退浆—煮炼—漂白，包括染布、浸泡、落料、加热、蒸煮、风干、拉平、成型、凉水这几道工序。2019 年 11 月，福安畲族苎麻手工织布技艺被列入福安市（县级）第三批市级非物质文化遗产代表性项目名录。

顺昌畲族舞蹈　明末清初从闽西迁入顺昌县的畲族，其民间传统舞蹈主要有祭祀、丧礼和生产劳动等方面的舞蹈。畲族舞蹈多见于做功德、“拔伤”、“打癀”、祭祖等活动。主要是师公口吹龙角，手舞灵刀，在锣鼓敲打声中，边唱（或念）边舞，有独人、双人、四人或集体舞，舞姿舞步多为狩猎动作。最典型的动作是“悠荡步”和“坐蹲步”。2007 年，顺昌畲族舞蹈被列入顺昌县第一批县级非物质文化遗产代表性名录。

顺昌畲家竹筒酒酿造技艺　顺昌畲族酿制“竹筒酒”的技艺，由畲族居住环境造就。畲族多聚居于深山，常遭兵匪侵劫，畲族先民便将畲家酒灌入部分毛竹的竹腔中，以防止兵匪抢劫。经过历代畲民的技艺积累，将畲家酒的基酒直接注入清明时节的嫩毛竹腔，逐渐形成竹筒酒制作技艺，酒液充分吸收竹体营养成分，酒竹共融，待嫩竹成型后砍下毛竹，锯下有酒的那一节毛竹，取出竹腔中的酒便是畲家独特的“竹筒酒”。2016 年，顺昌畲家竹筒酒酿造技艺被列入顺昌县第六批县级非物质文化遗产代表性项目名录，代表性传承人为雷九生。

安吉郎村畲族过大年

安吉郎村畲族过大年　安吉县章村镇郎村畲族自 2016 年以来，已连续举办了三次畲族过大年节庆活动，内容有“畲族婚嫁表演、畲家美食盛宴、畲歌畲舞、畲族游戏”。古朴震撼的木鼓舞，几十位舞者敲木鼓、跳木鼓舞；畲族婚嫁表演，新娘穿着凤凰装出嫁，古老的娶亲仪式中，新郎要过五关（“杉刺拦路"、猜谜、抢鸡笼、对山歌、喝酒）才能娶到新娘；"原生态"山歌对唱；原生态的年货、畲家自酿米酒，还有包艾叶包、做灯笼、剪窗花等生动活泼的年俗体验。2018年9月，安吉郎村畲族过大年被列入安吉县第七批县级非物质文化遗产名录。

浮柳畲族红曲酒手工酿造技艺 浮柳畲族红曲酒手工酿造技艺传承至今有百余年历史。红酒制作工序：选红曲，红曲粒大、发酵成熟，拿一粒红曲折断看，内心没带白点，粉末少，色红带黑（这是做酒发酵用的红曲）；选糯米，选高寒地纯糯米；洗糯米，米要洗净，不带泔水，淋浇到水清为佳；泡糯米，浸泡时间不少于6小时；沥水蒸饭，捞出时还要冲水，沥干后放甑里蒸，蒸熟后倒出晾，手摸感觉温凉为合适；米曲配比，30斤糯米6斤红曲，配比为5∶1，这样做出的红酒香甜可口；泡红曲：红曲提前一天放在酒缸里泡，糯米饭冬天20～30℃，夏天5～15℃；发酵一天1次连续10天搅拌直到完全发酵，封口待20天后出成品。2021年8月，浮柳畲族红曲酒手工酿造技艺被列入福鼎市第二批市级畲族非物质文化遗产代表性项目名录。

福鼎方家山畲族白曲酒手工酿造技艺 方家山畲族村白曲酒酿造工序：首选优质糯米；浸米、洗米、沥干；蒸透酒饭；淋水恒温50℃，回汤35℃；白曲计量，将白曲碾成粉末；酒饭下缸一层酒饭一层白曲粉，层层铺均匀；36小时后观察是否上囊，加10斤山泉水搅拌；60小时后加35斤山泉水搅拌，绸布封坛45天。方家山畲族以山泉水酿造白曲酒，颜色金黄透亮，味香醇，口感好，不酸、不涩、不上头。品种有糯米烧、白曲酒、月子酒、酒酿酒，具有保健、预防疾病功能，可入药炖补，是当地妇女坐月子首选用酒。2021年8月，福鼎方家山畲族白曲酒手工酿造技艺被列入福鼎市（县级）第二批市级畲族非物质文化遗产代表性项目名录。

畲族银饰锻制技艺 畲族人崇尚银饰、银器。畲族银器是畲族人在民族传统节日、喜庆日子、民族盛事和日常生产生活中佩戴的饰品。

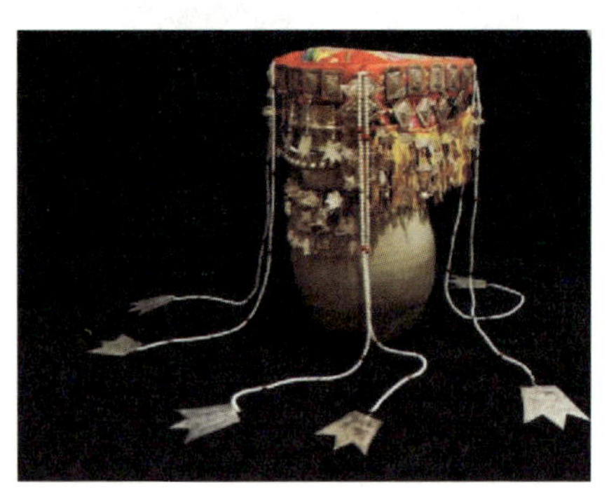

畲族传统凤冠

从明朝开始，福安西部就是福建重要的银矿开采之地，这里除了产出大量的由官家控制的"官银"运往京师外，尚有少量个人开采的"私银"散落民间。因此为民间的银匠提供了丰富的银器品制作材料，畲族传统服饰需要华丽的银制品，畲族银器锻制也由此兴起。到了清雍正年间（1723—1735年），后舍村一位自客家聚居地汀州府的吴姓族人，带来了娴熟的银器制作技艺。他们结合闽东畲家服饰图案、穿着要求、器具本色等，创造性地打造出了闽东"畲银"系列产品。有畲族婚嫁的凤冠、龙凤镯，小孩满月长命锁、胸牌、奶铃、脚镯，八卦戒等，其中最为典型的是畲族新娘婚嫁时佩戴的凤冠。后舍也因此成为穆水流域畲族银器的制作基地，特别是"后舍畲银"成了闽东畲族姑娘嫁妆的必备品，这极大地推动了"后舍畲银"的发展。吴姓银匠与畲族人通婚，近三百年来，和睦相处，互相学习，技艺相承。2019年11月，福安畲族银饰锻制技艺被列入福安市（县级）第三批市级非物质文化遗产代表性项目名录。

各地尚有诸多各类县级"非遗"项目。

非物质文化遗产代表作 2009年9月，浙江省安吉章村畲族放牛歌（歌谣）被列入安吉县第二批县级非物质文化遗产代表作名录；2009年9月，浙江省安吉报福镇畲族"盘"歌被列入安吉县第二批县级非物质文化遗产代表作；2011年6月，浙江安吉县畲族情歌被列入安吉县第三批县级非物质文化遗产代表作名录；2018年10月，福建福鼎畲族歌言"过海调"被列入福鼎市第一批市级畲族非物质文化遗产代表性项目名录，代表性传承人为雷集妹、雷大娇等。

畲族民歌类 2007年3月，福建顺昌双溪井垅畲歌艺术被列入顺昌县首批非物质文化遗产名录；2008年8月，浙江开化畲族民歌被列入开化县第二批非物质文化遗产代表作名录。

畲族刺绣编织类　2009年，浙江苍南畲族刺绣被列入苍南县第一批县级非物质文化遗产名录扩展项目名录；2009年，浙江龙游畲族刺绣编织被列入龙游县第三批县级非物质文化遗产保护名录；2018年，福建霞浦畲族传统服饰刺绣工艺被列入霞浦县第四批县级非物质文化遗产名录；2018年10月，福建福鼎畲族服饰凤凰装制作技艺被列入福鼎市（县级）第一批市级畲族非物质文化遗产代表性项目名录；2018年，安吉畲族彩带编织（章村镇郎村）被列入安吉县第七批县级非物质文化遗产名录。

畲族婚嫁类　2011年，浙江安吉畲族婚嫁礼仪被列入安吉县第三批县级非物质文化遗产代表作名录；2014年，福建顺昌畲族婚礼习俗被列入顺昌县第四批非物质文化遗产名录；2018年，福鼎畲族传统婚嫁婚礼被列入福鼎市（县级）第一批市级畲族非物质文化遗产代表性项目名录；2020年，江西龙冈畲乡婚俗被列入吉安市第五批市级非物质文化遗产代表性项目名录。

传统食品制作技艺类　2017年2月，福建福安畲家菅粽制作技艺被列入福安市（县级）第二批市级非物质文化遗产名录；2018年，霞浦畲族菅时粽制作技艺被列入霞浦县第三批县级非物质文化遗产代表性项目名录。2018年10月，福建福鼎畲族乌米饭制作技艺被列入福鼎市（县级）第一批市级畲族非物质文化遗产代表性项目名录；2019年12月，广东始兴畲族乌米饭被列入始兴县第六批县级非物质文化遗产名录；2021年6月，福建上杭畲乡乌米饭制作技艺被列入上杭县第五批县级非物质文化遗产名录；2018年，霞浦畲族药酒制作技艺被列入霞浦县第三批县级非物质文化遗产代表性项目名录；2018年，浙江安吉畲族糍粑制作技艺（章村镇郎村）被列入安吉县第七批县级非物质文化遗产名录；2019年，福建霞浦畲族糍粑制作技艺被列入霞浦县第三批县级非物质文化遗产代表性项目名录。

舞蹈、祭祖、畲医药、上刀山　2007年3月，福建顺昌双溪下沙畲族舞蹈被列入顺昌县首批县级非物质文化遗产名录。2009年，浙江苍南畲族祭祖被列入苍南县第一批县级非物质文化遗产名录扩展项目名录。2017年，罗源畲药锤板拍打疗法被列入罗源县第三批县级非物质文化遗产项目名录；2018年，福鼎畲族青草药膳制作技艺被列入福鼎市（县级）第一批市级畲族非物质文化遗产代表性项目名录。2020年，光泽县畲族上刀山被列入光泽县第七批县级非物质文化遗产名录，传承人为雷京金。

第八节　名胜古迹

从福建华安县官畲畲族村至诏安县，有一条绵延二百多公里的弧形远古摩崖石刻分布带，距今10000至5000年。石刻的代表是华安的“仙字潭岩刻”，位于华安县沙建乡苦田村，距漳州市区34千米。这些岩刻，史书记载“有文纵横如篆书”“虫文鸟篆不可识”“仙书”或“仙篆”之说，故其地名为仙字潭，摩崖符号为“仙字潭岩刻”。这些岩刻，在雷姓畲民记忆中是祖先所为；多数专家、学者，尤其是早期的专家，都认为是“畲民”所为；福建省文物管理委员会考古专家1957年在调查时，认为是唐初所谓“蛮僚”（唐时对周代“畲家”蔑称）所留。因此，福建省人民委员会1961年5月公布华安仙字潭岩刻为省级第一批文物保护单位；2013年3月5日国务院公布华安仙字潭岩刻为“第七批全国重点文物保护单位”。

岩刻按不同部位算，共有五处，自东往西分布，长20米左右。共有36个符号，最大0.74米×0.35米，最小0.13米×0.1米。像图画，更像文字，文字如早时之“雷”字。

第一处：石面1.55米见方，是文字最多的一处。字作人体、“雷”字形，大小不一，最大的为38厘米×26厘米，小的为16厘米×12厘米，没有固定的横鉴排列，犹如一幅表示事物的

华安仙字潭岩刻

图画。

第二处：石面4米×2.8米，零星分散五个字形，大小不一，大的74厘米×35厘米，小的22厘米×16厘米。

第三处：石面2.8米×2.5米，刻两个人体形，大的30厘米×26厘米，小的13厘米×10厘米。

第四处：石面凸凹不平，1.5米×1米，刻一字，30厘米×20厘米。

第五处：靠左的一处，石面1.4米×0.50米，似有两行，无序列，刻得较深，形态一种作人体、“雷”字状，一种作人面形，大的26厘米×18厘米，小的20厘米×12厘米。靠右的一处石面1.4米×0.4米，似有三个字，有人体、“雷”字形和兽形，大的20厘米×18厘米，小的15厘米×9厘米。

晋江东石畲家寨及寨碑

晋江东石寨寨碑

东石寨位于晋江市东石镇白沙村。清蔡永蒹《西山杂志》记载，东石寨原是春秋时代闽中畲家寨，当时畲民聚居于此。后被迫迁徙至闽东福鼎县等地，遂人去寨空，年久荒落。至隋开皇年间（581—600年），旧寨重修，始改名东石寨。宋太平兴国六年（981年）又重修，占地面积30多亩，寨垣高2丈，宽丈余，东北及西北方向各有圆拱寨门，寨城上有雉堞城楼。历代驻有千总、百总及都司。明末清初，郑成功在此安营扎寨，整军练武，由施琅、冯云、黄梧等人分守营寨，成为郑成功抗清复台的根据地之一。1987年，东石寨风景区建委会立碑保护。2009年11月被列入第七批福建省文物保护单位。碑主刻：

东石寨即春秋时闽中畲家寨，自秦汉至晋五胡乱华，林尚书（讳开基，号西山）由江南移家居寨东，其夫人携带关夫子像祀于寨上小堂，至隋开皇九年（589年）开发夷州（台湾），始改称东石寨。历朝设官驻守，列为江防要隘。宋太平兴国六年（981年）重修。淳熙间，朱熹在寨讲学。宋末总兵刘沫据寨抗元兵，明郑成功在寨上建阅兵台，石壁间镌有丹心，成功亲书，现存德胜门、镇海门，棣经古迹。清时百总驻守，民初许稿勾官拆寨城石，后经蔡世鼎倡建略俱大观。共和初，巨石被毁，所有名人题词尽陷无存。近年来，由海内外热心人士倡议重修，捐资兴建，呈县备案，批列古迹，赐碑保护，兹将历史及诸芳名镌上，流芳千秋。

此志

共和三十八年（1987年）丁卯仲秋

东石寨风景区建委会立

南平双剑化龙塔

双剑化龙塔，位于南平市建溪与西溪汇合处的双剑潭中心，双剑剑锋紧靠，剑头（柄）分

南平双剑化龙塔

开，构成尖塔形状，钢混结构，有15层楼高，矗立在闽江的起点。1990年后被当作南平的市标。《晋书·张华传》载，雷焕曾在监狱地基下掘到“干将”“莫邪”两支古“越剑”，古剑出土后寒光四射。雷华任建安郡从事，持其父雷焕所遗赠镆铘剑路经延平津，忽然剑出鞘落入河中。请人入水取剑，宝剑无踪影，但见两龙盘绕水底。转眼间，江水碧波灿烂，浪涛汹涌。时人以为这是双剑复合在此化龙。从此延平就有了“剑津”“剑浦”“镡川”“龙津”之称。由于这一则传说直接与古延平的东溪、西溪、剑溪三溪交流的山川地理相联系，后屡被《八闽通志》《福建通志》《延平府志》《南平县志》等地方志所引用，成为南平地方历史的一部分，以至化龙双剑现在具有了特殊的地方象征的意义。

宁德禁“恶丐强乞”告示碑

禁“恶丐强乞”告示碑，位于宁德市蕉城区霍童镇东岭畲族村半岭的村道旁。石碑高160厘米（含底座，其中底座高34厘米），宽51厘米，厚9厘米，玄武岩材质。碑额刻有“告示”二字，碑文楷书阴刻。全文如下：

东岭村禁“恶丐强乞”告示牌

钦加六品衔特授宁德县霍童分司加五级记录五次王为：出示谕知事，照得本年七月间，据十三都乡老雷云金、钟圣木、兰得明、谢芳树等佥禀，恳准详请给照出示严禁强盗恶丐以靖地方事。缘民世居十三都小石、半岭、白井、东岗界内，各乡耕山为业，所留松杉竹木屡遭强盗砍伐，又有恶丐强讨，并及鸭仔放田糟蹋产业，甚至滋事多端害良不小等情到厅，请究饬差查明除详，请给照处理，合出示严禁。

为此，示仰该乡各色人等知悉，向后仍有棍徒盗砍、恶丐强讨，以及畜生任意擅放田园残害物产，准该乡董协同地保指名具禀擒送赴厅，讯究照例详办，该乡董亦须秉公据实毋得徇私。本厅言出法随决不轻恕，各其凛遵毋违，特示，限期初二、十六。

光绪二十一年八月，发十三都小石地方

始兴28对石碑（进士碑）

石碑位于广东始兴县顿岗镇七北村乌泥塘自然村的大门坪，明末清初竖立，有28对花岗岩石碑。每对两碑相距0.4米，碑高1.8米，宽0.4米，厚0.2米。碑四面打磨光滑，碑外侧三边二层凿边磨棱，碑顶左右角缩进，呈“山”形结构。每对有对应两个孔，上方圆形下方菱形。石碑上圆孔上方，雕刻有图案，有的是“凤凰回首”，有的是“松鹤延年”，有的刻有“恩、进士、雷发声”字样。在20世纪80年代初，大门坪扩路到祖堂大门口，推倒了许多对石碑，现仅存三对半石碑。目前尚未发现史志中有对碑的相关记载。

七北村乌泥塘28对石碑（进士碑）

松阳老鹰岩矿井

老鹰岩旧矿井，位于浙江松阳县板桥畲族乡板桥村以西3千米的山崖上，是明代银矿遗址。现存的170余个大小不一的旧矿井，或横，或斜，或竖，分布在老鹰岩一面悬崖上，大多相互连通。矿井多数高阔，人可行而进。挖掘时根据银矿石走向，推进中形成有井有桥布局，构成奇异景观。井外矿渣堆积如山，连成一片，草木不生。井区如今青树翠蔓，空气清新宜人。高崖上有文字遗迹，似明似晦，难以辨析。崖脚龙潭上方，瀑高数丈，今为余庄源水库所没。湖、瀑、矿口、小路点缀着山坡植被，让人有另一番优雅与神秘的感触。老鹰岩银矿流传着许多优美的神话传说，如今仍耳熟能详的是此处工头虐待矿工，戏弄一仙人，导致矿区遭灭顶之灾，仅一好心的厨工脱身的传说。此传说的背景是明代由矿工不堪虐待盘剥引起的一起规模较大的起义。起义波及丽水、遂昌诸矿，直至闽西，后矿井遂废。

晋安瓦坪石刻

石刻位于福州市晋安区日溪乡东坪村瓦坪自然村古道旁。巨石依山而立，最宽处7.3米，高5.7米，厚2.6米。刻面略有打磨，石面刻有近百个汉字，部分字迹已风化难辨。石刻内容大意是侯官县衙因对这里的山地范围有争议而发布裁决告示，分为缘由、四至和时间三部分。石刻面2.8米×1.7米，字体分为大小两种：大字0.15米×0.12米，小字0.7米×0.8米。

晋安瓦坪石刻

告示缘由内容：

福州侯邑正堂，我院加三，所书□，地方所有，田园山坡未垦者，从□□ 可亲，查勘以是民，食□本县随即，安都会，甲里民，雷□都。

遵□佳给，阻挠生□□出疋行，解究不贷（须）至给照者。

山地四至内容：

计开，东至瓦坪大溪，南至杨梅坑牛埕、斗米洲、金山顶、吊枧，西至石门挟，北至东坪坑（境）、磉下大溪。

注：①“□”暂代替已分化难辨刻字；

②以上四至地名地址今均在，“斗米洲”处于瓦坪大溪，因山仔水库蓄水而没入水底。

石刻时间内容：

康熙五十四年九月初四给。

第六章 人物

第一节 人物传

雷万兴（生卒年不详） 广东潮州人。唐总章二年（669 年），凤凰山地区畲族人不满封建统治，在雷万兴等首领的领导下，揭竿起义，即史书上所谓的“蛮獠啸乱”。雷万兴去世后，其儿子继承父亲的遗志，继续带领畲家人坚持斗争，持续了 46 年之久。如今，各地畲民为纪念民族英雄雷万兴，每年三月三都蒸制乌米饭，或合家共餐，或馈赠亲友，举办舞会，集体对歌，欢度节日。

雷海青（696—756） 清源郡（今泉州南安）人。唐玄宗时期著名宫廷乐师。《南安市志·寺观·坑口宫》等文献记载，雷海青少时随雷家班学艺，受严格调教，虽口舌笨拙而不言，但善音律，精通“四管”乐器，尤擅箫笛、琵琶演奏。唐开元二年（714 年），唐玄宗置教坊，从各地精选乐工。高力士入闽为唐玄宗选美时，18 岁的雷海青因善音律而招选，随所选秀女、莆田江采萍（后为梅妃）一同进京，入选梨园为乐师。他演奏乐曲、编排舞蹈，深受唐玄宗重用。据传唐玄宗梦游月宫，得仙乐但无人识谱，雷海青忽然开口，说此乃《霓裳羽衣曲》，并按谱演奏一番。玄宗大喜，赐御酒 3 杯，雷海青饮后当场醉倒御前。故有“十八年前开口笑，醉倒金阶玉女扶”之说。雷海青后为梨园班头。唐郑处诲《明皇杂录补遗》记载，天宝十五年（756 年），安禄山叛军攻入长安，捉拿文武朝臣及宫嫔乐师等送至洛阳。安禄山在凝碧池赐宴，持刀逼众乐师奏乐，宫嫔歌舞。雷海青抗命不从，举起琵琶痛击安禄山不中，被安禄山下令肢解示众。于是，雷海青的忠烈事迹传遍天下。“安史之乱”平定后，唐玄宗追封雷海青为“天下梨园都总管”。位于莆田市荔城区黄石镇江东村浦口宫西侧的飞云庙，就是为奉祀雷海青而建的庙宇。为了纪念雷海青传播梨园乐技之功以及缘于对其忠烈精神的崇仰，民间艺人遂将其神化，尊为“田公元帅”，奉为戏神。雷海青是泉州普遍供奉的戏神、挡境神、相公爷，也称“田都元帅”，莆田及闽北一带则称“田公元帅”。

雷　鋐（1696—1760） 字贯一，号翠庭，宁化人。17 岁补县学生，后就学鳌峰书院。清雍正元年（1723 年）中举人，雍正十一年（1733 年）成进士，荐为庶吉士。历任翰林院编修，入侍皇子讲读，通政使，任浙江、江苏提督学政，督查院左副都御史等职。推崇和继承程朱理学思想，主张穷理致和，躬行实践。强调“力行”“躬行”。雷鋐敢于谏言，读书认真，见解透彻，所写文章能于简要平稳中表达深刻主题。著有《经笥堂文集》35 卷、《自耻录》1 卷、《闻见偶录》1 卷、《读书偶记》3 卷、《校士偶存》1 卷、《翠庭诗集》若干卷。《读书偶记》被采入《四库全书》。

雷国楚（1718—?）　雷大三十二公，福安人，乳名雷朝宝，奏名行法传。清雍正年间（1723—1735 年），南少林寺武僧林铁珠因逃难而隐居金斗洋村，授艺雷国楚。学成后，他把南少林武功融入畲族传统的功夫中，衍化出一种攻击和健身价值极高，具有独特风格和地域魅力的武术。为捍卫族人利益、防匪防盗，他传授族人武艺，被畲民誉为“虎豹师傅”“畲族武术之源”。现存金斗洋村后山上的五谷仙宫石雕神龛落款即为“雷国楚倡建”。

雷起龙（1782—1871）　谱名祚余，字南田，丽水人。能武识文，幼怀壮志，为民伸张正义，深得民众爱戴。清嘉庆八年（1803 年），以雷起龙为首发动丽、松、青诸县畲民，对清政府科举考试排斥畲民的行径展开斗争，迫使浙江巡抚阮元会同学使文宁上书礼部，咨准畲民一体考试，大长了畲民的志气。嘉庆十一年（1806 年），府属会考，雷起龙马出箭飞，连中三的，考取武庠生。只因家贫，未能再度深造。今其故居中尚存约 320 斤重的练武石墩。晚年崇尚古朴，重修族谱，同人和睦，劝善息讼，民众称善。

雷其达（1829—1897）　字起莘、启心，号颖生，江西省铅山县篁碧村人。清咸丰七年（1857 年）江西请奖以教谕选用，咸丰九年（1859 年）福建请奖以知县分发福建补用，清同治元年（1862 年）江西信防请奖保留福建以同知遇缺即补，同治二年（1863 年）福建邵武保举重改奖俟补缺，后任大田县知县。同治十二年（1873 年）任漳州府云霄同知兼任诏安知县。清光绪七年（1881 年）三月视察铜山城时，带头捐资二百两白银，以重兴南溟书院，并撰写《重兴南溟书院碑记》。碑记详细记载了书院的条例章程，后书院又立《拟续捐南溟书院膏火记》碑。同年八月，雷其达又一次发动捐款，获得八百九十六两白银，购置房产三处，每年可得租金八十余两，补充书院开支。此举足见其重视人才教育培养。后署理福宁府正堂。光绪十二年（1886 年）升任台北知府，辖宜兰县、基隆厅、台北县、新竹县，为驻守于台北城的北台湾地方官，成为光绪期间台湾重要官员。光绪十三年（1887 年）被授予“寿萱春永”牌匾。光绪十八年（1892 年），他因与台湾布政使沈应奎为姻亲，回避调任漳州知府，部分后裔留居台湾。光绪二十二年（1896 年），授湖南赈捐案内议叙二品顶戴，诰授资政大夫。

雷　丰（1833—1888）　字松存，号少逸，浦城人。自幼从父（雷逸仙）行医，继承家学，医道驰名闽浙，一生治愈不少病人，并培养出一批高徒。其子雷大震，学生江诚、程子曦等医术亦颇闻名。后徙居浙江衢州。雷丰在钻研《内经》《难经》《伤寒论》等中医经典著作后，借鉴历代名医经验，经长期严谨的临床实践，于清光绪八年（1882 年）撰成《时病论》8 卷，记载时病 72 种，各种时病治疗方案 67 条，附论 13 则，临床医药 87 则，附验方 105 首。刊行后，受医家推崇，民间亦多购置珍藏。1954 年，锦章书局石印线装本。1956 年，人民卫生出版社出版印本。1964 年，人民卫生出版社又根据清光绪十年（1884 年）雷慎修堂本校勘印行。

雷大相（1853—1925）　遂昌人，清光绪七年（1881 年）到景宁县东坑白鹤乡黄山头落户。精于拳术，力大过人，兼治伤科（有单药秘方），名震景宁、龙泉、庆元、云和、文成、泰顺等县。雷大相不仅武艺高强、医术高明，而且武德医德双馨，民间至今流传着许多有关他的传奇故事。

雷焕猷（1870—1924）　字子嘉，号退庵，宁化人。家贫，幼年丧父，奉母至孝，勤学有志，曾师从江西石城名儒黄大勋。清光绪二十三年（1897 年）省试中举，旋赴京应试入选，分发广西候补知县。雷焕猷追随孙中山加入同盟会，在宁化兴利除弊，倡办新式学堂，兴修水利，率众乡亲驱逐贪赃枉法的县长。民国元年（1912 年）选为临时国会参议院议员。民国三年（1914 年）因厌恶袁世凯倒行逆施，愤返乡里。民国十年（1921 年）出席护法国会，受聘为孙中山大总统府顾问，获二等大绶嘉禾章。民国十二年（1923 年）曹锟贿选总统，雷焕猷不为利诱。他说："我岂能自鬻其身并鬻及子孙！"毅然束装南下，穷死自明，受到孙中山的嘉勉。

雷志波（1874—1918） 乳名其元，号冰镜，宁德人。清光绪二年（1876 年）即由太学生升名例贡生修职部。光绪十五年（1889 年），见村间道路泥泞坎坷，独资修通石头道二华里；捐资帮助邻村闽坑保，在乡道塔头岭上兴建路亭一座；民国四年（1915 年），自献大杉梁柱两根，促成族祠前后两座；捐资筹建畲族福宁山民会馆，并任理事。带头种茶，把自家住屋辟为茶庄，取名"雷震昌"号，带动猴盾村雷志满也办起"雷泰盛"号茶庄。猴盾村成为宁德县五都之集市。

雷鹤云（1883—1925） 字应春，小名柏三，号樟德先生，龙游人。清光绪二十五年（1899 年）中秀才，曾当塾师 1 年，后去沪、杭药店帮工习医。3 年后回乡，精妇科、耳科、外伤科、针灸。养白马一匹，驰驱行医，人呼"白马先生"。家藏中医书籍 300 余卷，攻读甚勤，整理有《天花要问》《外伤诊治》等书稿。治病认真，凡重病者所撮之药都严于校验，并常为贫者垫付药资，致身后欠药账银圆 400 余元，抵家产后，仍不足偿还。

雷寿彭（1886—1952） 字肖钱，宁化人。清光绪三十二年（1897）毕业于日本经纬中学，升入日本明治大学专门部商科，毕业回国后，清政府授他为商科举人。民国二年（1913 年）当选为福建省参议会参议员，民国九年（1920 年）任省参议会副议长，还先后担任省临时参议会驻会议员、省政法专门学校校长、省政务厅代厅长、省府秘书、省禁烟委员会副主任委员及福州戒烟医院院长、云霄县县长等职。辛亥革命期间，他和刘春海在福州合办《群报》，宣传革命。雷寿彭精书法，尤工行楷，擅写大字，当时福建商号招牌属他手迹者不少。著译有《统计学问答》《中国现行商法总论》等。

雷文铨（1888—1946） 南安人。清末赴欧留学，获爱丁堡大学硕士学位。民国二年（1913 年），担任福建永安铁矿股份有限公司安溪、德化、永春煤铁矿山总工程师。民国三年（1914 年），担任建设福建省第一条公路的总工程师。民国八年（1919 年）担任工程师，应用英、美国家的技术标准在漳州、泉州修筑公路。民国十二年（1923 年）担任工程师主持泉州旧城改造。民国二十五年（1936 年）赴南京，任京衢铁路河沥溪总段长。抗战爆发后，途经香港转道越南奔赴西南地区为抗战服务，担任滇缅铁路工程师，历任西南运输公司总工程师、贵州省建设厅技正等职，因劳累病逝于缅甸仰光。

雷时标（1898—1981） 上杭人。民国十七年（1928 年）6 月参加蛟洋暴动。同年冬，出任中共上杭县委委员、中共北四区委委员。民国十八年（1929 年）七月下旬，闽西第一次党代表大会在蛟洋召开，雷时标当选闽西特委委员。当时毛泽东身体不好，不得不中途休息。雷时标当即请来江西樟树人谢运源替毛泽东治病。同年九月，担任县苏维埃政府委员。毛泽东回到苏家坡养病期间，雷时标担负起照顾毛泽东生活起居与传送书信的任务。同年十二月参加古田会议。民国十九年（1930 年）二月，雷时标调往厦门，任福建省委委员、常委，负责军运工作。同年八月，因患肺病，回乡疗养。为躲避反动派的通缉迫害，雷时标匿名到杭连岩边境一带深山以给人装车碓为生。1949 年闽西解放后，雷时标重新参加工作。1958 年，古田公社聘请他为古田会址临时管理人员。1965 年，因年迈体衰，回家休养。

雷凑使（1901—1965） 古田人。民国三十五年（1946），雷凑使为半山村交通站负责人。她组成中老年人供应组，轮流向游击队运送物资，提供情报。有一次，国民党乡长带保安队对 10 名妇女严加拷打，逼她们说出雷凑使去向，遭拒绝后敌人非常恼怒，准备烧房。雷凑使见状猛地推倒柴堆，冲向敌人大叫："我就是雷凑使，要抓就抓我，不要伤害乡亲们！"雷凑使遭到严刑拷打，直至奄奄一息时仍严守机密。被游击队设法保释后，雷凑使继续隐蔽开展地下交通站工作，民国三十七年（1948年）十月，得知大批敌人要搜山，她马上摸黑上山向游击队报告。1949年6月古田解放，雷凑使当上古田县妇女代表，并当选为古田县第一届人大代表、县政协常委，被称为“革命的老妈妈”。

雷臻璧（1902—1980） 宁化人。雷臻璧小学毕业后，因家境贫寒，18岁起边教小学边学中医。掌握基本医术后，经刘镜波老师介绍到下东门吉祥昌药店实习，开始临床实践。民国十年（1921年）始在禾口新街开设同仁济药店，并行门诊。民国三十三年（1944年）迁回城关大桥头开业。1955年，其药店并入健康中医联合诊所，同年往龙岩地区进修医务。1958年在禾口卫生所工作，1959年调县院专司中医。他在妇科、儿科临床和内科方面，坚持“从证而应之”，疗效卓著。他虽非医科学校出身，但在他从医的一生中，既注意积累临床经验，又重视学术理论研究，留下了可贵的医学遗产。1960年，省中医研究所主编的《福建中医医案医话选编》第一辑中收录他的文章计23篇。1963年，赴厦门参加省中医学术会议期间，发表《伤寒论见解》，受到好评，他被评为省名老中医。晚年，又将平生积累的医疗经验写成《医案》99篇。

雷贤钟（1903—1984） 古田人。民国十二年（1923年），因生活所迫远渡重洋，到马来西亚为当地业主种植橡胶。1949年10月回国后，到海南的万宁、陵水、崖县、保亭诸县，考察当地的气候、土质及橡胶品种。1954年，他返回马来西亚，经过近两年精心培植，于1955年11月把16种橡胶良种共200株胶苗以及一些PB83号芽条，用药物处理后装箱，运回海南海口，胶苗、芽条全部成活。1956年春，周恩来总理电邀他到北京，并予接见，称赞他带的橡胶良种比金子还贵重。1958年以后培育出胶量多、生长期短的86号和600号良种，从而结束了中国橡胶种植业技术落后、产量低的历史。雷贤钟被誉为中国橡胶之父。“文化大革命”期间被下放劳动，1978年改正，1979年再次当选为第二届全国侨联委员。

雷景山（1904—1951） 景宁人。民国三十一年（1942年）加入中国共产党。民国三十五年（1946年），任村民兵队队长。1949年3月，组织民兵配合游击队，攻打景宁、文成交界敌军的梅岐炮台，迫使敌军撤离据点。同年5月，带领民兵追击国民党溃兵，缴获敌兵武器，配合游击队解放景宁城。1950年，带头送子雷喜庆参军。1951年，上级决定由他参加全国民兵模范代表大会和国庆观礼，后因疾病未能赴京，于8月19日逝世，终年47岁。

雷其盛（1912—1995） 连江人。生于贫困家庭。民国二十一年（1932年），在马鼻村参加中共领导的地方游击队，任溪利乡游击队队长，曾参加解放透堡、陀市等战役。民国二十三年（1934年）冬，连江县苏区革命根据地全部失陷，革命武装被迫转移到福清、永泰县一带。雷其盛留守家乡继续开展革命斗争。民国二十五年（1936年）除夕夜，雷其盛潜回家取衣物、食物等时，被仁山乡民团抓捕，受尽严刑拷打，几次昏死过去，仍咬紧牙根不泄露革命机密。敌人在寒冷的夜晚将他拖到野外荒地上，朝他连开几枪。他在昏迷中听到枪声，身体不由自主地颤抖倒下，敌人以为已击中（实际未击中），便离开了。后被一位叫郑泉承的好心老人背回家，并暗中通知他家人将其背回养伤，从而活下来。中华人民共和国成立后，雷其盛被选为县人大代表，曾任仁山乡乡长、武装部长，开展减租和土改运动。1955年，参加支前工作，在东湖至黄岐国防公路建设中负责管理工作。1961—1962年，在福安民族中学总务处工作，后请求回乡务农。

雷　明（1914—1963） 原名雷必发，参加红军后改今名，宁化人。民国三年（1914年）十一月出生在宁化县城郊镇连屋曹家屋村一个贫农家庭。雷鸣17岁参加红军，被分配到红军一方面军一兵团一纵队部。民国二十二年（1933年）二月调到红军一方面军军部卫生部当卫生员，次年九月加入中国共产党。他经历过第三、四、五次反“围剿”，参加过二万五千里长征。民国二十四年（1935年）十月到达延安后，在延安留守兵团任护士排长。民国三十二年（1943年）

调往晋察冀边区卫生部转任医生，先后担任卫生员、排长、医生、卫生科副科长。1951年调任中南防空部队雷达营卫生所任所长。1955年转业到广州市卫生防疫站任卫生科科长。雷明几十年的戎马生涯中，参加过大小战斗和战地救护五百多次，为革命流过血、负过伤。在实践中积累了不少经验，他擅长针灸，经常身带银针下部队和地方治病，获得战士和群众的好评。1963年因病逝世，葬于广州革命公墓。

雷　钦（1915—2014）　上杭人。土地革命战争时期，先后任红十二军103团宣传员、“兴国模范师”新兵连政治指导员。长征时为红一方面军总部警卫营政治委员，中央军委侦察科科员、队长，多次圆满完成保护中央机关的任务。中华人民共和国成立后，先后任中国人民解放军总后勤部军械部副政治委员，铁道公安第21师政治委员，人民解放军第190师政治委员。1955年被授予大校军衔，1961年晋升为少将军衔。荣获二级八一勋章，二级独立自由勋章，二级解放勋章。1988年7月被中央军委授予中国人民解放军一级红星功勋荣誉章。

雷阿嫩（1920—1948）　柘洋（今柘荣县）人。13岁离家投奔红军，在闽东红军十六连当小号兵。攻打霞浦县大坪港时，对方抽走了过河跳板，雷阿嫩用一丈多长的战刀往水中一插，飞身跳往对岸吹起冲锋号，战士们纷纷冲过河去，很快就将敌人消灭，指战员称赞他是“畲族雄鹰”。民国二十五年（1936年）加入中国共产党。抗日战争爆发后，雷阿嫩任五连指导员，北上抗日，途经黄土塘，与数百名日伪军相遇，他吹响冲锋号，带领全连战士向前冲杀，歼敌近百人，取得首战的胜利。七月下旬，雷阿嫩奉命率部袭入虹口机场，俘获伪军，并冒着日军火力迅速接近4架飞机，放火烧毁飞机后安全撤出。这一胜利轰动上海，震慑了京沪路上的日伪军，扩大了新四军的政治影响。在东桥战役中，雷阿嫩亲率五连战士向敌冲去，打退日军三泽大队的反扑，击毙三泽金夫，缴获一把银鞘指挥刀。在卢家滩阻击战中，率团歼敌数百人。解放战争时期，雷阿嫩参加鲁南、莱芜、泰安、孟良崮战役。每次战斗，总是亲率前卫营参战，既当指挥员，又当战斗员。淮海战役中亲率老六团参加战斗，与兄弟部队一起在窑湾镇歼灭、俘获敌军3000余人。此后团部在参谋处召开作战会议，敌机前来轰炸，雷阿嫩及时组织大家疏散，参谋处被敌机扔炸弹炸毁，雷阿嫩不幸牺牲，时年28岁。在江苏徐州的淮海战役纪念馆中可见他的光辉事迹。

雷仁余（1924—1987）　丽水人。民国三十七年（1948年）一月，加入中国共产党，六月任民兵队长。中华人民共和国成立初，带领民兵配合解放军在丽水、青田交界的山区剿匪。土匪对联济民兵恨之入骨，1949年8月6日夜，顽匪十一支队乘雷仁余带民兵外出剿匪之机，袭击联济村，将财物洗劫一空，把雷仁余的母亲、妻子和2岁的儿子锁在房内活活烧死。雷仁余化悲痛为力量，带领民兵作战40余次，毙匪3名，活俘50余名，缴枪14支，为肃清匪患立下战功。他多次被评为区县剿匪模范、民兵英雄，受中国人民解放军浙江军区的表彰。1960年，被选为民兵代表，赴京参加全国民兵代表大会，受到毛泽东主席和中央领导的接见。

雷关贤（1924—2011）　又名雷观贤，遂昌人。民国二十七年（1938年）十月，加入中国共产党。先后担任石练古木树下村党支部书记、中共大柘区委石练分区委副书记。在中共遂昌县委领导下，积极参加抗日救亡工作。1951年3月，任中共衢州地委组织部干事。1952年8月，任中共华东局统战部民族事务科副科长。1952年10月，任华东地区民族参观团领队，带队赴北京参加中华人民共和国成立三周年观礼活动，在怀仁堂受到毛主席的宴请，并与毛泽东、刘少奇、朱德、周恩来等党和国家领导人合影留念。1953年7月，参加民族识别调查组，到浙江、福建对“山哈”族进行调查。后组织专家对族称进行研究，为“畲族”的确认做了大量工作。1954年8月，任浙江省委统战部民族事务处副处长。离休后任遂昌县畲族文化研究会第一届会长，组织一年一度的畲族重阳歌会，搜集整理出版遂昌《畲族山歌集》，启动编纂《遂昌畲族志》；协助编写《中共遂昌党史》，撰写回忆录《党史人物曾铁民》《殷铁飞小传》《石练地区革命斗争的回忆》《抗战时期遂昌二五减租概况》《畲乡风云录》；协助编写《丽水地区畲族志》《浙江省少数民族志》；撰写《遂昌畲族史源初探》《从漳州谕畲谈起》《畲族风俗习惯》《畲歌浅淡》；创作《中共党史歌》《红军歌》《五雷催春》等千余首畲族新山歌。

雷耀铨（1929—2013） 金华人。一直在浙江省少数民族师范学校从事教学，历任教导主任、副校长、副书记等职，中国人民政治协商会议浙江省委员会第二届至第六届委员，第五届常委。中国百越史学会会员，浙江省民间文艺家协会会员，浙江省畲族文化研究会副会长、会长。1979 年，担任浙江省少数民族代表团团长，率团赴北京参加中华人民共和国成立 30 周年庆祝活动。1991 年被评为中国民间文学集成编纂工作先进工作者。1992 年被评为全国民族教育工作先进个人，受到教育部、国家民族事务委员会的表彰。

雷学金（1929—2016） 南安人。民国三十七年（1948 年），雷学金考上了厦门双十高中。1978 年，雷学金从海外归来，他以“办事一定做好”等为信念，热心从事办学等公益事业。1979 年起，在家乡修桥铺路，兴建学校、医院，设立奖学金，支援灾区建设，捐资近亿元人民币。投资 10 亿元人民币在北京奥运村旁兴建中华民族园，建了中国 56 个民族风格的建筑物，将福建一座“雷宅”移建其中。捐款 100 万美元建设北京“水立方”。捐资 200 万元保护北京房山云居寺大藏经。捐资 100 万元支持河南省登封市嵩山雷家沟村建雷氏文化博物馆。他德高望重，被荣称为“雷公”。2015 年 9 月初，受邀出席观礼纪念中国人民抗日战争暨世界反法西斯战争胜利 70 周年阅兵。

雷恒春（1931—2021） 罗源人。1949 年参加工作，1950 年 12 月加入中国共产党。先后担任罗源县民政助理员、县委秘书，福建省民政厅股长、民族处民族事务组组长，福建省福安县委副书记、宁德县委副书记，宁德地区民政局局长，福建省民政厅副厅长，福建省民族事务委员会主任。20 世纪 50 年代参加民族识别工作调查组，艰苦跋涉，深入福建的畲村调查，为畲族作为单一民族的确定做了很大的贡献。长期从事民政、民族工作，在民族各项工作中表现出了对党和人民的忠诚，对民族工作的热爱，对福建少数民族群众的关怀，担任地区、县级党委政府领导时，坚持人民至上，经常深入群众调查研究，坚持不懈为群众办实事做好事，树立了良好的干部形象。1993 年退休后政治坚定、思想常新、理想永存，积极参加《福建省志・民族志》撰写等工作，继续为民族团结进步事业奉献力量。

雷霁霖（1935—2015） 宁化人。中国著名的海水鱼类养殖学家，增养殖理论与技术的主要奠基人，工厂化育苗与养殖产业化的开拓者，国家鲆鲽类产业技术体系首席科学家。1958 年毕业于山东大学生物系（现中国海洋大学），曾任中国水产科学研究院黄海水产研究所研究员，中国海洋大学、厦门大学和大连海洋大学兼职教授、博士生导师。2005 年当选为中国工程院院士，享受国务院政府特殊津贴。半个多世纪以来，雷霁霖院士坚持以工业化理念为指导，引领着海水鱼类养殖产业发展新潮流，系统研究了 22 种海水经济鱼类的增养殖理论和技术，主持完成了 30 多项国家重大科研项目，其中 8 种实现产业化。1992 年率先从英国引进冷温性鱼类养殖良种——大菱鲆（多宝鱼），突破了育苗关键技术，并达到国际先进水平。他创建了符合国情的“温室大棚+深井海水”工厂化养殖模式，全面构建起大菱鲆工厂化养殖大产业，推动了中国第四次海水养殖产业化浪潮的兴起和沿海三农经济的发展，创造了巨大的经济和社会效益，被誉为“中国大菱鲆之父”。《海水鱼类养殖理论和技术》《大菱鲆养殖技术》等著作和 120 多篇科研论文，获得业界的一致好评。研究成果先后获国家科学技术进步奖二等奖、杜邦科技创新奖、山东省富民兴鲁劳动奖章、何梁何利基金科学与技术创新奖、青岛市科学技术最高奖、“山东省科技兴农功勋科学家”等奖励和荣誉称号。2018 年获评“改革开放 40 周年渔业科技纪念人物”。

雷贤雄（Loy Hean Heong）（1936—1997） 祖籍福建古田县大桥镇梅坪畲族村，1936 年生于马西亚霹雳州曼绒县爱大华一个贫困的华工家庭。1903 年前后，马来人来福州招募农工，其祖父成为马来亚霹雳州曼绒县实兆远区甘文阁（又名牧师楼）（Kampung Koh）的第一批华人垦民。

雷贤雄幼年时，每天清晨两点就随着父亲雷端通去橡胶园割胶，早餐通常是稀粥和一小片咸鱼，退伍后从商，与人合伙开办胶带厂。1957 年，马来亚独立（当时还未成立马来西亚），大批英国人急于撤离，抛售手中的种植园。雷贤雄以每英亩 100 元马币买进大批橡胶园，后以每英亩 500 马元的价格出售，赚到了第一桶金。1970 年，他买进槟城持有大面积地产的岛屿酒店业有限公司。他曾向印度人借高利贷，这一遭遇使他萌发投身金融事业，好为大众提供贷款的愿望。1974 年，他买下当时处在破产边缘的“马婆金融公司”（即后来的“马婆集团”）。经过苦心经营，该公司很快成为马来西亚一流的金融企业并上市，他也于 1985 年成为马来西亚十大企业家之一。马婆集团后来发展成一家庞大的多元化企业。集团的信用卡业务扩展至澳大利亚、新加坡、新几内亚、中国、印度尼西亚、缅甸、韩国和越南等国家。1997 年 12 月，雷贤雄因癌症去世，集团主席由其儿子雷德雁接任。雷贤雄的事业，曾经历几回经济不景气的打击，但每次他都能敏锐地抓住转瞬即逝的机会，使事业起死回生，在商界被誉为“企业圣手”。

第二节　人物录

雷宜中（1213—1277）　丰城人。南宋德祐年间（1275—1276 年）任礼部尚书兼广东安抚使。

雷三益（生卒年不详）　清流城关人。南宋景炎初，文天祥兵败，入汀州府招募义兵。雷三益率子雷丙、雷戊、雷庚同时应征入伍抗元。元朝调集大批元兵镇压义军，激战中，雷氏父子四人同时阵亡。

雷　机（生卒年不详）　字子枢，城山雷氏一世祖，建安（今建瓯）人。元延祐五年（1318 年）进士。历授古田丞、兴化尹、惠安尹、延平推官、湖广提举、江西副使，后升翰林院待制阶朝散大夫。雷机为官以惩治强暴著称，曾清理不少冤案，为民伸张正义，深得民众拥戴。

雷　灿（生卒年不详）　南安人。元代泉州途岭巡检。

雷德润（生卒年不详）　建瓯人。元代长乐主簿，徐州、福州路教授，赠翰林院秘书少监，朝散大夫。

雷　福（生卒年不详）　泰宁人。元末江西隆兴总管、云南大理府同知，明洪武元年（1368 年）湖广按察验事。

雷　绅（生卒年不详）　清流人。元代任职于江西湖东道提刑按察司。

雷　政（生卒年不详）　南安人。明初任泉州指挥使。

雷　镩（生卒年不详）　建瓯人。明永乐三年（1405 年）举人，授高趾（今朝鲜）宣化县知县。

雷　昂（约 1508—1568）　号盘石，泰宁人。以贡生授歙县（今安徽歙县）县丞，曾代理歙县、黟县、祁门、绩溪（均属安徽省）四县县令，后擢升为河南中护卫经历。泰宁旧县志载其质行缜密，长于文学，为官廉洁自守。

雷　逵（生卒年不详）　建安（今建瓯）人。明嘉靖二十八年（1549 年）应供，任广东雷州府教授，广西武绿县知进阶承德郎。

雷　五（？—1589）　兴化（今莆田）人。明代畲族起义军首领。明万历十七年（1589 年）正月，莆田地区发生灾荒，民不聊生，雷五、柯守岳等以“海上游天王定江山，定万民”为号召，领导莆田、仙游“菁客”（包括畲族在内种蓝靛的农民）起义。

雷玉案（生卒年不详）　字贵发，号勉斋，铅山人。为人忠厚，随兄卖纸为生。一次前往石塘卖纸途中拾得一个小衣囊，恐失主担心便在原处守候，待汤姓失主赶到当面奉还。小衣囊内有主人的千金券，主人十分感动。

雷　寅（生卒年不详）　字云梯，号晓峰，铅山人，曾任八旗官学汉教习，中举后任知县。

雷　寀（生卒年不详）　字云路，号孚庵，铅山人，先任训导，因团练后保举翰林院招待，加五品衔，例授奉直大夫（清道光年间）。

雷维醇（生卒年不详）　字光良，号萃堂，道光丙午科（1846 年）第六十二名举人，拣选知县，历任南康府星子县议处、抚州府宜黄县训导、南昌府进贤县教谕，钦加内阁中书衔。

雷维垣（生卒年不详）　字光文，号可阶，道光丁酉科（1837 年）拔贡，建试进士，安徽直隶州州判，诰封奉直大夫，钦加监课提举司衔，妻张氏例赠宜。

雷鸣春（1765—1848）　雷玉案之三子，字声远，号惺庵，铅山人。宽厚仁道，乐于助人，常以钱粮济贫，不求偿还，还常捐资修桥铺路，人们视他为“土地菩萨”，祈愿保一方平安。

雷维翰（1805—1862）　字光照，号西垣（西园），铅山人。其高祖父雷时六于清雍正六年（1728 年）从福建宁化迁至铅山篁碧。道光壬辰科（1832 年）乡试第六十六名举人，庚子科（1840 年）会试第三十一名贡士，唐文试二甲第八十一名进士，三考三中，钦点翰林院庶吉士，三年期满，任陕西道御史钦加盐运使，吏科给事中。咸丰九年（1859 年），因功勋显著得戴花翎之赏赐。

雷腾锋（生卒年不详）　福安人。清光绪年间（1875—1908 年），富裕之家，年收租四百余担（古称）稻谷，当时监生，乐善好施，方圆乡里颇有名气。

雷　云（1826—1877）　字国友，号鹤峰，温州人。清嘉庆八年（1803 年 ），浙江巡抚阮元和学政文宁曾明文咨推畲民“能通晓文义者，加平阳县试”，但仍受到许多限制，“涉山涉水，日夜奔驰”，“备尝艰辛”赴省、府两处提起诉讼，清道光二十七年（1847 年）温州府颁发《禁阻考告示》内称：经省、府详核该童雷云请准其分别补考，倘该县廪生及各童等再敢阻挠，即由该县照例究办。

雷一鸣（1828—1910）　古田人。出生时家道小康，自幼习武，臂力过人。清道光二十八年（1848 年）考中武秀才，时古田县 16 人参加武秀才考试，仅雷一鸣考中，有“七杜八戴不及一粒雷”之谓。终身练武，例赠儒林郎。

雷天三（1881—1972）　字菊泉，曾名舜渔，苍南人。6 岁读书，21 岁赴平阳县试，先后在畲乡诸小学执教。到 1953 年才停教，一生对教育事业做出一定的贡献。1962 年起先后为平阳县第二、三、四、五届政协委员。1963 年又被浙江省人民委员会聘请为浙江省文史研究馆馆员。

雷作霖（生卒年不详）　字宗功，号雨人，又号纪臣，平阳人。清光绪三年（1877 年）丁丑科，蒙张盛藻府尊取全案第 9 名，复蒙黄恕皆大宗师于院试取入泮第一郡庠生，月课屡列超等，授予景梧相。平阳县正堂冯德坤题赠“府案首”匾额一方。现存旗杆夹一对，在凤阳乡凤楼村仓头祖屋门前。

雷奶祥（1883—1936）　福安人。中共福霞县溪柄乡肃反队队员，民国二十五年（1936 年）牺牲于溪柄乡。

雷寿彭（1886—1952）　宁化人，民国二年（1913 年）当选为福建省参议会参议员，连任 10 余年。民国十二年（1923 年）当选为省参议会副议长，先后担任省政法专门学校校长，省民政厅代厅长，省政府顾问，省禁烟委员会副主任及福州戒烟医院院长等职。

雷李富（1887—1929）　上杭太拔崇厦人。上杭东三区崇睦乡苏维埃政府主席，民国十八年（1929 年）4 月在太拔鲜水坑被匪杀害。

雷朝阳（生卒年不详）　罗源人。自幼酷爱拳术，大胆吸收南拳的一些特点，创作出动静分明、攻防严密的独特的“八井拳”套路。他技艺超群，武德高尚，以健身壮体为目的，义务为乡亲传授拳术，深受乡亲称赞。

雷阿尾（1894—1936） 柘荣人。桃坑村苏维埃政府粮食委员，民国二十五年（1936年）牺牲于兰中村。

雷家员（1895—1936） 福鼎人。民国二十五年（1936年）参加革命，同年牺牲于白琳镇。

雷桂秋（1896—1928） 上杭人。民国十七年（1928年）参加革命，为上杭北五区赤卫队队员，同年在蛟洋塘下牺牲。

雷本余（1896—1946），**雷碎道**（1920—1948） 文成人。1952年4月2日《浙江日报》刊登通讯《光荣村里的光荣户》，赞扬了浙江省文成县双桂乡周山下畲族聚居村雷本余烈士一家。这一家，父子三人于20世纪40年代初加入中国共产党，为了革命，祖孙三代六人被捕，其中雷本余、雷碎道父子为革命牺牲，成为革命烈士。

雷升良（1900—1933） 上杭人。民国二十年（1931年）参加革命，任新编红十二军一〇四团二连担架队长，民国二十二年（1933年）在江西东黄陂作战中牺牲。

雷珠梯（？—1933） 连江人。中共连江县长龙乡肃反队队长，民国二十二年（1933年）在长龙乡反“围剿”时牺牲。

雷木木（？—1934） 连江人。红军连江独立营战士，民国二十三年（1934年）在马鼻镇战斗中牺牲。

雷荆成（1900—1934） 宁德人。民国二十二年（1933年）参加革命，猴盾苏维埃政府工作人员，民国二十三年（1934年）在八都猴盾被敌杀害。

雷奶灿（1900—1937） 宁德人。民国二十三年（1934年）参加革命，任高山交通站站长，民国二十六年（1937年）在九都渡船头坂被敌杀害。

雷　瀚（1902—1953） 上杭人。民国八年（1919年）赴法国留学。民国二十年（1931年）至1949年先后任职于武汉大学、光华大学、广西大学、安徽大学。1949年后为北京师范大学教授。

雷义洪（1903—1931） 长汀人。民国十八年（1929年）参加革命，中共党员，水口区苏维埃政府财政部工作人员，民国二十年（1931年）牺牲于赖坊。

雷阿宝（1904—1935） 柘荣人。民国二十二年（1933年）参加革命，任西溪乡苏维埃政府军事委员，民国二十四年（1935年）十二月牺牲。

雷长生（1907—1994） 别名西妹，讳朱龙，晋安人。勤奋好学，30岁出头就被推荐为福州市建筑业工会委员，并作为后补常务理事参与福州市建筑业决策工作。中华人民共和国成立后被指派到闽东一带参加建设，霞浦、福安一带有经他设计的建筑物及海岛军营等近百座。所带的学员许多成为闽东及省内外的设计骨干和项目负责人。

雷进济（1908—1979） 柘荣人。民国二十三年（1934年）参加革命，担任福安县北区苏维埃政府交通员，全家人冒着生命危险，为山上的革命者送饭、送信。中华人民共和国成立后任柘荣县民政科副科长，经常深入乡村宣传党的少数民族政策，发展少数民族地区生产。退休后以祖传青草药医术，为群众治病，从不收取报酬。

雷佑生（1909—1933） 清流人。嵩口区嵩口乡苏维埃政府秘书，民国二十二年（1933年）冬被大刀会杀害于下和村。

雷必生（1909—1936） 福鼎人。民国二十五年（1936年）参加革命，游击队员，同年于白琳岭仔头被敌杀害。

雷兴俤（1909—1936） 霞浦人。民国二十三年（1934年）参加革命，红军闽东独立师4团战士，民国二十五年（1936年）在宁德县梅溪岭作战中牺牲。

雷住旺（1910—1934） 罗源人。民国二十二年（1933年）九月参加革命，随革命武装转战连江、罗源边区。民国二十三年（1934 年）十月十二日，碧里西洋乡反动组织大刀会趁红军主力外线出击，包围偷袭可湖乡苏维埃政府。雷住旺与巡逻队（农民自卫队）一面顽强抗击敌人，一面组织群众向可湖后山撤退，在激烈的战斗中不幸牺牲。

雷木俤（1911—1934） 顺昌人。红军第九军团步兵连战士，民国二十三年（1934 年）在江西黎川战斗中牺牲。

雷亨书（1914—1934） 长汀人。民国二十一年（1932 年）参加革命，任红十二军三十四师一〇〇团连长，民国二十三年（1934 年）在江西兴国战斗中牺牲。

雷光熙（1917—1941） 莆田人。民国二十三年（1934 年）参加革命。曾任抗日救国义勇军第七路军第一纵队副司令员，民国三十年（1941 年）在狱中牺牲。

雷七妹（1920—1937） 女，福鼎人。民国二十五年（1936 年）参加革命，为福鼎四区工作人员，游击队长。民国二十六年（1937 年）七月在霞浦金竹村一带活动时被捕，受尽严刑拷打，坚贞不屈，临刑前高呼口号，壮烈牺牲。

雷仁俤（1927—1951） 罗源人。1950 年入伍，闽侯军分区独立第二营战士，1951 年解放西洋岛战斗中牺牲。

雷水林（1932—2012） 安徽省云梯人。1949 年 10 月参加白鹿村农会，担任青年委员。1953 年 4 月加入中国共产党。1962 年 11 月调入宁国县农水局，担任局长。1979 年 9 月，作为少数民族代表进京出席新中国成立 30 年大庆观礼。1981 年 11 月，任宁国县人民政府副县长。1984 年 4 月，任宁国县人大常委会副主任。1987 年 4 月，任宁国县人大常委会常务副主任。1990 年 6 月，任政协宁国县委员会主席。

雷子金（1936—2002） 宁化人。曾任吉林省延边日报社高级编辑。延边朝鲜族自治州第七、八届政协委员，被评为吉林省延边自治州民族团结模范、优秀作家。

雷风行（1944—2014） 宁化人。中国作家协会会员，国家一级作家，高级记者，全国百佳新闻工作者。曾任《人民铁道》报文艺部、特刊部、经济部主任，《中国旅客报》总编辑，中国铁路总公司（原铁道部）档案史志中心高级编审。

第三节 历代进士表

宋代进士表

姓名	籍贯	中进士时间与科榜	任职	备注
雷 宣	宁化	北宋皇祐元年(1049 年) 冯京榜	曾任宜黄知县事	
雷 尧	宁化	北宋元丰二年(1079 年) 时彦榜	曾任连州通判	
雷觉民	建安	北宋绍圣元年(1094 年) 毕渐榜	曾任漳浦尉、湖州司录太守	
雷 协	宁化	北宋政和二年(1112 年) 莫俦榜	曾任兴化军教授	
雷 观	宁化	北宋靖康元年(1126 年)		特赐
雷 靖	宁化	南宋绍兴十五年(1145 年)刘章榜		特奏名
雷 硕	宁化	南宋隆兴元年(1163 年)木待问榜		特奏名
雷彦国	宁化	南宋隆兴元年(1163 年)木待问榜		特奏名
雷 霆	宁化	南宋乾道八年(1172 年) 黄定榜	曾任漳浦知事	

续表

姓名	籍贯	中进士时间与科榜	任职	备注
雷　倬	宁化	南宋嘉泰二年(1202 年)傅行简榜		特奏名
雷丑助	崇安	南宋嘉定元年(1208 年) 郑自诚榜	曾任福州监镇	
雷　复	建安	南宋嘉定十年(1217 年) 吴潜榜		
雷　绍	建安	南宋淳祐四年(1244 年) 留梦炎榜		
雷子发	建安	南宋淳祐四年(1244 年)留梦炎榜		

元代进士表

姓名	籍贯	中进士时间与科榜	任职	备注
雷　机	建安	延祐五年(1318 年) 霍希贤榜	曾任沙县知县、延平府推官、惠安尹	
雷　杭	建安	元统元年(1333 年) 李齐榜	曾任武平县尹、潮阳县尹	
雷　珙	建安	至正二年(1342 年) 陈祖仁榜		
雷　镐	清流	至正二年(1342 年) 陈祖仁榜		
雷　燧	建安	至正二十三年(1363 年) 杨輗榜	曾任国子监助教	
雷　埏	建安	至正二十六年(1366 年) 张栋榜	曾任盐场司知事	

明代进士表

姓名	籍贯	中进士时间与科榜	任职	备注
雷　填	建安	建文二年(1400 年)胡广榜		
雷　迅		永乐四年(1406 年)林环榜		
雷吉生	建安	永乐九年(1411 年)萧时中榜		
雷　璲	建安	永乐十六年(1418 年)李骐榜		
雷仕旃	建瓯	成化十一年(1475 年) 谢迁榜	曾任浙江佥事、广西副使、浙江右参政	
雷金科	建安	嘉靖三十二年(1553 年) 陈谨榜	曾任浙江宁波知府	

清代进士表

姓名	籍贯	中进士时间与科榜	任职	备注
雷殷荐	宁化	康熙五十四年(1715 年) 徐陶璋榜	曾任松滋县知县	
雷　鋐	宁化	雍正十一年(1733 年)陈倓榜	曾任翰林院编修,浙江、江苏提督学政 ,督查院左副督御使	
雷　鹏	清流	乾隆十三年(1748 年)梁国治榜		武进士

第四节 烈士英名录[①]

福建省革命烈士英名录

姓名	性别	出生时间	籍贯	入伍时间	生前职务	牺牲时间及地点
雷连基	男		连江县周溪村		村苏维埃政府主席	1934年在反“围剿”中牺牲
雷木木	男		连江县大沧村		红军连江独立营战士	1934年在马鼻镇战斗中牺牲
雷水水	男		连江县岩下村		连江县东湖乡赤卫队队员	1935年牺牲于祠台乡岩下村
雷礼水	男	1901年	连江县建庄村		下洋乡苏维埃政府主席	1934年在罗源县北山乡战斗中牺牲
雷珠梯	男		连江县洪塘村		连江县长龙乡肃反队队长	1933年在长龙乡反“围剿”时牺牲
雷清梯	男		连江县长龙村		红军闽中第十三游击支队交通员	1932年牺牲于梅里乡
雷乃忠	男		连江县高岳村		高岳乡苏维埃政府交通员	1933年牺牲于高岳乡塘坂村
雷道富	男		连江县溪利村		溪利乡游击队队员	1934年牺牲于溪利后山火海中
雷节发	男		连江县溪利村		溪利乡苏维埃政府副主席	1933年牺牲于溪利乡
雷道金	男		连江县溪利村		溪利乡游击队队员	1934年牺牲于溪利后山火海中
雷连兴	男		连江县溪利村		溪利乡苏维埃政府主席	1933年牺牲于溪利乡
雷祥财	男		连江县溪利村		潘渡乡南山村赤卫队队员	1933年牺牲于保溪村
雷细妹	男		连江县溪利村		溪利乡苏维埃政府交通员	1934年牺牲于溪利山
雷光熙	男	1915年	莆田县常太镇渡里村	1934年	抗日救国义勇军第七路军第一纵队副司令员	1941年在狱中牺牲
雷仁俤	男	1927年	罗源县梧桐村	1950年	闽侯军分区独立第二营战士	1951年在解放西洋岛战斗中牺牲
雷李富	男	1887年	上杭太拔崇厦	1929年	上杭东三区崇睦乡苏维埃政府主席	1929年4月在太拔鲜水坑被匪杀害
雷新喜	男	1891年	上杭才溪溪北	1931年	中央经济委员会工作人员	1941年皖南事变后无音讯

① 资料来自《浙江省少数民族志》《闽东畲族志》《福州市畲族志》《钻山畲族志》等志书。

续表

姓名	性别	出生时间	籍贯	入伍时间	生前职务	牺牲时间及地点
雷锡炎	男	1891年	上杭古田苏家坡	1930年	闽粤赣军区司令部采购员	1932年在长汀河田被敌杀害
雷耀云	男	1891年	上杭下都五峰	1929年	上杭南二区横山乡苏土地科科长	1929年牺牲于上杭八字陂
雷永荣	男	1894年	永定县			1931年牺牲于龙门
雷金旺	男	1895年	新罗区东肖联邦	1930年	龙岩县东肖区榴邦乡苏维埃政府主席，中共党员	1931年牺牲于宁化县
雷桂秋	男	1896年	上杭古田苏家坡	1928年	上杭北五区赤卫队队员	1928年在蛟洋塘下作战中牺牲
雷时标	男	1896年	上杭古田苏家坡	1927年	闽西特委委员兼财政部长	
雷李贵	男	1898年	上杭太拔崇厦	1930年	上杭县总工会主席	1931年牺牲于白砂
雷真茂	男	1899年	上杭太拔崇厦	1929年	红十二军炊事员	1934年后无音讯，1955年2月被追认为烈士
雷升贞	男	1900年	上杭才溪溪北	1930年	才溪区赤卫队模范营四连战士	1932年在太拔大坑头作战时牺牲
雷升远	男	1900年	上杭才溪溪北	1932年	红独立八团四连一排三班长	1934年在龙岩铜钵作战中牺牲
雷良发	男	1900年	上杭才溪溪北	1930年	红十二军战士	1933年在永定作战中牺牲
雷升良	男	1900年	上杭才溪溪北	1931年	新编红十二军一〇四团二连担架队长	1933年在江西东黄陂作战中牺牲
雷接科	男	1900年	上杭才溪溪北	1930年	红十二军三十四师一〇二团六连战士	1931年在永定作战中牺牲
雷宽发	男	1900年	上杭才溪溪北	1932年	红十二军战士	1932年在江西作战后无音讯
雷利声	男	1900年	上杭才溪溪北	1931年	中国民航总局处长	1977年被追认为烈士
雷华兴	男	1901年	上杭才溪溪北	1930年	红新编十二军三十四师一〇一团炊事员	1932年在广西瑞连山作战中牺牲
雷寿天	男	1901年	上杭蛟洋华家大坪	1929年	上杭北三区乡苏主席	1931年牺牲于华家亭
雷连兴	男	1902年	上杭才溪溪北	1932年	红十二军三十四师一〇二团六连战士	1933年在江西宜川作战中牺牲
雷春喜	男	1902年	上杭才溪溪北	1931年	红十二军战士	1933年在永定作战后无音讯
雷开田	男	1902年	上杭蛟洋华家大坪	1930年	上杭北三区赤卫队队员	1930年攻打上杭城时牺牲
雷庆兴	男	1903年	上杭才溪溪北	1929年	闽粤军区独立九团三连司务长	1932年在顺昌下茂乡作战中牺牲

续表

姓名	性别	出生时间	籍贯	入伍时间	生前职务	牺牲时间及地点
雷发光	男	1903年	上杭临城镇东	1927年	红军新编第十二军战士	1955年被追认为烈士
雷发荣	男	1903年	永定县			1931年牺牲于永定虎岗
雷玉磁	男	1903年	长汀县			1933年在沙县作战中牺牲
雷十十	男	1903年	长汀县			1982年被追认为烈士
雷玉文	男	1903年	长汀县		红五军团十五师二营六连班长	1934年在罗田作战中牺牲
雷义洪	男	1903年	长汀濯田东坑	1929年	水口区苏维埃政府财政部工作人员，中共党员	1931年牺牲于赖坊
雷庆铭	男	1904年	上杭县			1934年在永定县汤湖作战中牺牲
雷浩松	男	1904年	上杭才溪溪北	1932年	红独立七师三团一连战士	1934年永定堂堡作战中牺牲
雷庆名	男	1904年	上杭才溪溪北	1929年	福建军区杭永岩一分区独立营一连战士	1934年在永定汤湖作战中牺牲
雷永宝	男	1904年	上杭才溪溪北	1930年	红新编十二军三十五师一〇五团二连战士	1953年12月被追认为烈士
雷香发	男	1905年	上杭才溪溪北	1931年	红十二军一〇四团二连班长	1933年在武平苦竹山作战中牺牲
雷庆荣	男	1905年	上杭才溪溪北	1932年	才溪区赤卫队事务长	1933年在连城朋口作战中牺牲
雷永才	男	1905年	上杭才溪溪北	1930年	红新编十二军一〇四团四连副班长	1933年江西博生县作战中牺牲
雷桂林	男	1906年	上杭溪口大洋坝	1931年	汀连县司令部司令员	1935年在长汀罗坊作战中牺牲
雷汉书	男	1906年	长汀濯田东坑	1930年	红十二军战士	1933年到湖南后无音讯
雷煌茂	男	1907年	上杭太拔崇厦	1930年	上杭东三区游击队员	1930年在泮境作战中牺牲
雷金发	男	1907年	新罗区			1931年牺牲于永定县孔夫
雷发兴	男	1908年	上杭才溪溪北	1932年	红十二军一〇三团三连事务长	1934年在蛟洋作战中牺牲
雷贵兴	男	1908年	上杭才溪溪北	1932年	才溪区赤卫队班长	1932年在上杭水西渡作战中牺牲
雷顺云	男	1908年	长汀濯田东坑	1933年	中共水口区书记	1933年在横田被土匪杀害
雷　斌	男	1909年	上杭才溪溪北	1932年	红四军战士	1933年在江西作战中牺牲
雷丰能	男	1909年	上杭蛟洋华家大坪	1932年	上杭独立团卫生员	相传在过雪山时牺牲

续表

姓名	性别	出生时间	籍贯	入伍时间	生前职务	牺牲时间及地点
雷天才	男	1910 年	上杭才溪溪北	1929 年	新四军二支队连长	1941 年在皖南事变中牺牲
雷茂兴	男	1910 年	上杭才溪溪北	1932 年	新四军第一旅科长	1943 年在皖南作战中牺牲
雷富生	男	1910 年	长汀县			1934 年参军后无音讯
雷浩荣	男	1911 年	上杭才溪溪北	1933 年	红五军团三十四师战士	1934 年在湖南湘水作战中牺牲
雷开添	男	1911 年	上杭蛟洋华家大坪	1929 年	上杭北三区教导队战士	1933 年在永定作战中牺牲
雷友三	男	1912 年	上杭才溪上才	1930 年	少共才溪区委书记	1931 年牺牲于通贤
雷德明	男	1912 年	上杭才溪上才	1930 年	红二十一军二团事务长	1955 年被追认为烈士
雷洪喜	男	1912 年	上杭才溪溪北	1932 年	才溪区苏地方武装机枪连班长	1934 年在庐丰作战中牺牲
雷　灵	男	1912 年	上杭才溪溪北	1929 年	红四军司令部科员，先遣抗日挺进支队队员	1935 年 4 月在杭州附近作战中牺牲
雷元鹤	男	1912 年	上杭临城镇中	1929 年	杭武县总工会主席	1931 年牺牲于白砂
雷成树	男	1912 年	长汀县			1982 年被追认为烈士
雷玉标	男	1912 年	长汀县			1932 年在义家庄作战中牺牲
雷日和	男	1912 年	长汀县			1933 年在铁长作战中牺牲
雷富钦	男	1913 年	上杭下都五峰	1929 年	上杭杭南游击队特务长	1933 年牺牲于西郊场
雷唐恩	男	1913 年	长汀县			1982 年被追认为烈士
雷　根	男	1914 年	上杭县		新四军一支队军法主任	在皖南事变突围中牺牲
雷金合生	男	1914 年	长汀县			1982 年被追认为烈士
雷唐如	男	1914 年	长汀县			1934 年在宁化县作战中牺牲
雷亨书	男	1914 年	长汀县			1934 年在兴国县作战中牺牲
雷亨书	男	1914 年	长汀濯田东坑	1932 年	红十二军三十四师一〇〇团连长	1934 年在江西兴国战斗中牺牲
雷同标	男	1914 年	长汀濯田东坑	1930 年	水口区游击队员，共青团员	1982 年被追认为烈士
雷成秀生	男	1916 年	长汀县			1982 年被追认为烈士
雷马福生	男	1916 年	长汀县			1933 年牺牲于刘坑尾上
雷福忠老	男	1917 年	长汀濯田东坑	1932 年	红军独立营一连战士	1933 年在安仁战斗中牺牲
雷玉先	男	1953 年	上杭才溪溪北	1974 年	才溪溪北村党支部书记	1989 年拆除溪北小学危房时牺牲

续表

姓名	性别	出生时间	籍贯	入伍时间	生前职务	牺牲时间及地点
雷作华	男		永定湖雷			
雷庆荣	男		永定湖雷			
雷衍文	男		长汀葛坪			
雷新辉	男		长汀葛坪			
雷玉龙	男		长汀葛坪			
雷远发	男		长汀庵杰			松毛岭
雷永郎	男		长汀庵杰			大渡河
雷告化妹	男		长汀庵杰			大渡河
雷长妹子	男		长汀庵杰			大渡河
雷贡木	男	1887 年	宁化县			不详
雷昌年	男	1888 年	清流龙津镇		任清流县苏维埃政府粮食部长，中共党员	1934 年在城西乡车坑村作战中牺牲
雷佑生	男	1891 年	清流嵩口镇		任嵩口区嵩口乡苏维埃政府秘书	1933 年冬被大刀会杀害于下和村
雷义祥	男	1894 年	宁化县			
雷风珠	男	1897 年	宁化县			
雷仁根	男	1898 年	宁化县			
雷有水	男	1899 年	宁化县			
雷仁信	男	1899 年	宁化县			
雷臻煌	男	1900 年	宁化县			1934 年在淮土医院病故
雷臻裘	男	1901 年	宁化县			1931 年在长汀县作战中牺牲
雷国标	男	1901 年	宁化县			
雷金山	男	1902 年	建宁县		红军战士	1933 年随红军出发后失踪
雷臻光	男	1904 年	宁化县			1933 年在江西于都作战中牺牲
雷风引	男	1905 年	宁化县			1933 年在连城朋口作战中牺牲
雷教化	男	1907 年	宁化县		炊事员	
雷寿根	男	1908 年	宁化县			
雷伙子	男	1908 年	宁化县			

续表

姓名	性别	出生时间	籍贯	入伍时间	生前职务	牺牲时间及地点
雷风林	男	1909年	宁化县			1934年在江西横村与敌作战中牺牲
雷贤炎	男	1910年	宁化县			
雷臻顶	男	1910年	宁化县			
雷山苟	男	1911年	宁化县			
雷水生	男	1911年	宁化县			
雷海子	男	1912年	宁化县			
雷臻献	男	1913年	宁化县			1934年在江西瑞金作战中牺牲
雷仕福	男	1917年	宁化县			
雷风发	男	1919年	宁化县			
雷动成	男	1926年	宁化县			1952年在福鼎县三区南镇与特务搏斗时牺牲
雷良茂	男	1936年	宁化县			1960年在福州洪山桥连载石头时牺牲
雷木根	男	1900年	宁化县			
雷仁和	男	1908年	宁化县			
雷东生	男	1897年	宁化县			
雷水苟	男	1909年	宁化县			
雷啟财	男		宁化县			
雷啟高	男		宁化县			
雷瑞隆	男	1917年	宁化县			
雷臻明	男	1901年	宁化县			
雷臻猷	男	1909年	宁化县			
雷宗保子	男		宁化县			
雷高兴	男		清流东华乡人		红军战士	攻打顺昌县城时牺牲
雷良俊	男	1864年	周宁狮城苎园坪村		党支部书记	1936年在苎园坪牺牲
雷奶祥	男	1883年	福安市可坑村		福霞县肃反队队员	1936年牺牲于溪柄乡
雷阿喜	男	1886年	霞浦县			1934年牺牲于盐田太平桥村
雷桂佺	男	1887年	福安市大龙村	1928年	龙江乡苏维埃政府粮食委员	1934年牺牲于霞浦柏洋

续表

姓名	性别	出生时间	籍贯	入伍时间	生前职务	牺牲时间及地点
雷桂全	男	1887 年	福安市溪柄龙潭面大龙		龙江乡苏粮食委员	1934 年牺牲于溪柄洋中亭
雷梓连	男	1888 年	福鼎市		村政府主席	1937 年牺牲于霞浦
雷光章	男	1888 年	霞浦县			1934 年在七罗洋村战斗中牺牲
雷成奎	男	1898 年	福安市潭头渔家洋小坑		上北区游击队队员	1934 年在执行任务时失踪
雷尚嫩	男	1889 年	福安市溪柄龙潭面可坑		松罗乡赤卫队队员	1934 年 11 月于霞浦县西门外牺牲
雷时江	男	1890 年	福鼎市	1934 年		1935 年于桐山狱中牺牲
雷阿桐	男	1892 年	福鼎市			1936 年牺牲于福鼎县硖门
雷奶俭	男	1893 年	福安市	1933 年	田螺园村苏维埃政府财政委员	1935 年牺牲于后岐塘
雷奶健	男	1893 年	福安市甘棠田雷园		田雷园村办财政委员	1935 年牺牲于后岐塘
雷振炎	男	1894 年	福鼎市		队长	
雷阿尾	男	1894 年	柘荣县东源岚中村		桃坑村苏维埃政府粮食委员	1936 年牺牲于东源岚中
雷家员	男	1895 年	福鼎市牛埕下村	1936 年		1936 年牺牲于白琳
雷德璜	男	1895 年	福鼎市双华村			1936 年牺牲于福鼎县梅溪
雷兆福	男	1896 年	福安市城阳柘园山		日山村红带队队员	1930 年 11 月牺牲于福安城关
雷连庆	男	1896 年	福安市甘棠山头庄北山		山头庄贫农团团员	1934 年 2 月牺牲于西隐
雷成声	男	1896 年	福安市穆云曲坑村人		福安土豪看管厂交通员	1936 年 11 月牺牲于山寮里
雷兴贵	男	1897 年	福安市松罗小茶洋		岭面区肃反队队员	1935 年 11 月牺牲于溪尾村
雷阿亨	男	1897 年	福鼎市			1934 年牺牲于硖门北岸
雷学文	男	1897 年	福鼎市罗唇村			1936 年牺牲于福鼎
雷大全	男	1898 年	霞浦县			1934 年在南塘乡下海边村作战中牺牲
雷廷光	男	1899 年	福安市潭头分洋岭后村		岭后村赤卫队队员	1935 年牺牲于上洋岔
雷志显	男	1899 年	福鼎市双华村			1936 年牺牲于福鼎县桐山

续表

姓名	性别	出生时间	籍贯	入伍时间	生前职务	牺牲时间及地点
雷顺天	男	1899年	霞浦县		王家村苏维埃政府交通员	1934年在送信途中被敌捕杀于歧尾
雷庆兹	男	1900年	福安市社口东瓜坪村		东区游击队队员	1934年6月牺牲于寿宁县武曲
雷家生	男	1900年	福安市溪尾坎下马山		上村区苏维埃政府工作人员	1935年在狱中牺牲
雷荆成	男	1900年	蕉城区猴盾村	1933年	猴盾苏维埃政府工作人员	1934年在八都猴盾被敌杀害
雷奶灿	男	1900年	蕉城区溪口村	1934年	高山交通站站长	1937年在九都渡船头坂被敌杀害
雷成灼	男	1901年	福安市甘棠过洋		下南区互济会主席	1936年5月牺牲于野马壑
雷良增	男	1901年	福安市甘棠岭尾杨梅洞		岭尾村肃反队队员	1934年12月牺牲于溪柄高亭
雷年建	男	1901年	福安市甘棠石碧头		大车乡苏维埃政府主席	1938年10月牺牲于毛坑
雷为坤	男	1901年	福安市康厝凤洋村人		下西区游击队队员	1932年11月牺牲于茜洋溪边
雷伯完	男	1901年	福鼎市过苋村	1936年		
雷林华	男	1901年	蕉城区猴盾村	1933年		1935年在福安西岐被敌杀害
雷庆生	男	1902年	福安市甘棠北山村		下南区游击队队员	1934年12月牺牲于西隐
雷成禄	男	1902年	福安市松罗小茶洋		茶洋村苏文化委员	1936年2月牺牲于盐田
雷奶江	男	1902年	福安市溪柄采花桥		茜洋村赤卫队队员	1934年6月牺牲于洋中亭
雷大目	男	1902年	福安市溪潭七定村		外西区警卫连战士	1934年牺牲于凤林村
雷奶鼎	男	1902年	蕉城区猴盾村	1933年	猴盾村苏政府工作人员	1934年在闽坑被捕，于宁德狱中牺牲
雷德三	男	1903年	福安市坂中日宅凤头村		凤头村苏主席	1934年5月牺牲于岳田七斗洋
雷雪弟	男	1903年	福安社口谢岭下岭下		上西区游击队队员	1934年12月牺牲于岭下村
雷德三	男	1903年	福安市溪潭蓝田七定村		七定村苏主席	1934年5月牺牲于七定村
雷成森	男	1903年	福安市溪尾石合犁路头		石合村苏交通员	1935年1月牺牲于松罗岭头
雷金全	男	1903年	福安市溪尾乡里林洋		石合乡苏调查委员	1935年1月牺牲于松罗岭头乡

续表

姓名	性别	出生时间	籍贯	入伍时间	生前职务	牺牲时间及地点
雷奶旺	男	1904 年	福安市坂中后门坪村		梧桐区警卫连班长	1935 年 12 月牺牲于华安村
雷朝现	男	1904 年	福安市城阳日山柘园山		新四军第三支队第六团战士	1938 年随部队北上抗日后无音讯
雷成坤	男	1904 年	福安市城阳纸坂粗坑		东区游击队队员	1934 年 12 月牺牲于茜洋村
雷新金	男	1904 年	福安市甘棠杨梅洞		杨梅洞村苏交通员	1934 年 7 月牺牲于杨梅洞
雷佬进	男	1904 年	福安市溪潭岳秀横林		岳秀村苏交通员	1935 年 12 月牺牲于西隐村
雷天清	男	1904 年	福鼎市三丘田村	1935 年		1936 年牺牲于福鼎照兰
雷吓宝	男	1904 年	柘荣县西坪	1933 年	西岭乡政府军事委员	1935 年在霞福交界地活动时失踪
雷阿宝	男	1904 年	柘荣县宅中西坪村		西溪乡苏军事委员	1935 年 12 月在柘荣霞浦福鼎地牺牲
雷建庆	男	1905	福安市北山村	1932 年	下南区游击队队员	1934 年牺牲于西隐村
雷奶仕	男	1905 年	福安市城阳纸坂粗坑		新四军第三支队第六团战士	1938 年随部队北上抗日后无音讯
雷美孚	男	1905 年	福安市韩阳东凤街		中共安德县委委员	1946 年
雷家良	男	1905 年	福安市松罗乡后洋		茶洋乡苏交通员	1933 年 5 月在送信到霞浦途中被杀害
雷奶旺	男	1905 年	福安市溪柄白梅岭		中共闽东特委机关警卫连战士	1937 年牺牲于化蛟后门山
雷奶长	男	1905 年	福安市溪柄可坑村		闽东苏维埃政府勤务兵	1936 年 12 月牺牲于满洋中村
雷嫩能	男	1905 年	福安市溪柄坑口八头岗		上南区肃反队队长	1937 年 5 月牺牲于茜洋村
雷江弟	男	1905 年	福安市溪柄茜洋磨录坑		茜洋村赤卫队队员	1934 年 12 月牺牲于祠堂前
雷维进	男	1905 年	福安市溪潭南山村		南山村赤卫队队员	1934 年 2 月牺牲于宁德宽岭
雷兆安	男	1905 年	福鼎市康山村	1935 年		1936 年在太姥山被敌杀害
雷振树	男	1905 年	福鼎市	1935 年	战士	1937 年牺牲于霞浦
雷石妹	男	1906 年	福安市城阳朝里村		东区游击队队员	1934 年牺牲于柘荣游家山
雷白弟	男	1906 年	福安市甘棠杨梅洞		杨梅洞村苏财政委员	1937 年 7 月牺牲于福安城关

续表

姓名	性别	出生时间	籍贯	入伍时间	生前职务	牺牲时间及地点
雷钦富	男	1906年	福安市穆云曲坑村人		安德县游击队队员	1936年8月牺牲于屏南
雷富弟	男	1906年	福安市溪潭仙石大山下		外西区苏主席	1934年2月牺牲于仙石村
雷细妹	男	1907年	福安市城阳朝里村		步兜楼村苏交通员	1934年11月牺牲于柘荣游家山
雷成邦	男	1907年	福安市城阳官洋岗		红军闽东独立师战士	1934年8月牺牲于福安城关
雷成金	男	1907年	福安市城阳官洋岗村		东区游击队队员	1936年4月牺牲于福安城关
雷神全	男	1907年	福安市松罗牛落洋孟尾		孟尾村苏交通员	1936年牺牲于福安城关
雷神俤	男	1907年	蕉城区猴盾村	1933年	猴盾赤卫队队员	1934年在七都蒲岭头被敌杀害
雷廷富	男	1908年	福安市甘棠林洋村		林洋村赤卫队队员	1935年在山下村遇害
雷廷俊	男	1908年	福安市甘棠山头庄		山头庄赤卫队队员	1934年3月牺牲于宁德县龟山
雷廷友	男	1908年	福安市甘棠山头庄		山头庄村赤卫队队员	1934年3月牺牲于宁德县龟山
雷奶财	男	1908年	福安市甘棠小岭村		小岭村赤卫队队员	1934年10月牺牲于福鼎
雷佬富	男	1908年	福安市穆云南山村人		安德县游击队队员	1936年10月随军转移后无音讯
雷伏胜	男	1908年	福安市社口潘洋竹林下		解放军3741部队战士	1949年牺牲于江苏省如皋
雷佬弟	男	1908年	福安市溪柄采花桥		采花桥村赤卫队队员	1934年12月牺牲于柳溪周坑
雷玉弟	男	1908年	福安市溪柄茜洋磨录坑		茜洋村赤卫队队员	1934年12月牺牲于祠堂前
雷细妹	男	1909年	福安市城阳马下东岭		东岭村苏维埃政府交通员	1934年9月送信时在大牛池路上被敌杀害
雷龙弟	男	1909年	福安市城阳蛇皮坑		东区游击队队员	1932年随队伍开往关村后失踪
雷庆言	男	1909年	福安市甘棠何厝铜坑里		下南区游击队队员	1935年3月牺牲于周宁县
雷伏池	男	1909年	福安市康厝金斗洋村		金斗洋村苏主席	1934年10月牺牲于金斗洋村

续表

姓名	性别	出生时间	籍贯	入伍时间	生前职务	牺牲时间及地点
雷庆春	男	1909 年	福安市穆云燕坑险坑村		上西北游击队队员	1935 年 11 月牺牲于福安城关
雷输全	男	1909 年	福安市赛岐江兜旦岩		江兜村苏炊事员	1935 年 1 月牺牲于江兜村
雷三妹	男	1909 年	福安市松罗小茶洋		中共岭面区宣传委员	1935 年 3 月牺牲于浦城
雷阿言	男	1909 年	福安市潭头乡鹅山村		上北区游击队队员	1935 年 2 月牺牲于高岩村
雷党弟	男	1909 年	福安市溪潭龙腰河		七定村苏财政委员	1934 年 5 月牺牲于桂林
雷聚兴	男	1909 年	福安市溪潭七定村		七定村赤卫队队员	1934 年牺牲于七定村
雷木住	男	1909 年	福安市溪潭沙岩石下		沙岩村办交通员	1935 年 9 月送信到下南区时被伪保安队逮捕受刑致伤后回家病故
雷谷祥	男	1909 年	福安市下白石樟岭半岭		半岭村苏主席	1935 年 3 月牺牲于山里村
雷翰佺	男	1909 年	福安市赛岐镇江兜旦岩村	1933 年	苏维埃政府炊事员	1935 年在江兜村被苏洋乡民团杀害
雷必生	男	1909 年	福鼎市	1936 年	游击队队员	1936 年于白琳岭仔头被敌杀害
雷伯集	男	1909 年	福鼎市	1936 年	班长	1936 年在白琳被敌杀害
雷志镇	男	1909 年	福鼎市	1935 年		1936 年在福鼎县前岐龟岭对敌作战中牺牲
雷应秋	男	1909 年	福鼎市	1937 年	新四军六团营连战士	1939 年在安徽省横山作战中牺牲
雷日猴	男	1909 年	霞浦县	1934 年	玉山乡苏维埃政府手枪队队员	1934 年在茶岗作战中牺牲
雷兴俤	男	1909 年	霞浦县	1934 年	独立师四团战士	1936 年在宁德县梅溪岭作战中牺牲
雷细伍	男	1910 年	福安市城阳白坑半山		白坑村苏宣传员	1933 年
雷年奉	男	1910 年	福安市甘棠过洋石碧头		石碧头村赤卫队队员	1936 年 5 月牺牲于野马壑
雷坤新	男	1910 年	福安市甘棠田雷园		田雷园村贫农团组长	1934 年 10 月牺牲于螺园岗
雷奶贵	男	1910 年	福安市穆云王楼林洋湖		新四军第六团战士	1940 年

续表

姓名	性别	出生时间	籍贯	入伍时间	生前职务	牺牲时间及地点
雷伏弟	男	1910年	福安市社口乡马头山村		上西区游击队队员	1936年被法兵捕押至墙坪村严刑拷打致伤后回家死亡
雷伯春	男	1910年	福鼎市	1936年	交通员	1936年在牛埕下被敌杀害
雷盛钗	男	1910年	福鼎市	1934年		1936年被敌抓捕后牺牲于管阳
雷五妹	男	1910年	古田县			1948年在凤都双珠村后门岭遭杀害
雷祖炎	男	1910年	寿宁县		傍洋村赤卫队队员	1933年牺牲于南阳镇含头坡
雷成灼	男	1910年	霞浦县	1934年	北洋乡游击队队长	1934年在北洋乡鬼洞里放哨时被敌杀害
雷三妹	男	1910年	霞浦县		霞浦县下西区交通员	1934年送信到青皎村时被敌捕后杀害于城关
雷大弟	男	1910年	周宁玛坑上半岭村		肃反队副队长	1936年12月牺牲于杉洋
雷祥德	男	1911年	福安市坂中日宅岩头村		牛埕村苏肃反委员	1934年11月牺牲于王必厝
雷石木	男	1911年	福安市城阳官洋岗		安德县土豪看管队队员	1936年4月牺牲于柘荣菖蒲洋
雷四弟	男	1911年	福安市康厝金斗洋村		下西区肃反队班长	1934年10月牺牲于洋坪村
雷伏德	男	1911年	福安市穆云曲坑村人		安德县游击队队员	1936年8月牺牲于屏南
雷廷春	男	1911年	福安市赛岐江兜龙岩		江兜村苏军事委员	1935年7月牺牲于溪尾村
雷成生	男	1911年	福安市松罗小茶洋里厝		茶洋村苏维埃政府勤杂人员	1935年1月牺牲于溪尾村
雷吓囿	男	1911年	福鼎市			1936年被敌杀害于福鼎白琳
雷振起	男	1911年	福鼎市	1936年		1936年牺牲于磻溪
雷能燕	男	1911年	福鼎市	1935年	村抗租委员会土地委员	1937年因叛徒出卖被敌捕后牺牲于福鼎桥亭
雷高万	男	1911年	寿宁县竹管垅旁洋村		下南区旁洋村红带队员	1933年10月在罗角山战斗中牺牲
雷永波	男	1912年	福安市坂中彭家洋青		青元村苏交通员	1935年9月牺牲于穆阳桂林

续表

姓名	性别	出生时间	籍贯	入伍时间	生前职务	牺牲时间及地点
雷德亦	男	1912年	福鼎市	1934年		1935年在福鼎县前岐对敌作战中牺牲
雷朝城	男	1912年	福鼎市	1934年		1936年在本村被敌抓捕杀害于福鼎县桐山
雷金灼	男	1912年	周宁玛坑东垄村		新四军战士	1938年北上抗日后失踪
雷朝彬	男	1913年	福安市康厝秋岭村人		下西区游击队队员	1935年2月牺牲于宁德县赤溪
雷吓灼	男	1913年	福鼎市			1936年牺牲
雷吓柳	男	1913年	福鼎市	1933年	独立团任第一支队副班长	1936年在苍南矾山与敌作战中牺牲
雷振琏	男	1913年	福鼎市	1936年		1936年在白琳翠郊被敌杀害
雷作兵	男	1913年	福鼎市	1936年	鼎泰区交通员	1937年在泰顺县罗池与敌作战中牺牲
雷石顺	男	1914年	福安市赛岐廉首锦埔庵		廉首村苏交通员	1935年2月牺牲于福安城关
雷瑞言	男	1914年	福安市下白石牛池坑		半岭村苏交通员	1935年10月牺牲于赛岐
雷盛敏	男	1914年	福鼎市	1935年		1937年在福安县对敌作战中牺牲
雷士其	男	1914年	福鼎市	1935年		1936年在泰顺县峰门失踪，1958年被追认为烈士
雷栋元	男	1914年	寿宁县竹管垄旁洋村		下南区旁洋村红带队员	1935年2月随队伍开往福安后失踪
雷进祥	男	1915年	福安市穆云洋坪洋中村		新四军第三支队第六团战士	1938年
雷仁生	男	1915年	福安市赛岐廉首锦埔庵		廉首村苏交通员	1933年7月牺牲于锦埔庵村
雷君溜	男	1915年	福鼎市	1933年		1933年随部队开往外地后失踪，1955年被追认为烈士
雷成海	男	1915年	福鼎市			1935年在福安县被敌杀害
雷必源	男	1915年	福鼎市	1935年		1936年在秦屿太姥山被敌杀害
雷能雨	男	1916年	福鼎市	1934年		1937年在苍南五岱对敌作战中牺牲

续表

姓名	性别	出生时间	籍贯	入伍时间	生前职务	牺牲时间及地点
雷大愚	男	1917年	福安市甘棠甘江村		甘江村赤卫队队员	1934年牺牲于赛岐
雷阿勤	男	1917年	福安市溪尾乡里林洋		志愿军350团6连战士	1950年11月牺牲于朝鲜战场
雷阿龙	男	1917年	福鼎市	1936年		1936年牺牲
雷得春	男	1917年	福鼎市	1936年	西北区交通员	1936年牺牲于福鼎桐山
雷栋清	男	1917年	寿宁县竹管垅旁洋村		建阳崇雒区中队班长	1949年12月在建阳被叛徒杀害
雷朝明	男	1918年	福鼎市	1936年		1937年在福鼎分水关对敌作战中牺牲
雷森林	男	1920年	福安市溪尾下邳村		志愿军战士	1953年3月牺牲于朝鲜战场
雷得敞	男	1920年	福鼎市	1935年		1939年在泰顺县打游击时失踪，1958年被追认为烈士
雷七妹	男	1920年	福鼎市	1936年		1937年在霞浦县金竹村被敌杀害
雷阿祖	男	1922年	霞浦县			1935年3月在福安县上白石作战中牺牲
雷石祥	男	1921年	霞浦县			1935年在王高店乡将军坛村作战中牺牲
雷贤村	男	1925年	古田县			1947年在攻打连江县丹阳战斗中壮烈牺牲
雷水生	男	1932年	福安市	1955年	5分队副班长	1957年在漳浦训练中牺牲
雷细明	男	1938年	蕉城区	1957年		1960年在霞浦县挖山洞时牺牲
雷蓬金	男	1958年	福安市		中国人民解放军484团3机连战士	1979年在中越边境自卫还击作战中牺牲
雷云保	男		福鼎市		中国人民解放军40团5连战士	1949年在天津与敌作战中牺牲
雷成寿	男		福鼎市	1934年	新四军班长	1938年北上抗日后失踪，1958年被追认为烈士
雷木俤	男	1911年	顺昌县井垄村		红军第九军团步兵连战士	1934年牺牲于江西黎川
雷周娇	男	1912年	武夷山市			1935年被敌逮捕后在崇安牢中牺牲
雷春林	男	1914年	武夷山市			1930年在建阳县水吉作战中牺牲

续表

姓名	性别	出生时间	籍贯	入伍时间	生前职务	牺牲时间及地点
雷腾孙	男	1916年	顺昌县井垄村		红军第九军团步兵连战士	1934年牺牲于江西黎川
雷启荣	男	1923年	邵武市			1949年被建阳土匪兰启文捕后杀害于建阳横排
雷泽进	男	1970年	松溪县			1992年在柯田为扑灭山林大火牺牲
雷先根	男		光泽县			
雷祖连	男		光泽县			
雷抒文	男		建阳市			1933年在黄坑九峰被敌杀害
雷荣华	男		邵武市		中共邵(武)顺(昌)建(阳)县委书记	1936年11月牺牲于邵武拿口
雷木仔	男		顺昌县			参加红军后失踪
雷从愿	男	1936年	南安市			1958年牺牲
雷锦得	男	1937年	南安市			1949年被匪捕去八都活埋而牺牲
雷　最	男	1907年	仙游县			1950年回龙溪时被“反共救国军”杀害
雷光熙	男	1917年	城厢区			1945年在浙江作战中牺牲
雷金桐	男	1908年	长泰县			1943年在莆田狱中牺牲
雷宋铁	男	1896年	福建省			
雷　泽	男		福建省			教导员
雷新初	男		福建省			1949年解放上海时在嘉定地区战斗中牺牲
雷福清	男		福建省			遭敌军十二师和反动三区团进攻后被捕牺牲

浙江省革命烈士英名录

姓名	性别	出生地	出生时间	籍贯	政治面貌	入伍时间	牺牲时间	牺牲地点	所在单位及职务
雷传树	男	北溪乡吴山头	1915年	景宁			1949年1月13日	景宁县梅岐炮台	北溪乡吴山头村民兵副班长
雷如坤	男	北溪乡吴山头	1924年	景宁			1949年1月13日	景宁县梅岐炮台	北溪乡吴山头村民兵
雷廷会	男	郑坑乡吴布	1917年	景宁			1950年6月12日	景宁县	郑坑乡吴布村农会主任

续表

姓名	性别	出生地	出生时间	籍贯	政治面貌	入伍时间	牺牲时间	牺牲地点	所在单位及职务
雷培风	男	郑坑乡吴布	1916年	景宁			1950年5月12日	景宁县	郑坑乡吴布村民兵班长
雷细根	男	浮丘乡新弄	1925年	景宁		1951年3月5日	1952年	朝鲜	中国人民志愿军战士
雷二宝	男	北溪乡大张坑	1933年	景宁		1951年3月5日	1952年11月15日	朝鲜	中国人民志愿军93团战士
雷余庚	男	北溪乡大张坑	1927年	景宁		1951年3月5日	1952年11月15日	朝鲜	中国人民志愿军93团2营战士
雷秒才	男	北溪乡大张坑	1933年	景宁		1951年3月5日	1952年11月15日	朝鲜	中国人民志愿军93团2营战士
雷金凤	男	郑坑乡吴布	1926年	景宁			1950年5月21日	景宁县	郑坑乡吴布村农会主任
雷仁余	男	大港头镇利山	1906年	丽水			1950年2月	利山	利山村农会主任
雷细明	男	新合乡大坪	1944年	丽水		1966年3月	1966年8月	浙江嵊泗	中国人民解放军6381部队6连副班长
雷金根	男	丽新乡上塘畈	1933年	丽水		1951年5月	1952年8月	朝鲜	中国人民解放军31师91团1营3连战士
雷章宝	男	新合乡火焰山	1909年	丽水	中共党员	1946年	1949年7月9日	松阳县圳后	松阳县靄溪乡圳后村联络员
雷文昌	男	靖居乡弄背	1921年	松阳			1949年	解放战争牺牲	中国人民解放军20军58师172团战士
雷树生	男	裕溪乡金坑坳	1924年	松阳			1949年	松阳县	丽水军分区独立营3连战士
雷根旺	男	竹垟乡金田		龙泉			1950年10月	朝鲜	中国人民志愿军120师359团战士
雷汉发	男	赤溪镇流岐岙	1896年	苍南		1934年	1935年7月	苍南县赤溪	村干部
雷必宽	男	凤阳乡苍后	1874年	苍南		1934年	1936年10月	苍南县蒲门苍楼	矾山区民工
雷天明	男	凤阳乡三十亩	1903年	苍南		1934年冬	1935年4月	苍南县赤溪石丁步头	蒲门区抗租团队员
雷德七	男	华阳乡牛角弯	1910年	苍南	中共党员	1936年	1937年6月	苍南县华阳操场	中共鼎平县委机关交通员

续表

姓名	性别	出生地	出生时间	籍贯	政治面貌	入伍时间	牺牲时间	牺牲地点	所在单位及职务
雷日陀	男	昌禅乡中岙岙底	1889年	苍南		1934年8月	1936年7月	苍南县桥墩	中共鼎平县委游击队交通员
雷大甫	男	昌禅乡中岙岙底	1915年	苍南		1934年8月	1938年	安徽青山地区	新四军二支队四团九连连长
雷子永	男	凤阳乡顶堡	1912年	苍南		1934年4月	1935年8月	福建福鼎县南岗山头	中共鼎平县委游击队班长
雷国沿	男	凤阳乡鹤峰	1906年	苍南		1934年春	1935年8月	泰顺县彭坑	蒲门区工作人员
雷志余	男	凤阳乡鹤山	1908年	苍南		1935年春	1936年秋	苍南县凤阳鹤山	蒲门区肃反队队员
雷必因	男	凤阳乡鹤峰	1917年	苍南		1934年冬	1936年10月	苍南县昌禅陈加擂	北港区勤务员
雷子翩	男	岱岭乡福掌	1906年	苍南	中共党员	1935年	1936年7月	苍南县马站三角田	蒲门区工作人员
雷宗贵	男	岱岭乡福掌	1900年	苍南		1935年	1936年9月	苍南县马站	蒲门区抗租团团员
雷马章	男	岱岭乡福掌小岭	1898年	苍南		1934年	1936年2月	苍南县马站无尾桥	中共蒲门区委战士
雷必岩	男	岱岭乡福掌	1913年	苍南		1934年8月	1936年9月	苍南县赤溪矴步头	蒲门区抗租团团员
雷天加	男	岱岭乡福掌	1914年	苍南		1934年	1937年	苍南县矾山	中共鼎平县委机关工作人员
雷天阳	男	岱岭乡福掌	1900年	苍南		1934年	1936年10月	苍南县赤溪矴步头	蒲门区村干部
雷国寿	男	岱岭乡福掌	1894年	苍南		1934年2月	1936年10月	苍南县赤溪矴步头	蒲门区抗租团团员
雷国资	男	岱岭乡福掌	1888年	苍南		1935年	1936年	苍南县马站	中共蒲门区委文书
雷衍彩	男	碗窑乡高山	1962年	苍南	中共党员	1981年1月	1985年1月	某地2、3号无名高地	中国人民解放军步兵41师1团7连战士
雷子奎	男	岱岭乡福掌	1898年	苍南	中共党员	1932年	1937年3月	苍南县矾山	中共鼎平县委机关工作人员
雷文涨	男	岱岭乡福掌	1909年	苍南		1935年	1936年11月	苍南县凤阳园头喷	中共蒲门区委通讯员
雷本余	男	双桂乡周山下	1898年	文成	中共党员	1939年	1946年2月19日	文成县双桂乡外店	中共文成县地下党交通员

续表

姓名	性别	出生地	出生时间	籍贯	政治面貌	入伍时间	牺牲时间	牺牲地点	所在单位及职务
雷明铁	男	双桂乡周山下	1915年	文成	中共党员	1940年2月	1946年2月19日	文成县双桂乡外店	中共文成县地下党支部组织委员
雷碎道	男	双桂乡周山下	1920年	文成	中共党员	1939年	1948年6月25日	文成县双桂乡外店	中共文成县地下党支部委员
雷坚奋	男		1921年	文成	中共党员	1938年	1948年	丽水县箬溪	游击队战士
雷德永	男	周山乡九条垟	1927年	文成	中共党员	1948年	1950年4月	玉环县大门山	中国人民解放军某部战士
雷春发	男	黄坑乡南峰	1902年	泰顺		1935年3月	1937年3月	泰顺县刑场	红军闽东独立师班长
雷必陈	男	月湖乡马家山	1899年	泰顺		1936年	1942年	泰顺县监狱	中共泰顺县地下党房东
雷孔笃	男	彭溪乡板寮岗	1899年	泰顺		1941年	1943年4月	平阳县矴步头	中共泰顺县地下党泰平区交通员
雷月发	男	竹里乡水碓洋	1917年	泰顺		1949年1月	1952年11月	朝鲜	中国人民志愿军59师警卫连警卫员
雷加林	男	黄坑乡上林岱头	1927年	泰顺		1949年	1952年	朝鲜	中国人民志愿军104团炮兵连排长
雷玉明	男	晓阳乡徐垟	1922年	平阳		1948年	1951年4月21日	平阳县维新乡	中国人民志愿军炮兵17团战士
雷子良	男	联山乡秀尖	1914年	平阳		1938年2月	1938年3月	安徽省	新四军二支队战士
雷顺有	男	维新乡俞山	1909年	平阳		1936年	1938年	平阳县维新乡	新四军二支队战士
雷朝开	男	新田乡双田	1922年	平阳		1948年9月	1951年	朝鲜	中国人民志愿军七兵团战士
雷作程	男	朝阳乡长者	1921年	平阳		1937年	1938年3月	安徽	新四军战士
雷双善	男	傅村	1921年	金华		1945年	1946年2月	山东泰安	中国人民解放军一纵3旅8团战士
雷永宜	男	灵山乡罗林岗	1948年	龙游	中共党员		1982年7月	河南平顶山	中国人民解放军58师173团副连长
雷日金	男	沐尘乡大坂	1943年	龙游			1971年9月	南京	中国人民解放军空军工程部14团
雷如松	男	灵山乡罗林岗	1928年	龙游			1951年	遂昌	衢州军分区某部战士
雷金连	男	沐尘乡大车	1907年	龙游	中共党员		1948年11月	龙游县溪口	中共龙南区区委委员

续表

姓名	性别	出生地	出生时间	籍贯	政治面貌	入伍时间	牺牲时间	牺牲地点	所在单位及职务
雷本新	男	莪山乡	1951 年	桐庐	中共党员	1968 年 4 月	1977 年 3 月	吉林省	空军某部飞行员
雷德成	女	富文乡中联村	1929 年	淳安		1949 年 6 月	1949 年 7 月	淳安县铁山坞门	淳安县茶园区中队战士
雷振强	男	移民桐庐县莪山乡中门村		淳安		1948 年	1951 年 4 月	朝鲜	中国人民志愿军某部副班长

广东南雄、始兴县抗日战争时期烈士英名录

姓名	性别	出生时间	籍贯	入伍时间	单位职务	牺牲时间及地点
雷会财	男	1872 年	南雄大塘镇	1929 年	油山游击队队员	1929 年 9 月在乌迳窑上作战中牺牲
雷会通	男	1885 年	南雄大塘镇	1929 年	南雄游击队文书	1931 年牺牲于县城郊
雷会达	男	1888 年	南雄大塘镇	1928 年	油山游击队队员	1929 年运粮于大塘被捕牺牲
雷礼秀	男	1898 年	南雄大塘镇	1929 年	工农红军排长	1931 年在江西兴国高田作战中牺牲
雷会龙	男	1898 年	南雄大塘镇	1928 年	工农红军战士	1931 年在江西兴国高田作战中牺牲
雷礼廷	男	1910 年	南雄大塘镇	1928 年	油山游击队排长	1932 年 2 月在江西大余新城作战中牺牲
雷时眼	男	1911 年	南雄邓坊乡	1928 年	油山游击队队员	1929 年在江西信丰县棋岭作战中牺牲
雷金达	男		南雄黄坑镇		长征新四军战士	长征途中牺牲
雷水源	男	1879 年	始兴重阳青水塘	1926 年	区农民自卫军队员	1927 年在青水塘反“围剿”作战中牺牲
雷文科（六科）	男	1879 年	始兴重阳青水塘	1926 年	区农民自卫军队员	1927 年在青水塘反“围剿”作战中牺牲
雷金龙	男	1880 年	始兴重阳青水塘	1926 年	区农民自卫军队员	1927 年在青水塘反“围剿”作战中牺牲
雷茂清（关公）	男	1880 年	始兴重阳青水塘	1926 年	区农民自卫军队员	1927 年在青水塘反“围剿”作战中牺牲
雷桂昌	男	1880 年	始兴重阳青水塘	1926 年	区农民自卫军队员	1927 年在青水塘反“围剿”作战中牺牲
雷金龙	男	1880 年	始兴重阳青水塘	1926 年	区农民自卫军队员	1927 年在青水塘反“围剿”作战中牺牲
雷庚昌	男	1881 年	始兴重阳青水塘	1926 年	区农民自卫军队员	1927 年在青水塘反“围剿”作战中牺牲

续表

姓名	性别	出生时间	籍贯	入伍时间	单位职务	牺牲时间及地点
雷乙福	男	1882 年	始兴重阳青水塘	1926 年	区农民自卫军队员	1927 年在青水塘反“围剿”作战中牺牲
雷桂珍	男	1887 年	始兴重阳青水塘	1926 年	区农民自卫军队员	1927 年在青水塘反“围剿”作战中牺牲
雷胜昌	男	1889 年	始兴重阳青水塘	1926 年	区农民自卫军队员	1927 年在青水塘反“围剿”作战中牺牲
雷文光	男	1891 年	始兴重阳青水塘	1926 年	区农民自卫军文书	1927 年在韶关被捕牺牲
雷亚东（雷明东）	男	1895 年	始兴重阳青水塘	1926 年	区农民自卫军队员	1927 年在韶关被捕牺牲
雷炳松	男	1895 年	始兴重阳青水塘	1926 年	区农民自卫军宣传委员	1928 年 4 月在韶关被捕牺牲
雷永禄	男	1895 年	始兴重阳青水塘	1926 年	区农民自卫军队员	1927 年在青水塘反“围剿”作战中牺牲
雷德标（歼包）	男	1898 年	始兴重阳青水塘	1926 年	区农民自卫军队员	1928 年在韶关被捕牺牲
雷亚年（雷有年）	男	1901 年	始兴重阳青水塘	1926 年	区农民自卫军队员	1928 年在韶关被捕牺牲
雷毛虫	男	1904 年	始兴重阳青水塘	1926 年	区农民自卫军队员	1928 年在韶关被捕牺牲
雷兆元（鸡仔兆源）	男	1905 年	始兴重阳青水塘	1926 年	区农民自卫军队员	1928 年 4 月在韶关被捕牺牲
雷振光（六金）	男	1905 年	始兴重阳青水塘	1926 年	区农民自卫军队员	1927 年在青水塘反“围剿”作战中牺牲
雷黄丰	男	1906 年	始兴重阳青水塘	1926 年	区农民自卫军队员	1927 年在青水塘反“围剿”作战中牺牲
雷振生（雷龙古）	男	1907 年	始兴重阳青水塘	1926 年	区农民自卫军队员	1927 年在青水塘反“围剿”作战中牺牲
雷三苟	男	1909 年	始兴重阳青水塘	1926 年	区农民自卫军队员	1927 年在青水塘反“围剿”作战中牺牲
雷康年	男	1909 年	始兴重阳青水塘	1926 年	区农民自卫军队员	1928 年在韶关被捕牺牲
雷邦怀	男	1925 年	马市镇涝洲水村	1948 年	涝洲水农会会长	1950 年 2 月在涝洲水被杀害

江西省革命烈士名录

姓名	性别	出生地	出生时间	籍贯	政治面貌	入伍时间	牺牲时间	牺牲地点	所在单位及职务
雷盛溯	男			傲上		1929 年	1930 年		村代表
雷富佳	男		1906 年	傲上		1930 年	1933 年		红军战士
雷富传	男			傲上		1930 年			红军连长

续表

姓名	性别	出生地	出生时间	籍贯	政治面貌	入伍时间	牺牲时间	牺牲地点	所在单位及职务
雷德国	男		1892 年	傲上	共青团员	1923 年	1930 年	东固	南龙乡团支书
雷扬其	男		1911 年	江口		1932 年	1933 年	黄陂	红军战士
雷继华	男		1913 年	江口		1928 年	1930 年		红军战士
雷继英	男		1914 年	江口		1931 年	1933 年	黄陂	红军战士
雷扬明	男		1916 年	江口		1929 年	1933 年	永丰荇田	红军战士
雷继松	男		1898 年	江口		1929 年	1929 年		红军战士
雷扬佐	男		1901 年	江口		1929 年	1933 年	黄陂	红军战士
雷学来	男		1906 年	三彩		1934 年	1934 年		红军战士
雷河栋	男			白云山		1932 年			红军战士
雷德金	男		1906 年	白云山		1931 年	1931 年		红军战士
雷扬焕	男		1912 年	白云山		1931 年	1932 年	宁都	红军排长
雷万仁	男		1907 年	白云山		1929 年	1929 年		红军战士
雷学俊	男		1912 年	白云山		1929 年	1929 年		红军战士
雷学然	男		1910 年	白云山		1929 年	1929 年		红军战士
雷宗炳	男		1902 年	白云山		1931 年	1931 年		红军战士
雷福兵	男		1882 年	灵丰		1931 年	1931 年		红军战士
雷德洪	男		1905 年	龙家塘		1932 年	1932 年		红军战士
雷亦荣	男		1893 年	龙家塘		1932 年	1934 年		红军战士
雷德法	男		1881 年	龙家塘			1931 年		
雷德清	男		1913 年	龙家塘	共青团员	1934 年	1934 年		东龙区儿童团长
雷德林	男		1892 年	龙家塘	中共党员		1932 年	弹子坑	乡财政部部长
雷德茂	男		1902 年	龙家塘		1932 年	1932 年	东固	红军战士
雷盛来	男		1908 年	龙家塘			1932 年	龙家圹	
雷德旺	男		1904 年	龙家塘			1931 年	东固	少先队队长
雷亦钻	男		1888 年	龙家塘	中共党员	1930 年	1931 年	北坑	红军战士
雷亦光	男			龙家塘		1931 年	1932 年	永丰	红军战士
雷亦还	男		1917 年	龙家塘	共青团员	1933 年	1933 年	泰和沙村	红军战士
雷伯隆	男		1911 年	龙家塘		1932 年	1933 年		红军战士
雷德明	男		1923 年	龙家塘		1946 年	1948 年	河北	解放军战士
雷亦千	男			龙家塘		1932 年	1932 年		红军担架队员

续表

姓名	性别	出生地	出生时间	籍贯	政治面貌	入伍时间	牺牲时间	牺牲地点	所在单位及职务
雷礼栋	男		1884 年	峰岭		1931 年			红军通讯员
雷传伟	男		1903 年	峰岭	中共党员	1928 年	1928 年		红军战士
雷付芳	男			东固		1933 年			红军战士
雷万彬	男		1914 年	东固		1930 年	1930 年		红军战士
雷招德	女			东固					
雷冬秀	女			东固					
雷美蔼	男			东固	共青团员	1931 年	1931 年		看护员
雷流星	男			东固		1928 年			红军战士
雷富梅	男			东固		1930 年			红军战士
雷德安	男		1876 年	东固		1929 年	1929 年		红军战士
雷亦沛	男		1882 年	东固		1929 年	1931 年		红军战士
雷贵芳	男		1889 年	东固		1929 年	1929 年		红军战士
雷德宣	男		1897 年	东固		1928 年	1928 年	水南	七纵队干部
雷亦圣	男			东固		1930 年			赤卫队战士
雷奕淮	男		1897 年	东固		1932 年	1932 年		红军运输队
雷奕汉	男		1899 年	东固		1932 年	1932 年	东固	
雷伯清	男			东固			1932 年	东固	
雷贤国	男			东固		1929 年	1932 年	东固	红军连长
雷才兴	男			东固	共青团员	1930 年	1932 年	东固	红军战士
雷德仪	男		1905 年	东固		1932 年	1933 年		红军战士
雷德龙	男		1904 年	东固		1929 年	1930 年		红军战士
雷圣思	男		1905 年	东固		1929 年	1930 年		红军战士
雷宗辉	男		1909 年	东固			1932 年		红军战士
雷学来	男		1906 年	东固		1931 年	1934 年		红军战士
雷桂方	男		1905 年	东固		1927 年	1930 年		区特派员
雷学辉	男		1908 年	东固		1930 年	1930 年		红军战士
雷先浪	男			东固		1933 年			红军战士
雷富炳	男		1913 年	东固		1925 年	1935 年		红军战士
雷恩华	男		1904 年	东固		1931 年	1931 年		红军战士
雷学源	男		1910 年	东固		1933 年	1933 年		红军战士

续表

姓名	性别	出生地	出生时间	籍贯	政治面貌	入伍时间	牺牲时间	牺牲地点	所在单位及职务
雷端万	男		1906 年	东固		1928 年	1930 年		红军战士
雷学有	男		1905 年	东固		1930 年	1930 年		红军战士
雷贵星	男		1905 年	东固		1931 年	1931 年		红军战士
雷富求	男		1901 年	东固		1932 年	1932 年		红军战士
雷宪清	男			东固		1933 年			红军战士
雷亦当	男			螺坑		1931 年	1936 年	兴国	红军排长
雷奕棋	男			螺坑			1929 年	东固	红军战士
雷思九	男		1907 年	螺坑		1930 年	1930 年		红军战士
雷宗辉	男		1901 年	六渡			1931 年		区文化部部长
雷扬其	男		1911 年	蔡家垅		1929 年	1931 年	黄陂	红军战士
雷扬明	男		1916 年	蔡家垅			1933 年	黄陂	红军战士
雷扬佐	男		1901 年	蔡家垅			1929 年	黄陂	红军战士
雷继英	男		1914 年	蔡家垅			1933 年	黄陂	红军战士
雷继华	男		1913 年	蔡家垅			1930 年	黄陂	红军战士
雷继松	男		1898 年	蔡家垅			1929 年	黄陂	红军战士
雷四季	男		1893 年	龙冈			1933 年		游击队战士
雷定老	男		1917 年	龙冈			1931 年	兴国县	游击队员
雷龙子	男		1900 年	龙冈			1934 年	福建省	红军战士
雷志豪	男		1879 年	龙冈			1929 年	根竹坑	红军战士
雷智全	男		1886 年	龙冈			1929 年	乐安县	战士
雷继友	男		1917 年	龙冈			1934 年	贵州	战士
雷万福	男		1905 年	龙冈			1931 年	兴国县	红军战士
雷仪共	男		1913 年	龙冈			1933 年	老营盘	红军战士
雷德贤	男		1901 年	龙冈			1933 年		红军战士
雷贤生	男			龙冈					
雷贤贵	男			龙冈					
雷重玉	男		1912 年	龙冈			1931 年	七都	战士
雷德敌	男		1903 年	龙冈			1930 年	永丰县荇田	游击队班长
雷德仁	男		1913 年	龙冈			1933 年	兴国抄其寓	干事

续表

姓名	性别	出生地	出生时间	籍贯	政治面貌	入伍时间	牺牲时间	牺牲地点	所在单位及职务
雷义生	男		1913 年	龙冈			1933 年	铅山县中固	红三军团战士
雷代圣	男		1916 年	龙冈			1934 年	兴国县	红军战士
雷代禄	男		1903 年	龙冈			1931 年	兴国县	红军战士
雷华圣	男		1917 年	龙冈			1934 年		担架队队员
雷曾有	男		1890 年	龙冈			1934 年	吉安县东固	交通员
雷礼和	男		1898 年	龙冈			1933 年	宁都县黄陂	工人师战士
雷华佑	男		1914 年	铅山			1932 年	天柱山	村苏主席
雷新太	男		1914 年	铅山			1933 年	福建省水湾	红军战士
雷文新	男		1898 年	铅山			1933 年	天柱山迭石	区委书记
雷华钧	男		1917 年	铅山			1935 年	福建省水湾	红军战士
雷华太	男		1911 年	铅山			1934 年	天柱山	村苏通信员
雷金成	男		1907 年	铅山			1933 年	铅山县天柱山	乡苏主席
雷太古	男		1907 年	铅山			1932 年	铅山县岩坑	游击队员
雷华仁	男		1896 年	铅山			1934 年	湖坊桥头	村苏主席
雷兴荣	男		1917 年	铅山			1933 年	福建省水湾	红军战士
雷启珍	男		1900 年	铅山			1934 年	陈坊荆林	游击队员
雷金太	男		1907 年	铅山			1932 年	岩沅	红军战士
雷天生	男		1892 年	铅山			1933 年	福建省崇安县大安街	县苏裁判部部长

第五节　副厅以上干部名录

姓名	籍贯	生卒年份	任职
雷春美	福安	1959—	1993 年 3 月—2001 年 9 月任共青团福建省委副书记，省青联副主席、主席，省关工委副主任；2001 年 9 月—2002 年 5 月任共青团福建省委书记兼省青联主席、省关工委副主任；2002 年 5 月—2005 年 6 月任福州市委副书记(正厅级)；2005 年 6 月—2008 年 4 月任龙岩市委副书记、市长；2008 年 4 月—2012 年 1 月任南平市委书记；2012 年 1 月—2015 年 1 月任福建省政协副主席，省委统战部部长；2015 年 1 月—2019 年 1 月任福建省委常委、统战部部长；2019 年 1 月起任福建省人大常委会副主任，党组副书记、书记，省慈善总会会长；中共第十七届、十八届中央候补委员

续表

姓名	籍贯	生卒年份	任职
雷起蛟	江西	唐五代	福宁巡检
雷　尧	宁化	宋元丰二年(1079年)	曾任连州通判
雷觉民	建安	宋绍圣元年(1094年)	漳浦尉、湖州司录太守
雷　协	宁化	宋政和二年(1112年)	曾任兴化军教授
雷丑助	崇安	宋嘉定元年(1208年)	曾任福州监镇
雷　福	泰宁	元末	江西隆兴总管、云南大理府同知、明洪武元年(1368年)湖广按察验事
雷仕旃	建瓯	明成化十一年(1475年)	浙江佥事、广西副使、浙江右参政
雷其达		清光绪年间(1875—1908年)	福宁知府
雷寿彭	宁化	1886—1952	民国十二年(1923年)当选为省参议会副议长,先后任省民政厅代厅长、省政府顾问、省禁烟委员会副主任等职
雷承进	福鼎		新疆军垦农场副政委
雷应清	宁德	1922—	1980年6月任省军区副军级顾问、少将
雷锦灼	福安	1933—2012	1992年11月任宁德行政公署副厅级调研员
雷瑞华	福安	1934—2012	1998年任宁德公署副巡视员
雷　萍	宁化	1934—	1985年8月任福建省经济体制改革委员会副主任(兼省委政改办副主任),1991年6月调任省华福公司副总裁(党组副书记)
雷文先	丽水	1945—2018	2000年9月—2008年2月任丽水市人大常委会副主任
雷森镔	古田	1946—	中国人民解放军原总装备部北京航天指控中心大校
雷　斌	柘荣	1949—	1994年任福建省妇联城乡部部长;1995年任省妇联党组成员,组织部部长;1996年任福建省民族与宗教事务厅副厅长,正厅巡视员
雷炳成	文成	1953—	1975年任中央军委办公厅秘书办主任(副军级),2002年晋升为少将军衔
雷健民	潮州	1956—	潮州市委常委、市人大常委会副主任,党组副书记
雷仕庆	霞浦	1956—	2011年6月任宁德市政协副主席
雷义统	福鼎		江苏省南京船舶总公司航运局局长
雷桂梅	景宁		丽水地区“革委会”副主任、行署副专员
雷维善	福安	1962—	2015年2月任宁德市人大常委会副主任
雷志亮	南安	1962—	2006年6月任国家统计局福建调查总队纪检组长(副厅局级),2010年9月任福建省统计局副局长
雷明远	文成	1962—	国家行政学院欣正实业发展总公司董事长
雷荣清	福安	1963—	2015年任贵州电视台台长、书记
雷成才	古田	1963—	2007年2月任福州市政协副主席,2012年10月任福州市政协副主席、福建省工商联副主席
雷伟平	潮州	1970—	潮州市人大常委会副主任
雷文忠	宁德	1969—	2017年9月任福建省交通运输厅副厅长、党组成员
雷美美	宁德		2020年9月任福建省人民防空办公室二级巡视员

第六节 正高级技术职称人员名录(已知)

姓名	籍贯	生卒年份	任职
雷 瀚	上杭	1902—1953	1931年至1949年先后任职于武汉大学、光华大学、广西大学、安徽大学,1949年后为北京师范大学教授
雷动春	宁化	1918—	美国加州大学北岭分校教授
雷子金	宁化	1936—2002	吉林省延边日报社高级编辑
雷德培	古田	1936—	上海中医药大学附属医院主任医师
雷芗生	宁化	1937—	1995年为集美大学体育学院教授
雷德森	宁化	1938—	福州大学人文社会科学系教授
雷风徐	宁化	1938—	天津市科技信息研究所研究员,南开大学兼职教授
雷远进	南安	1940—	昆明贵金属研究所研究员、教授
雷风行	宁化	1944—2014	国家一级作家,高级记者。中国铁路总公司(原铁道部)档案史志中心高级编审
雷淼镔	古田	1946—	高级工程师(大校军衔)
雷钖榜	潮州	1948—	潮州市高级农艺师
雷惠新	古田	1950—	2000年任福建省立医院教授、主任医师
雷弯山	丽水	1950—	1997年为中共丽水地委党校教授,1998年为中共福建省委党校、福建行政学院教授
雷 鹰	宁化	1966—	厦门大学建筑与土木工程学院教授、闽江学者特聘教授
雷 雯	南平	1968—	福建省肿瘤医院乳腺肿瘤外科主任医师
雷海新	宁化	1973—	大连医科大学肿瘤干细胞研究院教授
雷发荣	遂昌		浙江电视台主任编辑
雷天恩	连江		浙江省工艺品进出口公司高级工艺美术师
雷永坚	南安	1934—	浙江省区域地质调查大队高级工程师
雷衍鸿	平阳		中国国际工程公司专家委员会高级工程师
雷观清	丽水		水利部天津勘察设计院高级工程师
雷新途	温州		浙江林业学院、宁波大学、浙江工业大学教授,博士生导师
雷新响	温州		温州大学、中南民族大学教授

第七节　省级以上党代表

中国共产党全国代表大会代表

届别	姓名	性别	籍贯	所在单位及职务
九	雷桂梅	女	云和	丽水地区“革命委员会”
	雷金兰	女	福州	福州郊区宦溪公社黄土岗村党支部书记
十	雷桂梅	女	云和	丽水地区“革命委员会”
十一	雷长梅	女	福安	宁德地委
十二	雷长梅	女	福安	宁德地委
十三	雷喜庆	男	景宁	景宁畲族自治县人大常委会主任
十五	雷汤菊	女	景宁	景宁畲族自治县鹤溪镇包凤村党支部书记
十六	雷纪文	男	资溪	资溪县委常委，宣传部部长，鹰潭市民宗局局长
十七	雷金花	女	霞浦	霞浦县水门乡半岭村党支部书记
	雷玉英	女	博罗	广东省惠州市博罗县横河镇嶂背畲族村党支部书记、村委会主任
	雷春美	女	福安	
十八	雷春美	女	福安	福建省人大常委会党组副书记、副主任
	雷洁畅	女	景宁	共青团景宁畲族自治县县委书记
十九	雷春美	女	福安	福建省人大常委会党组副书记、副主任
	雷玉英	女	博罗	广东省惠州市博罗县横河镇嶂背畲族村党支部书记、村委会主任
	雷海燕	女	铅山	江西省上饶市政协办公厅副调研员兼铅山县篁碧畲族乡党委书记

中国共产党浙江省代表大会代表

届别	姓名	性别	籍贯	所在单位及职务
二	雷贤富	男	遂昌	中共遂昌县委委员
四	雷新荣	男	丽水	浙江省少数民族师范学校党委书记
	雷桂梅	女	云和	丽水地区“革命委员会”
五	雷必隆	男	泰顺	泰顺县人大常委会主任
	雷依香	女	桐庐	桐庐县莪山公社尧山大队妇女主任
七	雷开勤	男	文成	中共文成县委组织部副部长
	雷传谷	男	泰顺	泰顺县劳动局干部
	雷文先	男	丽水	景宁畲族自治县副县长
	雷成罗	男	苍南	苍南县岱岭畲族乡龙凤村党支部书记
八	雷开勤	男	文成	中共文成县委统战部部长
九	雷子旺	男	苍南	苍南县凤阳畲族乡鹤峰村党支部书记

续表

届别	姓名	性别	籍贯	所在单位及职务
十	雷长林	男	龙游	中共常山县委书记
	雷建阳	男	泰顺	泰顺县垟溪乡中心小学校长、党支部书记

中国共产党江西省代表大会代表

届别	姓名	性别	民族	籍贯	所在单位及职务
九	雷申财	男	畲族	篁碧	太源乡党委副书记
十一	雷荣身	男	畲族	太源	太源畲族乡
十二	雷荣身	男	畲族	太源	太源畲族乡

第八节　省级以上人大代表

全国人民代表大会代表

届别	姓名	性别	籍贯	所在单位及职务
七	雷长生	男	贵溪	贵溪县政府
八	雷长生	男	贵溪	贵溪县政府
	雷文先	男	丽水	景宁畲族自治县县长
九	雷招珠	女	遂昌	遂昌县北界镇镇长助理、镇妇联主席、省青联常委
	雷纪文	男	资溪	资溪县委常委，宣传部部长，鹰潭市民宗局局长
十一	雷金梅	女	福安	福建省福安市坂中畲族乡后门坪村党支部书记
十三	雷金玉	女	福安	福建省福安市坂中畲族乡后门坪村党支部书记兼村委会主任
	雷燕琴	女	贵溪	江西省贵溪市樟坪畲族乡党委副书记、乡长

浙江省历届人民代表大会代表

届别	姓名	性别	籍贯	所在单位及职务
一	雷必隆	男	泰顺	文成县百丈区副区长
	雷火财	男	云和	云和县农业生产合作社社长
二	雷必隆	男	泰顺	泰顺县司前乡干部
	雷蓝英	女	文成	文成县中樟乡乌田高级农业社妇女主任
	雷春秀	女	遂昌	遂昌县太拓乡溪东村村民
	雷银花	女	景宁	景宁县农民
三	雷钦关	男	文成	文成县上林公社周垟大队民办小学教师
	雷崇多	女	泰顺	泰顺县竹垟公社竹里大队妇女主任
	雷春秀	女	遂昌	遂昌县大拓公社溪东大队党支部书记
	雷冬梅	女	平阳	平阳县莒溪公社上村大队水碓头生产队队长
	雷桂梅	女	云和	云和县鹤溪镇副镇长、中共红星大队党支部副书记

续表

届别	姓名	性别	籍贯	所在单位及职务
五	雷桂梅	女	云和	中共云和县小红星大队党支部书记、中共丽水地委常委、丽水地区“革委会”副主任
	雷春秀	女	遂昌	中共遂昌县大拓公社溪东大队党支部委员
	雷方岳	男	云和	云和县北溪公社书记、深垟大队党支部书记
	雷月娇	女	青田	青田县章村公社颜宅大队社员
	雷崇多	女	泰顺	泰顺县竹垟公社竹里大队社员
	雷依香	女	桐庐	桐庐县莪山公社尧山坞大队妇女主任
六	雷发佑	男	龙泉	中共龙泉县竹垟公社党委委员兼罗墩大队党支部书记
	雷宝凤	女	松阳	松阳县板桥公社后塘大队妇代会主任
	雷华转	男	平阳	平阳县联山公社林场负责人、大队党支部副书记
	雷大秋	男	平阳	平阳县一中物理教师
	雷德满	男	瑞安	瑞安县东岩公社民族大队党支部书记
	雷声遥	男	临安	德清县农委助理农艺师、德清县人大常委会委员
七	雷喜庆	男	景宁	景宁畲族自治县人大常委会主任、中共景宁畲族自治县县委副书记
	雷招珠	女	遂昌	遂昌县三川乡仓畈小学教师
	雷建松	男	泰顺	中共泰顺县戬州乡彭家堡村党支部书记
	雷朝宽	男	平阳	平阳县怀溪中心小学教师
	雷兰川	男	武义	武义县大源畲族乡下圩村农民
	雷金兰	女	龙游	永康县城关镇人民小学教师
	雷声遥	男	临安	德清县农委干部、助理工程师
八	雷喜庆	男	景宁	省七届人大常委会委员、中共丽水地委政法委员会委员
	雷木森	男	景宁	景宁畲族自治县人大常委会党组书记
	雷寅花	女	云和	云和县雾溪畲族乡雾溪村妇女主任
	雷招珠	女	遂昌	遂昌县大拓镇后垅民族小学校长
	雷昌友	男	文成	文成县双桂乡周山下村村主任
	雷建松	男	泰顺	中共泰顺县戬州乡彭家堡村党支部书记
	雷朝宽	男	平阳	平阳县怀溪中学副教导主任
	雷声遥	男	临安	德清县农委科长、助理农艺师
九	雷国兴	男	桐庐	中共桐庐县莪山畲族乡党委副书记、乡长
	雷顺华	男	苍南	中共苍南县凤阳畲族乡党委副书记、乡长
	雷明华	男	文成	中共文成县双桂乡垟山村党支部书记
	雷洪炳	男	德清	德清县武康镇对河口中学教导主任
	雷晓鸣	男	景宁	云和县邮电局局长
	雷紫媛	女	龙泉	龙泉市竹垟畲族乡罗墩村党支部委员、村会计
	雷文先	男	丽水	丽水地区行署副秘书长、扶贫办主任

续表

届别	姓名	性别	籍贯	所在单位及职务
十	雷衍开	男		
	雷爱琴	女		
十一	雷绍林	男		
	雷永金	男		
	雷旭苹	男	金华	浙江博来工具有限公司董事长助理
	雷晓鸣	男		
十二	雷衍开	男		
	雷红琴	女	安吉	章村镇郎村村党支部委员、村委会委员
	雷永金	男		
	雷旭苹	女	金华	浙江博来工具有限公司董事长助理
	雷　萍	女		
十三	雷天星	男	桐庐	峨山畲族乡龙峰民族村党支部书记、主任
	雷　鸣	男	瑞安	鹿城区人民医院副院长
	雷红琴	女	安吉	章村镇郎村村党支部委员、村委会委员
	雷旭苹	女	金华	浙江博来工具有限公司董事长助理
	雷一坤	男	云和	云和县人大常委会主任
	雷文彬	男	遂昌	妙高街道东峰村党支部书记、村委会主任
十四	雷晓芳	女	湖州	安吉县报福镇中张村妇女主任
	雷丽玲	女	丽水	景宁畲族自治县红星街道岭北村党总支书记、村委会主任

江西省历届人民代表大会代表

届别	姓名	性别	籍贯	所在单位及职务
十一	雷美珍	女		武宁县教体局工会副主席
	雷纪文	男		鹰潭市第十届人民代表大会常务委员会副主任
	雷雅琴	女		上饶市铅山县篁碧畲族乡畲族村村民
十二	雷美珍	女		武宁县教体局工会副主席
	雷　英	女		鹰潭贵溪市樟坪畲族乡妇联主席
	雷雅琴	女		上饶市铅山县篁碧畲族乡畲族村村民
十三	雷美珍	女		武宁县教体局工会副主席
	雷相贵	男		贵溪市樟坪畲族乡樟坪畲族村党支部书记
	雷　俊	男		上饶市铅山县太源畲族乡畲族村党支部书记兼村委会主任
十四	雷美珍	女		武宁县教体局工会副主席
	雷　红	女		

江西省历届人民代表大会代表

届别	姓名	性别	籍贯	所在单位及职务
一	雷瑞林	男	太源	太源畲族乡
二	雷瑞林	男	太源	太源畲族乡
三	雷瑞林	男	太源	太源畲族乡
五	雷金花	女	铅山	铅山县
六	雷宗生	男	东固蔡家垅	原东固镇林场场长
	雷长生	男	贵溪樟坪	原贵溪县(市)政协副主席
	雷金花	女	铅山	铅山县
七	雷圣福	男	东固螺坑	东固畲族乡螺坑村
九	雷金兰	女	太源	太源畲族乡
十一	雷美珍	女		武宁县教体局工会副主席
	雷纪文	男		鹰潭市第十届人民代表大会常务委员会副主任
	雷雅琴	女		上饶市铅山县篁碧畲族乡畲族村村民
十二	雷美珍	女		武宁县教体局工会副主席
	雷　英	女		鹰潭贵溪市樟坪畲族乡妇联主席
	雷雅琴	女		上饶市铅山县篁碧畲族乡畲族村村民
十三	雷美珍	女		武宁县教体局工会副主席
	雷相贵	男		贵溪市樟坪畲族乡樟坪畲族村党支部书记
	雷　俊	男		上饶市铅山县太源畲族乡畲族村村民委员会畲族村党支部书记兼村委会主任

福建省历届人民代表大会代表

届别	姓名	性别	籍贯	所在单位及职务
五	雷夹指	男	永太	永太县富泉公社协星大队党支部书记
	雷保美	男	罗源	罗源县红塔公社海洋大队党支部书记
	雷洪寿	男	周宁	玛坑公社升阳大队党支部委员
六	雷开柱	男	福鼎南溪	福鼎叠石公社南溪大队会计
	雷石轩	女	福安社口	福安县社口公社山里大队妇女干部
	雷淑梅	女	福建霞浦	霞浦县盐田公社瓦窑头农业大队妇联主任
七	雷光秀	男	罗源	罗源县霍口畲族乡乡长、党委副书记
	雷仕庆	男	霞浦	霞浦县崇儒畲族乡党委书记
八	雷腾祥	男	顺昌	宣传员
	雷瑞华	男	福安	主任
	雷维善	男	福安	副书记，乡长
	雷玉耀	男	霞浦	乡长，乡党委副书记

续表

届别	姓名	性别	籍贯	所在单位及职务
九	雷成才	男	古田	福州经济技术开发区管委会副主任、商会会长
	雷玉团	男	罗源	罗源县民族事务局局长
	雷爱美	女	福鼎	福鼎市硖门畲族乡副乡长
	雷大联	男	霞浦	霞浦县盐田畲族乡乡长
	雷金梅	女	福安	福安市坂中畲族乡后门坪村村委会主任
	雷卫平	男	福安	福安市穆阳镇党委书记
	雷雅玲	女	古田	古田县黄田镇黄田中心小学教师
十	雷成才	男	古田	福州市政协副主席，市科协主席
	雷言钦	男	罗源	连江县人民政府副县长
	雷和孙	男	浦城	浦城县南浦氟化盐有限公司董事长、总经理
	雷玉赛	女	罗源	罗源县起步镇水口洋村妇代会主任
	雷金花	女	苍南	霞浦县水门乡半岭村党支部书记
	雷金梅	女	福安	福安市坂中畲族乡后门坪村村委会主任
	雷美美	女	福安	寿宁县人民政府副县长
十一	雷成才	男	古田	福州市政协副主席、市科协主席、市工商联主席
	雷新和	男	福州	福州市晋安区日溪乡东坪村党支部书记
	雷春美	女	福安	福建省政协副主席、中共福建省委统战部部长、福建省社会主义学院院长
	雷和孙	男	浦城	福建省和顺碳素有限公司董事长
十二	雷成才	男	古田	福建省人大常委会委员，省人大财经委委员，福建省工商联副主席、福州市工商联主席，福州市政协副主席
	雷伙德	男	连江	福建省弘一建设工程有限公司总经理
	雷旺金	男	宁化	宁化县中沙乡下沙畲族村党支部书记
	雷和孙	男	浦城	福建省和顺碳素有限公司董事长
	雷金花	女	苍南	霞浦县水门乡半岭村党支部原书记
	雷金梅	女	福安	福安市社口镇人大主席
	雷维善	男	福安	宁德市人大常委会副主任
十三	雷见华	男	连江	连江县浦口镇人民政府二级主任科员
	雷成才	男	古田	福建省人大常委会委员，省人大财政经济委员会委员，省工商联副主席(兼)，福州市人大常委会副主任、一级巡视员，市工商联主席副主席
	雷连鸣	男	福安	中共永泰县委书记
	雷春美	女	福安	福建省人大常委会原党组书记，福建省社会主义学院院长
	雷旺金	男	宁化	宁化县中沙乡下沙畲族村党支部书记、村委会主任
	雷和孙	男	浦城	福建省和顺碳素有限公司董事长

续表

届别	姓名	性别	籍贯	所在单位及职务
十三	雷奶铭	男	霞浦	霞浦职业中专学校校长
	雷金梅	女	福安	福安市康厝畲族乡党委副书记，乡长
	雷祖铃	男	福安	中共宁德市东侨经济技术开发区工作委员会书记
	雷立斌	男		
	雷春美	女		
	雷贵兴	男		
	雷金玉	女		
	雷晓华	女		
	雷琴钦	女		

浙江省出席全国历届青年联合会代表

届别	姓名	性别	籍贯	所在单位
1958.5	雷松庭	男	文成	浙江省少数民族师范学校学生

第九节　省级以上政协委员

中国人民政治协商会议全国委员会委员

届别	姓名	性别	籍贯	所在单位及职务
十一、十二、十三	雷后兴	男	丽水	丽水市中医院院长，九三学社丽水市委会副主委
十一、十二特邀	雷春美	女	福安	福建省委

中国人民政治协商会议福建省委员会委员

届别	姓名	性别	籍贯	出生年月	所在单位及职务	备注
二	雷恒春	男	罗源	1931 年 5 月	福建省民政厅	
	雷锦灼	男	福安	1933 年 12 月	宁德地区民委	
	雷全珠	女				
三	雷恒春	男	罗源	1931 年 5 月	福建省民政厅	
	雷锦灼	男	福安	1933 年 12 月	宁德地区民委	
四	雷恒春	男	罗源	1931 年 5 月	福建省民政厅	
五	雷恒春	男	罗源	1931 年 5 月	福建省民政厅副厅长	
六	雷恒春	男	罗源	1931 年 5 月	省民委主任、省民政厅副厅长	
	雷锦灼	男	福安	1933 年 12 月	宁德地区民委主任	
	雷志森	男	罗源	1933 年	罗源县政协主席	

续表

届别	姓名	性别	籍贯	出生年月	所在单位及职务	备注
七	雷玉团	男	罗源	1957 年 12 月	罗源县西兰乡乡长	
	雷金兰	女	福州	1948 年 2 月	福州市民委副主任	
	雷　斌	女	宁德	1949 年 12 月	宁德地区妇联主任	
	雷锦灼	男	福安	1933 年 12 月	宁德地区民委主任	
八	雷春美	女	福安	1959 年 1 月	团省委副书记	省政协常委
	雷金兰	女	福州	1948 年 2 月	福州市民宗局副局长	
九	雷金兰	女	福州	1948 年 2 月	福州市民宗局副局长	
	雷光秀	男	罗源	1957 年 7 月	罗源县副县长	
十	雷　斌	女	柘荣	1949 年 12 月	省民族宗教厅副厅长	省政协常委
	雷光秀	男	罗源	1957 年 7 月	罗源县政协主席、党组书记	
	雷维善	男	福安	1962 年 8 月	宁德市民宗局局长	
	雷禄新	男	霞浦	1982 年 8 月	霞浦县盐田畲族乡二铺村村委会主任	
	雷春美	女	福安	1959 年 1 月	省政协副主席、省委统战部部长	
十一	雷春美	女	福安	1959 年 1 月	省委常委、省委统战部部长	
	雷祖云	男	上杭	1965 年 1 月	福建省恒基建设股份有限公司董事长	
	雷禄新	男	霞浦	1982 年 8 月	霞浦县盐田畲族乡二铺村党支部书记	
十二	雷春美	女	福安	1959 年 1 月	省委常委、省委统战部部长	
	雷祖云	男	上杭	1965 年 1 月	福建省恒基建设股份有限公司董事长	
十三	雷　敏					
	雷希颖					
	雷红先					

中国人民政治协商会议浙江省委员会委员

届别	姓名	性别	籍贯	所在单位及职务
二	雷耀铨	男	兰溪	浙江省少数民族师范学校教师
三	雷耀铨	男	兰溪	浙江省少数民族师范学校教师
	雷仁根	男	云和	云和县鹤溪镇包凤村
四	雷耀铨	男	兰溪	浙江省少数民族师范学校教师
	雷仁根	男	云和	云和县鹤溪镇包凤大队副大队长
	雷志洪	男	泰顺	泰顺县仕阳区教委办公室
五	雷方岳	男	云和	云和县东坑区副区长
	雷昌协	男	文成	文成县教育局干部
	雷耀铨	男	兰溪	浙江省少数民族师范学校党委副书记、副校长

续表

届别	姓名	性别	籍贯	所在单位及职务
六	雷昌协	男	文成	文成县教委教研室教研员
	雷松庭	男	文成	中共丽水地委统战部副部长兼民族事务处处长
	雷耀铨	男	兰溪	浙江省少数民族师范学校副校级调研员
七	雷松庭	男	文成	中共丽水地委统战部副部长
	雷火土	男	遂昌	浙江省少数民族师范学校党委书记、校长
八	雷火土	男	遂昌	浙江省少数民族师范学校党委书记、校长、高级讲师
	雷明亮	男	丽水	中共丽水地委统战部副部长、丽水地区民宗局局长
	雷香兰	男	景宁	景宁畲族自治县妇联主席
十	雷祥雄	男		
十一	雷祥雄	男		浙江新远文化产业集团有限公司董事长、党委书记
	雷群芳	女	景宁	浙江大学本科生院教务处副处长
十二	雷群芳	女	景宁	浙江大学继续教育学院副院长
	雷洁畅	女	景宁	景宁县委统战部副部长、县民宗局局长
十三	雷洁畅	女	景宁	景宁县委统战部副部长、县民宗局局长
	雷　震			

中国人民政治协商会议江西省历届委员会少数民族委员

届别	姓名	性别	民族	籍贯	所在单位及职务
二	雷启金		畲族		
五	雷申英	女	畲族	太源	太源乡妇联主任
六	雷申英	女	畲族	太源	太源乡妇联主任
	雷申财	男	畲族	篁碧	太源乡单位副书记
七	雷申财	男	畲族	篁碧	太源乡单位副书记
	雷金花	女	畲族	铅山	铅山县
	雷国根	男	畲族	新月	新月畲族村
八	雷国根	男	畲族	新月	新月畲族村
	雷炳身	男	畲族	篁碧	篁碧畲族乡
九	雷炳身	男	畲族	篁碧	篁碧畲族乡
十	雷海燕	女	畲族	篁碧	篁碧畲族乡

第十节 获省级以上表彰者(已知)

浙江省获全国表彰名录

姓名	性别	表彰时间	荣誉	所在单位及职务
雷马翠	女	1957年	全国劳动模范	景宁县鹤溪镇潘山岭村农民
雷一本	男	1957年	全国劳动模范	文成县农民
雷步龙	男	1958年	全国农业先进分子	中共景宁县张村乡三支树大队党支部书记
雷元倘	男	1958年	全国农业先进分子	文成县
雷仁余	男	1960年	全国先进民兵	丽水县联合乡联济大队民兵连长
雷桂梅	女	1960年	全国先进民兵	景宁县鹤溪镇学田村民兵干部
雷世英	男	1960年	全国先进民兵	龙泉县瀑云乡吴公村民兵
雷钦关	男	1960年	全国先进教师	文成县上林乡周山垟小学教师
雷喜庆	男	1980年	全国公安二等功臣	云和县公安局局长
雷月明	男	1986年	全国“五一劳动奖章”获得者	遂昌中学教师
雷根法	男	1986年	全国绿化劳动模范	临安县昌化林场工程师
雷金标	男	1988年	全国民族团结进步先进集体代表	中共龙游县沐尘畲族乡党委副书记
雷木森	男	1990年	全国农村电气化试点先进工作者	云和县人大常委会副主任
雷耀铨	男	1991年	全国民间文学集成先进工作者	丽水地区文学集成办公室
雷建松	男	1991年	全国民族团结进步先进个人	中共泰顺县戳州乡彭家堡村党支部书记
雷子旺	男	1991年	全国民族团结进步先进个人	中共苍南县凤阳畲族乡鹤丰村党支部书记
雷福兴	男	1991年	全国民族团结进步先进个人	湖州市第二人民医院总务科科长
雷木森	男	1991年	全国民族团结进步先进个人	云和县人大常委会副主任
雷玉仙	女	1991年	全国优秀教师	云和县朱村乡张兰小学教师
雷建阳	男	1992年	全国优秀教师	泰顺县教师
雷耀铨	男	1992年	全国民族教育先进个人	浙江省少数民族师范学校
雷云菊	女	1992年	全国少数民族计划生育先进个人	景宁畲族自治县东坑镇
雷金标	男	1993年	全国各族青年团结进步先进个人	龙游县沐尘畲族乡乡长
雷保民	男	1993年	全国各族青年团结进步先进个人	中共遂昌县三仁畲族乡党委书记
雷招华	男	1994年	第二次全国民族团结进步模范个人	中共丽水县统战部副部长、丽水市民族事务科科长
雷土根	男	1994年	第二次全国民族团结进步模范个人	遂昌县三仁畲族乡乡长
雷子旺	男	1994年	第二次全国民族团结进步模范个人	中共苍南县凤阳畲族乡鹤峰村党支部书记
雷汤菊	女	1995年	全国劳动模范	中共景宁畲族自治县鹤溪镇包凤村叶山头村党支部副书记

续表

姓名	性别	表彰时间	荣誉	所在单位及职务
雷国华	男	1999 年	第三次全国民族团结进步模范个人	临海市国华珠算博物馆馆长
雷火土	男	1999 年	全国民族体育先进个人	浙江省少数民族师范学校党委书记、校长
雷炳成	男		国防服役金质纪念章	
雷金翠	女	2009 年	第五次全国民族团结进步模范个人	顺溪镇肉蛋鸽养殖场场长

福建省获全国表彰名录

姓名	性别	表彰时间	荣誉	所在单位及职务
雷应清	男	1989 年	二级红星勋章	
雷德森	男		全国优秀科技工作者荣誉称号	福州大学
雷朝瑞	男	1999 年	第三次全国民族团结进步模范个人	福鼎市民委主任
雷言钦	男	2005 年	第四次全国民族团结进步模范个人	罗源县霍口畲族乡党委书记
雷立雄	男	2009 年	第五次全国民族团结进步模范个人	中共福建省福安市穆云畲族乡委员会书记
雷伙德	男	2014 年	第六次全国民族团结进步模范个人	福建省弘一建设工程有限公司总经理
雷国胜	男	2019 年	第七次全国民族团结进步模范个人	福建省宁德市霞浦县溪南镇半月里畲族村党支部书记

江西省获全国表彰名录

姓名	性别	表彰时间	荣誉	所在单位
雷良清		1989 年	全国农村金融系统优秀会计	樟坪畲族乡
雷相喜	男	1996 年	全国民族团结进步奖	太源畲族乡
雷友根		1999 年	全国民族团结模范	太源畲族乡
雷纪文	男		第二次全国各族青年团结进步先进个人 全国少数民族计划生育先进个人 全国民族团结进步模范个人	樟坪畲族乡
雷省身	男	2002 年	全国中小学民族团结教育先进个人	篁碧畲族乡
雷海燕	女	2007 年	第五届全国青年团结进步奖	篁碧畲族乡

福建省获省级表彰名录

姓名	所在单位及职务	荣誉	授予时间	授予单位
雷廷富		省劳动模范	1950 年	省人民政府
雷马斌	霞浦马洋乡	省劳动模范	1955 年	省人民委员会
雷廷妹(女)	霞浦水门乡茶岗妇联主任	省劳动模范	1956 年	省人民委员会
雷大妹(女)	福鼎管阳元潭	全国劳动模范 省劳动模范	1957 年 1972 年	国务院 省委、省人民政府
雷大钗	霞浦水门乡茶岗大队队长	全国茶业劳动模范	1958 年	国务院
雷森勋	霞浦城关公社统计员	省先进工作者	1960 年	省委、省人民委员会

续表

姓名	所在单位及职务	荣誉	授予时间	授予单位
雷品改	霞浦溪南镇南门山民兵	全省民兵积极分子	1960年	福建省军区
雷伏端	福安坂中和庵	省劳动模范	1960年	省委、省人民委员会
雷松莲(女)	福安顶头公社半岭大队	省先进生产者	1964年	省委、省人民委员会
雷金妹(女)	福安凤洋公社凤岭大队	省先进生产者	1964年	省委、省人民委员会
雷能云	霞浦文石公社东岭头大队	省先进生产者	1964年	省委、省人民委员会
雷秀娥	霞浦盐田公社碗窑塘大队	省先进生产者	1964年	省委、省人民委员会
雷增金	霞浦盐田	省民族团结进步先进个人	1983年	省人民政府
雷忠诚	柘荣县乍洋乡南洋小学教师	省教育先进工作者	1985年	省人民政府
雷珠珠(女)	霞浦人大常委会民委	省人大系统先进工作者	1992年	省人大常委会
雷文钦	柘荣县富溪中心小学	全国第四届希望工程园丁奖	1996年	中国青少年发展基金会
雷美美	福安康厝畲族乡乡长	省第五次民族团结进步模范个人	1999年	
雷有旺	顺昌县洋口镇谢坊村村委会主任	省第五次民族团结进步模范个人	1999年	
雷兰英	漳平市赤水镇岭兜畲族村党支部书记	省第五次民族团结进步模范个人	1999年	
雷弯山	福建省委党校	福建省优秀教师	2001年	
雷芗生	宁化	福建省优秀教师		
雷时玉	连江县东湖镇天竹畲族村党支部书记	省第六次民族团结进步模范个人	2005年	
雷翰林	霞浦县民族中学校长	省第六次民族团结进步模范个人	2005年	
雷荣庆	宁化县治平畲族乡坪埔村党支部书记	省第六次民族团结进步模范个人	2005年	
雷风徐	宁化	天津市劳动模范		
雷玉萍	连江县华侨中学教师	省第七次民族团结进步模范个人	2010年	
雷永年	泉州市洛江区厝斗畲族村党支部书记	省第七次民族团结进步模范个人	2010年	
雷学富	宁化县治平畲族乡乡长	省第七次民族团结进步模范个人	2010年	
雷彩珠	建瓯市房道镇吴大元畲族村村委会主任	省第七次民族团结进步模范个人	2010年	
雷金花	霞浦县水门畲族乡半岭村党支部书记	省第七次民族团结进步模范个人	2010年	
雷明双	寿宁县凤洋乡基德村农民茶叶合作社农技员	省第七次民族团结进步模范个人	2010年	
雷发勇	福州市连江县小沧畲族乡乡长	省第八次民族团结进步模范个人	2015年	
雷秀花	福州市闽侯县大湖乡六锦畲族村党支部书记	省第八次民族团结进步模范个人	2015年	
雷春成	泉州市南安市码头镇铺前畲族村党支部书记	省第八次民族团结进步模范个人	2015年	

续表

姓名	所在单位及职务	荣誉	授予时间	授予单位
雷茂生	南平市延平畲族研究联谊会副会长、嘉茂纳米科技公司总经理工程师	省第八次民族团结进步模范个人	2015年	
雷雅培	宁德市古田县畲族传统文化协会会长	省第八次民族团结进步模范个人	2015年	
雷鑫俊	建瓯市房道镇房道村团支部书记	第七届五四青年奖章	2015年	

浙江省获省级表彰名录

姓名	性别	表彰时间	荣誉	所在单位及职务
雷新妹	女	1952年	省劳动模范	临安县荷花乡荷花村
雷冬香	女	1952年	省劳动模范	龙游县沐尘乡金岭脚村
雷火财	男	1953年	省第三届农业劳模代表	云和县梅源乡朱源村农民
雷马翠	女	1957年	省劳动模范	景宁县鹤溪镇农民
雷天财	男	1958年	省先进工作者	遂昌县石练信用社
雷和根	男	1959年	1958年度省先进工作者	龙泉县城关粮管所
雷松庭	男	1960年2月	1959年度省先进工作者	丽水少数民族师范学校
雷木森	男	1960年2月	1959年度省先进工作者	景宁县沙溪公社中心小学
雷钦关	男	1960年	省先进工作者	文成县上林乡周垟小学
雷新花	女	1962年	省劳动模范	云和县赤石公社联合大队
雷春秀	女	1962年	省劳动模范	遂昌县大拓公社溪东大队
雷冬梅	女	1962年	省劳动模范	平阳县莒溪公社和平大队老屋生产队
雷钦关	男	1964年	省级优秀辅导员	文成县上林乡周垟小学
雷进贤	男	1979年	省劳动模范	遂昌县人民银行大拓营业所主任
雷益珠	女	1980年	省劳动模范	景宁县东坑完全小学教师
雷顺林	男	1982年	省优秀教师	平阳县青街乡九岱小学教师
雷马树	男	1982年10月	省劳动模范	丽水县丽阳公社凉塘大队
雷永隆	男	1985年12月	省劳动模范	景宁畲族自治县郑坑乡柳山村
雷马儿	男	1985年12月	省劳动模范	金华市安地乡杨垄村
雷益珠	女	1985年	省劳动模范	景宁畲族自治县东坑中心小学教师
雷德元	男	1986年	省劳动模范	景宁畲族自治县鹤溪镇潘山岭村
雷云需	男	1987年9月	省民族团结进步先进个人	临安县堰口乡逸坞村村委会主任
雷琴花	女	1987年9月	省民族团结进步先进个人	淳安县谈竹乡金牌村妇女主任
雷树根	男	1987年9月	省民族团结进步先进个人	建德县洋溪镇团结村党支部书记
雷樟美	女	1987年9月	省民族团结进步先进个人	建德县里叶乡小泉村党支部书记
雷开发	男	1987年9月	省民族团结进步先进个人	平阳县闹村乡村兴完小校长

续表

姓名	性别	表彰时间	荣誉	所在单位及职务
雷大林	男	1987 年 9 月	省民族团结进步先进个人	平阳县顺溪区民政助理员
雷碎卿	男	1987 年 9 月	省民族团结进步先进个人	中共瑞安市统战部干部
雷德满	男	1987 年 9 月	省民族团结进步先进个人	瑞安市东岩乡企业办公室副主任
雷本兰	男	1987 年 9 月	省民族团结进步先进个人	文成县敖里畲族乡中心小学校长
雷明雀	男	1987 年 9 月	省民族团结进步先进个人	文成县周山畲族乡际下村党支部书记
雷昌友	男	1987 年 9 月	省民族团结进步先进个人	文成县双桂乡周山下村村委会主任
雷茂顺	男	1987 年 9 月	省民族团结进步先进个人	泰顺县鹤巢乡中学校长
雷建松	男	1987 年 9 月	省民族团结进步先进个人	泰顺县戬州乡彭家堡村党支部书记
雷顺朴	男	1987 年 9 月	省民族团结进步先进个人	泰顺县秀涧乡乾头仔村村委会主任
雷大留	男	1987 年 9 月	省民族团结进步先进个人	苍南县大龙乡沿底村村委会主任
雷子旺	男	1987 年 9 月	省民族团结进步先进个人	苍南县凤阳畲族乡鹤峰村党支部书记
雷宝春	男	1987 年 9 月	省民族团结进步先进个人	安吉县报福乡中张村党支部书记
雷西洋	男	1987 年 9 月	省民族团结进步先进个人	兰溪市张坑乡下吴村党支部书记
雷玉标	男	1987 年 9 月	省民族团结进步先进个人	武义县俞源乡副乡长
雷金水	男	1987 年 9 月	省民族团结进步先进个人	武义县大源畲族乡乡长
雷马根	男	1987 年 9 月	省民族团结进步先进个人	开化县公安局副局级调研员
雷水清	女	1987 年 9 月	省民族团结进步先进个人	龙游县溪口中学教师
雷招华	男	1987 年 9 月	省民族团结进步先进个人	丽水市人民政府民族事务科科长
雷天德	男	1987 年 9 月	省民族团结进步先进个人	丽水市平原乡章塘村村民
雷根凤	女	1987 年 9 月	省民族团结进步先进个人	云和县沈村乡沈村村民
雷兴良	男	1987 年 9 月	省民族团结进步先进个人	云和县梅原乡崇头村村民
雷发寿	男	1987 年 9 月	省民族团结进步先进个人	中共龙泉县八都区委书记
雷荣伟	男	1987 年 9 月	省民族团结进步先进个人	龙泉瀑云乡吴公村村民
雷专益	男	1987 年 9 月	省民族团结进步先进个人	庆元县大济乡道岗村党支部书记
雷言生	男	1987 年 9 月	省民族团结进步先进个人	青田县浮弋乡北坑村党支部书记
雷周花	女	1987 年 9 月	省民族团结进步先进个人	松阳县靖居乡副乡长
雷岩宗	男	1987 年 9 月	省民族团结进步先进个人	松阳县裕溪乡章山村新度坑队队长
雷志贞	男	1987 年 9 月	省民族团结进步先进个人	景宁畲族自治县漈头乡米岩村村委会主任
雷成庆	男	1987 年 9 月	省民族团结进步先进个人	景宁畲族自治县张春乡惠民寺村村委会主任
雷爱萍	女	1987 年 9 月	省民族团结进步先进个人	三门县侨声乡服装厂共青团支部书记
雷钦关	男	1991 年	省先进工作者	文成县乡镇企业局
雷宝山	男	1991 年	省农村水改先进工作者	文成县
雷炳生	男	1995 年 7 月	省第二次民族团结进步先进个人	桐庐县百江镇金塘坞村村委会主任

续表

姓名	性别	表彰时间	荣誉	所在单位及职务
雷衍亮	男	1995 年 7 月	省第二次民族团结进步先进个人	平阳县顺溪镇溪南村养殖专业户
雷顺雨	男	1995 年 7 月	省第二次民族团结进步先进个人	泰顺县仙稔乡书院村党支部书记
雷志华	男	1995 年 7 月	省第二次民族团结进步先进个人	泰顺县筱村镇下园村村委会主任
雷必从	男	1995 年 7 月	省第二次民族团结进步先进个人	泰顺县仁阳花岗岩制品厂厂长
雷昌友	男	1995 年 7 月	省第二次民族团结进步先进个人	文成县双桂乡周山下村村委会主任
雷吕元	男	1995 年 7 月	省第二次民族团结进步先进个人	兰溪市水亭畲族乡信用社主任
雷元锋	男	1995 年 7 月	省第二次民族团结进步先进个人	龙游县华康食品有限公司总经理
雷素君	女	1995 年 7 月	省第二次民族团结进步先进个人	龙游县溪口镇中心小学教师
雷国华	男	1995 年 7 月	省第二次民族团结进步先进个人	临海县国华珠算博物馆馆长
雷松庭	男	1995 年 7 月	省第二次民族团结进步先进个人	省政协常委、中共丽水地委统战部副部长
雷秀香	女	1995 年 7 月	省第二次民族团结进步先进个人	丽水市老竹畲族镇镇长助理
雷启勋	男	1995 年 7 月	省第二次民族团结进步先进个人	景宁畲族自治县民委主任
雷永春	男	1995 年 7 月	省第二次民族团结进步先进个人	遂昌县大拓镇中心小学校长
雷月星	男	1995 年 7 月	省第二次民族团结进步先进个人	遂昌县云峰镇毛田村村委会主任
雷炳新	男	1995 年 7 月	省第二次民族团结进步先进个人	云和县云和镇新岭村经济联合社主任
雷天清	男	1995 年 7 月	省第二次民族团结进步先进个人	云和县朱村乡联合村村委会主任
雷火元	男	1995 年 7 月	省第二次民族团结进步先进个人	龙泉市人民政府民族事务科科长
雷义相	男	1995 年 7 月	省第二次民族团结进步先进个人	龙泉市竹垟畲族乡罗墩村党支部书记
雷银才	男	1995 年 7 月	省第二次民族团结进步先进个人	中共松阳县委统战部办公室主任
雷岩宗	男	1995 年 7 月	省第二次民族团结进步先进个人	松阳县裕溪乡章山村党支部副书记
雷言生	男	1995 年 7 月	省第二次民族团结进步先进个人	青田县章村乡干部
雷专益	男	1995 年 7 月	省第二次民族团结进步先进个人	庆元县松源镇道岗村党支部书记

江西省获省级表彰者

姓名	性别	表彰时间	荣誉	所在单位
雷长生	男	1996 年	江西省以工代赈先进个人	太源畲族乡
雷桂梅	女	2000 年	江西省劳动模范	太源畲族乡
雷日新	男	2001 年	江西省农村税费改革工作先进个人	铅山县统战部

第十一节 企业家名录

雷和孙 1963 年 7 月出生于福建省浦城县万安乡。自福州大学建筑学专业毕业后的 10 年间，一直从事建筑行业，参加和主持了许多工程项目，谙熟从勘探设计到施工验收的整个流程，是一位建筑行家。1997 年，投入 1000 万元，重组了浦城氟化盐有限公司，即后来的福建和顺矿业化工有限公司，填补了福建氟化铝行业的空白。该公司很快凭借较好的产品质量和过人的营销才能打开市场，成了中国铝业的供货商，双方合作关系一直持续至今，产品还远销俄罗斯、印度、伊朗等地。现任福建省畲家企业商会会长，全国工商联第十二届执行委员会委员，福建省总商会第十一届副会长，福建省姓氏源流研究会雷氏委员会名誉会长，福建省畲医畲药协会名誉会长，福建省南平市矿业协会会长；福建省第十、十一、十二、十三届人大代表，南平市第二、三、四、五、六届人大代表及第四、五、六届人大常委；担任上海福浦投资发展有限公司董事长、宁德福浦新合金科技有限公司总经理、江西福丰新材料科技有限公司董事长、福建省和顺碳素有限公司董事长、福建和顺矿业化工有限公司董事长。自 2020 年以来，福建和顺矿业化工有限公司在化工板块打造一条从矿产到氟化铝、铝合金的产业链，致力于开发高精深、高附加值、高技术含量、低能耗产品。同时建筑与房地产产业也保持稳健运行，与化工板块形成双轨并行、长线与短线投资互补的格局。

雷和孙热心公益事业，先后向社会捐赠数千万元。先后获福建省捐书助学献爱心模范个人、省红十字人道铜质奖章、省民族团结进步模范个人、全省优秀企业家、全国优秀企业家等荣誉。

雷祖云 1965 年出生于福建省龙岩市上杭县。现任福建省恒基建设股份有限公司董事长，深圳市星翔投资有限公司董事长，主要从事建筑行业与高科技投资行业。福建省第十一、十二、十三届政协委员，上杭县工商联合会名誉主席，龙岩市工商联合会副主席，福建省工商联合会常委，龙岩市光彩事业促进会副会长，福建省少数民族发展基金会副会长，福建省畲家企业商会执行会长，福建省建筑业协会副会长。先后获“福建省优秀建筑企业经理”“福建省建筑业企业优秀经理”“福建省建筑业优秀民营企业家”等荣誉称号，被省政府评为“福建省第十一届优秀企业家”“福建省非公有制经济优秀建设者”，被省政协评为“福建省政协优秀委员”，被原国家人事部、原建设部评为“全国建设系统劳动模范”“优秀施工企业家”“中国工程建设优秀高级职业经理人”“‘十一五’期间建筑行业发展优秀工作者”等。热心社会公益事业，多年来累计捐款 500 多万元。

雷伙德 1963 年 3 月出生于福建省连江县马鼻镇。大专学历，高级工程师，从事建筑、房地产开发。福建省第十二届人大代表，福州市第十二届政协委员，连江县政协第十二、十三届常委会常委，台湾少数民族研究会理事，福建省少数民族基金会理事。

1978 年毕业于连江四中高中部，先后参加全脱产中级技术岗位学习、项目经理班学习、预算员学习和全国二级职业经理班学习，后于福建省建筑工程高等专科学校工民建大专班结业。1999 年评审通过施工技术工程师，2010 年评审通过高级管理工程师。2000 年加入中国共产党。2002—2005 年担任福州明居房产开发的“日出东方”项目工程部经理、福建泰坤建设工程有限公司副总经理；2006—2009 年担任福建宏城房产开发有限公司总经理，负责“景缘居”项目开发；2010 年担任福建中锦房地产开发有限公司总经理，负责“中锦香格里”项目开发；2012—2019 年担任福州万锦房地产开发有限公司总经理，负责“锦江 1 号、锦江海悦”项目开发；2014 年参加全国少数民族企业人力建设专题研究班，后担任福建省琯头建筑工程公司项目经理、公司生产副总经理。2009 年创办福州喝好茶茶业有限公司，2010 年在台湾举办的第八届国际茗茶评比中，该公司的“黑珍珠”获得乌龙茶系列一等奖；2009 年 4 月创办了福建省弘一建设工程有限公司，在兴业的同时不断回报社会，2009 年捐资 20 万元并成为连江县民族经济发展促进会创会会长；2014—2015 年捐资 27 万元，走访八闽大地，组建福建省畲家企业商会，任常务副会长兼秘书长；2017 年先后出资 30 万元成立福建省姓氏源流研究会雷氏委员会，任创会会长；2018—2019 年推动福建省畲医畲药协会成立，任执行会长；2020—2021 年推动中国民族医药协会畲医药协会成立，任常务副会长兼秘书长。参与组编了“连江畲歌集”“连江畲语”“畲族源流研究”“畲医药汇编”“福建姓氏志雷氏章节”，参与筹款营建霞浦“山民会馆”、“三坊七巷畲族馆”、连江“凤凰家园馆”、“畲药百草园”等以传承畲族优秀文化。多年来累计社会公益捐款350多万元，2014年9月被国务院授予“全国民族团结进步模范个人”称号。

雷春娟 女，1963年2月生，福建省永泰县人，中共党员，高级会计师。先后任永富建工集团有限公司副董事长和财务主管、永泰县富泉乡瑞应村党支部书记和村委会主任、永泰县畲族文化促进会会长、福建省畲家企业商会执行会长、福建省女企业家联谊会副会长。福州市第十四、十五届人大代表。热心社会公益事业，先后向社会捐赠600余万元。获福建省妇联授予“杰出创业女性”、福建省女企业家联谊会授予“最具公益风云奖”，福州市政府授予“2012—2013年福州市热心公益事业贡献奖”，永泰县授予“优秀人大代表”、“三八”红旗手，永泰县人大常委会授予捐资助学“先进个人”、“县、乡优秀共产党员”等荣誉称号。

雷光森 1970年12月出生于福建省闽侯县白沙镇大目溪村。2016年以来任福建省畲医畲药协会副会长兼秘书长、福建省畲家企业商会副会长、福建省姓氏源流研究会雷氏委员会常务副会长，中共闽侯县第九次代表大会代表，闽侯县第十五届人民代表大会代表。

2009年10月，成立福建省神安建材有限公司，任法人代表、董事长。公司地处闽侯县白沙镇大目溪洋中工业区，是一家集研发、生产、销售、服务为一体的综合性门窗幕墙、玻璃深加工的高新技术企业。专业加工生产、安装门窗幕墙、防火幕墙（铝合金）、SGP高强度夹层玻璃、防火窗（铝合金）、防火玻璃、钢化玻璃、夹胶玻璃、LOW-E节能中空玻璃、双曲面球形钢化玻璃等。其中防火幕墙（铝合金）、SGP高强度夹层玻璃、双曲面球形钢化玻璃等产品，填补了福建省该行业加工生产、安装的空白。企业于2019年在美国宾夕法尼亚州的费城成立了ACTC GLASS（贸易公司）及SHENG AN GLASS（玻璃深加工工厂），拓展了国外市场。多年来，热心回报社会，为畲族村居建设和传承、弘扬畲族优秀文化，累计投入100余万元。

雷仁广 1959年8月出生，广东省潮州市潮安区文祠镇李工坑人。现任汕头市方正服务有限公司董事长，潮州市畲族文化促进会会长。热心社会公益事业，全力推动家乡各项事业发展，带头修建李工坑全村主干道和机耕路，结束村内上千年不通公路、出行全靠步行的历史；多次实施水改，高标准修建300立方米蓄水池并铺设水管，将甘甜山泉水引到每家每户；购买几万株茶苗赠送给村民，引领当地茶叶产业发展，在带动畲民勤劳致富的同时，带旺村内人气，吸引年轻人回村发展；出资筹办首届中华畲族发源地潮州凤凰山文化交流会，为全国畲族同胞交流和民族发展提供高质量平台。自1992年以来，累计向李工坑村捐款900多万元，彻底解决了当地村民出行难、喝水难、清洁难、就业难等问题，将偏僻、脏乱差、经济落后的李工坑村逐渐打造成交通便利、环境优雅、文旅交融的美丽畲乡。

30多年来，雷仁广心系家乡、胸怀畲源，带头回报社会，持续致力于改变畲乡落后面貌，为当地发展做出巨大贡献，其一心为公的精神成为人们的榜样力量。

雷永金 1963年1月生，畲族，浙江省金华市开发区苏孟乡雷家村人。高级经济师，金华市知名企业家。原主要从事建筑业，现主要从事农村、农业旅游项目，被评为金华市第一届社会主义优秀建设者。先后担任金华市工商联第三届委员会主席，金华市政协第三、第四届委员会委员，民建浙江省委员会委员，金华市第五、第六届人民代表大会代表。浙江省第十一、十二届人代会代表（2008—2017年），2011—2017年为金华市人大常委会委员。2005年5月被国务院授予“全国民族团结进步模范个人”荣誉称号。

雷禄鑫 1963年7月生，福建省建瓯市徐墩镇桂美行政村泝下村人。1982年3月至2009年12月，担任建瓯市一建公司施工员、项目经理；2006年6月，从事农副产品销售；2006年7月，担任建瓯市富头蔬果专业合作社理事长；2009年6月，任福建省海绿农业发展有限公司董事长；2011年1月，任福建海绿房地产开发有限公司董事长、福建绿瓯物流有限公司董事长、福建海绿集团有限公司董事长。目前主要经营建筑工程、土建市政项目。南平市第三届

（2010—2011 年）、第四届（2012—2016 年）、第五届（2017—2021 年）、第六届（2022 年）人大代表，2013 年 2 月被南平市人民检察院聘为人民监督员，2013 年被建瓯市发展和改革局聘为政风行风评议代表和效能监督员。2020 年 9 月担任建瓯市畲族文化促进会会长。获“2011 年度福建省重点项目建设先进工作者”“2012 年度福建省优秀农村实用人才”荣誉称号，2013 年被评为建瓯市劳模，2018 年被评为南平市劳模，2021 年 10 月被评为福建省民族团结进步模范个人。热心公益事业，多年来向社会公益事业累计捐赠 200 多万元。

雷建光 1969 年 5 月出生于浙江省景宁畲族自治县东坑镇深垟黄山头村。大专学历，中医执业医师，五代祖传从事畲药骨伤科诊疗、研究，其药理疗效、治疗方法体现出畲医药的独到之处。浙江民族医院景宁人民医院中畲医门诊专家，景宁畲正堂中医骨伤科负责人，2015 年被景宁县评为畲乡名中医。丽水市第三届、第四届、第五届人大代表，第五届丽水市人大民侨委委员。2008 年被评为浙江省第三批非物质文化遗产《畲族医药》代表性传承人，2008 年畲医药参加中国浙江首届非物质文化遗产得铜奖，2009 年参加西湖博览会获优秀奖。2017 年担任景宁民族团结进步促进会会长，2017 年被国家中医药管理局、国家民委评为民族医药先进个人。2019 年合编（第二主编）出版《中国畲药图谱》。

雷朝阳 浙江省苍南县人。大专学历，苍南税务局信息中心高级工程师。中华民族大团结协会理事、福宁山民会馆第五届执行理事，温州市民族团结进步促进会副会长，苍南县民族团结进步促进会名誉会长，政协温州市委员会第九届、第十届、第十一届常委，温州市第十四届人大代表。2005—2015 年连续十年被评为温州市优秀市级委员。2019 年以来成立了“雷朝阳委员工作室”和“海峡两岸少数民族政协委员会客厅”，积极参与海峡两岸“民族一家亲”大型活动和温州市《政情民意中间站》电视节目，全面展现民族代表的风采。在参与编写《畲族雷氏志》过程中，为联络、收集和编辑工作，走村串户，不辞艰辛。

2019 年 9 月，其《关于对世界矾都工业文化遗址开展全面检查并实施抢救性修复》的提案，被温州市列入重点落实项目，使矾山镇温州矾矿遗址成功被列入国家文物保护单位。多年来，他的有关民族地区经济发展人才培养、乡村振兴等八个提案和建议，被列入温州市重点督办提案项目。2021 年被评为“少数民族最美代言人”，2022 年被评为温州市优秀人大代表。

雷开勋 1976 年 3 月出生，浙江省温州市文成县玉壶镇李林乡金岩村人。1995 年于玉壶中学高中部毕业，1996 年前往意大利，2002 年成立发达时装有限公司，2017 年创办衣美时装有限公司，2021 年成立雷氏时装贸易有限公司，成为畲族文化元素普及宣传的新载体。

2017 年，在国家民族事务委员会的指导下，成立了欧洲中华少数民族联谊总会，任首届会长；2018 年，在中国民族贸易促进会蓝军会长授权下，成立意大利中国民族贸易促进会，任首届会长；2018 年，被中国侨联任命为中国侨联海外青年委员；2019 年，被中共文成县人民法院任命为文成县人民法院海外协调员。多年来，为挖掘、传承和发扬畲族优秀传统文化，不断做出新贡献。

雷广震 1957 年 7 月出生，福建省福州市永泰县富泉乡协星村人。40 多年来从事建设工程施工，参加过多项国家与地方重点工程建设，承担许多国家工业建设和民用建筑施工管理工作，努力完成各项施工任务。多年来，热心畲族优秀传统文化挖掘和传承活动，为村居创建立体的畲族元素、畲乡风情出谋献策，“睿智、勇敢、开拓、和谐”的民族精神，在乡村文明创建中得到发扬。

雷广震以参加福建省畲家企业商会及县市经济促进会、企业家协会等社会团体活动为载体，积极参与社会公益事业活动，努力回报社会。受乡政府委托，负责富泉乡慈善协会工作，创建“永福爱心助学团”，帮助全县多个乡镇山村 100 多个特殊贫困家庭小孩就学（幼儿园、小学、中学和个别大学生），善举受到社会的普遍赞誉。

雷寿坤　1973年12月出生，福建省福安市社口镇牛山湾村人。大学学历，2007年加入中国共产党。现任城投集团福安市水利投资有限公司副总经理、董事，福安市留洋水库管理有限公司总经理、执行董事（法人）。公司主要经营项目有：水利投资管理、水的生产与供应、水力发电、水利资源综合利用开发等。民生项目工程建设有：福安市穆阳溪引水一期工程（总投资5.6亿元）、福安市城区供水工程（总投资1.9亿元）、城乡供水一体化一期工程（总投资5.6亿元）、福建赛江流域防洪三期工程（福安段）等。多年来，热心畲族优秀传统文化的传承工作，积极为振兴民族乡村事业发展出谋献策。2003—2019年，先后任福安市社口镇牛山湾村党支部书记、村委会主任；福安市第十五届、第十六届、第十七届人大代表（2007—2021年）。2009年获中共福安市委授予的“先进个人”称号，2016年获中共福安市委授予的“全市优秀党务工作者”称号。

雷山强　1980年11月出生，福建省泉州南安市码头镇丰联畲族村人。福州大学会计学学士学位，高级信用管理师、国际会计师、高级会计师、特级管理会计师。2014年3月创办南安市城山财税咨询有限公司，担任总经理。公司主要开展审计、验资、资产评估等业务。

为更好地挖掘、传承和发扬畲族优秀传统文化，2017年4月至今，担任南安市畲族文化研究会会长。近年来，在民族宗教事务局和各级政府的支持下，带领研究会人员投入近200万元，把码头镇铺前畲族村的土楼打造成“泉州民族文化展览馆”，通过组建畲族文化研究会舞蹈队等项目，带领铺前畲族村村“两委”，将铺前村建设成泉州市级民族特色村寨、泉州市乡村振兴试点村。2016年当选为南安市第十七届人大代表。

一、劳动在从猿到人转变过程中的作用[①]（节选）

恩格斯

政治经济学家说：劳动是一切财富的源泉。其实，劳动和自然界一起它才是一切财富的源泉，自然界为劳动提供材料，劳动把材料变为财富。但是劳动的作用还远不止于此。它是一切人类生活的第一个基本条件，而且达到这样的程度，以致我们在某种意义上不得不说：劳动创造了人本身。

在好几十万年以前，在地质学家叫作第三纪的那个地质时代的某个还不能确切肯定的时期，大概是在这个时代的末期，在热带的某个地方——可能是现在已经沉入印度洋底的一大片陆地上，生活着一个异常高度发达的类人猿的种属。达尔文曾经向我们大致地描述了我们的这些祖先：它们浑身长毛，有胡须和尖耸的耳朵，成群地生活在树上。

这种猿类，大概首先由于它们在攀援时手干着和脚不同的活，这样一种生活方式的影响，在平地上行走时也开始摆脱用手帮助的习惯，越来越以直立姿势行走。由此就迈出了从猿转变到人的具有决定意义的一步。

现在还活着的一切类人猿，都能直立起来并且单凭两脚向前运动。但是只有在迫不得已时才会如此，并且非常笨拙。它们的自然的步态是采取半直立的姿势，而且用手来帮助。大多数的类人猿是以握成拳头的手指的指节骨支撑地面，两脚收起，身体在长臂之间摆动前进，就象（像）跛子撑着双拐行走一样。一般说来，我们现在还可以在猿类中间观察到从用四条腿行走到两条腿行走的一切过渡阶段。但是一切猿类都只是在迫不得已时才用两条腿行走的。

如果说我们的遍体长毛的祖先的直立行走一定是先成为习惯，并且随着时间的推移才成为

① 中共中央马克思恩格斯列宁斯大林著作编译局：《马克思恩格斯选集》第四卷，人民出版社，1995，第373-385页。

必然，那么这就必须有这样的前提：手在此期间已经越来越多地从事于其他活动了。在猿类中，手和脚的使用也通过某种分工。正如我们已经说过的，在攀援时手和脚的使用方式是不同。手主要是用来摘取和抓住食物，这是比较低级的哺乳动物用前爪就能做到的。有些猿类用手在树上筑巢，或者如黑猩猩甚至在树枝间搭棚以避风雨。它们用手拿着木棒抵御敌人，或者以果实和石块掷向敌人。它们在被豢养的情况下用手做出一些简单的模仿人的动作。但是，正是在这里我们看到，甚至和人最相似的猿类的不发达的手，同经过几十万年的劳动而高度完善化的人手相比，竟存在着如此巨大的差别。骨节和筋肉的数目和一般排列，两者是相同的，然而即使最低级的野蛮人的手，也能做任何猿手都模仿不了的数百种动作。任何一只猿手都不曾制造哪怕是一把最粗笨的石刀。

因此，我们的祖先在从猿过渡到人的好几十万年的过程中逐渐学会的使自己的手能做出的一些动作，在开始时只能是非常简单的。最低级的野蛮人，甚至那种可以认为已向更近乎兽类的状态倒退而同时躯体也退化了的野蛮人，也远远高于这种过渡性的生物。在人用手把第一块石头做成石刀以前，可能已经过了一段漫长的时间，和这段时间相比，我们所知道的历史时间就显得微不足道了。但是具有决定意义的一步迈出了：手变得自由了，并能不断地获得新的技能，而由此获得的较大的灵活性便遗传下来，一代一代地增加着。

所以，手不仅是劳动的器官，它还是劳动的产物。只是由于劳动，由于总是要去适应新的动作，由于这样所引起的肌肉、韧带以及经过更长的时间引起的骨骼的特殊发育遗传下来，而且由于这些遗传下来的灵巧性不断以新的方式应用于新的越来越复杂的动作，人的手才达到这样高度的完善，以致像施魔法一样造就了拉斐尔的绘画、托瓦森的雕刻和帕格尼尼的音乐。

但是手并不是单独存在的。它只是整个具有极其复杂的结构的机体的一个肢体。凡是有益于手的，也有益于手所服务的整个身体，而且这是以二重的方式发生的。

首先这是由于达尔文所称的生长相关律。依据这一规律，一个有机生物的个别部分的特定形态，总是和其他部分的某些形态息息相关，哪怕在表面上和这些形态似乎没有任何关联。例如，一切具有无细胞核的红血球并以一对关节（髁状突）来联结后脑骨和第一节脊椎骨的动物，无例外地也都长有乳腺以用来哺养幼子。同样，在哺乳动物中，偶蹄通常是和进行反刍的多囊的胃相联系的。身体的某些特定形态的改变，会引起其他部分的形态的改变，虽然我们还不能解释这种联系。蓝眼睛的纯白猫总是或差不多总是聋的。人手的逐渐灵巧化以及与之保持同步的脚在直立行走方面的发育，由于上述相关律的作用，无疑会反过来影响机体的其他部分。但是这种影响作用现在研究得还太少，所以我们在这里除了作一般的叙述，不能再做什么。

更加重要得多的是手的发展对其余机体的直接的、可证明的反作用。我们已经说过，我们的猿类祖先是一种群居的动物，人，一切动物中最爱群居的动物，显然不可能从某种非群居的最近的祖先那里去寻求根源。随着手的发展、随着劳动而开始的人对自然的统治，随着每一新的进步又扩大了人的眼界。他们在自然对象中不断地发现新的、以往所不知道的属性。另一方面，劳动的发展必然促使社会成员更紧密地互相结合起来，因为它使互相支持和共同协作的场合增多了，并且使每个人都清楚地意识到这种共同协作的好处。一句话，这些正在生成的人，已经达到彼此间不得不说些什么的地步了。需要也就造成了自己的器官：猿类不发达的喉头，由于音调的抑扬顿挫的不断加多，缓慢地然而肯定无疑地得到改造，而口部的器官也逐渐学会发出一个接一个的清晰的音节。

语言是从劳动中并和劳动一起产生出来的，这个解释是唯一正确的，拿动物来比较，就可以证明。动物，甚至在高度发达的动物，彼此要传递的信息很少，不用分音节的语言就可以互通信息。在自然状态下，没有一种动物会感到不能说话或不能听懂人的语言是一种缺陷。它们经过人的驯养，情形就完全不同了。狗和马在和人的接触中所养成的对于分音节的语言的听觉十分敏锐，以致它们在它们的想象力所及的范围内，能够很容易地学会听懂任何一种语言。此外，它们还获得了如对人依恋、感激等的表达感受的能力，而这种能力是它们以前所没有的。和这些动物经常接触的人几乎难以排除这样的念头：有足够的情况表明，这些动物现在感到没有说话能力是一个缺陷。不过，它们的发音器官可惜已经沿着一定的方向过度专长化了，再也无法补救这种缺陷。但是，只要有了发音器官，这种不能说话的情形在某种限度内是可以克服的。鸟的口部器官和人的口部器官肯定是根本不同的，然而鸟是唯一能学会说话的动物，而且在鸟里面叫声最令人讨厌的鹦鹉说得最好。人们别再说鹦鹉不懂得它自己所说是什么了。它一小时一小时地唠唠叨叨重复说它那几句话，的确纯粹是出于喜欢说话和喜欢跟人接触。但是在它的想象力所及的范围内，它也能学会懂得它所说的是什么。如果我们把骂人的话教给鹦鹉，使它能够想象得到这些话的意思（这是从热带回来的水手们的一种主要娱乐），然后惹它发怒，那么我们马上会看到，它会像柏林卖蔬菜的女贩一样正确地使用它的骂人的话。它在乞求美味食品时也有这样的情形。

首先是劳动，然后是语言和劳动一起，成了两个最主要的推动力，在它们的影响下，猿脑就逐渐地过渡到人脑；后者和前者虽然十分相似，但是要大得多和完善得多。随着脑的进一步发育，同脑最密切的工具，即感觉器官，也同步发育起来。正如语言的逐渐发展必然伴随有听觉器官的相应的完善化一样，脑的发育也总是伴随有所有感觉器官的完善化。鹰比人看得远得多，但是人的眼睛识别东西远胜于鹰。狗比人具有锐敏得多的嗅觉，但是它连被人当作各种物的特定标志的不同气味的百分之一也辨别不出来。至于触觉，即在猿类刚刚显示出最粗糙的萌芽的触觉，只是由于劳动才随着人手本身而一同形成。——脑和为它服务的感官、越来越清楚的意识以及抽象能力和推进能力的发展，又反作用于劳动和语言，为这二者的进一步发育不断提供新的推动力。这种进一步的发育，并不是在人同猿最终分离时就停止了，而是在此以后大体上仍然大踏步地前进着，虽然在不同的民族和不同的时代就程度和方向来说是不同的，有时甚至由于局部的和暂时的退步而中断；由于随着完全形成的人的出现又增添了新的因素——社会，这种发展一方面便获得了强有力的推动力，另一方面又获得了更加确定的方向。

从攀树的猿群进化到人类社会之前，一定经过了几十万年——这在地球的历史上只不过是人的生命中的一秒钟。但是人类社会最后毕竟出现了。人类社会区别于猿群的特征在我们看来又是什么呢？是劳动。猿群满足于把它们由于地理位置或由于抵抗了邻近的猿群而占得的觅食地区的食物吃光。为了获得新的觅食地区，它们进行迁徙和战斗，但是除了无意中用自己的粪便肥沃土地以外，它们没有能力从觅食地区索取比自然界的赐予更多的东西。一旦所有可能的觅食地区都被占据了，猿类就不能再扩大繁殖了；这种动物的数目最多只能保持不变。但是一切动物对食物都是非常浪费的，并且常常毁掉还处在胚胎状态中的新生的食物。狼不像猎人那样爱护第二年就要替它生小鹿的牝鹿；希腊的山羊不等幼嫩的灌木长大就把它们吃光，它们把这个国家所有的山岭都啃得光秃秃的。动物的这种“过度掠夺”在物种的渐变过程中起了重要的作用，因为它强迫动物去适应不同于往常食物的食物，因此它们的血液就获得了和过去不同的化学成分，整个身体的结构也渐渐变得不同了，而从前某个时候固定下来的物种也就灭绝了。毫无疑义，这种过度掠夺有力地促进了我们的祖先转变成人。在智力和适应能力远远高于其他一切猿种的某个猿类中，这种过度掠夺必然造成的结果就是可食植物的数目越来越扩大，可食植物中可食用的部分也越来越增多，总之，就是食物越来越多样化，随之摄入身体内的物质也越来越多样化，而这些物质就是转变成人的化学条件。但是，这一切还不是真正的劳动。劳动是从制造工具开始的。我们所发现的最古老的工具是些什么东西呢？根据已发现的史前时期的人的遗物来判断，并且根据最早历史时期的人群和现在最不开化的野蛮人的生活方式来判断，最古老的工具是些什么东西呢？是打猎的工具和捕鱼的工具，而前者同时又是武器。但是打猎和捕鱼的前提：是从只吃植物过渡到同时也吃肉，而这又是转变成人的重要的一步。肉类食物几乎现成地含有身体的新陈代谢所必需的各种最重要的物质；它缩短了消化过程以及身体内其他植物性的即同植物生活相关的各种过程的时间，因此赢得了更多的时间，更多的物质和更多的精力来过真正动物的生活。这种正在生成中的人离植物界越远，他超出动物界的程度也就越高。如果说除吃肉外还要习惯于吃植物这一情况使野猫和野狗变成了人的奴仆，那么除吃植物也要吃肉的习惯则大大地促进了正在生成中的人的体力和独立性。但是最重要的还是肉食对于脑的影响；脑因此得到了比过去丰富得多的为脑本身的营养和发展所必需的物质，因而它就能够一代一代更迅速更完善地发育起来。请素食主义者先生们恕我直言，如果不吃肉，人是不会到达现在这个地步的，并且，如果说在我们所知道的一切民族中，都曾经有一个时期由于吃肉而竟吃起人来（柏林人的祖先，韦累塔比人或维耳茨人，在 10 世纪还吃他们的父母），那么这在今天同我们已经毫不相干。

肉食引起了两个新的有决定意义的进步，即火的使用和动物的驯养。前者更加缩短了消化过程，因为它为嘴提供了可说是已经半消化了的食物；后者使肉食更加丰富起来，因为它在打猎外开辟了新的更有规律的肉食来源，除此以外还提供给了奶和奶制品之类的新的食品，而这类食品就其养分来说至少不逊于肉类。这样，对于人来说，这两种进步就直接成为新的解放手段。逐一详谈它们的各种间接的影响，未免扯得太远，虽然对于人类和社会的发展来说，这些影响也具有非常重大的意义。

正如人学会吃一切可以吃的东西一样，人也学会了在任何气候下生活。人分布在所有可居住的地面上，人是唯一能独立自主地这样做的动物。其他的动物，虽然也习惯于各种气候，但这不是独立自主的行为，而只是跟着人学会这样做的，例如家畜和为害的小动物就是这样。从原来居住的恒常炎热的地带，迁移到比较冷的、一年中分成冬季和夏季的地带，就产生了新的需要：要有住房和衣服以抵御寒冷和潮湿，要有新的劳动领域以及由此而来的新的活动，这就使人离开动物越来越远了。

由于手、发音器官和脑不仅在每个人身上，而且在社会中发生共同作用，人才有能力完成越来越复杂的动作，提出并达到越来越高的目的。劳动本身经过一代一代变得更加不同、更加完善和更加多方面化了。除打猎和畜牧外，又有了农业、农业之后又有了纺纱、织布、冶金、制陶器和航行。伴随着商业和手工业，最后出现了艺术和科学；从部落发展成了民族和国家。法和政治发展起来了，而且和它们一起，人间事物在人的头脑中的幻想的反映——宗教，也发展起来了。在所有这些起初表现为头脑的产物并且似乎支配着人类社会的创造物面前，劳动的手的较为简朴的产品退到了次要的地位；何况能作出劳动计划的头脑在社会发展的很早的阶段上（例如，在简单的家庭中），就已经能不通过自己的手而是通过别人的手来完成计划好的劳动了。迅速前进的文明完全被归功于头脑，归功于脑的发展和活动；人们已经习惯于用他们的思维而不是用他们的需要来解释他们的行为（当然，这些需要是反映在头脑中，是进入意识的）。这样，随着时间的推移，便产生了唯心主义的世界观，这种世界观，特别是从古典古代世界没落时起，就统治着人的头脑。它现在还非常有力地统治着人的头脑，甚至连达尔文学派的具有唯物主义精神的自然研究家们对于人类的产生也没有提出明确的概念，因为他们在这种唯心主义的影响下，认识不到劳动在这中间所起的作用。

正如我们已经指出的，动物通过它们的活动同样也改变外部自然界，虽然在程度上不如人的作为。我们也看到：由动物改变了的环境，又反过来作用于原先改变环境的动物，使它们起变化。因为在自然界中任何事物都不是孤立发生的。每个事物都作用于别的事物，并且反过来后者也作用于前者，而在大多数场合下，正是由于忘记了这种多方面的运动和相互作用，就妨碍了我们的自然研究家看清最简单的事物。我们已经看到：山羊怎样阻碍了希腊森林的恢复；在圣赫勒拿岛，第一批扬帆过海者带到陆地上来的山羊和猪，把岛上旧有的一切植物几乎全部消灭光，因而为后来水手和移民所引进的植物的繁殖准备了土地。但是，如果说动物对周围环境发生持久的影响，那么，这是无意的，而且对于这些动物本身来说是某种偶然的事情。而人离开动物越远，他们对自然界的影响就越带有经过事先思考的、有计划的、以事先知道的一定目标为取向的行为的特征。动物在消灭某一地带的植物时，并不明白它们是在干什么。人消灭植物，是为了腾出土地播种五谷，或者种植树木和葡萄，他们知道这样可以得到多倍的收获。他们把有用植物和家畜从一个地区移到另一个地区，这样就把各大洲的动植物区系都改变了。不仅如此，植物和动物经过人工培养以后，在人的手下变得再也认不出它们本来的样子了，人们曾去寻找演化为谷类的野生植物，但至今仍是徒劳。我们的各种各样的狗，或者种类繁多的马，究竟是从哪一种野生动物演化而来，这始终是一个争论的问题。

此外，不言而喻，我们并不想否认，动物是具有能力作出有计划的、经过事先考虑的行动的。相反地，哪里有原生质和有生命的蛋白质生存着并起着反应，即由于外界的一定刺激而发生某种哪怕极简单的运动，那里就已经以萌芽的形式存在着这种有计划的行动。这种反应甚至在还没有细胞（更不用说神经细胞）的地方，就已经存在着。食虫植物捕捉猎获食物的方法，虽然完全是无意识的，但在某一方面来看同样似乎是有计划的。在动物中，随着神经系统的发展，作出有意识有计划的行动的能力也相应地发展起来了，而在哺乳动物中则达到了相当高的阶段。在英国的猎狐活动中，每天都可以观察到：狐懂得怎样准确地运用关于地形的丰富知识来逃避追逐者，怎样出色地懂得并利用一切有利的地势来切断自己的踪迹。在我们身边的那些由于和人接触而获得较高发展的家畜中间，每天都可以观察到一些和小孩的行动同样机灵的调皮行动。因为，正如母体内的人的胚胎发展史，仅仅是我们的动物祖先以蠕虫为开端的几百万年的躯体发展史的一个缩影一样，孩童的精神发展则是我们的动物祖先、至少是比较晚些时候的动物祖先的智力发展的一个缩影，只不过更加压缩了。但是一切动物的一切有计划的行动，都不能在地球上打下自己的意志的印记。这一点只有人才能做到。

一句话，动物仅仅利用外部自然界，简单地通过自身的存在在自然界中引起变化；而人则通过他所作出的改变来使自然界为自己的目的服务，来支配自然界。这便是人同其他动物的最终的本质的差别，而造成这一区别的又是劳动。

但是我们不要过分陶醉于我们人类对自然界的胜利。对于每一次这样的胜利，自然界都对我们进行报复。每一次胜利，起初确实取得了我们预期的结果，但是往后和再往后却发生完全不同的、出乎预料的影响，常常把最初的结果又取消了。美索不达米亚、希腊、小亚细亚以及其他各地的居民，为了得到耕地，毁灭了森林，但是他们做梦也想不到，这些地方今天竟因此成为不毛之地，因为他们使这些地方失去了森林，也就失去了水分的积聚中心和贮藏库。阿尔卑斯山的意大利人，当他们在山南坡把在山北坡得到精心保护的那同一种枞森林砍光用尽时，没有预料到，这样一来，他们把本地区的高山牧畜业的根基毁掉了；他们更没有预料到，他们这样做，竟使山泉在一年中的大部分时间内枯竭了。同时在雨季又使更加凶猛的洪水倾泻到平原上。在欧洲传播栽种马铃薯的人，并不知道他们随同这种含粉的块茎一起把瘰疬症也传播进来了。因此我们每走一步都要记住：我们统治自然界，决不像征服者统治异族人那样，决是不像站在自然界以外的人似的，——相反地，我们连同我们的肉、血和头脑都是属于自然界和存在于自然之中的；我们对自然界的全部统治力量，就在于我们比其他一切生物强，能够认识和正确运用自然规律。

事实上，我们一天天地学会更加正确地理解自然规律，学会认识我们对自然界的习常过程所作的干预所引起的较近或较远的后果。特别自本世纪自然科学大踏步前进以来，我们就越来越有可能学会认识并因而控制那些至少是由我们最常见的生产行为所引起的较远的自然后果。

但是这种事情发生得越多，人们就越是不仅再次地感觉到，而且也认识到自身和自然界的一体性，而那种关于精神和物质、人类和自然、灵魂和肉体之间的对立的荒谬的、反自然的观点，也就越不可能成立了，这种观点自古典古代衰落以后出现在欧洲并在基督教中取得最高度发展。

但是，如果说我们需要经过几千年的劳动才多少学会估计我们生产行为的较远的自然影响，那么我们想学会预见这些行为的较远的社会影响就更加困难得多了。我们曾提到过马铃薯以及随之而来的瘰疬症的蔓延。但是，同工人降低到以马铃薯为生这一事实对各国人民大众的生活状况所带来的影响比起来，同 1847 年爱尔兰因马铃薯受病害而发生的大饥荒比起来，瘰疬症又算得了什么呢？在这次饥荒中，竟把 100 万吃马铃薯或差不多专吃马铃薯的爱尔兰人送入坟墓，并有 200 万人逃亡海外。当阿拉伯人学会蒸馏酒精的时候，他们做梦也想不到，他们由此而制造出来的东西成了当时还没有被发现的美洲的土著居民后来招致灭绝的主要工具之一。以后，当哥伦布发现美洲的时候，他也不知道，他因此复活了在欧洲早已被抛弃的奴隶制度，并奠定了贩卖黑奴的基础。17 世纪和 18 世纪从事制造蒸汽机的人们也没有料到，他们所制作的工具，比其他任何东西都更能使全世界的社会状态革命化，特别是在欧洲，由于财富集中在少数人一边，而另一边的绝大多数人则一无所有，起初使得资产阶级赢得社会的和政治的统治，尔后使资产阶级和无产阶级之间发生阶级斗争，而这一阶级斗争的结局只能是资产阶级的垮台和一切阶级对立的消灭。但是，就是在这一领域中，经过长期的、往往是痛苦的经验，经过对历史材料的比较和研究，我们也渐渐学会了认清我们的生产活动的间接的、比较远的社会影响，因而我们也就有可能去控制和调节这些影响。

但是要实行这种调节，仅仅有认识还是不够的。为此需要对我们的直到目前为止的生产方式，以及同这种生产方式一起对我们的现今的整个社会制度实行完全的变革。

到目前为止的一切生产方式，都仅仅以取得劳动的最近的、最直接的效益为目的。那些只是在晚些时候才显现出来的、通过逐渐的重复和积累才产生效应的较远的结果，则完全被忽视了。原始的土地公有，一方面同眼界极短浅的人们的发展状态相适应，另一方面以可用土地的一定剩余为前提，这种剩余为应付这种原始经济的意外的灾祸提供了某种周旋余地。这种剩余的可用土地用光了，公有制也就衰落了。而一切较高的生产形式，都导致居民分为不同的阶级，因而导致统治阶级和被压迫阶级之间的对立；这样一来，生产只要不以被压迫者的最贫乏的生活需要为限，统治阶级的利益就成为生产的推动因素。在西欧现今占统治地位的资本主义生产方式中，这一点表现得最为充分。支配着生产和交换的一个个资本家所能关心的，只是他们的行为的最直接的效益。不仅如此，甚至就连这种效益——就所制造的或交换来的产品的效用而言——也完全退居次要地位了；销售时可获得的利润成了唯一的动力。

二、巩固民族大团结的基础①

——关于促进少数民族共同繁荣富裕问题的思考

习近平

闽东是少数民族的聚居地，畲族同胞有十几万，占全国畲族人口总数的 40%，占全省畲族人口总数的 70%。这是闽东地区的一个特殊情况，也是闽东民族工作的一个特色。我们的事业方方面面，千万不能漠视少数民族事业这一重要方面。这是一个原则，基于这个原则，我们有

① 习近平：《摆脱贫困》，福建人民出版社，1992，第 87-95 页。

必要深刻地思考关于促进少数民族共同繁荣、富裕的几个问题，我们的出发点和归宿是要巩固民族大团结的基础。

一、充分认识搞好民族工作、促进民族大团结的历史意义和现实意义。

民族问题有相当的敏感性和复杂性。民族是历史上形成的稳定的人类共同体，作为民族特征之一的民族共同心理素质（包括表现在民族文化上的民族特点和体现出民族自我意识的民族感情）是最稳定的东西。在过去民族压迫的社会中，许多被压迫民族的民族自尊心和民族感情受到压抑和摧残，这种状况只有在社会主义时期方在根本上得到改变。社会主义时期是各民族全面发展、共同繁荣的时期，各民族的民族自尊心和民族感情获得了相互承认，并具备了充分发展条件。各族人民都非常珍惜已经稳定的平等、团结、互助的社会主义民族关系，对在民族关系方面出现的问题、产生的矛盾国家向来是十分重视的，而少数民族对此也较为敏感。比如，招工、招生的比例是否得当，对民族风情习俗、语言文字、宗教信仰是否尊重等问题，少数民族群众要敏感得多。民族问题处理得不好往往会引起社会的动荡，甚至政局的不稳。

毛泽东同志指出："……国内各民族的团结，这是我们的事业必定要胜利的基本保证。"闽东革命历史也证明了这一点，在革命战争年代，革命的火种之所以能在闽东大地传播，革命的力量之所以能在最艰难的岁月里得以保存和壮大，一个重要的原因，就是民族的团结。很多革命老前辈，都是畲族群众用鲜血和生命保护下来的，我们福建的革命老前辈叶飞、曾志、范式人等同志过去打游击的时候，经常是在畲族山村、畲族的老乡家里度过的。畲族群众有坚定的革命性。有一位同志告诉我，在革命年代，闽东畲族的同志没有一个叛变，这是非常了不起的。在社会主义时期，畲族人民又用他们的勤劳和智慧，为闽东经济、社会的发展作出了重大的贡献。现在，我们正在进行的脱贫致富的伟大事业，少了畲族人民的积极参与不行，少了各民族的共同努力奋斗也不行。总之，无论是过去、现在还是将来，民族大团结都是我们进行社会主义建设必不可少的保证。

搞好民族工作是我们应尽的义务。为了帮助少数民族和民族地区发展经济与文化事业，党和国家一直从各方面扶持、帮助少数民族和少数民族地区，这不是恩赐，也不是单方面的帮助。辩证地说，这是一种互相帮助。汉族帮助了少数民族，少数民族也帮助了汉族；国家扶持了民族地区，民族地区也支援了国家建设。

畲族人民在漫长的历史中，创造了光辉灿烂的本民族文化，畲族文化在国内占有相当重要的地位，这是我们闽东文化中的一颗璀璨的明珠，是我们闽东地区可以引以为荣的特色和优势。搞好民族工作，有利于我们保持这种特色，发挥这种优势。

二、民族地区脱贫致富的战略方针。

党的十三大确定的"一个中心、两个基本点"的基本路线，是我们现阶段执行少数民族地区脱贫致富战略方针的指导思想。当前，民族问题更集中地反映在少数民族和民族地区迫切要求加快经济文化建设的问题上。加速发展少数民族地区经济，使他们赶上或接近汉族的发展水平，才能够解除事实上的不平等，使各民族得到共同的繁荣。这是社会主义时期处理民族关系问题的主要内容，是少数民族工作的主要内容，也是少数民族的根本利益所在。民族平等，是马克思主义民族理论的基石，也是我国民族政策的核心。社会主义的经济基础和消除了民族压迫的社会主义政治制度为民族平等提供了最根本的保证。但是，我们还应当认识到，实现民族间事实上的平等首先就要消除各民族在经济、文化发展水平上的差距。目前，全国扶贫工作的主战场已开始转移到少数民族地区。90年代，闽东畲族地区开始从解决温饱问题为重点的摆脱贫困时期，进入以经济开发和开放为重点的实现小康时期。这一时期，我们要巩固和发展80年代的成果，力争尽快缩小畲族地区与闽东、与全省全国先进地区的经济差距。要从本地区的优势出发，扬长避短，兴利除弊，使区域生产要素不断优化，建立起一种最适合于少数民族地区生产力水平发展的经济运行机制，使其以高于全省平均水平的速度增长。

我们必须立足于少数民族地区的实际制定我们的脱贫致富的方针，那么，实际情况是怎么样的呢？首先，闽东畲族的贫困面还比较广。据统计，1985 年全区畲族贫困户 1.6 万户，占畲族总农户的 50%。经过三年扶贫工作，畲族贫困户的脱贫率达 75%，但还低于全区贫困户脱贫率 87.3%的平均水平，全区少数民族扶贫对象大约还有 4000 多户，而且已经脱贫的，由于自然灾害、生产经营失误或后劲不足等原因都有可能再度贫困。应该看到，我们的整个脱贫水平不高，而脱了贫的也不等于就富裕了。其次，大多畲族乡商品经济不发达，有的还处于自然经济、半自然经济状态。其三，闽东畲族大都居住在偏远边角地区，交通不便，信息不灵，缺技术，缺人才，致使这些地方山场广阔、土地肥沃等得天独厚的自然条件得不到很好的开发与利用。以上三方面的实际情况，应当成为我们考虑少数民族地区脱贫致富大略方针的着眼点。

当前，我们要特别注意以下几个问题：

第一，少数民族地区发展经济离不开国家的扶持和帮助，但国家的经济实力有限，闽东本身又是贫困地区，所以不可能有更多的外来力量来支持少数民族地区的经济发展。在这种情况下，支持和帮助的意义主要在于增强少数民族地区自身的“造血功能”，起决定作用的还是少数民族地区的自我发展能力。要使自身生产力水平同外部支持力量相结合以发挥最佳效益。这就是说，民族地区要提高内部生产力，增强对外部援助力量的吸引和吸收能力。这主要表现在：在接受国家帮助时要有相应的辅助能力，不能说国家给多少钱就是多少钱，如果把补助看成孤立的经济项目，而不投入相应的力量以扩大效益，那么，一旦补助中断，工程就无法继续进行。闽东畲族地区应从长远利益出发，做到外力扶持与内力，即自身生产力的提高紧密结合。在起步阶段，需要的外力扶持可以多一些，但犹如羊羔断奶一样，这种经济上的扶持只是暂时的，必须逐步增加断奶后的独立生活能力。而且，在接受国家的帮助时，畲族地区本身也应具有最起码的生产辅助能力。比如，国家投资帮助少数民族地区兴建水电站，解决群众的生活照明和乡镇企业用电。如果自己解决不了通村入户的线路资金，还是不能受益；此外，还要有技术消化能力，技术消化能力不足也会使许多投资发挥不了应有的效益。

因此，畲族地区在外来“输血”的同时，一定要增强自身的“造血功能”。这就是要根据本地的特点大力发展生产力，开发资源和开拓市场并举，走出一条具有畲族山区特色的市场、技术、资源相结合的开发路子。

第二，要引导和帮助少数民族群众摆脱封闭、单一的自然经济状态，向商品经济发展，使少数民族地区经济走上良性循环的道路。今后扶贫资金要重点帮助少数民族地区，扶持他们兴办乡、村两级经济实体，增强民族地区经济的“造血功能”。要提倡科技扶贫，抓好实用技术培训工作，培养一批技术骨干和能人，让畲族群众掌握一些实用技术。还要提倡有关单位与畲族贫困地区重点挂钩的扶贫方法。我刚到闽东的时候就去过坦洋村，这是福安县民委重点挂钩的单位，靠巨峰葡萄脱贫。1988 年人均收入 700 元。这应该说是卓有成效的。

第三，要充分利用民族地区同其他地区的自然地域分工条件，发挥当地自然资源优势，根据民族的特点建立自己的“种、养、加”的经济模式。比如办好庭院式经济，按户创建小果园、小茶园、小山村、小池塘，大力发展乡村企业等。提倡短中长结合，种养加结合。我走了几个地方，像巴地、崇儒等地都是靠蘑菇、食用菌、生猪、茶叶等项目发展起来的。这些都是中短期项目，投资少，见效快。当然，还要有一些中长期项目，这关系到后劲问题。

一般来说，由于传统的原因和客观因素的制约，少数民族地区经济发展水平较低，科技力量薄弱，交通运输不便，人才短缺，但自然资源十分丰富；非少数民族地区经济发展水平较高，科技力量雄厚，交通运输便利，人才济济，但自然资源相对匮乏。这样一种反差，决定了闽东畲族地区的发展要走一条“双向开放”和“双向开发”的道路。

“双向开放”即对内、对外同步开放。一方面积极参与本地区和沿海经济发达地区的市场竞争，加强外引内联，大力引进信息、资金、技术和人才，进行优势互补；另一方面，积极参与国际市场的竞争和交换，努力发展外向型经济，促进本地区经济的全面发展。

“双向开发”即资源和市场同时开发。一方面大力开发本地区的“山海田”资源，开辟与之相关的加工工业和第三产业，推动农村商品经济的发展；另一方面，要开发市场，开拓商品流通渠道，根据市场需要努力发展种植业、养殖业和与之配套的加工业，为广大农村特别是畲族地区大量剩余劳动力提供更大的用武之地。

从立足于本地资源这个角度看，我们很有必要树立“市场为主导”的战略思想，并由此确立一条“市场—技术—资源”的发展战略。大家知道，自然资源不等于经济资源，自然优势也不等于经济优势。自然资源只有同市场结合，才是经济资源。利用和开发资源必须着眼于社会需要，商品必须是市场需要的商品。所以，少数民族地区利用自然资源发展商品生产，首先必须考虑市场需要，同时要考虑本地区技术条件能否适应，然后才去开发资源优势。另外，自然资源不一定都能直接产生经济效益，它往往需要经过多次开发、多次增值才能充分显示出经济上的综合效益。比如，许多土特产品的制作原料来自野生植物，如果单纯地进行自然采伐(摘)，不一定能获得较好的交换价值；如果面向市场，并根据一定的技术条件，对原料进行必要的加工，其产品的使用价值和交换价值会比原料高出许多，经济效益就会明显提高。可见，走“市场—技术—资源”的路子，有利于民族地区对自然资源进行更深层次的开发，有利于提高资源利用率和综合经济效益。闽东畲族地区的经济发展虽然起步晚些、基础差一些、限制条件多一些，但发展商品经济的潜力还是很大的。畲族地区要真正实现脱贫致富，就必须首先考虑如何增强经济自主的能力和经济发展的内在活力，走出一条适应于自身发展的路子。这就需要实现观念上的变革，提高劳动者的素质，并下功夫在“山海田”上做文章，大力发展乡镇企业，从而推动农村经济的全面发展，实现从贫穷到富裕的根本转变。

三、从战略的高度，大力培养少数民族干部。

毛泽东同志曾指出：要彻底解决民族问题，完全孤立反动派，没有大批少数民族出身的共产主义干部是不可能的。少数民族干部与本民族有着天然的联系，善于反映少数民族的意愿和要求，是我们在民族地区贯彻执行民族政策的纽带和桥梁。在民族地区的具体工作中，少数民族干部有着特殊的不可替代的重要作用。所以，大力培养少数民族干部，是党的一项重要政策，是解决民族问题的关键。从总体上说，我们闽东的少数民族干部还是偏少的。这个问题需要我们立即花大力气去抓。特别应强调三个方面：一是要继续培养和不断提高现有少数民族干部的素质；二是注意发现和培养少数民族干部的后备力量；三是少数民族领导干部在地、县二级要有一定的比例。对少数民族聚居在千人以上的乡、镇应创造条件，至少要配备一个少数民族的副职领导。对少数民族干部的培养要树立长远观念，即要注意从中小学开始培养各方面的人才，办好现有的民族小学、民族中学，提高教学质量，扩大少数民族的教育面。没有民族学校的地方要注意吸收少数民族子弟入学，要为大学输送更多的少数民族大学生，还可以采取代培或者定向招生的办法培养少数民族的大中专学生。

四、继承和发展少数民族文化问题。

任何民族都有其区别于他民族的文化传统。民族文化传统是一个民族世世代代积累而成的精神财富，是一个民族发展的动力和源泉。各个民族的传统文化都有自己的特点，这些特点的综合丰富了人类的文明。中国是多民族的大家庭，中华民族的文化是各民族文化的总和，其中当然也包含少数民族文化。

畲族人民在漫长的历史岁月中，创造了光辉灿烂的文化，这不仅是畲族人民自己的瑰宝，也是我们国家的一份宝贵的财富。畲族文化为畲族的延续和发展起到了积极作用，在实现社会主义现代化过程中一定要让畲族文化更加发扬光大。首先，要继承和发扬畲族文化传统中优秀的部分。畲族语言、畲歌、畲族服饰，这些都是最基本的文化，都应当很好地继承。我在几个畲村了解到，有些小姑娘不会梳畲族发型，有的连畲语也不会说。可见，继承民族传统文化对年青人来说，尤其必要。其次，要抓紧挖掘整理畲族文化遗产，如畲歌、民俗、民谚、民乐、舞蹈、故事等，要组织力量进行深入探讨，取其精华，古为今用。我觉得畲族歌舞就很有特色，很有风采，还有畲族的传统歌会完全可以加工升华一下。要抓紧修建畲族博物馆，办好畲族研究会和畲族歌舞团，以丰富我国多民族的文化宝库。其三，要努力丰富畲族人民文化生活，积极引导群众开展各种健康有益的文体活动，建立或完善民族文化站、文化中心、山村俱乐部、文化活动室、图书阅览室等。总之，要多层次、多形式、多渠道地发展与时代相适应的民族群众文化事业。

五、加强对民族工作的领导。

民族工作十分复杂，涉及面广，政策性强，各级党政领导要经常过问民族工作，行动上要尊重少数民族的合法权益，在经济、文化、教育、卫生等方面，对少数民族都要有适当的照顾。切实帮助少数民族解决迫切需要解决的问题。

各级民委、各级民政部门要加强服务观念。作为党和政府联系少数民族群众的桥梁，作为党委和政府在民族工作方面的参谋和助手，民委和民政部门要把搞好民族工作作为自己崇高的职责，要经常深入畲族聚居地了解畲族人民的生活，及时反映和解决问题，切实地把党的方针、政策同民族工作的具体实际结合起来。

三、漳州谕畲①

（宋）刘克庄

自国家定鼎吴会，而闽号近里。漳尤闽之近里，民淳而事简，乐土也。然炎绍以来，常驻军于是，岂非以其壤接溪峒，茀苇极目，林菁深阻，省民、山越、往往错居，先朝思患预防之意远矣。凡溪峒种类不一：曰蛮、曰猺、曰黎、曰蜑，在漳者曰畲。西畲隶龙溪，犹是龙溪人也。南畲隶漳浦，其地西通潮、梅，北通汀、赣，奸人亡命之所窟穴。畲长技止于机毒矣，汀、赣贼入畲者，教以短兵接战，故南畲之祸尤烈。二畲皆刀耕火耘，崖栖谷汲，如猱升鼠伏，有国者以不治治之。畲民不悦（役），畲田不税，其来久矣。厥后，贵家辟产，稍侵其疆；豪干诛货，稍笼其利；官吏又征求土物——蜜蜡、虎革、猿皮之类。畲人不堪，愬于郡，弗省，遂怙众据险，剽略省地。壬戌腊也。前牧恩泽侯有以激其始，无以淑其后。明年秋解去，二倅迭摄郡，寇益深，距城仅二十里，郡岌岌甚矣。帅调诸寨卒及左翼军统领陈鉴、泉州左翼军正将谢和，各以所部兵会合剿捕，仅得二捷。寇暂退，然出没自若，至数百里无行人。事闻朝家，调守，而著作郎兼左曹郎官卓侯首膺妙选。诏下，或曰："侯擢科甲，有雅望，宰岩邑有去思，责之排难解纷，可乎？"侯慨然曰："君命焉所避之，至则枵然一城，红巾满野，久戍不解，智勇俱困。"侯榜山前曰："畲民亦吾民也，前事勿问，许其自新，其中有知书及土人陷畲者，如能挺身来归，当为区处，俾安土著，或畲长能帅众归顺，亦补常资，如或不悛，当调大军尽鉏巢穴乃止。"命陈鉴人畲招谕。令下五日，畲长李德纳款。德最反复杰黠者，于是西九畲酋长相继受招，西定。乃并力于南，命统制官彭之才剿捕，龙岩主簿龚镗说谕，且捕且招，彭三捷，龚

① 刘克庄：《后村先生大全集》卷九三，第6页。

挺身深入。又选进士张杰，卓度、张椿叟、刘□等与俱。南畲三十余所，酋长各籍户口三十余家，愿为版籍民。

二畲既定，漳民始知有土之乐。余读诸畲款状，有自称盘护孙者，彼曷尝读《范史》，知其鼻祖之为盘护者？殆受教于华人耳。此亦溪峒禁防懈而然欤！侯参佐褒畲事巅末二，锓梓示余。昔汉武帝患盗贼群起，命御史大夫衣绣持斧以威之，曾不少戢。龚遂一郡守尔，既至郡，前日之盗皆解刀剑而持钩鉏。侯初剖符，固欲用昔人治渤海之策，竟践其言。夫致盗必有由。余前所谓贵豪辟产诛货、官吏征求土物是也。侯语余曰："每祸事必有所激，非其本心。"呜呼！反本之论，固余之所服欤！侯素廉位，山前调度，需如猬毛起。专以苦节，不至乏绝。自奉如穷书生，吏议事、宾客清谈，不过文字，饮数行，未尝卜夜。时例卷多削去，其清苦有李公韶、徐公复二牧之风。昔张奂为安定都尉，羌帅有感恩遗奂马及金者，奂□其物，威化盛行。史谓羌性贪而贵吏清。呜呼！清白之吏，固畲之所贵欤！侯功成而无德色，惟为将佐僚属士友论功于朝，曰：不赏后无以使人。顷余亡友虚斋赵公为漳，民免丁钱。余尝大书于石。今卓侯夷难之功不下虚斋，乃夲谕蜀之义，作谕畲记，使漳人刻石，与前碑角立。侯名德庆，字善夫，莆阳人。

四、《畲族源流研究》[①] 之序

序一

雷春美

畲族，中华民族大家庭中的一员，我国东南沿海主要的少数民族，是在中华人民共和国成立后，中国共产党实行民族平等、民族团结政策，通过民族识别，于 1956 年 12 月正式认定的，至今刚好 60 周年。在畲族被正式确定为单一少数民族 60 周年之际，《畲族源流研究》的出版，具有历史纪念意义。

中央人民政府在上世纪五十年代初开展了大规模的民族识别工作。1953 年，中央派出的畲民识别调查小组，是新中国由中央派出的第一个民族识别调查组，体现党中央、人民政府对畲族的重视。调查小组二次赴浙江景宁、福建罗源与漳平、广东识别调查畲民。识别工作坚持以马克思主义历史唯物论和民族理论为指导，遵循民族四特征和"名从主人"的原则。浙江、江西、福建和广东省委统战部，特别是中央统战部做了大量的工作，最终认定畲族既不是汉族，也不是苗族、瑶族的一支，是一个具有自己民族特点的单一的少数民族。

习近平总书记在《致第二十二届国际历史科学大会的贺信》指出，"人事有代谢，往来成古今。历史研究是一切社会科学的基础，承担着'究天人之际，通古今之变'的使命。世界的今天是从世界的昨天发展而来的。今天世界遇到的很多事情可以在历史上找到影子，历史上发生的很多事情也可以作为今天的镜鉴。重视历史、研究历史、借鉴历史，可以给人类带来很多了解昨天、把握今天、开创明天的智慧。所以说，历史是人类最好的老师。中国人自古重视历史研究，历来强调以史为鉴，我们的前人留下了浩繁的历史典籍。每个国家、每个民族都有自己

① 雷弯山：《畲族源流研究》，中央党校出版社，2016。

的发展历程，应该尊重彼此的选择，加深彼此的了解，以利于共同创造人类更加美好的未来”。畲族历史悠久，文化灿烂，习近平总书记在福建和浙江工作期间与畲族人民结下了深厚的感情，他十分关心和重视畲族群众的生产生活，非常熟悉畲族的光荣传统、历史文化和优良品格，在系列重要讲话和著作中多次给予高度评价并寄予殷切希望。然而在二千多年封建社会中，封建统治者歧视畲族等少数民族，畲家被称为“蛮”“獠”等，导致畲族历史的部分缺失。

著作之作者遵循习近平总书记在哲学社会科学工作座谈会上强调的“坚持以马克思主义为指导，是当代中国哲学社会科学区别于其他哲学社会科学的根本标志，必须旗帜鲜明加以坚持”的要求，坚持以马克思主义为指导，运用马克思主义方法，即“我们不把世俗问题化为神学问题。我们要把神学问题化为世俗问题。相当长的时期以来，人们一直用迷信来说明历史，而我们现在是用历史来说明迷信”深入进行田野调查，从客观存在的历史现象、事实出发；在学科上，从民俗学、历史学、考古学、分子生物学等各学科各方面进行归纳、集成；资料上，通过集成各地资料，从整体上科学剖析。总之，是从事实的全部总和、从事实的联系上去掌握事实，因此，本研究成果得出的结论是：早在周代，就有“畲家”之称，得到畲民与社会的认同；且是个单独概念、集合概念、正概念，表明周时就是一个独立的族群。其源自凤凰山文化区古人，由直立人→早期智人→晚期智人→现代人。秦汉时期，由于反抗封建王朝的统治和军事镇压，有的被迫漂洋过海到了台湾、南洋，有的被驱赶至江淮等地成为汉族，而留下来遁入山区的成为今天的畲族。明代，畲族人民反封建反压迫斗争遭到封建统治者的残酷镇压，畲民又一次被迫进行民族大迁徙，形成如今“大分散小聚居”分布格局。在数千年的民族迁徙中，畲民每到一地，变荒山为鱼米之乡，是“东南山区杰出的拓荒者”。畲，是刀耕火种之意，体现该族群勤劳勇敢之特点。这一结论，有利于增强畲族的凝聚力、提高畲民的自信心；也有利于全社会更加了解这一民族，从而增强中华民族共同体意识，促进各民族交流交往交融、共同繁荣发展，实现中国梦。

2016年11月22日

序 二

走进先民的历史深处，寻觅畲族的精神家园

赵智奎

雷弯山先生的大作《畲族源流稿》已经杀青，我能够先睹其中的部分章节，很幸运也很兴奋。这是我国少数民族哲学思想研究领域结出的又一丰硕成果，也是民族学界的重要学术成果，是一件大事情，可喜可贺！

雷弯山是中国少数民族哲学及社会思想史学会的常务理事，是研究畲族哲学思想的领军人物。他本人就是畲族，本科毕业于北京大学哲学系，后来通过硕士和博士课程研读，对哲学专业具有深厚的功底和深切的领悟。因此，他的著作自然会引起学术界的重视。我作为国家一级社团组织——中国少数民族哲学及社会思想史学会的法人代表和常务副理事长，理所应当地写些文字，以表达我对本书出版的欣喜之情，权作它的一个序言。

畲族，作为中华民族大家庭的一员，可谓中国南方的游耕民族。一千多年来，畲族的先民们不畏艰辛险阻，从原始居住地的广东省潮州市凤凰山四散迁徙，到福建、浙江、江西、安徽等省份，有的还到贵州和四川。现90%以上居住在福建、浙江广大山区，其余散居在江西、广东、安徽等省。畲族的迁徙历史，无疑也是这一民族思想和精神传承的历史。因而，对畲族的

源流进行研究和探索，具有重要的学术理论价值。

众所周知，中国自古以来，就是一个多民族的国家。从文化传统来说，中华民族文化的多样性与同一性，是其根本特征。中华民族文化多样性表现在两个方面：一是民族文化的多样性，56个民族都有自己的独特传统，都有自己的文化特色；二是地域文化的多样性，中国地域辽阔，各地区均有自己的文化特色。即使是同一民族，不同地区的风俗习惯和语言也有较大的差异。中华民族文化的同一性表明，一是中华民族文化不是56个民族文化加在一起的总称，它是各民族、各地区文化在数千年的历史发展中逐步交融、整合而形成有机的文化整体。换言之，中华民族是作为实体繁衍和发展的。从历史上看，只要中华民族长期保持着整体的一致与和谐，就能在前进的道路上无往不胜，无坚不摧。二是各民族、各地区在长期的文化互动、交流中形成同质化和一体化现象，并逐步整合成一个具有共同价值取向的中华民族传统文化模式。三是各民族、各地区既认同本民族或本地区的文化，也认同中华民族文化。在这种双重认同中，认同中华民族文化或中华文化是最高层次的认同，也是最基本的认同；认同本民族、本地区的文化是第二层次的认同。四是各民族、各地区选择普通话和中文作为共同交际的语言和文字。上述这些就是中国社会发展的现实，反映在民族文化传承和发展上，就是如此。这些表明了中华民族多元一体的理念是符合历史事实的。我们从本书的思想阐述和字里行间中，可以得到印证。

黑格尔在《哲学讲演录》中说："一个民族的精神文明必须达到某种阶段，一般地才会有哲学。……而某一特定哲学之出现，是出现于某一特定民族里面的。……因此一定的哲学形态与它所基以出现的一定的民族形态是同时并存的：它与这个民族的法制和政体、伦理生活、社会生活、社会生活中的技术、风俗习惯和物质享受是同时并存的。而且哲学的形态与它所属的民族在艺术和科学方面的努力与创作，与这个民族的宗教、战争胜负和外在境遇……也是同时并存的。"（《哲学史讲演录》第一卷，导言，商务印书馆1981年4月版，第53、55页）畲族的哲学思想发展何尝不是如此呢？黑格尔还说，一提到希腊这个名字，在有教养的欧洲人心中，自然会引起一种家园之感。而本书对畲族源流的研究，也正是走进先民的历史深处，寻觅畲族的精神家园。正如作者在前言中所说："'我是谁、我从哪里来？要到哪里去？'这是人类的千古之问，对于畲族，尤为突出。……研究畲族经济与文化必然涉及畲族历史，也就是说，要解决'我要到哪里去？'必须追问'我是谁、我从哪里来'？"作者对此进行了深入探索，比较深刻地回答了这个问题。

研究畲族的源流和哲学思想，无疑也具有重要的现实意义。通过本书的阐述，我们可以从微观上即畲族本身的繁衍和发展，进一步认识中国共产党是怎样遵循马克思主义民族观，在中华民族多元一体思想基础上，治理这个多民族统一的国家。认识到实行民族区域自治这一基本政治制度，体现了中国共产党在治理多民族国家的制度创新。也正是在这一基础上，我们对中国共产党提出的"两个共同"：共同团结奋斗，共同繁荣发展；"三个离不开"：汉族离不开少数民族，少数民族离不开汉族，各少数民族之间也互相离不开；"四个认同"：对伟大祖国、对中华民族、对中华文化、对中国特色社会主义道路认同；"五个维护"：维护社会主义民主、维护社会主义法制、维护人民群众根本利益、维护祖国统一、维护民族团结，而进一步加深理解，中国共产党的民族理论和政策得到了56个民族的赞同、支持和拥护。

通过本书比较翔实的内容阐述，我们可以进一步增强民族自信。从民族自豪感到民族自信，从民族自信到文化自信，这是哲学思想升华的过程。本书关于畲族源流及其哲学思想的发展的历程，已经说明于此。同时，它对于促进民族大团结，增强各民族之间的理解和友谊来说，也是一部很好的教材和参考书。

当前，我国正处于全面深化改革的进程中，现代化建设离不开少数民族社会经济和文化的发展。全面小康建设离不开少数民族地区的全面小康。从社会思潮研究的角度来看，要警惕

“去民族化”和“取消民族区域自治论”的社会意识和思想观念。我们必须牢记历史的经验和教训。应当清醒地区别民族之间社会经济发展水平上的差距和民族特点上的差别。我们要消灭的是发展水平上的差距，而不是民族特点上的差别。民族特点的差别固然也会发生变化，但绝不能应当和社会经济的发展混为一谈。

早在改革开放初期，费孝通先生就曾强烈呼吁和主张：“在进行各民族的社会改革时，我们着重提出要根据本民族的特点和由本民族干部来进行；在少数民族地区实现现代化的进程中，必须有当地各民族参加。我们中国式的社会主义现代化既不允许外国人来包办，也不允许由某一个民族来包办。这是有别于当前有一些国家所进行的‘西化’，也有别于某一些国家在现代化的口号下，在国内实行大民族主义的‘一体化’。”（《费孝通民族研究文集新编》上卷，中央民族大学出版社 2006 年 10 月第 1 版，第 357 页）历史的经验值得注意，我认为费孝通的观点和主张，也适用于当下的中国。当然，我们也要注意反对“地方民族主义”。总之，各民族团结奋斗，和谐相处，要走共同繁荣、共同富裕之路。

借此为雷弯山先生大作写出上述文字之际，我衷心地祝愿畲族兄弟姐妹、所有老人和孩子们，前程似锦，日子过得越来越好！祝福你们——伟大的畲族同胞，民族振兴，共铸新的辉煌。让我们紧密地团结在以习近平同志为核心的党中央周围，在全面建设小康和全面深化改革的道路上，奋勇向前，取得更大的成就！同时也祝愿雷弯山先生今后能有更多更好的作品问世，是为序。

2016 年 11 月 5 日于北京

序 三

卢美松

雷弯山先生日前以《畲族源流研究》书稿见示，并索序于我。听弯山口头介绍，感觉不无震撼，因为我本以为畲族研究已有多年，且有过似乎成为定说的成果。迨及浏览书稿，方觉弯山的研究，似乎已经超越这些固有结论，而有自己的新见和异说。这是难能可贵的。

首先是弯山研究的指导思想，他揭橥自己研究遵奉的圭臬是马克思的教导，“不把世俗的问题化为神学的问题”，即不用迷信来说明历史；“要把神学的问题化为世俗的问题”，即要用历史来说明迷信。这的确是历史研究特别是人文历史研究颠扑不破的真理。在畲族研究中，有的人往往跌入神学迷信的陷阱中。而弯山的研究，正是循着马克思指导的途径，摆脱神学与迷信的羁绊，使这一历史难题涣然冰释：他把畲族历史研究还原为考古学研究、人类学研究、文献学研究乃至基因学研究。由此而揖别古往的图腾崇拜解读、族种诞生神话与汉族历史附会，从而拨散迷雾、揭去面纱，有望见识真容。

当然一个民族的探索与研究，并非如抽丝剥茧或去箨剥笋般轻易而简捷。因为在中华民族的发展史上，自古以来就有民族融合的经历，即使比较固守民族血统的族群也难保自身的纯粹；更何况不同民族、不同族群之间的文化交流与浑融呢。弯山的研究正是抓住了民族本体及其繁衍历史的主流，所以有可能廓清迷雾而探得正途。

其次是弯山研究所持的依据。一般研究者都表白自己的观点和结论是依据或立足于如何翔实的资料，而弯山则不尽然。他的研究是自远而近，从古到今，由实物到史料的条分缕析，不厌其烦的举证，为人们展示的是畲族（包括华夏南方民族）发生和发展的历史进程。这个历史远溯数万年乃至上百万年前的古人类时期，其牵引线索由远而近，从远古中走来，看似荒远难稽，实则由追寻“南蛮”的滥觞，开拓人们的耳目心胸，于论证亦不为无助，进而以人类学的原理推导阐明人类历史的早期发展进程，以增强追远稽古的逻辑思辨效能。再后举证历史文献，包括口传文学、历史传说、图腾信仰、族谱宗祠和史籍记载。那些从上古口耳相传、凭借想象与臆测的故事内容虽涉荒诞，但却折射出畲人确曾走过的历史；就是历史的记载，即使信誓旦旦，言之凿凿，也难免主观臆断或曲笔，亦未可尽信全凭。历史资料如能与现代科学结合，互相发明，庶可探索出新的认知道路。作者引论基因的检测和比对，力图从科学的研究中寻求普遍的结论，这正是作者独辟蹊径的逻辑思维，也是人们共同期待的结果。

再次就是作者从以上的探索论证过程中，总结出自己认为有用或成功的研究方法，这就是批判方法、唯物方法、抽象方法、辩证方法、集成方法、实证方法。作者归纳的这些方法，不管其科学性如何，对作者的探索论证与研究结论，确实起到支撑与帮助的作用；我想人们即使有保留，也会信服作者论证的方法或引申的结论，如此也可想见这些论证方法的有效性。

当然，历史进程因其久远而被蒙上厚重的面纱、涂上神秘的色彩；族群发展因其变迁而显得扑朔迷离、纷繁复杂，试图在短暂的时间内，以便捷的方法，轻易取得成功，实在是一种奢望。须知弯山先生耗费多年时间，经历长途跋涉与冥搜苦索，方有今日之创获，天道酬勤，令人钦佩。本书算是先生长期从事畲族研究的一个总结，也是他对畲学历史的一个交代。先生本来的专业是哲学、职业是教授，却业余热衷畲族历史和文化的研究，这应缘于他从小生活在畲村，是由畲家走出的学者，所以比他人有更大的责任和优势从事这一研究。这是历史的使命，也是身世的宿命。他的研究热诚与生命执着，应是来自文化自觉与出身归属。所以，我们更有理由相信他对自己所研问题的真诚，与所下结论的审慎。弯山兄在书前引用习近平主席的话说：“历史研究是一切社会科学的基础，承担着‘究天人之际，通古今之变’的使命。”他的这本书，正是履行这一使命的成果，相信不仅对畲族研究，而且对于整个民族学的研究都是有意义的。

最后，我要感谢他对我的信任和托付，他怕耽误我太多的时间，本只要求我写一篇简短的文字，“哪怕是几十个字也行”。但我既然有缘先睹他的大作，又对其研究精神满怀敬意，更对其研究结论深感兴趣，所以要一吐为快，不敢局限于太少的言语。只是希望弯山兄以及读者们不因我的饶舌而减少了对阅读这篇大著的兴趣。

2016年11月15日

五、再论把“盘瓠”神话当作畲族史实之虚妄[①]

雷阵鸣　雷银才

自范晔把“盘瓠”神话搬上《后汉书》以来，不少贤哲即指出它的荒诞虚妄，现代学者闻一多、袁珂先生等又作了精辟的论述。但是，如今仍有人无视畲族的发展历史，把盘瓠神话与史实等同起来，甚至将其作为“史据”连篇累牍地加以引用。本着对史学研究的科学态度，还其畲族历史发展的真面目。

① 雷阵鸣，雷银才：《再论把“盘瓠”神话当作畲族史实之虚妄》，中南民族学院学报（哲学社会科学版），1995，第6期，75-79。

一、以盘瓠的“影子”寻畲族的踪迹行不通

以往的研究大多认为畲族是“瑶”的一个分支或瑶族的亚系[1]，此说与顾炎武《天下郡国利病书》、邝露《赤雅》、檀萃《说蛮》、杨澜《临汀汇考》等同出一辙，皆云“瑶民名峯客”，其依据是畲族有一首《狗王歌》与范氏《后汉书》故事略同。然而“证据”的单薄无力，始终未能找也与盘瓠相关的畲族历史踪迹，只好用一种“有狗必瑶”的倒推法，断定畲族必出于“武陵蛮”，因而使人难以信服。如徐松石先生的《东南亚民族的中国血缘》认为，汉景帝平吴王刘濞之乱，刘濞兵败走保东瓯，东瓯王弟夷吾将军杀刘濞，吴王子引闽越兵攻东瓯，东瓯请内徙江淮之间（见《史记·东越列传》）是盘瓠神话所产生的历史背景，并说“东瓯的夷将军，必是瑶人传说的龙犬”，坚信西粤板瑶的先祖来自闽浙。若按盘瓠故事来套畲族，那么它正好从东瓯（今温州、丽水沿瓯江一带——笔者注，下同）迁至江淮，再迁武陵（长沙、常德一带），再迁广东潮州、福建，最后回到浙江温州、处州（丽水）各地，刚好走了一个奇怪的迁徙圈，这可能吗？

施联朱教授则认为徐偃王故事是盘瓠神话产生的历史背景和原形，说生活于江淮之间的东夷族人迁至五溪地区，融合三苗、犬戎而成“武陵蛮”，“武陵蛮”中的一支诞（亦作蜒、蜑）夷，因常免徭役而称“莫徭”，大约在唐宋之际在迁徙过程中形成一支新的族体畲族[2]。以现代畲族的最远的落脚点在安徽宁国来说，也刚好走了一圈。

这里，有几个问题是值得注意的：

第一，据江应梁先生论证，长沙武陵蛮并不是从江淮西进武陵，恰恰相反，而是由西蜀东进，即自今四川雅砻江、岷江、巴江、嘉陵江四水的中上游一带移到长江，再沿江东下，到达湖北，而后南下到洞庭。“长沙武陵便是最先南来的最大部落”[3]。那末，散布在江淮之间，“东连寿春，西通上洛，北接汝颖”之“蛮”亦必不在“武陵蛮”之内，因为其地的汉景故事、徐偃王故事都沾不到武陵蛮的“盘瓠”背景的边。这里有一个地域的差异。

第二，还有一个时间差异。众所周知，瑶族的《盘瓠古歌》和畲族的《狗王歌》都被许多文人奉为该民族的“史诗”，所以言必称“犬种”或“盘瓠”。什么是史诗呢?《诗歌辞典》说它是“古代以传说或重大事件为题材的长篇叙事诗。早期的史诗产生在氏族社会解体时期，大都以理想化的英雄为中心人物，其间穿插神话传说，强烈地表现民族道德意识，理想和愿望，结构宏大，人物众多，情节曲折”。在中国文明史的核心地带之一河、洛一带，氏族社会的解体是在夏初，此时作“史诗”的作者怎么有可能采用千余年后的汉晋故事为“背景”呢？再说，古今多数学者考证福建华安仙字潭摩崖刻为商周时期居于此地的畲族所为。清人蔡永蒹说汰溪乃古代畲族地区，仙字是“畲傣战后，商周畲人留伯始镌崖石刻”。今之学者万里云说，汰内始终聚居着畲族，没有别的氏族，仙字自然“非畲族莫属，其他部族不可能飞到这里来创作‘仙字’的”[4]。那么汉晋时代的武陵蛮中，怎么可能在福建冒出“商周畲人”战胜傣人并刻石志庆呢?

第三，施教授说盘瓠图腾是“鸟与犬二合一”的图腾，也即是说徐夷有“鸟犬合一”图腾信仰。然历来史家只说东夷“有日鸟合一”而无“犬鸟合一”之说。东夷崇拜太阳又崇拜凤鸟，且以“日中有踆乌”的图式来表示[5]。山东肥城孝堂山石室画像是“画一圆日，中有乌”[6]。东夷的日鸟崇拜与畲族，倒是一脉相承的[7]。蒋炳钊教授也论及畲族信奉凤鸟图腾的遗迹，如“凤凰山与金凤凰”的传说，“凤凰”服饰、发饰和“凤凰”头冠等（而不是什么“狗头冠”）[8]。

第四，施教授说畲族源于武陵蛮的一支——诞夷。胡耐安先生说，诞（即蜑）民游居水上，以舟艇为家，散居于闽、粤沿海及粤、桂间珠江流域。他查证《宋史》、迹地、证人，得出结论“即今之苗族”[1]。清檀萃《说蛮》称蜑是“海上水居蛮”，以舟为居，业渔，有“麦、濮、何、苏、吴、顾、曾”诸姓。清诸臣鼎《瑶僮传》说蜑人“不司耕织，捕鱼为业，自为婚姻”。而畲族乃山居，刀耕火种与狩猎为生，姓氏也不同，毫无瓜葛。

第五，畲族是否迁自五溪？先看武陵蛮分布于何地。《晋记》：武陵、长沙、庐江；《后汉书》：长沙、武陵；《唐书》：巴东；《蛮书》：黔、涪、巴、夔；《东轩录》：武陵、辰阳、澧阳、清湘、邵阳；《搜神记》：梁汉、巴蜀、武陵、长沙、庐江（余从略）。畲族所有民俗资料都未及这些地方，而只说河南、偃师、商州、南京、扬州、封山、房山。《畲族简史》也承认“实际上，除了盘瓠传说外，史书找不到畲族是武陵蛮的一支或从湖南迁来的其他线索”。因此，畲族与“武陵蛮”是扯不到一起的。

二、畲族盘瓠神话和《畲族皇歌》的蛇足

《狗王歌》，今人把它改为“高皇歌”，赋予“高辛皇”的新意，其实歌中的主角并不是高辛，而狗（盘瓠），给人看来又是一个“忌”狗之讳了。但畲族民间歌手不理这一套，仍叫其为《狗王歌》。《高皇歌》若与畲族其他的叙事歌一样，作为一则普通的民间口传文学，可以想象、虚构，使之理想化而无可厚非。但把它作为畲族的“史实”和“史据”，则很值得商榷。

第一，违背科学事实的雅化，恰是暴露后人胡诌的马脚。一如歌中“高辛皇”“正宫娘娘”“三公主”“驸马”“忠勇王”“上将”“纱帽”“帅印”等称呼，高辛之代必无。帝喾不过是传说时代原始父系氏族的一个部落长或军事酋长，何曾称皇？若称皇则必在秦嬴政“始皇帝”之后。什么“将领”“兵营”和“文武百官”，须知原始社会的社会组织、宗教组织和军事组织是合而不分的，只有议事会式的民主组织和威望较高的“四岳”。还有“高楼”“王府”“宫殿”“京城”，中国的考古学界经过了大半个世纪的努力，仅发现殷墟，对于夏的“城址”至今尚未确认（一说在陈，一说安阳）[9]，又安知夏之前的高辛时代就有什么京城呢？又如歌中提到的“文书”和“榜文”也不可信，“金榜题名”乃封科举制度时出现的词语，如若彼时即有文字记载，历史史官如何没有翻到？众所周知，商代才有甲骨文，公元前841年才有确切的纪年，时至今日，谁也未发现比商代更早的文字。所以，那所谓高辛皇敕封给畲族迁徙、开荒、免赋等特种权利的诏书榜文“评王牒券”则假得不能再假了。

第二，龙麒（即盘瓠）“平西”“征番”从帝都西亳（今河南偃师）出发要“过海河”“过海洋”，偃师的“西南”有什么海河洋？高辛帝又封大功告成的龙麒在“广东潮州”“另立都宫”，这些地名在高辛时代就起用了吗？据《高皇歌》所载，龙麒至少在偃师与潮州之间往返了三次：第一次赐封到潮州做“忠勇王”，第二次带了三幼子到“金殿”讨封“盘、蓝、雷”三姓，第三次又带长大了的儿子和女婿一道去京城讨封，分别封为“武奇侯”“护国侯”“主国侯”“敌国勇侯”，衣锦还乡。后来又一次到东夷娶“东夷三美女奇珪、奇珍、奇珠”为妻，即使三子并未亲往吧，那么迎亲的人总该去的。这在当时交通条件极其简陋的情况下可能吗？

第三，歌中还反复出现“金盘银斗”“金被银枕”“金钟”“金银财宝”“金锁匙”“铁器”“谷米粜银”等词，只差一把金椅子，就与封建帝王的享受没有什么两样了。其实，高辛时代又哪有什么金银和铁器呢？有“金锁匙”则还说明有丰富的私有财产，“谷米粜银”还说明以银器作货币进行交换了，这些情况与原始社会皆不合，高辛氏何时学会了“超前消费”？

第四，歌中还说，畲祖龙麒“平番”时曾得到“神仙老君”的帮助才摆脱番邦的追兵，晚年又热心去“闾山”“茅山”学法，把“灵感法门”传给子孙，他死后又请“闾山法主”“三清师爷”“河南祖师”等道教和师爷来做“功德”，也不合事实。一者当时并未用棺材，畲族早期是盛行火葬的，搬迁时则挑了骨灰走（《畲族简史》）；二者道教乃东汉顺帝年间（126—144年）才创立，至今才一千八百多年的历史[10]。它又是一个年代错位。

然而，自近代以来，许多通晓历史的民族学家对以上所述违背史实的错误却始终视而不见，而一味认为畲族流传着与瑶人类似的盘瓠故事，就妄称它是“瑶族的一支”或“瑶族的亚系”，断定畲族源于汉晋时代的“武陵蛮”了，岂不可笑乃尔！

三、《高皇歌》的不定型性也危及其“史诗的宝座”

《高皇歌》是瑶人《盘瓠歌》的瘪足的翻版，开头几首序歌似的内容还可窥见其痕迹。

《盘瓠歌》	《高皇歌》
自从盘古开天地，混沌初开定乾坤；	盘古开天到如今，一重山背一重人；
造出江河长流水，造出日月见光明。	一朝江水一朝鱼，一朝天子一朝臣。
造出田地众人耕，造出大路众人行；	说山便说山乾坤，说水便说水根源；
造出房屋众人住，造出鼓乐众人听。	说人便说世上事，三皇五帝定乾坤。
造出平川栽花果，造出山岭长满林；	盘古置立三皇帝，造天造地造世界；
造出天下皇帝管，一朝天子一朝臣。	造出黄河九曲水，造出日月转东西。
	造出田地分人耕，造出大路分人行；
	造出皇帝管天下，造出人名几样姓。

但《高皇歌》没有瑶人那样更原始的歌词：

狗王听到偷欢喜，衔着皇文进殿上。　正月元宵去打猎，梅树树杈夹死狗。
皇帝拍掌笑呵呵，狗王得胜来回朝。　兄妹回家来商议，将树做成四只鼓。
本部殿前不好看，送进深山大岭去。　五哥六哥来得慢，拿根苦竹来做笙。
小姐怀胎生六子，六子六妹甚荣华。　细细竹子明亮亮，吹得五音六律全[11]。

如“狗王”，“狗”变成“龙麒”，“衔”变成“收”，“咬”变成“割”，什么“不好看”“兄妹商量”都没有，挂在树上的尸体也不是用竹竿挑下来，而是“天地灵感放落来”。

《高皇歌》却有个高高的帽——开头有几首唱盘古、三皇五帝到高辛，有条长长的尾——后面有 12 首唱畲民从广东迁福建，福建迁浙江某县某县的，看来畲民不断搬迁，“史诗”也不断延长。狗王出世、立功、受封、变身、发族等基本情节尽相同，但其歌却有 62 首、66 首、88 首、112 首长短不一的数种形式。从引证资料看，《古史辩》所引最短，凌纯声所引稍长，浙江少数民族师范 1957 年整理本更长，1993 年出版的歌本最长。相隔不到一年，1994 年又冒出了《高皇歌》新本子，是前人搜集到吗？非了，只不过有人想把它修补得更理想化、更现代化罢了。

中国其他少数民族的史诗可谓多矣，哪一篇会像畲族“史诗”这样一日三变？一张脸上按起好几张脸谱，像舞台上的演员，随时可以换装。这种儿戏般的做法，诚然是有劳而无功的。

四、应该摒弃自欺欺人的伪科学的态度

畲族是一个历史悠久的古老民族，但是由于历史和社会的各种原因，其族源至今仍是民族学界争议较大的论题，所以愈要慎重。笔者认为，研究畲族族源的问题，必须坚持历史唯物主义的观点和阶级分析的方法，实事求是地进行全面的调查考察，才能拨开云雾，还其本来面目。第一，畲族虽古老，但它终究是华夏这块古老的土地上萌生起来的，所以考证畲族历史，一定要与中华民族文明史的总体背景联系起来考察分析，一切脱离这个总体历史背景的说法都是站不住脚的。第二，畲族同样走过了漫长的阶级社会，它的身上同样沾粘（粘连）了历代封建统治阶级贬抑的污水和偏见。江应梁先生说得好：“国人一向的错误是对蛮夷民族的轻视，这种由历史给我们的一贯传统的恶劣见解，直到现时还不能完全打破，历代统治者及士大夫对边境蛮夷民族，都存在着一个‘非我族类，其心必异’的概念，并将其摒之治外，施以残杀、压迫、驱逐、同化等手段；不仅不将之视作‘齐民’，且比之为虫、为犬、为豸”[12]。如称瑶族为“猺”、称壮族为“獞”、称畲族为“犬种”“异类”，等等，不一而足。这些民族果真是“狗祖宗”是兽类乎？如今谁也不相信，但做起文章来，好像离了狗就“猺将不猺”“畲将不畲”了。尽管马长寿等先生疾呼瑶族神话非其原始形态，而有“种族偏见存在乎其间”，“不能由汉族史籍中之瑶族神话，而武断瑶族为汉族皇帝之犬的子孙”[13]。有谁会理睬你呢？第三，古人记载不仅有“一贯的偏见”，而且语焉不详，“凡历代对边境夷民记载之典籍，除极少数外，资料来源都不是由亲见亲闻而得，大半系道听途说，甚或凭空假造，互相抄袭，二十四史中所记者已如此，其他者更可想见”[13]。所以搞民族史研究，不仅要参考古籍记载，还应注重调查考察。江先生也指出，从民间所提的史料也有许多缺点。所以，还要实事求是地全面进行科学的分析综合，还要进行去伪存真的工作。

但是近世以来，有些研究者并不这样做，如以浙江温（州）、处（州）两地畲族研究为起点的凌纯声、沈作乾、何联奎三位就是这样。他们后来当然都成了大学者，但青年时代总不免有幼稚之作，可是后来者却不断引用他们不慎重的东西，所以在民族学界看来，畲族的“狗祖宗”已成定局，而我们有些盲目得可爱的畲族文人也拾起别人的牙慧，人云亦云地学舌，以致被一首《高皇歌》模糊了好几代畲族“关心历史”的人的视线。

凌、沈等人于民国二十几年在京读书时就利用假期回乡的机会染指畲族历史、民俗等问题，而后不断发表文章，其中最系统最全面的莫过于凌的《畲民图腾文化研究》[14]。他几乎把畲族所有民俗事象都纳入了“狗图腾”，盖上“盘瓠”的印记。譬如，他说畲族妇女戴的是“狗头冠”，服饰文化也有记印（印记）了。此冠的主体结构是四件东西：平缚于头顶的三寸镶银竹筒、垫冠筒的四五寸见方的罗帕、一支斜挑于右鬓有璎珞（红色）下垂的“头珊”和环绕头边的串珠（白色），这怎么为类像狗耳、狗头呢[15]？又如，他把畲族“学师”活动的祖杖（俗称师爷杖）说成是“狗头杖”或“盘瓠杖”。此杖实乃“龙头麒身”，实物、照片极多，但凌氏竟连刻制的是麟甲还是毛状都分不清。再如，他把畲族问卜的“板凳卦”也疑为“图腾舞蹈”。此事如今之跷跷板，两人各坐一端，凌说“动作一上一下，如狗之跳跃”。狗何时又有进化而直立，变成袋鼠狼般用后肢弹跳了？第四，所谓“图腾禁忌”。说畲民“至今不杀狗，不吃狗肉”，忌呼“狗”“家狗”“家狗骨”等词，“严禁不出口”，将“盘瓠”亦“讳而不言”，改称“龙期”。畲人不食狗肉者有之，一为肖龙的人，忌犬秽龙，一为大病初愈之人，乃不易消化，其余毫无所忌，骂、踢、杀狗习以为常[16]。古人还编成歌骂人为狗：“郎食点心坐大厅，我郎打食你打望，猪肉被我郎食了，骨头丢落你莫争。一块骨头也要争，也有那般野畜生，若等主人来开口，煽你一记杆扫柄”。此类畲歌还很多。第五，说畲族宗教活动也有狗图腾内容。一说畲家中堂供奉“高辛氏敕封忠勇王”位或“盘瓠王”位，我说有，更多的畲户是写“本家寅奉堂上××郡历代长生香火×氏一脉宗亲合炉祖师之神位”，还有“福德明神”“三官大帝”“陈林李氏三位夫人”，还有写“雷万春”（唐将），这些都是狗吗？还说大年除夕“必挂狗头神像，家中依次衔猪骨一枚狗状绕桌匍行”三匝，但是不知发生在哪处哪家？毫无根据。凌氏还引了畲族的“祭祖”即“学师”经文，但找不到一个“狗”字，就概言是“图腾制的入社式”。余在此补充一点，此所谓“入社式”上却真的出现了人披狗皮状布衣的“狗”了，但这“狗”是为众人戏弄，法师驱逐的“猎狗”，他趴地“狂吠”“跳跃如狗状”，追赶往复祖宗神堂与野外晒场者三次。在神坛之前这样戏弄“狗祖宗”，深谙畲俗的凌先生为什么反隐而不述了呢？

最后，这顶狗帽是怎么戴上去或者说畲族是如何变成以“狗”为徽章的“武陵蛮瑶”的吧。

1. 帽子是过去统治阶级定下规格，并偕同士大夫做的，“边境蛮夷民族”必是“虫”“犬”“豸”。其实苗、瑶都不是狗祖宗，瑶族的创世神话《密洛陀》中的母祖，雅称“米罗莎”，贱称是“母猴”，此说才符合人类进化的史实。

2. 帽制成后，是舞文弄墨的士大夫教戴的。刘克庄就一针见血地指出：“余读诸畲款状……尝读范史（即《后汉书》），知其鼻祖之为盘护者，殆受教于华人耳。”[17]难道还不清楚吗？

3. 畲人是被动的，那又怎么乐于戴呢？一是迫于统治者的压力，《高皇歌》后续的尾部也说了：“朝里无亲话难讲，全身是金使唔成”。二是戴上狗帽有个诱饵：你承认是狗祖宗，就可以“畲民不悦（役），畲田不税”。后来并未免役免税，反遭挞伐，才知受骗上当了，“处处皇老

（汉佬）欺侮你”。血的教训使畲民清醒过来。三是如今有些人盲目得可以：“原先是这么写的，这么说的，我们就不能动”。如今科学进步了，瑶人也知道身上的那张狗皮是虚假的，乌有的了[18]，畲族这来自瑶狗身上的毛，又附哪里去呢?

注释：

1. 胡耐安：《中国民族志》，（台北）商务印书馆，1968年出版。
2. 施联朱、张崇根：《畲族族源新证》。
3. 江应梁：《苗人来源及其迁徙区域》。
4. 福建省考古博物馆学会：《福建华安仙字潭摩崖石刻研究》，中央民族学院出版社，1990年出版。
5. 刘安：《淮南子·精神训》。
6. 何星亮：《太阳神及其崇拜仪式》，载《民族研究》1992年第3期。
7. 拙作：《从太阳神崇拜看畲族与东夷的历史渊源关系》，载《福建民族》1994年第1期。
8. 蒋炳钊：《凤凰装 凤凰山 凤凰山祖坟：畲族文化奥妙的揭示》。
9. 范文澜：《中国通史》。
10. 李养正：《道教概说》，第一章。
11. 湖南江永县的“盘瓠”歌，引自宫哲兵的《中国盘瑶的千家峒运动》，载《瑶学研究》第1辑。
12. 江应梁：《广东瑶人之过去与现状》。
13. 马长寿：《苗瑶之起源神话》。
14. 此文最早载于1947年《中央研究历史语言所集刊》，第十六本。
15. 史图博、李化民：《浙江景宁敕木山畲民调查记》。
16. 雷阵鸣：《论畲族非出于“武陵蛮”》，载《中南民族学院学报》，1992年第6期。
17. 刘克庄：《后村先生全集》。
18. 瑶族也认为盘瓠即盘古，如民歌：“先有瑶，后来才有帝皇朝；盘古开天是我祖，世间最早我盘瑶。”见《瑶学研究》第1辑，第271页。

六、凤凰山“畲人墓”初探①（节选）

雷必贵

2002年10月16日，笔者与雷楠先生等8人结伴，探访凤凰山“畲人墓”。从凤凰镇出发乘车半小时至凤北村，再上山十多华里才到官头輋。官头輋现居民为文姓，64户335人，祖籍江西，相传迁此地已300多年。

从官头輋顺着羊肠小道上山，再走一个半小时左右，来到一个地名叫金湖的山口，凤凰山主峰即凤凰大髻屹立在眼前。凤凰大髻海拔高度为1497.8米，不时有云从主峰上飘过，主峰下大片的菅茅草，层叠的土坎，隐约可见曾经开垦耕作的痕迹。据说稍低处的山弯，曾经是村办茶场用地。离开金湖，便钻进二三米高的菅茅和灌木丛，艰难地穿行。时而又走出灌木丛，走进花草地。根本没有路，至多是砍柴者、打猎人走过的痕迹。又足足走了四十多分钟，像是在凤凰大髻与凤凰小髻之间的山肩上攀行。连续走过几个陡峭的山崖，终于来到一个小山头。

① 丽水学院畲族文化研究所，浙江省畲族文化研究会：《畲族文化研究论丛》，中央民族大学出版社，2007，第274-281页。

官头畲村看凤凰鸟髻

这个小山头后面连接着大山，据说当地有人叫这个小山为“石墩山”。小山右侧接近山顶处有一块巨大的岩石，像是一个平台。向导文耀皆（生于1934年，1986年雷楠等人上山时也作向导）说是“山羊石”，其实它是一处石崖的顶部。从山羊石向左上方走十余米便到小山山顶，在距离山顶二三米处的坡面上便有一穴古墓。

古墓山

经现场测定，该墓方位坐乙向辛兼辰戌（坐东朝西略偏北）。墓碑高62公分，宽34公分，因风雨侵蚀严重，无法分辨是否刻有碑文。墓碑左右两侧构以石条，宽各17至18公分。墓碑上用弧形石压顶，中点厚13公分。墓碑下方有石条铺底。墓碑立面比两侧石条及弧形石立面凹进5—6公分。墓的右首，紧挨石碑竖着四块山石，依次降低高度并成弧形向外展；墓的左首也同，但仅竖三块山石。墓埕分三进：三进（靠石碑处）底板为石质，外边长93公分，进深37公分；二进外边长185公分，进深63公分；一进（即大埕）边坎呈弧形，长9.26米，进深3.65米（至弧形中点）。由于泥土淤积，一进与二进墓埕几乎成同一高度，上面长满杂草。据雷楠先生说，他1986年初探此坟时，一进、二进分界明显，一进中间有斗池，斗池宽138公分。大埕外坎用山石砌成，石坎高1.5米左右。整条石坎都被坎下的灌木丛所遮掩。在古墓左首离墓碑约三米处（约在一进与二进交界线的延长线上），置有一块等腰三角形石块，人称土地爷。

据雷楠先生介绍，三角形石块的尖角，正指向凤凰山主峰——凤凰大髻。因云雾遮山，无法看到这种景况。用罗盘测定土地爷坐向：坐午向子兼丁癸（坐南朝北略偏东）。站在古坟头，如站在高山之巅，大埕外坎下就是山崖，只见树木葱茏；右首山崖陡峭。左首山势较平缓，有两处岩石立于树丛之中。眼下还有几座较低的山头，好像在仰视凤凰大髻及古墓一般。身临其境，感觉古墓气势雄然。

传说中的畲族祖坟——畲人墓

根据上述情况，联系浙南畲族谱牒的记载和相关资料，对凤凰山“畲人墓”谈以下看法：

一、凤凰山古墓应是聚居在凤凰山的畲族先人之墓。从古墓所处地理的不凡气势推测，墓主是族中有很高地位者，或许就是当时凤凰山畲族的首领人物。畲族于隋唐前就在凤凰山地区活动，历史文献有所记载，并有多位学者撰文论证。凤凰山区至今还遗存不少具有畲族文化特征的村、寨名称，如官头畲、雷家坊、雷厝田等。各地的畲族图腾画和《高皇歌》，都记述着畲族祖先狩猎遇难、墓葬凤凰山的故事。浙南畲族各支族宗谱除了有祖居凤凰山或者迁自凤凰山地区的记载外，还载有诸姓始祖墓图以及忠勇王墓图、祠图[1]。这些图案中所标地名，如观星顶（今凤凰乌髻）、会稽山（今畲语背阴山之谐音）、七贤洞（疑今太子洞）、天马峰（今马骑山）、三尖山（今尖山）、九峯山（今万峯山）、位班洞（今称三髻硿）以及墩头、雷家坊、山羊石等，都能找到相对应的地名与地点。浙南畲族《雷氏族谱》还记载：世居凤凰山的清道光丙午科举人、浙江省建德县正堂雷嘉澍，应平阳县凤阳（今属苍南县）清贡生雷云（1825—1877 年）之约，为雷云所编的同治丙寅本《冯翊郡雷氏族谱》撰写了《广东盘护王祠记》[2]，记述凤凰山畲族

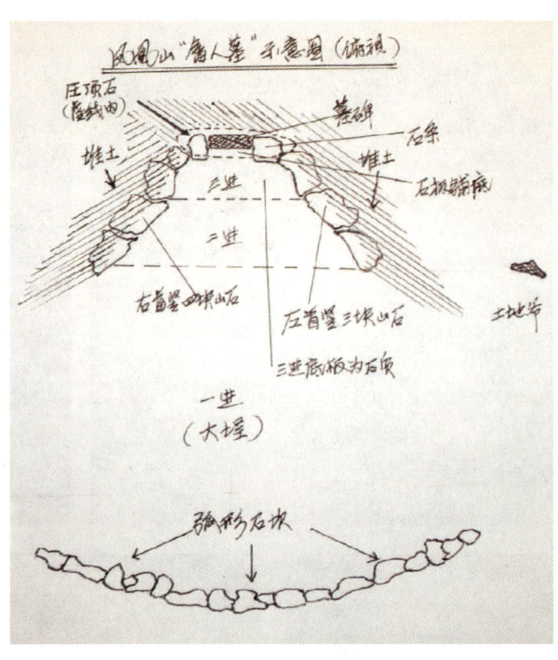

凤凰山“畲人墓”示意图（俯视）

大宗祠的伟观和周围景色的壮丽。以上情况都印证了凤凰山区很早以来就是畲族聚居区。综观古墓周围地理，背靠凤凰山主峰，筑在山顶悬崖边，地势高耸，视野宽广，有一览众山小的气势，绝非畲族普通先民之墓。

二、从“畲人墓”造型样式、受风雨侵袭及大埕内泥沙淤积等现状推测，该墓历史约有数百年乃至近千年，不会是畲族始祖之墓。从考察古墓所得情况可见，虽然该墓造型与众不同，但基本结构与目前仍在闽东和浙南流行的“椅子坟”很相似：一进为大埕，二进（二埕）紧接墓穴口，三进其实是个祭台。不过“椅子坟”的穴口后面还有二米多长的墓圹，长度够放一副棺木或者六排骨骸瓶，上面成龟背状并筑墓环。该古墓看不到龟背及墓环，如有墓圹肯定是在墓碑及碑后的堆土下面，因为地形关系难以再筑龟背及墓环。“畲人墓”位置接近山顶，不会有来自高处的泥土掩埋。小山顶有一些花岗岩岩石，岩石间的土层上长着一人多高的灌木。坟墓及周围十多平方米山坡，只有杂草（已事先割除）而没有灌木，坟墓受风雨直接侵袭当然避免不了。1986 年雷楠先生初探此坟时所见大埕（即一进）中的斗池，至今仅隔 16 年就被泥沙淤积，几乎与二进同成一个草坪。根据以上情况和墓碑受侵袭程度推测，“畲人墓”的历史似乎只有六七百年乃至近千年，不可能是传说中畲族始祖龙麒之墓。按浙江省丽水市民族科组织研写的《畲族史源》记述，龙麒出生的时间为高辛氏四十一年五月五日（公元前 2367 年），至今已有 4000 多年了[3]。按学者考证在隋唐前乃至晋时已有畲族在凤凰山聚居，无论他们是粤东地区居民还是从中原地区迁入，其始祖至少也应有两千年以上的历史。

当然，上述关于“畲人墓”的历史是依据所见“畲人墓”现状推测的，如果因为明清时曾经重修而成此状，则应另当别论。但是按民间习惯，重修祖墓、宗祠是族中大事，谱牒应当有所记载。重建凤凰山大宗祠之事，浙南畲族宗谱都有记载，但从来没有重修祖墓的记载。再说，如果重修祖墓，按民间习惯也不变动墓的主体部分，即墓圹、墓碑等。据此，“畲人墓”曾被重修的可能性不大。不过，最终只有通过考古挖掘才能取得确凿证据。

三、浙南畲族谱牒记载其祖先于“天定十二年六月廿七日，因遊畋猎，不料命值凶星，追逐猛兽，跳过大崖被树尖伤毙”[4]。疑“畲人墓”是该谱牒所记的于天定年间狩猎遇难的畲族先祖之墓。除浙南畲族宗谱有此记载外，苍南县发现的畲族图腾画册中，也记载“天定十一年六月廿七日受羊角伤"[5]。历史上（天元）天定二年即（元）至正二十年，为公元1360年，但历史纪年只有天定一年、二年而没有天定十二年。假如是因为不承认新朝而按旧朝纪年延续计算，"天定十二年"相当于（元）至正三十年，即明洪武三年，为公元1370年。谱牒记载的这位先祖遇难时间，正好与谱牒记载的其中一次大迁徙时间极为相近：该谱牒《铭志》文中记述"明洪武十三年（1380）移居福宁并浙江处州等地，恐世远年湮，不知祖宗之来历，谨将御书券牒纪镌部本，赴各处分存，俾我族人按籍观览，庶不忘其祖耳"[4]。谱牒记载的先祖遇难及迁徙等情节，又与凤凰山区民间流传的关于"畲人墓"主人的故事近乎吻合：凤凰山区民间相传墓主人是一位狩猎老人，不幸摔死，尸体廿多天后才找到，族内众人把他抬往该处安葬，嗣后举族他迁[6]。不仅浙南谱牒记载与凤凰山区民间传说在先祖遇难情节上相近，笔者推测的古墓历史与谱牒所载畲族迁徒（徙）的时间上相近，而且"畲人墓"周围景物也与先祖遇难情节紧密相关。古墓右侧的石崖——山羊石，向导文耀皆讲述了它的名称来历：旧时打山羊，须把山羊从山的低处向高处驱赶。山羊在山上活动有它固定的路径，打猎者要事先埋伏在山羊被驱赶时必经的"路"附近，才能打到山羊。这处石崖毗邻古墓所在小山与大山的连接处，石崖下面便有一条"山羊路"。猎人埋伏在石崖上打山羊，便有了山羊石之称。各地畲族都传说祖先被羊角所伤，浙南畲族谱牒所载墓图上也标有"山羊石"字样[1]。正由于浙南畲族谱牒记载的情况在时间、情节与景物方面，似乎都与"畲人墓"的相关情况比较吻合，所以推测凤凰山"畲人墓"是浙南畲族谱牒所载的于天定年间狩猎遇难的先祖之墓。

四、按照以上说法可能会产生一个疑问：畲族图腾画及浙南谱牒所载的畲族"始祖"，其遇难及墓葬的历史怎么只有数百年乃至近千年呢？笔者认为：这是因为迁离凤凰山地区的畲族先民，把发生在凤凰山较近时期的人物、地理故事，嫁接到盘瓠神话上，或说糅合到图腾传说之中，并通过图腾画、谱牒和畲歌流传至今，以致出现浙南畲族谱牒所载始祖墓图中的地名与凤凰山现地名近乎吻合、某些事物相似相联、迁徙过程确有其事的情况。甚至有可能始祖因狩猎而遇难的传说，也来源于凤凰山的真实生活。做以上推测有何根据呢？仔细研究畲族图腾画、浙南谱牒尤其是《高皇歌》可以发现，关于在潮州凤凰山时期之前的内容记述，大体是依附盘瓠神话，再加上三子一女的传说。而在潮州凤凰山时期及其之后，其内容记述有不少真实事物穿插其间，如凤凰山的自然景象与畲民劳作，畲族风俗习惯与迁徙过程等。为什么会出现这种情况？前节所引浙南畲族谱牒《铭志》文中记载："明洪武十三年（1380）移居福宁并浙江处州等地，恐世远年湮，不知祖宗之来历，谨将御书券牒纪镌部本，赴各处分存，俾我族人按籍观览，庶不忘其祖耳"。可见迁离凤凰山的畲族，曾整理祖宗来历资料以流传后世。畲族虽在隋唐前已遍布闽、粤、赣交界地区，但畲族族源鲜为人知，元、明、清时期民间传说或文人编纂畲族史料，无不是依附神话杜撰再加上较近时期的传闻，很容易或许由于某种特殊的原因而有意识地把处于较前时期的凤凰山先祖当作始祖来记载，凤凰山较近时期的事物、地理很自然会进入史料，甚至成为畲族始祖的史料。何况现存于世的畲族图腾画、谱牒等资料，大多是明、清以来的作品。如果以上推测成立，浙南畲族谱牒记载的始祖墓图中的地名与凤凰山现地名近乎吻合、某些事物相似相联便不足为奇了，凤凰山石古坪村珍藏的畲族图腾画中的"祖坟"模样[7]与"畲人墓"基本一致，也有合理的解释了。

注释：

1. 苍南县畲族蓝姓浮柳支系《汝南蓝氏宗谱》清同治己巳本（卷一）。

2. 苍南县畲族雷姓章山支系《冯翊郡雷氏族谱》清同治丙寅本（卷一）。

3.《畲族史源》序言，1994年丽水市教育印刷厂印本第2页。

4. 苍南县畲族雷姓章山支系《冯翊郡雷氏族谱》清同治丙寅本《广东盘瓠氏铭志》。

5. 苍南县柳庄村所藏畲族图腾画册第 42 页。
6. 转引自姜永兴先生《初揭凤凰山祖坟之谜》。
7. 潮安县凤凰镇石古坪村所藏祖图影印件。

附：

1986 年 12 月 30 日，由韦岽和文耀皆两人当向导，广东省民族研究所领导马建钊、广东民族学院民族研究所领导姜永兴和碗窑、山犁、岭脚村畲族人一行十多人，首度考察祖墓，结论：墓为盘瓠墓是“无稽之谈”。

2004 年 7 月，雷弯山教授一行 6 人登上凤凰山进行实地考证，结论是此墓为明代之墓。

雷弯山教授一行考察祖墓

墓碑无文字痕迹

七、《畲族历史歌》[①]

序歌

1. 石榴开花红彤彤，结出金罂像灯笼；
丹若内边赤色籽，同体榴籽竞相拥。

2. 东南赤籽名姓畲，自个就哦是山哈；
籽间互称畲家人，周代到今没变他。

3. 畲家历史到如今，天下人有几样心；
有人心好照直讲，有人心歹会骗人。

4. 畲家历史照直讲，任何神话是想象；
考古基因都证实，畲家源于凤凰场。

5. 山哈也记几千年，太公出世凤凰山；
凤凰山上有祖地，不是神来不是仙。

6. 畲家真史好心唱，石榴花开满山乡；
为了榴籽抱更紧，中华石榴大又香。

① 中文版，念、唱时需转译为畲语

凤凰古地

7. 山哈祖出凤凰山，坐落东南沿海边；
如今分作三省管，粤闽赣省其交界。

8. 凤凰抬头高又高，对面就是台湾岛；
万年之前连作合，海水升高才使篙。

9. 凤凰身条大又大，粤闽四江流水带；
三大平原千里丘，当今十市好世界。

10. 凤凰翅膀动又动，不是下雨就刮风；
雨量充沛光照足，平原无霜又无冻。

11. 凤凰尾巴长又长，北面大山像堵墙；
挡牢北方冷空气，也挡北边其板荡。

12. 凤凰羽毛真道地，千万年前热雨林；
昆虫琥珀世界奇，产生民族好地理。

古人进化

13. 树有根来水有源，千古之问人哪来？
中国历史第一课，科学回答进化论。

14. 猿人才能进化人，生产劳动是动因；
时间经过百万年，畲家每段都有印。

15. 凤凰山域直立人，考古遗址有两痕；
不同北京猿人处，海边搭棚住洞神。

16. 早晚智人住岩洞，十八万年万寿峒，
奇和洞内遗存奇，山顶洞人地位同。

17. 现代人址到处见，象山遗址八千年；
陈桥遗址六千载，畲家形成在此间。

18. 古人遗址连又连，五十万至三千年；
各个时期都存在，好像海上水波涟。

19. 分子生物学实证，百越源于凤凰净；
染色体是原生态，线粒体自有特征。

20. 劳动交流产畲话，图象文字源刻画；

凤东百里岩上存，长长彩带彰显华。

世外桃源

21. 唐代以前凤凰山，畲家有山亦有田；
种畲作田没粮纳，自种自食几清闲。

22. 凤凰山是好田场，三万七千串心垟；
天阔地阔尽人种，秋来收转粮满仓。

23. 凤凰山是好所在，八十五里串心街；
种田种畲做有食，做得有食没高低。

24. 凤凰山是好世界，畲家各姓人丁齐；
日间种畲又钓鱼，晚上唱歌分大细。

25. 凤凰山上树木朝，树木林林满山摇；
人人采来做寮料，桁桁扛转起高楼。

26. 凤凰山是好住场，到处好造大寮堂；
十字街头造金殿，造出金殿九城墙。

27. 个好地界凤凰山，象山之人开始算；
现代科技相对证，畲家住了七千年。

反抗斗争

28. 石柱瓦楼包火墙，田园满界实力强；
官员睇见饭不食，朝廷用计害忠良。

29. 唐时统治势力强，触角伸到凤凰场；
打猎种畲要交税，畲汉百姓齐反抗。

30. 起义领袖雷万兴，陈谦又与苗自成；
攻城守地保家园，坚持四十五年另。

31. 畲家义军在山上，秋冬稔籽当军粮；
春时稔叶染乌饭，食了乌饭增力量。

32. 唐军官兵多单身，刀逼畲家女结亲；
畲家人女不应承，拜堂成亲着白衬。

33. 垂拱二年设州府，百姓生活更痛苦；
官逼民反成常态，反抗斗争猛如虎。

34. 中宗景龙第二年，姓蓝奉高做头领；
断弓挡箭守汀江，着死敌首命归天。

35. 姓李元励南宋人，嘉定郴州起雄兵；
广州南安都打了，都是山哈帮佢征。

36. 姓钟明亮元朝人，十万兵士带在身；
朝廷掘灶收刀箭，无法山哈百姓兵。

37. 元末至正十一年，梅州陈满聚百姓；
兵士也多山哈仔，攻城夺地二十年。

38. 江西钟三和子明，上杭起兵好吓人；
钟聪树旗大帽山，雷五莆仙箐客兵。

39. 正德年间上犹人，姓蓝天凤真名称；
聚义对抗官兵府，杀富济贫天下惊。

40. 明代嘉靖四二年，姓蓝松山也发性；
都是强加税赋大，山哈没有活路行。

41. 清朝文人周亮工，写诗凭吊山哈村；
惨遭征剿大变故，繁城乃剩偏茅门。

42. 清代山哈科考阻，青田正芳走正途；
杭州呈诉十三趟，二十七载不怕苦。

神话传说

43. 封建时代灭畲民，刀枪杀人血淋淋；
文化杀人不见血，留落伤疤久又深。

44. 小说平闽十八洞，编造文广来平峒；
平峒全靠鬼与神，污民变精真心痛。

45. 杨后文广宋代人，镇压唐初之畲民；
时间穿越三百年，文广是仙还是神？

46. 平闽全传换个名，编成故事来骗人；
至今洞名仍然在，杨家溪名还在扬。

47. 盘瓠神话源他族，宋时明代书中着；

盖受教于华人耳，镇压畲民来嫁作。

48. 盘瓠神话不是真，从头到尾都骗人；
违反科学与常识，荒诞无稽莫相信。

49. 人类进化长进程，千百万年人才成；
各个民族进程同，山哈太公也是人。

50. 皇帝女仔叫公主，乃是封建社会事；
时间相差二千年，历史事实清又楚。

51. 盘瓠神话到清代，编歌又画图一堆；
画内又有大轮船，时间相差四千载。

52. 清代神话入族谱，免税之事真没有；
相反山哈不清白，读书考试受阻多。

千年迁徙

53. 弱小畲家反封建，顶终失败而告歇；
赢为王来败为寇，畲民被迫四处迁。

54. 凤凰山北之畲家，以其军降处上淦；
时为汉文帝初年，直至皖南之庐江。

55. 唐代光启二年观，畲家民为向导官；
人数三百六十多，海上坐船到连江。

56. 唐时畲家迁福州，更多更早陆路走；
途径闽中仙游地，后头分散榕四周。

57. 抗元畲军百万名，反抗失败各自行；
未行遣送各地屯，分化瓦解为他人。

58. 明正德时镇压狂，抢光烧光还杀光；
成立五县加十牌，山哈基本离故乡。

59. 赶紧逃命离故乡，穿州过县百草尝；
跣足担担前细仔，后头牌位是祠堂。

60. 古田罗源与连江，还有福宁好田场；
仍因官差难做食，思量再搬住浙江。

61. 景宁云和来开基，当地官府照样欺；
又搬泰顺平阳住，处州各县都搬去。

62. 处州土地也有限，再去浙中与临安；
杭州临安也受气，部分山哈安徽搬。

63. 龙泉畲医雷信禄，太湖看病又卖药；
医好财主女仔病，带动山哈当地落。

64. 东南西北都有迁，北迁直到长江边；
西到湘黔蜀桂处，南到南洋各地随。

65. 各时台湾去安身，顶早入住是古人；
平台治台又筹台，清代蓝姓之精英。

开发山区

66. 东南山区晚出名，重峦叠嶂山高岭；
荒山野坡尽荒凉，畲家遁山不怕难。

67. 畲民进山新地方，田地山林已占光；
无奈租承他人业，沿用火种来开荒。

68. 早春斫山多结伙，叶黄枝干再点火；
烧畲山顶望落烧，泥焦灰冷籽入土。

69. 火田无法种水稻，善种旱稻叫畲禾；
四月种来九月收，实大粒长口味何。

70. 三年之后陡坡畲，油茶桐杉林还山；
山谷坡地治垄亩，上交税赋成佃姓。

71. 云和梯田是一例，千米落差七百梯；
山有多高水多高，中国梯田顶道地。

72. 新地贫瘠产量矮，石屎暖田拌生泥；
冬天烧灰春割叶，秋时收成大谷米。

73. 畲民无园不种茶，惠明坦洋与洪鲞；
国际国内频频奖，培育靛青天下甲。

74. 荒岭变成茶米乡，树木成林果满岗；
官员专家高评价，山区杰出拓荒者。

交流交融

75. 他族晋始到凤凰，交往交流与交融；
    畲民外迁亦如此，民族文化有同样。

76. 封建统治强压下，畲家有些改姓他；
    抱女喊崽他族人，学会畲语成畲家。

77. 畲家山地种畲禾，解决饥荒功劳有；
    当今科学培育之，大力推广称旱稻。

78. 客家方言闽南音，畲汉古语交融晶；
    全国畲语都相通，都带地方之音韵。

79. 畲族族徽为凤凰，山哈衫称凤凰装；
    源于凤凰山记忆，凤凰之名源中华。

80. 一条带子长了长，耕有几何图纹样；
    畲家古图象文字，还有现代汉词章。

81. 以歌代言畲家人，歌音影响当地民；
    山哈长连小说歌，汉族小说为蓝本。

82. 唐时乐师雷海青，出生清源凤凰村；
    不怕强暴以身殉，东南地区尊戏神。

83. 山哈婚礼闹又热，吹打坐轿学他族；
    还有男跪女不跪，唐代婚俗的延续。

84. 畲家后代样式雷，设计画图造宫楼；
    民族艺术来融合，世界记忆名录来。

梦想成真

85. 公元一九二一年，嘉兴南湖红船边；
    中共一大兴大业，乌云拨开见青天。

86. 山哈跟党闹革命，对党忠实斗志昂；
    顶团结又顶保密，不出叛徒好名声。

87. 公元一九四九年，中国革命大功成；
    感谢中国共产党，山哈解放出头天。

88. 山哈翻身笑盈盈，分田分地分山林；
千年漂泊终落着，安居乐业停迁行。

89. 民族政策真英明，中央识别畲家人；
五六年十二月八，电文确认畲族民。

90. 山哈成立畲族乡，乡里山哈喜洋洋；
选举成立乡政府，自己事情家来当。

91. 改革开放得人心，承包土地包山林；
劳动能力大发挥，畲乡面貌一片新。

92. 山里石榴花当开，公元二零零六岁，
全国人大来决定，全面取消农业税。

93. 青山绿水是银行，茶园满界果满岗；
造桥铺路自来水，移民搬迁建新乡。

94. 大路行行到门兜，百色车仔满山跑；
立面改造有特色，花样一新小洋楼。

95. 排排新寮气象新，优惠政策暖人心；
弘扬文化千秋业，振兴乡村百业兴。

96. 国富民强中人心，人幸福来国振兴；
全面小康同实现，千年梦想变成真。

尾歌

97. 山里石榴叶青青，心系畲民总书记；
优秀文化要发扬，牢记教诲须执行。

98. 山里石榴叶长长，睿智勇敢又开拓；
自然社会求和谐，民族精神是凤凰。

99. 山里石榴花红红，新的目标更伟宏；
凤凰精神来弘扬，共同实现中国梦。

100. 一连歌句唱了唱，山哈真史传远乡；
粒粒榴仔抱更紧，团结繁荣万年长。

编写人员：雷靖、雷杰、钟金灼、雷银才、雷淑华、蓝兰

后 记

经福建省姓氏源流研究会批准，福建省姓氏源流研究会雷氏委员会（以下简称雷氏委员会）经过三年的筹备（每年开一次会员大会），于2016年12月18日正式成立。雷和孙、雷祖云为名誉会长，雷伙德任会长，雷光森、雷春娟为常务副会长，雷孙金为秘书长。聘请雷斌、雷弯山为顾问。

福建省姓氏源流研究会雷氏委员会成立暨第一次学术研讨会合影

雷氏委员会成立之后，其中一项工作是参与《福建姓氏志》的编写。福建省姓氏源流研究会的内在机制是：谁先编好，谁先入卷；字数按人口比例。原有的许多姓氏的编写工作已经进行了多年，有的编写工作基本完成，而雷氏刚入会，要编入第一卷，难度较大。

福建省姓氏源流研究会雷氏委员会理事扩大会议

2017年1月雷氏委员会理事扩大会议决定迎难而上，组织专家在省委党校集体攻关。初稿形成后，多次召开研讨会、征求意见会。主编们根据会员与出版社的意见，11次修改书稿，终于将稿子列入前10位。《福建姓氏志（第一卷）》于2019年12月出版，只有16个姓，雷氏列入其中。因雷氏人口占全省人口总数比例低，书中字数有限，但因资料丰富，可扩充单独出志。

2014年10月全国雷氏文化研究会成立，决定编修雷氏统谱，南方5省雷姓畲族，应单独立卷。福建省姓氏源流研究会雷氏委员会与浙江等省雷氏分会讨论，决定编写《畲族雷氏志》。2018年2月25—26日在浙闽交界的福鼎召开研讨会，5省畲族雷姓人口较多县的会长、代表与会，会上成立了以雷伙德为主任的编写委员会。2018年3月16—17日同在福鼎召开编写人员培训会，通过了志书的纲目（15章加附录），提出了要求，印发了收集资料调查表。由4人牵头编写，后又增加了4人，共8人，每人写2章。

《畲族雷氏志》编写人员培训会

畲族雷氏居住地偏僻分散，各地只有畲族的资料，没有分姓氏的资料，收集资料十分困难。2018年9月15日福鼎会议检查落实资料收集情况，2019年12月24日于广东潮州又专题研究落实资料，但资料一直难以收集起来。

主编们两度日夜兼程赴广东、福建、浙江、江西、安徽指导收集资料。

景宁畲族自治县调研

杭州沈塘调研

考察雷信禄墓

安徽云梯畲族乡调研

主编考察“样式雷”祖屋

会长、主编在江西调研

各地宗亲不辞劳苦义务收集资料。尤其是温州的雷大霖、韶关的雷珺婷等做了大量的调查工作；丽水近90岁高龄的老会长雷招华，大暑天气冒着酷暑到各乡镇收集人口资料，多次考证重要的遗迹；会长们利用节假日专门考察了畲家古人遗址；如潮州市畲族文化研究会顾问雷楠多次考察6000年前的陈桥人遗址。这些都展现了畲族雷氏执着追求、勇于担当、乐于奉献的开拓精神。

雷招华冒酷暑收集人口资料

雷楠考察陈桥人遗址

会长们考察畲家古人遗址

2021年6月初收到《中华雷氏统谱》编写组转来的畲族“特辑篇”。6月11日编委会召开会议专题讨论《中华雷氏统谱》“畲族卷”内容的修改问题，要求统谱编写组按照公开出版著作“科学性、整体性、条理性、逻辑性”的规范性要求，以唯物史观为指导、历史事实为依据，进行调整、修改、补充。同时对《畲族雷氏志》的结构也进行了调整，决定以《福建省姓氏志》为基础，同时根据习近平总书记《巩固民族大团结的基础——关于促进少数民族共同繁荣富裕问题的思考》一文第四部分“继承和发展少数民族文化问题”的要求，吸取《中华雷氏统谱》“畲族卷”中精华，将“源流习俗”章分“源流”“风情”两章写作，习俗改为“风情”，专设一章，以体现民族特色和交往交流交融，还可概括原畲族志多数章的内容。

编写《畲族雷氏志》没有专门人员，“老车不倒只管推”，几个退休老同志时常工作到大半夜，不分昼夜献余热。甚至生病住院也不停止，一只手挂药瓶打点滴，另一只手写稿子。住院回家疗养，能坐一小时就写上一小时。即使得了癌症化疗结束后，也打开电脑修改稿子。

雷碎卿化疗期间审阅书稿

《畲族雷氏志》编撰完成，与福建省姓氏源流研究会的精心指导，福建民族研究会、福建省畲家企业商会的热忱参与和粤闽浙赣皖民宗部门、有关专家、学者以及广大畲族宗亲的通力合作分不开，在此表示衷心感谢！

感谢国家宗教事务局原局长，中央社会主义学院原党组书记、原第一副院长，中共十八大中央委员，十二届、十三届中国人民政治协商会议全国委员会委员、全国政协文史和学习委员会副主任，中共中央党校、北京大学、韩国东国大学等高校兼职教授叶小文；中国科学院原遗传研究所室主任，研究员，华夏姓氏源流研究中心主任袁义达百忙中拨冗作序。

《畲族雷氏志》直接记录了畲族雷姓的历史与文化，同时反映了全体畲族人民丰富多彩的历史文化和发展风貌，以及在共同缔造中华文明中所做出的贡献，利于人们树立正确的历史观、民族观、国家观、文化观，铸牢中华民族共同体意识，加强各民族交往交流交融，促进各民族像石榴籽一样紧紧抱在一起，共同团结奋斗、共同繁荣发展。

《畲族雷氏志》编纂工作尚属首次，受三年新冠肺炎疫情影响，收集资料困难，加之没有经验，水平有限，难免有纰漏之处，敬请读者批评、指正。

《畲族雷氏志》编写委员会

2022 年 11 月